文渊 管理学系列

"师道文宗
笔墨渊海"

文渊阁 位于故宫东华门内文华殿后，是故宫中贮藏图书的地方，中国古代最大的文化工程《四库全书》曾经藏在这里，阁内悬有乾隆御书"汇流澄鉴"四字匾。

文渊 管理学系列

作者简介

毛蕴诗 博士,中山大学管理学院资深教授,中山大学管理学院毛蕴诗基金名誉理事长;《管理科学学报》《经济管理》期刊学术顾问;国务院政府特殊津贴专家,国务院学位委员会第四届工商管理学科评议组成员,第十、第十一、第十二届全国政协委员;广东省优秀社会科学专家,广东省学位委员会委员;曾任武汉大学管理学院副院长、中山大学管理学院院长。

长期致力于企业国际化经营、企业成长与重组、企业升级与重构全球价值链、绿色发展方面的研究,主持承担完成多项国家自然科学基金、国家社会科学基金重点项目,主持多次国际国内学术会议,发表论文200余篇,出版中英文著作20余部,多次获得教育部高等学校科学研究优秀成果奖、广东省哲学社会科学优秀成果奖、省级和校级教学成果奖,先后担任多家公司独立董事。

宋耘 管理学博士,中山大学管理学院副教授,博士生导师,长期从事管理经济学的教学和企业转型升级的研究工作,主持多项国家级和省部级科研项目,发表论文数十篇,多次荣获学院颁发的各类教学成果奖。

文渊 管理学系列

第2版

管理经济学
理论与案例

Managerial Economics
theory and cases

毛蕴诗 宋耘 编著

机械工业出版社
CHINA MACHINE PRESS

本书主要内容包括企业性质与环境、企业目标、商品需求分析、市场需求估计与经营管理分析、生产理论与生产函数、生产函数及其应用、短期成本分析、规模经济性：长期成本分析、企业选址与物流优化、企业的价格和产量决策、定价策略、企业竞争、企业的扩展与战略选择、政府与企业等。

本书适合有一定工作经验的 MBA 学生和全日制硕士研究生，也可供管理经济学专业的本科生使用，是一本既兼顾企业国际化经营，又考虑中国企业特定环境的管理经济学教材。

图书在版编目（CIP）数据

管理经济学：理论与案例 / 毛蕴诗，宋耘编著 . — 2 版 . —北京：机械工业出版社，2024.2
（文渊・管理学系列）
ISBN 978-7-111-74913-4

Ⅰ. ①管… Ⅱ. ①毛… ②宋… Ⅲ. ①管理经济学 – 高等学校 – 教材 Ⅳ. ① C93-05

中国国家版本馆 CIP 数据核字（2024）第 031850 号

机械工业出版社（北京市百万庄大街 22 号　邮政编码 100037）
策划编辑：王洪波　　　　　　　　责任编辑：王洪波　何　洋
责任校对：张慧敏　丁梦卓　闫　焱　责任印制：任维东
河北鹏盛贤印刷有限公司印刷
2024 年 5 月第 2 版第 1 次印刷
185mm×260mm・22.75 印张・1 插页・577 千字
标准书号：ISBN 978-7-111-74913-4
定价：59.00 元

电话服务　　　　　　　　网络服务
客服电话：010-88361066　机　工　官　网：www.cmpbook.com
　　　　　010-88379833　机　工　官　博：weibo.com/cmp1952
　　　　　010-68326294　金　书　网：www.golden-book.com
封底无防伪标均为盗版　　机工教育服务网：www.cmpedu.com

第2版前言

我于1980年—1983年在比利时天主教鲁汶大学（Catholic University of Leuven）攻读并获得MBA学位。当时我选课的主修方向为管理经济学（managerial economics），辅修方向为计量经济学与定量方法（econometrics and quantitative methods）。1983年我完成学业回国到武汉大学任教；1993年调入中山大学，开始为研究生、本科生讲授"管理经济学"，并于1994年编写了《公司经济学：企业经营理论与实践》（中山大学出版社1994年出版），之后又为MBA讲授"管理经济学"。从那时起，我一直在为编写既能体现企业国际化经营，又能考虑中国企业特定环境的管理经济学教材而努力，先后编写了《公司经济学》《公司经济学前沿专题》（东北财经大学出版社2002年、2007年出版），以及《管理经济学：理论与案例》（机械工业出版社2012年出版）。我一直认为，作为授课老师，教材建设是其非常重要的工作。尽管当时国内大量引进国外MBA教材，包括许多英文原版教材，以及之后强调双语教学，但我仍然坚持编写本土教材，其重要性与学术研究要"把论文写在祖国大地上"相吻合。

事实上，基于多年的授课实践、研究探索，我们越来越认识到教学与教材建设要服务于推动我国企业与经济高质量发展，加快实体经济发展和建设现代化经济体系，着力提高全要素生产率，全面贯彻新发展理念，坚持社会主义市场经济改革方向，充分发挥市场在资源配置中的决定性作用，坚持高水平对外开放，推动经济实现质的有效提升和量的合理增长。否则，教学与教材就会脱离我国实际。为此，我们在历次教材修订，特别是在本次修订中，无论在正文和阅读材料的取舍、补充上，还是在案例的选取、调研、写作中，都力求体现上述理念与精神，力求体现国家高质量发展战略。我们希望能在不断地修改完善中，打造本土精品教材。

具体而言，本次出版的《管理经济学：理论与案例 第2版》有以下几个方面的改动与特色：

（1）由中山大学管理学院宋耘副教授编写本书第11章和第13章，其余章节由我撰写。

（2）删去了一些引用的、时间较早的经验研究，增加了基于作者调研基础上的新的经验研究内容；删去了一些阅读材料，增加了较多新的、更贴近我国实际的阅读材料和案例。

（3）除了教材各章后面的习题与思考题，每章都配有3~4套试题和解答，加上选用的案例形成电子材料，方便授课教师教学使用。

（4）配套教学使用的PPT。

在本书的编写过程中，一些研究生、本科生承担了许多辅助性工作，如王晓晨、王捷、霍梓轩、王子亮等参与了收集数据、文字校对、习题与阅读材料整理工作；机械工业出版社编辑王洪波等也为本教材出版提出了许多有益建议，在此一并致谢。

毛蕴诗

于中山大学管理学院

2024年2月

目 录

第 2 版前言

导论 ·· 1
  0.1 管理经济学概述 ······················· 1
  0.2 管理经济学在工商管理学科中的
      地位 ·· 2
  0.3 管理经济学与微观经济学的联系
      与区别 ·· 3
  0.4 管理经济学与产业经济学的
      关系 ·· 4
  0.5 管理经济学与管理科学的联系 ······ 4
  0.6 本书的编写与改进 ······················· 4

第 1 章 企业性质与环境 ················ 10
学习目标 ·· 10
1.1 企业性质与经营管理活动 ··········· 10
1.2 现代企业中的委托-代理问题 ······ 16
1.3 企业环境 ··································· 21
本章小结 ·· 28
思考题 ··· 29

第 2 章 企业目标 ································ 30
学习目标 ·· 30
2.1 关于企业目标的一般理论 ··········· 30
2.2 企业目标的经验研究 ·················· 43

本章小结 ·· 48
思考题 ··· 48

第 3 章 商品需求分析 ······················ 49
学习目标 ·· 49
3.1 商品需求及其分类 ······················ 49
3.2 需求的形成与实现 ······················ 51
3.3 需求的衡量与需求函数 ··············· 62
本章小结 ·· 65
单项选择题 ··· 66
计算分析题 ··· 66
思考题 ··· 66

第 4 章 市场需求估计与经营管理
        分析 ······································ 68
学习目标 ·· 68
4.1 需求弹性在经营管理分析中的
    应用 ··· 68
4.2 中外耐用消费品需求估计 ··········· 77
本章小结 ·· 87
单项选择题 ··· 88
思考题 ··· 89

第 5 章 生产理论与生产函数 ············ 90
学习目标 ·· 90

5.1 生产过程与生产函数 ………… 90
5.2 理论分析 ………………………… 97
本章小结 ……………………………… 113
单项选择题 …………………………… 113
计算分析题 …………………………… 114
思考题 ………………………………… 115

第6章 生产函数及其应用 ………… 116

学习目标 ……………………………… 116
6.1 典型的生产函数及其性质 …… 116
6.2 生产函数用于资源投入最优决策分析 ……………………………… 120
6.3 经验生产函数及其应用 ……… 123
本章小结 ……………………………… 126
单项选择题 …………………………… 126
计算分析题 …………………………… 127
思考题 ………………………………… 128

第7章 短期成本分析 ……………… 129

学习目标 ……………………………… 129
7.1 成本概念 ……………………… 129
7.2 短期成本曲线 ………………… 132
7.3 短期成本的确定 ……………… 139
7.4 某合资公司降低成本的努力 … 146
本章小结 ……………………………… 152
单项选择题 …………………………… 153
计算分析题 …………………………… 154
思考题 ………………………………… 154

第8章 规模经济性：长期成本分析 ………………………………… 155

学习目标 ……………………………… 155
8.1 规模经济性概述 ……………… 155
8.2 规模经济性的决定因素 ……… 162
8.3 规模经济性的衡量方法 ……… 168
8.4 规模经济性的经验研究结果 … 173
本章小结 ……………………………… 181
单项选择题 …………………………… 181

思考题 ………………………………… 182

第9章 企业选址与物流优化 ……… 183

学习目标 ……………………………… 183
9.1 企业选址的影响因素 ………… 183
9.2 企业系统中的资源配置 ……… 190
9.3 多个市场的物流优化模型 …… 194
9.4 地区间最终产品、中间产品的供需与生产规模优化模型 …… 200
9.5 厂址选择与生产规模优化模型 ………………………………… 205
本章小结 ……………………………… 208
计算分析题 …………………………… 209
思考题 ………………………………… 209

第10章 企业的价格和产量决策 … 210

学习目标 ……………………………… 210
10.1 完全竞争市场和企业的价格与产量决策 ……………………… 211
10.2 完全垄断市场和企业的价格与产量决策 ……………………… 216
10.3 垄断竞争市场和企业的价格与产量决策 ……………………… 220
10.4 寡头垄断市场和企业的价格与产量决策 ……………………… 223
本章小结 ……………………………… 230
计算分析题 …………………………… 232
思考题 ………………………………… 233

第11章 定价策略 ………………… 234

学习目标 ……………………………… 234
11.1 完全竞争市场中的企业需要进行定价决策吗 ………………… 234
11.2 加成定价法 …………………… 236
11.3 按固定比例生产的联合产品定价 ………………………………… 238
11.4 差别定价法 …………………… 240
11.5 两段式定价法 ………………… 250

11.6 成套产品定价法 ………… 257	13.3 长期投资决策分析 ………… 319
11.7 转移定价 ………………… 258	13.4 企业扩展实例:"先下手为强
本章小结 …………………… 262	循环周期" ……………… 329
单项选择题 ………………… 263	本章小结 …………………… 329
计算分析题 ………………… 264	计算分析题 ………………… 330
	思考题 ……………………… 330

第12章 企业竞争 ……………… 265

学习目标 …………………… 265
12.1 企业竞争的特点与分类 …… 265
12.2 企业竞争强度与企业在竞争
　　　中的地位 ………………… 271
12.3 标准之内的竞争 …………… 276
12.4 企业竞争专题与实例 ……… 287
本章小结 …………………… 294
思考题 ……………………… 294

第13章 企业的扩展与战略选择 … 295

学习目标 …………………… 295
13.1 企业扩展的四种分析方式 … 295
13.2 企业扩展的动因 …………… 309

第14章 政府与企业 ……………… 331

学习目标 …………………… 331
14.1 西方管制理论的主要流派 …… 332
14.2 对自然垄断的管制 ………… 334
14.3 管制效率 …………………… 335
14.4 反垄断法 …………………… 338
14.5 对外部性的管制 …………… 343
14.6 公共物品 …………………… 346
14.7 政府介入企业事务的方式 …… 347
本章小结 …………………… 354
思考题 ……………………… 355

参考文献 ……………………………… 356

导　　论

0.1　管理经济学概述

管理经济学（managerial economics）是工商管理专业课程中的综合基础课程，它属于应用经济学的范畴。

管理经济学有若干不同的名称，较为常见的名称有公司经济学（economics of the firm）、企业经济学（economics of enterprise）、经营管理经济学（business economics），也有教材名为"经营管理决策分析"。

实际上，许多差别是语义学上的，真正理解这门课程还在于认识其本身的内容、方法，它在管理领域中的地位，以及它和其他学科（包括传统的经济学科）课程的联系与区别。

企业是指以营利为目的的经济实体。企业包括个人企业、合伙企业和股份公司三种形式。不过就其从事营利性目的的活动来看，企业与公司并无本质区别（因此，本书中的企业与公司是交替使用的）。但是，股份公司的出现还有分散风险的倾向。

营利性企业经营管理的基本职能是实现组织的目标。为了完成这一职能，经理必须处理各种各样的问题，从日常的经营管理问题到制订未来计划等重大决策问题。做出正确的经营管理决策需要对据以决策的技术与环境状况有清楚的了解。运用经济理论和决策技术来解释与分析企业所处的环境对合理决策具有重要作用。因此，在分析经营管理的现实问题时，经济理论被广泛应用。

管理经济学与许多工商管理课程一样，具有跨学科、交叉性、应用性的特点。埃文·J. 道格拉斯（Evan J. Douglas, 1992）认为："管理经济学是对会计、财务、市场营销有关概念在经济学意义上的综合，是应用上述概念、统计方法于需求估计、成本分析和竞争策略研究的综合性课程。"[⊖]

管理经济学是研究通常用来解决现实经营管理问题的经济理论、逻辑推理和方法的一门课程。有的学者认为："管理经济学是运用经济概念和经济分析系统地提出合理决策问题的学科。"

⊖ DOUGLAS E J. Managerial Economics, Analysis and Strategy [M]. 4th Edition. Prentice-Hall International, Inc, 1992.

考察经营管理职责的特点与经济理论在帮助管理完成这一职责上的作用，有助于全面认识管理经济学的特点。正确的决策是成功管理者的首要能力。管理经济学的重点，是经济理论中与企业经营管理决策有直接关系的部分。在这一意义上，图 0-1 展示了管理经济学在解决企业经营管理决策的典型问题和现实问题中的桥梁作用。

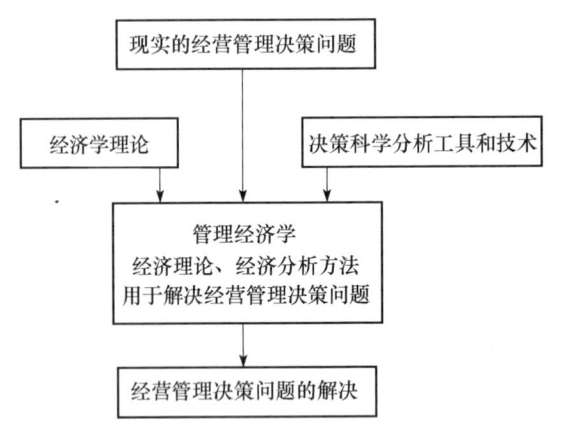

图 0-1　管理经济学在解决企业经营管理决策中的桥梁作用

0.2　管理经济学在工商管理学科中的地位

如表 0-1 所示，工商管理学科的课程一般分为五大类。

表 0-1　工商管理学科的课程分类

(1) **职能方面课程** 　　会计 　　财务管理 　　市场营销 　　筹供管理 　　人力资源管理 　　运作管理 　　技术管理 　　信息管理 　　公共关系 (2) **工具课程** 　　会计 　　行为科学 　　计算机与应用 　　管理沟通 　　管理经济学 　　定量分析（包括运筹学）	(3) **专门领域课程** 　　银行管理 　　保险管理 　　国际企业经营管理 　　不动产经营管理 　　运输管理 　　项目管理 　　非营利组织管理 (4) **综合课程** 　　战略管理 　　产业组织 　　企业文化 　　企业伦理 (5) **综合基础课程** 　　管理学 　　管理经济学

第一类课程是与企业经营管理活动中的资源和内部职能有关的课程，称为职能方面课程。随着企业环境的变化和人们对企业认识的深入，企业资源（内部要素）的范围不断拓展，企业的职能活动范围也在不断拓展。例如，过去认为企业的资源是人、财、物，把企业的职能活动简单地说成产、供、销。而在知识经济、信息时代的今天，人们承认知识、信息甚至管理技能都是重要的资源，因而企业的职能活动范围也有所拓展。尽管组织设计的理论和实践不断发展

变化，但是按职能划分部门仍然是一种很普遍的企业部门划分方式。表 0-1 中列出了九种职能方面课程。

第二类课程涉及管理技能、方法、技术、手段方面的内容，称为工具课程。表 0-1 中列出了六种工具课程。考虑到管理经济学与决策科学和方法的关系，也将其列入此类课程。其中，常常有课程涉及两个领域。例如，会计是企业内部的一项职能，但又是任何企业都要使用的一种工具。因此，会计既被列为职能方面课程，又被列为工具课程。

第三类课程是专门领域课程。表 0-1 中列出了七种专门领域课程。它们本身与某一类特殊企业的业务活动有关。专门领域课程的界限也相当分明，它们在工商管理学科中的地位比较明确。不同院校的管理学专业因侧重领域和特点不同，会侧重不同的专门领域课程。

第四类课程是综合课程，包括战略管理、产业组织、企业文化、企业伦理。这些内容对于企业的重要性越来越明显，有的企业内部甚至也设置有关专门部门。

第五类课程是综合基础课程，包括管理学与管理经济学。作为一门成熟的学科，必然有其理论基础并用来指导其发展。管理学和管理经济学在工商管理学科中就占有这样的地位。著名管理学家哈罗德·孔茨（Harold Koontz）在其论文《再论管理理论的丛林》中，较系统地论述了管理理论在工商管理学科中所起的核心作用。

应该指出，管理经济学对于非企业组织，如医院、学校、慈善机构、政府部门等的管理也有重要作用。因为这些组织也需要处理资源的有效配置问题，以及提升组织效率并降低成本、减少浪费。

0.3　管理经济学与微观经济学的联系与区别

不少学者简单地将管理经济学与微观经济学等同起来。二者之间当然有重要联系，但是也存在重大差别。管理经济学与微观经济学的联系首先在于其从经济学中所获得的经济理论支持。

具体而言，经济理论对管理经济学有三个方面的主要贡献。首先，经济理论有助于管理科学建立分析模型。这一模型将有助于认识经营管理问题的结构，有助于抽去可能妨碍决策的次要因素并致力于主要问题。经济理论为经营管理决策提供了若干分析方法。虽然这些方法不一定能直接用于具体的问题，但它们确能增进管理人员的分析能力。其次，经济理论能澄清用于经营管理分析的各种概念，防止管理人员犯概念性错误。最后，管理经济学吸收了微观经济学中对企业而言最为重要的应用部分，如需求、生产、成本、定价、市场结构等方面的内容。

但是应当看到管理经济学与微观经济学之间的重大差别。首先，微观经济学主要是描述性的，它试图描述经济活动是如何运行的，而不涉及其应该如何运行。管理经济学则主要是规范性的，它试图指明经济主体应当采取的行为方式，以达到所期望的目标。管理经济学的任务在于找出企业决策过程中的关键因素，提供答案，从而做出正确决策。然而，管理经济学必须从实证分析出发进行研究。因为首先必须对所处的现实世界（如企业环境、制度环境等）有清楚的认识。

其次，微观经济学和管理经济学两者之间的不同，还特别体现在所研究问题的差别上。微观经济学研究的重点是市场而不是企业。经济学所讨论的经济问题主要侧重于生产资源如何经由市场上众多个别选择的交互作用，分配于整个社会的各种广泛用途上面（市场机制或自动性的分配过程）。与微观经济学不同，管理经济学理论研究的重点是企业而不是市场。管理经济学理论认为，市场是企业的外部环境因素，完全竞争的市场条件与企业同质性的假定在大多数环境下是不现实的。现实中的企业在规模、资源、竞争能力、潜力、目标、行为等方面都存在明显差异。企业的决策目标、战略还受其内部要素的制约。在决定企业做什么和不做什么方面，并不完全由市场决定。进一步说，管理经济学中的企业理论认为，大企业也有配置资源的作用，这就是美国企业史学家所说的"看得见的手"。

最后，经过深入思考还会发现，微观经济学中所隐含的若干假定在现实的工商管理领域是不现实的。而管理经济学的研究则在不同程度上突破了这些假定（突破了哪些隐含的假定，可作为本导论的思考题）。

0.4　管理经济学与产业经济学的关系

管理经济学的研究重点在于公司的运行环境与单个公司的决策。产业经济学则以整个行业的结构和特点为研究对象。在产业经济学中普遍采用 S-C-P 分析范式，即结构（structure）-行为（conduct）-效果（performance）范式，也采用其他一些相关的范式。

就结构方面所涉及的内容而言，主要包括集中与分散的程度、进入障碍的大小、产品差异的程度、纵向一体化的程度；就行为方面而言，则包括企业目标、合作与竞争行为、定价策略、广告策略、竞争策略；就行业效果而言，最主要的内容包括营利性增长、生产率提高、出口效果与国际竞争。

管理经济学与产业经济学的联系是密切的。上述 S-C-P 分析范式的主要内容在管理经济学中都有涉及。在 S-C-P 分析范式中，产业结构是后两者的原因。相当广泛的研究证实，行业中公司的集中程度越高，市场力量就越大，相应的利润就越高。在对公司行为进行分析时，也必须注意公司所处的行业环境，特别是行业结构与竞争行为。另外，管理经济学中所引用的波特的五力模型就是立足于对行业的分析。

但是在研究企业决策时，行业结构及其特点只是企业经营管理活动的外部环境。而且应该指出，企业的外部环境是在不断发展变化的。近几十年来，随着互联网、信息技术、AI 技术的迅速发展，许多行业的边界已难以明确划分，从而影响着对企业行为、企业竞争的分析。

0.5　管理经济学与管理科学的联系

管理科学也称决策科学，主要研究制定决策的方法与技术。这些方法与技术包括运筹学中的线性规划、目标规划、排序理论、统计分析、预测方法等，也包括边际分析方法、最优库存模型、布局理论和模型等优化技术。经营管理活动要求制定最优决策或改进决策。因此，决策方法与技术对管理经济学来说是不可或缺的。管理经济学教材往往要介绍甚至经常运用这些决策方法与技术。

0.6　本书的编写与改进

本书的编写参考了国内外众多的管理经济学教材，包括定量分析方法在企业决策中的应用。

但是，在许多问题，包括重要的理论问题上，如对企业性质的探讨、对企业目标的研究、对企业环境的论述和概括、对需求决定因素的分析、对企业竞争的分析方式、对企业扩展的分析框架与理论解释等方面，都有来自作者通过广泛经验研究所提出的观点，并基于我国情况进行了分析。这些经验研究内容更多地是以我国的现实问题为研究对象，其中许多经验研究结果是作者近年的研究成果。

在本次修订出版的过程中，我们做出了两点重大改进。

一是在本书前面增加了"导论"与相关案例。这样有助于读者对"管理经济学"形成正确的认识。

二是本书配有专门的习题，同时还配有多篇已入选"全国百优"案例库的教学案例。

近30年来，世界经济环境发生了巨大变化。伴随着这些变化，经济理论、经营管理理论与实践也在不断发展变化。例如，随着IT技术、互联网的发展和全球化进程的加快，出现了行业边界模糊和与之相关的产业之间的交叉融合。相应地，出现了所谓的固定成本行业与边际收益递减不起作用，甚至边际收益递增的现象。经济理论对管理经济学的贡献也从规模经济性、范围经济性，发展到了包括速度经济性、网络经济性在内的四大经济效率。它们更好地解释了企业的扩展，基于时间的竞争与标准之间竞争的重要性。本书中适切的部分及所选择的相关阅读材料，也简单介绍或反映了上述理论与实践发展的新趋势。希望进一步了解的读者可以参阅作者所著的《工商管理前沿专题》（清华大学出版社，2018）。

| 专栏 0-1 |

乔布斯的苹果命题

苹果是什么企业？有人认为它是手机制造企业，也有人认为它是计算机制造企业。然而，一项全球调查的结果让人有些吃惊：苹果是互联网行业排在第一位的企业，微软则是介于互联网与软件之间的企业。

全球经济连续几年低迷，欧洲债务危机重重，然而苹果在全球市场独领风骚，在全球创造了巨大的新市场。2011年7月27日，苹果的现金和有价证券总额达762亿美元，甚至超过了美国政府现金（738亿美元）。2012年8月24日，苹果股价、市值均创历史新高，达6 211亿美元，超过了沙特阿拉伯、澳大利亚等国的GDP，在全世界可以排第21位。2018年8月2日，苹果市值突破1万亿美元，随后分别在2020年8月19日和2022年1月3日，市值突破2万亿、3万亿美元，不到4年时间内市值增加了2倍⊖，同时也成为仅次于美国、中国、日本及德国的全球第五大经济体的GDP体量；截至2023年6月5日，苹果公司市值高达28 245.6亿美元，虽然股价受各种因素影响有所波动，但苹果公司依然是一家"巨无霸"企业，其商业利润过去几年中依旧不断增长。

关于乔布斯和他的苹果，已有许多的介绍、讨论和评价。现在，我们也许可以冷静地思考，在乔布斯和苹果传奇的背后，可以进行哪些深入的探讨和理论的总结。有关的观点见于以下关于乔布斯和他的苹果的若干命题。

⊖ 资料来源：https://baijiahao.baidu.com/s? id=1721004945217885469&wfr=spider&for=pc.

命题1：乔布斯的苹果才是顾客的"上帝"

全球消费者狂热地崇拜乔布斯和苹果，追捧其产品。这与有些教科书告诉我们的"顾客是上帝"大相径庭。相反，这似乎表明乔布斯的苹果才是顾客的"上帝"。如今即使乔布斯已然仙逝，粉丝对苹果的热情依然不减。

乔布斯设计产品并不像许多公司那样做大量的顾客调查，他"从不依靠市场调研"。1982年，在苹果办公室，当他被问到是否要进行市场调研时，乔布斯回答："不，因为人们不知道他们想要什么，直到你把他们想要的摆在他们面前。"他说："许多公司选择缩减产量，但我们相信的是，如果我们继续把伟大的产品推广到人们的眼前，他们会继续打开他们的钱包。"

事实上，顾客往往并不知道他们需要什么。因为存在信息不对称，顾客对产品、企业的了解甚为有限。而且，在许多情况下，顾客是不成熟、不理性的。或许，顾客只有在挑选商品时，才会有"上帝"的感觉。

命题2：企业和企业家可以通过产品创新、管理创新创造市场并引导市场

苹果的系列产品 iMac、iPod、iPhone、iPad，刮起了一股又一股的购买旋风。苹果的案例有力地证明了这样一种观点："企业和企业家可以通过产品创新、管理创新创造市场并引导市场。"

在相当多的情况下，企业通过发现、创造新的需求，创造市场⊖，从而改变市场活动的方向。由于人们的需求极其广泛，存在不同的层次，并且是不断发展变化的。不仅自发的需求在变化，派生的需求更是在不断更新。因此，企业通过产品创新创造市场始终存在大量的机会与可能。这方面的例子可以举出许多，诸如20世纪以来杜邦公司所发明的一系列化纤产品，电子领域的彩色电视机、电子计算机、数码照相机、索尼的随身听等发明，都创造了规模巨大的新市场。"乔布斯和他的同事的开发并非针对目标人群的普通产品的改进，而是消费者还没有意识到其需求的全新设备和服务。"

命题3：苹果是应用行业边界模糊、实现跨产业升级的典范

自20世纪90年代以来，数字技术、通信、计算机技术和互联网的迅速发展，以及与之相关的技术融合，使诸多产业之间的边界正在趋向模糊，出现了电子产品、电信、文化、娱乐、传媒、出版、银行、证券、保险、零售、物流、旅游、酒店、医疗卫生保健等产业之间的相互渗透和融合。

产业融合使资源在更大的范围内得以合理配置，大大降低了产品和服务的成本；融合扩大了网络的应用范围，使各种资源加入网络的可能性增大，产生了网络效应；融合带来了生产系统的开放性，使消费者成为生产要素（价值创造系统）的一部分。这三方面效应的共同作用，为企业带来了巨大的收益递增机会。产业交叉融合使过去不相关的业务变得相关，突破了无关多元化的概念，突破了传统产业链的观点；产业交叉融合进一步丰富了服务业的内涵，提高了服务业的技术含量，增加了其附加价值，激活了很多原本死气沉沉的市场，形成了许多新的服务、新的业务、新的业态，甚至新的产业、新的经济增长点。

⊖ （美）柯兹纳（1985：68）认为，企业家竞争过程在短期内通过发现推动市场均衡倾向的功能居于重要地位，在长期中通过发现、发明与创新实现经济增长和促进经济发展具有更为重要的意义。当然，长期的企业家竞争过程可以理解为连续的短期过程或短期过程的扩展。其实，真正的发现必然含有或多或少的创造性成分。

乔布斯对完美的狂热和积极追求变革了六大产业：个人计算机、动画电影、音乐、移动电话、平板电脑和数字出版。第七个产业则是零售连锁。从产品的使用功能来看，苹果的iPad跨越了传统的通信、计算机应用，延伸到娱乐、传媒、金融、艺术等领域。

从产品的研发来看，苹果跨越了传统的制造、触屏显示器、无线天线、使用界面和传感技术、闪速存储器、主电路板、IT、文化创意、艺术等领域。

近年的趋势表明，新产品的开发会结合多种不同的技术，跨越多重技术领域。例如，数字电视与多媒体的开发技术已远不限于显示系统领域，其他技术，如材料压缩技术、传送技术、激光微波及电脑绘图、可加速信号处理的电路系统技术都不可缺少。又如，生物传感技术用于手表制造，可随时测量人体的血压、心跳等指标。这样能使企业的产品与其他企业的类似产品形成明显的差异，从而取得有利的市场地位。

苹果产品在研发、产品应用等方面都跨越了多重领域，实现了跨产业升级，在全球创造了新的经济增长点。

命题4：苹果立足全球整合资源

通用电气公司CEO杰克·韦尔奇（Jack Welch）早就指出："能在全球最大范围内，集合全世界最佳设计、制造、研究、实施和营销能力者就是全球竞争中的赢家，因为这些要素不可能存在于一个国家或一个大洲之内。"苹果在拓展产品功能的同时，也在不断地整合全球资源：从韩国、日本、中国台湾等地的供应商处采购零组件，然后交给富士康、和硕联合、广达等中国台湾的代工企业，它们在中国大陆的工厂则源源不断地制造出iPhone、iPad、Macbook，再输往全球。

苹果的IC/分立器件供应商主要集中在美国，部分分布在欧洲，少数在韩国、日本等亚洲国家和地区；存储器、硬盘/光驱供应商较集中；被动元器件的高端领域被日本厂商垄断，中国台湾的厂商主要提供片式器件等相对标准化、成熟化的产品；印刷电路板（PCB）供应商主要集中在中国台湾、日本；连接器、结构件、功能件厂商主要是欧美、日本、中国台湾的公司；显示器件主要由日本、韩国、中国台湾的厂商提供；ODM/OEM（生产代工）主要由中国台湾的厂商承担。

综合上述资料，从各国和地区厂商从事苹果产品价值链的主要环节来看，日本、韩国、德国、美国、中国等国家和地区的企业为苹果公司的主要生产基地。各部件中，处理器、存储器、基带芯片等IC，以及液晶面板、触摸屏等成本占比较高。按照各环节附加值的高低，可以画出苹果产品全球价值链的分布图，如图0-2所示。

命题5：乔布斯的成功既有必然性，也有偶然性

乔布斯与比尔·盖茨一样，两人（及其企业）的成功既有必然性，也有偶然性。其必然性不必多说，两人的共同点是大学中途退学、执着、有创业激情。他们都是计算机天才、喜欢电子设备，也是经营天才。乔布斯的激情所在是打造一家可以传世的公司。乔布斯一退学，就不用去上那些不感兴趣的必修课了，他去选修了一门书法课。乔布斯从小就认为自己适合人文学科。乔布斯的成功体现了一个具有强烈个性的人身上集合了人文科学和科学技术的天赋后所产生的巨大创造力。

从偶然性方面看，微软的幸运体现在其强大的竞争对手IBM、苹果公司的战略失策和战术失误。这不仅使微软免遭封杀的厄运，还使幸运之神多次眷顾微软。IBM无视

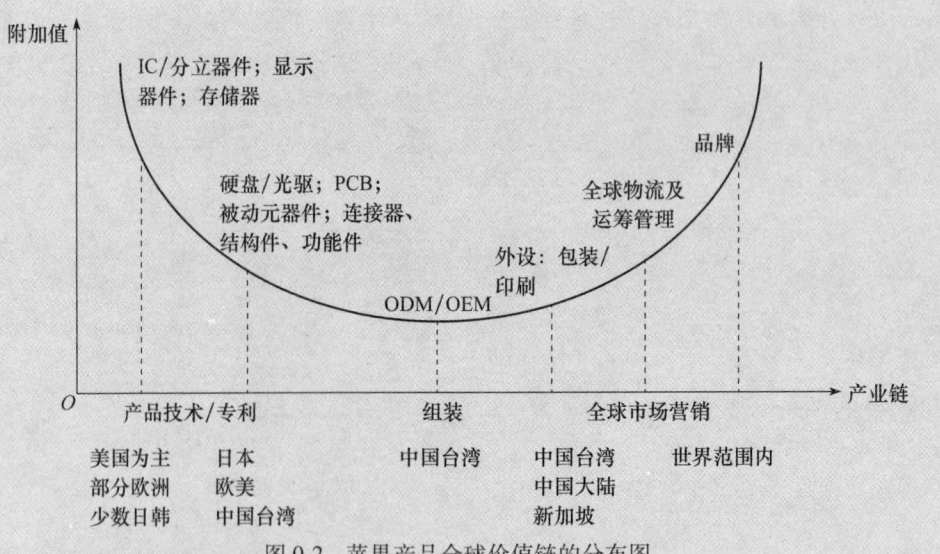

图 0-2 苹果产品全球价值链的分布图

市场的变化而犯下了战略性错误:它未能控制个人计算机的操作系统和微处理器两个关键部件。IBM 仅以 75 000 美元的价格让比尔·盖茨买断了个人计算机操作系统 DOS 的经营权,使微软有幸为 IBM 最早的个人计算机提供迅速畅销全球的操作系统 DOS;同时,又容忍英特尔轻易获取了对微处理器的领先控制权。另外,如果微软的竞争对手苹果在 1984 年而不是迟至 1994 年就将其 Macintosh 操作系统授权给其他计算机硬件销售商,它可能就已成为操作系统的主要生产商了。而对于乔布斯而言,如果在他离开苹果后,苹果的绩效不是那么差,他也可能没有再回到苹果的机会。

命题 6:苹果太"Business"(商业)了

苹果的 iPhone 可谓手机行业中的一个神话,让全世界"果粉"为之疯狂。iPhone 从第一代产品开始就颠覆了整个手机行业,硬件加软件的组合模式也引领了潮流,iPhone 4S 的出现更是让苹果的业绩再创新高。

美国《纽约时报》、华泰联合证券研究所等多家机构都曾对苹果公司产品的供应链、价值链、利润与成本进行解剖。有分析称,苹果的高利润,既与其产品本身的高品质有关,也与其压榨代工企业代工费不无关系。以苹果的 iPad 为例,售价为 499 美元的 iPad,平均成本仅为 260 美元。其中,苹果开发的 A4 处理芯片价值 26.8 美元,16G 存储芯片价值 29.5 美元;最贵的元件是韩国 LG 公司制造的 9.7in$^{\ominus}$ 触摸显示屏,价值 95 美元;而将这些元件进行组装的富士康等中国企业,每台仅得到 11.2 美元。又如,iPhone 的利润在各个国家或地区间的分配中,苹果占据了 58.5% 的利润,韩国公司、美国其他公司分别占据 4.7%、2.4% 的利润,而中国大陆的人力成本只占 1.8% 的利润。

根据 2008 年—2010 年的财报显示,富士康的人力成本不断被压缩。例如,2009 年公司员工数同比增加 9.7%,员工成本支出总额同比却下降 28%,人均成本同比下降

$\ominus$ 1in = 0.025 4m。

34%。业界认为，在整个电子产品的产业链上，人力成本越是堆叠的行业，越是存在毛利低的现象。富士康和苹果之间巨大的利润差别，也只是行业规则的一种体现。

《纽约时报》曾揭露苹果在华工厂的恶劣生产条件。乔布斯曾在2010年接受采访时说："富士康并非血汗工厂。"乔布斯的继任者蒂姆·库克在2012年3月造访了富士康位于河南郑州的工厂。同时，苹果委托FLA于2012年2月开始对富士康深圳观澜、龙华工厂，以及富士康成都工厂展开工人权益调查。此前，苹果公司因为工人保护问题在全球多个地方遭到抗议。FLA报告显示，富士康存在数十种严重违反劳工权利的行为。苹果表态支持FLA的调查报告，富士康则低头认错称将限时整改。

然而，把错误仅仅推到富士康头上是不公平的。对于苹果这样一家世界知名企业，我们未免要说："苹果太Business了。"沿着苹果的价值链、利润链展开和分解，人们不免会认为，苹果对代工企业有所压榨，对代工企业的环境破坏有所漠视。

企业的价值是企业利益相关者共同创造的。利益相关者包括股东、员工、债权人、供应商、消费者、社区、政府等，他们也共同承担企业的风险。在经济全球化的今天，苹果既然在全球范围配置资源，它就应当在全球范围来思考和处理诸如劳工权益、环境保护、社会责任之类的重大问题。管理大师德鲁克早就指出"利润并不是越多越好"，这对于苹果再适合不过了。

希望"乔布斯的苹果命题"能够引发人们对管理经济学理论与企业管理的若干思考。

资料来源：

[1] 艾萨克森. 史蒂夫·乔布斯传 [M]. 管延圻，等译. 北京：中信出版社，2011.

[2] 中国广播网，2012年8月26日.

[3] 祝剑禾. 苹果委托方报告称富士康用工严重违规 [N]. 京华时报，2012-3-31.

[4] 林其玲. 乔布斯：神话男人的身份进化 [N]. 中国民航报，2011-9-2.

第 1 章　企业性质与环境

:: 学习目标

- 从企业的运行机制、企业与社会的关系、企业的两个作用以及企业所在行业的特点等层面对企业的性质加以全面理解，尤其应该关注市场经济环境下企业的内外部运行机制。
- 了解与现代企业制度有关的股东权益理论与利害相关者权益理论。
- 把握企业与市场的关系，了解市场的划分方法。
- 掌握企业所处环境的概念及内容，并结合实际理解外部环境和内部环境对企业经营的影响。
- 结合企业环境的学习，理解国内外营商环境的异同。
- 了解若干行业在现实中选址的考虑因素。

企业是具有一定的目标（主要是盈利），在生产或流通领域从事特定活动，向社会提供商品和劳务的经济实体。《亚洲大趋势》的作者约翰·奈斯比特（John Naisbitt）认为："企业就是财富、成效、经济活力的真正创造者。"企业的这种特定活动被称为经营管理活动。从事经营管理活动的企业是人、各种资产（包括无形资产）和各种信息的结合体。正如人的生存和发展离不开其赖以生活的自然环境及社会环境一样，企业的经营管理活动也是在一定环境中进行的，企业目标的确立、决策的制定，以及日常的经营管理活动都必须建立在对环境正确评估和预测的基础上。否则，企业将难以得到发展，往往会出现生存危机甚至倒闭。

1.1　企业性质与经营管理活动

1.1.1　企业性质

企业性质是其作为一种经济制度、组织制度区别于其他组织的一般特征。企业的性质可以有不同的分析方式和角度。例如，近年来，西方学者从契约论的角度、交易成本的角度来探讨企业理论，似乎占有越来越重要的地位。

这些理论在很大程度上说明了企业存在的理由。比较美日模式有助于我们对企业性质的理解。日本学者今井贤一和小宫隆太郎等从经济制度、组织制度，即企业的体制特征方面来区分日本企业与西方企业性质的差别。他们认为，日本企业体制的特征表现为以下三个方面：

（1）从业员主权。这是指日本企业"属于工作的人们所有"，区别于美国企业"归股东所有"。

（2）分散的分摊。在美国大部分企业中，信息、附加值、决策三者的分摊基本上是单一的模式，集中于一人，即一元化分摊；而日本企业则采取分散化、平均化的不同分摊方式。

（3）有组织的市场。日本是有组织的市场，企业能与交易对手形成长期和持续的共同体交易关系；而美国企业则更倾向于与新的交易者不断进行积极的交涉。

上述三个方面实际上涉及企业理论的三个基本问题：企业是谁的？分摊的程度如何？企业与市场的关系如何？下面从企业存在的理由、资源转换作用、分配资源作用、企业运行机制、企业所属行业的特点等方面讨论企业性质问题。

1. 企业存在的理由

可以从企业为什么存在去思考企业性质问题。从企业角度来看，通过企业这种组织方式把生产要素组织起来，能降低生产成本，即采用企业组织形式比不采用该形式而完全通过市场价格体系来生产产品的成本要低。就此，科斯（Coase，1937）提出了市场交易成本的概念，就是通过市场活动来组织生产是要付出代价的。这些代价包括有关生产要素的信息成本、谈判与签约成本、购买成本，以及因不确定性付出的代价等。通过长期的契约可以降低上述成本与不确定性。西方企业契约网络理论把企业视为投资者、经营者、从业人员、业务伙伴之间的契约集合，其中最主要的是决定企业形态的长期的金融与雇用契约。

然而，仅从成本，特别是外部成本角度解释企业的存在、企业的边界，失之于过窄。当市场表现出某项业务具有可观的利润时，也会采用企业这种组织方式去获取利润。例如，在美国企业发展史上，曾有过大规模地从制造领域向流通领域的扩展，就是为了追逐高额利润。在这种情况下，成本的权重就显得很低。

从社会角度来看，企业只有得到社会的承认才能存在。社会对企业的承认有两层含义。第一，社会承认并授予企业经营权。社会需要企业为其提供产品与劳务，以满足其不断增长和变化、不同方面、不同类别、不同层次的需求。这构成了企业存在于社会的基本使命和任务。第二，企业是否以其活动和成果满足了上述需求，也要由社会来决定。在市场经济体制中，最主要的方式是通过市场进行检验，以便决定企业的活动成果能否得到代表了社会需求的用户认可。但是，应当指出，市场检验并非唯一的标准，因为市场机制本身存在缺陷，如外部效应等。市场机制本身既不能产出最佳经济效应，也不能产生完全为社会所需要的效应。另外，现实中市场发育不完善，也使市场机制的作用难以完全体现。在这样的情形下，市场检验结果并不可靠。正是因为存在市场失效，才为政府干预提供了依据。

2. 资源转换作用

企业性质的另一个重要方面是其组合多种要素（如生产要素）并按某一方式进行资源转换的职能。这一职能体现为通常所说的生产过程或业务过程。在该过程中，各种要素是其投入，转换资源的方式是所采用的技术，产出就是企业向社会提供的产品和劳务。企业的投入来自外部，企业的产出面向外部，企业正是这样与外界进行交流的。然而，从资源的转换角度来看，一个生产航空母舰的企业，或者生产波音飞机的企业，其特点、性质当然与生产牛仔裤的企业有极大的差别。

3. 分配资源作用

企业与社会的关系解释了企业为什么存在。对于企业的性质，还可以从解释企业的扩展行为出发去研究。传统的经济学理论认为，是市场机制起着资源配置的作用。先是罗伯特森（Robertson, 1932），后是科斯（Coase, 1937）将企业视为不同于价格（市场）而起作用的另一种分配资源的机制，其差别在于，市场是采用"看不见的手"来分配资源，而企业则是自觉使用权力来分配资源，这就是管理上有形的手——"看得见的手"。

当管理上的协调比市场机制的协调能带来更高的生产力、更低的成本和更高的利润时，就会促使企业设立新的经营单位，把以前与外部经营单位进行的交易活动内部化。这就是所谓的内部化理论。内部化过程是否产生，取决于内部化的净收益能否达到决策者对预期收益水平的要求。一方面，内部化因其使企业的优势增值而带来利益；另一方面，内部化也将付出代价。例如，在实行跨国生产时，交通、通信、控制成本会直接增加，另外还涉及政治风险和歧视等方面的代价。净收益就是收益与代价之间的差额。从增量分析角度来看，卡森（Casson）曾证明不论内部化的收益与成本孰大孰小，只要内部化成本小于市场交易成本，内部化即可实施。内部化在相当大的程度上解释了企业的扩展行为，包括国内企业，特别是跨国公司的扩展行为。这实际上又提出了企业的边界问题。

当企业存在内部化动因或存在其他扩展动因时，上层管理人员就取代市场为未来的生产和分配而协调资源。此外，往往还要设立相应的机构，建立一定的制度来协调生产活动。

4. 企业运行机制

企业是现代社会经济运行的主体，企业运行机制又可从内、外两方面考察：①从外部来看，企业运行机制取决于企业所处经济体系的运行机制；②从内部来看，企业运行机制取决于企业本身的产权关系属性。

企业性质与企业运行机制有重要联系。企业性质直接与整个经济运行环境有关。这就是说，一定的经济运行机制在很大程度上决定了企业运行机制。在理论分析和经验考察中，一般都要论及两种典型的经济运行机制：完全竞争的市场机制与高度集中的计划机制。从世界范围来看，近年来市场导向的作用更加趋强，主要体现为市场机制起作用的范围迅速扩大。包括我国在内的许多发展中国家，都转向并强调市场机制对资源配置的导向作用。

（1）市场机制及其特点。市场机制的关键在于企业根据其对自身和市场的认识决定生产什么和如何生产。市场机制有如下特点：

1）存在完善的商品（包括生产要素）市场。

2）企业根据其对环境的了解和预期，根据自身的情况来决定生产什么、如何生产（用什么手段和技术）和生产多少。

3）企业通过按一定价格在市场上出售产品获得收入，从而求得生存和发展。

4）一方面，企业产出的数量和质量是明确的和可衡量的，市场不是为独家所垄断的，市场上的顾客可以决定买什么和不买什么；另一方面，企业的投入也是明确的和可衡量的，因此企业本身以营利或亏损为决策标准。

5）企业为其决策承担风险，同时也享有一切成功的机会。

一般来说,不同的经济运行机制有不同的优点和弊病或缺陷。限于篇幅,这里不叙。但是,市场机制的特点在很大程度上决定了该机制下的企业作为一个整体是如何运行的。

(2) 企业产权关系属性与内部要素的动员。企业的性质还涉及企业内部的机制。这种机制说明企业如何进行内部要素的动员,按什么方式对外部环境的变化做出反应,甚至反应的速度如何。因此,企业机制不仅涉及其内部要素的相互关系,而且具体体现为其工作或运行方式。在实践中,企业按这种方式而不按另一种方式运行,是由一组规则来确定的,就好像市场活动的运行是按一组市场规则进行的一样。从本质上说,企业运行的内部关系取决于其内部的产权结构和相应的责、权、利关系。它涉及资产所有者对企业与经营活动的控制方式和程度。企业产权性质是指其资产的归属和构成,如企业资产是全民所有或国家所有、私人所有、外资所有还是若干方面共同所有等。企业的产权关系往往决定了企业采取的法律和组织形式。例如,独资企业、合作企业、股份公司等都是较为常见的形式。企业的产权关系对企业的运行机制有着直接的影响。例如,私有企业中责、权、利的分配往往不同于国有企业,因而其要素动员方式、速度甚至效果都会有所不同。

5. 企业所属行业的特点

企业所属行业的特点是指行业是属于劳动密集型的、资源型的、资本密集型的还是技术密集型的,也可以是生产性的或服务性的,还可以分为提供终端产品的或提供中间产品的。企业所属的行业不同,其经营管理活动、投入-产出的特点会明显不同,因而企业的规模成本特点也存在明显不同。企业所属行业的特点,对企业的生存发展,以及与之有关的经营活动都有着直接的关系。从世界经济发展的趋势来看,行业结构及其内容都在不断发展变化。一些传统行业衰落的同时,新兴行业不断出现,行业的划分也越来越细,一些行业之间的界限变得模糊。企业必须不断察其所在行业的趋势和前景,才能在经营活动中把握主动。行业特点对企业经营活动的直接影响在于,它在很大程度上决定了企业部门划分的方式。例如,化工行业的企业往往按工艺和设备考虑组织结构,而提供消费品的企业则可能会按产品或地区设立部门。事实上,企业经营管理活动分析的前期工作很大部分着重于行业分析。

作为本小节的小结,用图 1-1 表示在市场经济体制下企业经营管理活动的作用及其与其他方面的相互关系。在整个经济活动中,生产单位提供产品和劳务,并受到生产要素市场和最终

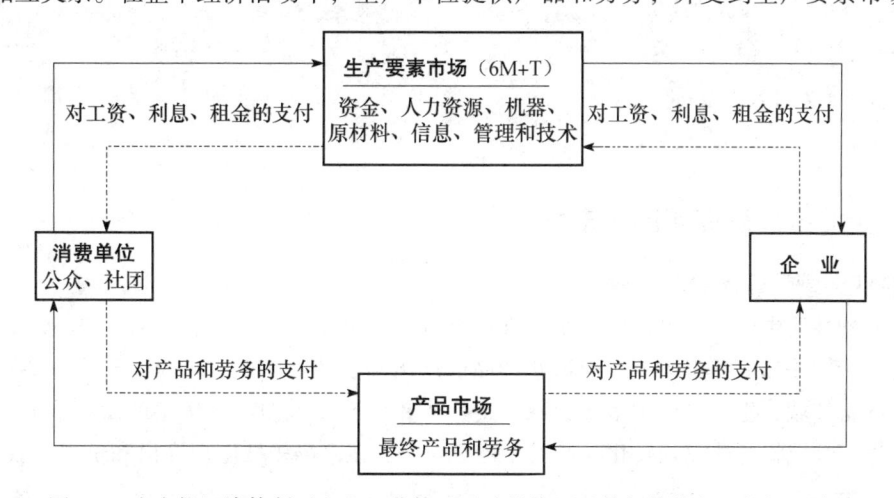

图 1-1 在市场经济体制下企业经营管理活动的作用及其与其他方面的相互关系

产品与劳务市场的检验。如图 1-1 所示，生产要素市场提供的要素可用"6M+T"概括，即资金（money）、人力资源（manpower）、机器（machine）、原材料（material）、信息（message）、管理（management）和技术（technology）。这些要素一旦为企业所拥有，就成为其可支配的资源，转化为生产过程的投入。消费单位方面的公众与社团，一方面通过市场获得产品和劳务，另一方面又作为资源（人力、资金、技术、技能）的拥有者在生产要素市场将其出售给企业。企业购买资源后，将其转化为最终产品和劳务，即转化为商品在两个市场出售。图 1-1 中的实线表示产品、劳务、生产要素的流动，虚线则表示资金的流动。

| 专栏 1-1 |

概念的情景化应用：小米的双重股权结构设置

双重股权结构是指公司对创始人股东和外部投资者分别发行优级股和一般股，优级股每股拥有的投票权大于一般股。其目的是通过分离现金流权和投票权来保证创始人团队对公司的控制。人们对双重股权结构公司的主要担忧是其可能造成的对外部股东利益的侵害。也正是基于这一考虑，香港交易及结算有限公司（简称港交所）于 2013 年拒绝了阿里巴巴的上市申请。其后阿里巴巴赴美上市，创下了史上最大的 IPO 纪录。这一事件直接推动了港交所对上市制度的改革。2018 年，港交所重新修订了上市规则，允许拥有不同投票权架构的公司在港上市，这也是港交所 25 年来最大的改革。2018 年 7 月，小米在香港主板成功上市，成为首家在港交所采用双重股权结构上市的互联网科技公司，净募资 239.75 亿港元，成为港交所历史上 IPO 规模最大的科技公司。小米的股权结构是如何设置的呢？

小米股份分为 A 类股份及 B 类股份，A 类股份每股拥有 10 票投票权，B 类股份每股拥有 1 票投票权。在所有其他方面，A 类股份与 B 类股份权利相同。全球发售完成后，每股优先股自动转换为一般 B 类股份。双重股权结构的受益人为公司创始人雷军和林斌。雷军拥有 4 295 187 720 股 A 类股份，约占公司总投票权的 51.98%；林斌拥有 2 400 000 000 股 A 类股份，约占公司总投票权的 29.04%。此外，两位创始人还持有 B 类股份 2 674 339 990 股，约占公司总投票权的 3.24%。再加上相关投票权委托协议，雷军和林斌共计以 44.74% 的股权占据公司投票权的 87.9%[一]。按照公司章程的规定，只要两人意见一致，就可以决定公司的重大事项。其中，雷军以 3.41% 的股权占据 57.9% 的投票权，成为小米的实际控制人，可以决定公司章程中规定的普通事项。■

1.1.2 企业经营管理活动与市场

1. 企业经营管理活动的内容

在企业的性质中已经指出，任何企业都面临着一系列基本问题：企业将生产什么，生产多少，如何生产，并如何在市场上实现这些产品的产出和价值。因此，企业经营管理活动涉及产品的生产准备领域、生产领域和市场领域。企业要在生产准备领域筹集生产活动所需的多种投入，要在生产领域将这些投入转化为产出，还必须努力在市场领域实现产出和价值，获得收入，

㊀ 数据来源：小米集团招股说明书。

求得企业的生存与发展。这些构成了一个完整的企业经营管理活动的内容。一个典型的制造业企业系统可以理解为从原材料供应商到最终产品或服务之间的一系列活动过程。该典型的企业系统包括五个部分：筹供、研发、加工、配送和支持（服务）活动（导论指出：产业融合导致了生产系统的开放性，使得消费者成为生产要素的一部分）。结合企业的职能来看，企业活动又包括研究与开发、生产、营销、财务、人事、信息、服务等方面。经营管理活动又可按所发生领域和时期的长短分为日常经营管理活动和长期投资活动。图 1-1 也表示了企业经营管理活动的内容与过程。由图可见，企业和消费单位都要与市场发生直接的联系。

从价值增加过程来看，企业活动构成了价值链的分析方式。在经济全球化的环境下，许多企业活动都放在全球化网络中完成，形成了所谓全球价值链（global value chain, GVC）。

2. 关于企业经营管理活动决定因素的两种观点

从企业的性质中可以概括出，关于企业经营管理活动的决定因素有两种观点。传统的经济理论认为，在市场机制下，企业的经营活动是由市场力量所支配的。企业根据市场信号对市场趋势做出反应，这在完全竞争的市场机制下是成立的。在经济学理论中，研究的重点是市场而不是企业。与之相反，管理经济学理论认为，市场是企业的外部环境因素，某个企业是什么和做什么并不完全由市场决定。企业的决策、目标、战略都要受其内部要素的制约。在企业与市场关系方面，二者之间相互作用，企业有其能动性的一面。实际上，在不完全的市场条件下，企业对市场有着不同程度的支配作用。企业的某一竞争战略可能会对市场、买方、竞争企业产生重大影响。在有的情况下，企业可能创造新的需求，改变整个市场活动的方向。在市场存在缺陷的情况下，如果市场交易活动的成本难以衡量或过高，企业就可能将市场交易活动放到组织内部进行，通过企业的管理权力对资源进行有目的的配置、协调，以减少交易活动成本，即企业替代市场。这就是内部化理论与"看得见的手"对资源配置的作用。它为现代企业活动及其与市场的关系提供了一种新的解释。

3. 对市场的不同分析方式

对市场也有不同的分析方式，最重要的方式就是结合需求与供给两方面来考察市场。市场是上述两方面的结合。市场的需求方面反映买方想获得某产品而愿意支付费用的程度；而市场的供给方面反映卖方愿意并实际能向市场提供产品的程度。一般来说，当价格变动时，需求会向相反方向变化，而供给会向相同方向变化；相反，当需求变化时，价格会向相同方向变化，而供给变化时，价格会向相反方向变化。这样，需求、供给和价格之间存在一个相互作用的关系。如果仅从需求或供给某一方面研究市场，是不全面的。

此外，可以将市场划分为统一市场（也可称为一体化市场）和非统一市场，买方市场和卖方市场，完全市场和不完全市场，等等。其中，统一市场和非统一市场与市场的分割程度有关。造成市场分割的原因有体制方面的，也有技术方面的。一般来说，商品要素越能自由流动，其商品价格越相同，也就越接近统一市场。买方市场是指存在过剩的供给与生产能力，使得买方能按对其有利的方式进行讨价还价。卖方市场则是指在需求过剩的情况下，卖方拥有按对其有利的方式定价的能力。完全市场是指存在众多的买方与卖方，而没有一个买方或卖方能对市场起较大的支配作用，即价格是完全由市场决定的。市场的参与者都能了解各种有效的交易往来，即他们能等同地接近信息和以等同的价格接近商品。在上述条件不存在的情况下，市场则是不完全的。企业经营管理决策要求对市场进行深入细致的分析。

1.2 现代企业中的委托-代理问题

1.2.1 委托-代理问题的由来

20世纪30年代以来，明斯（Means）等人的研究表明，股东所掌握的股权（尤其在大公司中）变得极为分散，出资者对支薪经理所行使的控制、约束与监督明显弱化，大多数大公司的所有权与上层经理的管理相分离。这就带来了一个对所有者极其重要的问题：如何确保做决策的经理关心所有者的利益而不是经理与其他相关利益者的利益？这是学者们最早对委托-代理问题进行思考和研究的原因。

在传统的资本主义早期，企业规模不大，一般只生产单一产品，只有单一决策机构。在这种企业里，由出资者负责管理企业的运作，即使是在合伙企业中，股权还是由少数人或家族所掌握。这种单一单位的企业很少雇用管理人员，可称为雇主的企业。雇主的企业在发展到一定程度之后，开始逐步转变为企业家的企业和家族企业。在企业家的企业中，股东往往是创业企业家的家族成员、朋友和关系较深的商业伙伴，因而可以对企业的经营管理进行密切的监控。虽然企业家的企业和家族企业的规模可以发展到相当的程度，以致企业家及其合伙人无法从事全部管理工作，而由职业经理人担任一些中下层管理和上层管理职位，但是在这种类型的企业中，创业者和出资者基本上还是保持着对企业的控制和管理。

随着企业家的企业规模扩展，企业所有权不断分散，企业家的企业就转化为职业经理人的企业。在这样的企业中，股东不再可能，或者也缺乏从事高层管理的技能和知识。于是，受过MBA等专业知识训练的职业经理人开始掌管公司的大小事务。他们既从事短期的经营活动，也决定企业的长期发展，而企业家则慢慢退出这个舞台。世界著名的冠以家族名称的大公司，例如，美国的福特公司、威斯汀豪斯公司、柯达公司、杜邦公司，欧洲的梅赛德斯-奔驰公司、西门子公司、飞利浦公司、罗尔斯-罗伊斯公司，以及日本的松下公司、三菱公司、日产公司，等等，其家族所占有的股份其实已很微小，家族成员也基本退出了高层管理的舞台，企业本身已成为典型的现代企业。

雇主的企业和企业家的企业是由所有者控制的，企业的所有者目标明确，就是追求利润。在雇主的企业中，出资者与经理的工作统一于雇主一身，因而不存在经理的激励问题。即使在企业家的企业中，由于作为高层经理的企业家（也是出资者）对企业的密切控制，也基本上不存在出资者与经理之间在企业目标上的冲突。而经理人的企业则不同——企业所有权与经营权的分离，以及对管理自主权的认识，引发了对经理人致力于利润最大化行为的所处条件，即经理控制公司，但追求非利润最大化的目标的分析。这一问题就称为委托-代理问题。经理人管理企业，同时，股东和债权人试图通过各种机制来控制经理人的行为。一方面，信息不对称成为代理人为自己谋取利益行为的直接诱惑；另一方面，追求自身利益最大化则成为代理人机会主义行为的强大动力。在存在委托-代理关系的情况下，代理问题的出现和代理成本的产生是不可避免的，因为代理人也是一个具有独立利益行为目标的经济人，其行为目标与委托人的目标不可能完全一致，为了自身利益的最大化必然会做出损害委托人利益的行为。而委托人为了避免这种情况的出现也会采取种种措施加以约束，这必然会引起"代理成本"的产生。代理成本包括：委托人的监督支出、代理人的保证支出和剩余损失。由于信息的不对称等因素，委托人与代理人之间不可能签订一个完全的契约,因而代理问题和代理成本问题是不可避免的。这便是委托-代理问题的由来。

1.2.2 委托-代理问题的基本观点及相关理论

委托-代理理论的主要观点认为,委托-代理关系是随着生产力大发展和规模化大生产的出现而产生的。其原因一方面是生产力发展使得分工进一步细化,权力的所有者由于知识、能力和精力的原因而不能行使所有的权力;另一方面,专业化分工产生了一大批具有专业知识的代理人,他们有精力、有能力代理行使好被委托的权力。委托-代理关系在社会中普遍存在。例如,公司股东与经理、选民与官员、医生与病人、债权人与债务人之间都是委托-代理关系。

委托-代理问题可以从信息经济学和企业理论等角度出发解释。

1. 契约与激励冲突

信息经济学是研究非对称信息条件下有关利益主体的经济行为。信息不对称(information asymmetry)是指缔约一方所拥有的信息不为另一方所掌握。按照发生的时间,信息不对称可分为事前不对称和事后不对称。事前不对称称为逆向选择(adverse selection);事后不对称称为道德风险(moral hazard)。

可以把企业看成一系列契约的联结,包括企业与雇员的劳工契约、与原材料供应商有关的供应采购契约、与顾客的买卖契约、与银行的资金契约、与保险公司的保险契约等。企业契约有两种类型:一种是完全契约,即缔约双方都能够完全预见契约期内可能发生的重要事件,愿意遵守双方所签订的契约条款,当缔约方对契约条款产生争议时,第三方(法院)能够强制其执行。缔约方拥有完全信息是完全契约的一个重要条件。在完全信息条件下,通过设计激励相容契约可以低成本地解决激励问题。另一种是不完全契约,即缔约方有限理性,存在外在环境不确定性、信息不对称和不完全性,造成契约条款不完全。其中信息不对称是产生不完全契约的重要原因。由于激励问题,拥有私人信息多的一方可能会利用信息优势为自己谋取利益。契约谈判、拟订条款、管理、执行都需要成本,尤其是信息成本。这些成本称为契约成本。

企业内部存在许多委托-代理关系,如股东任命董事会作为他们的代理人,监督企业管理者的行为。董事会则把大部分权力授予高层经理,高层经理再把权力授予低层经理和普通员工。作为一种金字塔形科层制,实际上是由多层次委托-代理关系形成的。由于信息不对称,委托人的激励与代理人的激励不会自动相容。代理人的行动不可能无成本被委托人观察到,代理人有动机损害委托人的利益,增加自己的个人福利。

经理非利润最大化行为是信息不对称条件下委托-代理问题的例证。例如,经理存在销售收入最大化与权钱偏好。销售收入的增长表明企业在市场竞争中的地位和能力得到加强,而且往往经理的薪金、地位及其他报酬与企业经营规模的关系,比之与企业盈利能力的关系更为密切。

2. 股东权益理论

股东(shareholder)权益理论认为,公司的股东利益至高无上,股东利益无疑优越于雇员利益。对股东来说,公司主要是甚至专门是通过投资为其谋取利润和使其资本增值的工具,而不是为雇员谋取利益的福利机构。就总体经济来说,股票市场是最终衡量公司业绩与成败的核心指标,股票指数是衡量国民福利的主要标准,股票市场价值的最大化就意味着全社会福利的最大化①。股东权益理论认为,股票市场通过对绩效差的公司进行接管而促进公司绩效的提高。并且当经济环境变差时,美国企业会缩小规模(往往要裁员),减少工资支出,给予股东更多的收益分配;采取以低工资和较差的工作条件为特征的灵活工作制度;公司报告强调股东最大收益的重大转变。当然,上述观点还需要更多的经验研究支持。研究表明,平均地看,被收购的公司似乎与非被收购的类似公司有相同的绩效;而且传统地看,公司规模而非绩效才是对收购的最好防御(抵制)。

3. 利害相关者权益理论

企业利害相关者(stakeholder)权益理论②中的利害相关者包括股东、债权人、雇员、供应商、客户和社区。其代表人物布莱尔(Blair)认为,利害相关者是那些为公司专用化资产做出贡献(而这些资产又在公司中处于风险状态)的人和集团(Blair 1995)③。这一理论认为,企业的价值是利害相关者共同(而不仅仅是资本)创造的,他们同时也承担企业的风险。凯(Kay)教授的著作《公司成功的基础》(1993)、休顿(Will Hutton)的畅销书《我们所处的状态》(1995)中均指出,与每一个利害相关者都建立起长期关系的公司是最成功的。布莱尔(1999)认为,当公司经理的职责是最大化企业总的财富创造,而不仅仅是最大化股东的利益时,经理就必须重视公司的决策和行为对所有利害相关者的影响。④

| 专栏 1-2 |

美日公司治理模式的比较

公司治理决定跟随者可以做什么,谁来控制它们并如何进行,它们从事的活动所产生的回报与风险是如何分摊的。20世纪80年代初以来,美国对所发现的委托-代理问题做出了许多报道,在此压力下,许多公司力图减少所发现的代理差距,而进行重构(restructuring)。研究表明,美国企业的重构压力比德国企业要大,因而企业重构也比德国企业要早,比日本更早。20世纪80年代末以来,美国出现了"因机构持股者觉醒"而将通用汽车公司、IBM和克莱斯勒汽车公司等业绩不良的公司董事长、总裁赶下台的一连串"地震"。沉没的股东权利重新回到股东手中。股东压力下的重构是美国企业竞争力重新成为世界第一的重要原因之一。

日本模式不同于美国模式的特性,在不同程度上体现于四个方面:第一,在利害相关者中,雇员至上还是股东至上方面,公司向雇员方面严重倾斜;第二,关系交易(而不是美国那种非个人的现货市场交易);第三,在竞争者之间合作或竞争的平衡上,大多倾向合作;第四,在对私有利益冲突的裁判上,美国将之交由市场解决,而日本在这个问题,以及为大众提供服务上,政府扮演着重要角色。

日本经济进入20世纪90年代以来长期处于萧条状态,引起了学界的广泛注意和研

---

① 多尔. 股票资本主义:福利资本主义 [M]. 李岩,李晓桦,译. 北京:社会科学文献出版社,2002.
② 毛蕴诗在2000年发表的论文《现代公司理论及其形成背景》中较为系统地梳理了这一理论,也可参见"工商管理前沿专题"(清华大学出版社,2018)。但是,绝大部分的文献中都是沿用"利益相关者"的说法。本书中把引用文献中的"利益相关者"都改为了"利害相关者"。
③ BLAIR M M. Rethinking Assumptions Behind Corporate Governance [J]. Challenge, 1995, 38 (6): 12-17.
④ 布莱尔. 所有权与控制 [M]. 张荣刚,译. 北京:中国社会科学出版社,1999.

究。曾被认为是"经济奇迹"的日本经济之所以长期走不出谷底，其根本原因是这个曾经为日本带来经济繁荣的经济制度存在着种种弊病。长期以来，轻视资本收益率、重视市场占有率、重视增长率一直是日本企业的经营特点。日本企业在东证一部上市公司的资本收益率平均为4%，远低于美国的14%。如果剔除日本和美国的利息差、税率差的影响，日本企业的资本收益率可以达到9%，但与美国优良企业20%的资本收益率相比，差距依然很大。而日本由于90年代初泡沫经济的破灭，许多老牌的综合性大型企业破产和出现生存危机，促使日本学者对企业目标、日本企业治理结构的现状、有效的治理结构应具备的条件等进行了重新思考。与此同时，日本企业在管理模式上也正在出现若干变化。例如，日本企业在企业目标方面发生了以下变化：对市场占有率的重视程度显著降低；越来越重视资本收益率；对增长率的重视程度也比过去有所降低。日本企业过去之所以重视市场占有率是基于产量的累积增加，单位产品成本会相应降低这种认识。最近的研究表明，市场占有率不是持续保证企业利润的源泉，成功企业的高市场占有率其实源自成功的创新。日本企业经营目标优先度的变化是与上述认识相吻合的。■

1.2.3 委托-代理问题的解决机制

1. 激励机制

为了防止经理的短期行为，企业往往与管理者订立合同，以使他们有动力追求与利润最大化较为接近的目标。企业所有者可能会用财务方面的利益关系把管理者与企业的成功联系在一起。许多企业的奖金、分红等根据企业长期经营业绩给付的激励性报酬一般占很大的比重，可占经理长期收入的40%~60%。某些公司还将效益奖金的支付时间延后3~5年，而且附加继续为公司工作的条件。

期权也是被用得较多的一种激励方式。向主管人员提供期权，使之能以某种事先确定的价格购买公司的股票。这种办法能激励管理者致力于提高公司利润，并按照与所有者利害一致的方式行事。如果公司业绩良好，所有者和管理者双方都将从更高的股票价格中获得更多收益。但从管理者的角度来看，这种方法并非总能形成长期财富最大化的前景。管理者有时并不保留他们对公司的权益，而是行使期权之后很快将股票卖掉。

有些公司尝试其他方法，例如，规定管理者如果完成一定的业绩并且继续为公司工作，就可以得到相当数量的赠股，赠股多少随职位等级递增梯度增大。其目的是使管理者把对自身利益最大化的追求与企业利润的增长目标统一起来，在获得应得报酬的同时促进企业的长期发展。一项调查发现，在销售额超过50亿美元的美国公司中，有将近10%的公司要求高级主管持有公司的普通股票。⊖

在具体的实践操作中，人们摸索出各种工资制度对管理者进行激励。管理者的报酬一般由固定薪金、奖金、股票与股票买卖选择权、退休金计划构成。固定薪金缺乏灵活性，但它能为管理者提供安全感和保障；奖金可以与当年的经营效益挂钩，是一种灵活的激励方式，但也容易诱发管理者的短期行为；股票与股票买卖选择权可以促使管理者为长期的利益而对企业进行

⊖ LUBLIN J S. Buy or Bye [J]. Wall Street Journal, 1993-4-21.

长远意义上的投资与经营,当然对管理者而言,这也意味着风险的加大;退休金计划则使管理者具有安全感和归属感。总的来看,各种激励方式各有利弊,所以管理者报酬的最优设计应是各种不同报酬形式的最优组合。

2. 约束机制

激励机制同时也能起到约束作用。管理者如果不努力工作,就不能够得到上述与长期经营业绩挂钩的弹性收入,这是一种硬性的约束。除此之外,职业经理市场的约束对经理而言也是强有力的。充分竞争的职业经理市场在市场经济国家里逐渐形成并且日趋完善。真正的职业经理都很注重自己的声誉,为了能够提升自己在职业经理市场上的人力资本价值,他们一般都会努力工作,以更好的业绩来展示自己的经营能力。

在成熟的资本市场上,通过包括公司接管、杠杆收购、公司重组等在内的公司战略而实现的公司资产控制权转移,也是实现约束的一种有效机制。若公司管理者经营不善,公司股票价格就会下跌,有能力的企业家或公司的潜在对手会大量低价收购股票,从而达到接管公司的目的,最终导致公司的经营管理团队变动,或者使得现有的经营管理团队为了股东和自身的利益而努力工作。

在公司内部,首先,董事会可以通过决定公司管理者的任命,通过人事任免权来约束管理者的行为;其次,董事会组成专家小组或委员会,对经营管理提供有益的建设性方案,来影响公司的经营管理决策;最后,董事会通过业绩评价来影响管理者的行为。同时,在现代公司中,代理人往往与董事会中的部分大股东有着千丝万缕的利益联系。所以,尽管董事会代表公司全部所有者掌握着任命经理、重大投资、合并、收购等一系列公司重大决策的控制权,但是他们实际上不能有效代表全体委托人的利益。独立董事制度的建立进一步完善了董事会的监督职能,加强了董事会对代理人的监督,并一定限度地实现了信息透明化,减少了代理人利用信息不对称给委托人造成的损失。

| 专栏 1-3 |

迪士尼是怎么处理委托-代理问题的

迪士尼公司在 1984 年聘任派拉蒙公司的经理迈克尔·艾斯纳任 CEO。公司的董事会同意付给艾斯纳 750 000 美元的年薪和 750 000 美元的签约报酬,此外,如果公司净收入超过股票净值的 9%,艾斯纳还可以拿到超出部分的 2% 作为红利。此外,艾斯纳有 200 万股股票的股票期权,他可以在 5 年合同期内的任意时间以每股 14 美元的价格购买公司股票。

问:①1984 年年底,股东的股票净值为 11.5 亿美元,如果迪士尼公司 1985 年的净收入是 1 亿美元,那么艾斯纳可拿到多少红利?如果净收入是 2 亿美元呢?②1987 年,迪士尼的股票价格升到每股 20 美元,艾斯纳的股票期权的价值是多少?③艾斯纳 1986 年获得的红利是 260 万美元;1987 年是 600 万美元;1988 年,包括股票期权的行权在内,他的收入达到 4 100 万美元,是当时美国 CEO 中的最高纪录;1993 年,他的总收入大约是 2.02 亿美元,再次创下纪录。迪士尼的所有者是否为艾斯纳提供了足够大的激励,使他为提高公司的利润而

> 努力？④一个股东若在艾斯纳任职之初投资 100 美元购买公司股票，那么在 1994 年其股票的实际价值升到 1 460 美元。这是不是由于公司所有者对艾斯纳的高额收入异议不大的原因？⑤据悉，艾斯纳说过："你必须假装你在运用自己的钱。"⊖
>
> 答：①因为 11.5 亿美元的 9% 是 1.035 亿美元，所以，如果迪士尼的净收入是 1 亿美元，艾斯纳不会拿到红利；如果净收入是 2 亿美元，他可以拿到 0.02×（2 亿－1.035 亿）＝0.019 3 亿（美元）。②2 000 000×(20－14)＝12 000 000（美元）。③是的。④是的。⑤不会。⊖ ∎

1.3 企业环境

1.3.1 企业环境的概念

企业环境可以定义为决定或影响企业经营活动的发生、进行及其成效的要素总和。企业环境的这一概念包括以下三个层次的含义：

首先，一定的环境变化可能促使、诱发或限制企业经营活动的发生。例如，20 世纪 80 年代末，拟议中的欧洲统一大市场的建设，诱发了非欧共体国家向欧共体的投资。又如，近年来受新冠疫情影响，一些企业纷纷倒闭，但也有一些企业获得意外增长。另外，一些环境的变化，如政治局势不稳、经济状况不佳，可能限制企业向该地区的投资活动。再如，美国硅谷所特有的完善的要素市场，鼓励创新、宽容失败的外部环境，吸引了全球众多的高新技术企业在那投资。

其次，不同环境对经营管理活动的进行会产生不同程度的促进或妨碍作用。基础设施建设是否完善，信息流动、物流是否通畅等，都可能妨碍企业经营管理活动的正常进行。例如，为了保证外商投资企业的正常运行而开辟的经济特区，提供完善的基础设施与服务，创造了良好的企业环境。同样，在企业内部，如果生产要素流动不畅，也会妨碍企业的正常运行。

最后，良好的、有利的环境在很大程度上是企业取得良好业绩的保证；相反，恶劣的、不利的环境，如市场狭小、竞争激烈，都会使企业处境艰难，影响其成效，有的环境变化甚至危及企业的生存。

1.3.2 企业环境的内容与分析方法

企业环境包含的内容非常广泛。根据企业经营范围，企业环境可划分为企业内部环境和企业外部环境。企业内部环境可分为企业资源状况与企业体制、企业文化等非资源因素；企业外部环境可分为国内环境与国际环境，又可分为一般环境与行业环境，而行业环境又可分为供给环境与产品市场环境。下面按上述分类对企业环境进行分析。

1. 企业内部环境

（1）企业资源状况。企业资源包括其所拥有或可支配的资产（包括无形资产）、资金、人力资

⊖ FLOWER J. Prince of the Magic Kingdom [M]. New York: John & Wiley, 1991.

⊖ 更详细的讨论可参见 FLOWER J. Prince of the Magic Kingdom; MILGROM P, ROBERTS J. Economics, Organization, and Management. New York: Prentice-Hall, 1992; Business Week, 1994-4-25.

源、信息和技术等。这些资源的状况都将在与同行业其他企业的比较下体现为不同程度的优势或劣势。企业在很大程度上受到现有资源状况的约束。例如，企业固定资产往往有较强的专用性，因而其用途比较狭窄。企业生产技术水平随着固定资产的不断增加，其进步的速度会更慢，更新的困难会更大。而企业员工的知识结构也非一朝一夕就能得到更新。所有这些都使得企业的业务方向具有很大的惯性，限制了企业经营管理者的思维空间，以及企业经营管理决策的可行范围。在企业内部环境中，管理技能，包括决策者的智慧、素质、经验和判断能力，以及管理机构的办事效率等，起着越来越重要的作用。在现实生活中经常看到这样的事例，如濒临倒闭的企业由于更换领导者而重获生机；而且还有不少企业打破资源环境的约束、立足全球范围整合资源的案例，如苹果的成功离不开对日本、韩国、中国等国企业资源的整合。因此，企业管理人员的综合能力对企业的生存和发展起着关键性的作用。

（2）企业体制。企业体制可理解为企业内部的运行机制。如1.1节指出，企业运行机制也取决于其内部的资产所有权关系。企业的产权关系具有相对持续性，一旦确立，一般可以持续相当长的时间。不同的产权关系对经营者的约束程度有很大差别。例如，独资企业对经营管理者的约束较强，股份公司对经营管理者的约束较弱。这种不同的约束力会导致企业经营管理者在决策时的偏重有所不同，从而体现出所有制形式对企业经营管理决策的影响。

另外，不同产权关系的企业，其利益分配方式不同，集权与分权程度不同，资金筹措方式和能力也有很大差异。这些差异也会影响企业的经营管理决策，以及企业对外部环境的反应和对内部要素的动员。

（3）企业文化。企业文化是企业在长期发展过程中逐步形成的，它有着丰富的内容，其精华体现在深入员工心中的价值观与精神。例如，勇于创新、精益求精的精神，忠于职守、以企业为家的精神等。企业的经营管理决策和实施过程无不受到企业文化的影响。在某些情况下，虽然设备和技术相同，但由于企业文化之间的差异，导致了产品质量、企业效益的很大差别。当然，也有的企业文化会对企业的目标有消极影响。企业经营者难以改变这种长期发展所形成的文化，只能因势利导、扬长避短。

2. 企业外部环境

表1-1列示了将企业外部环境按一般环境、供给环境和产品市场环境三部分细分要素，展开企业环境分析。

表1-1 企业外部环境分析需要考虑的因素

企业外部环境		环境因素
一般环境（PESTL分析）		（1）政治环境 （2）经济环境 （3）社会文化环境 （4）技术环境 （5）法律环境
行业环境	供给环境	（1）资金的供给情况 （2）能源的供给情况 （3）原材料来源和价格变化 （4）主要设备的技术突破或革新 （5）劳动力资源状况 （6）信息与交通运输条件

(续)

企业外部环境		环境因素
行业环境	产品市场环境	(1) 行业内竞争结构 (2) 本行业新企业、新产品和新服务的出现 (3) 本行业产品和服务的价格变化 (4) 本行业产品的生命周期变化 (5) 替代品的出现

| 专栏 1-4 |

中国吸引外资魅力不减 ⊖

2020 年，全球外国直接投资（FDI）大幅下降 42%，中国引资总量却再创新高，且结构更加优化，显示出吸引全球投资的强劲"磁力"。联合国贸易和发展会议发布报告显示，2020 年中国吸引外国直接投资增长 4%，达到 1 630 亿美元，首次超越美国，成为全球最大外资流入国。其中，高科技领域的外国直接投资增长 11%，跨境并购增长 54%，主要集中在通信技术及医药行业。

西方主流媒体观察到，发达国家企业对到中国投资表现出极大的兴趣：高盛和摩根大通都获得了其中国合资伙伴的全部所有权；百事公司也斥资 7.05 亿美元收购了一个中国零食品牌；沃尔玛表示未来 5 年将在武汉投资 30 亿元人民币；特斯拉正在扩大上海工厂的产能，并打算再成立一个研究中心；迪士尼公司计划在上海迪士尼乐园建设一个新的主题园区……《华尔街日报》指出，此前有分析认为，外国企业试图减少在供应链环节对中国的严重依赖，但外商在华投资的韧性与该预期恰恰相反。外国企业将中国视为其产品的生产基地和重要的增长市场。日本贸易振兴机构不久前的一份调查显示，只有 9.2% 的日本企业表示正在或考虑将产能迁出中国，该数据创下 5 年来的最低水平。

中国缘何成为全球资本青睐的热土？我们至少可以观察到两大原因：一是中国是全球最具韧性的经济体之一，中国未来的增长潜力仍强于其他大多数经济体，这是中国吸引外资的最大亮点；二是中国政府近几年持续改善营商环境的努力，为如今国际投资蜂拥而至奠定了基础。例如，市场准入门槛不断放宽，外资准入负面清单和自由贸易试验区外资准入负面清单条目分别减至 40 条和 37 条，市场准入负面清单事项数量由 151 项减至 131 项。2019 年全国减税降费 2.36 万亿元人民币，取消证明事项超过 13 000 项。这些举措不仅放松了对外资的限制，也显著降低了外商来华投资成本，使得中国市场成为西方跨国公司全球营收的重要支撑。中国商务部的调查显示，近六成外资企业 2020 年的营业收入、利润实现增长或持平，近九成半企业对未来前景持乐观或谨慎乐观态度。《华尔街日报》援引联合国贸易和发展会议估算的数据指出，2020 年中国 FDI 全球占比大幅提升至 19%，这表明中国正加速走向国际金融的中心。■

⊖ 中国吸引外资仍然"磁力"十足. 新华网, 2021 年 2 月 1 日.

(1) 一般环境：PESTL 分析。在国外的文献中，对一般环境往往采用 PEST 分析，即政治（political）、经济（economic）、社会（social）、技术（technology）分析。考虑到我国市场经济改革时间还不长，与市场秩序有关的法律法规尚待健全，市场的国际化程度正在提高，因此加上对法律（law）环境的分析。因此，把对一般环境的分析称为 PESTL 分析。

1）政治环境。政治环境是指总的政治形势，涉及社会制度、政治体制、党派关系、政府的政策倾向和人民群众的政治倾向等。政治环境的变化有时会对企业的经营活动产生直接的作用，但更多地表现为间接影响。例如，由国家权力阶层的政治分歧或矛盾所引发的政局动荡和罢工浪潮，无疑会给当地乃至全国企业的经营管理活动造成直接的冲击。由这种政治环境的变化所带来的新制度、新法规和新经济政策，将对全国范围内企业的经营和决策产生广泛、深远的直接或间接影响。历史经验证明，只有政治局面安定，经济才能持续发展，企业的经营管理活动才能顺利进行。

2）经济环境。这里的经济环境主要是指整个宏观经济的状况，包括经济增长速度、经济结构、生产力布局、要素市场发育程度等。这些宏观经济环境因素的变化，都将通过改变企业的供给环境和产品市场环境来影响企业的经营管理决策。

在经济高速增长时期，企业往往面临更多的发展机会，可能增加投资，扩大生产或经营规模，也可能面临不太紧张的竞争环境；当经济处于停滞或衰退时期，企业的发展机会较少，企业之间竞争的程度将会加剧。经济结构的调整将使顺应调整方向的企业兴旺发达，背离发展趋势的企业走向衰败和终结。国家重点工程、重点项目的实施会使某些企业获得发展机遇；信贷紧缩会导致企业资金紧张、周转困难。

3）社会文化环境。社会文化环境包含丰富的内容，其中对企业经营影响较大的因素有人口状况、教育与文化，以及宗教信仰和风俗习惯等。

企业生产的最终目的是满足人们日益增长的物质和文化生活的需要。因此，社会人口数量及其结构的变化，必将影响企业的生产或经营。例如，人口总数直接影响着全社会的消费需求总量，因而影响着社会生产总规模。人口的地理分布与密度影响着企业的厂址选择。人口的性别比例和年龄结构在一定程度上决定了社会需求结构，进而影响到社会供给结构和企业生产。家庭户数及其变化与耐用消费品的需求和变化趋势紧密相关，因而也影响到耐用消费品的生产规模等。

教育与文化从两个方面来影响企业的经营：一方面，与受教育、文化水平有关的企业职工（从劳动力市场、人才市场上聘用）的素质与能力将影响企业的经营活动的成效；另一方面，教育与文化会改变人们的生活方式、消费习惯，从市场需求的角度来影响企业的经营。

社会风俗习惯、思想观念既会影响人们对工作的选择及工作态度，也会影响人们对商品的需求。

4）技术环境。技术环境是指与本行业有关的科学技术状况及其发展趋势，包括新技术、新设备、新材料、新工艺的发明（或发现）和应用情况。科学技术是第一生产力，是最具活力的生产要素。随着时代的进步，科学技术日新月异，新产品不断涌现，产品更新换代周期日益缩短。一个企业如不强化其研究与开发活动，不关注国内外本行业的最新技术并积极引进，将很难有较大和较长时期的发展，甚至会因技术落后而丧失市场。因此，技术环境变化对企业的影响在于：一方面，它使企业开发新产品成为可能；另一方面，又可能使企业的产品变得落后。同时，技术环境对企业的影响还在于：技术环境为企业的生产提供了科技手段，同时又使企业使用的技术变得陈旧而过时。

5）法律环境。法律环境是指立法和司法的现状，它涉及法律法规的健全与相对完善程度。只有在健全的法律环境下，才能保证企业经营活动按照一定秩序和规范进行。法律环境对企业的影响在于：法律既保护企业的正当权益，又监督和制约企业的行为。企业的生产、交换、分配活动都必须自觉遵守有关法律的规定，否则就会遭到法律的制裁。

应当指出，在经济全球化已成为世界经济发展趋势的今天，企业特别是大企业，无不受到国际环境变化的冲击和影响。为此，对国际环境的分析显得尤为重要。对国际环境的分析也可按 PESTL 的维度进行，限于篇幅，不在这里展开。

（2）供给环境。在企业功能和效率确定的情况下，投入的数量和质量决定着生产的数量和质量。因此，企业的供给或采购活动成为企业经营管理的重要环节。影响企业经营管理的供给环境包含六类因素，下面进行简要说明。

1）资金的供给情况。资金是企业经营活动的重要生产要素之一。资金供给是否及时、充足，资金的筹集方式如何，都直接影响到企业的日常业务活动和经济效益，以及企业的长期发展。在企业经营管理过程中，由于销售不畅或其他原因，造成资金周转困难，需要及时补充流动资金；发展机遇的把握，需要注入长期资本。然而，企业对资金的需求并不总是能得到满足，在市场销售疲软、经济衰退、市场缺乏信心等情况下，银行信贷和商业信贷普遍紧张，企业往往只能首先求得生存，限量生产，放弃投资机会，苦渡难关。

2）能源的供给情况。能源供给紧张与否，能源价格、质量等，对企业经营管理活动都有很大影响。在我国，石油的供给在很大程度上依赖进口，因此，煤炭、电力供应有相当一段时间处于紧张状态。在有的情况下，企业被迫处于限产状态，生产能力得不到充分利用。即使能源供给有所改善，企业为了节约成本、增进效益，也要采取措施，节约能源，充分利用能源。

3）原材料来源和价格变化。原材料来源的变化，将引起获得原材料的难易程度、数量多少和价格的变化，同时也会引起原材料运输方式和运输距离的变化，所有这些都将影响到企业的经营管理活动及其效益。任何企业都不会无视这一供给因素的变化，否则将会招致停工待料或亏损的后果。

4）主要设备的技术突破或革新。主要生产设备的技术突破或革新，为企业采用先进技术、降低生产成本、提高产品质量、提高生产效率和经济效益创造了条件。现代科技发展迅猛，企业应加速固定资产的折旧，积极采用新技术、新设备。企业经营管理者更应关注这一供给因素的变化，用发展的观点、投入-产出的观点和比较的观点来权衡采用新设备的得失。

5）劳动力资源状况。企业的发展需要社会提供数量更多、质量更高的劳动力资源。劳动力资源不足，会制约劳动密集型行业的发展。劳动者的文化水平和掌握先进技术的程度，是影响高新技术产业发展的重要因素。劳动力资源状况（包括数量、质量、价格）已越来越成为企业经营管理决策的重要依据。例如，西方发达国家为了寻找廉价的劳动力资源而纷纷向低收入的发展中国家投资，将劳动密集型产业甚至某些高技术产业转移到国外。

6）信息与交通运输条件。信息技术、通信手段与设施方面的条件影响企业业务活动的运行。信息的可获取性、质量则影响企业的决策。交通运输条件的好坏也是影响企业经营决策的因素，它决定了设备、原材料能否安全、及时地运入。信息设施的完善、新航线的开通，新公路、新铁路的启用，都会给所在地区的企业带来发展的机遇。而交通运输条件恶劣会造成企业难以接近市场、市场活动和生产活动成本增加等消极影响。

（3）产品市场环境。在不断变化的市场环境中，企业必须了解其所处的竞争环境。对市场竞争结构的分析，将视行业的不同、市场范围大小的不同而异。对产品市场环境可以从以下几方面加以分析：

1) 行业内竞争结构。行业内竞争结构即行业（产品）的市场结构，可以用以下四条标准简单地加以分析：

① 是否有一家企业控制了整个行业 50%以上的销售额。如果存在这种情况，就说明该企业处于市场竞争中的领导地位。

② 是否存在 4~5 家企业共同控制了整个行业 50%以上的销售额。如果存在这种情况，就说明该行业的竞争结构为寡头垄断型市场结构。

③ 是否存在 9~10 家企业共同控制了整个行业 50%以上的销售额。如果存在这种情况，就说明企业竞争结构趋向垄断竞争的模式。

④ 行业内企业很多，没有任何一家企业的销售额超过整个行业销售额的 5%。这种竞争结构可以视为完全竞争的市场结构。

勾勒出了本行业的竞争结构之后，企业经营者便可以根据近几年企业的销售情况来大致判断本企业的市场竞争能力和所处的地位。

2) 本行业新企业、新产品和新服务的出现。它们的出现往往伴随着新技术、新工艺或新方法的应用，必然会激化行业的内部竞争。因此，企业经营管理者必须经常关注行业内的新动向，对新企业、新产品和新服务加以研究，分析其发展趋势和对本企业产品销售的影响，从而做出应对。

3) 本行业产品和服务的价格变化。行业内的产品和服务基本上是同质的，因而某企业产品和服务发生变化会直接影响其他企业的产品和服务。这种相互影响可能演变为价格战。

4) 本行业产品的生命周期变化。产品生命周期也是影响企业经营和决策的市场因素之一。产品生命周期的缩短，客观上要求企业具有较强的产品更新换代能力，要有一定的技术储备，否则，单一的品种和陈旧的样式将会导致企业销售额的急剧下滑。

5) 替代品的出现。替代品的出现必然减少市场对该产品的需求，需求变化的程度取决于替代品的替代程度高低。这也是企业经营管理决策者必须经常予以关注的。

| 专栏 1-5 |

概念的情景化应用：疫情时期企业的得与失

2019 年年末暴发的新冠疫情给全球航空业带来了难以估量的损失，航空公司面临着史无前例的危机。由于疫情在全球各地扩散开来，人们尽量避免远距离出行，导致乘坐飞机的需求锐减。而且如果机舱内有新冠状病毒携带者，舱内的乘客极容易被感染，使人们对坐飞机感到恐慌。层出不穷的航班上出现确诊病例的新闻报道更是加重了人们的恐惧情绪，几乎没有人愿意冒险，于是飞机乘客的数量呈现断崖式下跌。另外，各国政府也陆续出台了封锁措施，包括限制别国的航班入境等，直接斩断了原本紧密连接世界的航空网络。

韩国在 2020 年 2 月月末成为亚洲确诊病例第二多的国家，大韩航空的国际航班量下降了 4/5。[一] 3 月疫情暴发的中心转移到

[一] Airlines slash capacity to cut costs as coronavirus hits demand. Financial Times, 2020-03-10.

欧洲，欧洲各国的航空业陷入衰退的困境。意大利成为欧洲确诊病例最多的国家，在意大利政府宣布疫区封锁措施后，意大利航空的国际航班运力下降了22%。① 英国航空公司首席执行官告知其员工，英国航空公司面临的危机要比SARS暴发或9·11事件的后果更严重，并写道："工作机会会减少——可能是短期的，也可能是长期的。"② 挪威航空取消了85%的航班，并暂时解雇了90%的员工。③ 2020年1月1日—3月10日，芬兰航空取消了3 800班航班，飞往欧洲目的地的航班减少20%。④ 3月16日，芬兰航空宣布，从4月1日开始，将航班容量减少90%。⑤ 国际航空集团（包括英国航空、西班牙国家航空和爱尔兰航空）宣布，到2020年3月中旬，客运量将在2个月内减少25%。首席执行官威利·沃尔什（Willie Walsh）表示："不能保证大部分欧洲航空公司能够继续生存。"⑥

据民航资源网统计，截至2020年5月2日，全球已有9家航空公司已经破产或申请了破产保护。3月5日，英国老牌支线航空公司Flybe正式宣布进入破产接管程序，成为在疫情期间倒下的第一个牺牲者；3月23日，美国的Compass和TransStates相继宣布破产，人们于同一天见证了两家航空公司的悄然退场；4月5日，美国阿拉斯加州的最大航空公司RavnAir正式申请破产保护，等待美国财政部的援助决定；4月6日，瑞典支线航空公司Braathens申请破产保护；4月8日，汉莎旗下的德国之翼永久关闭；4月20日，挪威航空四家子公司申请破产；4月21日，维珍澳大利亚航空公司申请破产托管；4月22日，德国支线航空公司LGW申请破产。⑦

在航空公司无力自救的情况下，寻求政府援助成了救命稻草。国际航协（IATA）理事长兼首席执行官亚历山大·德·朱尼亚克（Alexandre de Juniac）对此提出三条建议：一是为航空公司提供直接的财务支持，以弥补收入的减少，应对航司因旅行限制面对的流动性危机；二是由政府或中央银行向航空公司或不愿为当下民航业提供借贷的商业银行提供贷款、贷款担保和公司债券市场支持；三是减免税收。⑧ 然而，这无法从根本上解决客流量减少的问题。只有疫情结束，航空业才能真正复苏。

在新冠疫情对航空业造成巨大打击的同时，网络购物、餐饮外卖、游戏娱乐等传统"宅经济"却逆势大涨，生鲜配送、在线教育、远程办公、在线医疗等新型"宅经济"也站在了风口上，在经济颓势中蓬勃发展。

在游戏娱乐行业，虎牙直播的财报显示：2020年第一季度实现营业收入24.12亿元，较去年同期增长了47.8%；付费用户达到610万人，较去年同期增长了70万人；月均活跃用户数（总MAU）同比增长22.2%，达到1.51亿人；移动端月均活跃用户数（移动端MAU）同比增长38.6%，达

---

① Alitalia Leads The Way... Lost Revenue in Western Europe. OAG，2020-03-10.
② BA warns of job cuts in 'survival' letter to staff. BBC News，2020-03-13.
③ Norwegian Air to cancel 85% of flights and lay off 90% of staff. Reuters，2020-03-16.
④ Finnair cutting 20% of European capacity, routes in April. Yle，2020-03-10.
⑤ Finnair slashing capacity by 90% from 1 April. Yle，2020-03-16.
⑥ Most airlines face bankruptcy by end of May, industry body warns. Financial Times，2020-03-16.
⑦ 航空业寒冬：至少9家破产！年亏2.2万亿 巴菲特挥泪斩仓. 中国基金报，2020-05-02.
⑧ 全球航空公司破产危机：生死大限两个月，救急需2000亿美元. 财经杂志，2020-03-27.

到7 470万人，创历史新高。虎牙来自广告和其他业务的收入为1.38亿元，同比增长74.0%，环比增长13.3%㊀。伽马数据《2020年1月移动游戏报告》显示，TOP 60产品春节期间下载量增长明显，MOBA类游戏增加59%、射击类增加103%、竞速类增加120%、棋牌类增加202%。腾讯旗下的《王者荣耀》日活用户峰值达到了9 535万人，《和平精英》峰值达到了7 994万人。爱奇艺、腾讯、优酷三大视频的日活跃用户数量分别同比上涨10.7%、8.8%、4.9%。被冷落已久的电视屏幕也重新成为客厅娱乐的核心，据国家广电总局节目收视大数据系统（CVB）统计，仅2020年1月25日—2月9日，全国有线电视和IPTV较2019年12月日均收看用户数上涨23.5%，收视总时长上涨41.7%，电视机前每日户均观看时长近7小时㊁。

在生鲜电商行业，疫情期间，生鲜消费、配送到家业务的需求猛增。根据艾媒咨询发布的数据，2020年1月22日—2月6日的两周内，主流生鲜平台每天的新增用户规模都在1万人以上，其中盒马、京东到家和叮咚买菜在2月6日当天的新增用户均超过了4万人㊂。

在在线教育、办公行业，艾媒咨询数据显示：2020年1月1日—2月21日，钉钉日活跃用户从2 610万人升至1.5亿人；企业微信从562万人升至1 374万人。据陈航在2020钉钉春夏新品发布会上披露的数据显示，截至2020年3月31日，钉钉的用户数已经超过3亿人。MAU的增长也是惊人。截至2020年3月，企业微信MAU同比增长84.8%，钉钉的增长率则达369.7%㊃。腾讯会议也不落下风，根据腾讯财报显示，截至2020年2月，腾讯会议日活跃账户数超过1 000万人。为了满足暴增的用户需求，腾讯会议在8天内扩容超过10万台云主机，投入超过百万核的计算资源。Zoom也大出风头，2020年的前两个月，Zoom的用户增长便超过了2019年全年，开会人数也从去年年底的每天1 200万人次增长到每天2亿人次㊄。■

本章小结

企业性质涉及企业的存在、发展、功能或作用、运行机理方面的问题，可以从企业运行机制、企业与社会的关系、企业在资源转换和资源分配方面的作用、所在行业的特点等层面加以解释。

企业在生产和流通领域从事的特定活动称为经营管理活动，它涉及产品的生产准备领域、生产领域和市场领域。关于企业经营管理活动的决定因素，传统的经济理论和管理经济学理论给出了不同的解释。而在分析市场时，最重要的方式是结合需求与供给两方面来考察，并据此将市场划分为不同的类型。

随着生产力大发展和规模化大生产的出现，产生了委托-代理问题。这一问题可以从信息经济学和企业理论等角度出发解释。本章主要介绍了两种解决机制，即激励机制和约束机制。

企业环境是决定或影响企业经营活动的发生、进行及其成效的要素总和。这一概念

㊀ 虎牙直播，2020Q1财报.
㊁ 李思佳."宅经济"快速崛起[J].产城，2020（2）：78-81.
㊂ 艾媒咨询，《2020—2021年中国后"疫"时代生鲜电商运行大数据及发展前景研究报告》.
㊃ Trustdata，《2020年Q1中国移动互联网行业发展分析报告》.
㊄ 36氪.疫情让Zoom原地起飞，曾经的王者Skype去哪了. https://36kr.com/p/663580864212609.

的含义包括三个层次：首先，一定的环境变化可能促使、诱发或限制企业经营活动的发生；其次，不同环境对经营管理活动的进行也会产生不同程度的促进或妨碍作用；最后，良好的、有利的环境在很大程度上是企业取得良好业绩的保证。

企业环境包含的内容非常广泛，在分析时，一般是根据企业经营范围将其划分为企业内部环境和企业外部环境。企业内部环境包括企业资源状况与企业体制、企业文化等非资源因素；企业外部环境可分为国内环境与国际环境，又可分为一般环境与行业环境。一般环境由影响企业经营与决策的社会经济宏观环境因素构成；供给环境和产品市场环境则由影响企业产、供、销等具体经营活动中的微观环境因素构成。

思考题

1. 试述企业性质的主要方面，并举例说明。
2. 企业是如何与外界发生联系的？
3. 试述企业性质与现代企业制度的关系。
4. "企业不是被动地对市场做出反应。"试评论这句话。
5. 从企业性质出发，讨论管理科学化。
6. 试分析企业与市场的关系。
7. 试述市场的不同分类方式，试提出一种新的分类方式。
8. 试述企业与环境的关系。
9. 举例说明环境对企业经营管理活动的影响及其影响程度。
10. 解释企业内部环境与企业外部环境之间的区别。
11. 试分析我国经济体制改革与对外开放对企业行为的影响。
12. 比较20世纪90年代与21世纪以来中国企业环境的变化，讨论其对企业经营管理活动的影响。
13. 结合我国实际，讨论法律环境对企业的影响。
14. 结合可持续发展观念，讨论环境对企业经营管理活动的影响。
15. 通过文献研究，了解发达国家和地区，如美国、欧盟等对产品的环保标准方面的法规，讨论其对我国企业出口的影响。
16. 试了解人工智能的发展及其对企业活动的影响。

第 2 章 企业目标

::学习目标

- 阐述关于企业目标的一般理论,包括早期的利润目标、股东财富最大化和后来的非利润目标,着重理解企业的非利润目标及其意义。
- 掌握企业在不同目标支配下所采取的行为方式。
- 明确企业目标的外部约束和内部约束因素,解释企业目标之间的不一致性和相互冲突。

2.1 关于企业目标的一般理论

企业目标实质上是解释企业行为的假定。企业的目标对于解释企业之所以存在、发展,以及企业的行为有着重要作用。在实践中,企业目标是企业经营管理理念的表述。而在规范研究中,企业目标还可以具体化为决策分析的目标函数。因此,对企业目标的研究受到了广泛的重视。微观经济分析中,假定企业目标为利润最大化。基于环境的变动性和企业的异质性,管理经济学认为企业往往不只有一个目标,而具有多个目标,并且企业的目标是随着内外部环境的变动而变化的。例如,如果企业所处经济环境变得严峻,经济持续疲软,许多中小企业就可能把生存作为首要目标,而不是追求利润目标。

2.1.1 利润目标

1. 关于利润最大化目标的不同观点

利润是企业经营效果的综合反映,也是其最终成果的具体体现。从企业本身来看,利润是其赖以生存和扩展的前提条件。从社会角度来看,往往只有营利性企业才可能为社会的进步、发展做出贡献。几乎所有的专家、学者都认为追求利润是企业的基本经济目标。早期的经济学家认为企业的目标是利润最大化,并认为这能合理地解释和预言企业的行事方式。

利润最大化目标的假定也受到了许多批评。许多学者,如鲍莫尔(Baumol)、威廉姆森(Williamson)、马瑞斯(Marris),提出了另外一些有关企业目标的不同假定。这些批评可以归结为以下要点：

（1）现代企业并不只有一个目标，企业往往追求多个目标的实现；企业也不只有经济目标，它还有对非经济目标的追求。非经济目标包括社会责任、福利、环境保护、生态平衡等，因为企业是社会的一员。此外，经理个人也可能有自己所追求的目标。

（2）把利润作为唯一的经济目标显得过于简单，往往还存在许多其他经济目标。一般来说，经理会在一系列不同目标中寻求平衡，而不只是寻求利润最大化。这种平衡是具有不同目标和要求的若干利害相关者（股东、经理、雇员、顾客、债权人、供应商、政府、社区）之间妥协的结果。如果是跨国公司，还必须考虑东道国的利益。

（3）企业不可能实现利润最大化。就像实践中并非在每一件事情上都能寻求到最佳解决方案一样，利润最大化在实践中是难以衡量的。另外，随着经济环境日益复杂，大量存在的不确定因素往往会使企业做出利润最大化决策成为空谈。

（4）在现代大型公司中，控制权和所有权的分离使经理具有追求非利润最大化目标的自主权。美国的伯里（Berle）和明斯最先于1932年指出，现代公司并非雇主管理的大型公司，其所有权和控制权已变得互相分离。股东对公司的经营活动缺少了解或兴趣不大，或者对分红感到满意，都为经理追求自己的目标提供了条件和可能。

2. 对利润目标的选择

对利润目标的选择，有以下几种代表性的观点，而利润最大化只是其中的一种。

（1）利润最大化。利润最大化的企业目标虽然受到广泛批评，但许多经理还是认为在经营管理决策中的确存在利润最大化的动机。支持利润最大化目标的观点认为，利润动机是最强有力的、最普遍的、最持久的支配企业行为的力量。尽管利润最大化目标过于简化企业的多目标经营管理，但将其作为一个基本的分析模式，在决策分析中仍是有重要价值的。虽然企业可以追求非利润目标，但是这类目标对企业行为的影响不大。事实上，利润最大化在解释企业行为方面已获得了相当大的成功。鉴于上述理由，利润最大化仍是解释企业行为、进行决策分析的基本模式。该分析模式可以按以下方式表述：

设收入 R 与成本 C 均为产量 Q 的函数，分别记为 $R(Q)$ 与 $C(Q)$，则利润函数为

$$\pi(Q) = R(Q) - C(Q)$$

由微积分知识可知，利润最大化的产量决策必须满足边际利润为零：

$$\frac{d\pi}{dQ} = \frac{dR}{dQ} - \frac{dC}{dQ} = 0$$

即

$$\frac{dR}{dQ} = \frac{dC}{dQ}$$

因此，在利润最大化的产出水平，其边际收益 dR/dQ 等于其边际成本 dC/dQ。这就是利润最大化的均衡条件。

（2）环境约束下的利润最大化。这一企业目标与前述的利润最大化并无实质性差别，只是在分析中考虑了更多的限制因素。现实环境中的许多因素都对企业的利润最大化目标具有约束作用。例如，来自政府的价格管制、反垄断法、环境保护法都可能约束企业的行为。因而这种分析方法和模式也更符合实际，并得到了较广泛的应用。

（3）令人满意的利润。这种观点认为企业目标应是实现一定的利润水平，而不是也不可

是利润最大化。其主要原因有以下两点：

首先，该主张以现代管理决策理论为支持。其论点是：管理知识总是不完全的，管理决策是不肯定的，而且是复杂的。管理决策制定者满足于可行的和"令人满意"的解决办法和行动，而不是在每一件事上都要寻求最好选择。事实上，因为市场的不确定性，对需求、成本、竞争对手的反应和将来经济状况的信息不完全，利润最大化选择的摸索过程就过于复杂，过于耗费时间。所以决策制定者在选择过程中一般无意弄清每种可能的选择。著名管理学家、诺贝尔经济学奖得主西蒙指出："管理理论是一种有意愿的、有节制的理性理论——人类满足行为的理论，因为它们无法最大化。"

其次，现实中"令人满意"的利润水平是可以具体化的。例如，可以把利润目标确定为将来利润至少和目前利润一样多，或者比现在提高一定幅度。而在制订决策方案时，公司经理就凭借经验、习惯和各种有用的信息，从备选方案中选择令其满意的方案。在实践中，上述目标模式和决策行为已经得到了广泛的认同和应用，表明它对公司行为特征具有较强的解释能力。

2.1.2 股东财富最大化

从法律上看，公司是属于股东的。股东的利益在于使其所持股份的净资产最大化。

股东财富可以由公司普通股票的市场价格来衡量。在一个完全的资本市场上，股票价格也是公司价值的反映。就此而言，公司的价值是由其所预期创造的利润、时间和风险所决定的。

股东财富最大化目标的含义在于：公司的经理人员应该使所有者（股东）的未来预期收益的现值最大。谋求股东财富最大化的经理人员在实践中会致力于使股东现金流量的现值最大化。因而，该目标是与未来预期经济利润最大化相一致的。例如，伯克希尔-哈撒韦（Berkshire Hathaway）公司的董事长兼总经理沃伦·E. 巴菲特（Warren E. Buffet）曾经这样描述该公司的长期经济目标："使企业内部价值按每股计算的平均年收益率最大。"⊖ 伯克希尔-哈撒韦的每股账面价值从1964年他接手该公司时的19.46美元增加到1996年年底的19 011美元，年复利增长率约为23%。⊜

某些观点认为，股东财富最大化主要着眼于短期收益。实际上，股东财富最大化目标在很大程度上与公司的长期利润目标是一致的。股东财富最大化可视为一种动态目标。

2.1.3 企业的其他目标

1. 一定利润水平下的销售收入最大化

这一目标首先是由鲍莫尔提出的。由于现实中实现利润最大化存在各种困难，也由于其不可行性，企业目标的一个可行的选择就是：在实现一定利润水平的前提下，尽可能扩大其销售收入。或者说，一旦利润达到了可接受的水平，某些企业倾向于把较高的销售收入置于较高的利润之前，以此作为所关心的主要目标。之所以这样做是出于以下考虑：

首先，销售收入是企业活动成效的关键衡量尺度之一。销售收入的增长表明，企业在市场竞争中的地位和能力得到加强——所有这些都象征着企业的活力。如果销售收入下降，表明企

⊖ Annual Report, Berkshire Hathaway, Inc., 1996.
⊜ 麦圭根，莫耶，哈里斯. 管理经济学：应用、战略与策略 [M]. 李国津，等译. 北京：机械工业出版社，2000.

业的市场地位受到损害，有效对付竞争压力的能力受到削弱。其次，从经理自身的利益及其追求的目标看，也倾向于增加销售收入。企业经理的薪金、地位及其他报酬与企业经营规模的关系，往往比与盈利能力的关系更为密切，这样经理就可能更关心销售收入，因为企业规模是用销售收入而不是用利润来衡量的。

在追求销售收入最大化时，必须随时注意保持足够的利润水平，以满足企业扩展的需要，并满足其他的需要（如股东、吸引资金）。由经济分析可知，利润并不一定以同等比例随销售收入增长。

数学上，实现销售收入最大化的产出水平，其边际收益 $dR/dQ = 0$。该条件并不保证该产出为利润最大化的产出水平，并且在一般情况下，销售收入最大化所对应的利润往往不是最大利润。在有的情况下，销售收入增加，利润反而会下降。

2. 市场份额目标

市场份额是体现企业在市场中所处地位的一个重要标志。许多企业都制定了各个时期的市场份额目标。例如，市场占有率要提升到某一水平，或者要保持某一水平的市场占有率，这些都是具体的市场份额目标。企业长期保持高市场份额，表示它在市场竞争中处于优势地位。所占市场份额的变化标志着企业市场地位的变化，并且往往有着深层次的原因。

一般来说，强有力的市场地位是与较高的销售额和利润联系在一起的。但是经济分析告诉我们，过分追求市场份额目标可能会影响企业的利润水平。另外，在一些西方国家，过大的市场份额可能会违反反垄断法。

3. 长期生存目标

企业把长期生存作为主要目标之一，主要有以下依据和对现实的考量：

（1）生存是企业存在的前提。从理论上讲，企业像大多数其他组织和个人一样，都有不屈的生存本能和动机。这个生存动机比利润动机更为基本，因而企业的生存总是作为基本目标而存在的。

（2）在大企业的挤压下，中小企业的生存问题很突出。从企业所支配的资源来看，中小企业拥有的信息、资金、人力资源、管理能力、技术，以及无形资产等资源的数量和质量都远不如大企业。在实力雄厚的大企业的挤压下，它们往往只能在夹缝中求得生存和发展。从企业所处的市场地位来看，中小企业所占的市场份额几乎是微不足道的，并且难以形成优势地位。中小企业的竞争能力往往低于行业平均水平，一旦环境变得严峻，就可能出现生存危机。

（3）大型企业、经营较好的企业也面临生存问题。在现实中，即使是大型企业、经营较好的企业，也可能面临生存问题。不充分的现金流量、收缩的市场、被有野心的企业接管等，都能使企业面临生存问题，甚至对盈利企业来说也是如此。从经济分析的角度来看，较高的销售额、利润和市场份额都与企业的生存有关系，因为它们都有助于企业的长期生存和活力。因而，企业强调生存目标优先于其他目标，在恶劣的情况下更是如此。有的学者甚至将生存目标视为综合性目标。例如，德鲁克（Peter F. Drucker）就认为企业的长期经营目标应以生存为中心，研究成组的经营目标，而盈利能力（profitability）是该成组目标中的一个。德鲁克指出："企业的首要任务是生存，企业经济学的指导原则不是最大限度地追求利润，而是避免损失。企业必须筹备保险金，以防其经营中不可避免要涉及的风险。筹措保险金只有一种渠道——利润。"[⊖] 生

⊖ 德鲁克. 管理的实践 [M]. 齐若兰, 译. 北京：机械工业出版社, 2009.

存目标包括企业的健康成长、业务的扩展、资源的适当应用、一定的盈利能力，对社会与国家的贡献等。

(4) 企业兴衰史与生存问题。考察企业的兴起和衰败的历史可以发现，企业并非长生不老，并非总是处于繁荣状态，也并非总能够长期存在下去。除了企业自身的因素以外，企业环境的变动，特别是产业结构的变动，往往直接影响企业的兴衰。企业如不能及时做出反应，往往难逃破产的命运。日本的《日经商业》杂志所做的"日本顶尖企业过去百年之变迁"的调查，涉及1896年—1982年以每10年为一阶段的前100名企业的变动。如果顶尖企业变动不大，则出现在各阶段前100名的企业总数不会超过100家太多。事实上，列入排行榜的企业达413家，即它们的平均上榜率约为2.5次。这意味着其处于繁荣的时期平均不过30年。而在各阶段中均名列100名之内的只有一家企业，即"王子造纸"。

今天，大企业领导阶层的危机感也在不断增强。事实上，相当多的企业都在为生存而奋斗。这中间不乏一些知名度很高的企业，也有许多规模宏大的企业。美国王安电脑公司由兴转衰直至破产，就是大公司面临生存危机的一个例证。即使是入选《财富》500强的企业，也可能因各种原因出现生存危机。据统计，《财富》500强1990年、1999年、2000年的亏损面分别为6.8%、9.8%、10.4%。而1987年的500强已有半数退出这一行列。美国IBM、通用汽车、西尔斯在20世纪90年代初都曾出现巨额亏损（IBM亏损额高达168亿美元），被《时代周刊》称为"快要灭绝的三头恐龙"。后来，这三家公司经过重构才得以化解生存危机，重获竞争优势。总部位于美国芝加哥的西尔斯公司，直到20世纪90年代仍然是全球第一的零售百货企业。该公司在20世纪90年代初发生巨额亏损，经过重构渡过难关，但最终还是未能幸存下来。

自20世纪90年代初泡沫经济破灭以来，日本每年都有数以万计的中小企业倒闭。而在20世纪90年代末，日本的大企业处境日渐艰难，大企业的倒闭数量创造了第二次世界大战后之最。

2012年年初，有130多年历史的柯达公司申请破产保护，再次反映了企业生存问题的严峻。

长期生存的重要性是显而易见的，但是作为目标，在预言和解释企业行为方面则有一定局限性。在不同情况下，存在着许多生存方法，企业的选择还要依其他因素而定。一旦近期内生存已有保证，那么其他目标就必定会推动管理的决策。生存目标的主要意义在于：它是实现企业其他目标的先决条件。

| 专栏 2-1 |

百年柯达落下帷幕

1. 巨人陨落

2012年1月19日，有着130多年历史的柯达公司宣布已在美国纽约申请破产保护，以争取渡过流动性危机，确保业务继续运营。1888年，柯达照相机走入寻常百姓家，"柯达"也几乎成为摄影的代名词。此后，柯达公司曾占据过全球2/3的摄影产业市场份额。然而，数码时代的转型失败，使其市值在15年间从300亿美元蒸发至1.75亿美元，不得不面临破产的残酷局面。

2. 昨日辉煌

柯达公司成立于1880年，当时还是银行职员的乔治·伊士曼（George Eastman）利用自己发明的专利技术批量生产摄影干版，并在翌年与商人斯特朗（Strong）合伙成立了伊士曼干版公司。1881年年末，伊士曼从罗切斯特储蓄银行辞职，投入全部精力经营自己的新公司。1883年，伊士曼发明了胶卷，摄影行业发生了革命性的变化。1886年，小型、轻便的照相机推出，从此摄影开始走上大众化的道路。1891年，伊士曼在伦敦附近的哈罗建造了一座感光材料工厂。1900年，柯达的销售网络已经遍布法国、德国、意大利和其他欧洲国家。1930年，柯达占世界摄影器材市场75%的份额，利润占这一市场的90%。1966年，柯达公司的海外销售额达到21.5亿美元，在《财富》杂志中排名第34位，净利润居第10位，当时感光界排名第二的爱克发销量仅仅是柯达的1/6。1975年，柯达垄断了美国90%的胶卷市场和85%的相机市场。2002年，柯达的全球营业额增至128亿美元，全球员工总数约7万人。

3. 错失时机

在全球影像业快速迈入数字时代后，由于发展战略尚未厘清导致产业重心偏差，柯达公司的产品发展重点长期围绕着已有的胶卷、印像和冲洗业务打转，压制了数码相机的进步。即使在摄影技术从胶片化向数码化转型的趋势十分明显时，柯达依然沉溺于传统胶片。

其实，柯达进入数字摄影行业并不晚。1975年，柯达就已研发出数码相机，却未能将其变成利润增长点。柯达1995年才发布首款傻瓜型数码相机供非专业摄影者使用；1998年开始生产民用数码相机。数据显示，柯达曾参与数码相机崛起的每一个细节，在其拥有的超过10 000项专利中，有1 100项的数字图像专利组合，远超其他任何一个同行。

在20世纪90年代末，"影像数码化"的市场趋势已经越来越明显，但是，由于主营的胶卷业务占据了市场份额的半壁江山，作为行业龙头的柯达一再迟疑，导致错失数码转型的时机。从2000年起，数码相机市场高速增长，索尼、佳能、三星、尼康等数码企业纷纷杀入相机领域，对传统的胶片领域产生了势不可挡的替代威胁。2000年，全球数码成像市场翻了差不多两倍，但是彩色胶卷在此后则以每年10%的速度急速下滑。在该年度，柯达的数字产品只卖到30亿美元，仅占其总收入的22%。2002年，柯达的产品数字化率也只有25%左右，而竞争对手富士已达到60%。

4. 两次转型难挽颓势

柯达曾两次启动战略转型，但都没有让其经营业绩峰回路转。2003年9月，柯达正式宣布放弃传统的胶卷业务，将重心向新兴的数字产品转移，将原来的胶片影像部门、医学影像部门、商业影像部门重组为商业影像、商业冲印、医疗影像、数字及胶片影像系统、显像及零部件五大数字科技部门。但当时在传统胶片市场的巨额投资成了柯达转向数码市场的巨大包袱。2004年，柯达推出6款姗姗来迟的数码相机，其数码业务的利润率也仅为1%，其82亿美元的传统业务（含胶卷）收入则萎缩了17%。2007年12月，柯达决定实施第二次战略重组，这是一个时间长达4年、耗资34亿美元的庞大计划。在该重组中，柯达裁员2.8万人，裁员幅度高达50%。不过，2008年的金融危机终结了柯达短暂的复苏势头。2010年，全球数码成像市场翻了差不多两倍，但柯达的数码业务收入却基本与1999年持平，只占营业额的21%。这一年，柯达收入近200亿美元，营业亏损高达5 800万美元，其主要的利润来源竟是专利技术的转让。

> **5. 英雄末路**
>
> 2012年年初，柯达的负债高达68亿美元，而其资产总额仅为51亿美元。十余年间，柯达总市值蒸发99%。自1997年起，除2007年一年外，柯达再无盈利记录。柯达作为感光行业的王牌品牌，曾经创造出一系列的辉煌成绩。在数码影像技术的冲击下，传统胶卷的辉煌时代已经一去不复返了。在胶片业务上分外执着的柯达，曾参与到数码技术变革的每个细节，但是其固执和在数码时代的迟钝，最终导致了其百年辉煌后的陨落。
>
> 资料来源：百年"柯达"即将破产落幕[J]. 广州日报，2012-1-6；风易财经新闻；百度百科. ■

4. 质量与安全目标

质量是企业的生命，这一点已成为所有企业的共识。因此，追求优良的产品质量是企业的主要目标之一。

质量虽然不像利润那样是企业活动成果的综合反映，但它至少是生产领域成果的综合反映。产品质量是决定同类产品竞争能力的最重要因素之一。质量概念早已从产品合格与否的简单标准，拓宽和深化到产品性能、耐用性、式样、安全性、可靠性、使用方便、交货与服务等方面。对于许多行业，如药品、医疗服务、交通、化工等，其产品使用或业务活动进行的安全则更为重要，甚至可以说是企业的生命。因此，质量与安全目标直接关系到与市场活动有关的目标。优良的产品质量可以使企业获得良好的声誉，进而建立起质量领导地位。相反，低劣的产品质量、不安全的产品可能使企业受到严重损害，以致破产。

美国《质量进展》杂志曾经对200家公司调查"什么因素能保证公司在市场上的绩效"，80%的公司领导者直截了当地回答说是"质量"。尽管价格高低对公司销售和利润有重要影响，但是没有一家公司把价格放在第一位；绝大多数公司都把质量因素看成谋取利润的手段和制定有利价格的条件。

质量对于公司的重要性是显而易见的，但是与其他目标相比，质量目标不仅具有战略的特点，也具有战术的特点。例如，杜邦公司价值观的第一基石是安全第一、保护环境。在世界工业界，"杜邦"与"安全"可谓是同义词。杜邦的安全水平高出化学和石油行业平均指数5倍。杜邦规定了"十大安全理念"，例如，管理层对发生意外事故要负责任；尽一切所能控制容易引起危险的工序；保持安全的工作环境，员工人人有责；安全系统以人为本；等等。在健康和环保方面，杜邦视环保为己任，在经营活动中推行"企业环保哲学"。[○]

5. 增长与扩展目标

逆水行舟，不进则退。这一简单的道理使企业极其重视增长与扩展的目标，因为严峻的竞争环境迫使企业努力保持或强化其现有的地位。企业通常很重视组织发生停滞危险，也很重视能否不断获取新的发展机会。能保持不断扩展的企业，相对于停滞的企业而言，一般较少存在生存方面的问题。

增长与扩展作为企业的主要目标有若干理由。首先，增长是应对逆境的一种有效和主动的手段。增长通过更深的市场渗透为企业提供了相对于竞争者、供应者和消费者来说更强大、更牢固的地位。一旦企业能够赶超竞争对手，它在竞争中所处的地位就得到了加强，就会对所在

○ 经济日报，2001-4-12.

的行业有更大的影响。通过范围较广的多元化业务所获得的增长能使企业摆脱对一种或几种产品的过多依赖,即使某种产品或某个方面衰落,变得无利可图,企业仍能生存,甚至能依靠其他业务实现增长。因此,增长与扩展可帮助企业应对短期挫折,克服所面临的不确定性。

其次,增长与扩展目标和其他企业目标保持着很大的一致性。增长与扩展为企业提供了追求其他目标的有效手段。某种增长策略往往和赚取较高的利润、扩大销售、保护和加强企业的竞争地位、支付给股东较高的股息、得到较高的股票价格、获得优越的技术生产能力、创造"良好的企业形象"等目标一致。

最后,增长与扩展本身是企业多方面协同努力的结果,因而该目标具有综合性。作为对企业实力和地位的衡量、对企业成功的衡量,这一目标已被普遍接受。

在实践中,增长与扩展(实现的和期望的)已成为大型公司年度报告的主题之一,并在报刊金融专栏和专门性的企业杂志中不断得到强调。投资者和金融分析家更着重以增长潜力而不全是根据现行的销售和利润作为判断企业的指标,他们对销售和利润增长率的关注比对现行的销售和利润绝对量的关注更多。许多企业有一种强大的压力去达到某种高水平的增长率;它们特别急于进入处于高速成长的市场,以求得更大的扩展机会。

进入21世纪,企业环境发生了很大变化,许多企业都在对战略进行调整,对增长与扩展进行重新审视,以赋予其新的含义。21世纪以来,杜邦公司长期调整的目标非常明确:可持续增长。所谓可持续增长,是指既希望企业的业务得到发展,也希望减少业务对当地和全球环境的影响。过去业务发展的旧模式是业务的增长伴随着能源和原材料消耗的增加,以及废气和废物排放的增加,现在再也不能接受这种做法了。杜邦公司的调整并不是从较弱的位置开始的。实际上,杜邦公司在多项业务领域中处于全球领先地位。在21世纪,像杜邦这样的化工行业公司只有在可持续发展方面取得进步,其业务才能获得成功。⊖

6. 公司经理的个人目标

公司所有权和控制权的分离,允许经理有某种程度的自由来实现其个人目标。这些目标可能与企业其他目标一致,也可能不一致,或者与企业其他目标关系不大。经理的个人目标是由许多复杂因素决定的。具体而言,对企业有影响力的经营者可能追求的目标是:成为所在行业甚至企业界的领袖;拥有较高的个人声望和成为大企业王国的首领;在经理界得到同行的承认;拥有豪华的办公设施,以及追求较高的薪金;等等。这类动机都可能使经理的管理决策过分地追求公司的扩展,在一定程度上脱离追求利润最大化的轨道,并且偏离企业其他目标。

马瑞斯认为,经理有三个支配性的动因:收入、地位和权力。威廉姆森还认为,收入、地位、权力会由于公司规模的扩大而得以增强。还有与此有关的其他观点,强调诸如安全、创造性、竞争能力和对策方面的动因。威廉姆森认为,上层经理的目标(即经理的个人目标)包括薪金加上其他形式的补偿,如豪华的办公室、向经理汇报的人数与地位、对投资的控制。

出于同样的道理,对技艺的自豪、对创造的欲望、对技术成就的广泛兴趣、显示职业长处的抱负,这些都可能导致管理行为与利润目标相冲突。不顾及对利润和其他目标产生不良后果,单纯追求技术优势和产品设计领先地位,往往对具有技术和科学经历的经理们,以及"高度技术"行业的企业特别有吸引力,也颇能迎合某些企业成员(如工程师、技术专家、研究人员)

⊖ 经济日报,2001-4-12.

的需要。他们想使企业保持在技术知识和产品开发能力的最前沿，因为这不仅意味着技术专家有追求其兴趣的机会，而且也存在着较好的工作、较高的薪金和个人提升机会等。

另外，经理的价值观念和个人目标往往对公司是否选择某一目标有很大影响。有研究表明，在并购活动中，作为并购方经理的自大（过分自信、骄傲）可能导致对目标企业价值的高估，成为其后失败的隐患。社会责任感强的经理，会将社会责任作为企业目标来考虑。许多企业积极推动社会活动，提倡社会服务精神，对教育大量投资，倡导资源的有效使用，为社会福利和慈善事业提供赞助等，都有助于增进公众对企业的了解，有助于树立企业的良好形象。这些方面往往因企业领导者的不同而有很大差别。

| 专栏 2-2 |

西方大企业首席执行官薪酬值多少

公司首席执行官的决策常常影响到一家公司的兴衰。美国大公司的首席执行官的身价一般在年薪数百万乃至数千万美元。首席执行官与公司高级管理人员的薪酬通常包括薪金和一部分股票或购股权，其目的是将高层管理人员的报酬与其业绩或公司业绩挂钩。但实际上，即使公司业绩不佳，公司总裁仍然能拿取高额报酬。20世纪70年代末至20世纪80年代初，美国大银行给拉丁美洲国家的不少贷款成了坏账，血本无归，但美国大银行的总裁仍然获取高薪。

据统计，2000年美国20位收入最高的首席执行官平均收入高达1.17亿美元，高居榜首的是花旗银行前首席执行官里德，其2000年的年薪为2.93亿美元；在薪酬榜上风头最劲的包括思科公司的钱伯斯、通用电气的韦尔奇和迪士尼的伊斯勒；美国在线和时代华纳的凯斯为8000万美元。美国经济政策研究所对全球首席执行官收入情况的统计表明，尽管西方首席执行官的收入普遍居高，但也存在地区差异。美国首席执行官的收入为全球之最，大约高出其他地区60%。一位美国首席执行官的薪酬是一位普通工人的34倍，而一位欧洲大陆的首席执行官薪酬是一位普通工人的15~20倍。据《商业周刊》资料，1996年首席执行官的平均收入比上年增加54%，而一般雇员的平均收入仅增加3%。

西方大企业的首席执行官大多数由董事长兼任，其收入多少由董事会决定，政府少有干预。很多企业在每年的年度报告中都向民众公布本企业首席执行官的收入状况，以保证其透明度。一般而言，首席执行官的收入分为三大类：一是固定收入，包括工资、社会保障金（退休金及不可预计费）等。其中，退休金的数量相当可观。例如，通用电气的韦尔奇在退休时就可获得高达1.2亿美元的退休金。与其他人不同的是，首席执行官的工资不是根据每年的效益情况浮动，而是固定的。不管公司效益如何，其工资在其4年左右的任期内是不会改变的。二是奖金，数量多少根据企业财务状况决定。迪士尼公司的伊斯勒一年的奖金就有1100多万美元。三是各种期限的股权、股票和股权证。微软公司的比尔·盖茨尽管薪酬只有63.9万美元，但却拥有公司7.32亿股股票。向首席执行官提供优先认股权是欧美大企业的普遍做法，日本企业近年来也开始引入这种奖励方法，例如，丰田公司给首席执行官和董事会成员数量不等的股票优先认股权。据说，持股使得首席执行官们更勇于采取有风险的投资政策和增加负债经营。

关于首席执行官薪酬问题，早在20世纪30年代就有过争论。股东与公司总裁为了后者的报酬问题曾经多次打过官司，一直打到美国最高法院。在1933年的罗杰斯诉希尔案中，股东罗杰斯告总裁希尔等人，称他与几位副总的报酬过高，违反了《公司章程》。希尔不服，将官司打到美国最高法院。美国最高法院的论点是，提成比例未与业绩挂钩，1927年便锁定收入提成。现今大公司的普遍做法是，股票达到一定价格后再向总裁赠股。按比例提成的金额过大，有失公平。1930年，希尔总裁的年收入为842 507.2美元，这在当时是一个非常大的数额，折合成今天的美元金额至少要再乘以20。美国联邦法院引用巡回法院斯旺法官的一段话："如果所支付的奖金与有关服务不成比例，则奖金实际上有一部分是馈赠。大股东无权不理会小股东的反对而乱分公司财产。"

首席执行官的亿万身价到底值不值？人们众说纷纭、褒贬不一。在董事会看来，知识与才干是无价的，首席执行官的薪酬听起来很高，但事实上这只不过是其为公司创造的全部价值的一小部分。例如，通用电气前首席执行官韦尔奇在其执掌公司的20年间，使公司的业务收入由250亿美元增加到1 160.3亿美元。其增值部分相当于创造了3~4个微软。高薪是对首席执行官们辛勤工作的一种回报，是合情合理的。事实上，多数首席执行官确实在为企业发展进行马拉松式甚至是呕心沥血的付出。如泰康国际（Tycon International）的科兹洛夫斯基、苹果公司的乔布斯等，他们每天工作16个小时或更久，为公司带来数倍甚至数百倍的利润增长。

但有舆论认为，当经济处于繁荣期、股市上扬时，首席执行官们的收入跟着飞涨是合理的。现在美国经济增长已步入调整期，但首席执行官们的腰包依旧鼓胀，公司要维持首席执行官们如此高昂的报酬将会感到从未有过的沉重负担，其负面影响不可低估。

资料来源：
[1] 朱伟一，蓝婉月. 美国经典案例解析. 北京：中国法制出版社，1999.
[2] 《经济日报》，2001-6-21；《香港商报》，2002-03-19.
[3] Business Week, Apr. 1997.

7. 社会责任目标

关于企业是否应该承担社会责任，存在不同观点。

（1）企业不应承担社会责任。美国经济学家米尔顿·弗里德曼（Milton Friedman）认为，企业仅具有一种而且只有一种社会责任——在法律规章制度许可的范围之内，利用它的资源和从事旨在增加它的利润的活动。这意味着企业以利润为其目标而不考虑其他因素。因为经理既不是社会工程师，也不适合当慈善家。另一相关的论点认为，企业承担社会责任目标可能减少其对业务活动的重视，从而削弱企业的市场竞争能力。

（2）企业应当承担社会责任。一种观点认为，从长期来看，企业需要为社会提供所需的商品和劳务，也必须对社会的需要做出反应。当存在社会责任义务时，企业如不能做出反应，其他组织终将介入并承担社会责任，同时也会获取伴随这些责任的相关权力。另一相关观点认为，如果企业不承担社会责任，政府将会采取干预行为，包括提高税率。因此，许多企业在制定政策时往往要仔细考虑所产生的社会影响问题。就实质而言，企业承担社会责任也是为其利润目标服务的。

（3）企业承担社会责任，从长期看是有利的。持该种观点的人认为，承担社会责任的某些行为，也许不会立即带来利润的增加，但从长期来看有利于企业销售收入、利润的增加。有的人将之视为经理人员实现"开明的自我利益"。从反面来看，企业不承担社会责任，可能有损于形象。有人甚至认为，企业有义务帮助整个社会团结起来，改造社会，使之成为一个生活、工作和建立家庭的理想场所。

一项调查报告表明，在被调查的组织中，84%的经理都同意下述观点："除了创造利润外，企业应当帮助解决社会问题，而不论这些问题是不是由企业造成的。"还有的研究表明，许多经理认为他们的企业将积极参加5类活动：①发展教育事业；②控制污染和保护环境；③录用和培训少数民族员工；④录用和培训长期失业的人；⑤城市建设。因此，企业应对违背社会意愿的结果采取措施，否则会受到社会的反对和政府的管制。另外，企业应制订计划治理社会问题。

企业社会责任意味着把整个企业与社会需要相联系，使企业或股东的利益与全社会的利益相平衡。为此，企业在从事日常业务活动的同时，应积极地促进公共福利及帮助解决社会问题。事实上，较为普遍的观点是利润目标与社会责任目标是互补的。企业为社会利益服务，有助于改善企业形象，也有助于销售和利润目标的实现。而企业利润增加，企业才有必要的财力使其更有能力去实现社会责任目标。在实践中，企业对社会的贡献是十分明显的。许多国家的经济伴随着企业的增加和规模扩大而保持了很高的生产率，这种经济发展的利益在一定程度上为大多数居民所分享。例如，杜邦力求对每一个有业务往来的市场和社区做出贡献，提倡"取之于社会，用之于社会"。又如，德国西门子公司专门出版了《2003年企业公民报告》，这个报告详尽阐述了西门子对企业公民和公司社会责任的理解，描述了公司如何将追求卓越的业务表现、良好的环境意识和广泛的企业公民活动结合在一起。

| 专栏 2-3 |

管理决策分析：腾讯是怎样响应社会公众期望的

1. 社会公众对游戏企业履行社会责任的期望

根据中国音像与数字出版协会游戏出版工作委员会发布的《2019年度中国游戏产业报告》，2019年我国游戏市场实际销售收入2 308.8亿元，用户规模达6.4亿人，中国已成为全球最大游戏市场㊀。2019年5月，中国消费者协会发布了《青少年近视现状与网游消费体验报告》。报告指出，我国青少年初次接触网络游戏呈现低龄化特征，而被测试的多款网游产品在实名制、防沉迷措施，以及家长监护机制等方面存在重大缺失，负外部性问题严重㊁。随着中国游戏市场规模的不断扩大和未成年用户人数的不断增长，社会对游戏企业承担社会责任的呼声越来越高。

企业履行社会责任，首先，要识别出其"实质性社会责任议题"，这是指既对企业可持续经营有重大影响，又对利害相关方有重大影响的议题。对于游戏企业而言，未成年人保护、降低游戏的负外部性是利害相关者关注的重点。同时，自2010年以来，每年全国两会都有代表委员围绕青少年沉迷网络游戏问题提出议案或发出呼吁，新闻媒体也对游戏的负面性进行了大量报道。根据伽马数据发布的《2018年中国游戏

㊀ 2018—2019年游戏企业社会责任报告. 人民网. 舆论与公共政策研究中心.
㊁ 青少年近视现状与网游消费体验报告. 中国消费者协会.

企业社会责任报告》，2018年权威媒体报道网络游戏的相关新闻中，负面新闻占比达75%，而负面新闻类型分布中，"未成年人游戏沉迷"数量最多，占比达三成[一]。其次，我国各政府部门相继出台了各类"网络游戏防沉迷"文件，对游戏企业的监管逐渐加强，网络游戏相关业务资质及许可的门槛进一步提高，行业政策风险将对游戏企业的可持续经营产生重大影响。

2. 腾讯游戏对公众期望的响应

面对社会各界对游戏行业的批评，游戏企业从被动应对到自我约束，不断创新行业自律模式，游戏企业自觉承担社会责任渐成常态。2017年10月，我国70多家网络游戏企业成立自律联盟并发出行业自律倡议书。2018年12月，多家游戏企业共同发布行业自律宣言，同月网络游戏道德委员会成立。

作为国内规模最大的游戏开发运营企业之一，腾讯游戏也出现了一些负外部性事件。对此，腾讯游戏采取了积极的应对措施。一方面，腾讯游戏利用技术升级、对接官方信息、联合家长等方式，不断升级未成年人保护系统，加强对未成年人上网的管理；另一方面，腾讯游戏积极推进游戏业务的正外部性，研发具有文化传承等功能的游戏产品。

在未成年人保护系统建设方面，目前腾讯未成年人健康上网的保护工作已初步建立一整套"实践+理论"体系。2017年2月，腾讯游戏上线腾讯成长守护平台；2017年6月，发布游戏健康系统；2018年6月，推出"少年灯塔"未成年人主动服务工程；2018年9月，启动实名认证加强工程；2019年2月，腾讯游戏发布公告，对涉及腾讯出品的游戏产品直播行为列出12项禁止性规定，以加强游戏内容及其衍生领域的规范化管理。该规定也被媒体称为"腾讯游戏直播基本法"，为行业自律提出腾讯样板[三]；2020年4月，腾讯游戏表示已完成手游的实名认证工作，并于2020年7月前全面完成游戏时长、消费限额等技术改造[四]。

在推进游戏业务的正外部性方面，腾讯游戏以"探索游戏的社会价值"为愿景，发布多款功能游戏，如《纸境奇缘》《坎巴拉太空计划》《肿瘤医生》《榫卯卯和》《折扇》等，通过游戏引导青少年树立健康积极的价值观，实现文化的保育与传承、人才的激发与培养，以及提升民族文化自信自觉。腾讯游戏承诺未来将发布更多包含传统文化、前沿探索、理工锻炼、科学普及、亲子互动五大类型的功能游戏[四]。

2018年12月，《南方都市报》未成年人保护中心公布"主流娱乐应用未成年人保护测评"结果显示，现象级游戏《王者荣耀》的未成年人保护机制的完善性与严格性明显优于其他网络热门应用[五]。截至2020年3月，绑定腾讯游戏相关防沉迷平台的用户中有82%游戏时长下降。游戏时长下降对营收并未造成太大的影响。2019年财报显示，腾讯网络游戏收入增长10%，至1 147亿元，游戏业务增速超过行业7.7%的水平[六]，与此前年份的增幅相比略有下降。■

[一] 2018年中国游戏企业社会责任报告. 伽马数据.
[二] 同[一].
[三] 网游企业直播平台要主动担当社会责任. 南方都市报, 2020年5月. http://youxi.youth.cn/yw/202005/t20200502_12312677.htm.
[四] 同[一].
[五] 南都实测主流娱乐应用：有措施"史上最严"也有措施形同虚设. 南方都市报, 2018年12月. http://news.southcn.com/nfdsb/content/2018-12/27/content_184609924.htm.
[六] 腾讯2019游戏收入1 147亿元《和平精英》成新爆款. 新浪财经, 2020年3月. https://finance.sina.cn/stock/relnews/hk/2020-03-18/detail-iimxxsth0044275.d.html?from=wap.

2.1.4 企业目标的约束因素

在现实中，企业在确定和实现目标的过程中会受到多种限制。这些制约因素既来自企业外部，也来自企业内部。

1. 外部约束因素

外部约束因素对企业目标的制约包括三个方面：①政府管制，包括反垄断法规、价格管制、产业政策、环保法规、税收限制等约束因素；②市场状况，包括企业产品的需求、企业所需各种投入的供给与价格、市场结构等约束因素；③技术限制，包括技术转让政策、技术条件等约束因素。

例如，政府的价格管制规定，潜在的竞争公司之间出于影响产品价格的目的而进行的共谋都是违法的。共谋包括为获取更大利润而提价，也包括为防止竞争者进入该行业而压价。技术限制指对于将投入加以组合并转化为产出时存在的方式约束。由于环境的限制，企业在选择可行技术上会受到很大约束。例如，在一些国家，一些企业在技术转让时可能会受到严格控制，或者持保守的态度。这些限制将妨碍某些企业目标的实现，如利润目标、增长目标等。

2. 企业目标之间的一致性与不一致性

从理论上分析，企业目标之间存在着一致性与不一致性。许多目标之间一致性的程度明显大于它们之间不一致的程度。例如，市场份额、利润、销售收入最大化，以及企业扩展的目标之间有很大的内在一致性。然而，决策的行为理论认为，企业极少由某个人进行决策，而是由具有不同目标（如市场份额、研究、利润）的群体、部门进行，所以组织决策的能力、信息、目标等方面存在局限与冲突。

科耶特（Cyert）和马奇（March）对行为理论的发展做出了贡献。他们认为，企业是个人与组织的集合体，个人与组织（直接或间接地）处于不断讨价还价的过程中，以获得有关业务范围、特殊政策和报酬的承诺。这一讨价还价过程并不消除管理组织之间的冲突。企业扩展往往与销售最大化、市场份额目标是一致的，但这往往要求股东牺牲短期的利益而将利润中的更多部分用于投资。组织成员从各自的地位、利益、偏好出发，往往有各自的目标。在引导、协调较好的情况下，许多个人的目标与企业目标相一致，而另一些个人的目标本身或在执行中会与企业目标不一致。此外，不同层次，如上层、中层、基层的目标之间也可能存在明显的不一致，而且往往在利润目标、增长目标和竞争中市场地位目标之间存在不一致性与冲突。例如，要保持较高的利润水平，市场的范围就可能变得相对狭小；如果企业为了获得迅速增长与扩展，就必须付出更多的推销费用，制定较低的价格，从而导致较少的利润与较低的利润水平。

事实上，企业往往要在大量不一致甚至相互冲突的目标之间做出选择。这些目标包括：①短期利润与长期利润目标；②较快的增长、扩展与较高的稳定性；③留在风险较小的市场与进入风险较大的市场；④扩大现有市场与开拓新市场。

企业目标之间存在冲突再次说明企业决策标准不可能追求最大化，而只能达到令人满意的水平。所谓满意，实质上是对相互冲突的目标的兼顾与平衡，允许改进某一目标而不致影响另一目标，运用规范的程序可以缓解冲突。

2.2 企业目标的经验研究

2.2.1 日本企业目标变化的实证分析

日本泡沫经济崩溃以后，企业丑闻频繁发生。引发这些事件的原因是多方面的，由此，日本学术界开始对日本式经营管理进行反思，特别是对企业战略与目标的反思。

日本学者曾经对分布于制造、交通运输、金融保险等行业，在东证一部上市的 156 家企业展开调查。调查结果中，有关企业战略与目标的方面涉及企业如何设定经营目标，为了实现目标如何制定经营战略，以及如何以经营成果为基础进行分配。从企业所有权的角度分析，成果分配始终是股东最为关心的问题。调查发现，日本企业目标的优先度、经营战略和成果分配发生了以下变化。

1. 经营目标的优先度

企业对经营目标的重视程度即经营目标的优先度，如表 2-1 所示。表中列出的经营目标优先度前五位由过去的销售收益率、市场占有率、增长率、安定性、总资本收益率、多元化，转变为销售收益率、增长率、市场占有率、ROE（表示税后利润分配给股东比例的指标）、安定性、总资本收益率，预示着日本企业经营战略发生了以下变化：

(1) 对市场占有率的重视程度显著降低，得分平均值由 1.54 降至 0.80。
(2) 越来越重视总资本收益率和 ROE，得分平均值分别由 0.29、0.18 升至 0.56、0.80。
(3) 对增长率的重视程度也逐步降低，得分平均值由 1.32 降至 1.05。

表 2-1 经营目标的优先度

经营目标	经营目标得分平均值（过去）	经营目标得分平均值（将来）
销售收益率	1.60	1.79
市场占有率	1.54	0.80
增长率	1.32	1.05
安定性	0.69	0.63
总资本收益率	0.29	0.56
多元化	0.29	0.27
ROE	0.18	0.80
PER	0.03	0.05
其他	0.07	0.05

注：数字是经营目标排首位得 3 分、排第二位得 2 分、排第三位得 1 分的平均值。

相比总资本收益率，更重视市场占有率一直是日本企业的经营特点。但从调查的结果来看，日本企业对市场占有率的重视度开始降低，取而代之的是 ROE、总资本收益率等经营目标。特别应注意的是，ROE 由经营目标的第七位上升到第三位。日本企业在东证一部上市公司的 ROE 平均为 4%，远低于美国的 14%。如果剔除日本和美国的利息差、税率差的影响，日本企业的 ROE 可以达到 9%。但与美国优良企业 ROE 的 20% 相比，差距依然很大。

日本企业过去之所以重视市场占有率，是基于随着生产量的累积增加单位产品成本会相应降低这种认识而形成的。有研究表明，市场占有率不是持续保证企业利润的源泉。成功企业的高市场占有率，其实源自企业成功的创新。日本企业经营目标优先度的变化，与这种认识基本吻合。

2. 经营战略的展开

在经济环境动荡和激烈竞争的时期，企业的成功更多地取决于经营战略的制定、核心能力的培养、外部合作和果断的战略行动等因素。现代日本企业经营战略特征如表 2-2 所示。

表 2-2　现代日本企业经营战略特征　　　　　　　　　　　　　　（%）

经营战略特征	完全符合	大体符合	有点符合	几乎不符合	完全不符合
积极的组织革新	19.9	47.4	26.3	5.8	0.6
进入有希望的业务领域	11.5	39.1	37.2	8.3	3.8
海外市场的开拓	21.8	28.8	31.4	10.9	7.1
早期撤退	7.1	33.3	38.4	19.2	1.9
利用外部企业和组织	5.1	23.7	37.8	30.1	3.2
创造价值的意向	13.5	38.5	34.0	12.8	1.3

日本企业今后将更加重视组织革新，积极开拓海外市场并创造价值。从调查的结果来看，泡沫经济崩溃后，日本企业从传统的、全方位的多元经营转向突出主业的经营，既重视企业的量，更重视企业质的成长。这种经营战略的变化动向与重视 ROE、总资本收益率，多元化经营意向减弱的企业目标具有一致性。

3. 成果分配的方式

日本企业为了将来的成长，在成果分配时有内部保留、设备投资优先的经营特征。近年来，随着对治理结构的重视，也要求改革经营成果分配方式。经营成果分配的优先度如表 2-3 所示，从过去对设备投资优先变为对股东的分配优先。这一转变基于以下两个原因。

表 2-3　经营成果分配的优先度

分配对象	得分平均值（过去）	得分平均值（将来）
设备投资	1.95	1.57
对股东的分配	1.57	1.93
内部保留	1.36	1.25
公司员工	1.07	1.18
其他	0.05	0.07

注：数字是经营成果排首位得 3 分、排第二位得 2 分、排第三位得 1 分的平均值。

（1）企业资金的筹集方式转换。企业从以从银行和其他金融机构借入为主的间接融资方式，转换为通过发行股票、债券在资本市场直接筹资的方式。因此，企业必须及时地对股价和股东的要求做出反应。

（2）企业和银行、企业与企业之间的相互持股体系开始动摇，相当数量的股票流出。内外机构投资者是这些股票的主要买主，他们要求经营成果分配时体现对股东的回报。由此，经营者制定分配政策时也将发生变化，如表 2-4 所示。影响分配政策因素的顺序由过去的收益状况、分配比例、设备投资、同行动向、ROE 等，转变为收益状况、分配比例、ROE、设备投资、同行动向等。

表 2-4　影响分配政策的因素

项　目	得分平均值（过去）	得分平均值（将来）
收益状况	2.62	2.58
分配比例	1.36	1.11
设备投资	0.57	0.46

(续)

项　目	得分平均值（过去）	得分平均值（将来）
同行动向	0.57	0.39
ROE	0.30	0.65
股份	0.20	0.22
行政指导	0.14	0.08
分红比例	0.13	0.36
其他	0.12	0.14

注：数字是影响因素排首位得3分、排第二位得2分、排第三位得1分的平均值。

其中，企业收益状况仍旧是影响分配政策的首要因素，而分配比例和同行动向对分配政策的影响逐步降低，取而代之的是ROE和分红比例。应该注意的是ROE的变化，不仅影响经营目标的制定，还影响到经营成果的分配。但是，过于强调ROE的作用，也会导致企业通过购买本公司的股票降低其他股东资本的比例、缩小再生产、追求眼前利益的行为，最终影响甚至牺牲企业的安定成长。从宏观经济学的角度来看，经济的合理性在于资本不断地从效率差的企业转向效率好的企业。因此，如果从雇用的安定性和企业的持续发展观点出发，过于重视ROE，可能导致新的失衡。

基于以上分析，日本企业经营目标中，市场占有率、增长率指标的重要程度将逐步降低，而总资本收益率、ROE指标将变得更加重要。同时，在经营成果分配中，企业开始重视对股东的分配，这与过去的成果分配中重视设备投资不同。

2.2.2　跨国公司对华投资动因分析

2009年，本书作者通过信件和电子邮件，向798家在华跨国公司子公司发放问卷。问卷发放主要针对来自北美、日本、欧洲的在华跨国公司。本次问卷调查共回收跨国公司问卷206份，回收率26%。

1. 样本特征

（1）国别分布。样本企业中，在华跨国公司的投资主要来自日本、北美和欧洲，其中日本110家、美国27家、韩国20家、德国13家、英国12家、法国5家、荷兰5家、加拿大5家，占总体样本的95.6%。

（2）行业分布。为了考察跨国公司在华投资企业的行业分布，问卷设置了能源矿产、食品、纺织服装、家用电器等21个行业供调查对象选择。在206家企业中，有185家企业投资一个行业，17家企业投资两个行业，4家企业投资三个行业。各行业被提及的次数共231次。其中，电子行业被提及51次，占总体的22%；汽车行业被提及44次，占总体的19%；机械制造被提及22次，占总体的10%；能源矿产、化工橡胶、纺织服装、家用电器、轻工业、食品、电气、医药卫生、通信设备、建筑材料、交通运输仓储、商业贸易服务等12个行业，合计占总体的33%；其他行业被提及37次，占总体的16%。

（3）投资规模。共有185家企业答复了初始投资额，其中最小规模折合为210万元人民币，最多为26亿元人民币，平均值为1.2亿元人民币。202家企业答复了企业的雇员情况，其中雇员人数最少的为31人，最多的为1.4万人，平均为1163人。

2. 跨国公司在华投资动因

本研究分别从全球战略、母国环境和东道国环境因素出发，列出 14 家跨国公司在华投资的动因。要求被调查企业对每项动因的重要程度进行选择，表 2-5 是按照李克特五分制量表[⊖]由重要到不重要顺序排列的跨国公司在华投资动因。

表 2-5 跨国公司在华投资动因

排 序	在华投资动因	N	均 值	标准差
1	中国巨大的市场潜力与高成长性	199	1.82	0.73
2	母公司的全球战略及其业务活动一体化	190	1.83	0.74
3	充分利用母公司的特有优势（技术、管理、品牌、营销网络）	192	1.92	0.73
4	预期有良好的投资回报	198	2.04	0.77
5	低生产成本	196	2.10	0.84
6	节约运输成本	197	2.17	0.84
7	分散风险	192	2.31	0.84
8	母公司在华协作者的带动	184	2.35	0.91
9	克服贸易壁垒	188	2.48	0.97
10	母国市场竞争激烈	184	2.52	0.87
11	主要竞争对手已在华投资	187	2.53	1.00
12	为已在华的其他子公司供货、服务	182	2.56	1.12
13	母国政府的政策促进	184	2.57	0.94
14	建立海外市场出口基地	189	2.57	1.06

注：得分 1 表示非常重要，得分 5 表示不重要，均值为平均得分；N 表示企业数。

在跨国公司对华投资的各种动因中，排在第一位的是中国巨大的市场潜力与高成长性，其次是母公司的全球战略及其业务活动一体化，再次是充分利用母公司的特有优势，预期有良好的投资回报排到第四位，低生产成本仅排到第五位，建立海外市场出口基地排在最后一位。这说明跨国公司对华投资已不完全是受到我国低成本区位优势的吸引，也不是将中国视为出口基地，而是将中国放在更为重要的战略地位，并结合跨国公司的自身优势，采取主动的对华投资策略。相对而言，母国环境对跨国公司在华投资的促进作用较不明显，如母国政府的政策促进作用排在倒数第二位，母国市场竞争激烈排在倒数第五位。

| 专栏 2-4 |

雅虎兴衰史

1. 巨星陨落

2017 年 6 月 13 日，美国电信巨头威瑞森（Verizon）以 44.8 亿美元完成对雅虎（Yahoo）核心资产的收购，这意味着在互联网世界闪耀了 22 年的雅虎正式退出舞台[⊖]。作为开创了 Web 1.0 时代的互联网企业之一，雅虎曾"手握打开新时代大门的钥匙"，有过"一家独大"的辉煌时刻，是历史上首个市值破千亿美元的公司，只是在瞬息万变的互联网大潮中，没能一直"伫立潮头"，最终被后来者"拍倒在岸边"。

⊖ 李克特五分制量表按所要回答问题的认知程度给予分值。例如，本项研究中认为：非常重要给予 1 分，较为重要给予 2 分，一般重要给予 3 分，较不重要给予 4 分，不重要给予 5 分。
⊖ 美国电信巨头威瑞森收购雅虎. 中国新闻网，2017-6-14.

2. 雅虎之兴

1994年，来自中国台湾的年轻人杨致远在美国攻读斯坦福大学软件工程学博士时，针对网络上网址多但杂乱不堪的状况，与同学大卫·费罗（David Filo）一起筛选了大批实用且优质的网站，仔细分类后集中在一个网页上，并将其命名为"杰瑞和大卫的万维网指南"（雅虎的前身）。该"指南"受到校友们的大力欢迎，两位创始人受到鼓舞，于1995年正式创立雅虎公司，仅用一年时间，雅虎便在美国纳斯达克挂牌上市[一]。

雅虎最初的定位是媒体公司，靠建立门户网站、售卖广告位来赚取利润。上市之后，雅虎用户数量迅猛增长，随着流量的增长，雅虎的营业额也飞速增长。刚过2000年，雅虎市值就高达1 280亿美元，创下历史最高。其间，雅虎迅速扩张，于1999年通过换股的方式收购了GeoCity和互联网音像设计公司Broadcast.com，拓展了免费邮件服务、游戏、群组、电子商务网站等业务，并在全世界开设了雅虎分公司[一]。

3. 雅虎之衰

2000年之后，互联网泡沫破灭，雅虎受到巨大冲击，股值蒸发高达90%。虽然资本雄厚的雅虎在管理者的控制下很快转危为安，但之后在与竞争对手的交锋中一次次错失良机，并在盲目竞争中开始定位模糊。

2001年雅虎出现亏损，时任首席财务官德克尔裁掉了在线支付、竞拍、购物等亏损项目。这一举措虽然很快控制住了公司的"失血"，使雅虎暂时脱离危险境地，但也使其失去了一些当时不太赚钱但未来或有发展的业务。互联网泡沫过后，新上任的CEO塞缪尔偶然发现搜索竞价排名可以给雅虎带来巨大财富，决定进军搜索市场，买下大量搜索引擎和拥有数十万广告商的Overture，并决定与后起之秀谷歌在搜索技术上一拼高下。盲目竞争使雅虎失去了自己的核心优势，也使其在媒体公司和技术公司两种定位之间迷失。

早在1997年，谷歌创始人之一的拉里·佩奇便想以100万美元将谷歌前身"BackRub"出售给雅虎，但被雅虎拒绝；2002年，雅虎CEO塞缪尔曾尝试以30亿美元的价格收购谷歌，而谷歌要价50亿美元，最终谈判破裂，交易再次失败。在业绩下滑后，雅虎为了美化短期利润数据，大量抛售谷歌股票，致使其错失谷歌后来高速发展的红利。2006年年初，雅虎清空了谷歌股票，精心打造的Panama广告系统达不到投资者预期，导致华尔街投资者对其逐渐失望。此外，2006年雅虎曾有意收购处于初创阶段的Facebook，然而一味压价也最终导致此次交易破裂。不过，雅虎在2005年以10亿美元和雅虎中国换取了阿里巴巴集团40%的股权，虽然日后因阿里回购而有所减少，但成为雅虎今日为数不多的优质资产。

4. 雅虎之败

随着iOS和安卓系统的出现，2007年全球互联网行业进入移动互联网时代。这期间雅虎经历了7任CEO，不断变化的战略定位使其错过了在移动互联网布局的黄金时期。

2012年，雅虎背水一战，高薪聘请前谷歌高管玛丽莎·梅耶尔担任雅虎CEO。梅耶尔发现，雅虎之前收购的产品和服务只是为了将它们的用户数据迁移到雅虎，而全然不在意这些产品自身的设计亮点和底

[一] 雅虎兴衰故事：一个"流量"企业的没落. 新浪专栏·创事记, 2019-3-5.
[二] 唐盛涛. 雅虎公司衰落的教训及启示 [J]. 互联网天地, 2017（2）：41-43.

层逻辑。她花费 23 亿美元买下多家公司，包括轻博客 Tumblr 等社交平台和 MessageMe、Cooliris 等移动业务，同时缩减产品线、聚焦自己擅长的业务。2013 年，雅虎股价翻了两倍，但也只是短暂的"回光返照"。改革收效甚微，收购后移动业务难以整合，所在市场大多已被谷歌和 Facebook 占据，难以推出明星产品。雅虎自身核心业务的节节败退，并非玛丽莎·梅耶尔用 3 年多的时间可以改变的。2017 年 6 月，走过 22 个年头的雅虎在股东的压力下宣布出售核心业务，雅虎正式谢幕。

本章小结

关于企业目标的一般理论可划分为三大类：利润目标、股东财富最大化和非利润目标。早期的研究支持利润最大化目标，并提供了利润目标的几种选择：利润最大化、环境约束下的利润最大化和令人满意的利润。然而，利润最大化目标的假定受到了许多批评，而后来的研究也注意到了企业的其他目标，主要包括一定利润水平下的销售收入最大化目标、市场份额目标、长期生存目标、质量与安全目标、增长与扩展目标、公司经理的个人目标、社会责任目标。

现实中企业在选定和实现目标过程中会受到多种限制，这些限制既来自企业外部，也来自企业内部。外部约束因素包括政府管制、市场状况和技术限制；内部约束因素主要体现为企业目标之间的相互冲突。

许多学者对跨国公司的目标进行了经验研究。研究发现，跨国公司的目标是较为广泛的，而利润最大化仍然是跨国公司的首要目标。20 世纪 80 年代后半期以来，一些学者对瑞士跨国公司行为进行了经验研究。本章还对日本企业及其他跨国公司的战略和对外直接投资进行了经验研究。

思考题

1. 试评论"没有哪一个单个的企业目标是单纯的，目标往往有重叠并相互联系"。
2. 是否存在确定某企业目标为利润最大化的方式？
3. 试述关于公司生存目标的观点。
4. 试述利润最大化与追求满意利润的企业目标。
5. 在实践中，企业如何确定正常利润水平和令其满意的利润？
6. 试述利润最大化目标与股东财富最大化目标之间的关系。
7. 试述企业生存目标的现实意义。
8. 试述企业发展目标的现实意义。
9. 试述经理个人目标的形成背景。
10. 试述你对社会责任目标和利润目标之间关系的看法。
11. 试述并举例说明企业目标之间的不一致性与相互冲突。
12. 举出实际的例子，说明企业目标及其特点。

第 3 章 商品需求分析

::: 学习目标

- 理解商品需求的概念,区分不同类型的商品需求。
- 从静态和动态两个方面分析个人对单个商品的需求。
- 分析企业产品需求及中间产品需求的决定因素。
- 掌握中西方对需求的衡量方式和典型的需求函数。

3.1 商品需求及其分类

3.1.1 商品需求的概念

经济学中的商品(在本节分析中,商品指消费品与劳务)需求是指同时具有购买能力和购买意向的一种愿望。它区别于简单表示的对商品的欲望。只有某人有一定的购买能力并愿意花费其资源,才可以把其对某一商品的愿望称为需求。因此,这里所说的需求有两方面含义:一方面,没有购买能力而只有购买愿望是不现实的愿望,这样的愿望再强烈,也无法影响市场活动;另一方面,虽有一定的购买能力,但没有购买意向,也不能形成对商品的需求,因而同样无法影响市场,无法引起生产活动。例如,居民的定期(一年或一年以上)储蓄存款,由于缺乏消费动机,难以形成需求。又如,对于一些低收入群体,这些人虽有较强烈的消费愿望,但因收入有限,难以形成需求。

事实上,人们所讨论的需求总是针对一定时期、一定范围,甚至是对一定价格而言的。这些维度构成了后面讨论商品需求分类的基础。

3.1.2 商品需求的类型

对商品的需求通常可按五种方式分类:①消费者或用户的数量与范围;②商品的特点;③商品消费的持续时间;④需求的相互依赖性;⑤需求的时期和商品使用的特点。这里介绍几种主要的商品需求。

1. 商品的个人需求与市场需求

在特定的时期内，在货币收入和其他商品价格一定的情况下，某人愿意按一定价格购买的商品量是其对该商品的需求；而一定地域范围所有消费者愿意购买该商品的数量则是该商品的市场需求。例如，若市场有三个消费者参与，其在商品不同价格的需求量分别如表 3-1 中的 Q_1，Q_2，Q_3 列所示。表中的最后一列则是在不同价格下商品的市场需求。

如果知道了单个商品的市场需求，就可以加总出所有商品的市场需求。在统计上，单个商品的需求量可以用实物量，也可以用价值量来表示；而对所有商品的需求只能用价值量来表示。

表 3-1 个人需求与市场需求的关系

商品价格	商品的个人需求			市场需求（Q）
	Q_1	Q_2	Q_3	$Q_1+Q_2+Q_3$
20	10	2	0	12
16	14	4	0	18
14	16	6	2	24
10	20	8	4	32
8	26	14	6	46
4	32	20	8	60

2. 对企业、对行业的商品需求

在特定时期，在其他条件相同的情况下，一定地域范围（可大可小）的消费者愿意按一定价格购买某企业商品的数量，是该范围市场对该企业的商品需求。对该行业所有企业商品需求的总和，形成对该行业的商品需求，相当于前述某商品的市场需求。

3. 商品的社会总需求

商品的社会总需求是指社会对所有商品的需求。它实际上等于各种商品市场需求的总和。从另一角度来看，按对所有企业商品需求的总和，进而按所有行业的总和，得到对所有行业的商品需求，也等同于全社会总需求。对所有商品的需求只能用价值量表示。对此可用线性支出系统加以说明。

假如整个经济存在 n 种商品 Q_i（$i=1,2,\cdots,n$），其相应的价格为 P_i，则在一定假定下可以推出每种商品销售额 P_iQ_i 是商品总支出 M 的线性函数，称为线性支出系统。线性支出系统的形式为

$$P_iQ_i = a_i + b_iM \quad (i=1,2,\cdots,n)$$

式中，b_i，a_i 为待估参数。

对 n 种商品的线性关系求和可得商品总支出，即 M。因为 $\sum_{i=1}^{n}P_iQ_i = M$，故有 $\sum_{i=1}^{n}b_i = 1$，$\sum_{i=1}^{n}a_i = 0$。上述分析说明的是商品的社会总需求 M 与单个商品需求 P_iQ_i 之间的关系。

4. 自发需求与派生需求

若对某一商品的需求独立于任何其他商品需求而产生，称为自发需求。如果对某一商品的需求起因于或依赖于某些其他商品，这样的需求称为派生需求。从现行的商品分类看，有的派生需求是作为最终产品存在的，而另一些是中间产品。例如，对食物、衣着、住房的需求，直接起因于人类的生理需要，均属于自发需求。而对农药、化肥、农具的需求就属于派生需求，因为它依赖于对食物的需求。因此，对生产资料的需求是一种派生需求。

5. 短期需求与长期需求

短期是与长期相对应的概念，具体的界定依所处的情境而定。短期需求是在相对较短时期

内对某种商品的需求。该商品往往具有季节性、暂时性、临时性或替代性等特点。对某些商品而言，虽然具有耐久性，但其使用仍受季节变化的影响，如电风扇、空调、羊毛衫等，因而其需求也具有短期需求的特点。一般来说，当前的需求，如月度、季度需求都属于短期需求的范围。

长期需求是长时期内存在或持续产生的需求，其变化要在较长一段时期后才能体现出来。例如，对许多耐用与非耐用消费品的需求，对生产资料的需求都是长期需求。

| 专栏 3-1 |

国际奢侈品价格为什么境内外倒挂

目前，像 LV 的女包或其他国际品牌的衣服，在国内一线大城市专卖店的零售价的确高于在欧美市场出售的价格。摩根士丹利（Morgan Stanley）2021 年发布的一份报告显示，迪奥、古驰、LV 等主要品牌在中国与欧洲的价差达到了 35%~40%。

为什么国内的价格反而更高呢？关税只能解释很小一部分原因。真正的原因在于这些品牌的跨境营销和区别定价策略。国际品牌公司非常清楚，部分中国消费者对这些品牌的需求价格弹性比欧美消费者要小。而同样的物品，在需求价格弹性小的地方，可以定高价、多挣钱。

可是，LV 等奢侈品的价格弹性在中国理应很大，为何变小了呢？这是因为在中国，不仅高收入群体会购买奢侈品，一些工薪阶层为了面子进行攀比消费，也愿意节省其他开销来购买奢侈品。所以，这类奢侈品在中国的特定群体中几乎变成了必需品，其价格弹性就变小了。

在美国、欧洲等发达国家，大多数奢侈品与必需品的消费者"收入"界限是很清楚的。通常，一个人的收入达到一个数量级（阈值）之后，才会加入奢侈品消费的行列。所以，除非是在高级社交场合，你通常不会在纽约或伦敦发现诸如北京、上海街头众多拎 LV 包者的现象。

高档奢侈品的消费需求存在经济学中所说的"虚荣效应"。在一些发达国家，由于"虚荣效应"的作用，购买某一奢侈品品牌的人越多，自己购买的欲望越小。而在中国，在对奢侈品的消费需求中，起主导作用的是经济学中所说的"攀比效应"：消费者之所以对某个品牌产生消费欲望，很大程度上是因为其他人也购买了这一品牌。"攀比效应"的作用使得发达国家的一些高档奢侈品不断演变成某些中国消费者的必需品。因此，国际一线品牌奢侈品的价格境内外倒挂，也就不奇怪了。

资料来源：财经网；金羊网．■

3.2 需求的形成与实现

3.2.1 需求决定因素的静态分析

1. 价格-需求关系、商品价格及需求定律

价格是需求的重要决定因素。如果假定在短期内其他因素难以发生变化，便可提出反映价格与需求之间关系的需求定律。该定律表明消费者愿意按某一价格 P 购买商品的数量 Q：其他因素不变时,当价格 P 下降时,需求量 Q 增加;当价格 P 上升时,需求量 Q 减少。需求定律反映的上述关系可以用图 3-1 加以说明。

进一步分析还会发现,价格-需求关系是受商品类别或性质影响的,即有的商品需求对价格变动不敏感,而另一些商品的需求对价格变动很敏感。对此可以用不同类别商品需求的价格弹性来加以区分。这种区分在理论上可以把商品需求按弹性值由小到大划分为五种类型:零弹性、低弹性、单位弹性、高弹性和无穷大弹性。

(1) 零弹性需求。图 3-2 表示零弹性需求。这时,需求曲线 D 是垂直于水平轴 OQ 的。该需求曲线表示,无论价格上升或下降多少,需求量都保持不变。零弹性需求在现实中较为少见,但是可以举出近似于这一现象的例子。例如,在收入水平较低时,对某些高级耐用消费品的需求价格弹性就接近于零。

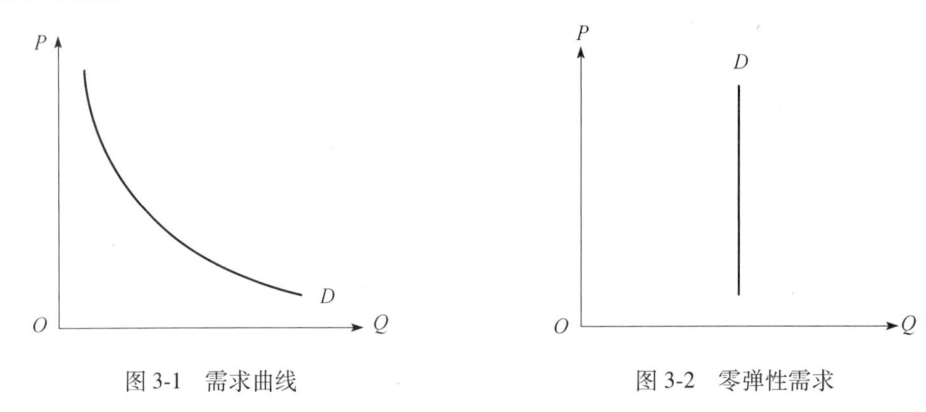

图 3-1 需求曲线

图 3-2 零弹性需求

(2) 无穷大弹性需求。图 3-3 表示无穷大弹性需求。这时,需求曲线 D 与纵轴 OP 垂直。该需求曲线表示,即使是很小的价格变动,也会导致需求量的很大变化。在现实生活中,无穷大弹性需求也较为少见。但作为弹性的一种极端情况,它有助于理解价格-需求关系。另外,在现实生活中还有一种例外的情况,就是"吉芬商品"。它是指商品价格上升,需求量反而上升;价格下降,需求量减少。这是 19 世纪经济学家吉芬(Giffen)研究土豆销售情况时所提出的概念。吉芬商品一般可能是低端商品,或者是昂贵的字画、珠宝饰品等。

(3) 单位弹性需求。图 3-4 表示单位弹性需求。该需求曲线 D 上任意两点所对应的价格改变量 P_1P_2 与相应的需求改变量 Q_1Q_2 刚好相等,这时按价格 P_1 的销售额也刚好与按价格 P_2 的销售额相等,即长方形 $OQ_1D_1P_1$ 与长方形 $OQ_2D_2P_2$ 的面积相等。

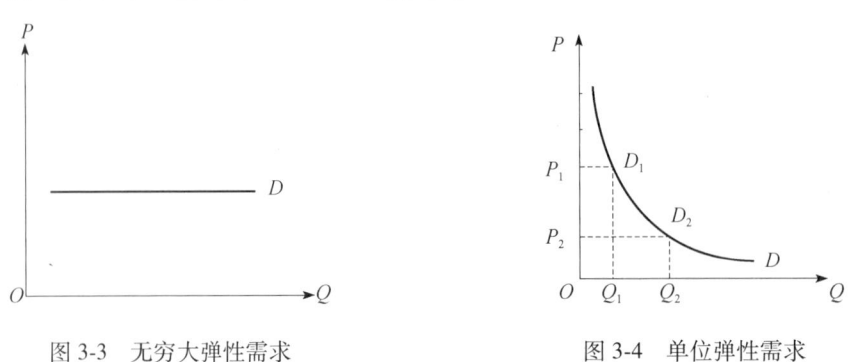

图 3-3 无穷大弹性需求

图 3-4 单位弹性需求

利用点弹性可以证明,形如 $Q=\dfrac{K}{P}$ 的需求函数(式中,Q 为商品需求量;P 为商品价格;K

为常数），其价格弹性恒为 1（按绝对值）。

由 $\dfrac{dQ}{dP} = -\dfrac{K}{P^2}$，得到点弹性为

$$E_P = \dfrac{dQ}{dP} \cdot \dfrac{P}{Q} = -\dfrac{K}{P^2} \cdot \dfrac{P}{Q} = -1$$

（4）低弹性需求与高弹性需求。图 3-5 表示低弹性需求与高弹性需求。如图所示，低弹性需求曲线比高弹性需求曲线陡峭些。一般地，把弹性小于 1 的需求称为低弹性需求，把弹性大于 1 的需求称为高弹性需求。因此，就低弹性需求而言，其价格的相对改变量（相对于原价格并按绝对值看）往往大于其需求的相对改变量；而就高弹性需求而言，其价格的相对改变量往往小于需求的相对改变量。

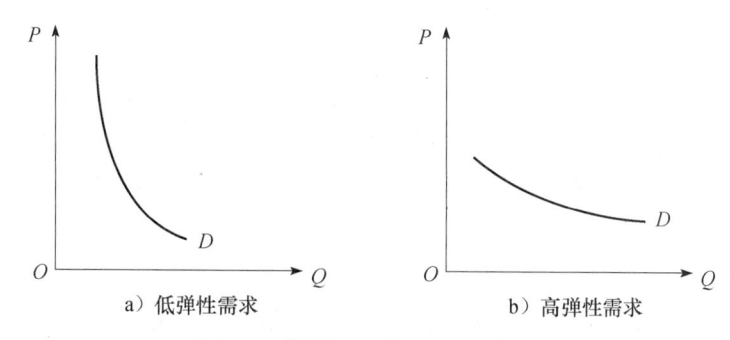

图 3-5　低弹性需求与高弹性需求

由上面的分析可知，图 3-5 表示的需求曲线代表了一般情况下的价格-需求关系；而零弹性需求、无穷大弹性需求和单位弹性需求则反映了极端的情况或特例。

2. 收入-需求关系

收入是商品需求的基本决定因素，因为收入决定或形成消费者的购买力，收入高的人一般比收入低的人消费更多。而且，收入作为需求的决定因素，对于短期和长期需求都具有同样的重要性。因此，收入增长会带来需求的增长。但是有两点值得注意：①并不是收入增长会带来各类商品的需求均增长；②相较其他的需求决定因素而言，收入-需求关系具有更为多变的特点，应该在更为广泛的领域内进行分析，也就是分析不同类型或性质的商品与不同收入水平消费者之间的关系。

为了便于分析收入-需求关系，可以把商品分为四类：生活必需品、低档商品、普通商品、高档消费品或奢侈品。

（1）生活必需品的收入-需求关系。不论收入水平高低，社会上的所有成员都必须消费的商品属于生活必需品范畴。例如，粮食、燃料、服装与住房等都是生活必需品。从理论上讲，随着收入增加，对生活必需品的质量和数量需求都会提高，但是这种需求将上升到一定限度为止。一个人在一定时期所能消费的生活必需品的数量有限，因而有一定的基本量。生活必需品的收入-需求关系可见图 3-6 中的曲线 EG。如该曲线所示，当收入水平在 Y_2 之下时，对生活必需品的需求存在增长；超过这

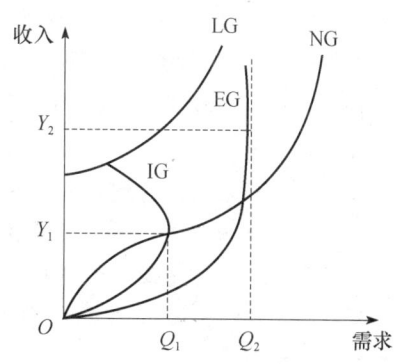

图 3-6　收入-需求曲线

一水平，需求几乎不再增长。一般来说，生活必需品需求的收入弹性大于 0 但小于 1。

（2）低档商品的收入-需求关系。在实践中，低档商品是易于为消费者或销售人员区分的。然而，在理论上，只有随消费者收入增加而需求量减少的商品才被视为低档商品。低档商品的收入-需求关系可见图 3-6 中的 IG 曲线。该曲线表明，当消费者的收入小于 Y_1 时，对该种商品的需求量会增长；一旦收入超过这一水平，需求就会急剧下降。

（3）普通商品的收入-需求关系。从理论上讲，需求量随消费者收入增加而增加的商品属于普通商品，服装就是一个明显的例子。收入与此类商品的需求关系特点可见图 3-6 中的 NG 曲线。如该曲线所示，随着消费者收入增加，对此类商品的需求量也增加。但在收入水平不高的开始阶段，需求量增长迅速；随着收入继续增长，需求的增长开始放慢。

从图 3-6 中可以看出，当收入未达到一定水平（Y_1）时，上述三类商品的收入-需求之间的关系是相似的，差别仅仅体现在程度上；只有超过收入水平 Y_1 时，它们之间的关系才会变得截然不同。

（4）高档消费品的收入-需求关系。当收入超过一定水平后，消费者就会产生对高档消费品或奢侈品的需求并进入该消费领域；而在达到该收入水平之前，消费者极少产生对高档消费品的需求。因此，高档消费品主要为富裕阶层所消费，如宝石、珠宝饰物、贵重化妆品等。图 3-6 中的 LG 曲线表示了上述收入-需求关系，该曲线的起点从收入水平高于 Y_1 的某一点开始并呈上升趋势。

3. 消费者偏好

消费者偏好在决定商品需求时起着重要作用。一般情况下，偏好取决于社会文化、生活方式、习惯、宗教信仰等，也取决于消费者的年龄和性别。这些因素若有变化，消费者偏好也将产生变化。如果消费者对商品的偏好随时尚变化，则其消费方式会从消费低价的老式商品转向高价的新式商品。有时即使新式商品与老式商品的实际效用相同，消费者也愿意购买价格较高的新式商品。例如，新款鞋子可能比老款鞋子的价格高一倍，但是也有不少人购买。在有的情况下，个人偏好甚至会体现为非理性消费行为。例如，有的消费者往往希望从购买高价商品中获得满足。在这种情况下，他们较少考虑商品的功能、特征是否与价格相称。

| 专栏 3-2 |

概念的情景应用：中国男性消费者存在对化妆品的需求吗[一]

女性消费者一直是彩妆产品的主要购买群体。近年来，随着男性对外形的要求提高，男性消费者的购买潜力逐步释放。艾媒咨询发布《2020 年"双十一"中国男性化妆品消费情况》中的数据显示，男士进口彩妆备货同比增长 3 000%。男士护肤品销售涨势明显，达到 30% 左右。"00 后"男性购买粉底液的增速是女性的 2 倍，购买眼线产品的增速是女性的 4 倍。

从产品类别来看，阿里巴巴数据显示，彩妆产品中，粉底、唇膏、眼线、眉笔是男性消费者购物车中的新宠。所调查的"95 后"男性群体中，18.8% 的人使用过 BB 霜，18.6% 的人使用过唇膏或口红，18.6% 的人使用过眼线笔或眼线液，8.8% 的人使用过眉部产品。从消费者年龄分布来看，年轻男性更爱美。阿里巴巴数据显示，每 3 名购买粉底的男性里就有 1 名

[一] 消费涨势明显，男士化妆品市场成新兴蓝海. 环球网，2020 年 5 月 18 日.

"95后"。在淘宝平台上购买素颜霜的男性消费者中,"95后"和"00后"的占比接近一半。

相关数据显示,中国男士化妆品市场近4年来以年均7.7%的速度增长,2019年市场规模约167亿元,预计此后年均增长6%~8%,到2023年将突破200亿元。中国男性"颜值经济"正在迅猛发展,随着男性化妆护肤意识增强,男性化妆品市场正逐渐成为一片新兴蓝海。■

4. 商品的质量和功能

商品质量对商品的需求有相当广泛的影响。除了通常所说的产品合格率之外,产品的功能特征和售后服务受到越来越多的重视。以小汽车为例,它的速度、加速性能、安全性、舒适感、耗油量和售后服务等,都是消费者选择时的重要考虑因素。从某种意义上讲,消费者不是在选择某种商品,而是在选择若干功能和特征,并且现实中的选择往往是将价格与质量、性能联系在一起考虑的。这就是人们常说的性价比。有人为研究住房的价格与特征之间的关系,按两大类特征考察了300套新近出售的住房:第一类是住房本身的特征,包括使用年限、使用面积、卧房数、门的朝向(朝南或朝北)、卧房能否照进阳光、能否看到山景或海景、每层楼的住户数、管理费、西向窗户的比例、东向窗户的比例、所在楼层、主观的噪声污染等;第二类特征与住房周围的环境有关,包括建筑物的平均年龄、对空气污染的申诉、设施的新旧程度、是否有娱乐设施、学校状况、社区犯罪率等。

5. 不同商品间的消费平衡

在现实生活中,消费者的收入处于某一水平之下,而所要购买的商品(用来满足不同的需求)是不同的。一般来说,消费者往往要在衣、食、住、行、文化娱乐的消费(并落实为具体商品)之间寻找一个组合和平衡。所分析商品的需求也就处于上述关系之中,并受到其他商品消费的制约。

消费者在一定收入水平限制下寻求不同商品间的消费平衡,在很大程度上与经济学中的无差别分析相仿。微观经济学提出了预期效用均衡来表示上述分析。例如,以 P_1、P_2 和 P_3 分别表示食品、衣服和文化娱乐的价格,MU_1、MU_2 和 MU_3 分别表示相应的边际效用,则消费者愿意以这样的方式来花费其有限的收入,以便做到每单位支出的边际效用(MU)对各种商品相同:

$$\frac{MU_1}{P_1} = \frac{MU_2}{P_2} = \frac{MU_3}{P_3}$$

这就构成了消费者在一定收入水平下实现效用最大化的必要条件。尽管在实际生活中,很难衡量效用的大小,但是消费者确实有一种动机,不断调整其消费投向,以满足其多方面的需求。在许多情况下,消费者能够决定哪一种商品组合比其他商品组合好。

假设消费者收入为100元,要在食品和衣着上支出。图3-7中的曲线 U_1、U_2、U_3、U_4 分别代表不同的效用水平。当食品的单位价格为1元而衣着为2元时,可以给出一条预算线,它与某一效用曲线相切,设为

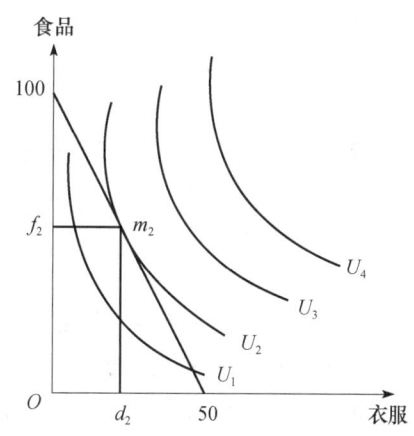

图3-7 收入一定条件下的消费平衡

m_2,则 m_2 所对应的食品和衣服的消费量 $m_2(f_2, d_2)$ 就是在收入一定条件下的效用最大的消费选择。

| 专栏 3-3 |

管理决策分析：小王的最佳消费计划是什么

小王早餐喜欢吃切片面包夹黄油，切片面包的价格为 1 元/片，黄油的价格为 1.5 元/块，小王每月在早餐上的预算为 200 元。如果小王总是在每片面包上放 2 块黄油，他每月的最佳消费计划是什么？

由于小王以固定比例消费面包和黄油，因此两种产品属于完全互补品。消费者对两种商品的消费量之比与价格无关。设 Q_1 为每月消费的面包片数，Q_2 为每月消费的黄油块数，可以得到如下方程组：

$$1Q_1 + 1.5Q_2 = 200$$
$$Q_2 = 2Q_1$$

解方程组，得到最优解：

$$Q_1 = 50$$
$$Q_2 = 100$$

---

6. 示范效应与攀比行为

每当市场上推出一种新商品或某商品的新型号，往往是较富裕的人，或者是追求时髦的人，抑或是了解该商品的特点和作用的人，首先购买它们。例如，20 世纪 80 年代人们对随身听、彩色电视机、DVD 机、太阳眼镜的追求，2010 年以来人们对 iPhone、iPad 的追求，以及近年来一些人对名牌挎包、名牌手表的追求，就是这样的例子。有些人购买新商品或新型号的商品是出于实际的爱好或需要，而另一些人则可能是为了显示其身份和财富。有时，一旦某种新商品时兴起来，某些消费者购买它们并不一定是出于实际的需要，而是因为身边的同事或邻居已经购买了这些商品。后一类人的购买可能是由于以下感情因素，如竞争、攀比、嫉妒、在同事中的平等性，有时甚至是希望以此来显示比自己实际更高的社会地位。基于上述因素产生的购买行为是示范效应的结果。上述效应对需求既有正向的影响，也有消极的影响。当某一商品变得十分普及，某些人（主要是富裕的人或追求时髦的人）就会减少其消费。

7. 广告和推销

广告是为了推销商品。广告可以在以下方面增加消费者对商品的需求：①把商品信息传达给可能的消费者；②表现商品优于竞争者商品之处；③影响消费者对竞争商品的选择；④建立时尚和改变偏好。当上述效果产生和新商品通过广告确立以后，商品的需求量就会增加。换言之，如果其他因素保持不变，销售量将随广告费用而增加。一般来说，广告费用 A 与销售量 Q 的关系如图 3-8 所示。广告有一个起始费用，如图 3-8 中的 A_0。随着广告费用的投入增加，销售量 Q 有可能以更快的速度增加，使需求曲线向右上方偏移；但随着广告费用的更多投入，销售量的增加可能放慢。

如图 3-8 所示的广告费用与需求的关系基于以下若干假定，这些假定在产品广告决策时应加以考虑。

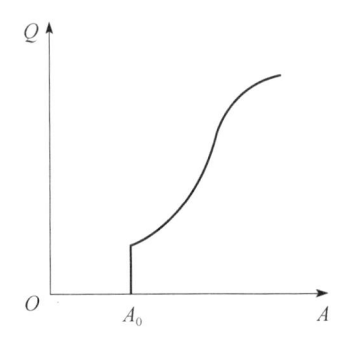

图 3-8 广告费用与销售量的关系

(1) 消费者对不同的广告模式具有同等的敏感度。

(2) 对于公司的广告，竞争者无反应行动。如果竞争者采取行动并致力于抵消广告的影响，那么公司试图通过广告促进销售的作用就会被削弱。

(3) 需求水平尚未到达饱和点。

(4) 把单位广告费分摊到该商品后的价格，在与替代品的价格相比时，不会高得使顾客不敢购买。

(5) 其他需求决定因素（如收入、偏好等）不对需求起反向作用。

然而，许多假定是不符合现实的，因此，上述广告对需求的作用是有限的。

8. 相关商品的情况

相关商品主要包括替代品与互补商品。对所考察的商品，其替代品的多少、价格和替代程度都可能直接影响到对该商品的需求。当存在较多的替代品且替代程度高时，对该商品的需求就会有较大的减少；当替代品价格变动时，也会对该商品的需求产生影响。因此，该商品与替代品之间往往存在负相关的关系；相反，该商品的需求与互补商品往往存在正相关的关系。

9. 对商品信息的了解

消费者对商品信息的了解程度会对商品的需求产生影响。当消费者对商品信息有充分了解（如经常购买某些商品）时，或者商品是知名品牌时，消费者的选择往往是合理的。如果消费者对商品信息缺乏了解，往往会妨碍其在购买中的决策，如推迟购买或转向其他商品等；甚至可能做出错误的决策，如误认为价格高的商品质量也高。

由芝加哥大学的贝克尔（Becker）和哥伦比亚大学的兰卡斯特（Lancaster）分别提出的新消费理论，不仅把消费者简单地视为购买者，同时也将其视为生产者。他们所生产的是自己的满足，所投入的是在市场购买及所花的时间。就此而言，新的消费理论与人力资本理论是相一致的。人力资本理论的研究有两个基本概念：第一，时间是一种隐蔽性的稀缺资源，人们总是希望更有效地利用时间，以使其活动获得最大满足；第二，每个人做决定（包括购买决定）时都需要信息。信息与资讯也是一种稀缺资源，个人或组织都将为此付出时间、努力和金钱。由贝克尔在1965年的论文中提出的时间代价和斯蒂格勒在1961年提出的资源成本构成了交易成本的基础，并成为产权理论的基础。○

10. 消费信贷

面向消费者的信贷，显然会鼓励消费者更多地购买商品。消费信贷往往是针对某些商品的。这些信贷可以来自销售方、银行、亲属或朋友，或者其他方面。面向消费者的信贷主要会对耐用消费品的需求产生影响，尤其对那些需要一次性大量付款的商品更是如此。评价耐用消费品的长期需求往往要考虑是否存在消费信贷，也要考虑其信贷的价值。

根据中国社会科学院国家金融与发展实验室数据显示，近年来中国居民部门杠杆率快速增长：2006年—2021年从10.81%上升到62.14%，15年间累计增幅51.33%，年均增幅超过3.42%；2016年—2020年平均增速达到4.51%，增速在全球主要国家中居于首位。进一步地，以美国、巴西和塞拉利昂分别代表发达经济体、新兴市场经济体和低收入经济体，根据国际货币基金组织（IMF）的数据，如图3-9所示，截至2021年年底，中国家庭部门杠杆率正在快速

○ 李甫基. 自由经济的魅力：明日资本主义 [M]. 夏道平，马凯，林全，等译. 台北：经济与生活出版事业股份有限公司，1988.

接近发达国家水平（中国是 62.14%，美国是 78.03%），并且已远远超过了新兴经济体水平（33.77%）。

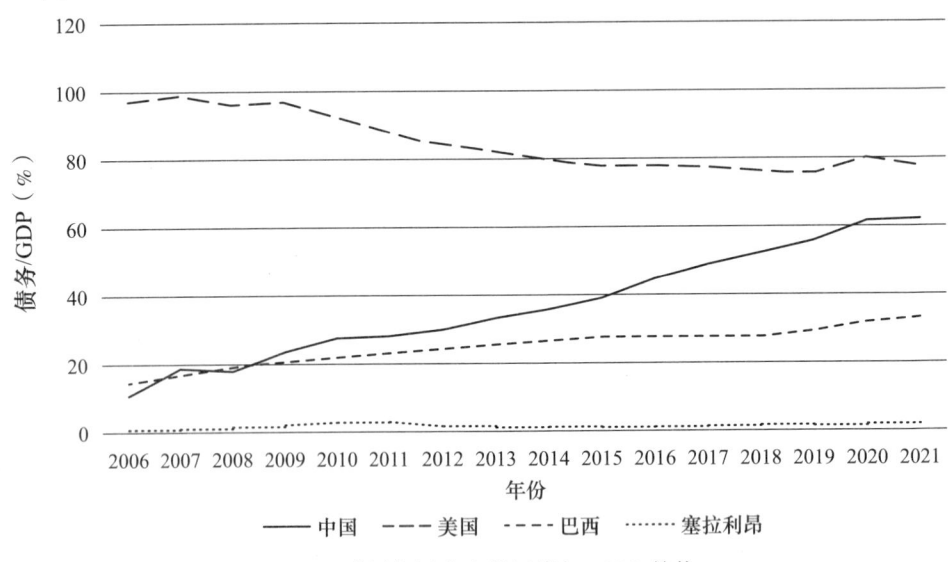

图 3-9　世界各国家庭部门债务/GDP 趋势

资料来源：国际货币基金组织（IMF）。

与此同时，当前我国还存在着较大的收入-财富差距，高收入-财富家庭持有更多的收入和存款份额，中低收入-财富家庭在收入或存款有限的情况下承担了相对更多的债务，由此，收入或存款总量数据无法准确反映债务分布特征下蕴藏的债务风险问题。最后，加入其他渠道贷款及民间借贷之后，家庭债务偿付风险将可能继续恶化。因此，有必要对我国家庭债务问题给予足够的重视和警惕。[一]

11. 购买商品的便利性

购买商品存在市场交易成本。该市场交易成本包括搜寻商品的信息成本、购买的便利性、退货成本等。例如，到市场购买一件商品，会花费一定的时间。如果是买快速消费品，那么到不同的地方、在不同的时间累计起来，其代价是很大的。超市、冰箱及汽车的普及为消费者购买生活日用品节约了大量的时间，形成了一种新的生活方式。近年来，电商和快递行业快速发展，也是基于购买商品的便利性。

12. 商品的购买成本与使用成本之比

一些商品本身的价格可能不高，但在使用中花费很大或使用成本过高，这会抑制消费者的需求。例如，汽油价格、汽车的保险费用、停车费用、停车的困难程度，以及维修费用等会大大提高汽车的使用费用，从而影响对汽车的需求。

13. 商品价格与收入之比

孤立地讨论价格的高低、涨落对需求的影响，在许多情况下是没有意义的。简单地把商品划为高档或低档消费品来讨论其需求也有很大局限性。就许多价格昂贵的商品而言，对消费起

[一] 张栋浩，王栋. 家庭债务问题研究：影响因素、经济社会效应、风险评估及防范 [J]. 金融评论，2022，14(06)：93-121；124.

制约作用的是商品价格与收入的关系。

例如，从我国农民当前的收入水平看，在购买汽车的选择中，价格还是第一位的考虑因素。3万~4万元低档实用的轻型货车、6万~8万元的中档货车在农村市场有强劲的需求增长势头。价格在5万元以下的客货车很有市场潜力。此外，4万~6万元的经济型小轿车和20万元之内的运输车在我国农村也有较好的市场前景。

1907年—1923年，亨利·福特（Henry Ford）在美国推出了"便宜"汽车（T型车），价格从3 000多美元降到1 000美元以下。这使得年收入不高的工薪家庭拥有一辆轿车成为可能。

对于城市居民而言，随着轿车价格不断下降，价格与收入之比也越来越低，轿车的普及率越来越高。

14. 消费者预期

消费者预期分析源于西方宏观经济学中的"理性预期"理论。该理论的代表人物芝加哥大学教授罗伯特·卢卡斯（Robert E. Lucas Jr.）因其在根本转变宏观经济分析和制定经济政策等方面的杰出贡献而获得1995年度诺贝尔经济学奖。理性预期理论认为，在制定政策时就应考虑人们可能采取的对策，从而使政策达到预期的目标。这一理论实际上解释了所谓"上有政策、下有对策"的客观存在。

消费者预期涉及未来的经济活动状况，特别是有关价格、收入、商品供给状况的预期，都对决定短期的商品需求起着重要作用。

（1）价格预期。对价格的预期是通过前述的价格需求关系起作用的。如果预期某商品价格会有一定幅度的上涨，消费者将按现价购买更多的商品，以避免将来价格上涨带来的损失，因此，该商品的现期需求就会增加；相反，如果预期某些商品价格会有一定幅度的下降，消费者会推迟购买某些可以缓购的商品（这些商品往往不属于生活必需品），则该商品的现期需求就会减少。例如，2012年以来的一段时间，房地产市场的住宅成交量明显萎缩，主要是政府实施严厉的宏观调控，消费者预期价格会下降所致。然而，不久之后，许多消费者预期一线城市的房价会上涨，又造成成交量的上升。

（2）收入预期。收入预期对需求的影响也是通过前述的收入-需求关系起作用的。如果预期工资、津贴、奖金等收入会增加，则会导致现期购买的增加。如果消费者预期未来的收入将减少，一般会导致现期消费的下降。

（3）供给预期。对某商品未来供给的预期也会直接影响现期需求。如果消费者预期未来某种商品的供给充足，可能会推迟对该商品的购买；如果消费者预期某些商品将来会发生短缺，其现期需求就会增加。

15. 存款利率和其他投资机会

存款利率和其他投资机会对商品需求有明显影响。一般来说，利率的提高会吸引更多的存款进入银行；而利率降低会使消费者倾向于减少其银行存款或转向其他投资。例如，股票和债券投资获利平均水平的变化，会对个人资金投向产生很大影响。如果投资机会的获利水平较高，消费者往往尽量推迟非必需品的购买，从而影响对商品的需求。

16. 社会文化

个人所处的社会文化背景及其宗教信仰可能会影响对某些商品的偏好和需求。例如，商品的颜色、图案、文字等，都可能影响到消费者对商品的选择。又如，美国消费者与中国消费者在消费与储蓄行为方面存在很大差别。

17. 政府政策

政府政策在许多方面都可能影响商品需求。例如，是否征收商品消费税、消费税率的高低、进口商品关税税率的高低等，都会对商品需求产生明显影响。此外，有关个人所得税、遗产税等也会对商品需求产生一定影响。例如，由于对高档商品和奢侈品征收较高的税收，一些消费者会选择到境外购买。

18. 绿色消费和环保意识

近年来，绿色消费、环保意识逐渐增强，影响了许多消费者的决策。对于绿色商品，即使价格较高，许多消费者也愿意购买。

3.2.2 需求决定因素的动态分析

1. 商品性质、特点的变化

前面所考察的各种影响商品需求的因素往往随着经济、社会环境的发展变化而变化。其中，一些因素的变化（如收入、价格的变化）是容易为人们所感知的，但另外一些变化却往往为人们所忽略。如许多商品的性质、特点、作用的变化，它们往往对需求有很大的影响。

例如，在美国小轿车生产之初，小轿车主要是象征身份和地位的奢侈品。但随着高速公路、超级市场的兴起，以及大规模生产而引起的成本下降，轿车逐渐成为一般家庭不可缺少的耐用消费品。又如，20世纪70年代以前，自行车在我国家庭既是交通工具，又是耐用高档消费品；到了20世纪80年代末和90年代初，自行车已不再属于高档消费品之列。而在收入水平很高的西方发达国家，自行车一般属于玩具用车或学生暂时代步的工具。而在倡导低碳经济的今天，提倡绿色出行，自行车在一些国家和城市又更多地成为代步工具，也成为运动和休闲的工具，高档自行车则成为一种时尚。

2. 需求的时间特性

时间是另一类变量，可以用来解释需求变动的趋势。

（1）短期效果。某些因素的变化能迅速引起需求的变化。例如，季节变化对某些商品的需求会产生直接影响。另一种情况是，对于耐用商品（如汽车、住房等），其价格变动对需求的直接影响往往比生活必需品的价格变动对其需求的影响大，因为前者可以推迟购买。因此，在经济波动中，耐用商品产业所受的冲击往往比其他商品产业大。

（2）长期效果。在许多情况下，人们对引起需求变化的反应是缓慢的，或者说需要一定的时间来对该变化做出调整。例如，对电力的需求，当价格上升时，短期内可能反应不大，而在长期内则可以进行调整，包括减少对电器产品的购买、转向使用其他能源等。

| 专栏 3-4 |

概念的情景化应用：为什么人们对笔记本电脑的需求越来越低

近年来笔记本电脑市场的整体表现比较冷清，互联网数据中心（IDC）几乎每年都在下调笔记本电脑的预期出货量，科技媒体也是各种不看好。那么，到底是什么原因导致人们对笔记本电脑的需求不断降低呢？

多年前，人们用笔记本电脑来浏览网页、看视频、处理工作、打游戏等，总结起来无非就是办公和娱乐。而随着智能手机和平板电脑的迅猛发展，原本需要笔记本电脑才能处理的一些轻度办公娱乐需求完全可以被这些更轻薄便携的移动设备取代，于是笔记本电脑不再那么引人关注。

其实，对大部分人来说，笔记本电脑仍然是不可缺少的设备之一，只是必须使用它的机会变少了。当你可以用全天候续航的平板电脑看视频，那回复工作邮件的时候何必还要打开更复杂的笔记本电脑呢？消费者一旦开始关注那些能在一定程度上替代笔记本电脑的产品，对笔记本电脑的需求就会随之下降。所以，笔记本电脑的可替代性增加是导致其消费需求下降的根本原因。

智能手机功能的增多，不仅对笔记本电脑的需求造成冲击，更是对照相机市场造成了巨大的冲击。现在除了少数专业摄影人士，一般人都是使用手机来拍照。■

3.2.3 需求的决定因素：商品的市场需求分析

商品的市场需求可视为行业的需求（从理论上讲，一个行业的产品与其他行业的产品是不可相互替代的）。行业需求的决定因素中，有的与个人对单个商品需求的决定因素相同，有的与之不同。简明起见，用表 3-2 分别列出了个人对单个商品需求与商品市场需求的决定因素。当影响个人对单个商品需求的因素同样是影响商品市场需求的因素时，使用箭头对该因素加以延伸；当该因素不起作用时，就列出其他因素。

表 3-2 个人对单个商品需求与商品市场需求的决定因素

个人对单个商品需求	商品市场需求
（1）该商品价格（联系商品特性）	
（2）相关商品	
（3）消费者收入（联系商品特性）	收入平均水平与收入分布
（4）消费者偏好	消费倾向
（5）商品质量（与商品特性）	
（6）商品价格/使用成本	
（7）消费者（对收入、价格供给、效用的）预期	
（8）示范效应与攀比行为	
（9）广告与促销	
（10）售后服务	
（11）购买商品的便利性	
（12）消费信贷	
（13）存款利率、其他投资机会	
（14）不同商品间消费的平衡	商品所处生命周期阶段
（15）社会文化	
（16）政府政策	
（17）绿色消费	

3.2.4 对企业产品的需求与市场需求

影响市场（行业）需求的因素基本上也是影响行业中企业需求的因素，但是行业中不同企业的需求存在差别。差别的原因主要在于两方面。一是企业产品多样化的程度（和客户对企业品牌的忠诚程度）。当企业产品与行业其他企业产品存在差异、多样化程度较高时，可能吸引更多客户，扩大对企业产品的需求。二是竞争对手的反应程度。一般来说，对于企业扩大销售的努力，竞争对手是会做出反应的。

3.2.5 中间产品需求的决定因素

从企业所属行业来看，一部分是提供消费品的，另一部分是提供中间产品的。狭义的中间产品称为资本货物，其范围相当广泛，包括机械设备、零部件、原材料等。因此，不应忽视对中间产品需求的分析。由于中间产品需求是由最终产品所派生的，所以后者的变化将直接影响前者的变动。根据经济学中的加速原理，当经济发生变动时，中间产品要比最终产品的波动大得多。影响中间产品需求的因素比较简单：

（1）总体经济的增长。总体经济的增长将直接拉动对中间产品的需求。国民生产总值的增长必然与对中间产品的消耗正相关；同样，第二产业的增长也必然体现为该产业中间产品的增长。

（2）经济结构。不同的经济结构对中间产品的需求存在很大差别。例如，以钢铁、化工、建筑、机械制造为主导的经济，将消费大量的资本货物；而在第三产业占有很大比重的经济中，对资本货物的需求就要小得多。在有的情况下，某一行业就会消费大量的某种中间产品，如电力工业对煤炭的消费、建筑业对水泥的消费。又如，汽车的制造需要近万个零部件。因此，可用第二产业增长、建筑业（或投资）甚至更细分的产业增长来研究对某些中间产品的需求。

（3）库存变动。库存变动作为商品需求与供给双方共同作用的结果，必然对中间产品的需求产生影响。一般来说，库存增加，说明需求（或消费）减少；库存减少，说明需求增加。

（4）价格。价格对需求的影响作用对于中间产品和最终产品都是一样的。但是，中间产品的价格弹性往往比大多数消费品低，特别是中间产品在生产投入中占有较大比重，且替代品较少的情形下更是如此。

3.3 需求的衡量与需求函数

3.3.1 需求的衡量

根据前面的分类，研究商品需求可以分为四个基本层次：①个人对某商品的需求；②对某企业商品的需求；③社会对某商品的需求或某商品的市场需求；④社会对所有商品的需求。对上述四个层次的需求都存在衡量的需要，也存在衡量问题。

1. 衡量的困难

根据前述对需求的讨论，衡量需求应当弄清两点：首先，应当衡量相应的购买力；其次，考虑愿意将其用于购买商品的部分，并将其作为需求的衡量。

由此出发可以提出两种衡量方式。一种方式是按所考察的范围进行调查，并综合得出结果。这种需求衡量方式对个人或少数人是可行的，但是要对整个社会进行衡量则极其困难。因为从理论上讲，需要对全社会的人，在同一时期（假定收入未发生变化），对其购买力和购买意向进行调查，确定其需求，并将其加总为全社会的需求。显然，这在实践中是不可行的。于是产生了对典型样本进行调查，再对总体进行推断的方法，即市场调查法。这样做也要耗费大量时间、精力和费用。另一种常用的方式是利用过去的资料，建立需求函数，用其推断未来的需求。但是，这样做首先就会涉及统计上如何衡量需求的问题。

2. 实践中的选择和存在的问题

在发达国家，往往是把消费（实现的需求）视为对需求的衡量。这样做的基本假定是，只要存在需求，就可以实现消费。在发达国家特定的经济环境下，这一假定是基本合理的。因为发达国家商品供给过剩而需求相对不足，且市场发育完善。在这样的市场环境中，需求一般都能得以实现。事实上，在许多发达国家，为了刺激消费，甚至采用贷款或分期付款等方式来创造现期的需求。在许多经济分析模型中，包含有"需求＝供给"的恒等式，实际上就是把消费视为需求。在许多发达国家的需求模型中，对某商品的需求往往被视为商品的年购买量，如休茨（Suits）的经济模型、邹至庄对汽车需求的研究等，都以消费量来衡量需求。

从我国的实际情况看，以消费来衡量需求会低估需求。因为在我国，假定只要存在需求就可以实现为消费，这是不现实的。近年来，居民收入水平有较大提高，但商品的品种、多样化程度仍不能满足消费者需求，因而有一部分需求无法实现，而不得不转化为储蓄（即通常所说的强迫储蓄），或者寻求其他出路。因此，实际的消费往往低于有效需求。

那么，是否可以退一步用现期（当年）货币收入来作为需求的衡量呢？这种观点在经济体制改革以前，收入消费水平低下与有效供给严重不足并存的状况下是有合理性的。考察历史数据可知，在1954年—1977年的24年间，其平均消费倾向一直接近于1，年货币收入结余曾出现过13次负增长，这意味着几乎全部收入都用于消费。1978年经济体制改革以来，我国居民或全社会货币收入增长速度明显高于改革以前，收入水平有所提升，大多数地区温饱问题得以解决。在这样的情况下，用全部收入来作为需求的衡量就越来越不合适了。事实上，自1978年以来，货币结余和储蓄的增长速度已明显超过收入增长速度，到2000年上半年，居民储蓄已达64 332亿元，而2022年居民新增存款高达17.84万亿元，较2021年增加7.94万亿元，创历史新高，而2023年仅第一季度，居民存款新增就达9.9万亿元。这意味着不能把全部收入作为需求的衡量，否则会高估需求。

3.3.2 需求函数

1. 消费品需求函数

本章对影响消费品需求的决定因素的分析表明，影响需求的因素是复杂的且相互作用的。本节对需求函数的确立将着重于商品的市场需求，因为个人对商品的需求对于企业决策并无价值。一般来说，在分析商品需求时，可以采用建立需求函数的方式。可以找出一些影响需求的主要因素作为变量，写出需求函数的数学形式，例如：

$$Q = f(P, I, P_r, A, C, r, E)$$

式中，Q 表示消费品的需求量；P 表示商品本身的价格；I 表示消费者收入；P_r 表示相关产品价格；A 表示该商品的广告费用；C 表示消费信贷；r 表示利率；E 表示消费者预期。

在有些情况下，可以在需求函数中加入时间趋势项 T，以反映消费者偏好变化、技术变化、相关产品变化、消费习惯等因素的长期影响。这些因素可能随着时间的推移逐渐起变化。例如，美国居民对中心城市运输系统的需求在 1926 年—1950 年有所下降。其原因涉及私人汽车的增长、汽车运输同公共交通的竞争、居民从市区迁至郊区，这些因素的共同作用造成城市运输业务收入的持续下降。

2. 中间产品需求函数

根据前面对中间产品需求决定因素的分析，可以写出中间产品需求函数的数学形式。例如，

$$Q = f(IID, INV, P, \Delta S)$$

式中，Q 表示中间产品需求量；IID 表示工业生产规模；INV 表示投资规模；P 表示中间产品价格；ΔS 表示中间产品库存变动。

在实际建立需求函数的过程中，还要进行具体分析，可以对函数形式和所包含的变量进行选择。例如，可以选用线性函数、对数函数、指数函数等不同形式；而在变量的选择上，也要考虑诸如研究目的、数据支持的可能性、方法与问题的配适等方面的因素。

| 专栏 3-5 |

经济下行背景下，中国如何刺激消费

2022 年 3 月，我国经济下行压力加大。其中，需求收缩、消费下滑首当其冲。

1. 消费下滑：扭转颓势已刻不容缓

疫情冲击之下居民消费下滑已成经济主要风险。国家统计局数据显示，2022 年 3 月，中国固定资产投资、工业增加值增速均低于 1 月和 2 月，名义社零总额的增速跌幅最大，当月同比大幅降至 -3.5%，创 2020 年 5 月以来新低。分品类看，除食品、饮料、药品外，多数品类同步下挫，金银珠宝、服装、家电、石油制品、化妆品、日用品、汽车零售增速较 1 月—2 月下滑均超 10 个百分点；此外，餐饮收入同比降至 -16.4%，反映了接触性、聚集性消费面临巨大冲击。

究其原因，一方面是受疫情影响；另一方面则是多重因素叠加下失业压力加剧。2022 年 3 月，中国城镇调查失业率跳升至 5.8%；其中，16~24 岁青年人口失业率达到 16.0%，处于 2018 年以来同期新高，31 座大城市城镇调查失业率升至 6.0%，创有数据记录以来的新高。

2. 消费券是刺激消费、提振需求的核心选项

在上述情况下，要稳住宏观经济大盘、扭转市场预期，尽快发力提振消费刻不容缓。国内外不乏刺激消费政策的成功案例，其中多将消费券作为核心政策选项。

海外方面，"食物券"计划在美国已成常规政策。早期消费券运用实例可追溯至大萧条时期的美国，其首创的"食物券"计划始于 1939 年 5 月，该计划共实施 4 年，受益人累计达到 2 000 万人次，覆盖了美国近一半的县（郡），总计耗资 2.62 亿美元，最高峰时该计划同时资助 400 万人。由于在帮助穷人、避免饥荒等方面曾取得良好效果，"食物券"计划在 1961 年 5 月重启，并于 1964 年由时任美国总统约翰逊提请国会通过了对"食物券"计划的永久性立法。延续至今，美国农业部已将"食物券"计划

发展成一项常规的贫穷救济制度，即"营养补充援助计划"（SNAP）。

英国的"半价就餐优惠计划"效果也较好。2020年8月，英国财政部曾推出为期一个月的"半价就餐优惠计划"，也可看作是消费券的一种。该计划在8月份的每周一至周三为居民餐饮消费提供半价折扣补贴，上限为每人10英镑。从效果来看，该计划在实施期间带来了商业街和购物中心的客流激增，对当时受到疫情沉重打击的英国零售业带来了直接提振作用。

国内的实践也证明了消费券政策的有效性。据不完全统计，2020年3月—2021年11月，全国有上百个地（市、县）先后实施了超500轮消费券计划，其中多数取得了较为显著的短期局部效果。2021年，我国香港的消费券计划在短期内也对当地消费带来明显提振。数据显示，自2021年8月开始分批次发放消费券以来，香港零售当月同比增速迅速扭转了此前的下行趋势。

2008年次贷危机之后我国推出"家电、汽车下乡"政策，以财政资金作为支持，直接针对特定人群、特定商品进行补贴，实质上与发放消费券无异。政策的补贴力度空前，效果也十分显著，3亿元的财政资金撬动了30亿元的农村消费。

国内外刺激消费政策的实践经验表明，消费券可直接快速作用于需求侧，在经济下行期能够发挥更快、更大的作用，逆周期政策属性更加突出。

资料来源：沈建光. 疫情之下，中国如何扭转消费下滑. 新浪财经，2022-4-27. ■

本章小结

经济学中的商品需求是含有购买能力和购买意向的一种愿望。它可以划分为几种主要的需求：商品的个人、市场、全社会需求；对企业、对行业和对所有行业商品的需求；自发需求与派生需求；短期需求与长期需求。

个人对单个商品需求的决定因素可以从静态和动态两个方面进行分析。从静态角度来看，主要包括价格、收入、消费者偏好、商品的质量和功能、不同商品间的消费平衡、示范效应与攀比行为、广告和推销、相关商品的情况、对商品信息的了解、消费信贷、购买商品的便利性、商品的购买成本与使用成本之比、商品价格与收入之比、消费者预期、存款利率和其他投资机会、社会文化、政府政策、绿色消费和环保意识等因素；从动态角度则应考虑商品性质、特点的变化，需求的时间特性等因素。

在商品的市场需求（也称为行业的需求）决定因素中，有的与个人对单个商品需求的决定因素相同，有的与之不同。

影响市场（行业）需求的因素基本上也是影响行业中企业需求的因素。但行业中不同企业的需求存在差别。原因主要在于两方面：一是企业产品多样化的程度；二是竞争对手的反应程度。

中间产品需求是由最终产品派生的，所以后者的变化将直接引起前者的变动。根据经济学中的加速原理，当经济发生变动时，中间产品要比最终产品的波动大得多。影响中间产品需求的因素包括总体经济的增长、经济结构、库存变动及价格等。

衡量需求一般可以采用抽样统计的方法。在分析商品需求时也可以采用建立需求函数的方式，找出影响需求的主要因素作为变量。同样，根据对中间产品需求决定因素的分析，可以写出中间产品的需求函数的数学形式。但在函数建立过程中，需要进行具体分析，选择函数形式和所包含的变量。

单项选择题

1. 市场需求曲线（   ）。
   A. 描述了在给定条件下，在某一时期，消费者愿意按不同价格水平购买某商品或服务的数量
   B. 表明消费者收入越高，价格弹性越大
   C. 总是半弹性的或半不弹性的
   D. 当产品价格上升的时候，曲线朝下方倾斜
   E. 以上皆非

2. 价格弹性系数指的是（   ）。
   A. 当影响市场需求的条件发生改变时，需求改变的程度
   B. 需求改变引起的价格变化程度
   C. 更高的价格通常会导致消费者减少商品的购买量
   D. 价格改变引起的需求变化程度
   E. 以上皆非

3. 如果某商品的价格弹性系数为-2.5，那么（   ）。
   A. 如果价格下降，需求将增加
   B. 更低的价格会伴随着商品总消费量的减少
   C. 商品价格变化1%会引起需求量在相反方向上变化2.5%
   D. 需求价格弹性低
   E. 以上皆是

4. 当（   ）时，消费者购买某商品的支出会增加。
   A. 价格下降而且价格弹性低
   B. 价格上升而且价格弹性低
   C. 价格下降而且弹性系数为单位弹性
   D. 价格上升而且需求弹性高
   E. 以上皆非

5. 在一定的收入水平下，需求收入弹性低的商品（   ）。
   A. 收入弹性系数为负
   B. 是劣质品
   C. 是吉芬商品
   D. 同时拥有低的需求价格弹性
   E. 以上皆非

6. 说某商品的需求收入弹性高，指的是（   ）。
   A. 如果收入增加1%，将引起需求量增加超过1%
   B. 该商品不是必需品
   C. 如果收入增加，需求量将增加
   D. 如果收入降低，需求量不会改变
   E. 以上皆是

计算分析题

1. 某一商品价格与需求量如下表所示。计算相应的平均收入（AR）、总收入（TR）、边际收益（MR）与价格弹性系数。

价格	需求量	AR	TR	MR	价格弹性系数
60	1				
50	2				
40	3				
30	4				

（续）

价格	需求量	AR	TR	MR	价格弹性系数
20	5				
15	6				
10	7				

2. 如果某商品的需求函数为 $Q = 100 + 20P - 15P^2$，那么，$P = 4$ 时，价格弹性系数是多少？

思考题

1. 试述自发需求与派生需求的概念，并举出几个自发需求与派生需求的例子。

2. 试述零弹性、无穷大弹性需求的经济含义，并举例分析。

3. 列举影响大米需求的因素。
4. 分析影响电视机、空调、电冰箱需求的因素，并提出需求函数。
5. 分析影响汽车需求的因素。你对我国汽车消费的前景持何种看法？
6. 分析影响我国商品房需求的因素。
7. 试选一种具体商品分析影响其需求的因素。
8. 调查表明，大学生、中学生使用手机已较为普遍，试分析其原因。
9. 本章列举了影响个人对某商品需求的17种因素，试再举出另外一些因素并进行分析。
10. 比较影响行业产品需求因素与影响企业产品需求因素的异同。
11. 试举出两种中间产品（生产资料），分析影响其需求的因素。
12. 作为厂商，在其他条件相同的情况下，其商品价格弹性低有利还是高有利？
13. 从边际分析的角度解释，在预算一定的条件下，消费者会寻求在不同商品之间的消费平衡。
14. 是否所有购买者对价格都一样敏感？为什么？

第 4 章　市场需求估计与经营管理分析

::学习目标

- 分析商品需求价格弹性、企业价格弹性及商品需求收入弹性的影响因素。
- 掌握需求价格弹性、收入弹性及交叉弹性在经营决策中的应用。
- 了解统计分析方法在需求估计中的应用,掌握在统计分析的基础上应用弹性分析方法。
- 了解中外消费品需求估计的几个实例,以及中外钢铁消费的经验研究。

在实践中,对需求的研究和估计较多采用两种方式:①估计有关的弹性系数并就影响因素进行分析;②估计需求函数或销售收入函数并就影响因素进行分析。事实上,在分析中可以将两者结合起来。

4.1　需求弹性在经营管理分析中的应用

商品的需求弹性在一般的经济学教科书中都有介绍。详细分析方法是一种简单易行的分析方法,在经营管理分析和其他许多领域中有广泛的应用。

4.1.1　影响商品需求价格弹性的因素:商品和消费行为分析

不同商品的需求弹性差别很大。决定商品需求价格弹性的因素并非一目了然。有多种因素在对商品的市场需求起作用,因而分析人员应综合考虑这些因素。一般来说,可以参考以下原则:

(1) 生活必需品的价格弹性低,非必需品的价格弹性高。有的商品对于消费者是必不可少的,如基本的食品、电力等,即使价格上涨,消费者也不可能较多地减少消费;相反,如果价格降低,消费者也不可能较多地增加消费。

(2) 替代品多的商品其价格弹性高,替代品少的商品其价格弹性低。如果某一商品有众多的替代品,其价格变动会引起需求的很大变动。当其价格上升时,消费者往往转向替代品;当其价格下降时,消费者往往从替代品转向该商品。例如,在有多种水果上市的季节,水果的价格弹性高,某种水果的价格发生变动,需求就会敏感地向相反方向变动;在只有一两种水果上市的季节,特别是在其刚上市的情况下,其价格弹性低,即使价格发生大的变动,其需求仍然不会有明显变动。

(3) 市场饱和度高,商品价格弹性低;市场饱和度低,商品价格弹性高。如果某商品的市场已近饱和,那么降价所产生的影响就远比市场处于成长时期要小得多。例如,如果绝大多数家庭已购买了电视机,即使降价很多,对需求的影响也不大。

(4) 商品在总消费中所占比重大者,其价格弹性高;反之,其价格弹性低。例如,某些商品在消费支出中占有较大比重,如价格变动,消费者会很快做出反应,因而其弹性高;对在消费支出中所占比重很小的商品,消费者的关心程度低,往往对价格变动不敏感,因而价格弹性低,如盐、牙膏等就是这样的商品。

(5) 商品用途越多,其价格弹性越高;商品用途越少,其价格弹性越低。如果商品有多种用途,价格下降会因扩大了经济上可行的用途范围而增加购买。在价格上升的情形下,消费者的购买决策往往只着重于商品最必需的用途上,因而会减少购买。

(6) 可推迟购买的商品,其价格弹性高;不可推迟购买的商品,其价格弹性低。当商品可以推迟购买时,消费者就更有可能和时间对其价格变动做出反应。这种情况较多地发生在耐用消费品的购置和更新上。如果不能推迟购买商品,消费者就不太可能或很少有时间对价格变动做出反应。在这种情形下,商品的价格弹性会低。

(7) 长期比短期更有弹性。在许多情形下,消费者对价格变动的反应有一定的滞后期。一般来说,时间越长,消费者所能采用的调整方法越多,可能的替代品也越多。美国的一项研究表明,汽油的价格弹性在长期比短期高。因为消费者更有时间和可能改变消费方式,如减少外出、购买省油的汽车等。电力价格变动,其需求也是长期比短期更有弹性。

(8) 与消费者的收入有关。以上分析均未考虑消费者收入的影响。实际上,消费者的收入水平对不同商品的需求弹性有很大的决定作用。对低收入的消费者来说,食品的价格弹性高,而高档消费品和奢侈品的价格弹性低。因为即使某些昂贵首饰的价格降低一半,他们也无力购买。而对高收入的消费者而言,其对食品的消费往往早已饱和,即使价格下降也不会增加购买;相反,如果价格上升,也有能力保持其消费量不会下降。

| 专栏 4-1 |

概念的情景化应用:油价暴跌的分析——缺乏弹性[一]

不管你信不信,周一油价跌至零下(见图4-1)的历史性崩盘可以用一个不靠谱的词来解释:"缺乏弹性"。

对石油的需求是缺乏弹性的,短期内它不会对价格变化做出显著的反应。当人们不得不待在家里的时候,无论汽油多么便宜,人们也不会经常开车。石油供应在短期内也缺乏弹性。关闭生产井的成本很高,因此一些生产商宁愿在亏损的情况下暂时继续开采原油。

[一] The oil price crash in one word:'inelasticity'. 彭博经济周刊,2020-4-21.

WTI原油每桶价格（美元）

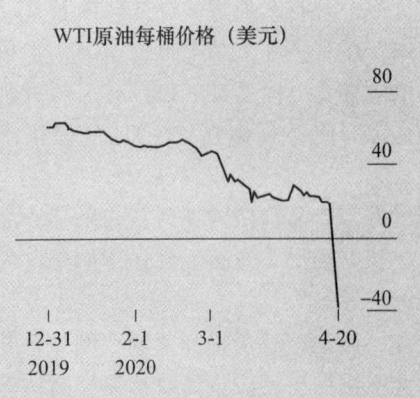

图 4-1 油价暴跌
数据来源：Compiled by Bloomberg.

沙特阿拉伯、俄罗斯和其他国家的石油产量已经超过了市场的消费能力，这是一场博弈——每个国家都希望其他国家会让步。美国总统促成减产协议的努力未能阻止油价暴跌。从长远来看，供给和需求都更有弹性，但正如凯恩斯所说："从长远来看，我们都死了。"

存储通常是稳定缺乏弹性市场的缓冲器。如果供过于求，多余的就会被存储起来。但是石油生产过剩已经持续了很长时间，以至于几乎没有任何地方可以存储原油了，因此石油市场崩溃了。当地时间2020年4月20日，纽约商品交易所5月份交货的西得克萨斯轻质原油期货合约下跌逾55美元，收于每桶-37.63美元。这是历史上第一次该合约的交易价格低于零，它甚至远低于1986年3月和1998年12月的低点，上一个平均油价低于每桶10美元的年份是1974年。

在缺乏弹性的市场中，价格可以完全变为负值：卖方付钱给买方购买。从地下开采出来的天然气，作为石油生产的副产品，有时成本低于零，因为它被视为废物。发电厂有时会向用户支付电费，因为这比关闭发电厂并在晚些时候重新起动要便宜得多。奶农们还没有达到付钱让人们购买牛奶的程度，但他们正在倾倒自己拥有的牛奶，因为奶牛的产奶量超出了市场的承受能力。石油价格降至零或变为负值的可能性曾经不大，因为它比牛奶、电力或天然气更容易存储。■

4.1.2 企业价格弹性和行业价格弹性

作为生产某一商品的行业，其市场上反映出来的价格弹性与行业中某个企业的价格弹性并不一致。整个市场对价格的反应并不会同等体现在对单个企业产品的需求上。与影响单个企业需求的因素相似，有四个方面的因素会具体影响单个企业产品的价格弹性。

（1）单个企业的需求不能脱离其所属行业的（市场）需求状况而存在。如果市场价格弹性很高，企业很难按自己的定价方式出售产品。例如，小麦、大豆、水果市场，其整个市场价格往往是统一的（虽可随时间、地点不同而略有不同）。在这种情形下，单个企业对市场的影响力很小（具有很有限的定价权）。

（2）单个企业的价格弹性取决于该企业产品的差异化程度和购买者对其品牌的信任程度。一般而言，企业产品的差异化程度越高，其需求曲线比行业需求曲线陡，价格弹性就可能低于行业的水平；相反，如果企业产品与行业其他产品并无差别，其需求曲线也就与行业需求曲线较为一致。

（3）企业产品所占市场份额。该企业产品所占市场份额越大，就要求降价所能从其他企业吸引到的客户比例越大，才能使价格弹性有较大的变化；相反，如所占市场份额较小，只要从竞争对手那里吸引少量客户，就可以带来销售比例的较大增加。

(4) 竞争对手对所研究企业价格变动的反应。一般来说，当竞争者采取降价反应时，其价格弹性比竞争者维持原产量甚至减少产量时要低。

尼达姆（Needham）提出了一个公式来计算产品无差异情形下单个公司产品的价格弹性：

$$E = \frac{(E_m + E_s S_r)}{S}$$

式中，E 表示所考察公司产品的需求价格弹性；E_m 表示市场价格弹性；E_s 表示竞争者对所考察公司价格变动的供给弹性；S 表示该公司的市场份额；S_r 表示竞争者的市场份额。

在现实中，难以知道并衡量竞争者的反应，因此，上述公式更多地用于理论分析。

4.1.3　影响商品需求收入弹性的因素

在现实生活中，商品与商品之间的收入弹性存在很大差别。但是，影响商品需求收入弹性的因素较为简单。由前面对收入-需求关系的分析可知，食品、日用品的收入弹性较低，珠宝、高档汽车、艺术品、旅游等的收入弹性较高。这说明商品需求收入弹性与商品和劳务的性质有关。

从行业的角度来看，该行业产品所处的生命周期阶段影响商品需求收入弹性。处于产品生命周期不同阶段的行业需求，其增长幅度是有很大差别的，因此，不同行业因所处生命周期阶段不同，其收入弹性会有很大差别。

就单个企业而言，其产品的收入弹性不可能与行业的收入弹性一致。其差别取决于该企业产品在行业中的竞争力，也取决于该企业产品在行业中所占份额的大小。

4.1.4　若干经验研究结果

需求弹性的应用非常广泛，有许多关于商品劳务的经验研究结果。例如，研究发现，居民用电的价格弹性与收入弹性都低，并且短期价格弹性与收入弹性都接近于 0，比长期价格弹性要低许多；而一般家庭用品的价格弹性较高（大于 1），并且长期与短期差别不大。

需求弹性分析也可以用于宏观层面。例如，分析经济增长与能源消耗之间的关系。表 4-1 和图 4-2 所示为 2010 年—2019 年我国能源消耗弹性系数。从表 4-1 和图 4-2 可以看出，2010 年—2019 年我国能源消耗弹性总体呈下降趋势，该系数均小于 1。2011 年—2015 年能源消耗弹性系数明显下降，从 0.76 降至 0.19，说明单位 GDP 能耗在不断下降；2016 年—2019 年该系数有所回升，2019 年升至 0.54，说明近年来单位 GDP 能耗有所回升，但是仍然明显低于 2010 年。因此，继续提高经济增长利用能源效率需要付出更多努力。

表 4-1　2010 年—2019 年我国能源消耗弹性系数

年份	能源消耗增长率（%）	GDP 增长率（%）	能源消耗弹性系数
2010	7.3	10.6	0.69
2011	7.3	9.6	0.76
2012	3.9	7.9	0.49
2013	3.7	7.8	0.47
2014	2.7	7.4	0.36
2015	1.3	7.0	0.19
2016	1.7	6.8	0.25

(续)

年份	能源消耗增长率（%）	GDP 增长率（%）	能源消耗弹性系数
2017	3.2	6.9	0.46
2018	3.5	6.7	0.52
2019	3.3	6.1	0.54

资料来源：中国统计年鉴 2020。

图 4-2　2010 年—2019 年我国能源消耗弹性系数的变化趋势

资料来源：国家统计局。

4.1.5　需求弹性应用

1. 价格弹性与经营管理决策

（1）价格变动对销售的影响。价格弹性的一个重要应用是研究价格变动对销售的影响。价格弹性的经济含义所反映的价格变动与销售量的关系是简单明确的，但是价格变动对销售收入的影响却较为复杂，因为价格是不断变化的，而销售收入取决于销售量与价格的相互作用。

一般的分析结论是，在价格弹性较小的情形中，降价将导致销售收入降低，提价则会导致收入增加。这是因为降价时，需求对价格变动反应不大，需求量增加不多，因而需求量增加的比例相对于价格降低的比例较小，因此，较少的需求增加所导致的总收入增加，不足以抵消因降低价格而造成的收入减少。

不同价格弹性下的需求与销售收入变动可表示如下：

$|E_p| = 1$　单位弹性　　　价格变动→需求等比例变动→收入不变
　　　　　　　　　　　　　　总收入不变

$|E_p| < 1$　需求对价格变动不敏感　　价格↑→需求↓不大

　　　　　　　　　需求↓带来收入↓＜价格↑带来收入↑
　　　　　　　　　　　　总收入将↑
　　　　　　　　　价格↓→需求↑不大
　　　　　　　　　需求↑带来收入↑＞价格↓带来收入↓
　　　　　　　　　　　　总收入将↓

| $|E_p| > 1$ | 需求对价格变动很敏感 | 价格↑→需求↓很大
需求↓带来收入↓<价格↑带来收入↑
总收入将↓
价格↓→需求↑很大
需求↑带来收入↑>价格↓带来收入↓
总收入将↑ |

（2）价格弹性、价格与边际收益的关系。从数学上可以推导出价格弹性（E_p）、价格（P）与边际收益（MR）之间的关系。

设 Q 为商品需求量，则销售收入可表示为

$$TR = PQ$$

就 $TR = PQ$ 对 Q 求导，得边际收益为

$$MR = \frac{dTR}{dQ} = P + Q \cdot \frac{dP}{dQ}$$

$$= P\left(1 + \frac{Q}{P} \cdot \frac{dP}{dQ}\right) = P\left(1 + \frac{1}{E_p}\right)$$

据此，可以讨论价格弹性对边际收益的影响：

1）价格弹性为 0 的情形。由 $E_p = 0$，则

$$MR = P\left(1 + \frac{1}{0}\right) = P \cdot \infty = \infty$$

2）价格弹性为无穷大的情形。设 $E_p = -\infty$，其需求曲线为一水平直线，于是有

$$MR = P\left(1 + \frac{1}{-\infty}\right) = P(1 + 0) = P$$

3）价格弹性介于 0 与无穷大之间的情形。设 $-\infty < E_p < 0$，则

$$MR = P\left(1 + \frac{1}{E_p}\right) = P(1 + 某一负数)$$

（3）以销售收入最大化为目标的企业决策。根据以上对价格弹性与销售收入之间关系的分析，可以得出以销售收入最大化为目标的企业决策原则：

1）对于价格弹性低的产品，可采用提价方式。

2）对于价格弹性高的产品，可采用降价方式。

（4）以利润最大化为目标的企业决策。若企业以利润最大化为目标，问题就变得较为复杂，这时应考虑成本因素。例如，对价格弹性低的商品，通过提价可增加销售收入，并且如能同时保持成本不增加，则利润就会增加。

在价格弹性高的情形中，情况就较为复杂。因为价格下降，虽然带来销售收入的增加，但是销售量增加的同时也会带来成本的增加。因此，只有当收入的增量大于成本的增量时，利润才会增加，这时降价才符合利润最大化的目标。

2. 收入弹性用于市场趋势分析与预警

（1）用需求收入弹性表示市场成长、饱和与衰退。市场的成长、饱和与衰退可以用不同方法描述，需求收入弹性是其中之一。具体描述如下：

1）在正常的经济条件下，如果某产品的需求收入弹性大于 1，可以认为该产品市场处于成

长状态。

2）如果某产品的需求收入弹性等于0，那么可以认为该产品的市场处于饱和状态。

3）如果某产品的需求收入弹性小于0，则该产品市场处于衰退状态。

上述市场成长、饱和与衰退的经济意义可用图4-3来直观地说明。

如图4-3所示，在收入向 I_0 增长的过程中，需求量也是增长的，这时需求收入弹性因为需求量增长较快而大于1。当收入由 I_0 增加到 I_1 时，需求量增长放慢，需求曲线变得较为平缓，这时需求收入弹性开始小于1并逐步趋于0。当收入由 I_1 增长到 I_2 时，需求量就基本保持在同一水平。由于 I_1I_2 之间需求增量趋于0，其需求收入弹性（可从计算公式推出）也就相应为0。这意味着不论收入水平怎样变化，需求量均保持不变。此时可以认为市场处于饱和状态。当收入超过 I_2 之后，需求量明显下降，需求增量为负，而收入增量为正，故需求收入弹性为负。此时可以认为市场处于衰退之中。

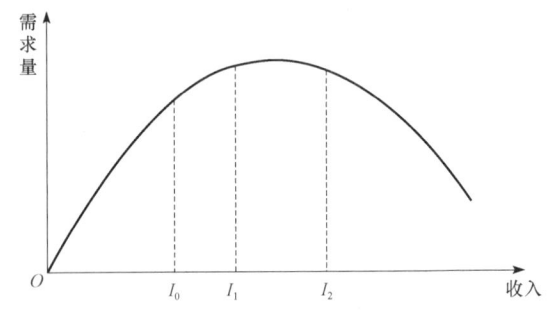

图4-3 用需求收入弹性表示市场成长、饱和与衰退

（2）市场饱和与衰退预警。观察某产品需求收入弹性的变动，可以帮助分析和预测市场需求的变化。如果需求收入弹性不断下降，其数值处于1和0之间，就预示着有较快出现市场饱和的可能；如果需求收入弹性已接近于0并呈下降趋势，就预示着有出现市场衰退的可能。

3. 需求收入弹性的决策含义

（1）判断企业产品在经济运行过程中的地位，为制定长期发展战备提供参考。通过计算某产品收入弹性的具体数值，可以分析该产品在经济运行中的地位。

如果某个商品或行业的收入弹性 $E_1<1$，那么该商品的生产者没有等比例地占有国民收入的增长，表示该商品已无法维持它在整个经济社会（增长）中的相对地位，国民收入增加时，该商品的生产者将分配到较少利益；如果 $E_1>1$，表明该商品的生产者超比例地占有国民收入的增长；而当 $E_1=1$ 时，则意味着企业等比例地占有国民收入的增长。

进一步说，如果某行业的收入弹性较高，那么它在经济增长中就有较好的机会。收入弹性较低的行业（一般以 $E_1<1$ 为界限）可能属于衰退行业。这些行业的企业不能充分利用经济增长来发展自身，且社会对它们的产品需求程度不大，因而应当寻求生产更为社会所需要的其他产品，或者进入更有增长可能的行业。因此，面临高弹性收入需求函数，表示有良好的发展机会；面临低弹性收入需求函数，表示难以获得有益收益，应考虑进入有良好成长机会的产业。

当然，任何有经验的分析人员都不会只用一两个具体的弹性数值就简单地决定某行业是否属于衰退行业，而必须分析收入弹性在若干时期的变化趋势，考虑某些特定的经济因素，然后才能得出分析结论。

（2）政府制定政策的依据。农产品的收入弹性 $E_1<1$，农民收入赶不上其他行业，这是许多国家经济发展中普遍存在的问题。于是政府往往对农业实行补贴，以保证农民的收入水平。

关于美国住宅问题，第二次世界大战以来，改变其存量是政府目标之一。但如果住宅收入弹性低，即使在经济上升时期，人们收入增加，用于住宅的支出也较少，住宅问题仍不能自动解决，需要政府干预，如实行优惠利率、房租津贴等措施。

4. 交叉弹性的决策意义

交叉弹性是一种重要的弹性分类方式。到目前为止，所讨论的价格弹性都是针对某一商品本身的价格与需求关系的。交叉弹性是指另一商品价格变动对所研究商品需求的影响程度。交叉弹性的计算公式如下：

$$E_{YX} = \frac{\text{商品 } Y \text{ 需求变动百分比}}{\text{商品 } X \text{ 价格变动百分比}}$$

$$= \frac{\Delta Q_Y}{Q_Y} \Big/ \frac{\Delta P_X}{P_X}$$

式中，Q_Y 为商品 Y 的需求量；P_X 为商品 X 的价格；ΔQ_Y、ΔP_X 为相应的改变量。

因此，商品 Y 的需求变动百分比与商品 X 的价格变动百分比之比就是商品 X 对 Y 的交叉弹性。根据交叉弹性的公式可知：若 X 与 Y 为互补商品，其交叉弹性为负；若 X 与 Y 为替代商品，其交叉弹性为正。不管交叉弹性为正还是为负，X 与 Y 的关系越紧密，交叉弹性的绝对值就越大。

交叉弹性在经营决策分析中有着多方面的应用。

（1）估计替代品价格变动的影响。如果某一企业准备变动某一产品的价格，那么这一信息对于生产相关产品（如替代程度较高）的企业是非常重要的。例如，在我国有若干家生产小轿车的企业，如果某一种轿车降价，必然会对其他轿车的销量产生影响。在这种情形中，若知道有关的交叉弹性，便可估计出有关的影响程度。

（2）证明产品在市场竞争中的地位。如果通过市场测试或市场调研能证明某一产品与其他产品有正的交叉价格弹性，那么这些产品一般互为替代品；如果产品无替代品，其交叉弹性为零，则该产品处于垄断地位。在美国，企业若处于垄断地位，会违反反垄断法案。若能证明本企业产品与其他企业产品有正的交叉弹性，其产品在市场上有替代品，因而不存在垄断，企业就能保护自己。杜邦公司为了在反垄断法案中保护自己曾使用过这种方法，维护了自己的地位。虽然杜邦公司大约占了75%的塞璐玢包装材料的市场，但是它成功地证明了有关市场是一个包括蜡纸和铝箔在内的软包装材料的整体市场。而在该软包装材料市场上，杜邦公司产品的市场份额只有18%。杜邦公司通过确定其产品与其他两种产品之间存在正的交叉弹性证明了该市场上存在替代品，因而不形成垄断。

| 专栏 4-2 |

管理决策分析：谁是奔驰 C 级轿车的竞争者

奔驰 C 级轿车定位于精英人士的个人座驾，在原有的优雅中加入了时尚和狂野的气息，其较强的操控性能吸引了不少年轻的男性消费者，而驾驶的舒适性和内饰的时尚性也受到不少女性车主喜爱。奥迪 A4L 轿车车型内饰做工精致、科技配置丰富、空间宽敞舒适、操控稳健舒适，在 B 级车型中拥有较好的实用性。但这款车也存在燃油经济性较差、烧机油、方向盘发飘等问题。宝马 3 系轿车是宝马最成功也是销量最大的车系之一，操控性能突出，但储物空间较少、内饰简单、动力一般。

问：对于奔驰 C 级轿车而言，奥迪 A4L 和宝马 3 系谁具有更大的替代威胁呢？三款轿车的销售量与价格见表 4-2。

解：根据交叉弹性的公式，可以计算出

表 4-2　奔驰 C 级轿车、奥迪 A4L 轿车、宝马 3 系轿车的销售量与价格

车型	销售量（辆）			价格（万元）		
	2017 年	2018 年	2019 年	2017 年	2018 年	2019 年
奔驰 C 级轿车	128 331	156 566	157 390	32.32	35.36	35.79
奥迪 A4L 轿车	117 868	168 165	168 689	41.21	33.90	34.18
宝马 3 系轿车	123 692	134 893	135 133	34.59	34.29	33.50

奔驰 C 级轿车与奥迪 A4L 轿车和宝马 3 系轿车的交叉弹性（见表 4-3）。

表 4-3　奔驰 C 级轿车与奥迪 A4L 轿车和宝马 3 系轿车的交叉弹性

时期	年份	奥迪 A4L 轿车	宝马 3 系轿车
短期	2017 年—2018 年	3.48	0.97
	2018 年—2019 年	0.26	0.14
长期	2017 年—2019 年	3.11	0.87

由表 4-3 可以看出，奔驰 C 级轿车与其他两种品牌轿车车型的交叉弹性均为正，说明这两者均与奔驰 C 级轿车为替代关系。而无论是从短期还是从长期来看，奥迪 A4L 轿车与奔驰 C 级轿车的交叉弹性均比宝马 3 系轿车的交叉弹性大。这说明奥迪 A4L 轿车的调价对奔驰 C 级轿车销售量的影响更大。■

（3）分析判断不同产品的风险。竞争中的公司必须了解有多少种产品是其竞争产品（定性），并了解其他产品价格变动对公司产品需求的影响大小（定量）。这可以通过估计产品的交叉弹性获得解决。如果按某产品计算的交叉弹性多为正值，表明该产品可能有较多的替代品。

（4）定价策略的参考。产品的交叉弹性可用作实现某一经营管理目标时定价的参考。例如，在与替代品的竞争中，为实现某一销售额，产品价格应确定在什么水平，可以用交叉弹性计算。

5. 弹性分析应注意的问题

弹性分析在经营管理决策中有着广泛的应用。除了本章中较详细介绍的需求价格弹性、需求收入弹性、需求交叉弹性之外，还有能源方面的弹性、产出弹性、价格预期弹性、广告弹性等。同时，弹性分析方法有简单易行、使用成本低等优点。但是在具体计算和应用弹性的过程中，也存在一些实际困难。这可以归结为以下几点：

（1）难以确定产品的需求曲线。采用点弹性方法，需要知道产品的需求曲线（需求函数）。然而，确定产品的需求曲线往往需要收集大量数据，并通过计算机技术进行拟合。这本身是一项困难的工作。

（2）需求曲线上各点的价格弹性各不相同。即使知道了需求曲线，曲线上各点的弹性也各不相同。需求曲线上的点往往包括一个很大的弹性值变化范围，在这样大的范围内确定弹性值是困难的。在讨论这一问题的时候，应当注意的是，产品的价格弹性往往与产品量的变动范围有关。例如，对于同一产品的需求曲线的研究表明，曲线的左上半部可能代表高弹性的需求，而其右下半部则代表了低弹性的需求。而容易与这一问题发生混淆的是某些产品的需求曲线本身较另一些商品的需求曲线陡峭，二者相比较，前一类商品的价格弹性更低。

（3）其他因素的影响。价格弹性的确定是以其他变化因素，如收入、消费者偏好、其他商品价格等保持不变为前提的。但是在现实中，这些因素都是变化的。

（4）应区别行业与企业的需求弹性。假设某行业需求的价格弹性为-0.5，需求的收入弹性为 1，作为该行业中的企业应当如何运用上述数据？这时，企业并不能简单地认为价格降低 10%会使销量增加 5%。一般来说，只要存在大量替代品，企业的价格弹性就会高于行业的价格弹性。所以，降价并不能获得预期中销售量的增加；涨价可能会使企业的销售收入大幅减少。因此，单个企业在使用行业弹性时应当加以区别。

| 专栏 4-3 |

价格与利润的关系：应用卖多少钱合适

苹果的应用商店里有超过 50 万款应用（app），许多开发者都想找到合适的价格，从而带来最大收益。iA Writer 的创始人奥利弗·赖肯斯坦（Oliver Reichenstein）表示，他的团队已经注意到收费应用的一个有趣现象："无论选择什么价格，我们的收益总是相同的。"

iA 将其 iPad 版 iA Writer 的价格从 5 美元降至 1 美元，起初销售量激增，但后来恢复至之前水平。通过将价格调至原来的 1/5，公司的销售量多出了 5 倍，即收益不变。

iA 用 Mac 版 iA Writer 做了相同的测试，把价格从 10 美元降至 5 美元，同样的事情发生了：销售量多了 2 倍，因此，收益仍然不变。

"我预期的是在某个点，价格改变会对销售收益产生有利或不利影响，但根本没发生。"

赖肯斯坦很高兴能以较低的价格销售 iA Writer，但他仍然对应用的销售情况感到困惑："似乎降低价格会增加应用知晓度，却不会影响利润。不管是应用商店暗中操作，还是市场在无形地决定要在一个应用上花多少钱。"

赖肯斯坦的发现在网上引发了对应用定价的大量讨论，一些用户同意这种价格弹性现象。赖肯斯坦认为，他早就知晓价格弹性，但实践却表明价格并不影响利润。另有用户提到了游戏公司 Valve 经历的相似情况：价格提高导致相同的需求量减少，但总收入持平。

因此，一个重要的启示是：降价不会提高收益，而是会扩大应用知晓度。

资料来源：tech2ipo.com.

4.2 中外耐用消费品需求估计

耐用消费品包括房屋、汽车、游艇、电视机、摄像机等。对耐用消费品需求的估计采用弹性分析方法，也可以采用经济计量方法。下面对中外耐用消费品需求估计举例介绍。

4.2.1 对美国汽车需求的估计实例

邹至庄教授从价格和收入的角度研究了影响美国汽车需求的因素，并通过计算需求的价格弹性与收入弹性做了进一步分析。

1. 对汽车需求的衡量

对汽车的需求可以用不同的变量衡量，如汽车的累计保有量、当年汽车购买量（按辆衡量）等。邹至庄教授认为，购买汽车主要为填补希望达到的总存量与前一时期剩下的旧存量之间的差额。因此，为了解释对购买的需求，可首先采用希望达到的存量的需求。

在实际研究中，确定存量存在困难。因为如果以汽车辆数来衡量存量，新车与旧车、价格昂贵的汽车与价格便宜的汽车之间存在差别。显然，新车比旧车、价格昂贵的汽车比价格便宜的汽车有更长的使用期，或者说其作为汽车的存量有更长的时期。为此，采用将所有汽车按不同车龄和相对价格表示为新车存量的做法。例如，旧车的价格只有新车的一半，就将其看作半辆新车，并将其与消费者的需求等同地使用。

2. 需求函数

首先考虑某个消费者 i 的需求 X_{it}，假定主要取决于汽车的相对价格 P_{it} 和其实际收入 I_{it}，则有

$$X_{it} = a_{it} + b_{it}P_{it} + c_{it}I_{it}$$

式中，截距 a_{it} 反映了消费者 i 的个人偏好和其他未考虑变量的影响，特别是 t 年相关产品价格的影响。

其次考虑对不同消费者的需求进行求和。对不同的 i 而言，a_{it}，b_{it}，P_{it}，c_{it}，I_{it} 的每一个都存在一个频率分布，在方程两边对 i 取期望值得

$$E(X_{it}) = E(a_{it}) + E(b_{it}P_{it}) + E(c_{it}I_{it})$$

化为

$$X_t = a_t + E(b_{it}P_{it}) + E(c_{it}I_{it})$$

进一步假定 b_{it} 与 P_{it}，c_{it} 与 I_{it} 统计上不相关，可得

$$X_t = a_t + b_t P_t + c_t I_t$$

式中，X_t，a_t，b_t，P_t，c_t，I_t 分别为 X_{it}，a_{it}，b_{it}，P_{it}，c_{it}，I_{it} 的期望值。

进一步假定价格和收入对需求的影响在整个时期保持不变，即 b_t 与 c_t 为常数（与 t 无关），记为 b，c。

此外，若将 a_t 表示为

$$a_t = a + U_t$$

式中，a 为所研究时期的一个平均数；U_t 表示随机因素的影响。

这样，汽车市场需求函数就表示为

$$X_t = a + bP_t + cI_t + U_t$$

式中，P_t，I_t 分别为各时期的价格与收入平均水平；c 表示平均收入水平对消费的影响，而与个人之间的不同收入 I_{it} 无关，即与收入分布无关；至于各时期的平均收入水平 I_t，可以按家庭考虑，也可以按个人考虑。

3. 即时调整假定下年购买量的需求

由于 X_t 为所希望达到的存量，所以年购买量 X_t 可表示为年底希望达到的人均存量与上一年已经折旧的人均旧车存量之差，后者表示为上一年人均存量的一部分，用系数 K 表示。K 的含义可理解为年底人均旧车存量与年初全部人均存量之比。显然，K 值应当是小于 1 的，它与折旧有关，也与其他报废（如撞车）和人口变化因素有关〔在本例研究中，统计数据表明 K 约为 0.75，报废率为 0.25（$1-K$）〕。这样，可将年需求量 X_t 表示为

$$X_t = X_t - KX_{t-1}$$

上式又可表示为（右边同时加、减 X_{t-1}）

$$X_t = (X_t - X_{t-1}) + (1 - K)X_{t-1}$$

这样，年购买量被表示为两部分：一是当年希望的存量变动的需求量；二是更新折旧存量的需求量。

可用以下例子说明：设折旧率和报费率为 0.25，且人口保持不变。第一年总存量为 100 辆，购买量为 25 辆。第二年希望达到的存量为 100 辆，这时要求的购买量为 35 辆，其中 25 辆作为更新，10 辆作为希望达到存量的改变。第三年，若希望达到的存量为 110 辆，则更新部分为 27.5

辆（110 辆×0.25）；若希望达到的存量为 120 辆，则存量改变为 10 辆，更新部分仍为 27.5 辆。

4. 考虑时滞的年购买量

在上面的例子中，当第二年希望达到的存量改变了 10% 时，各年的购买量（单位为辆，以下省略）依次为 25，35，27.5，27.5，…，即在第二年变动的年份产生跳跃，将希望达到的存量调整在一年内完成，随后又有很大下降。这一假定未必合理，由于购买汽车要付出较高的费用，有的消费者也许不可能立即改变汽车存量。因此，在求和时，只有一部分消费者会改变其拥有量。为此，可以将原先的需求函数修改为

$$X_t = C(X_t - X_{t-1}) + (1 - K)X_{t-1} \tag{4-1}$$

式中，C 表示实际希望改变存量的那部分需求所占比重。

按照上述假定，假定 C 为 0.5，即对整个需要调整的存量改变而言，有 50% 是在当年实现的。这样，在上面的例子中，历年的购买量就变为

$$25，30，28.75，28.125，…，27.5$$

5. 统计分析结果

根据上述理论分析，邹至庄教授利用 1921 年—1953 年（1942 年—1946 年除外）的时序资料和最小二乘法估计了美国汽车需求函数。估计结果如下：

$$X_t = 1.166\,6 - 0.039\,544 P_t + 0.020\,827 I_{dt} \tag{4-2}$$
$$(0.004\,522) \quad (0.001\,749)$$
$$R^2 = 0.85 \quad S_E = 0.738$$

$$X_t = -0.724\,7 - 0.048\,802 P_t + 0.025\,487 I_{et} \tag{4-3}$$
$$(0.004\,201) \quad (0.001\,747)$$
$$R^2 = 0.895 \quad S_E = 0.618$$

注：方程中系数下面括号内数字为相应的标准差（下同）。

式中，X_t 表示时期 t 的人均汽车存量（按年底各组车龄分组的汽车登记证数量的加权总和再除以人口平均数）；P_t 表示时期 t 的汽车价格指数；I_{dt} 表示时期 t 的人均可支配收入；I_{et} 表示时期 t 的预期收入（或长期收入），定义为过去人均可支配收入的加权平均。

利用上述估计函数，采用 1921 年—1953 年的平均价格 122.8，平均人均汽车存量 8.081，平均收入 565.2，运用包括可支配收入的需求函数计算出相应的价格弹性为-0.601，收入弹性为 1.46；运用包括预期收入的需求函数计算出相应的价格弹性为-0.742，收入弹性为 1.83。弗里德曼发现，预期（长期）收入与总消费的关系比可支配收入与总消费的关系更为密切。比较上面两个估计结果，也可以证实弗里德曼的结论。

为了对价格弹性和收入弹性的结果进行比较，按各变量取对数后的线性函数进行回归，得如下结果（先估计 $\log P_t$，再求解 $\log X_t$）：

$$\log X_t = -3.577\,4 - 1.109\,4\log P_t + 1.726\,6\log I_{dt} \tag{4-4}$$

$$\log X_t = -6.276\,3 - 0.949\,8\log P_t + 2.026\,6\log I_{dt} \tag{4-5}$$

根据上述估计结果可知，可支配收入的弹性和预期收入的弹性分别为 1.73 和 2.03。价格弹性的新估计值分别为-1.11 和-0.95，均分别稍高于线性函数的情形。从统计分析可知，仅仅用价格和收入已经描绘了汽车存量的大部分变化；在解释汽车的消费方面，预期收入较可支配收入更高。总的来看，收入弹性为 1.4~2.0，价格弹性为-0.6~-1.0。

按有时滞的年购买量 X_t 的理论模型估计的需求函数如下：

$$X_t = 0.07791 - 0.020127P_t + 0.011699I_{dt} - 0.23104X_{t-1} \tag{4-6}$$
$$(0.002648) \quad (0.00107) \quad (0.04719)$$
$$R^2 = 0.858 \quad S_E = 0.499$$

$$X_t = 0.39966 - 0.025936P_t + 0.014607I_{et} - 0.29709X_{t-1} \tag{4-7}$$
$$(0.005939) \quad (0.002583) \quad (0.09549)$$
$$R^2 = 0.628 \quad S_E = 0.499$$

从上面结果可以导出对汽车存量的价格弹性与收入弹性。由前面对有时滞的年购买量的需求分析，对该年拥有量只希望做部分改变的情形，即式（4-1）

$$x_t = C[X_t(P_t, I_t, U_t) - X_{t-1}] + (1-K)X_{t-1}$$

故有

$$dx_t/dP_t = C(dX_t/dP_t)$$

因为式（4-6）中的 -0.020127 为价格对于年购买量的影响系数，等于希望达到的存量对于价格的偏导数乘上调整系数 C_0，即

$$dx_t/dP_t = (dX_t/dP_t)C_0 = -0.020127$$

所以

$$(dX_t/dP_t)(P/X) = -0.020127(P/X)(1/C_0)$$

式中，由历年统计数据可得出价格的平均数 $P=122.8$ 与存量的平均数 $X=8.081$；K 为报废率，统计上可用年底人均旧车存量与人均全部存量之比，且按 1921 年—1953 年的数据，K 约为 0.75。

由式（4-1）和式（4-6）可知，$1-K-C_0 = -0.23$，得出 $C_0 = 0.48$。故可计算出价格弹性为

$$(dX_t/dP_t)(P/X) = -0.020127(122.8/8.081)(1/0.48) = -0.63$$

以同样的方式可计算出收入弹性为 1.7。两个弹性值与从式（4-2）所得的 -0.601 和 1.46 相比较，二者都利用了可支配收入为解释变量，但式（4-2）假定为完全调整，而式（4-6）是部分调整。

利用式（4-7）也可计算出价格弹性和收入弹性分别为 -0.72 和 1.88，调整系数 C_0 是 0.55。该估计值与式（4-3）所得的相应估计值 -0.742 和 1.83 很接近。

比较可支配收入和预期收入在模型中体现出的相对特性可知，可支配收入在解释年购买量的变化方面比预期收入要好；但是在解释存量的变化上，则是后者比前者好。上述差异可解释为把预期收入看成调整系数的一部分作用。当假定存量完全调整时，可支配收入的公式无法将存量缓慢按接近的均衡水平考虑在内，而预期收入的结构却将其考虑在内了。因为收入变量本身每年仅改变它的最近水平和可支配收入的新水平之间差距的一小部分。调整系数本身说明了存量缓慢接近它的新水平的原因。根据这种解释，可支配收入的公式是正确的，而预期收入变量在解释存量的变化时显得比较好，仅仅是由于公式中求平均的过程起了调整过程的一部分替代作用。

4.2.2 休茨对消费品与劳务需求的研究

休茨在对美国经济的研究中，对消费品和劳务的需求做了较细致的考察。休茨运用 1947 年—

1960 年的数据，采用最小二乘法，建立了四个方程，直接与消费有关。

（1）方程 1，汽车与汽车零件

$$\Delta A = 47.1 + 0.177\Delta(Y - X_u - X_f - X_s) - 0.495A_{-1} + 0.26\Delta L_{-1}$$
$$(0.086) \qquad\qquad\qquad (0.168) \quad (0.082)$$

式中，ΔA 表示消费者购买汽车与汽车零件的净增费用；Y 表示可支配收入；X_u 表示失业救济费；X_f 表示联邦政府转移费用；X_s 表示州政府转移费用；A_{-1} 表示上年年末汽车保有量；ΔL_{-1} 表示上年消费者的实有流动资金。

（2）方程 2，对其他耐用品的需求

$$\Delta D = 0.262 + 0.176\Delta Y - 0.0694D_{-1} + 0.0784\Delta L_{-1}$$
$$(0.015) \quad (0.029) \quad\;\; (0.016)$$

式中，ΔD 表示消费者用于其他耐用消费品（不含汽车）的费用；ΔY 表示可支配收入的增量；D_{-1} 表示累计耐用消费品的存量。

（3）方程 3，对非耐用消费品的需求

$$\Delta ND = -0.149 + 0.224\Delta Y + 0.205\Delta ND_{-1} + 0.143\Delta L_{-1}$$
$$(0.06) \quad\;\; (0.135) \qquad\;\; (0.059)$$

式中，ΔND 表示消费者用于非耐用消费品的费用；ΔND_{-1} 表示上年消费者用于非耐用消费品的费用。

（4）方程 4，对劳务的需求

$$\Delta S = 0.363 + 0.0906\Delta Y + 0.53\Delta S_{-1} + 0.0381\Delta L_{-1}$$
$$(0.029) \quad\;\; (0.17) \qquad (0.029)$$

式中，ΔS 表示劳务费用；ΔS_{-1} 表示上年劳务费用。

在休茨建立的消费函数中，对用于汽车消费的可支配收入做了较细的分解，扣除了失业救济费等三项不可能用于购买汽车的收入。但是在解释其他耐用消费品、非耐用消费品、劳务需求时，将整个可支配收入作为主要解释变量。在所有四个需求方程中，都将累计消费品的存量（上年）和上年消费者的实有流动资金作为解释变量。休茨的模型对于研究我国的消费函数，选择变量有重要的参考价值。

4.2.3　影响我国汽车需求的因素

影响汽车需求的因素众多，但是许多因素起作用的范围、时期和重要程度各不相同。就汽车本身而言，它的商品特性也会因时、因地而异。下面结合我国情况进行分析。

（1）居民收入平均水平与价格。汽车在我国属于高档耐用消费品。从整个市场来看，需求的根本决定因素在于居民平均收入水平的提高。20 世纪 90 年代，国内国产桑塔纳汽车价格为 18 万~19 万元，高出国际市场同类产品的 2~3 倍，进口汽车更是如此，其价格与国内收入水平之间形成更大反差。这样就严重抑制了居民购买汽车的愿望。进入 21 世纪，居民收入逐步增长，汽车价格大幅度下降，并有许多厂商相继推出经济型汽车，因而大部分城市家庭和部分农村家庭都购置了汽车，特别是近年来我国汽车的产销量都有大幅度增长。

（2）收入分布。收入分布差距的存在往往使收入水平居高的那部分居民首先有购买汽车的需求。从我国的情况来看，随着改革开放以来市场经济体制建立和对外联系增多，一部分人已经拥有了相当多的财富，从而先期购买汽车。此外，随着近年居民收入增加及汽车价格降低，部分工薪阶层也购买了汽车。

（3）汽车的使用成本。与汽车价格和收入有关的影响因素是汽车的使用成本。使用成本包括汽油价格、各种税收、保险、停车等直接费用，也包括停车困难、办理牌照困难和道路状况恶劣等方面的间接成本。从我国的情况来看，相对于平均收入水平而言，汽车的使用成本偏高是制约需求的重要因素。

（4）信贷条件。20世纪90年代中期以前，我国缺少由银行、企业等相关机构提供的购车信贷。因为当时绝大多数人收入水平偏低，既不具备购买能力，也不具备还贷能力。但是近年来，国内银行为购买汽车、购买住房、助学提供了较广泛的信贷支持，扩大了对汽车的需求。此外，一些高档消费品购买者可以得到若干亲友在资金方面的帮助和支持，形成一定的购买能力。

（5）政府政策。20世纪90年代以前，我国汽车消费的相当部分用于企事业单位。当时汽车在国内尚属政府控购商品，对私人购车也不鼓励。直接影响到汽车需求。20世纪90年代以来，有关政策从放松控购到鼓励私人购车，使汽车市场发生了很大变化。

此外，国家相关的经济政策与倾向，随着我国加入WTO，对外国汽车进口的政策规定、税收、价格控制，以及对国产轿车的价格政策的放开，都直接影响到汽车需求。

（6）其他因素。例如，将汽车用于出租车的需要、公共交通状况、停车设施与收费情况、汽车本身的质量、油料供应状况、维修和配件供应状况等，都会对汽车需求产生影响。

4.2.4 用需求收入弹性分析我国耐用消费品、住宅的消费趋势

我国许多消费品的消费具有明显的时代特征，随着国民收入的提高和生活质量的改善，消费者的消费结构也出现了明显的变化。从20世纪80年代中期开始，对电视、洗衣机、冰箱、空调等耐用消费品具有较强的需求；进入21世纪，又对汽车、移动电话、个人计算机等具有较强的需求。下面考察2003年后我国汽车、电视、冰箱、洗衣机、空调、个人计算机和移动电话七种耐用消费品的市场趋势。用有关资料分别计算2003年—2022年的收入弹性值，考虑实际可用于购买消费的年收入，选择"人均可支配收入"作为收入的衡量，各种商品的消费量作为需求的衡量，计算结果见表4-4。同时，绘出了汽车、移动电话、个人计算机的需求收入弹性变动趋势，如图4-4所示。

表4-4 2003年—2022年我国七种耐用消费品的需求收入弹性

年份	人均可支配收入		需求收入弹性						
	总额（元）	增长率（%）	汽车	电视	冰箱	洗衣机	空调	个人计算机	移动电话
2003	5 007	10.48	3.11	2.38	3.37	2.08	4.26	—	4.02
2004	5 661	13.06	1.11	1.04	2.38	2.06	2.28	—	2.14
2005	6 385	12.79	0.95	0.90	-0.06	1.50	0.47	2.83	2.03
2006	7 229	13.22	1.96	0.09	1.35	1.28	0.10	2.51	3.63
2007	8 584	18.74	1.16	0.07	1.28	0.69	0.91	1.89	0.78
2008	9 957	15.99	0.31	0.54	0.59	0.71	0.11	2.14	0.13
2009	10 977	10.24	3.99	0.77	2.16	1.15	-0.09	2.33	2.02
2010	12 520	14.06	2.12	1.35	1.57	1.73	2.26	1.62	2.87
2011	14 551	16.22	0.05	0.22	1.17	0.48	1.63	1.67	0.84
2012	16 510	13.46	0.36	0.37	-0.25	0.09	-0.91	0.45	0.34

(续)

年份	人均可支配收入		需求收入弹性						
	总额（元）	增长率（%）	汽车	电视	冰箱	洗衣机	空调	个人计算机	移动电话
2013	18 311	10.91	1.33	-0.06	0.91	0.70	0.51	-0.49	2.44
2014	20 167	10.14	0.73	1.07	-0.53	-0.27	1.05	-0.58	1.03
2015	21 966	8.92	0.38	0.28	-1.12	0.26	-0.21	-3.09	0.88
2016	23 821	8.44	1.70	1.06	0.73	0.57	0.12	-0.68	0.24
2017	25 974	9.04	0.36	0.12	-0.23	-0.18	2.53	0.51	0.26
2018	28 228	8.68	-0.50	2.54	-0.30	-0.39	1.92	0.36	-0.58
2019	30 733	8.87	-0.95	-0.42	-0.30	0.27	0.50	0.50	-0.70
2020	32 189	4.74	-0.30	0.70	2.84	1.70	-0.84	5.13	-3.09
2021	35 128	9.13	0.41	-0.68	-0.03	0.79	0.43	2.58	1.40
2022	36 883	5.00	0.71	1.17	-0.76	—	0.38	—	-1.28

资料来源：国家统计局。

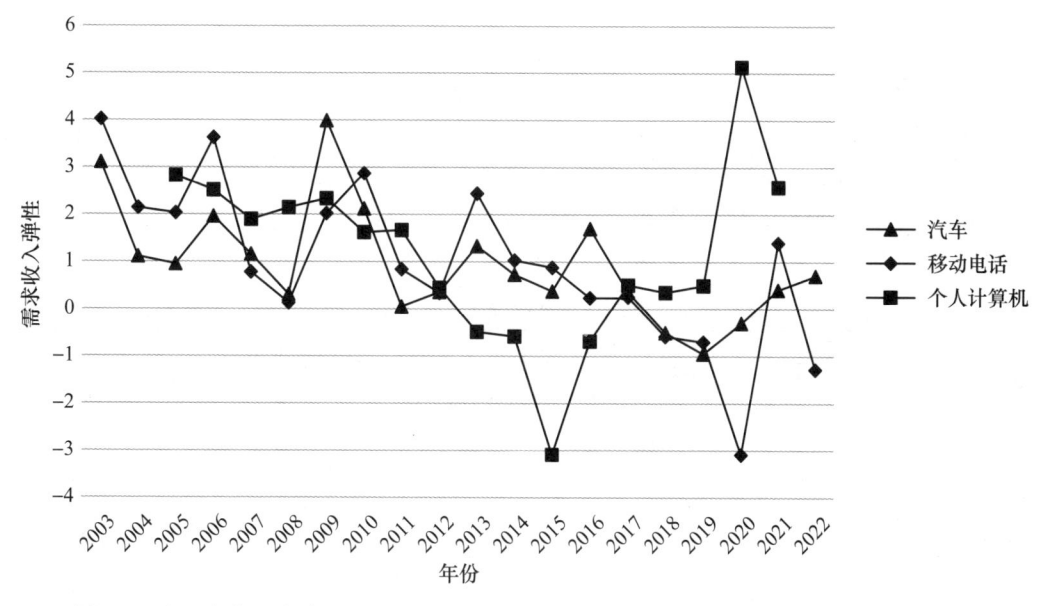

图 4-4 我国汽车、移动电话、个人计算机的需求收入弹性变动趋势（2003 年—2022 年）

从图 4-4 中可以看到，汽车在 2003 年—2010 年的需求收入弹性值几乎都大于 1（除 2008 年受金融危机影响外），当收入发生变化后我国民众对汽车的需求变化更大，这说明汽车在当时是奢侈品；但 2017 年—2022 年，需求收入弹性值都小于 1，收入变化对汽车需求的影响较小，表明汽车逐渐成为我国民众的必需品。另外，我国通信行业的发展反映在移动电话的需求变动上，移动电话在 21 世纪初维持着很高的需求收入弹性，随后虽有波动，但总体呈现下降趋势，随着移动电话从奢侈品转变为必需品，通信行业也从高速发展阶段走向成熟阶段。个人计算机的需求收入弹性趋势则不一样，2015 年—2020 年呈现快速上升趋势，说明个人计算机又重新成为我国民众购买的奢侈品之一。

进一步看耐用消费品中的家电品类，图 4-5 绘出了 2003 年—2022 年我国冰箱、电视和洗衣机的需求收入弹性变动趋势。

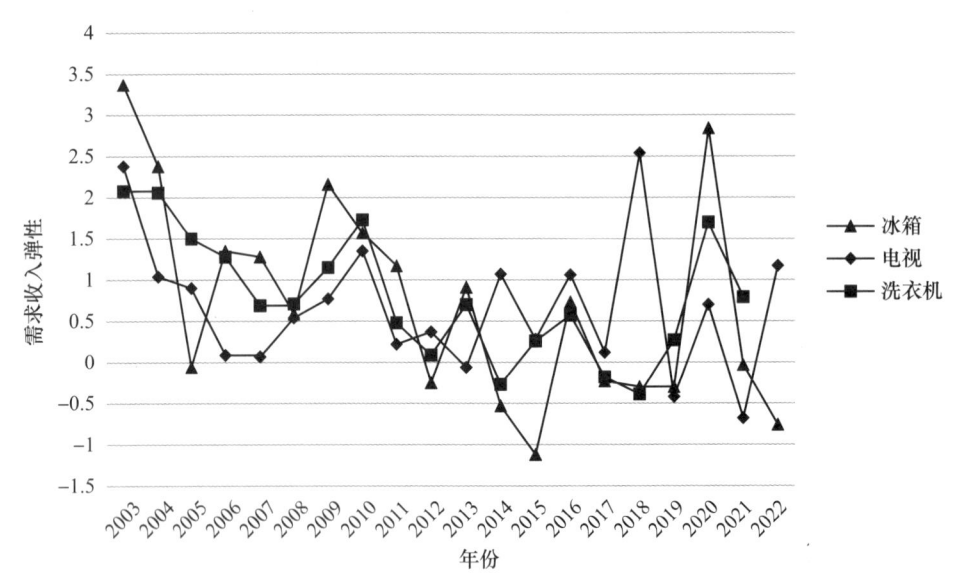

图 4-5 我国冰箱、电视、洗衣机的需求收入弹性变动趋势（2003 年—2022 年）

从图 4-5 中可以看到，进入 21 世纪以来冰箱、电视、洗衣机的需求收入弹性波动较大，甚至在一些年份出现弹性值为负的情况，这时可认为市场趋于饱和。但三种产品的需求在 2012 年之后出现了较为明显地反弹，不断地波动中出现明显的差异化，现实中耐用品消费向中高端产品调整，销售结构改变、更新掀起新一轮需求的膨胀，这也反映出民众消费结构升级的态势。

表 4-5 是由我国城镇居民收入等数据计算的新增私人汽车和住宅的需求收入弹性。图 4-6 和图 4-7 所示为新增私人汽车需求收入弹性与住宅需求收入弹性的变动趋势。

表 4-5 2003 年—2022 年我国新增私人汽车和住宅的需求收入弹性

年份	城镇居民人均可支配收入（元）	新增私人汽车拥有量（万辆）	新增私人汽车需求收入弹性	住宅销售面积（万 m^2）	住宅需求收入弹性
2003	5 007	250.25	2.33	29 778.85	2.28
2004	5 661	262.43	0.39	33 819.89	1.04
2005	6 385	366.41	2.75	49 587.83	3.15
2006	7 229	485.25	2.25	55 422.95	0.90
2007	8 584	542.90	0.65	70 135.88	1.37
2008	9 957	625.17	0.95	59 280.35	-1.13
2009	10 977	1 073.52	5.42	86 184.89	3.80
2010	12 520	1 363.80	1.81	93 376.60	0.61
2011	14 551	1 388.08	0.12	96 528.41	0.22
2012	16 510	1 511.81	0.68	98 467.51	0.16
2013	18 311	1 663.08	0.92	115 722.69	1.56
2014	20 167	1 837.68	1.03	105 187.79	-0.99
2015	21 966	1 759.74	-0.51	112 412.29	0.78
2016	23 821	2 231.12	2.92	137 539.93	2.48
2017	25 974	2 184.89	-0.24	144 788.77	0.59
2018	28 228	2 059.82	-0.71	147 759.59	0.24
2019	30 733	1 934.06	-0.74	150 144.32	0.19
2020	32 189	1 782.20	-1.77	154 878.47	0.67
2021	35 128	1 860.83	0.49	156 532.17	0.12
2022	36 883	1 640.09	-2.59	114 630.65	-6.34

资料来源：国家统计局．

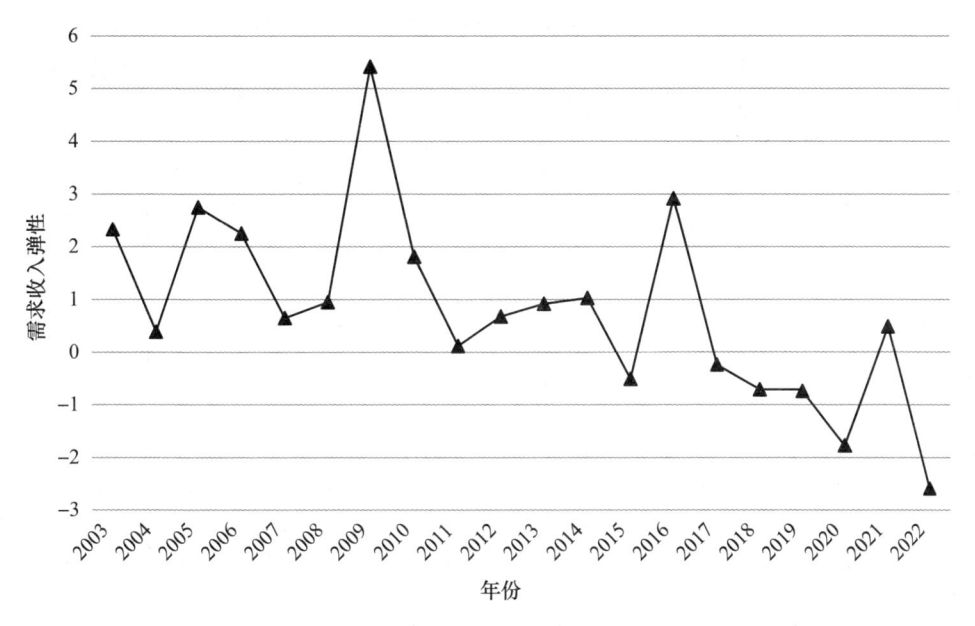

图 4-6　新增私人汽车需求收入弹性变动趋势（2003 年—2022 年）

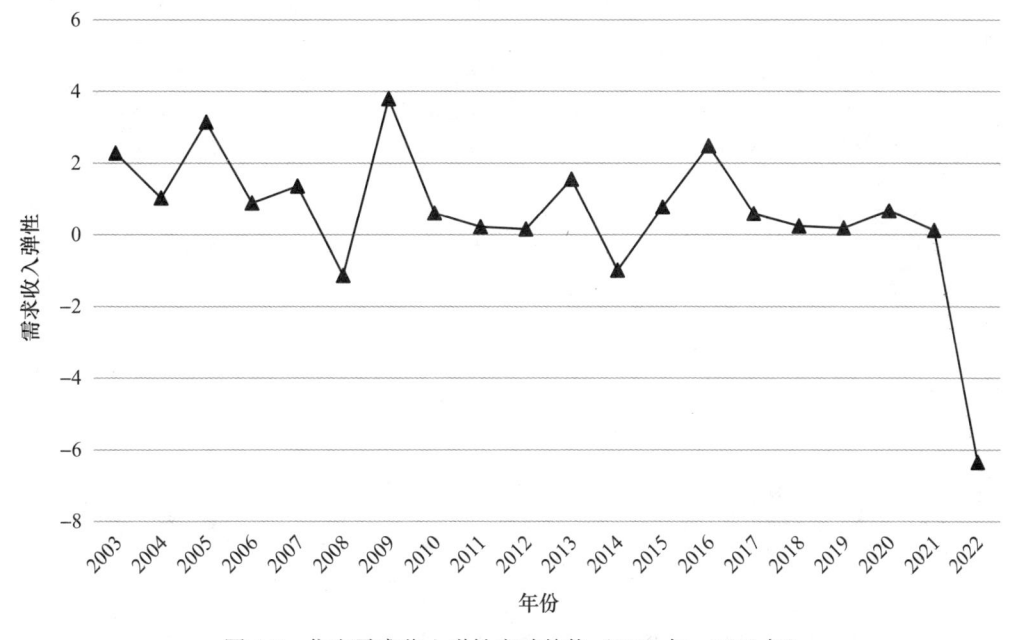

图 4-7　住宅需求收入弹性变动趋势（2003 年—2022 年）

分析可知，新增私人汽车、住宅的需求收入弹性波动较大，说明收入变化对这两类产品的需求变化的影响更大；2014 年以来（除 2016 年外）需求收入弹性均小于 1，说明近些年私人汽车、住宅已经成为我国民众的必需品。另外，二者的需求收入弹性均大幅且频繁的波动，可能与价格、供给预期等情况有关，但总体上看需求收入弹性处于下降趋势。

表 4-6 与图 4-8 是 2003 年—2022 年我国通信产品的需求收入弹性相关数据与变动趋势。

表 4-6 2003 年—2022 年我国通信产品的需求收入弹性相关数据

年份	人均可支配收入（元）	新增固定电话用户（万户）	新增固定电话需求收入弹性	新增移动电话用户（万户）	新增移动电话需求收入弹性	新增宽带接入用户（万户）	新增宽带接入需求收入弹性
2003	5 007	26 274.7	2.04	26 995.3	2.70	1 115.10	11.01
2004	5 661	31 175.6	1.39	33 482.4	1.75	2 487.50	6.21
2005	6 385	35 044.5	0.97	39 340.6	1.34	3 735.00	3.34
2006	7 229	36 778.6	0.39	46 105.8	1.28	5 085.31	2.47
2007	8 584	36 563.7	-0.03	54 730.6	1.00	6 641.40	1.55
2008	9 957	34 035.9	-0.48	64 124.5	1.07	8 287.90	1.49
2009	10 977	31 373.2	-0.84	74 721.4	1.57	10 397.80	2.32
2010	12 520	29 434.2	-0.49	85 900.3	1.06	12 629.10	1.48
2011	14 551	28 509.8	-0.21	98 625.3	0.92	15 000.10	1.14
2012	16 510	27 815.3	-0.20	111 215.5	0.95	17 518.30	1.23
2013	18 311	26 698.5	-0.40	122 911.3	0.97	18 890.90	0.73
2014	20 167	24 943.0	-0.70	128 609.3	0.47	20 048.34	0.62
2015	21 966	23 099.6	-0.90	127 139.7	-0.13	25 946.57	3.00
2016	23 821	20 662.4	-1.37	132 193.4	0.48	29 720.65	1.67
2017	25 974	19 375.7	-0.74	141 748.7	0.81	34 854.01	1.84
2018	28 228	19 208.5	-0.10	156 609.8	1.20	40 738.15	1.87
2019	30 733	19 103.3	-0.06	160 134.5	0.26	44 927.86	1.15
2020	32 189	18 190.8	-1.06	159 407.0	-0.10	48 354.95	1.59
2021	35 128	18 070.1	-0.08	164 282.5	0.34	53 578.66	1.17
2022	36 883	17 941.4	-0.15	168 344.3	0.50	58 965.00	1.96

资料来源：国家统计局．

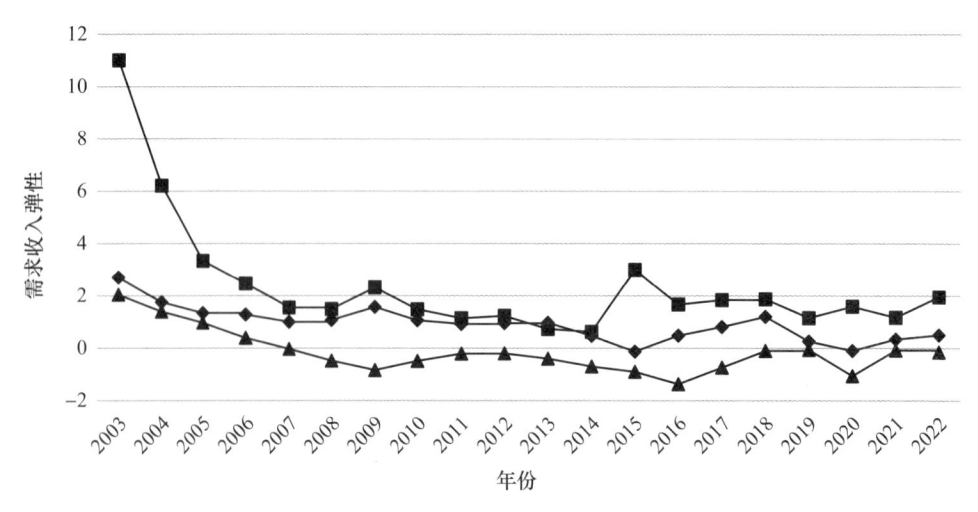

图 4-8 我国通信产品的需求收入弹性变动趋势（2003 年—2022 年）

分析可知，新增固定电话、移动电话与宽带接入的消费需求具有类似的趋势，具体表现上三种通信产品又有所不同。新增固定电话 2007 年需求收入弹性值已为负值并一直为负值，说明该市场一直处于衰退状态；新增移动电话需求收入弹性总体上呈下降趋势，说明市场逐渐饱和；

而新增宽带接入需求收入弹性经历了 2003 年和 2004 年的旺盛期后，虽然下降幅度较大，但总体上仍然保持较为旺盛的需求。上述三种通信产品的需求收入弹性及其变化特点，反映了我国居民 21 世纪前十年通信方式的变化，也从侧面反映出通信行业的迭代和发展。

| 专栏 4-4 |

概念的情景化应用：奢侈品为何涨价

此前疫情的蔓延让时尚零售业遭受了前所未有的重创，但头部奢侈品品牌却没有停止全球涨价的步伐。自 2020 年 5 月以来，包括 Louis Vuitton（简称 LV）、CHANEL、Prada 等在内的多个头部奢侈品品牌都已掀起新一轮的全球涨价潮，且涨幅均超过往年水平。以 LV 为例，2020 年 5 月 5 日，其中国市场商品零售价全线上调 10% 左右，如 LV 经典款的 CANNES 水桶包，中国专柜价格从 17 900 元上涨到 19 400 元，上涨 1 500 元，涨幅约为 8%。涨价并非只针对中国地区，该款皮包在美国官网的售价也从 1 890 美元上涨至 1 980 美元，涨幅约 5%。而这已是 LV 在近一年内的第三次涨价了，且距离上次涨价仅仅间隔两个月。⊖

奢侈品涨价，一方面是由于生产成本的上涨。通常在提价之后，各品牌都会给出一份官方解读，总结下来一般是原材料价格上涨、物流关税成本上涨、汇率波动、店租提高、人员成本增加等原因。2020 年新冠疫情的全球蔓延使贸易物流遭遇了大范围的阻断，多地的纺织企业生产停摆。CHANEL 中国解释道："在目前的情况下，我们所需要的某些原材料的价格再次上涨，而这些原材料由于品质上乘，本身就已很难采购到。"⊖ 同时，受疫情影响，一些头部奢侈品品牌被迫关闭了欧洲工厂，导致产量下滑，供给紧张进一步推高了产品价格。

另一方面，让奢侈品巨头在全球经济不景气时做出涨价决定的更重要原因，还是为了巩固并提升品牌价值。这是基于对消费者心理的研究与摸索后得出的行动指南。由于奢侈品消费的炫耀属性，通过抬高价格来突出品牌的独特性和不可得性，是奢侈品品牌的惯用手段。价格上涨会让具有强大购买力的顾客对奢侈品更加青睐，毕竟于这一部分顾客而言，奢侈品是其身份的体现。而吸引和巩固高净值客户是奢侈品品牌的重要工作。头部奢侈品品牌甚至会通过直接销毁过季商品的方式来避免大幅度打折导致的品牌贬值。例如，Cartier 集团前两年销毁了价值 5 亿英镑的全新手表，Burberry 销毁了 7 000 多万英镑的全新服装。尽管这种做法一直备受诟病，但仍是头部奢侈品品牌的惯用做法，反映了第一梯队的奢侈品品牌维护品牌价值的准则。■

本章小结

在实践中，分析不同商品的需求价格弹性时，一般有以下原则可以参考：商品是否为生活必需品、替代品的多少、市场饱和度、商品在总消费中所占比重、商品用途的多少、

⊖ 澎湃新闻. 奢侈品涨价潮来袭：LV 两月涨两次，香奈儿被曝将涨逾 15%.
⊜ 界面新闻. 奢侈品牌逆势涨价：LV 两个月内连涨两次，Chanel 将在中国涨价.

商品是否可以推迟购买、长期与短期弹性、消费者的收入。

行业中单个企业的价格弹性首先取决于市场价格弹性，其次是该企业产品的差异化程度和购买者对其品牌的信任程度，再次是企业产品所占市场份额，最后应考虑竞争对手对所研究企业价格变动的反应。

商品需求收入弹性与商品和劳务的性质有关。从行业的角度来看，该行业产品所处的生命周期是影响商品需求收入弹性的主要因素；就单个企业而言，由于企业产品的竞争力和在行业中所占份额的不同，其产品的收入弹性与行业的收入弹性并不一致。

在经营管理决策中，价格弹性的一个重要应用是研究价格变动对销售的影响。收入弹性可用于市场趋势分析与预警。收入弹性不仅是企业制定长期战略的参考，也是政府制定政策的依据。交叉弹性是指另一商品价格变动对所研究商品需求的影响程度，在经营决策中有着多方面的应用。

耐用消费品包括房屋、汽车、游艇、电视机、摄像机等。对耐用消费品的需求估计可以采用弹性分析方法，也可以采用经济计量方法。

单项选择题

1. 如果 A 商品的价格上涨 5%，B 商品的需求量增加 10%，那么（　　）。
   A. B 商品的需求价格弹性高
   B. A 商品和 B 商品是互补品
   C. A 商品和 B 商品是替代品
   D. A 商品和 B 商品之间的交叉弹性为 0.5
   E. 以上皆非

2. 如果 A 商品可以在每件 10 元的价格水平卖出 2 100 件，在每件 8 元的价格水平卖出 3 000 件，那么（　　）。
   A. A 商品是劣质品
   B. "平均"边际收益是 -2 元
   C. A 商品是替代品而不是互补品
   D. A 商品在指定价格区间内的需求弹性为 $-81/51$
   E. 以上皆非

3. 如果公司发现其产品需求在当前价格水平的价格弹性低，那么（　　）。
   A. 当售价升高时，利润会增加
   B. 如果价格降低，总收入会增加
   C. 如果价格上升 5%，需求量下降幅度会超过 5%
   D. 如果价格下降，销售额不会增加
   E. 以上皆是

4. 如果需求收入弹性高，那么（　　）。
   A. 当消费者收入上升时，利润会增加
   B. 消费者收入每上升 1%，商品总收入增加幅度会超过 1%
   C. 商品需求量的上升百分比相对消费者收入提高的百分比更多
   D. 如果消费者收入下降 10%，需求量增加幅度会超过 10%
   E. 以上皆非

5. 价格弹性和总收入之间的关系为（　　）。
   A. 价格上涨时，收入增加；价格下跌时，收入减少
   B. 当价格弹性系数等于 1 时，总收入达到最大值
   C. 如果价格上涨且需求价格弹性高，那么总收入上升
   D. 如果价格下跌且需求价格弹性低，那么总收入上升
   E. 以上皆是

6. 如果某商品的价格数量关系可以通过方程 $P=100-0.05Q$ 来表示，那么（　　）。
   A. 这个方程相应的边际收益函数是 $MR=100-0.10Q$

B. 销量为1 000件时，该商品总收入达到最大值
C. 相应的总收入函数是 $TR = 100Q - 0.05Q^2$
D. 销量为1 000件时，边际收益为0
E. 以上皆是

7. 如果商品价格弹性高，为增加销售收入，一般可以（　　）。
   A. 定较高的价格
   B. 定较低的价格
   C. 不改变价格
   D. 上述三种方法均不可行

8. 下列（　　）情况将使总收益下降。
   A. 价格上升，缺乏需求弹性
   B. 价格上升，富有需求弹性
   C. 价格下降，富有需求弹性
   D. 价格下降，缺乏需求弹性

9. 假定某商品的价格从9元降为8元，需求量从50件增加到60件，需求为（　　）。
   A. 缺乏弹性
   B. 富有弹性
   C. 单位弹性
   D. 不能确定

10. 某商品的价格从5元降为4元，需求量增加了100件，需求为（　　）。
    A. 缺乏弹性
    B. 富有弹性
    C. 单位弹性
    D. 不能确定

11. 假定商品 D_1、D_2、D_3 和 D_4 的价格弹性系数（绝对值）分别为2.3、0.40、1.27和0.77，（　　）商品在价格提高后将引起总收益的增加。
    A. D_1 和 D_3
    B. D_3 和 D_4
    C. D_2 和 D_4
    D. 仅 D_1

思考题

1. 判断食盐、日报、私人汽车、民用电的价格弹性是高还是低。
2. 具体解释行业的价格弹性与企业价格弹性之间的关系。
3. 本章中通过数学推导表明价格弹性与边际收益的关系。试推导出 $\dfrac{dTR}{dQ} = P\left(1 + \dfrac{1}{E_P}\right)$，并说明需求的价格弹性与由价格变化造成的总收入变化之间的关系。
4. 设产品 X 和产品 Y 之间的关系为 $Q_X = 80P_Y - 0.5P_Y^2$，Q_X 表示对产品 X 的日需求量，P_Y 是产品 Y 的价格。试决定 $P_Y = 10$ 时两种产品的交叉弹性系数。如果产品 X 与 Y 是互补、替代或独立产品，它们之间的相互关系强度如何？
5. 要对某一商品市场进行分析，你如何进行？
6. 简述影响某一企业商品价格弹性的因素。
7. 作为一位企业主管，你希望企业所处行业的价格弹性高还是低？说明理由。

第 5 章 生产理论与生产函数

:: 学习目标

- 掌握简单生产过程与复杂生产过程的主要特点、生产函数的概念与分类、生产活动的基本类型及其特点。
- 分析典型生产函数在不同生产阶段的函数特性、图形特性及收益特性。
- 理解收益递减与产出弹性的概念、规模收益的经济含义及其与可变比例收益率的区别。
- 清楚等产量曲线的概念和性质、投入的边际技术替代率和替代弹性,以及生产的经济性区域与不经济性区域。

5.1 生产过程与生产函数

5.1.1 生产过程

1. 生产过程概述

生产过程是在某段时期把各种资源投入转化为产出的一系列活动。

为了说明生产函数的概念,必须了解生产过程的性质。对此,不妨考察一个简单产品的制造过程。这一过程是将所需的被加工对象,如原材料,按照一定的比例和次序,根据加工条件和所需的时间进行组合,以生产出具有所期望特性的实物形式。但是在生产过程中还需要人的介入,去从事加工,进行计划、组织、协调、控制和指导等工作。此外,还需要采用体现为一定技术手段的各种工具、机器、设备等,以帮助把这些原材料转化为最终产品。并且,生产活动必定在一定的时空内发生,也就是要占用一定的场地或空间,要花费一定的时间来完成该活动。

实现上述转化所要求的时间因产品而异,并可能需要采用不同的加工技术,有时即使对同一产品而言,也可能有完全不同的加工技术。因此,可以把实际生产过程中对投入-产出关系起决定作用的因素概括为:①所采用的技术;②投入量的多少;③投入量的组合(或资源的配置)。这三方面的因素是共同起作用的,对此可以用表 5-1 所示的例子加以说明。

表 5-1 不同投入量组合的产出量

		X_1 投入量				
		1	3	5	7	9
X_2 投入量	1	10	12	14	16	16
	3	14	36	40	44	48
	5	22	52	60	64	68
	7	28	64	78	84	88
	9	32	72	90	100	108

设某一生产过程技术已定，其生产需要两种投入 X_1 与 X_2，其投入量分别按表 5-1 中的纵列与横行表示，表中列与行相交处的数值则表示两种投入量组合所对应的产出量。例如，5 单位的 X_1 与 3 单位的 X_2 可得到 40 单位的产出量。

根据表 5-1 可以做出如下分析：

首先，它表明了不同的投入量组合所能获得的产出量，也提供了要获得一定量产出的所有可能的投入量组合。

其次，表中所示的投入与产出关系大体上可表示为投入量越多，产出量也越多。通过考察表中的任一行（或任一列）从左到右（或从上到下）的投入量与产出量，可以得出上述结论。

最后，表 5-1 中的数据反映了不同的投入量组合有不同的产出效果。例如，当 X_2 投入量为 5 个单位并保持不变时，随着 X_1 投入量由 1 变到 9，其产出效果是很不相同的；考察 X_2 投入量为 5 所在的行可知，当 X_1 投入量由 1 增至 3 时，产出量增加了 30 单位（52−22），而当 X_1 投入量由 3 增至 5 时，产出量仅增加 8 单位（60−52）。于是可以在此基础上计算产出变化与投入变化之间的比例。事实上，这里所做的分析就是增量分析。如果给出了投入量与产出量之间的关系，便总可以进行这样的分析。

2. 简单生产过程与复杂生产过程

简单生产过程与复杂生产过程的主要特点对比如表 5-2 所示。

表 5-2 简单生产过程与复杂生产过程的主要特点对比

简单生产过程	复杂生产过程
某些资源投入是固定不变的	所有资源投入均可变
所涉时期较短	所涉时期较长
技术状况一定	技术状况是不断变化的

上述不同特点可以具体化为三组经济学概念来加以比较：

（1）固定投入与可变投入。固定投入是指生产中所使用的某些资源，它们的数量在该生产期内不可能因生产组织者的愿望而改变。这意味着，在某生产过程中，可供使用的某些资源的量是给定的。虽然在实践中很少有投入量是绝对不变的，但是假定短期内某些投入保持不变是合理的。由于时期太短，要增加某些额外的生产投入，如厂房、设备等不现实。固定投入的例子包括基本的设备和机器、生产活动的场地（建筑物、工厂规模），以及关键的技术、专业人员等。可变投入是指生产中所使用的某些资源，其数量很容易因提高和降低产量的愿望而改变。这意味着，生产过程中某些资源的使用量多少正是生产者所要考虑决定的问题。就资源本身来说，许多投入在短时间内很容易改变其使用量。这方面的例子有电力、大多数原材料、生产劳务、运输服务和办公人员等。

（2）短期与长期。生产过程的短期与长期是和固定投入与可变投入具有某种一致性的概念。

短期是一段不长的时期，在这段时期（生产组织者）不可改变固定投入的数量，然而却足以允许可变投入的数量发生改变。因此，在短期生产中，生产能力或产量仅仅随所使用的可变投入量而改变。

长期是一段足够长的时期，在这段时期所有的投入数量都是变化的，不存在固定不变的投入，甚至生产所采用的技术也是可变的。因此，在长期中，（生产组织的）生产能力是变化的。按任何方式改变所采用的生产技术或资源投入都可能导致生产能力或产量的变化。

从短期与长期的区别来看，要想扩大生产，在短期的生产过程中往往要通过过度地使用某些设备等固定投入来实现。这样做就会使设备负荷过大，并需要支付加班工资等。而对于长期的生产过程而言，生产组织者可以通过投资厂房设施、采用规模（能力）更大的设备或采用高效率的资本密集型机器等方式来扩大生产，甚至采用全新的技术、设备来扩大生产等。

在现实中，短期或长期的具体期限是因生产（或行业）特点而异的。在固定投入量较小的行业，或者在其生产特点允许固定投入较易改变的行业，短期不会超过几个月的时间。成衣和食品加工业就属于这样的情形。对于另一些行业，短期的期限也许是1~3年。汽车制造、采煤、飞机制造、铝和纸产品制造就属于这样一些行业。而在电力工业中，往往要花6~10年的时间来设计和建造一个新的发电厂，因而要改变其固定投入所需的时间就更长。

（3）不变的技术状况与发展变化的技术状况。技术状况不变的假定是基于生产过程所涉及的时期较短，在此期间生产组织不能采用体现了新技术的设备、高效率的新机器等固定投入。因此，假定技术状况不变是与短期生产过程中存在某些固定投入的概念相一致的。

技术的发展变化其实是一直在进行着的。但是，由于运用新技术在现实中受到时间、资金等方面的约束，技术的发展变化本身也有相对稳定的过程，因而假定短期内行业的技术状况不变是合理的。

发展变化的技术状况则是与长期、与一切投入均可变化相一致的。在长期的范围内，采用体现新技术的设备，采用高效率、高质量的机器，采用全新的工艺，甚至采用体现最新技术的新工厂等都是可能的。

把生产问题分为简单与复杂的生产决策问题是有其现实意义的。因为生产组织的固定投入决定了生产的规模或能力。因此，该生产能力就确定了短期内的每一生产周期的产量上限。在短期内，只能用增加或减少可变投入的方式来使之与固定投入相结合，以生产出一定数量范围内的产品。而对于复杂的生产决策问题，则不存在上述生产能力的上限。在长期中，生产组织可以改变所有的资源投入，改变生产加工的技术，从而达到改变生产规模的目的。

5.1.2 生产函数

1. 生产函数概述

生产函数也称收益函数，它是反映生产过程中生产要素的投入与产出之间的实物关系的数学模型。

表5-1的例子虽是假设的，但它作为对现实经济生活中投入-产出关系的抽象，确实能反映影响投入-产出关系的三个因素。因此，表5-1所表示的投入与产出之间的关系实际上就是一种生产函数。

2. 生产函数的分类与一般形式

对于生产函数可以采用多种不同的分类方式，这些不同类别的生产函数对其研究有着不同的作用。结合本书的需要，这里提出以下三种主要的分类方式：

(1) 短期生产函数与长期生产函数。短期生产函数用于反映简单的短期生产过程的投入-产出关系，它是研究简单的生产决策问题的工具。长期生产函数则用来反映复杂的长期生产过程的投入-产出关系，它是研究复杂的生产决策问题的工具。为了研究的方便，可以按数学方式把生产过程的投入-产出关系表示为一般的函数形式。结合生产函数的分类和本书的主要内容，可提出以下数学形式。

短期生产函数可用以下形式表示：

$$Q = f(X_1, X_2, \cdots, X_n)$$

式中，Q 表示产出；X_i 表示可变投入，$i=1, 2, \cdots, n$。

该生产函数假定技术条件已经给定，并且某些投入固定不变，因此，产出 Q 只取决于可变投入 X_i 的多少及其配置。

长期生产过程中，所有投入都是可变的，因而要在函数的自变量中加入所有其他投入，即固定投入，并记为 Z_j ($j=1, 2, \cdots, m$)；更进一步，如要考虑技术因素变化的影响，还可加入一个体现技术变化对产出影响的变量 A_t，得出长期生产函数的一般形式：

$$Q = f(X_1, X_2, \cdots, X_n, Z_1, Z_2, \cdots, Z_m, A_t)$$

上述生产函数中包含较多的投入变量。在实际分析中，具体的变量选择要按不同的生产过程加以考虑。

由于生产过程中劳动 L 和资产 K 是性质完全不同的变量，在大多数生产函数中都以其代表投入。例如，在研究农业生产函数时，往往要考虑土地（投入）对产出的影响，而将其作为生产函数的自变量。这样，生产函数就具有以下形式：

$$Q = f(L, K, N)$$

式中，N 表示土地（投入）。

(2) 理论生产函数与经验生产函数。理论生产函数可能是对许多经验生产函数的概括，也可能是经济学家根据若干假定提出的某种函数形式。理论生产函数与经验生产函数的区别在于，理论生产函数的具体形式是不确定的，或者即使函数的具体形式确定，但其参数是待定的。

经验生产函数是理论生产函数的具体化。它描述一定的历史时期（或范围）的某一特定生产过程，因而是理论生产函数与具体的生产过程的历史数据拟合的结果。拟合后，原理论生产函数中的参数都有明确的取值或取值范围。因此，经验生产函数主要用于实证研究，是生产函数分析对解决特定问题的应用。

本书中会涉及许多理论生产函数和经验生产函数的例子。例如，齐次生产函数、柯布-道格拉斯生产函数是理论生产函数；而我国的煤炭、钢材生产函数则为经验生产函数。

(3) 离散型生产函数与连续型生产函数。离散型生产函数一般是以表格形式所表示的投入与产出之间的量的关系，它的实际应用很广泛，如表 5-1 这样的投入-产出流量表就可视为这类生产函数。

连续型生产函数一般采用变量和参数来表示，对于研究生产函数的特性有重要的意义，在经验研究中也有很大价值。

| 专栏 5-1 |

任何生产方式都有其背后的逻辑

今天的许多管理专家、经理都在谈论或践行诸如丰田生产方式（TPS）、准时生产（JIT）、业务流程再造（BPR）、精益生产（LP）、全面质量管理（TQM）、企业资源计划（ERP）等现代企业管理方式。然而，有多少人理解这些管理方式的内涵？许多人只是雾里看花，实践中只求其形式而已。

的确，当我们去考察这些流行的生产方式时，首先看到的是其表象和形式。正如日本研究汽车行业的下川浩一教授所说："从表面上看，以丰田生产方式营运的工厂也与采用传统福特式大量生产方式营运的工厂一样，吊挂式或地面上的输送带有条不紊、同期化地移动着，但是就在工厂的生产系统内，存在很大的想法转变。"

福特生产方式的逻辑是"大量生产→成本下降→大众能接受的价格→大量销售"。这在当时是一个了不起的创新，其背后的理论解释是实现规模经济性带来成本的大幅度降低。然而，随着时间的推移、市场的变化，这种刻板的生产方式受到了严厉的批评。丰田生产方式的创始人之一大野耐一认为，大批量生产与低成本，任何人都能办到。

历经几十年的发展、探索、试错，日本丰田公司形成了独特的生产方式。按丰田生产方式对企业业务流程进行重组、管理，能较大幅度地提高效率、竞争力，降低成本。这种高生产性和高品质使得丰田公司的国际竞争力在20世纪80年代显著提升，丰田生产方式在国际上得到了认可，被广为效法。

准时生产是丰田生产方式的核心组成部分。若问准时生产的实质，人们往往都会回答，准时生产追求"零库存"。果真如此吗？甚至一些丰田生产管理体系中的高层经理，也承认过去身为丰田体系的人，知道怎么做但常常不知道为什么要这样做。然而，人们往往只注意到丰田生产方式的技巧和方法，却忽略了其思想之根本。

日本东京大学的藤本隆宏教授对丰田汽车公司进行了长达几十年的研究。1984年夏天，藤本隆宏、下川浩一与大野耐一进行了长时间的接触，并参观了大发发电机公司的一家新工厂（隶属于丰田集团）。他们与大发工厂经理田中通和共进晚餐，这位丰田生产管理体系的先行者与大野耐一密切工作过。田中通和那天晚上谈到，准时生产的实质"有三种可能的答案：初级答案很简单，即准时生产减少存货成本；居中水准的回答是，准时生产揭示生产问题和引发拉动式生产；高水准的答案是，准时生产把成本意识灌输给每一位员工，当准时生产迫使工人面对一个又一个的生产问题时，人们最终开始明白作为潜在成本资源和生产问题的这一切，然后积极找出问题。后者才是我们要达到的水准"。

丰田生产方式从提出到相对完善经历了几十年，并不是一开始就形成了一个什么样的系统、模式。这一生产方式的创立者、实践者也都将其视为一个学习、积累、试错、改进的过程，并且逐渐形成了健全的方法体系与分析工具。这也是丰田生产方式比其他一些管理方式受到广泛认可的原因之一。丰田生产方式背后的逻辑是"在维持小批量生产的同时，提高生产效率，并降低单位成本"。背后的理论则不仅是规模经济性，还包括通过实现速度经济性与网络经济性来提高效率、降低成本。

许多美国公司终于开始采用准时生产制度，其效果有时令人震惊。例如，加利福尼亚圣克拉拉的北方电信工厂生产印刷电路板。其经理报告说，在没有增加工人的情况下，其产量增加了25%，存货则下降了80%多。

日本人采用的另一种方法是集中制造。例如，丰田公司在生产叉车时，将其生产限制在名古屋工厂中6个叉车系列的相对狭窄的生产线上。通过这种办法，丰田减少了生产活动的复杂性，而生产活动的简化反过来又减少了零部件的数量、存货水平、必需的监管量，以及错误和次品的数量。表5-3把丰田生产叉车的平均成本同一个生产20个货车系列的西欧工厂进行比较。正如你所见到的，丰田的成本比西欧公司的成本低大约20%。

表5-3 车厂成本比较（欧洲成本=100）

	工厂	
	西欧	丰田
产品系列的数量	20	6

（续）

	工厂	
	西欧	丰田
每辆货车的成本		
原材料	75	65
直接劳动	4	2
经常开支	21	14
总成本	100	81

资料来源：Abegglen and Stalk.

美国、欧洲和其他国家的公司也纷纷采用相似的方法。例如，表中西欧的铲车制造商在其工厂中也把产品系列从20个降到了6个。结果也获得了与丰田公司大致相同的效果：单车成本下降了19%。这说明了一个重要问题，即生产知识和技能并不是丰田公司所专有的。实际上，日本人运用得非常成功的许多理念（如质量控制方法）起源于美国。

资料来源：毛蕴诗.IT：管理而非技术[J].北大商业评论；阿伦，多赫提，曼斯菲尔德，等.阿伦&曼斯菲尔德管理经济学：原书第6版[M].毛蕴诗，等译.北京：中国人民大学出版社，2009. ■

5.1.3 生产活动的基本类型及其特点

各种生产活动可以划分为四种类型：①单个产品生产；②不灵活的大批量生产；③灵活的大批量生产；④流程生产。各种类型的生产活动都有不同的特点与要求，了解这些有助于知道应采用何种生产类型，并尽可能有效地贯彻其原则。

1. 单个产品生产

单个产品生产（或劳务）活动按专门订货进行。这些活动也存在一定差别，例如，轮船、大型发电机组、专门的建筑等，又如，某一工艺品的制造、律师事务所或会计师事务所的咨询服务等。对于前一类生产活动而言，既对资本有一定数量的要求，也对劳动投入的数量和部分员工的技艺有较高要求；对于后一类生产活动而言，则主要依靠具有良好技艺的专门人才或熟练工人。单个产品生产有时也会根据需要能按较小的产量进行，并能通过调整劳务活动承受产出的较大变动。接受订货是生产活动的开始。

另外，单个产品生产活动更多地按生产阶段而不是按生产工艺来组织。例如，单个住宅的

⊖ ABEGGLEN J, STALK G. Kaisha, The Japanese Corporation [M]. New York：Basic Books, 1985. 当然，从市场观点来看，降低生产产品的种类也许是一个缺点，它们必须与成本的降低相称。

⊜ 同⊖。

建造，其活动是按照以下阶段来组织的：打地基；构筑框架；盖房顶；铺设管道与线路；安装供热和制冷设备；完成内部装修等。建房需要多种技能，这些技能是按建房工作的阶段来分组的。

2. 不灵活的大批量生产

在不灵活的大批量生产中，无论最终产品还是所使用的工具、原材料和零部件都趋于标准化。亨利·福特曾说："顾客可以像拥有一辆黑色轿车一样，拥有任何颜色的轿车。"他的话道出了不灵活的大批量生产的实质：采用周密计划的、经过验证的生产方法来制造大量的标准产品。

不灵活的大批量生产必须以稳定的高产量为条件，即使较小的产量波动也会对系统的经济性产生不利影响。它对加工过程设计及其维护有很高的技术要求，但对作业的技术要求甚低。生产计划和进度安排对系统以最高效率运转起着最重要的作用。生产缺乏灵活性严格限制了产品的特点，销售大量标准产品的公司不得不把客户偏好和需要限制在窄小的产品类别上，否则就不可能实现大批量生产的低成本。

3. 灵活的大批量生产

灵活的大批量生产通过把批量加工的标准部件装配为最终产品，以取得大规模生产的经济性。其结果是生产能适应不同客户需要的最终产品多样化。要使灵活的大批量生产行之有效，关键是对客户、市场和产品进行系统分析，寻求据以组织多样化生产的方式。这一方式继而成为加工多样化并将其体现到装配过程中的基础。通用汽车公司成功地实践了上述原则，即用种类尽可能少的零部件生产出更多的不同产品。通用汽车公司几乎所有样式类似的轿车都采用了相同的骨架、车身、制动器、电气系统、零部件，以及实质上是同一类型的发动机。然而，由于在颜色、车型样式、内部装潢与设计上有所不同，所以也有不同的特点，能适合不同客户的需要。

灵活的大批量生产一般都是资本密集型的和机械化的，但是也需要有大量的劳动投入。它也需要在生产系统的设计和维护上有很高的技术，特别是要在产品多样化与标准部件的低成本生产之间做出权衡。因为灵活的大批量生产能制造大量样式不同的产品，并仍可通过较大的资本投入实现标准化生产方式。

4. 流程生产

流程生产是一个综合系统，它使连续不断的原材料投入转化为源源不断的产出。一般而言，该系统是高度自动化和机械化的，因此在设施和设备上需要大量资本投入而只使用少量劳动投入。只要系统按其最大能力，即每天24小时、每周7天进行生产，这种不间断的生产过程就会有很高的生产效率。各种生产设施的利用越充分，单位平均成本就越低。

流程生产的一个典型例子是石油精炼厂，在这里，原油经复杂的加工系统迅速生成用途各异的多种精炼产品。化工行业适合采用流程生产。还可举出其他的例子，如奶制品加工、平板玻璃制造、造纸等。

在许多情况下，流程生产具有提供多种产品范围的灵活性。但是，流程生产系统一经建立，其生产过程本身就变得不够灵活，要付出巨大代价才能加以改变。因此，有关流程生产设施的投资决策必须从长远着眼，特别是市场前景必须良好。这样企业能按任何所需流程开发、维持和扩展其产品市场，以利用工厂生产能力。

5.2 理论分析

5.2.1 典型的生产函数与生产的三个阶段

生产函数作为对生产过程中客观存在的数量之间关系的描述，是对现实经济活动的抽象，并能正确地解释有关的经济现象。本节所研究的正是这些问题。

1. 现实经济生活中概略的投入-产出关系

分析现实经济活动中的投入-产出关系，最好从"投入物越多，产出物也越多"这一颇为普遍的提法谈起。投入物越多，产出物也越多，的确是日常生活中极为常见的一种现象。正因为如此，人们为了达到增产的目的，往往采用增加投入物的手段。但是，如果留心现实生活中的经济现象，也会发现许多"投入物越多，产出物就越少（甚至等于零）"的情况。例如，对某一块地的庄稼施用化肥，在一定量的范围内可以达到增产的效果。但如果施用得过多，则反而会造成减产，甚至颗粒无收。又如，对积累率与增长速度之间的关系所做的经验研究表明，一般来说，积累率越高，增长速度可能越快；但如果积累率过高，则增长速度反而可能会放慢。这里积累率体现为投入，而经济增长率体现为产出。可见，在现实生活中，投入与产出之间存在着这样一种关系：一般投入物越多，产出物往往也越多；但是如果投入物过多，产出物反而会减少。这种关系可以通过研究典型的生产函数进一步表示。

2. 典型生产函数的三个不同阶段及其特性

（1）典型生产函数的三个不同阶段。要凭借一定的函数关系来解释现实生活中的有关经济现象，就要求该函数具有代表性，并能正确反映不同生产阶段的特点。从下面对函数特性所做的分析可以看出，选择线性非齐次型函数，即所谓 S 型函数作为典型的生产函数是比较恰当的。其表达式为

$$Q = aX + bX^2 - cX^3$$

式中，Q 表示产出；X 表示投入。

若具体取

$$Q = 60X + 12X^2 - X^3$$

则由 $dQ/dX = 0$，即 $60+24X-3X^2 = 0$，可解出并验明：

当 $X = 10$ 时，函数取极大值 $Q = 800$

又由 $f''(X) = 0$，即 $24-6X = 0$，可解出 $X = 4$，$Q = 368$ 为函数的拐点，相应的边际产出 MP 取极大值为 108，在此基础上，分别将函数 $Q = 60X+12X^2-X^3$ 与 $dQ/dX = 60+24X-3X^2$ 描点绘成图 5-1。

当投入量从 0 增加到 4 时，为生产的第一阶段，此时函数呈上凹状。其收益特性为：随着投入量 X 的增加，总产出 Q 也增加，而且其增加的速度比 X 增加的速度快。在这个阶段，边际产出（即生产函数 $Q(X)$ 的一阶微商）呈上升趋势。

当投入量从 4 增加到 10 时，为生产的第二阶段，此时函数呈上凸状。其收益特性为：随着投入量 X 的增加，总产出 Q 也增加，但其增加的速度比 X 增加的速度慢。在这个阶段，总产出呈增加趋势，边际产出呈下降趋势。

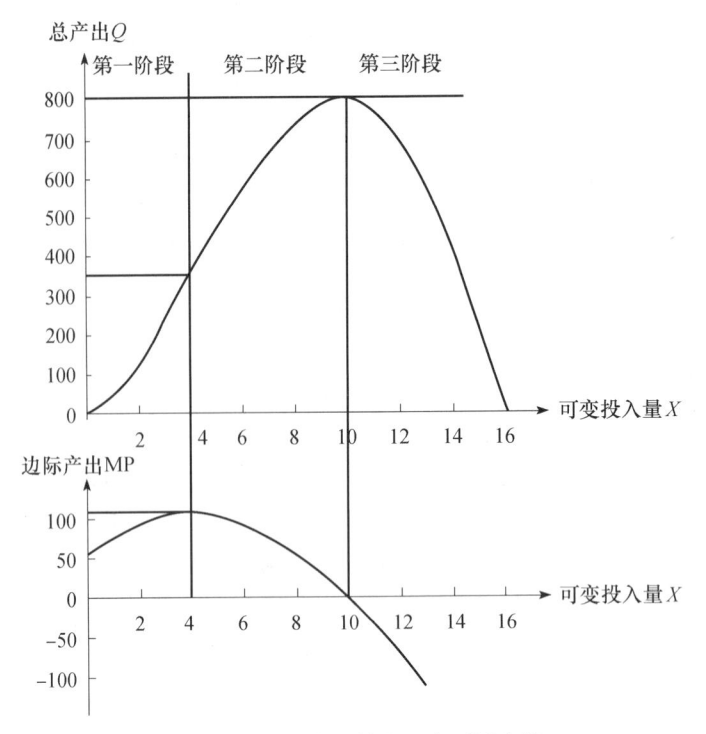

图 5-1 典型生产函数的三个不同阶段

当投入量从 10 开始继续增加时,为生产的第三阶段,此时函数也呈上凸状。其收益特性为:随着投入量 X 的增加,总产出 Q 反而越来越少。在这个阶段,总产出和边际产出皆呈下降趋势。

根据上述分析,可以把生产函数所反映的三个不同阶段的函数特性、图形特性和收益特性概括为表 5-4。

表 5-4 典型生产函数在不同生产阶段的特性

生产阶段	函数特性	图形特性	收益特性
(1) 生产的第一阶段	$\dfrac{dQ}{dX}>0$ $\dfrac{d^2Q}{dX^2}>0$	上凹	投入越多,产出越多,且产出增加的速度比投入增加的速度快,边际产出呈上升趋势
拐点	$\dfrac{d^2Q}{dX^2}=0$		边际产出上升与下降之间的转折点
(2) 生产的第二阶段	$\dfrac{dQ}{dX}>0$ $\dfrac{d^2Q}{dX^2}<0$	上凸	投入越多,产出越多,但产出增加速度比投入的增加速度慢并越来越慢,边际产出呈下降趋势
极值点	$\dfrac{dQ}{dX}=0$	曲线的顶点	最大的产出量
(3) 生产的第三阶段	$\dfrac{dQ}{dX}<0$	上凸	投入越多,产出反而越少,边际产出为负

(2) 典型生产函数特性的经济分析。收益函数这种先呈上凹状再变为上凸状的原因在于,生产的各种投入之间存在着量的制约关系。一定量的某些投入只能适合和容纳一定数量范围的另一些投入;超过了一定的范围,投入量之间的比例就严重失调,经济效果就变差;即使是在

这个范围内，各种不同的投入量组合也可能有着不同的产出。

从上面对生产函数特性的分析，可以得出如下结论：首先，生产的第三阶段是经济效果最差的阶段。这时投入得越多，产出反而越少。这表明一定量的固定投入（可理解为一种投入，短期内为常数）已经容纳不了过多的可变投入（可理解为另一种投入）。换句话说，这时由于固定投入与可变投入之间的比例严重失调，因而效果极差。其次，在生产的第一阶段，产出增加的速度比投入增加的速度快，说明由于可变投入量太少，对于固定投入的利用还远不够充分。因此，生产的第一阶段并不是最优的。在生产的第二阶段，随着可变投入的增加，固定投入逐渐得到充分的利用，并在 $X=10(\text{MP}=0)$ 处获得最大产出量 $Q=800$，这时固定投入和可变投入之间的比例恰到好处，两者都得到了充分的利用。因此，如果目标是获得最大的产出量，那么最优的投入量就应满足边际产出 $\text{MP}=0$。一般说来，在三个不同的生产阶段中，第二阶段是最优的。

3. 生产阶段的另一划分方式：按平均产出与边际产出划分生产的三阶段

还可以从另一角度来说明生产的不同阶段的特点，即按平均产出（AP）与边际产出（MP）来划分生产的三个阶段。仍采用典型的生产函数 $Q=aX+bX^2-cX^3$ 来说明这一问题。设生产函数的产出曲线 Q，平均产出曲线 AP，边际产出曲线 MP 如图 5-2 所示。

由图 5-2 可知，在生产的第一阶段，可变投入量从 0 增加到 X_2。在该阶段，边际产出一开始处于上升趋势，在投入量为 X_1 处，可变投入的边际产出达到最大值，随后开始下降。然而，在第一阶段，边际产出的值一直大于平均产出。

在第一阶段中，固定投入与可变投入的利用效率如何呢？衡量的最好方式是用某个投入的平均产出，因为它表示了每单位投入所得到的产出。而投入的边际产出是对增加的单位可变投入效率的衡量，它不反映作为一组的所有可变投入的效率。由于可变投入的平均产出在第一阶段一直是上升的，因此可变投入在不断地得以充分利用。最后，在第一阶段，可变投入的平均产出是不断上升的。虽然图形中未表示出固定投入的平均产出，但是从固定投入总量不变而总产出不断上升来考虑，其固定投入的平均产出也是不断上升的。

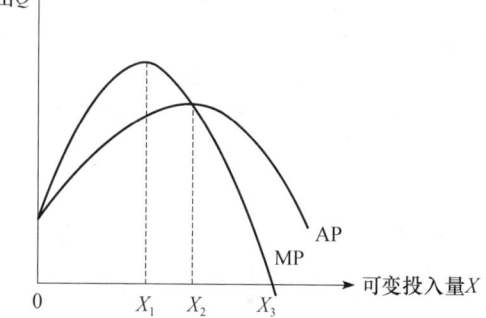

图 5-2 平均产出曲线与边际产出曲线

但是，在第一阶段固定投入量相对大于可变投入量，固定投入未得到充分利用而可变投入却被过度利用。不过，从发展趋势来看，在第一阶段固定投入与可变投入之间的比例是逐渐趋于合理的。

上述固定投入与可变投入的利用效率不断增加，对于第一阶段的生产成本有着重要的意义。当固定投入与可变投入的平均产出都在上升时，扩大产出的单位成本将是下降的。因此，从效率与生产的单位成本考虑，至少可以把生产推进到第二阶段。

在生产的第二阶段，可变投入量从 X_2 增加至 X_3，产出以递减的速度增加。在该阶段，虽然可变投入的边际产出大于 0，但它是递减的。可变投入的平均产出在整个阶段是下降的。同时，固定投入的平均产出在这一阶段是不断上升的。因为固定投入量不变，但总产出仍在上升。因此在第二阶段，增加的可变投入提高了固定投入的效率，但降低了自身的效率。

在生产的第三阶段，可变投入量从 X_3 开始增加，短期产出量在边际产出与横轴的交点 X_3 达到极大值。这时固定投入得到了最充分的利用，如果再追加可变投入，可变投入量相对固定投入量而言就已经过多，或者说一定量的固定投入已经开始容纳不了过多的可变投入，从而造成产出下降。从图 5-2 可以看出，在这一阶段可变投入的平均产出下降，而边际产出小于 0，随着产出的下降，固定投入的平均产出也跟着下降。概括地说，在第三阶段，可变投入和固定投入的效率都下降了。

从对生产活动的具体分析可见，投入的不断增加会造成产出（收益）递减，并逐步体现在三个阶段：①边际产出递减；②平均产出递减；③总产出递减。

然而也应指出，在生产的三个阶段，其产出是不一样的，并不都是递减的。在生产的第一阶段，总产出与平均产出都是递增的；在生产的第二阶段，总产出仍是递增的；而在生产的第三阶段，总产出则是递减的。这种生产阶段的不同收益特性称为可变比例收益，而所谓收益递减，只是对于投入不断增加的产出趋势而言的。

4. 收益递减与产出弹性

对典型的生产函数和收益递减的讨论表明，存在三个不同的收益转折点，其后逐步开始边际收益递减、平均收益递减、总收益递减。由于边际收益递减的起始点与平均收益递减的起始点往往不一致，因此对生产阶段的划分（主要是第一、第二阶段）也会不一致。可以证明产出弹性等于 1 的点满足边际产出等于平均产出。

按照定义，某一投入的产出弹性为

$$E = 产出改变的百分比 / 投入改变的百分比$$

用数学符号表示则为

$$E = (\Delta Q/Q)/(\Delta X/X) = (\Delta Q/\Delta X)(X/Q)$$
$$= 边际产出 / 平均产出$$

这样，可以把产出弹性为 1，即边际产出等于平均产出的点作为生产的第一阶段与第二阶段的分界点。该点也为平均收益递减的转折点。

5. 典型的生产函数的经验证据

生产函数并不是凭空的想象，在这方面国内外都有许多经验研究结果。这里列举我国的一个试验结果来作为典型生产函数的经验证据。

表 5-5 列出了天津水稻研究所研究施肥量与水稻产量相互关系的试验结果。在该试验中，单位面积的土地为固定投入，施肥量是可变投入，水稻产量为产出。试验所揭示的肥料施用量（施肥量）与水稻产量的相互关系符合所讨论的典型生产函数的特性。

表 5-5　天津水稻研究所研究施肥量与水稻产量相互关系的试验结果

施肥量 （斤/亩[①]）	每次递增肥料 （斤/亩）	水稻产量 （斤/亩）	每次递增肥料而增减产数 （斤/亩）	每斤肥料增产 （斤）
11	—	366.7	—	—
22	11	529.5	+162.8	+14.8
44	22	876.2	+346.7	+15.8
66	22	987.7	+111.5	+5.1
88	22	974.2	-13.5	-0.6

① 1 亩 = 666.6 m^2。

在试验中，施肥量分为五个等级。这虽然比较粗略，但可分析出大概的收益情况。从表 5-5 可以看出，累计施肥量为 66 斤/亩时水稻产量最高；累计施肥量为 88 斤/亩时水稻产量反而有所下降。表 5-5 中的"每斤肥料增产"之列的数量即为肥料投入的边际收益（或边际产出）。由于累计施肥量在 66~88 斤/亩之间时，边际产出变号，即由 +5.1 变为 -0.6，可概略地把生产第二阶段与第三阶段的分界点定在施肥量比 77 斤/亩稍大一些。当累计施肥量为 44 斤/亩时，每斤肥料所带来的增产量（即边际收益）上升到最大值 15.8 斤。因此，可概略地把生产的第一阶段与第二阶段的分界点定在累计施肥量比 44 斤/亩稍大一些。

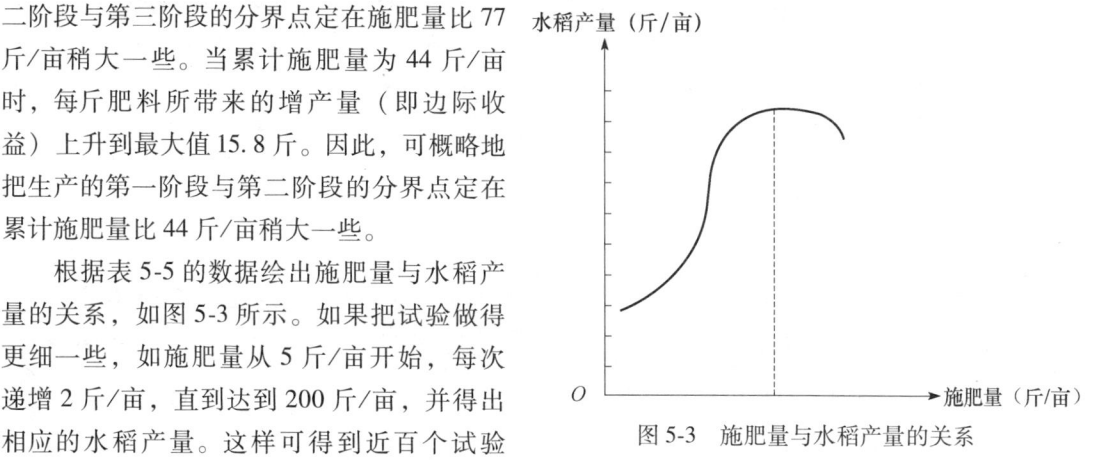

根据表 5-5 的数据绘出施肥量与水稻产量的关系，如图 5-3 所示。如果把试验做得更细一些，如施肥量从 5 斤/亩开始，每次递增 2 斤/亩，直到达到 200 斤/亩，并得出相应的水稻产量。这样可得到近百个试验

图 5-3 施肥量与水稻产量的关系

数据，所绘出的图就精确得多，所划分的生产阶段也准确得多。有需要的话，还可用计算机拟合出相应的生产函数用于研究和决策。

| 专栏 5-2 |

概念的情景化应用：美的集团的智能制造转型[一]

美的集团（以下简称"美的"）将智能制造的目标确定为：建立一个核心、六项关键技术。一个核心是打造智能精益工厂，六项关键技术是智能自动化、智能机器人、智能物流、智能信息化、移动大数据、物联网集成。

2013 年美的引入精益制造，开启了从传统的粗犷制造模式向精益制造模式转变的艰难过程。在经历了很多的碰撞、纠结和疑惑后，美的成功地改变了制造体系管理层人员的思维。2016 年—2018 年，精益制造得到了快速推进；2018 年—2020 年，美的的重点是打造数字精益工厂；2021 年—2022 年，更多地关注建立智能精益工厂的"标杆"。这一过程伴随着大量的资金投入。截至 2021 年，美的已在数字化建设上投入了 170 亿元，未来三年，美的会在自动化领域继续投入 15 亿~20 亿元。

美的发现，智能制造必须符合精益制造原则，而且精益制造的理念和思维要贯穿整个智能制造的过程。在过去几年，美的在精益实践过程中输出了 40 多门方法论和 MBS 工具，培养了 10 名 MBS 专家，有 1 000 名 MBS 黑带、超过 5 000 名 MBS 绿带，到 2020 年年底有 20 家国内工厂成功实现了精益转型。

数字化建设需要在业务流程优化的基础上，梳理业务流程，然后通过数字化固化流程。数字化使业务流程更加透明、可视，之前隐藏的问题纷纷暴露出来，倒逼

[一] 美的集团首席专家谷晓春：美的智能制造转型实践. 搜狐新闻，2020 年 12 月 31 日，https://m.k.sohu.com/d/506901338.

业务变革和组织变革，从而形成一个良性的循环改善过程。智能制造转型支撑了业务流程的不断升级，制造的目标是保证交付、提高效率、为客户提供优质的产品。在智能制造建设过程中，美的通过设备自动化、生产透明化、物流智能化、管理移动化、决策数据化来打造智能制造，并取得了初步成果：制造效率提升44%，自动化率提升49%，大数据平台总量有20PB，覆盖了1 324个应用场景、642个过程指标，建立了2 156条预警规则。2020年11月17日，美的在北京发布了工业互联网平台MIOT 2.0。这是美的数字化建设的一个里程碑事件。■

5.2.2 规模收益的概念

为了进一步研究生产函数的性质，并为以后的分析做准备，这里引入规模收益的概念。

1. 规模收益及其经济含义

所谓规模收益，是衡量投入与产出之间量的关系的一种标准。先给出规模收益不变、递减和递增的数学描述，再讨论它们的含义。

设生产函数形式为

$$Q = f(L, K)$$

式中，Q 为产出；L，K 为投入。

如果投入 L，K 分别在原来的基础上同时扩大 λ 倍（$\lambda > 1$），即新的投入为 λL，λK，而新的产出相应扩大 λ' 倍，记为

$$f(\lambda L, \lambda K) = \lambda' Q$$

定义如下：
- 如果 $\lambda = \lambda'$，则称生产过程的规模收益不变。
- 如果 $\lambda > \lambda'$，则称生产过程的规模收益递减。
- 如果 $\lambda < \lambda'$，则称生产过程的规模收益递增。

（1）规模收益不变的经济含义。规模收益不变的经济含义在于，如果生产过程的产出增加一倍，那么所需要的投入也会并只会增加一倍。或者说，不论生产规模怎样变化，制造出每单位产品所消耗的投入始终不变。

可以验明，线性函数

$$Q = f(L, K) = L + K$$

是规模收益不变的生产函数。因为

$$f(\lambda L, \lambda K) = \lambda L + \lambda K = \lambda(L + K) = \lambda Q$$

（2）规模收益递减的经济含义。规模收益递减的经济含义在于，要使产出增加一倍，投入就得增加一倍以上。或者说，随着生产规模的扩大，制造出每单位产品所需要的投入是增加的。

可以验明，生产函数

$$Q = L^{1/2} + K^{1/2}$$

是规模收益递减的生产函数。

（3）规模收益递增的经济含义。规模收益递增的经济含义在于，投入增加一倍，可以使产出增加一倍以上。或者说，随着生产规模的扩大，制造出每单位产品所需要的投入是减少的。

可以验明，生产函数

$$Q = L^2 + K^2$$

是规模收益递增的生产函数。

从以上分析可知，在不同规模收益的情形下，单位产品所需的投入量是不同的，因而单位产品的成本也会不同。可见，生产函数分析与成本分析之间存在着一种内在的联系，这是本书后面将进一步研究的问题。

2. 可变比例收益率与规模收益的区别

可变比例收益率与规模收益之间会产生混淆，这里简单地讨论一下二者的区别。

可变比例收益率考察其他投入不变时，某一投入增加所带来的收益情况：就此有三种情况：产出按递增的、不变的、递减的速度增加。当产出的增加比例大于、等于、小于该投入的增加比例时，分别是收益递增、不变、递减。

与上述三种收益特点相似，规模收益的特点也可分为（规模）收益递增、不变、递减。但二者的区别在于，规模收益中考虑所有的投入均按同等比例变化，而不是某些投入不变，另一投入变化。与此相一致，规模收益所涉及的生产函数都是齐次的。

应当指出，在实践中生产规模是不可能无限扩大的。即使生产规模扩大，也不一定像规模收益概念中所阐述的那样，其所有的投入均按同样比例增加。在许多情况下，投入是按不同的比例增加，甚至有的投入不会增加。例如，某生产规模扩大，所需原材料、能源、场地均可能增加，但管理人员可能不会增加。但是在现实中，也有许多生产投入大体上是按同一比例增加的。尽管与现实存在差异，但规模收益的概念对于后面的理论分析仍有着重要的价值。

5.2.3 等产量曲线与投入之间的替代效果

1. 等产量曲线

等产量曲线与总产出曲线一样，都是用于分析生产过程的投入与产出关系的直观描述方式。它是用于研究生产理论的方法。尽管它们二者实质上包含了相同的信息，即生产的投入与产出之间的技术关系，但用于进行分析的侧重面有所不同。事实上，等产量曲线是从生产函数 $Q = f(X, Y)$ 导出的，它是通过将能够生产出同一产量的投入 X 和 Y 的所有组合连接在一起而得到的。对此可以借助一个具体数值的例子加以说明。

如表 5-6 所示，投入组合 A 表示 10 单位的投入 L 与 120 单位的投入 K 生产 40 单位产品；表中的其他投入组合 B、C、D、E 也都获得 40 单位的产品。如果假定投入是无限可分的，就可在表 5-6 数据的基础上绘出一条产量恒为 40 单位的等产量曲线 IP_{40}，如图 5-4 所示。图中的横纵坐标分别代表投入 L 与 K。

再进一步，如果考虑产量为 60 单位的各种投入组合，可画出另一条等产量曲线 IP_{60}，如图 5-4 所示。

可见，等产量曲线从实物关系上表明了生产一定产出量所需的各种可能的投入组合。

表 5-6 产量为 40 单位的投入组合

组合	投入 L	投入 K	L 替代 K
A	10	120	
B	20	80	-4 : 1
C	30	50	-3 : 1
D	40	30	-2 : 1
E	50	20	-1 : 1

等产量曲线虽然是一种抽象的分析方式，但是在现实中是易于得到解释的。因为现实生产过程中的投入在不同程度上存在相应的替代投入，农业中的劳动力和机械动力就是一个明显的例子。

2. 生产投入之间的替代

许多生产投入之间的相互替代是客观存在的。生产理论研究替代的可能、替代程度及其衡量和替代效果等问题。为此需要引入投入的边际技术替代率和替代弹性。

(1) 投入的边际技术替代率。投入 L 对 K 的边际技术替代率是指在产出量保持不变的条件下，可以被 1 单位的投入 L 替代的投入 K 的数量（单位）。

L 对 K 的边际技术替代率的数学表示为

$$\text{MRTS} = \Delta K / \Delta L$$

沿用图 5-4 的数据，可以较好地解释边际技术替代率的含义。前面指出，如表 5-6 所示的各种投入组合所对应的产量均为 40 单位。比较投入组合 A 与 B 可知，在投入组合 B 中，用 10 单位（20-10）的投入 L 替代了投入组合 A 中 40 单位（120-80）的投入 K，其边际技术替代率为 -4∶1（-40∶10）。

同样可以计算出由投入组合 B 到 C 的边际技术替代率为 -3∶1，组合 C 到 D、D 到 E 的边际技术替代率分别为 -2∶1，-1∶1，如表 5-6 所示。

边际技术替代率的几何意义是明确的，它就是相应的等产量曲线的斜率。由数学知识可知，等产量曲线上各点的斜率是不同的。如图 5-5 所示，在等产量曲线上，当投入 L 由 L_1 变到 L_2，为保持产量不变，投入 K 由 K_1 变到 K_2。这时 L 对 K 的边际技术替代率 MRTS = $(K_2 - K_1)/(L_2 - L_1)$。当投入 K 的改变量 $\Delta K = K_2 - K_1$ 变得很小时，上述边际技术替代率则为等产量曲线 IP 上某点的切线斜率。

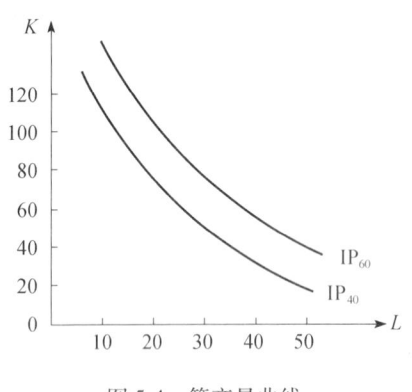

图 5-4 等产量曲线

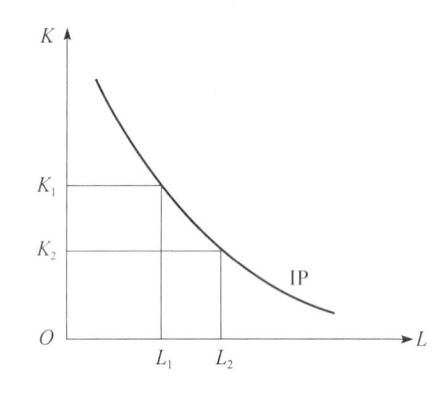

图 5-5 边际技术替代率

(2) 边际技术替代率的递减特性。边际技术替代率的一个重要特性是，投入 X 对 Y 的边际技术替代率随 X 对 Y 的相对增加而递减。换言之，当产量保持不变时，随着投入 X 对 Y 的相对增加，为单位投入 X 所替代的 Y 的数量会减少。

因为随着投入 X 的增加，而投入 Y 的减少，X 的边际产出率会减少，而 Y 的边际产出率则会增加，于是越来越多的 X 用于替代每单位的投入 Y 以维持同一产量水平（当所使用的投入 X 越来越多而 Y 越来越少时）。由上述分析可知，边际技术替代率递减实际上是本节前面所说的收益递减率的推广。

(3) 投入之间的替代弹性。替代弹性反映了在总产出不变的情况下，一种投入可为另一投入替代的程度。换言之，两种投入的替代弹性是对一种投入可以为另一种投入替代的难易程度的衡量。

为此，设想在两种投入的替代关系上有两种极端的情况：第一种情况为替代弹性无穷大，这时投入之间完全可以相互替代，也就是说它们实质上是同一投入；第二种情况是替代弹性为零，在此情形下，投入之间不可能相互替代，而必须按固定的比例配置使用（如果需要的话）。在上述两种极端情况之间，存在着不同程度的替代可能，称为投入的不完全替代。

当某一投入难以为另一投入替代时，两种投入比的较小变化会引致其边际技术替代率的很大变化。另外，如某投入易为另一投入替代时，两种投入比的较小变化不会引致其边际技术替代率的很大变化。

（4）投入的完全替代。当生产中的一种投入可以完全取代另一种投入时，称为完全替代。在这种情形下，投入的边际技术替代率为常数。因此，其等产量曲线是一条斜率为某一常数的直线，如图5-6所示。该产量曲线所代表的产出水平可以由直线上任一点对应的 X，Y 值所代表的投入组合获得。特别地，当达到该产出水平时，全部使用投入 X 的量为 X_0，全部使用投入 Y 的量为 Y_0。

由于在投入完全替代的情形下，边际技术替代率 MRTS 为常数，故其改变量 ΔMRTS 为 0。

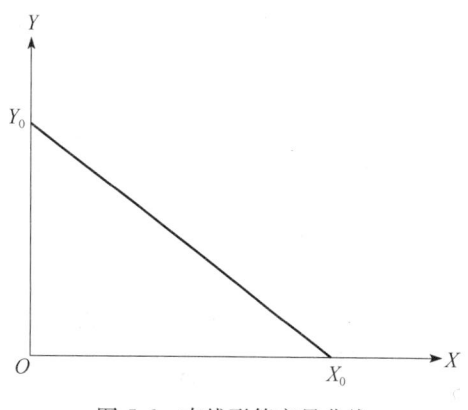

图 5-6　直线形等产量曲线

投入的完全替代是较为罕见的，但也可举出近似的例子说明问题。例如，可以用石油代替煤炭作为燃料发电。

（5）投入的不可替代。另一种极端的情形是两种投入之间不可替代。这时投入是按一个固定比例配置，当一种投入不变、另一种投入增加时，不会带来任何产量的增加；只有当两种投入按同一比例增加时，产量才可能增加。从另一方面来说，两种投入都是生产进行的必要条件，缺少任何一种投入，生产均无法进行。

生产过程的两种投入必须按固定比例配置的等产量曲线是一条特殊的曲线，即若干直角形的曲线。如图 5-7 所示，产量为 Q_1 的直角形等产量曲线为 IP_{Q_1}，其直角顶点 A 所对应的投入 X_A，Y_A 是达到产量 Q_1 的最佳投入。若其投入组合沿直角形等产量曲线移至 A_1，这时投入 Y_A 保持不变，投入 X 增大到 X_{A_1}，但其相应的产量仍为 Q_1。同样，如果投入组合位于 A_2，虽然投入 Y 比 Y_A 有所增加，但产量仍为 Q_1。直角形等产量曲线 IP_{Q_2}，IP_{Q_3} 分别代表产量为 Q_2，Q_3 的等产量曲线。它们的顶点 A，B，C 必构成一条反映两种投入固定比例的直线。

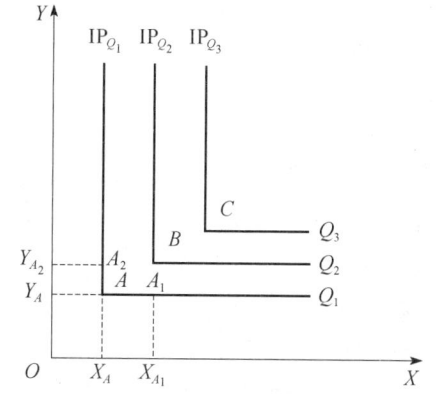

图 5-7　直角形（比例固定）等产量曲线

生产投入之间不可替代的例子是可以举出一些的。例如，汽车运输中的驾驶员与汽车往往是按一名驾驶员一辆汽车配置的，且其运量也是一定的（以汽车吨位为准）。若只增加驾驶员不增加汽车，运量是不会增加的；反过来，只增加汽车不增加驾驶员，运量也不会增加。由上述分析可知，在投入不可替代的情形下，投入比例 X/Y 恒为常数，其替代弹性为 0。

（6）投入的不完全替代。介于投入的完全替代与完全不可替代之间的情形是两种投入的不完全替代。在这种情形下，投入之间可以替代，但不能完全替代。在替代过程中，当产出水平保持不变时，投入的调整所引起的投入之间的比例是不断变化的。投入不完全替代情形的等产量曲线可用一凸向原点的曲线表示，对此可参见如图5-4所示的等产量曲线的形状。投入的不完全替代是较为普遍的。这时等产量曲线的图形特性表示了其各点斜率绝对值的不断下降，即前面已论及的边际技术替代率的递减特性。在投入不完全替代的情形下，替代弹性的绝对值介于0与∞之间。

可以通过等产量曲线来表示替代弹性的大小。从几何上看，其弹性值取决于等产量曲线凸向原点的程度。等产量曲线凸向原点的程度越大（即越接近于直角线），替代弹性就越小；等产量曲线凸向原点的程度越小（即越接近于直线），替代弹性就越大。当两种投入为完全替代时，其等产量曲线为直线，它们之间的替代弹性为无穷大。另外，当两种投入为完全互补时（完全不能替代），其等产量曲线是直角形的。

| 专栏 5-3 |

概念的情景化应用：机器可以完全替代人吗[一]

国际机器人联合会（IFR）2019年发布的一项报告显示，2018年的国际工业机械臂出货量创下新高，达到384 000件。中国仍然是世界上最大的市场（占比35%），日本和美国紧随其后。汽车和电子制造业是使用工业机械臂的最大市场（占比60%），远远超过包括金属、塑料、食品在内的其他产业。

你可能很困惑：工业机械臂几十年前就被引入了制造业。自动化应该已经在任何可能涉及自动化的领域得到应用，还剩下什么创新空间呢？出人意料的是，即使是自动化程度最高的汽车产业，想要建成完全自动化的工厂，也还有很长的路要走。例如，大部分的汽车装配仍然是手动完成的，这是劳动最密集的汽车生产过程。一家汽车工厂中，平均有2/3的员工在装配线上工作。特斯拉的首席执行官埃隆·马斯克一直以来都在追求创新并倡导高度自动化，但他还是公开承认特斯拉生产线自动化的发展并未达到预期。

为什么自动化如此困难？到目前为止，自动化尚未突破的技术限制是什么？

1. 灵活性和适应性

如今的自动化生产线是为大批量生产而设计的。自动化有效地降低了成本，但也削弱了生产线的灵活性。产品生命周期越来越短，体积越来越小；定制生产越来越多，这就需要更高的灵活性。通常情况下，人类比机器人更能适应变化。

2. 灵巧性和任务复杂性

尽管技术发展迅速，但人类仍然比机器人更加灵巧。尽管许多行业的装配过程已经高度自动化，但配套采购过程主要还是手动的。

在制造业和仓储业中，配套采购十分普遍。这是提高生产效率的重要一步。它指的是收集装配产品所需的各种零件，把它们打包放入工具箱。然后，机器人从工具箱中取出零件进行装配。因为每个零件的位置和角度都是固定的，所以装配阶段的自动化相对容易。相反，所有的零件在盒

[一] https://baijiahao.baidu.com/s?id=1651419159154793852&wfr=spider&for=pc.

> 子里是无序摆放的，配套采购阶段则必须识别出它们，再把它们从盒子里取出。每个零件的位置都不一样，因此可能会发生重叠或混乱。这对传统的机器视觉和机器人技术形成了挑战。
>
> **3. 视觉反馈和非视觉反馈**
>
> 许多复杂的装配操作都依赖于人工操作员的经验和"直觉"。无论是安装汽车座椅还是把零件放入工具箱，这些看似简单的动作都要求操作员根据视觉和触觉信号调整各种动作的角度和力度。
>
> 传统的自动编程对此类微调任务没有什么用处，因为每一次取出或放置零件都不是完全一样的。完成这类任务需要人类的学习能力，以及多次尝试后进行归纳的能力。掌握了这样的能力，尤其是深度学习和强化学习，可以给机器人带来最大的改变。■

3. 等产量曲线的性质

（1）从左到右向下倾斜。等产量曲线从左到右呈向下倾斜状，这是因为如果投入 L 增加或减少，投入 K 就必须减少或增加，以保持同样的产出水平。由图 5-4 可以看出这点。

（2）凸向原点。等产量曲线是凸向原点的。等产量曲线的这一几何属性的含义在于，随着投入 X 的增加和投入 Y 的减少，Y 为 X 所替代的边际比率下降。或者说，这种凸向原点的特性反映了递减的边际技术替代率。

等产量曲线若呈凹状，意味着 X 对 Y 的边际技术替代率随着更多的 X 用于替代 Y 而递增。但这是不现实的。前面已指出，边际技术替代率递减实质上是收益递减起作用的结果。

等产量曲线凸向原点的两个特例是直线形等产量曲线与直角形等产量曲线。

（3）不相交性。从逻辑上讲，两条等产量曲线相交是矛盾的。如图 5-8 所示，如果两条分别代表产量 Q_1、Q_2 的等产量曲线 I_{Q_1} 与 I_{Q_2} 交于 C，则 C 因其在 I_{Q_1} 上，故 C 代表的投入组合可产出量为 Q_1 的产品；又因 C 也在 I_{Q_2} 上，故 C 代表的投入组合又可产出量为 Q_2 的产品，即此同一投入组合能在同一技术状态下生产出两种不同量的产品。这显然是不成立的，可见等产量曲线是不相交的。

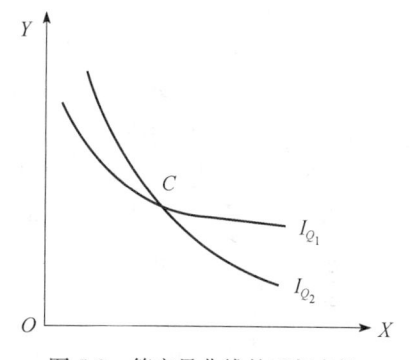

图 5-8 等产量曲线的不相交性

4. 生产的经济性区域与不经济性区域

研究最为普遍的投入为不完全替代的情形指出，若干种投入的不同组合方式均可能获得某一既定的产量。然而，尽管沿等产量曲线的产出不变，但投入组合与投入量都在变化。因为同一产出有着不同的投入组合，或者说，投入之间的替代存在一定范围（或限度）。为了保证生产活动的经济性，应将投入之间的替代限制在一定范围内。如果某一替代过程超出该范围，则生产活动将不是经济性的。这就是生产的经济性区域与不经济性区域问题，就此可以做出以下分析。

（1）边际技术替代率与边际产出的关系。该关系可以阐述为：等产量曲线的边际技术替代率 MRTS 等于投入劳动 L 与资产 K 的边际产出比值的负数。在数学上可记为

$$\text{MRTS} = \Delta K/\Delta L = -\text{MP}_L/\text{MP}_K$$

设在图 5-5 的等产量曲线上，投入由 (L_1, K_1) 变到 (L_2, K_2)，这时因投入 L 的变动造成的产量变动应为

$$\Delta Q_L = \mathrm{MP}_L(L_2 - L_1) = \mathrm{MP}_L \Delta L$$

因投入 K 的变动所造成的产量变动应为

$$\Delta Q_K = \mathrm{MP}_K(K_2 - K_1) = \mathrm{MP}_K \Delta K$$

由于 (L_1, K_1) 和 (L_2, K_2) 均在等产量曲线上，因劳动投入的变动造成的产量变动应与因资本投入造成的产量变动相互抵消，所以有

$$\Delta Q_L + \Delta Q_K = 0$$

即

$$\mathrm{MP}_L \Delta L + \mathrm{MP}_K \Delta K = 0$$

推出

$$\mathrm{MP}_L \Delta L = -\mathrm{MP}_K \Delta K$$

故有

$$\Delta K / \Delta L = -\mathrm{MP}_L / \mathrm{MP}_K$$

上述关系式可参见图 5-5，用边际技术替代率的经济含义加以说明。如图 5-5 所示，当投入组合由 (L_1, K_1) 变到 (L_2, K_2) 时，产量并未改变。由边际产出的定义可知，一方面，由于减少资本投入量 $\Delta K = K_2 - K_1$，所减少的产量为 $\mathrm{MP}_K \Delta K$；另一方面，因增加劳动投入 $\Delta L = L_2 - L_1$，所增加的产出为 $\mathrm{MP}_L \Delta L$。因为总产量不变，故减少的产量等于增加的产量，$-\mathrm{MP}_K \Delta K = \mathrm{MP}_L \Delta L$

由上式可知，边际产出与 MRTS 之间的关系可考虑以下三种情况：

- $\mathrm{MP}_L > 0$，$\mathrm{MP}_K > 0$ 则 MRTS<0（等产量曲线斜率<0）。
- $\mathrm{MP}_L > 0$，$\mathrm{MP}_K < 0$ 则 MRTS>0（等产量曲线斜率>0）。
- $\mathrm{MP}_L < 0$，$\mathrm{MP}_K > 0$ 则 MRTS>0（等产量曲线斜率>0）。

因为使用资源是有代价的，任何理性的决策者都不愿看到有资源投入的边际产出为负的情况发生，他至少应使其投入的边际产出为正。因此，他只能选择第一种情况，使生产活动保持在等产量曲线的斜率为负的范围进行。

| 专栏 5-4 |

管理决策分析：全球"缺芯"下的汽车企业生产决策

2020 年 12 月，大众汽车因缺少 ESP 芯片而导致部分车型间歇性停产，暴露了汽车行业的芯片短缺危机。在之后的 5 个月中，全球"缺芯"愈演愈烈。2021 年 5 月 20 日，福特汽车表示，由于芯片短缺对汽车行业造成的持续影响，公司将于 6 月份暂停或削减 8 家北美工厂的生产。而此前，由于关键芯片的供应持续减少，福特已经关闭了多家工厂并多次减产。日产、现代、起亚等车企的部分工厂也被迫停产。芯片断供已导致全球汽车企业 2020 年累计减产 115.7 万辆，2021 年减产 893.4 万辆。

一位德系品牌销售公司负责人表示："在目前所有生产资源中，芯片毫无疑问是最具不确定性的一个。"缺芯"是多方面因素共同作用的结果：5G、人工智能带动汽

---

① https://www.163.com/dy/article/GB33PAJG0527AVIC.html.
② https://baijiahao.baidu.com/s?id=1745105938158269334&wfr=spider&for=pc.

车产业的新一代信息技术产品应用加速落地，推动芯片需求快速增长；而近些年全球半导体产能增长缓慢，加上疫情和自然灾害影响，造成芯片供给不足；产业链上下游企业为防范断供风险，都在增加库存，进一步加剧了芯片的"哄抢"。

面对芯片短缺，汽车企业该如何应对呢？上汽大众、一汽大众、长安汽车专门成立了"催芯团队"，高管带队，天天在供应商处要货；一些车企还组建了"扫货团队"，抢购渠道商的芯片余量，一改以往整车厂一般不直接与芯片厂商对接的习惯做法。即便这样，也并不能解决"芯片荒"问题，为了降低损失，车企普遍在内部调节资源，把芯片优先提供给利润更好的高端车或大中型车，如一汽大众优先保供奥迪，沃尔沃优先保供 XC60 和 S90。但即便如此，汽车企业也要承担因产线、制造设备调整或混线生产导致劳动效率下滑而带来的损失。■

（2）脊线。上述分析可以借助几何图形加以说明。如图 5-9 所示，假设等产量曲线 I_{Q_2} 在 B 点的切线与 L 轴平行，C 点的切线与 K 轴平行。当等产量曲线沿正倾斜段出现了由 B 到 A 的移动，这时两种投入 L，K 都增加了，但产量仍为 Q_2。这意味着必有一种投入的边际产出为负（在 A 点），这与等产量曲线在 A 点的斜率为正是一致的。很容易知道（由图形特性 $\Delta L \gg \Delta K$），在图中 A 点的情形是劳动的边际产出为负（$MP_L<0$），而资产的边际产出为正（$MP_K>0$）。相反，如果沿 I_{Q_2} 出现由 A 到 B 的移动，投入 L，K 都会减少，但产量不变（仍为 Q_2）。因此，任何理

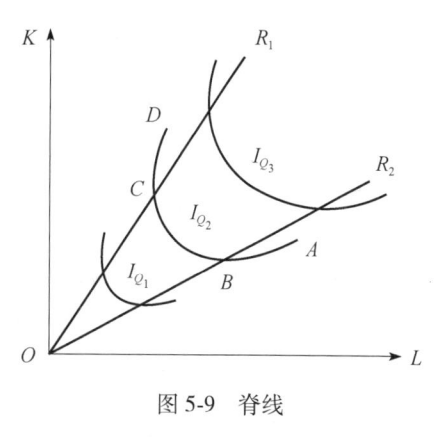

图 5-9 脊线

性的决策者都愿意选择 B 而不是 A。从数学上看，不应使生产活动在等产量曲线上具有正斜率的范围内进行。

同样，在等产量曲线的另一端，当投入组合由 I_{Q_2} 的 C 向 D 移动，产量仍为 Q_2，但两种投入都增加了。这意味着有一投入的边际产出为负（在 D 点），因而等产量曲线在 D 点的斜率为正。从图形的特性可知，在 D 点的情形是 $MP_K<0$，而 $MP_L>0$（图形特性在 CD 段 $\Delta K \gg \Delta L$）。相反，如果沿 I_{Q_2} 由 D 向 C 移动，投入 L，K 都会减少，但产量 Q_2 不变。因此，生产决策者将会选择 C 而不是 D。

上述分析说明，从数学上看，决策者不应使其生产活动在等产量曲线上具有正斜率的范围内进行。图 5-9 中 OR_1 与 OR_2，即脊线所围成的区域，就是合理的生产活动的范围。该范围即为生产的经济性区域，其内等产量曲线的斜率为负；该范围之外为生产的非经济性区域，其等产量曲线的斜率为正。显然，等产量曲线在与脊线 OR_1，OR_2 的交点处的斜率为 0 或不存在。

5. 等产量曲线与规模收益

利用等产量曲线可以形象地说明规模收益不变、递增、递减三种情况，如图 5-10 所示。

图 5-10a 所示的情形为规模收益不变，当投入 X，Y 分别由 1 增为 2 时，其交点刚好在等产量曲线 $2Q$ 上；图 5-10b 和图 5-10c 则分别表示规模收益递减和递增，当投入 X，Y 分别由 1 增加为 2 时，其交点刚好分别在等产量曲线 $1.5Q$ 上和 $3Q$ 上。

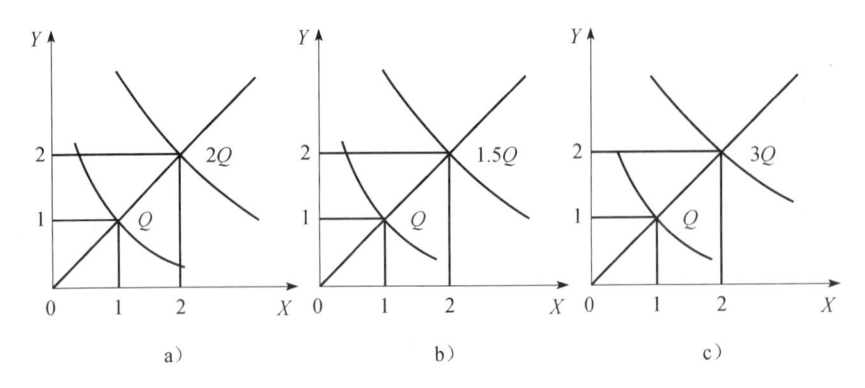

图 5-10 等产量曲线与规模收益

6. 生产活动扩展路线

在长期中，劳动与资本的投入是不断增加的，目的在于获得产量的增加。这样每次产量变动和相应的投入组合变动，即不同等产量曲线上的点就构成了企业的扩展路线。假设由生产技术所确定的资本与劳动比率（K/L）不变，不同比率所示的扩展路线可视为由原点出发的射线与等产量曲线的交点。如图 5-11 所示，射线 Ok，Ol 分别代表一定的资本与劳动比率（K/L），其与一系列等产量曲线的交点代表了不同的扩展路线。Ok 与等产量曲线的交点代表资本密集型的扩展；Ol 与等产量曲线的交点代表劳动密集型的扩展。如果扩展是由劳动密集型向资本密集型转变，则其扩展方式可用向左上方偏移的曲线 Ox 表示。

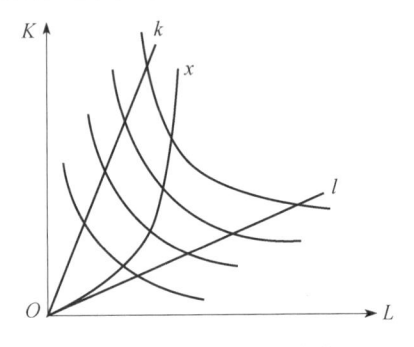

图 5-11 不同的扩展路线

| 专栏 5-5 |

德国工业 4.0 与西门子的智能化生产

1. 德国工业 4.0

工业 4.0 是指在德国带头推动下的以信息物理系统（Cyber Physical System，CPS）为基础，以生产高度数字化、网络化、机器自组织为标志，以制造业的智能化引领国民经济体系智能化为最终目标的第四次工业革命。在工业 4.0 阶段，除土地、劳动、资本和企业家才能等传统生产要素外，数据成为一种重要的新型生产要素，影响着生产函数，推动生产模式变革。

工业 4.0 是德国政府于 2010 年发布的《高技术战略 2020》中的十大未来项目之一，最初由德国联邦教研部与联邦经济技术部联手资助，在德国工程院、弗劳恩霍夫协会、西门子等学术界和产业界的建议与推动下形成，目前已上升为德国国家战略。

在《德国工业 4.0 战略计划实施建议》中，工业 4.0 的战略要点可概括为"1238"，即建设一个网络——信息物理系统（CPS），研究两大主题——智能工厂、智能生产，实现三项集成——横向集成、纵向集成与端对端集成，以及开展八项关键行动。其中，CPS 让物理设备具有计算、通信、精确控制、远程协调和自治五大功能，从而实现虚拟网络世界与现实物理世界的融合，将网络空间的高级计算能力有效运用于现实世界中，从而在生产制造过程中，与设计、开发、生产有关的所有数据将通过传感器采集并进行分析，形成可自律操作的智能生产系统。"智能工厂"重点研究智能化生产系统及过程，以及网络化分布式生产设施的实现。"智能生产"主要涉及整个企业的生产物流管理、人机互动和3D技术在工业生产过程中的应用等。三项集成中，纵向集成是解决企业内部的信息孤岛，通过解决信息网络与物理设备之间的联通问题，实现企业内部所有环节信息的无缝链接。它是智能化生产的基础。横向集成是企业之间通过价值链和信息网络所实现的一种资源整合。它为实现企业间的合作提供实时产品与服务，推动企业间研产供销、经营管理与生产控制、业务与财务全流程的无缝衔接和综合集成，实现产品开发、生产制造、经营管理等在不同企业间的信息共享和业务协同。端对端集成是把所有该连接的端头（点）都集成互联起来，通过价值链上不同企业资源的整合，实现从产品设计、生产制造、物流配送到使用维护的产品全生命周期的管理和服务。它以产品价值链创造集成供应商、制造商、分销商，以及客户信息流、物流和资金流，在为客户提供更有价值的产品和服务的同时，重构产业链各环节的价值体系，并最大限度地实现个性化定制。所谓八项关键行动，一是实现技术标准化和开放标准的参考体系，二是建立模型来管理复杂的系统，三是提供一套综合的工业宽带基础设施，四是建立安全保障机制，五是创新工作的组织和设计方式，六是注重培训和持续的职业发展，七是健全规章制度，八是提升资源效率。

2. 西门子的智能工厂

西门子安贝格工厂（EWA）是目前普遍认为最接近工业4.0概念的工厂，其主要生产SIMATIC自动化系列产品等，这些产品主要用于控制机械设备，实现工业生产过程的自动化。10年来，在人员及厂房等要素投入均没有太大变化的情况下，EWA通过自动化改造，让产能提升了8倍。据统计，安贝格工厂每年生产超过1 200万台SIMATIC产品，处理将近30亿个元器件，按照一年230个工作日计算，生产线上每秒要产出1个控制单元。在保证速度的同时，工厂的产品质量水平也非常高，24h内交付可靠性高达99.5%，百万出错率仅为11.5，相当于合格率达到99.998 85%。EWA自动化率高达75%，仅拥有大约1 200名员工，主要从事计算机操作和生产流程的监控，以及提出生产改进意见。人机协作极大提高了生产效率。EWA的厂房分为两层：一楼是智能物料配送系统，二楼是生产车间。技术人员在正常配送计划的基础上，根据生产线物料实际使用情况，通过扫描射频标签（RFID）自动将物料信息传入配送系统，ERP系统发出的指令会让自动化的物流系统去仓库的指定位置取指定物料，通过自动升降机将物料传送到生产线附近，充分体现了物流自动化与生产过程自动化的结合。

西门子工业自动化产品成都生产研发基地（SEWC）于2013年上半年建成投产。自成立以来，SEWC通过西门子数字化软件套件和SIMATIC等产品及应用，全面实现了研发、制造、质量管理和物流系统的数字化，成为西门子在中国的首家数字化工厂。EWA与SEWC共享研发、生产、采购平台，其区别主要在于产品线的划分。SEWC主要负责研发和生产SIMATIC工业自动化系统系列产品，包括可编程逻辑控制器（PLC）、人机交互界面（HMI）、工业计算机（IPC）等，被广泛应用于汽车、机械制造、食品饮料、制药等领域。SEWC

员工虽不足500人,但平均每10s就能生产一件产品,年产自动化产品超250万件,每100万件中有缺陷的不超过10件。

3. 西门子的智能生产工具及其运用

数字化企业软件套件是西门子研发出的实现工业4.0的解决方案,主要包括产品生命周期管理(PLM)软件、制造执行系统(MES)软件、全集成自动化(TIA)软件等。其应用具体体现在生产流程的五个环节上:①产品设计。数字化企业软件套件可以构建适合产品研发的虚拟环境,在虚拟环境中模拟、测试并优化制造工艺流程和工厂设计,之后再根据虚拟工厂的运转效果同步优化现实生产要素。②生产规划。计算机辅助工程(CAE)用于在设计阶段对产品程序的可行性进行验证,并选择最优程序;此外,在试验阶段用于故障分析,在快速查找故障原因方面发挥重要作用。CAE的运用有助于大幅提升产品质量和缩短开发周期。③生产工程。在从虚拟模拟情境向现实工程环境转化时,自动化与各个产品设计软件模块之间的协同至关重要。TIA软件能将信息化系统与自动化装备高度结合,实现所有自动化组件的高效互操作,可以最大限度缩短工程组态时间并降低成本。④生产实施。MES软件提供了实现定制制造执行系统的坚实基础,可以在公司范围内实时访问所有过程信息,使得生产流程管理透明化,各个生产阶段能够实时交互,将制造生产速度提升5~10倍。⑤生产服务。生产服务包括对机械设备的维护、调试,贯穿于生产模式从规划、安装、运行到改造的完整生命周期。预防性维护是生产服务的重点,通过大幅提高预防性维护的比例,设备意外停机时间将明显减少,能耗和备件成本有效降低,机器的使用寿命延长。

PLM软件的运用范围覆盖了医疗、航空航天、国防、快消品、工业机械设备等多个领域。西门子运用集成PLM平台和应用程序,为个性化医疗设备提供端到端支持。从患者的解剖CT图像开始,经过开发、设计到最终产出医疗器械或植入物,整个流程高度自动化。在医疗器械方面,运用PLM方案,外科医生根据各位患者的解剖结构和其他条件,在手术前建立精确的手术模型,通过网络安全地传输患者扫描图像,并以数字方式创建术前切割指导,以使患者的解剖结构与现成的标准全膝关节置换套件相匹配[一]。

在医疗植入物的生产研发过程中,通过使用建模、仿真等技术,实现"可见即可得",大大提升了医疗器械或植入物与人体结构的契合程度。以西门子自动化制造部门在医疗人工关节生产领域的突破为例,病人关节的视像信息被断层扫描及核磁成像技术记录,医生借助3D打印技术,根据记录数据在计算机上确定合适的人造关节及精准的植入角度。随后,西门子利用制造辅助设计软件(CAD/CAM)仿真模拟人造关节的各生产参数,在提高产品精度的同时,降低钛等贵金属的物料耗费,最后经仿真模拟的制造信息发送至机床,开始4 000~6 000r/min的高精度切割塑型[二]。西门子构建的医疗设备智能生产系统比起大批量生产具有更高的灵活度和准确度,经过细微调整即可为多名患者提供服务;同时,比起一对一的高端定制,智能生产系统具有更高的生产效率和更低的成本,因而拥有更大的潜在市场。■

[一] 李卫东. "工业4.0"对推进"中国制造2025"的启示[D]. 外交学院, 2017.
[二] 陆文佳. 工业4.0时代智能制造新模式的思考与探索[J]. 企业科技与发展, 2016, (7): 28-30; 37.

本章小结

生产过程是在某段时期把各种资源投入转化为产出的一系列活动。生产过程中，对投入-产出关系起决定作用的因素包括：①所采用的技术；②投入量的多少；③投入量的组合（或资源的配置）。生产过程可以根据三组经济学概念分为简单生产过程和复杂生产过程：①固定投入与可变投入；②短期与长期；③不变的技术状况与发展变化的技术状况。

生产函数是反映生产过程中生产要素的投入与产出之间的实物关系的数学模型。它有三种主要的分类方式：①短期生产函数与长期生产函数；②理论生产函数与经验生产函数；③离散型生产函数与连续型生产函数。

生产活动可以划分为四种类型：单个产品生产、不灵活的大批量生产、灵活的大批量生产和流程生产。

典型的生产函数反映了生产的三个不同阶段，每个阶段都有不同的函数特性、图形特性和收益特性。生产阶段还可以按平均产出和边际产出来划分。由于存在三个不同的收益转折点，对生产阶段的划分会出现不一致，对此可以用产出弹性来处理。

规模收益是衡量投入量与产出量之间关系的一种标准，规模收益不变、递减和递增分别有不同的数学描述和经济含义。等产量曲线是从生产函数 $Q=f(X, Y)$ 导出的，通过将能够生产出同一产出量的投入 X, Y 的所有组合连接在一起而得到。它从实物关系上表明了生产一定产出量所需的各种可能的投入组合。生产理论研究生产投入之间替代的可能、替代程度及其衡量，以及替代效果等问题。

等产量曲线表现出三种性质：从左到右向下倾斜、凸向原点、不相交性，它可以形象地说明规模收益不变、递增和递减三种情况。而不同等产量曲线上的点构成了企业扩展的路线。

在投入为不完全替代的情况下，为保护生产的经济性，应将投入之间的替代限制在某一范围内，若替代过程超出该范围，生产活动将不具有经济性。这就是生产的经济性区域与不经济性区域问题。

单项选择题

1. 企业生产函数的特征取决于（　　）。
   A. 使用的技术
   B. 投入的资源数量
   C. 用来整合所投入的资源的技术
   D. 以上都是
   E. 以上都不是

2. 生产函数使企业能决定以下（　　）的程度。
   A. 当企业其他投入固定时，产出率受到某一投入的数量变化的影响
   B. 总的产出会受到某些投入减少及某些投入增加的影响
   C. 总的产出会受到任何或所有投入的影响
   D. 以上都是
   E. 以上都不是

3. 技术的变化（　　）。
   A. 往往被处于同一行业内的企业统一采用
   B. 往往提高每一单位投入的产出
   C. 一般会缩短生产零部件的时间跨度
   D. 通常会有简化生产流程的效果
   E. 以上都是

4. 以下（　　）不应该被看作生产。
   A. 为学生的试卷评分
   B. 为考试而学习
   C. 登记选举人
   D. 管制一家公共事业的企业
   E. 为低焦油的香烟设计一个新的广告促销方案

5. 关于企业的生产函数，以下说法正确的是（　　）。
   A. 描述了企业生产资源的投入和其每一单位时间的产品或服务的产出之间的实物关系
   B. 不受技术变化的影响
   C. 指出了对每一产出率而言，其盈利性最高的资源投入组合是什么
   D. 显示了每一投入所使用的量
   E. 以上都不是

计算分析题

1. 已知生产函数 $Q=144X+12X^2-X^3$。
   (1) 绘出其函数图形，划分出生产的不同阶段。
   (2) 当投入为 $X=4$ 时，边际产出、总产出为多少？
   (3) 要获得最大的产量，投入 X 应为多少？

2. 考察下列生产函数的规模收益特点：
   (1) $Q=1.1L^{0.6}+K^{0.2}$
   (2) $Q=0.5L^{0.7}+K^{0.4}$
   (3) $Q=0.3L^{0.4}+K^{0.2}+N^{0.3}$
   (4) $Q=0.4L^2+0.2K^2-0.5LK$

3. 计算下表中的边际产出 MP 和平均产出 AP，并近似确定最优投入量。

劳动投入 L	产　量	MP	AP
0	0		
10	100		
20	260		
30	380		
40	480		
50	560		
60	640		
70	700		
80	640		

4. 下表为提供等量产出的不同投入组合。

方　案	投入 L	投入 K
1	10	100
2	15	80
3	30	40
4	50	20
5	70	10

   求出边际技术替代率，并就其中一个解释其含义。

5. 讨论以下生产函数的规模收益特点：
   (1) $Q=1.1L^{0.5}K^{0.5}$
   (2) $Q=2L^2+3L^2$

6. 若生产函数 $Q=aX^b$，其中 Q 为产出，X 为投入，a，b 均大于0。
   (1) a，b 取何值时，生产活动具有何种特点？
   (2) 计算投入 X 的边际产出。
   (3) 计算投入 X 的产出弹性。

7. 若生产函数 $Q=aL^bK^c$，其中 Q 为产量，L 为投入1，K 为投入2，a，b，c 均大于0。
   (1) a，b，c 取何值时，生产活动具有何种特点？解释 $b+c$ 的经济意义。
   (2) 计算投入 L、投入 K 的边际产出。
   (3) 计算投入 L、投入 K 的产出弹性。

8. 已知生产函数 $Q=200+15X^2-X^3$。
   (1) 求出边际产出函数。当 $X=5$ 时，边际产出为多少？其处于生产活动的哪一个阶段？
   (2) 要获得最大产量，X 的投入量应为多少？

9. 讨论以下生产函数的规模收益特点：
   (1) $Q=0.8L^{0.6}K^{0.5}$
   (2) $Q=L^2+0.7LK+K^2$

10. 以下长期生产函数的规模收益属于何种类型（Q 为产量，L，K，M 为投入）？
    (1) $Q=3L+6K+4M-50$
    (2) $Q=3L+6K+4M+50$
    (3) $Q=0.5LK+2LM+6KM$
    (4) $Q=0.8L^{0.3}K^{0.4}M^{0.4}$
    (5) $Q=3L^{0.3}K^{0.2}M^{0.3}$

11. 描述以下生产函数的基本特点，求出并画出其相应的 MP，AP 函数并描述其特点。
   (1) $Q = 100X + 0.5X^2$
   (2) $Q = 50X$
   (3) $Q = 100X - 0.5X^2$
   (4) $Q = 50X + 16X^2 - 3X^3$

思考题

1. 试分析农业生产活动（种植业）的特点。
2. 为什么在现实生活中，处于第三阶段的生产活动很少见？能否举出这样的例子并解释其原因？
3. 为什么说生产活动处于第一阶段并不可取？
4. 用图示法说明生产函数 $Q = 12X - X^2$ 的不同生产阶段。
5. 试析造成规模收益递增或规模收益递减的因素。

第6章 生产函数及其应用

::学习目标

- 掌握线性齐次生产函数和柯布-道格拉斯生产函数的一般形式及性质。
- 将生产函数应用于资源投入最优决策分析。
- 了解几种经验生产函数及其应用。
- 理解应用生产函数于决策分析时应注意的几个问题。

6.1 典型的生产函数及其性质

6.1.1 线性齐次生产函数

次数为1的齐次函数称为线性齐次函数。线性齐次函数有着若干重要的性质。这些性质对理论分析和研究一些更具体的生产函数都很有用。

为研究方便,设线性齐次生产函数为以下形式:

$$Q = f(L,K)$$

式中,Q 为产出;L 为劳动投入;K 为资本投入。

性质1 线性齐次函数代表的生产过程的规模收益不变。

这一性质根据线性齐次函数的定义和规模收益不变的定义可以得到证明。

证明 设线性齐次函数为

$$Q = f(L,K)$$

令投入 L,K 同时扩大 λ 倍,则相应的产出为

$$f(\lambda L, \lambda K) = \lambda f(L,K) = \lambda Q$$

这表明,投入同时扩大 λ 倍,产出也扩大 λ 倍,即规模收益不变。

性质2 线性齐次函数可以写为以下形式:

$$Q = L g_1(K/L) = K g_2(L/K)$$

式中，g_1，g_2 分别代表某一单变量函数（这里，K/L 与 L/K 分别为资本-劳动比率与劳动-资本比率）。

证明 因为 $f(L,K)$ 为线性齐次函数，对于任一常数 λ，有
$$f(\lambda L,\lambda K)=\lambda f(L,K)$$
令 $\lambda=1/L$，可得
$$f(\lambda L,\lambda K)=f[(1/L)\times L,(1/L)\times K]=(1/L)\times f(L,K)$$
或
$$f(\lambda L,\lambda K)=f(1,K/L)=(1/L)\times f(L,K)$$
再得
$$Lf(1,K/L)=f(L,K)$$
记为
$$f(L,K)=L\times f(1,K/L)=L\times g_1(K/L)$$
因为 $f(1,K/L)$ 仅是 K/L 的函数，同理可证：
$$f(L,K)=K\times g_2(L/K)$$
故有
$$Q=f(L,K)=L\times g_1(K/L)=K\times g_2(L/K)$$

线性齐次函数的这一性质有时会给技术上的处理带来方便。例如，在短期生产函数中，假定资本投入 K 不变，便可以将产出表示为劳动投入 L 的单变量函数。

性质 3 偏微商 dQ/dL，dQ/dK 是资本与劳动比率（K/L）的函数。

证明 由 $Q=L\times g_1(K/L)$，对 L 求导可得
$$\begin{aligned}dQ/dL&=g_1(K/L)+L\times g_1'(K/L)\times[d(K/L)/dL]\\&=g_1(K/L)+L\times g_1'(K/L)\times(-KL^{-2})\\&=g_1(K/L)-L\times g_1'(K/L)\times(K/L^2)\\&=g_1(K/L)-(K/L)\times g_1'(K/L)\end{aligned}$$
此即 K/L 的函数。

同理，由 $Q=L\times g_1(K/L)$，对 K 求导可得
$$\begin{aligned}dQ/dK&=L\times g_1'(K/L)\times(K/L)'=L\times g_1'(K/L)\times(1/L)\\&=g_1'(K/L)\end{aligned}$$
也即 K/L 的函数。

性质 4 劳动与资本的平均产出与边际产出仅取决于两投入之比，而不是投入量。

证明 就边际产出而言，已在性质 3 中获得证明；就劳动的平均产出而言，因为
$$f(L/L,K/L)=f(1,K/L)=h_1(K/L)$$
而
$$f(L/L,K/L)=(1/L)\times f(L,K)=Q/L$$
所以
$$Q/L=h_1(K/L)$$
同理，资本的平均产出为
$$Q/K=f(L/K,K/K)=f(L/K,1)=h_2(L/K)$$
证毕。

6.1.2 柯布-道格拉斯生产函数

1. 柯布-道格拉斯生产函数的一般形式

柯布-道格拉斯生产函数是一种特殊的生产函数，它在数理经济学和经济计量学的研究与应用中都具有重要的地位。1928 年，芝加哥大学经济学教授柯布（Cobb）和数学家道格拉斯（Douglas）合作，对制造行业的大量样本做了统计分析和研究，结果发现指数型函数（$Q = AL^\alpha K^\beta$）比其他数学函数更适合用于描述生产过程的技术特点。

由于柯布-道格拉斯生产函数具有若干易于研究和分析的特点，因而是最常用的生产函数之一。

柯布-道格拉斯生产函数的一般形式为

$$Q = AL^\alpha K^\beta$$

式中，Q 表示产出；L 表示劳动投入；K 表示资本投入；A 表示常数；α 与 β 为正的参数。

这里的生产投入只涉及资本与劳动。如果需要，可以推广到多种投入的情形。

2. 柯布-道格拉斯生产函数的性质

性质 1 如果一种投入为零，产出也为零。

证明 设 $L=0$（或 $K=0$），代入生产函数得

$$f(L,K) = A0^\alpha K^\beta = 0$$

这说明劳动与资本这两种投入对于生产过程的发生都是必需的。劳动和资本都是生产的必要条件，缺少任何一个条件，生产都不可能进行。

性质 2 α 和 β 分别是产出对于劳动和资本的偏弹性。

证明 由 $Q=AL^\alpha K^\beta$，对 L 求偏导数得

$$\frac{dQ}{dL} = A\alpha L^{\alpha-1} K^\beta$$

按点弹性的定义，产出对劳动的点弹性为

$$E_{QL} = \frac{dQ}{dL} \cdot \frac{L}{Q} = \frac{A\alpha L^{\alpha-1} K^\beta L}{Q} = \frac{\alpha AL^\alpha K^\beta}{Q} = \alpha$$

同理可得，产出对资本的偏弹性为

$$E_{QK} = \frac{dQ}{dL} \cdot \frac{K}{Q} = \frac{AL^\alpha K^{\beta-1} K}{Q} = \frac{\beta AL^\alpha K^\beta}{Q} = \beta$$

在柯布-道格拉斯生产函数中，产出对劳动的偏弹性 α 代表在资本投入不变的条件下，劳动投入变化 1%时产出变化的百分比；产出对资本的偏弹性 β 则代表在劳动投入不变的条件下，资本投入变化 1%时产出变化的百分比。

性质 3 柯布-道格拉斯生产函数 $Q=AL^\alpha K^\beta$ 的规模收益取决于 $\alpha+\beta$ 的值：

- 当 $\alpha+\beta=1$ 时，规模收益不变。
- 当 $\alpha+\beta<1$ 时，规模收益递减。
- 当 $\alpha+\beta>1$ 时，规模收益递增。

证明 分别将原投入 L，K 扩大 λ 倍，并代入生产函数得

$$A(\lambda L)^\alpha (\lambda K)^\beta = A\lambda^\alpha L^\alpha \lambda^\beta K^\beta = \lambda^{(\alpha+\beta)}(AL^\alpha K^\beta) = \lambda^{(\alpha+\beta)}Q$$

- 当 $\alpha+\beta=1$ 时，$\lambda^{(\alpha+\beta)} = \lambda$，故规模收益不变。
- 当 $\alpha+\beta<1$ 时，$\lambda^{(\alpha+\beta)} < \lambda$，故规模收益递减。
- 当 $\alpha+\beta>1$ 时，$\lambda^{(\alpha+\beta)} > \lambda$，故规模收益递增。

6.1.3 生产函数的估计方法

生产函数的经验研究中最常用的有两种形式：线性齐次生产函数与柯布-道格拉斯生产函数。如果有一组产量、劳动投入量、资本投入量的数据，就可估计线性齐次生产函数和柯布-道格拉斯生产函数的具体形式。例如，对于线性齐次生产函数

$$Q = a_0 + a_1 L + a_2 K + a_3 I + a_4 T$$

可以直接采用普通最小二乘法，用计算机应用软件估计 a_0，a_1，a_2，a_3，a_4。由于柯布-道格拉斯生产函数是指数型函数，因此往往把

$$Q = A L^\alpha K^\beta$$

两边取对数

$$\log Q = \log A + \alpha \log L + \beta \log K$$

再用普通最小二乘法估计 α，β，$\log A$，并进一步算出 A，即可得出某一柯布-道格拉斯生产函数的具体形式。

道格拉斯教授于1947年在美国经济学会报告了他对柯布-道格拉斯生产函数的研究和估计结果。其研究的范围非常广泛，利用了美国、加拿大、澳大利亚、新西兰和南非等国的制造业的时间序列数据，采用方法为最小二乘法。对美国的生产函数所做的四种估计和对新西兰的生产函数的两种估计还采用了不同方法来衡量投入与产出。

实际应用中，生产函数的形式并不限于本节所讲的两种典型的生产函数。例如，许多经验研究所得出的是二次或三次函数，或者更为复杂的生产函数。6.3 节就属于这样的情形。

| 专栏 6-1 |

研究数字要素对企业生产活动的贡献[一]

信息技术及其应用的深度、广度不断发展，特别是大数据处理、区块链、边缘计算等技术的发展与进步，极大地提高了数字要素对生产效率的贡献。数字要素的应用可以帮助企业降低成本，促进新的知识和技术的产生，促进已有生产技术的进步与改良，促进企业以更高效的方式组织生产活动，最终提升企业的生产效率与产品质量。从美国的情况来看，数字要素的使用对生产率产生了明显的促进作用。2005 年—2010 年，美国制造业中使用大数据技术辅助决策的企业占比从11%上升到30%，这一改变可以解释这段时间美国5%左右的生产率增长（Brynjolfsson, McElheran, 2016）。穆勒等（Müller, et al., 2018）的研究表明，2008 年—2014 年，进行大数据分析的美国企业的平均生产率上升了4.1%。在行业层面进行加总的结果显示，大数据分析使信息技术密集型行业的生产率提高了6.7%，使存在较强竞争行业的生产率提高5.7%。这一生产率提升效果不仅适用于制造业，金融行业结合客户信息与大数据分析构建的用户图像能够帮助其发掘潜在借款人，而无须客户经理主动联系客户，彻底改变了信贷业务的运营模式，极大地提升了金融企业的信贷发放效率（Begenau, et al., 2018）。■

[一] 徐翔，孙宝文，李涛. 基于"技术-经济"分析框架的数字经济生产函数研究 [J]. 经济社会体制比较, 2022 (5).

6.2 生产函数用于资源投入最优决策分析

6.2.1 决策：最大利润还是最高产量

决策标准取决于企业经理所追求的目标。如果目标是追求利润最大化，生产函数不仅是计算产出的有效工具，也是计算利润的有力工具。它把投入与产出联系起来。知道了投入、产出和价格，也就知道了成本与产值，从而为计算不同投入与产出水平的利润提供了可能。如果要求实现产量最大，也可以通过生产函数得到解决。应当注意的是，企业的最大产出量往往并不等同于它获得最大利润的产出量。

在实际中，往往会遇到资源总量有限情况下的分配问题。不同部门往往有不同的收益函数，如果能求出这些函数，就可以用拉格朗日乘数法来求解资源的最优分配方案。这一问题实际上是预算约束条件下的生产最优化问题。本节以三种典型的情况为例，说明其应用和应注意的问题。

6.2.2 生产过程中不同资源投入的最优组合

1. 产出最大化：无资源约束

在不存在资源约束的条件下来考虑产出最大化，可以用一般的极值问题求解，并导出相应投入的边际产出为零的原则。设生产过程有两种投入 X_1，X_2，生产函数为 $Q=f(X_1,X_2)$，则产出最大的投入组合（X_1，X_2）应满足

$$f'_{X_1}(X_1,X_2) = \mathrm{MP}_{X_1} = 0$$
$$f'_{X_2}(X_1,X_2) = \mathrm{MP}_{X_2} = 0$$

上两式分别表明，投入 X_1 与 X_2 的边际产出分别为零。例如，设生产函数为

$$Q = 20L + 65K - 0.5L^2 - 0.5K^2$$

式中，L，K 分别为劳动和资本的投入。按边际产出为零的原则有

$$\mathrm{MP}_L = 20 - L = 0$$
$$\mathrm{MP}_K = 65 - K = 0$$

故

$$L = 20$$
$$K = 65$$

为产出最大的投入组合，相应的产出为

$$Q = 20 \times 20 + 65 \times 65 - 0.5 \times 20^2 - 0.5 \times 65^2 = 2\,312.5$$

2. 产出最大化：有资源约束

资源约束条件下的产出最大化，其生产过程中，不同资源投入的最优组合问题是根据拉格朗日乘数法求解的，即所谓条件极值问题。假设生产过程需要几种不同的资源 X_1，X_2，X_3，…，X_n，其价格相应为 P_{X_1}，P_{X_2}，P_{X_3}，…，P_{X_n}，部门的总预算为 TC，可以导出各种资源投入的最优组合必须满足下列两个条件：

$$X_1 P_{X_1} + X_2 P_{X_2} + X_3 P_{X_3} + \cdots + X_n P_{X_n} = \text{TC} \tag{6-1}$$

$$\text{MP}_{X_1}/P_{X_1} = \text{MP}_{X_2}/P_{X_2} = \cdots = \text{MP}_{X_n}/P_{X_n} \tag{6-2}$$

式中，$\text{MP}_{X_i}(i=1, 2, \cdots, n)$ 为相应的资源投入的边际效益。

例如，设某部门的生产函数为

$$Q = 20X_1 + 65X_2 - 0.5X_1^2 - 0.5X_2^2$$

生产过程的两种资源投入为 X_1 与 X_2，总预算 TC = 2 200 元，资源的价格 P_{X_1} = 20 元/单位，P_{X_2} = 40 元/单位，求出该预算条件下，资源投入的最优组合。

根据式（6-1）、式（6-2）可以写出投入的最优组合所必须满足的两个条件：

$$20X_1 + 40X_2 = 2\,200$$

$$\frac{20 - X_1}{20} = \frac{65 - X_2}{40}$$

$$(\text{MP}_{X_1} = 20 - X_1, \quad \text{MP}_{X_2} = 65 - X_2)$$

解出最优的投入组合为 X_1 = 12 单位，X_2 = 49 单位；最大收益量为 Q = 2 152.5 单位。

3. 等成本曲线与几何图示

若设生产过程中的投入为资本 K 与劳动 L，可用于资源投入的总费用为 TC，P_K 与 P_L 分别为资本与劳动投入的价格。那么，可能的投入组合 (K, L) 就满足方程

$$P_K K + P_L L = \text{TC}$$

该方程可以表示为图 6-1 中的等成本曲线，即与纵轴、横轴相交的斜线。

等成本曲线的斜率为 P_L/P_K，与纵轴的交点为 TC/P_K，与横轴的交点为 TC/P_L。在预算已定条件下的生产活动最优化问题，就表示为等成本曲线与等产量曲线的切点所对应的资源投入组合 (K, L)，在图 6-1 中为点 D。

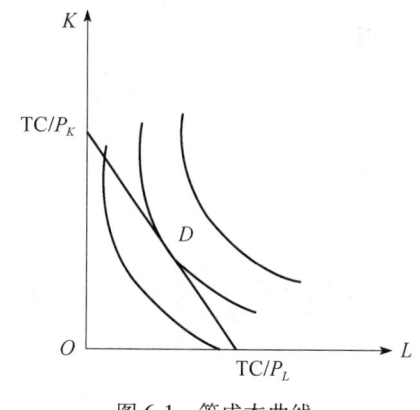

图 6-1 等成本曲线

4. 利润最大化

现以一种可变投入的生产函数为例，说明以利润最大化为目标的投入决策。设生产函数为 $Q = f(X)$，产出 Q 的价格为 P_Q，投入 X 的价格为 P_X，则利润函数 $\pi = P_Q Q - P_X X$。使利润最大化的条件为边际利润为零：

$$\frac{\mathrm{d}\pi}{\mathrm{d}X} = P_Q \frac{\mathrm{d}Q}{\mathrm{d}X} - P_X = 0$$

则

$$\frac{\mathrm{d}Q}{\mathrm{d}X} = \frac{P_X}{P_Q}$$

满足上式的投入量 X 可获最大利润。

5. 近似求解问题

资源投入的最优组合求解是在假定部门收益函数（连续型）的具体形式已知的条件下进行的。但在实际中，要求得某部门的收益函数往往是相当困难的，除需要有足够的历史资料或技术资料，还须借助某些数学方法和相应的计算机技术。另外，在许多情况下，花费很大代价去

求得收益函数本身就不经济。因此，实际求解问题时，所用的收益函数大多数是近似的。最常见的一种办法是把以往历次的投入和产出的结果近似地看成收益的函数，即把它当作离散型的收益函数以近似求解，并同样应用边际产出为零的原则确定获得产量最大的投入。现举一简例加以说明。

设某生产过程的投入量与产量如表 6-1 所示，于是可以计算不同投入量之间的边际产出。当投入量增加到 50 时，其边际产出为 -2<0。从表中可以看出，当投入量从 30 增加到 40 时，其边际产出为 2>0。因此，可以近似地确定当投入量为 45 时，其边际产出为 0，即 45 是最优投入量，相应的总产出最大值将大于 180。在表 6-1 中也计算出了相应的平均产出 AP。

表 6-1 某生产过程的投入量、产量、边际产出与平均产出

投入量	产量	边际产出 MP	平均产出 AP	投入量	产量	边际产出 MP	平均产出 AP
0	0					$2 = \dfrac{180-160}{40-30} > 0$	
		$5 = \dfrac{50-0}{10-0}$		40	180		$\dfrac{180}{40} = 4.5$
10	50		$\dfrac{50}{10} = 5$			$-2 = \dfrac{160-180}{50-40} < 0$	
		$5 = \dfrac{100-50}{20-10}$		50	160		$\dfrac{160}{50} = 3.2$
20	100		$\dfrac{100}{20} = 5$			$-4 = \dfrac{120-160}{60-50}$	
		$6 = \dfrac{160-100}{30-20}$		60	120		$\dfrac{120}{60} = 2$
30	160		$\dfrac{160}{30} = 5.33$				

| 专栏 6-2 |

管理决策：一个数值案例

考虑一家汽车清洗公司斯隆公司的案例。管理者认为，所洗汽车的数量与劳动投入之间的关系为

$$Q = 0.8 + 4.5L - 0.3L^2$$

式中，Q 是每小时所洗的汽车数量；L 是每小时所投入的员工数。

每洗一辆汽车，该公司收费 50 元，员工的小时工资为 45 元，其他投入的成本忽略不计。为了实现利润最大化，斯隆公司应该雇用多少人？在这一人员水平上，该公司每小时的利润是多少？

对于斯隆公司而言，最优劳动力数量应该满足：

$$P_Q \times MP_L = P_L$$

式中，P_Q 是洗车的价格；MP_L 是劳动的边际产出；P_L 是员工的小时工资。由此可得

$$50 \times (4.5 - 0.6L) = 45$$

$$L = 6$$

由于 $Q = 0.8 + 4.5L - 0.3L^2$，代入 L 得

$$Q = 0.8 + 4.5 \times 6 - 0.3 \times 6^2$$
$$= 17$$

利润 $= P_Q \times Q - P_L \times L$
$$= 50 \times 17 - 45 \times 6$$
$$= 580 \text{（元）}$$

因此，斯隆公司应该雇用 6 名员工，每小时的利润为 580 元。∎

6.3 经验生产函数及其应用

6.3.1 水浇地玉米施用氮肥的收益函数及其应用：一种可变投入的实例

1. 收益函数

美国堪萨斯农业试验站特里本分站在水浇地上进行了 10 年的施肥和产量的试验。氮肥的施用量为每英亩 0，40，60，80，120，160 和 200lb 若干级。灌溉保持土地的湿度，并保证其他生产措施不变。利用施肥量和产量的数据拟合了以下生产函数：

$$Q = 65.54 + 1.084X - 0.003X^2$$

式中，Q 为玉米产量（BU[○]）；X 为施肥量（lb）。

2. 最大产出的施肥量

如果目标在于获得最大的产出量，则氮肥的边际产出应等于零，即

$$\text{MP} = \frac{dQ}{dX} = 1.084 - 0.006X = 0$$

得 $X = 180.7$lb，这是获得最大产出的施肥量。这时相应的玉米产量为

$$Q = 65.54 + 1.084 \times 180.7 - 0.003 \times 180.7^2 = 163.5(\text{BU})$$

由边际产出的表达式可知，边际产出是一个递减函数。

3. 引入玉米和肥料价格后利润最大化的投入决策

如果玉米的价格 P_Q 为 2.5 美元/BU，氮肥的价格 P_X 为 0.25 美元/lb，则利润最大时的施肥量 X 应满足：

$$\text{MP} = \frac{P_X}{P_Q}$$

因为利润 $\pi = P_Q Q - P_X X$，由 $\frac{d\pi}{dX} = 0$ 得出 $P_Q \frac{dQ}{dX} - P_X = 0$

故有

$$\text{MP} = \frac{P_X}{P_Q}$$

所以有

$$1.084 - 0.006X = (0.25/2.5)$$

解出

$$X = (1.084 \times 2.5 - 0.25)/(0.006 \times 2.5) = 164 \text{ (lb)}$$

可知，当玉米价格为 2.5 美元/BU，氮肥价格为 0.25 美元/lb 时，获得利润最大的施肥量为 164lb。若设每蒲式耳玉米价格分别为 1.50，2.00，2.50，3.00，3.50 美元；而每磅氮肥的价格分别为 0.05，0.10，0.15，0.20，0.25，0.30，0.35，0.40 美元，则按不同的价格比 P_X/P_Q 可以求出不同的氮肥投入量，如表 6-2 所示。由表 6-2 可知，进行资源配置时，相对价格与绝对价

[○] BU（蒲式耳）是一个计量单位。在美国，1BU = 35.238L。1BU 油料或谷类的重量各异。根据美国大豆协会统计单位换算表，1BU 玉米的重量是 56lb。

格都是起作用的。若目标为利润最大化，当相对价格 P_X/P_Q 较低时，要多施肥；当相对价格 P_X/P_Q 较高时，要少施肥。

表 6-2 在不同价格玉米与氮肥下每英亩最佳施肥量　　　　　（单位：lb）

氮肥每磅价格（美元）	每蒲式耳玉米价格（美元）				
	1.50	2.00	2.50	3.00	3.50
0.05	175	176	177	178	178
0.10	170	172	174	175	176
0.15	164	168	171	172	174
0.20	158	164	167	170	171
0.25	153	160	164	167	169
0.30	147	156	161	164	166
0.35	142	151	157	161	164
0.40	136	147	154	158	162

6.3.2　牛奶的生产函数及其等产量曲线：两种可变投入的实例

1. 投入与产出问题及其假定

为了研究两种可变投入的生产函数，美国爱荷华州立大学的研究人员对牛奶生产进行了研究。在研究中做出了一些简化问题的假设：①牛奶是生产过程的产出；②牛被视为唯一的固定投入，而没有考虑其他的固定投入，如建筑物、场地等；③只考虑了两种可变投入，即干草和谷物（精料），而没有考虑其他的可变投入，如劳动力等，也未将用于放牧的牧场作为一种投入；④研究只着重于投入与产出之间的实物关系，而未考虑投入价格和产出价格的变化。

他们用 32 头奶牛进行了长达 17 个月的试验，产出的牛奶处于试验条件下，选择了四种干草和谷物（精料）的比例：75：25，55：45，35：65，15：85。对每头奶牛的产奶量和干草、谷物的用量都进行计量，用来估计牛奶的生产函数。

2. 估计结果

研究人员提出了几种不同的方程，下面的二次函数是估计结果之一：

$$M = -340.1 + 1.5437H + 2.9740G - 0.001192G^2 - 0.00388H^2 - 0.001056HG$$

式中，M 表示 1 头奶牛 4 周平均的产奶量（单位为 lb）；H 表示 4 周消耗的干草量（单位为 lb）；G 表示 4 周消耗的谷物（精料）量（单位为 lb）。单位后同，以下省略。

从上述生产函数可以看出，两种可变投入的收益都呈递减特征，而且它们之间为负相关关系（这就是说，如干草用量不变，谷物用量增加，则干草的边际产出递减）。

3. 经济分析

(1) 干草、谷物的边际产出。由生产函数可得出投入 H，G 的边际产出分别为

$$\mathrm{MP}_H = 1.5437 - 0.00776H - 0.001056G$$

$$\mathrm{MP}_G = 2.974 - 0.002384G - 0.001056H$$

由于 H，G 的投入都为正且其系数为负，可知干草和谷物的边际产出递减。并且可知，若干草投入不变，而谷物投入增加，则干草的边际产出减少；相反，若谷物投入不变，而干草投入增加，则谷物的边际产出减少。

(2) 牛奶的生产曲面。根据牛奶的生产函数，可以绘出牛奶的生产曲面，并可得出该曲面的图形特征和相应的投入-产出特征。

① 干草和谷物的边际产出在很大的范围内为正，因而随其投入的增加，产出也将增加。

② 如前面所分析的，干草和谷物都有边际产出递减的特征，因此，生产既定产量的牛奶所需要干草和谷物不同组合的等产量曲线是一条斜率为负的曲线。

从牛奶生产函数可以推导出牛奶的等产量方程，这可以将 H 从生产函数中解出并表示为 G 和 M 的函数：

$$H = 1\,989.36 - 13\,608G + 1\,288.66(1.855\,3 + 0.001\,355G - 0.000\,000\,736G^2 - 0.001\,552M)^{1/2}$$

若 M 取不同值，则 H 将随 G 而变。例如，设定 $M=100$，H 随 G 而变；$M=200$，H 随 G 而变等，从而得出牛奶的生产曲面。

③ 谷物代替干草的边际技术替代率：

$$\text{MRTS} = \frac{2.974 - 0.002\,384G - 0.001\,056H}{1.543\,7 - 0.007\,76H - 0.001\,056G} = r$$

若令 MRTS 的绝对值等于谷物与干草的比价，即 $\text{MRTS} = \text{MP}_G/\text{MP}_H = r$，则可求解出 H 并表示为 G 和上述比价 r 的函数：

$$H = \frac{(-2.974 + 1.543\,7r) + (0.002\,384 - 0.001\,056r)G}{-0.001\,056 + 0.007\,76r}$$

此为等斜线族的方程（假定 r 不变）。

6.3.3 应用生产函数于决策分析时应注意的问题

本节所介绍的资源分配最优组合的确定，主要是根据数学分析中的求解条件极值问题的基本原理和方法进行的。它在实际中有着较为广泛的应用，但是作为一种特定的数学模式，它的运用是有一定范围和条件的。特别是由于现实经济现象很复杂，许多因素相互作用、相互影响，因此在具体运用这一原理时，应当考虑部门外某些因素的影响。这实质上涉及运用原理的前提条件问题。例如，若用总产出或利润表示收益，而有关的产品价格不合理，则实际的经济效果就得不到正确反映。在上述情形下，按极值原理所确定的资源投入组合往往不是最优的。因此，应当尽量选择恰当的指标（如实物量指标）来反映产出效果。此外，在某些情形下，局部最优的决策对于整体未必最优。这时需要从整体出发，调整资源配置。

|专栏 6-3|

日本的农业现代化过程中的投入要素组合变化[一]

日本地形以山地和丘陵为主，耕地资源稀缺且土壤较为贫瘠，在工业用地增加而耕地面积减少的背景下，为避免粮食产量出现大幅下降，日本格外重视提高土地生产率，其农业现代化过程中采取了先化肥化、后机械化的技术路线。20 世纪 50 年代后，日本国内化肥生产量实现成倍增长，由此带动了农户用肥成本的大幅下降。据日本肥料科学研究所统计数据，1955 年—1975 年肥料费用占农户经营总费用的比重由

[一] 胡霞，周旭海. 要素组合方式升级与农业发展方式转型：日本农业工业化的经验与启示［J］. 宁夏社会科学，2021（3）.

25.8%降至10.7%。化肥的大量施用对迅速提高土地生产率做出了突出贡献，其中，1958年—1980年水稻和小麦的单产分别上升了34.6%和42.5%。20世纪80年代中期以后，日本化肥的施用强度有所下降，有机肥料日益得到重视，但随着施肥方式、作物品种的不断改进和土地改良事业的有序推进，土壤肥力和肥料利用率不断提升，主要粮食作物单产仍稳中有升。

日本农业机械化以推动水稻生产全程机械化为核心。20世纪70年代以前，水稻生产的机械化侧重于小型农机的普及，农业生产方式实现了由人力、畜力向机械动力的初步过渡，但在插秧和收割等主要作业环节还没有实现全面连贯性作业。20世纪70年代起，乘坐式拖拉机、插秧机和自脱型联合收割机等一系列多功能、高性能的中型农机得到了充分运用，它们在进一步提高劳动生产率的同时，也产生了明显的规模经济效应，大小规模农户之间的生产成本差距不断拉大。以水稻生产为例，小型机械化阶段拥有3hm^{2}以上耕地的农户和拥有0.3hm^{2}以下耕地农户之间的平均生产成本比率维持在0.9左右，而中型机械化阶段二者之间的比率已接近0.5。

在化肥、农机等现代要素投入比重上升的同时，劳动力在投入中的比重明显下降。1955年—1995年，农业就业人口占总就业人口的比重由39%下降到了5%。

随着要素组合方式的持续升级，农户与非农户之间的收入差距不断缩小。战前日本农户的收入水平仅有非农户的四成左右，20世纪80年代初，日本基本实现了农业现代化，农户的收入水平超过了非农户的收入水平。■

本章小结

线性齐次生产函数代表的生产过程的规模收益不变，它可以写成 $Q = Lg_1(K/L) = Kg_2(L/K)$，其偏微商 dQ/dL，dQ/dK 是资本与劳动比率（K/L）的函数，而劳动与资本的平均产出与边际产出仅取决于两投入之比而非投入量。柯布-道格拉斯生产函数的一般形式为 $Q=AL^\alpha K^\beta$，它的性质为：①如果一种投入为零，产出也为零；②α 和 β 分别是产出对于劳动和资本的偏弹性；③它的规模收益取决于 $\alpha+\beta$ 的值。

将生产函数用于资源投入最优决策分析时，决策标准取决于企业所追求的目标。利润最大化和产出最大化目标都可通过生产函数得以解决。实际中往往会遇到资源总量有限情况下的分配问题，这时需要先求出生产函数，然后用拉格朗日乘数法来求解资源的最优分配方案。这一问题实际上是在预算约束条件下的生产最优化问题。

最后介绍了美国研究人员对经验生产函数的估计及其应用。在将生产函数应用于决策分析时，应当考虑部门外某些因素的影响，尽量选择恰当的指标。当经济决策不能同时局部最优和全局最优时，必须从全局的观点出发，调整资源的配置。

单项选择题

1. 边际收益递减规律发生作用的前提条件是（ ）。
   A. 连续地投入某种生产要素而保持其他生产要素不变
   B. 生产技术既定不变
   C. 按比例同时增加各种生产要素

D. A 和 B
2. 在某一生产活动中，投入为 X 与 Y 时的产出为 Q，投入为 $2X$ 和 $2Y$ 时的产出为 $3Q$，这表明（   ）。
   A. 规模收益递增
   B. 可变投入边际收益递增
   C. 规模收益递减
   D. 规模收益不变
3. 当劳动力价格较资本价格上升更快时，企业（   ）。
   A. 找不到在短期内改变其资本-劳动投入组合的优点
   B. 将以资本替代劳动维持其短期产出率，继续实现其最低成本投入组合
   C. 将发现使用同样的资本投入和较少的劳动投入时利润更大
   D. 将不得不削减其产出率以维持其利润幅度
4. 在生产阶段理论中将生产过程划分为三个阶段，生产者应选择（   ）。
   A. 第一阶段
   B. 第二阶段
   C. 第三阶段
   D. 第二阶段和第三阶段
5. 如果连续地增加某种生产要素，在总产出达到最大时，边际产出与（   ）相交。
   A. 平均产出曲线
   B. 纵轴
   C. 横轴
   D. 总产出曲线
6. 若企业增加使用一个单位的劳动，减少两个单位的资本，仍能生产出相同产量，则边际技术替代率是（   ）。
   A. 1/2
   B. 2
   C. 1
   D. 4

计算分析题

1. 假设生产函数 $Q = 14 + 12L + 13K - 0.5L^2 - 0.6K^2 - 0.2LK$，其中 Q 为产出，L，K 为投入。
   （1）求出 L，K 的边际产出，并描述生产函数的特点。
   （2）计算 L，K 的边际技术替代率。
2. 设生产函数 $Q = 80 + 2X - 0.05X^2$，其中 Q 为产出，X 为投入。
   （1）试求出获得最大产出的投入量。
   （2）设产出的价格 $P_Q = 6$，投入的价格 $P_X = 3$，求出利润最大的投入量。
3. 设生产函数 $Q = X^{1/2}$。
   （1）求出边际产出的表达式。
   （2）X 为 9，16，25 时的边际产出分别为多少？
   （3）当 $P_Q = 4$，$P_X = 1$ 时，X 取何值可使利润最大？
4. 设生产函数为 $Q = 70 + 2X - 0.002X^2$。
   （1）X 在什么水平时，Q 达到最大值？
   （2）计算 $X = 10$，30，50 时的产出弹性、平均产出（AP）和边际产出（MP）。
   （3）当 $P_X = 1$，$P_Q = 3$ 时，求利润最大的投入量 X。
5. 有两个生产函数 $Q_1 = 10 + 2X - 0.1X^2$，$Q_2 = 5 + 4X - 0.2X^2$。$P_{Q_1} = 2$，$P_{Q_2} = 1$，投入总预算为 10 单位，如何分配 X？
6. 设生产函数为 $Q = 120L + 140K - 5L^2 - 2K^2$。求出价格 $P_L = 12$，$P_K = 24$，总预算 TC = 689 时，使产出 Q 最大的投入 L，K 组合。
7. 在第 6 题中，若 $P_L = 5$，$P_K = 10$，总预算 TC = 180，使 Q 最大的投入 L，K 为多少？
8. 设生产函数为 $Q = 120L + 140K - 5L^2 - 2K^2$。
   （1）求出价格。
   （2）当 $P_L = 12$，$P_K = 24$，总预算 TC = 689 时，使产出 Q 最大的投入 L，K 的组合是怎样的？

思考题

1. 试述柯布-道格拉斯生产函数 $Q = AL^\alpha K^\beta$ 中 α, β 的经济含义。
2. 试分析柯布-道格拉斯生产函数的收益特点。
3. 若某一生产活动投入为 X,则在其产出弹性为 1 处,边际产出等于平均产出。试证明。
4. 为什么会形成生产活动的经济性区域与不经济性区域?
5. 试分析边际技术替代率与边际产出之间的关系,解释公司生产活动的经济性区域与扩展路线。

第7章 短期成本分析

::学习目标

- 理解成本概念；把握成本函数和生产函数的关系，理解生产-成本的对偶性。
- 了解短期成本的分类，理解几种主要的成本概念（直接成本、机会成本、相关成本、增量成本与沉没成本）相互间的区别和联系；掌握各种短期成本曲线的基本形状、其所体现的经济含义及其相互关系。
- 掌握短期成本的估计方法（从生产函数导出成本函数、短期成本函数的统计估计），比较两种方法所适用的条件、优缺点和所面临的问题；了解短期成本函数的经验估计。
- 了解决定生产成本的若干因素；了解产品成本的决定因素。

成本与效益的比较是企业经营决策的基础。因而，成本分析在企业经营分析中占有重要的位置。考虑到生产过程长期与短期的差别，本书将成本分析分为两章——短期成本分析和长期成本分析。在本章中，首先探讨几种成本概念，然后论述短期成本曲线，最后介绍短期成本函数的经验研究结果。

7.1 成本概念

在现实生活中，人们经常接触到许多成本概念。事实上，在不同的场合，需要使用的成本概念是不同的。不同的成本概念从不同的角度定义成本的内涵与外延。例如，会计师与企业家（或经济师）考察、计算成本的目的就有所不同，差别在于二者的用途不同。会计师主要是为了编制财务报告而计算成本，企业家则是从决策的目标出发考察成本。了解这些基本的成本概念，对于企业经营决策是非常必要的。成本除了在管理工作中起核算作用以外，还往往与决策相联系。对此，可用下例加以说明：如果某公司某年度生产某产品的成本为100元，那么有许多问题是可以进一步加以考虑和说明的。

- 100元中有多少是直接与生产该产品有关的（直接成本），有多少是不直接与其生产有关的（如总经理的工资和生产其他产品的共同成本）？
- 100元中有多少是直接用于生产该产品的劳动与原材料（可变成本）的，有多少用于厂房、设备和管理的不变费用的支出（不变成本）？
- 100元中，制造成本与销售成本如何划分？
- 生产中断将如何影响成本（停工成本与开工成本）？
- 100元中有多大比重是可控制成本（如财产税与管理工资）？
- 如果产出增加10%，100元的成本变动范围是多少（增量成本）？
- 100元中有多少是可推迟支付的？
- 在长期中，预计100元成本会在什么范围变动（短期、长期成本）？
- 如果引进一套全自动生产线，100元成本会怎样变动？

上述考虑说明，现实中存在多种不同的成本概念，包括直接成本或外显成本、间接成本或内隐成本、共同成本、固定成本、可变成本、机会成本、相关成本、增量成本与沉没成本、边际成本与平均成本等。这些成本概念中，有些是紧密联系的，如机会成本、内隐成本、相关成本、沉没成本等。下面讨论几种主要的成本概念，以及成本函数与生产函数的关系。

7.1.1 直接成本

直接成本是会计师关心的主要问题。一般来讲，商品生产成本是指该过程中所有生产要素投入的价值总和。这些生产要素既可能是有形的，如土地、设备、资金、劳动力等；也可能是无形的，如时间、空间、智力、文化、管理水平等。通常，机器、设备、厂房形成的生产条件，原材料、燃料等生产要素的价格，以及企业管理者水平、员工素质等形成的生产效率构成影响成本高低的三个主要方面。企业生产条件好，生产要素价格低，生产效率高，则直接成本低；反之，直接成本高。例如，同样的生产技术与设备，生产同样的产品，但远离原材料市场、交通不便的企业，其投入生产的原材料采购价格要加上更高的运输费用，于是原材料成本必然高。同一地区，生产同一产品的企业，若企业管理人员素质较高，员工都接受了岗位职业培训，则短期内可能通过生产效率的提高降低成本，长期则可能通过技术改造和技术革新改善生产条件，从而使成本降低。

7.1.2 机会成本

机会成本是经济师和企业决策者关心的主要问题。企业在进行当期生产之前，往往有多种备选方案。例如，通过生产要素的不同组合，来生产和提供消费者使用的不同商品和劳务。机会成本是针对一定资源（投入要素）的使用代价而言的。一定量的某种资源因用于某一方案（即决策）而放弃另一可行方案，就要付出代价。那么，为选择目前的生产方式所放弃的进行其他生产活动所取得收益中的最大值，被称为机会成本。可将其简单地定义为：因选择他途而放弃的利益价值。从中不难看出为什么机会成本又称选择成本。

机会成本是成本理论的主要概念之一。无论是在经济领域还是在非经济领域，都有这样的例子。一笔资金，既可以用来开商店，又可以用于购买债券。若用于开店，则它所放弃的用于购买债券所获得的收益即为其机会成本。一家企业若存在大量的冗员，那么安排其中的某些成员去从事一项新业务的机会成本为零。

7.1.3 相关成本

相关成本是指在具体场合下应该使用的成本。例如，编制税务申报书时的相关成本表现为企业用于购买生产用的机器设备、原材料及劳动力等的实际支出。

相关成本与机会成本密切联系，它在进行投资决策时表现得更为明显。例如，企业拥有的固定设备既可以用于生产 A 产品，又可以用于生产 B 产品，决策者决定用它来生产 A 产品，则它生产 A 产品的相关成本，必须把因该设备用于生产 A 产品而失去生产 B 产品的获利包括进去。对一座城市来说，公园的成本不但包括建设与保养费用，也包括放弃将它规划作为住宅、商业用途的收益。对一名大学生来说，在全日制学校中学习的成本，不仅是学费、书本费的支出，而且包括其因学习放弃四年工作的所得。

7.1.4 增量成本与沉没成本

增量成本可以理解为因某项决策而变动（增加或减少）的成本。这与边际分析中的边际成本有些类似，但不同的是边际成本的范围较小，它总是与产量相联系，而增量成本的概念要广泛得多。它不仅涉及产量变化时成本的变化，也更多地用于决策问题带来的成本变化，如与技术改造有关的成本变化。假定计算机的边际运转费为 30 元/h，间接费用为 20 元/h，按 40 元/h 出租多余计算机时虽不能覆盖总成本（30+20）元/h，但如果拒绝出租将丧失 10 元/h 的获利机会。这时使用计算机的相关增量成本仅为 30 元/h。

当评估一项决策成本时，企业家或经济分析人员应考虑的只是该决策实际影响的成本。无论做出什么决策，某些成本总会发生，并且发生后不能收回。这样的成本，不管决策方案如何变化，都固定不变，称为沉没成本。例如，某企业有一空闲仓库，如将其用于新产品开发中的库存设施，则使用该仓库的增量成本为零，即仓库的使用代价不应计入决策分析的组成部分。

| 专栏 7-1 |

iPhone 成本究竟几何

2022 年 10 月，《日本经济新闻》在 Fomalhaut Techno Solutions 公司协助下，拆解了 iPhone 14 系列的 3 个机种，并针对零件价格进行估算。iPhone 旗舰 Max 机种自 2018 年推出以来，成本价格落在 400～450 美元，但这次 iPhone 14 Pro Max 的零件价格合计约 501 美元，较 iPhone 13 Pro Max 高出 60 美元以上。成本上涨并没有直接转嫁给美国消费者，iPhone 14 Pro Max 在美国市场的售价与 2018 年的同等款式相同，仍为 1 099 美元。

iPhone 14 Pro 系列成本上扬，主要和"A16 Bionic"芯片有关。该款芯片采用最先进的 4nm 制程，价格为 110 美元，是 2021 年 iPhone 13 Pro Max 搭载的"A15"芯片的 2.4 倍以上。相机价格变化也导致了整体成本的增加。iPhone 14 Pro 使用的摄像头影像传感器（CMOS）是索尼的产品，其中主镜头使用了更大尺寸的 CMOS，像素从沿用了数年的 1 200 万提升到 4 800 万，价格也因此较上一代产品高出 50% 左右，为 15 美元。

资料来源：https://baijiahao.baidu.com/s?id=1746295349073767721&wfr=spider&for=pc.

7.2 短期成本曲线

根据生产过程中的短期与长期的概念，成本函数可分为长期成本函数与短期成本函数。一般来说，长期成本函数用于长期规划，而短期成本函数则多用于日常经营决策。

7.2.1 短期成本的种类

资源投入在短期中可分为不变的与可变的，由此而产生出若干类型的成本，现分述如下。

1. 固定成本

企业的不变投入构成了支付这些投入价格费用的基础，从而产生固定成本。这类成本不随产量的变动而变动。例如，高级管理人员的工资、财产税、厂房与机器设备的折旧费、利息、租金、保险费等，都属于固定成本。企业一经成立就要支出这些费用，即使因故停工停产，也必须承担。企业的固定成本就是上述不变投入成本之和。

2. 可变成本

与固定成本类似，企业的可变投入造成了可变成本的发生，需要按一定价格支付这些可变投入的费用。可变成本是指同一时期，企业用于购买各种可变投入的成本总和。在短期中，企业通过增减其可变投入量来调整其产出率，因而可变成本是随产量而变化的。可变成本的例子包括工资支出、原材料费用、电力支出、运输费用等。

在短期内，企业的固定投入是不会发生改变的。企业要想提高产量，只能增加劳动力、原材料等可变投入，或者提高其固定生产要素的利用率（如加班加点），这必然导致可变成本的增加。

可变成本随产量变动可描述如下：当产量低于某一水平时，可变成本按递减的速度上升；当超过这一水平后，则可能按递增的速度上升。这与生产过程的边际产出率先递增后递减是一致的。

可变成本与固定成本的区别在于：①可变成本随产量的变动而变动，而固定成本与产量的变动无关；②在进行生产经营活动以前，可变成本等于零，只有在开始实际的生产活动后，这种成本才会发生，而固定成本在企业投产之初就已经发生。

3. 总成本

总成本为总固定成本与总可变成本之和。当产量为零时，总成本就等于固定成本。由于固定成本恒为某一常数，因此，总成本随产量而变动的特点和变动的幅度是与可变成本相一致的。

4. 平均固定成本

平均固定成本是指单位产量所消耗的固定生产要素的成本，它等于固定成本与产量之比。由于企业在短期生产过程中，固定成本不随产量的变动而变动，因此平均固定成本必定会随产量的不断增加而不断减少。产量越大，平均固定成本越小。

5. 平均可变成本

平均可变成本是指单位产量所消耗的可变生产要素的成本，它等于可变成本与相应产量之比。根据收益递减规律，如果生产过程中不断增加一个生产要素的使用，而所需的其他生产要素都不变,则在初期其总产量的增加额会不断扩大,但达到相当程度以后,这一增加额会逐渐减少。这一经济规律决定了平均可变成本由递减到递增的变化过程。在企业生产的初期,由于各种固定生产要素还未得到充分利用,企业的产量增长率高于可变投入的增长率,那么,可变投入的平均产出增加,单位可变成本自然下降。然而,当固定生产要素的利用达到某一个限度后,产量的增长率将低于可变生产要素投入的增长率,单位产品的可变生产要素投入增加,平均成本必然增加。

6. 平均总成本

平均总成本是指单位产品所消耗的固定成本与可变成本之和,它等于总成本与产量之比。这一成本在期初很高,因为期初的产量很小,可变成本虽然很小,但固定成本如机器、厂房等的折旧费和有关人员的薪金等,都必须照付。当企业的生产效率提高,只要其产量稍有增加,平均固定成本就会大幅下降。不仅如此,平均可变成本也开始下降,这样,平均总成本便急剧下降。当生产达到一定水平时,由于产量大幅增长,平均固定成本已经相当小了,其对平均总成本变动的影响很微弱,而平均可变成本的影响逐渐增大。由于在这一期限内,平均可变成本增大,所以平均总成本随之上升。

7. 边际成本

边际成本是指增加单位产品的生产对总成本变动的影响。在有的情况下,企业经营者对因产量的变动所发生的边际成本比对平均成本更加重视,因为经营者所关心的是如何求出一个最佳产量,以使其产出能够获得最大利润。

边际成本在期初是下降的,这与前面所讲的平均成本在期初下降是一致的。当边际成本小于平均成本时,平均成本下降;当边际成本大于平均成本时,平均成本上升;当二者相等时,平均成本既不上升,也不下降,处于其最低点。这时,企业已充分利用其生产能力,生产效率达到最高。这时的产量可以说是该生产规模下的最佳产量。因此,也有人将这一产量称为平均成本最低的产量。

表 7-1 给出了产量 Q、总固定成本 TFC 与可变成本 TVC 的数据,在此基础上可以计算出总成本 TC、边际成本 MC、平均总成本 ATC、平均固定成本 AFC 和平均可变成本 AVC,如表 7-1 中相应部分(为计算方便,表中数字四舍五入为整数)所示。

表 7-1 产量和成本的相互关系

(1) 产量 Q	(2) 总固定成本 TFC	(3) 可变成本 TVC	(4) 总成本 TC (2)+(3)	(5) 边际成本 MC	(6) 平均总成本 ATC (4)/(1)	(7) 平均固定成本 AFC (2)/(1)	(8) 平均可变成本 AVC (3)/(1)
0	100	0	100	—	—	—	—
1	100	28	128	28	128	100	28
2	100	52	152	24	76	50	26
3	100	70	170	18	57	33	23
4	100	86	186	16	47	25	22
5	100	108	208	22	42	20	22
6	100	134	234	26	39	17	22
7	100	164	264	30	38	14	23
8	100	214	314	50	39	13	27
9	100	300	400	86	44	11	33
10	100	446	546	146	55	10	45

| 专栏 7-2 |

概念的情景化应用：汽车维修成本为何居高不下[一]

近年来，与新车产品价格不断下探形成鲜明对比的是，汽车维修成本不断上涨。中保研汽车技术研究有限公司（以下简称中保研）发布的《第十二期汽车零整比报告》（以下简称《零整比报告》）显示，通过对 100 款样本车型进行测试，最终汽车零整比指数为 350.93%，较上期增加 10% 以上，表明消费者更换或维修车辆费用呈上升趋势。所谓"零整比"，是一辆车全部零配件的价格总和与整车销售价格的比值。零整比指数越大，意味着零配件价格越高，消费者的维修成本也就越高。中保研的数据显示，近三年汽车零整比指数分别为 325.83%、336.97%、350.93%，呈持续增长态势。自 2018 年以来，零配件价格上涨速度逐渐加快，是汽车零整比指数增加的重要原因。

维修成本上升与新车销售形势存在很大关系。2018 年是国内汽车市场由涨转跌的一个分界点。自此以后，国内新车市场出现了连续三年负增长走势。此前以销售新车为主的传统盈利模式已难以支撑经销商运营，这促使经销商通过提高配件和维修价格来弥补市场下滑带来的影响。一组数据也印证了这一观点。2021 年 5 月，中国汽车流通协会发布的《汽车经销商集团综合能力评价与对比分析》显示，2020 年，受市场环境影响，百强汽车经销商集团的资产投入和店面数量均呈较快下降趋势，分别下降 3.6% 和 2.7%，新车毛利率仅为 4% 左右；而售后毛利率从 2019 年的 40.9% 上升到 2020 年的 44.7%。

目前，由中保研负责起草，保险行业协会标准化团标委联合中国汽车维修行业协会共同制订的《绿色维修标准》正在积极推进中。这一标准涵盖钣金件、玻璃、塑料件（保险杠）等常用零配件。所谓绿色维修，就是改变此前以换代修的修车方式，将一些原本可以通过维修来恢复正常使用功能的零配件进行维修处理，以减少消费者更换配件所带来的额外成本支出。例如，此前车辆前照灯安装角折了，就需要整个更换，未来仅更换灯角即可。前照灯安装角其实就是一块长塑料，成本不过几元钱。若实现以修代换，可大幅降低消费者的维修成本。保时捷品牌在欧洲已经广泛运用这种技术。在国内市场，福特汽车南京研究院已经在待量产上市车型中集中测试这一维修技术，并已取得突破性进展，估计在不久之后就将进入维修市场，进一步降低维修成本。■

7.2.2 短期成本曲线及其相互关系

1. 固定成本、可变成本及总成本曲线

除了表 7-1 所反映的各种成本之间的关系以外，还可以用图形来表示上述关系。如图 7-1 所示，固定成本 TFC 曲线与产量无关，是一条平行于横轴的直线；可变成本 TVC 曲线是一条从原点出发，随产量增加而上升的曲线。

[一] 《中国消费者报》，2021 年 7 月 13 日.

当产量为零时，可变成本为零。如前面所分析的，在一定产量范围内，可变成本以递减速度上升，之后开始以递增速度上升。总成本 TC 曲线实际上是由固定成本 TFC 曲线与可变成本 TVC 曲线按各个产出水平垂直求和所合成的。所以，总成本的变化由可变成本的变化决定，两条曲线之间的距离恒等于固定成本。

固定成本不影响总成本曲线的斜率，而只是将它转移到一个较高的水平上。

2. 各种平均成本的变化

图 7-2 显示了各种平均成本的变化。如图所示，平均固定成本 AFC 随产量的增加而减少，当产量相当大以后，平均固定成本越来越接近于零；随着产量增加，平均可变成本 AVC 曲线下降到最低点，之后，由于收益递减规律的作用，曲线开始上升，总体呈 U 形。

图 7-1 成本曲线

平均总成本 ATC 为平均固定成本 AFC 与平均可变成本 AVC 之和。当产量增加时，ATC 曲线与 AVC 曲线越来越接近。因为 ATC 曲线与 AVC 曲线的距离为 AFC，而 AFC 随产量 Q 的增加是逐渐减小的。

3. 边际成本与可变成本

从上面讨论可知，在各种成本曲线中，最重要的是可变成本 TVC 与平均可变成本 AVC。下面讨论边际成本与可变成本之间的关系。

边际成本 MC 曲线首先迅速下降，其下降速度快于平均可变成本 AVC 曲线和平均总成本 ATC 曲线的下降速度；然后又

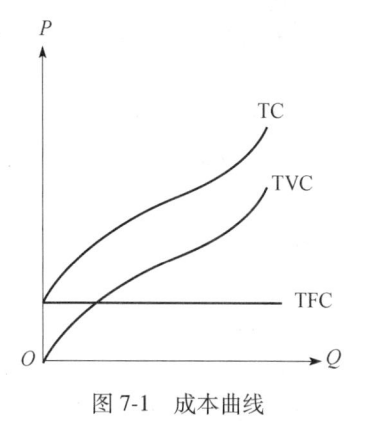

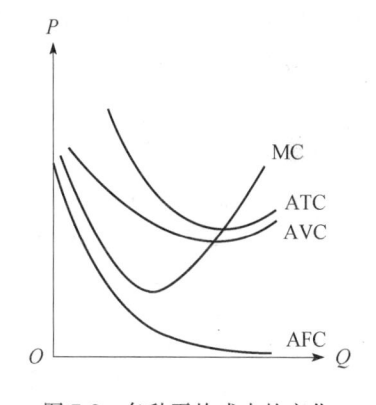

图 7-2 各种平均成本的变化

上升，分别与 AVC 曲线和 ATC 曲线相交于它们的最低点，如图 7-2 所示。这一点的产量正是前面所讲的在现有生产规模下的最佳产量。因为一方面，只要生产的边际成本小于在此之前的平均总成本，新计算的平均总成本就会下降；另一方面，只要边际成本大于在此之前的平均总成本，新计算的平均总成本就会上升。因此 ATC 的最小值在 MC 曲线和 ATC 曲线的交点上。这就像体操运动员在多轮次比赛中，要想提高其平均成绩，就必须使下一轮比赛的得分（边际值）超过目前的平均成绩一样。上述关系可以用数学符号表示为：

- 当 MC<ATC 时，ATC 必然下降。
- 当 MC>ATC 时，ATC 必然上升。
- 当 MC＝ATC 时，ATC 为最小值。

上述三种关系，也适合边际成本 MC 与平均可变成本 AVC。

可以用图 7-3 说明可变成本 TVC、边际成本 MC、平均可变成本 AVC 之间的关系。AVC 曲线呈 U 形，其最低点为由原点发出的射线与 TVC 曲线的切点 B 所对应的产出水平 Q_B 所决定的 B'。MC 曲线也呈 U 形，但其最低点由 TVC 曲线的拐点 A 和相应的产出水平 Q_A 所决定，即 A'。

边际成本 MC 曲线与平均可变成本 AVC 曲线交于点 B'，即 AVC 曲线的最低点。位于点 B' 的左边时，MC<AVC，位于点 B' 的右边时，MC>AVC。

4. 生产-成本的对偶性

生产-成本的对偶性是指二者之间存在着相关相反的关系。其含义有以下三点：

首先，成本曲线的形状（固定成本除外）由生产曲线的形状（特性）所决定。例如，对于规模收益不变的生产函数，它表示投入量增加一倍，产出量也增加一倍（因为投入要素价格不变），也就是成本倍增，如图 7-4 所示，呈现为一个线性成本函数。

然而，如果企业的生产函数所处的生产条件是规模收益递减，那么，要使产量增加一倍，投入量就得增加一倍以上，成本也将增加一倍以上。再假设投入要素价格不变，这种生产条件下的成本将随产量增加而加速增长，如图 7-5 所示。

若生产函数是一个三次成本函数，即规模收益先递增后递减的生产函数，那么，在规模收益递增的范围内，成本的增长率低于产量的增长率；而在规模收益开始递减后，成本的增长率则高于产量的增长率，如图 7-6 所示。

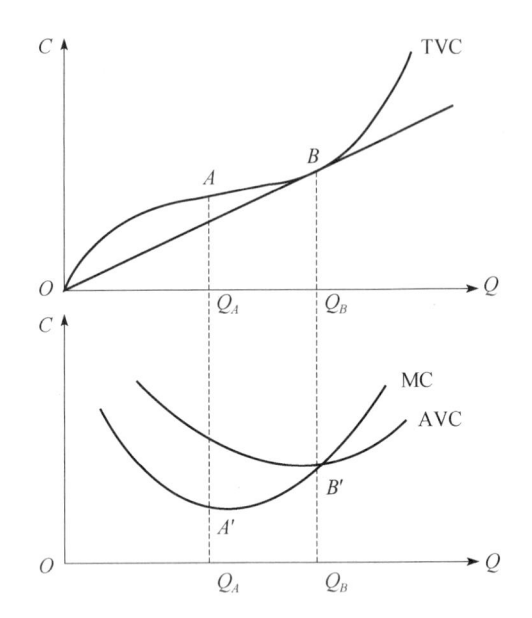

图 7-3 可变成本、边际成本与平均可变成本之间的关系

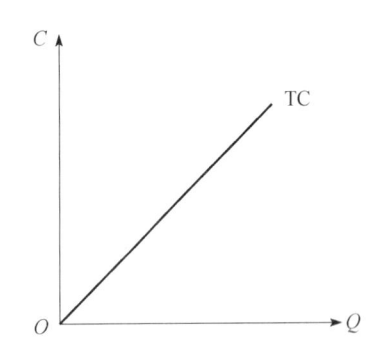

图 7-4 规模收益不变情况下的总成本函数

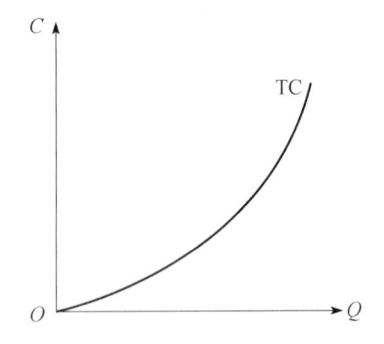

图 7-5 规模收益递减情况下的总成本函数

生产函数与成本函数之间的这些关系都以投入要素的价格不变为前提。如果投入要素的价格是产量的一个函数，由于大批采购原材料而得到价格回扣，或者由于需要大量使用原材料但供应又极为有限而导致价格上涨，成本函数也将把这些变化反映出来。例如，某企业有规模收益不变的成本函数，但后来其投入要素却因采购量增加而涨价，那么，它就会显示为图 7-7 中成本增长率超过产量增长率的形状。而大量采购原材料的数量折扣所呈现的成本函数则如图 7-7 中成本增长率低于产量增长率的形状。

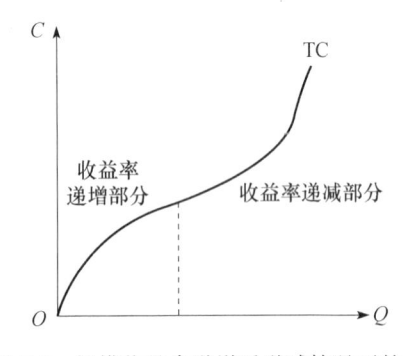

图 7-6 规模收益先递增后递减情况下的总成本函数

其次，生产活动的有效性必然带来成本活动的有效性；相反，生产活动的无效性也会导致成本活动的反向变化。

若将短期边际成本定义为

$$MC = \frac{\Delta TVC}{\Delta Q}$$

由于 $\Delta TVC = P_L \Delta L$，其中 P_L 为工资率，则有

$$MC = \frac{P_L \Delta L}{\Delta Q}$$

由于 $\Delta L/\Delta Q$ 等于劳动的边际产出的倒数，即 $\frac{\Delta L}{\Delta Q} = \frac{1}{MP_L}$，故有

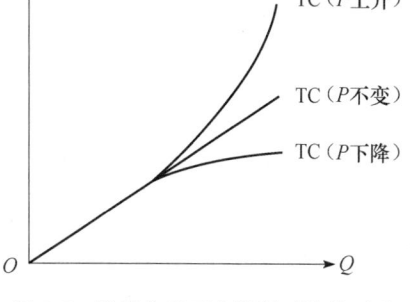

$$MC = \frac{P_L}{MP_L}$$

图 7-7 规模收益不变情况下价格对总成本函数的影响

这样边际成本就表示为工资率与劳动的边际产出之间的比值。当 MP_L 增加时，MC 就下降；反之，当 MP_L 下降时，MC 就增加。生产与成本的对偶性就显而易见了。

同样，还可以用平均可变成本 AVC 与劳动平均产出 AP_L 之间的关系来反映生产与成本的对偶性。由于

$$AVC = \frac{TVC}{Q} = \frac{P_L L}{Q}$$

其中，L/Q 是劳动的平均产出的倒数，即 $L/Q = 1/AP_L$，所以上式变为

$$AVC = \frac{P_L}{AP_L}$$

这样，就将平均可变成本表示为工资率与劳动的平均产出之间的比值。当劳动的平均产出 AP_L 增加时，平均可变成本 AVC 就下降；反之，当 AP_L 下降时，AVC 就增加。

最后，在一定预算（成本）约束下的产量最大化问题，等同于在一定产出水平下的成本最小化问题。二者之间为对偶关系，其数学表示如下：

$$\max Q = f(L,K) \qquad \min TC = P_L L + P_K K$$
$$\text{s.t} \quad TC = P_L L + P_K K \qquad \text{s.t} \quad Q_0 = f(L,K)$$

| 专栏 7-3 |

北新建材是如何降低成本的

北新建材在 2004 年明确以石膏板为主业后，经历了 10 年的业绩高速增长期，2012 年公司产能达 16.5 亿 m^2，跃居世界第一。但由于需求端增速放缓，行业竞争越发激烈，部分市场长期焦灼于价格战，石膏板售价持续下滑，公司于 2011 年开始推行成本节约计划，在采购、生产等各领域建立了全面对标、关注绩效的内部运营控制体系。公司在大宗材料、高货值物资和新物资采购领域，采取对标窗口价格指数、行业标杆价、同比与环比三项比价手段，有效控制了采购成本，实现了同期各类物

资的采购价格符合或优于市场走势的目标。在生产环节，各公共平台对工厂生产运行的平稳性、生产运行的效果进行了有效监控与评价，切实提高了设备运行能力和劳动生产效率。

北新建材成本节约计划的成功很大程度上归功于它对原材料获取的战略布局。根据公司2018年的数据，护面纸、熟石膏、煤炭、电力、人工成本及其他成本的占比分别为45%、16%、14%、9%、8%、8%。护面纸和熟石膏两种原材料成本占成本总额的61%，其中，护面纸为石膏板成本的决定性因素，熟石膏为重要因素。

北新建材采取了多种措施降低原材料成本。首先，自建护面纸生产线，提高护面纸自给率。纸面石膏板的60%以上强度来自上下两层护面纸，2020年以前，公司旗下泰和纸业有两条护面纸生产线，合计产能26万t，可以满足公司26%~30%的护面纸需求，成本比外购要低300~500元/t（6%~10%）。2020年4月，第三条护面纸生产线投产，设计产能40万t，护面纸自给率因此提高到约70%。其次，抢先在电厂周围设厂，在脱硫石膏获取上占据先发优势。石膏板生产可以采用天然石膏、脱硫石膏、磷石膏。由于山东石膏矿储量约占全国储量的65%，因此以天然石膏为原料的石膏板生产集中在山东周边区域。2007年，全国火电厂开始普遍实质性脱硫后，脱硫石膏的供给快速上升。脱硫石膏作为火电厂烟气脱硫（FGD）过程的副产品，价格明显低于天然石膏（天然石膏价格为100~120元/t，脱硫石膏价格为70~80元/t），且纯度高、成分稳定，水化后结晶结构紧密，是立项的绿色建材。北新建材敏锐地意识到上述优点，1999年开始研发相关技术；2001年在四分厂实验成功；2004年起，率先全面推广高性价比的脱硫石膏，新建产能迅速抢占了电厂周边区位资源；2012年，已实现脱硫石膏对天然石膏的完全替代。按照2019年的产量计算，以脱硫石膏替代天然石膏带来的成本节约占当年原材料成本的23%。另外，蒸汽作为石膏煅烧设备和石膏板干燥设备的热源，不可或缺，在电厂周边布局，使北新建材得以采购电厂的低价蒸汽，进一步降低了生产成本。目前，北新建材在全国布局近80条生产线，与华能集团、中电投、国电、大唐、华润电力、魏桥等电厂建立了长期合作关系，确保了上游资源的供应。其产能布局基本覆盖了全部的火电大省和需求大省，掌控了大部分国内可用于石膏板的脱硫石膏资源，脱硫石膏使用量占石膏板行业的76%[一]。

产能布局合理，仓储物流成本下降。石膏板具有价格低、体积大的特点，经济运输半径被限定在100~200km。如果使用天然石膏，势必将工厂建在石膏矿周边地区，要向缺乏天然石膏资源的大城市销售，必须承担高昂的运输成本。使用脱硫石膏可在各个火电大省设立生产基地，摆脱了天然石膏资源分布集中的限制，极大缩短了从制造工厂到销售市场的地理距离，大幅节约了运输成本。而且，从2015年开始，北新建材采用低库存模式，仓储运输占销售费用及营业收入的比重呈大幅下降趋势。

技术创新降低单位能耗和人工成本。北新建材生产线的成套技术装备已经达到世界先进水平，企业的单位能耗持续下降。2007年—2016年，标煤单位能耗下降了44%，

一 https://zhuanlan.zhihu.com/p/336256761.

单位电耗下降了22%。随着生产线自动化水平不断提高，生产人员的数量也在下降，2012年—2017年，生产人员数量从7 743人减少到6 874人，每亿平方米产能生产人员数量由742人降至376人。

优秀的成本控制使北新建材有能力采用低价策略抢占市场，牢牢占据着石膏板行业的龙头地位；在需求不断波动的过程中，保持毛利率和净利率的平稳上升。2004年—2020年，北新建材实现年均净利润复合增长率约30%（扣除非经常性损益），2020年总资产回报率达到15.8%，销售净利润率达到18%，资产负债率降至23.8%，并在一个充分竞争、完全开放的制造业领域赢得了国内60%以上的市场份额和全球近20%的市场份额，实现了高质量发展[一]。■

7.3 短期成本的确定

7.3.1 从生产函数导出成本函数

企业的生产函数与成本函数之间存在着紧密的联系。生产函数考察的是生产投入量与产出量之间的关系，成本函数则描述生产成本与产出量之间的关系，而各种生产投入量的价值总和就是企业的生产成本。因此，考虑到各种生产投入的价格，可以利用企业的生产函数比较方便地导出相应的成本函数。

从理论上讲，长期中的每一种生产规模都具有最低成本的规模。在短期中，给定的生产规模实际上是为了求得最低成本而设置的，规模与最低成本一一对应。因此，成本函数的确定，实际上可以转化为在给定产出量的情况下，最低成本的确定问题。

例如，假设企业的生产函数为柯布-道格拉斯型生产函数，即

$$Q = A_t K^\alpha L^\beta$$

式中，Q 为每期生产量；K 和 L 分别表示每期的资本和劳动要素的投入量；α，β 均为小于1的常数；A_t 代表生产技术水平，在短期内为一个常数。

要素 K 与 L 的价格分别为 P_K 和 P_L 并在短期内保持不变。于是，成本函数为

$$C(K,L) = P_K K + P_L L$$

这样，在满足方程 $Q = A_t K^\alpha L^\beta$ 的条件下，函数 $C(K,L)$ 的最小值即为短期成本函数。为此，引入拉氏函数

$$F(K,L,\lambda) = P_K K + P_L L + \lambda(Q - A_t K^\alpha L^\beta)$$

分别求上式对 K，L，λ 的偏导数并令其等于零，得到如下三个方程：

$$dF/dK = P_K - \lambda A_t \alpha K^{\alpha-1} L^\beta = 0$$

$$dF/dL = P_L - \lambda A_t \beta K^\alpha L^{\beta-1} = 0$$

$$dF/d\lambda = Q - A_t K^\alpha L^\beta = 0$$

解此方程组可得

$$K = A_t^{1/(\alpha+\beta)} (\alpha P_L / \beta P_K)^{\beta/(\alpha+\beta)} Q^{1/(\alpha+\beta)}$$

[一] 瞭望|8年，这家企业从中国第三做到了世界第一. 新华社新媒体，2021年12月15日.

$$L = A_t^{-1/(\alpha+\beta)} (\alpha P_L/\beta P_K)^{-\alpha/(\alpha+\beta)} Q^{1/(\alpha+\beta)}$$

将以上两式代入 $C(K, L) = P_K K + P_L L$ 中,即得到短期成本函数

$$C(Q) = P_K A_t^{1/(\alpha+\beta)} (\alpha P_L/\beta P_K)^{\beta/(\alpha+\beta)} Q^{1/(\alpha+\beta)} +$$
$$P_L A_t^{-1/(\alpha+\beta)} (\alpha P_L/\beta P_K)^{-\alpha/(\alpha+\beta)} Q^{1/(\alpha+\beta)}$$

特别地,当 $A_t = 1$,$\alpha+\beta = 1$ 时,上式变为

$$C(Q) = a P_K^\alpha P_L^\beta Q$$

式中,$a = \alpha^{-\alpha} \beta^{-\beta}$。

以上短期成本函数表明,在规模收益不变($\alpha+\beta=1$)的情况下,生产成本与产出量之间呈线性关系。大量的经验研究表明,许多行业的企业可用线性函数准确估计其短期成本,企业的边际成本在相当大的产量范围内基本上保持不变。另外,对大多数行业的企业,用柯布-道格拉斯函数估计出的生产函数,$\alpha+\beta$ 都很接近 1。

7.3.2 短期成本函数的估计

对成本函数的估计,可以利用时间序列资料或截面资料进行回归分析。所谓时间序列资料,是一家企业在不同历史时期的产量与其成本之间关系的资料;截面资料则是指某一时期内同行业中不同企业的产量与其成本之间关系的资料。与长期成本函数不同,企业短期成本函数服务于企业短期经营决策。在短期内,企业的若干投入要素固定不变,短期成本函数反映在其他条件不变的情况下成本与产量之间的关系中。

1. 数据的收集与整理

在短期成本函数的估计过程中,数据的收集与整理直接关系到估计结果的正确性和适用性;同时,分析估计中所遇到的困难大多发生在这一阶段。这些问题如下:

(1) 会计成本数据的修正。用统计分析方法估计成本函数,一般来说,可以获得的系统成本资料只有会计成本。然而,会计成本资料对于成本函数的估计有两方面缺陷:一方面,会计成本是历史成本,企业经营管理决策涉及未来的活动和事件,其相关成本当然是未来成本,而不是现行成本或历史成本;另一方面,会计成本不涉及机会成本的资料,通过会计成本资料所估计的成本函数也就不包含机会成本的信息,不能准确地反映用于决策的成本与产量之间的关系。因此,在运用会计成本资料之前,要做一些适当的修正:

1) 由于成本是投入的价值表现,物价的涨落对会计成本有重要的影响,因此,在运用会计成本数据进行回归分析之前,要消除投入要素价格的影响。一般可用劳动力、原材料和能源等要素的现行价格对数据进行修正。

2) 应考虑企业现在未生产但可能生产的各种产品所能获得的利润,将其中的最大可能利润作为机会成本,对会计成本进行修正。

(2) 成本与产量在时间上的一致。在生产实践中,某一个生产周期的成本记录与该时期的产品生产并非完全一致。会计成本不等于同期实际的生产成本,而成本函数需要反映的是实际发生作用的投入费用(成本)与同期产出量之间的关系。因此,必须依据成本报告与产品生产的时间差来调整有关数据。例如,某期购买了一批原材料,并已支出费用,但由于某些原因而推迟到下一期投入生产。这样,在整理成本数据时就应该把这一笔原材料成本费用从前一期的可变成本中扣除,加到后一期的可变成本之中。又如,生产设备的维修,在生产

旺季，账面上的维修费用额很小，而在生产淡季则相对较大。实际上，生产淡季的大量维修支出保证了旺季生产的顺利进行。因此，应将季节周期内的维修总费用按各生产期的产量进行分摊调整。

（3）产量与成本之间的适配。在短期成本函数估计中，所要考察的是那些随产量增减而变动的成本。但哪些成本与产量有关，哪些成本与产量无关，却往往难以把握。最能说明这一困难的典型例子就是固定资产的经济折旧。对大部分固定资产来说，其折旧率取决于时间长短和使用程度。在短期成本估计中，固定资产折旧只应包括那些与使用情况有关的因素，但是，有关折旧成本的会计处理通常包括了以上两方面的因素。事实上，还没有适当的方法将这些与使用情况有关的折旧成本同那些与时间有关的折旧成本（固定资产因过时而贬值）分离开来，从而在一定程度上影响了可变成本的正确估计。

另外，有些成本随着产量的增加，其性质会发生变化。当产量在某个范围内变动时，成本不随产量变动而变动；然而，当产量超过某一水平时，它们可能在一个相当长的时期内随产量变动而变动。例如，原材料采购成本就具有这种特性。当产品的产量在现时市场原材料供给范围之内时，原材料成本费用相对比较稳定；如果产量大于现时原材料市场供应，就需要拓展采购渠道，到距离更远、价格更高的厂商处和产地购买。这些都会造成原材料成本的较大增加。在短期成本函数估计中，这类成本与产量的关系应如实加以反映。

（4）通货膨胀的处理。前面已经提到过，会计成本是历史成本。在分析所考察的时期内，劳动力、原材料和能源等投入要素的价格可能几经上浮，这样就造成实际成本与产量关系的明显失真。要消除这种通货膨胀的影响，必须根据价格水平的上升幅度来调整历史成本数据（通常使用投入要素的分类价格指数，而不是综合物价指数进行调整）。但是，这种调整事实上也是比较困难的。因为投入要素价格的上涨包括两方面因素：一方面是与生产体系有关的价格变动，如投入要素质量、性能的变化引起的价格上涨，由投入要素的市场供需矛盾引起的价格上涨等；另一方面是与生产体系无关的价格变动，如由于人民生活水平的提高而导致的工资浮动和其他投入要素价格的上涨等。在上述两方面因素中，前者在分析中应保留，后者则应消除。而在实际中，投入要素价格上涨幅度按这两方面的因素区分则比较困难。

（5）考察期的确定。从统计分析角度来看，对成本函数进行估计，需要有足够大的样本容量。也就是说，从时序角度来看，要有一个较长的考察期。但是，时期越长，固定资产的规模和技术水平越难以保持稳定，这就与短期所假定的技术状况保持不变不符。难以保证成本-产量的观察值具有同质性。考察期越短，固定资产的稳定性越高，成本-产量数据越具有代表性；但考察期越短，统计样本容量越小，统计结果精度越低。反之，考察期越长，成本-产量数据的代表性也越差，结果可能导致回归结果失真。事实上，现实中样本容量的确定难以有明确的准则，必须针对具体情况加以考虑。

2. 用统计方法估计短期成本函数

通过各种修正、调整的办法得到比较满意的成本-产量数据之后，便可对成本函数进行估计。首先，必须解决的问题是确定短期成本曲线的函数形式。然而，一般无法事先知道企业短期成本曲线的函数形式。在这种情况下，一般程序是拿若干适合最小二乘法回归分析的线性和非线性模式来拟合成本-产量数据。其次，通过统计检验选定一个最合适的函数形式。

（1）短期线性成本函数。经验研究表明，对于大多数生产体系而言，用线性函数可以比较准确地估计其短期成本。因此，可用下列线性函数来拟合成本-产量数据：

$$Y = a + bQ + \sum c_i X_i$$

式中，Y 为观察期间的全部可变成本；Q 为该时期的产品产量；X_i 为其他对成本有影响的自变量；a，b，c_i 为所要估计的参数。其他自变量包括投入要素的质量、生产批量、产品搭配、产品设计等项目。把这些项目包括在模式中，可使成本-产量关系的估计更加准确可靠。

如果有上述方程中全部自变量和因变量的数据，利用经济计量分析软件包中的最小二乘法估计功能块，很快就能得到各系数 a，b，c_i 的估计值及其相应的 t 统计量和 R^2 统计量的值。一般来说，除 Q 以外，其他自变量很难加以数量化，并得到较完整的资料，所以通常的函数形式为 $Y = a + bQ$。

在这里，应该注意的有两点：一是该线性模式中的截距 a 与产量无关，也不能把它看作固定成本，因为在数据收集中并未包括这种成本；二是该线性模式在用来估计它的数据范围内也许具有较高的准确性，但在离这个样本范围太远的地方进行外推，可能导致严重的错误。截距 a 正是这种外推的结果。图 7-8 说明这种情况在样本数据范围内，线性函数与真实的成本-产量关系很接近。但在这个范围以外，误差就很明显，而且外推距离越远，误差也越大。

在线性模式中，系数 b 是一个很重要的参数，它近似等于有关产量范围内的边际成本或平均可变成本，如图 7-9 所示。

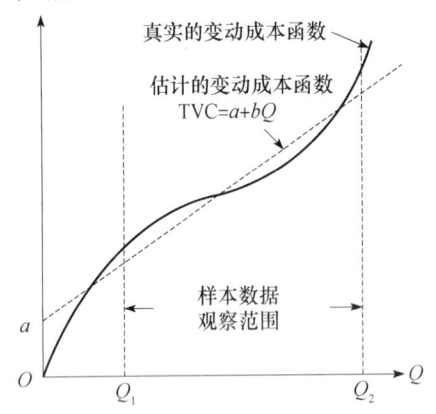

图 7-8　成本-产量关系的线性近似图

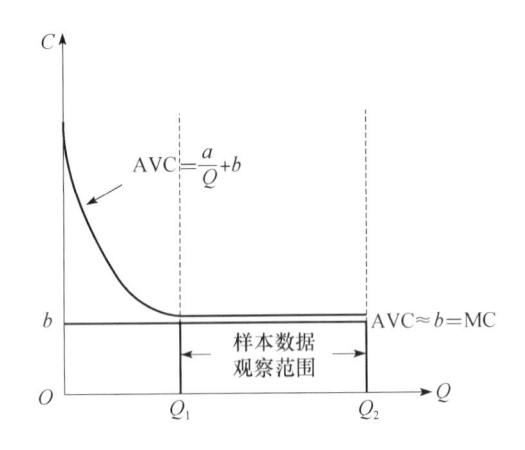

图 7-9　线性成本函数（$TVC = a + bQ$）的平均可变成本和边际成本

（2）二次成本函数和三次成本函数。在经验成本分析中，也经常用二次函数（$Y = a + bQ + cQ^2$）和三次函数（$Y = a + bQ - cQ^2 + dQ^3$）拟合成本-产量观察值，以反映不同特点的成本行为。如果得到了成本和产量的较完整资料，可以利用经济计量分析软件来估计二次或三次成本函数中的参数 a，b，c，d 的值。对于二次函数 $Y = a + bQ + cQ^2$，必须将 Q^2 看作一个新的变量，并计算出相应的值，按有两个自变量 Q 和 Q^2 的线性函数形式，进行最小二乘估计。

对于三次函数 $Y = a + bQ - cQ^2 + dQ^3$，可根据产量 Q 的序列来分别计算 Q^2 和 Q^3，然后按有三个自变量 Q，Q^2，Q^3 的线性函数形式进行估计。

当然，还可以根据其他函数形式来拟合成本-产量关系。

总之，用函数形式来拟合成本-产量关系，最终必须在统计检验的基础上选择一种最为精确的函数形式。对于估计出来的各种成本函数，首先必须通过 t 检验和 F 检验，其次比较各估计

函数的 R^2 值。R^2 最大估计所对应的函数模式即为所要估计的短期可变成本函数。

| 专栏 7-4 |

管理决策分析：如何降低 CAR-T 肿瘤治疗产品的成本[⊖]

2021 年 7 月，国家药品监督管理局通过优先审评审批程序批准复星凯特生物技术有限公司（简称复星凯特）申报的阿基仑赛注射液（奕凯达）上市。这是我国首个获批上市的 CAR-T（嵌合抗原受体 T 细胞免疫疗法）药品，为癌症治疗带来了新希望。细胞免疫疗法是过去几年间进入大众视野的新疗法，主要通过调动病人的免疫系统来攻击肿瘤细胞。伴随首款 CAR-T 治疗产品上市的，是对其定价的猜想。市场有传闻称，阿基仑赛注射液零售价为 120 万元/袋。对此，复星凯特回应称，CAR-T 细胞治疗产品的定价将根据价值、疗效、成本等各项因素综合考量制定，目前定价方案尚未最终确定，正在进行多方沟通中。

市场对 CAR-T 治疗产品高定价的猜想并非毫无依据。在美国，诺华 Kymriah 一次治疗的定价为 47.5 万美元，折合人民币约 330 万元。凯特 Yescarta 的费用为 37.3 万美元，折合人民币约 260 万元。之所以价格如此高昂，是因为 CAR-T 为体化定制药品，每个产品都来自患者自身的 T 细胞，其开发生产和使用非常复杂，在制造和交付上要求精准和速度，需投入大量资源，在符合药品生产质量管理规范（GMP）的条件下实现连续规范生产，每个批次都要求进行严格的质量检测。从决定使用 CAR-T 治疗，到对患者进行采血直至回输 CAR-T，总共需要 600 多个步骤。开展 CAR-T 治疗的医生和护士，都要接受专门的培训。正如复星凯特董事长吴以芳所说，这样的价格在中国没多少家庭承受得起。那么，如何才能降低成本呢？

复星凯特打算采用的策略主要有两个。一是对辅料和耗材进行国产替代。由于阿基仑赛注射液是国内首个 CAR-T 治疗产品，为了确保质量，复星凯特第一阶段使用的所有辅料和耗材培养基全都是进口的，下一阶段企业会对辅料开展严格的实验，待有把握之后逐步进行国产替代，从而降低成本。二是通过技术的不断进步，在目前自体 CAR-T 产品的基础上，研究异体 CAR-T 技术，也就是俗称的通用 CAR-T。该技术突破后，就可以用健康人的 T 细胞做出通用 CAR-T 产品，提供给患者使用。如此一来，成本将会大幅下降。■

3. 短期成本函数的经验估计

经济学家们进行了许多经验研究，试图弄清短期成本与产量的关系。表 7-2 总结了若干研究结果。这些研究也可支持这样一个结论：在短期中，具有不变边际成本的线性（总成本）函数是解释正常产出范围的实际成本行为的最好方式。此外，研究中也发现存在 U 形边际成本和 U 形平均成本曲线的证据，但不像所想象的那么普遍。例如，20 世纪 30 年代末和 40 年代初，迪安（J. Dean）最先研究了家具业、袜业、百货商店和皮革制造业的短期成本。这几次研究表明：产品的成本与产量两者之间存在着线性关系；MC 在被观察的产量范围内保持不变或无明显增加。

⊖ CAR-T 肿瘤治疗产品降低成本需多管齐下. 经济参考报，2021 年 7 月 14 日.

表 7-2 短期成本函数的若干经验研究结果

研究人员	工业类型	结果
霍尔和希契（1939）	制造	MC 大多数是下降的
莱斯特（1946）	制造	AVC 下降直到产出能力水平不能增加为止
迪安（1936）	家具	MC 为常数
迪安（1941）	皮革制造	MC 没有明显增加
迪安（1941）	袜	MC 为常数
迪安（1942）	百货商店	下降或常数的 MC，视商店的部门而定
伊齐基尔和怀利（1941）	钢铁	MC 下降，但变化较小
英特马（1941）	钢铁	MC 为常数
曼斯菲尔德和惠恩（1958）	铁路	MC 为常数
约翰斯顿（1960）	电力，多种食品加工	直接成本是产出的线性函数，MC 是常数
约翰斯顿（1960）	电力	ATC 下降，然后持平，趋向于 MC 为常数，直至生产能力达到极限为止

资料来源：A. A 沃尔特斯. 生产和成本函数 [J]. 计量经济学，1963（1）.

为了说明怎样估计成本函数，迪安对一家袜厂的成本行为进行了研究，这家工厂是一家大型丝织袜子制造公司的一部分。[一] 该工厂从绕丝开始，然后加工成长袜，准备运到其他工厂去染色和完工。因此，该工厂的操作是由熟练劳动和机械设备完成的。

在研究总成本之外，迪安得到了生产性劳动成本、非生产性劳动成本和管理费用的成本函数。首先，他绘制了各种月度成本与月度产量的描点图形；其次，适应联合（即总的）成本及其三个组成部分，得出一个样本回归方程，其形式为 $TC = a + bQ$。最终的回归方程如表 7-3 所示（其中总成本按美元计算，长袜产量按打计算）。

表 7-3 袜厂的联合成本及其组成部分对产量的回归方程

	（月度观测值）			
	联合成本	生产性劳动成本	非生产性劳动成本	管理费用
样本回归方程	$TC = 2\,935.59 + 1.998Q$	$TC = -1\,695.16 + 1.780Q$	$TC = 992.23 + 0.097Q$	$TC = 3\,638.30 + 0.121Q$
估计标准误差	6 109.83	5 497.09	399.34	390.58
矫正系数（r）	0.973	0.972	0.952	0.970

联合成本的回归方程表说明，该方程的直线形式完全是适合的。该回归线为 $TC = 2\,935.59 + 1.998Q$。回归线的斜率等于 1.998，它表明边际成本是 1.998 美元。平均成本（以美元计）是

$$AC = 1.998 + \frac{2\,935.59}{Q}$$

运用该方程，企业经理就能估计任一产量水平的平均成本。例如，如果他们计划下个月生产 20 000 打长袜，则他们对每打长袜总成本的估计就是

$$1.998 + \frac{2\,935.59}{20\,000} \approx 2.145$$

即大约 2.15 美元。

[一] DEAN J. Statistical Cost Functions of a Hosiery Mill [J]. Studies in Business Administration, 1941.

20 世纪 50 年代，约翰斯顿对企业的短期成本函数和长期成本函数所做的研究进一步支持了这样的结论，许多行业的企业可能用线性函数准确地估计短期成本。许多企业的边际成本在相当大的产量范围内基本上保持不变。20 世纪 30 年代后半期的另一项研究，伊恩特麦对美国钢铁公司的产品成本所做的研究表明，美国钢铁公司的成本函数是线性函数，其估计结果是

$$总成本 = 132\,000\,000\ 美元 + 55\,173\ 美元/t \times Q$$

式中，Q 为钢产量，单位为 t。

然而，上述经验研究结果并没有反映微观经济学的收益递减规律。收益递减规律认为，可变投入要素的边际产出最终将趋于减少，从而可以推理出短期成本会递增。但经验研究中的边际成本基本上保持不变。对于这种现象，一种较为令人满意的解释是，微观经济学将生产过程中的要素投入分为固定生产要素和变动生产要素，一旦生产达到了某个最低水平，由于固定要素投入的限制，变动要素投入的增量就呈现出生产率递减的现象。但在实际的生产体系内，固定要素相对于产量水平来说保持不变，而其实际利用量却随着产量而变化，并在很大的产量范围内，同变动要素的使用保持一个较稳定的比率，从而生产率递减规律不起作用，生产的边际成本基本保持不变。

尽管如此，我们仍然有充分的理由认为，企业越是接近其短期的最大产出水平，边际成本和平均成本的上涨压力也就越大。因为企业倾向于将其产出水平推向极限时，加班与工资补贴就会增加，而员工素质可能会下降，增加工作班次也会造成劳动效率的降低，所有这些都会造成成本的上升。

有学者对制造业进行了一项调查，旨在研究两个问题：①企业实际使用的生产设施的百分比是多少；②企业倾向于在什么样的能力水平（按百分比）进行生产。调查结果表明，企业实际上倾向于在其产出能力的 90% 左右进行生产。这有力地证明了，许多企业在生产能力的 90% 附近达到了最高效率和最低成本。如果企业在其能力的 90%～100% 的范围生产，则如上面所分析的那样，企业的边际成本和平均成本均会上升。

如果把表 7-2 中对成本的经验研究与上述调查结果结合起来，可以用一个典型的短期成本函数来描述生产过程中的成本结构。如图 7-10 所示，在相当于生产能力的产出水平很低的阶段（如 20% 以下），其可变投入收益递增；而在超过 90% 之后，出现可变投入收益递减。U 形边际成本曲线的底部是很宽、很平坦的范围，该范围所相应的能力产出比重为 20%～90%。在此范围内，平均成本曲线高于边际成本曲线，但呈持续下降趋势。

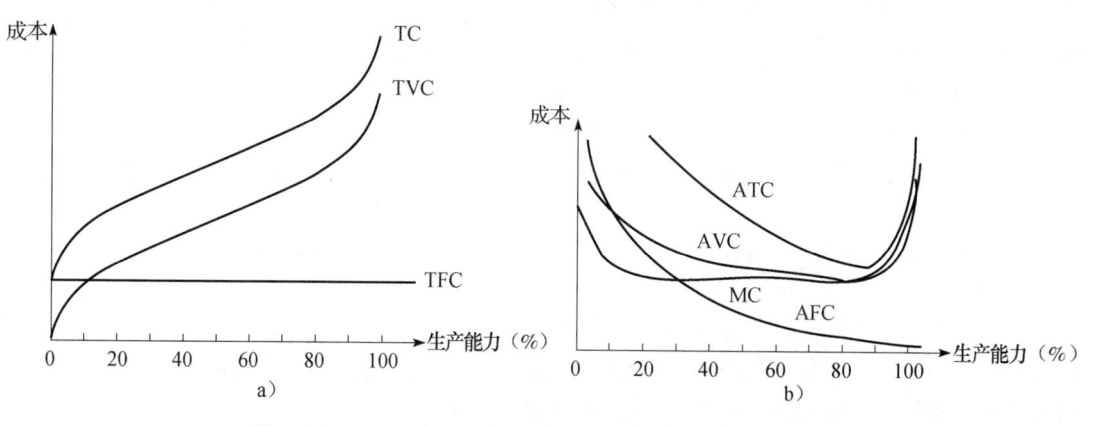

图 7-10 现实中的企业总成本、平均成本和边际成本曲线

7.4 某合资公司降低成本的努力

7.4.1 背景

近些年来，国内压缩机市场发生明显变化：市场从供不应求发展到局部机种结构性供大于求，压缩机也进入了降低价位激烈竞争时期。压缩机厂家面临巨大的降低成本的压力。

在上述情况下，某合资公司决定在全厂范围内开展了目标成本管理活动，并取得了一定成效。

该合资公司由国内某集团与日本松下电器产业株式会社（实由松下电器空调压缩机事业部承办）共同出资组建。其主要产品为房间空调用压缩机和汽车空调用压缩机，房间空调用压缩机主要有 R、P、K、V、变频五大系列，产品功率范围为 0.5P~3P，并提供产品售后服务。其客户几乎包括中国所有的大型空调生产企业。

该合资公司一直以来秉承日本松下电器的基本经营方针和理念：以"为人类生活的改善和提高而创造；为世界文明的进步和发展而追求"作为企业的社会使命，为提高中国和世界人们的生活质量，为社会发展及产业进步做贡献。成为全球第一的压缩机供应商是该合资公司矢志不渝所追求的长远目标。

进入 21 世纪，该合资公司经历了飞速发展，产销量逐年增加，产品系列不断扩大，成为品种齐全、质量优异、技术先进的全球最大压缩机生产基地之一，成为不断革新、持续成长壮大的公司。

在内部价值链中，公司在品牌、营销、设计、采购、制造、物流、渠道等多个环节上创造利润，而最具备竞争力的是采购和制造，所以采购和制造过程是降低成本的核心环节。

从行业价值链角度来看，该合资公司的成本压力主要来自三个方面：行业竞争者的压力、供应商的压力、购买者的压力。

(1) 行业竞争者的压力。由于压缩机技术含量极高，国内空调压缩机生产企业主要集中在八家，其中产能规模居前五名的均为合资企业，这五家巨头占据了国内压缩机产销量的近75%。

(2) 供应商的压力。这主要来自钢材、石油涨价的成本压力，包括关税变动带来的成本变化。

(3) 购买者的压力。这主要来自消费者和整机厂期待降价的市场压力，上一年结转库存的资金压力，以及空调厂家生产启动延缓的产能压力。

7.4.2 压缩机的成本结构

表 7-4 列出了该合资公司在经营管理中的各部分费用及其比例。可以清楚地看到，其成本结构分为两大部分：可变成本（比例费用）和固定成本（固定费用）。其中，可变成本包括直接材料

表 7-4 经营管理中各部分费用及其比例

成本结构		比例（%）
比例费用	直接材料费用	57.5
	技术支援费用	3.4
	商标使用费用	0.7
	销售直接费用	3.0
	合计	64.6
固定费用	人事费用	9.6
	折旧费用	7.5
	间接材料费用	1.7
	工具费用	2.2
	修缮费用	1.7
	原材料动力费用	3.1
	其他	1.6
	合计	27.4

费用、技术支援费用、商标使用费用和销售直接费用,占总成本的64.6%;固定成本包括人事费用、折旧费用、间接材料费用和修缮费用等费用,固定成本占总成本的27.4%。

同时,从表7-4中可以看到,采购费用(即直接材料费用)占的比重最高,达57.5%。因此,采购费用的高低直接决定着可变成本乃至总成本的大小。

7.4.3 目标成本管理计划

1. 目标成本的制定

成本预测是目标成本管理工作的重要组成部分,是企业有计划地降低成本、全面提高经济效益的重要前提和保证。在考虑了外部经济环境、发展趋势并结合自身发展情况的基础上,该合资公司最终确定总体目标是使压缩机制造成本降低50%。

这样,该合资公司的目标成本管理计划即可概述为:为保持企业利润,应对压缩机的价格两年内将下降50%的严峻趋势,企业需要在两年内实现压缩机制造成本降低50%的目标;并且,要在世界最大的空调用压缩机市场上取得领先优势,有效利用资源,提高经营效率。

2. 目标成本的绩效控制

目标成本管理强调事前控制,但也不忽视事中和事后控制的重要性。在实施阶段,需要进行费用的记录、成本核算与成本差异分析,在各个部门之间及部门内部进行成本活动的绩效评估和控制。在该合资公司中,通过成本改善的大循环和小循环制度进行绩效控制。

大循环是对于实施状况,公司事务部每月召开一次工作进展会议——月度成本分析会,由各部门报告本部门的进展状况,对所有项目进行分析汇报,按照其实施状况说明应采取怎样的对策。在会议中,纵向进度与横向比较全部体现在资料里,各部门可以找到自身的优势,发现不足,制定改进措施并追踪落实。对于一些未能达标的项目,要由责任部门形成月度改善方案。根据这种做法,本部门也可以清楚其他部门的动向,并在需要时能达成部门间的相互协作。

小循环是各部门内部通过月度成本管理工作进行总结分析、细化管理,自主推进成本改善活动。该合资公司充分运用绩效管理系统推进成本管理工作,项目细化、层层落实,尤其注重将费用拆分后具体到每个子部门,同时,标准化不同产量段的细化指标,将不同的销售市场状况作为不同的数量段来设定成本指标,将成本控制工作做细、做扎实。细化项目的推移管理,能够全面、细致地了解成本发生情况,发现改善空间,并进行每月决议,逐月落实、检查。例如,对水费的管理,分拆成车间、生活区、办公楼等,甚至以区域为单位安装专用仪表进行测量。

7.4.4 目标成本管理实施方案(降低成本的途径:从成本结构入手)

1. 采购策略

采购是在该合资公司成本费用中所占比重最大的一项,也是该合资公司核心竞争力的来源之一。该合资公司采用的策略包括:国产化推进,国际化购买,以及有力购买推进,即二社购买。

(1)国产化推进。从投资开始,该合资公司就采用了当地化的筹供策略——国产化推进。工厂生产所用的原辅材料大部分可以在国内市场上采购,在投产初期阶段也有部分需要进口解决。在松下电器产业株式会社与中方签订的合资合同中,明确规定:双方认识到,在质量、价格及交货方面具有国际竞争力的主要零件、材料的中国国产化的实现,对合资企业产品的国际竞争力及其经营效益的提高是必不可少的条件,双方要为实现这一目标而共同努力。

因此,合资双方在合同中规定:合资公司对生产所需要的零件、材料,在质量、性能、价格和交货期均能满足其要求的条件下,应优先在中国国内购买该零件、材料;在中国国内不能供应符合合资企业要求的零件、材料而需要在国际市场上购买时,应优先从外方或外方所推荐的供货渠道购买。

(2) 国际化购买。该合资公司利用松下集团建立集团采购联盟,共享全球供应商评价信息,积极开展 IPO (International Purchase Order) 活动。简化供应商评价过程,只需进行一些工艺性验证和整机寿命实验即可,并协助现有的国内供应商出口产品到日本和马来西亚的工厂。该业务的开展提高了产品的互换性,增强了该合资公司作为买方讨价还价的能力,同时,有助于供应商提升企业规模、提高管理和品质、降低成本。这是通过改变购买方针来降低成本的效果。

除了原料购买外,关于合资企业所需设备的购买,根据松下提供的合资企业所需设备清单的规格、数量、质量、性能、价格和交货期等方面的要求,如在中国国内可以满足上述要求,则应优先在中国国内购买;在中国国内不能满足合资企业上述要求的设备,需要从国外购买时,由合资企业自行或委托中国国内外专业设备购买公司从中国国外第三方设备厂家购买设备。

(3) 有力购买推进(二社购买)。开发新的供应商,要求供应商降低成本,提高供货准确性,即二社采购,指原有一社(供应商),再开发新的供应商,两家同时或交替报价供货,使该合资公司在讨价还价上更有竞争力。例如,粉末冶金原来由 A 企业提供,后来增加了 B 企业,两家供应商提供的材料虽类别不一样,但不影响产品性能,成本的差异能降低成本。类似的例子还有很多。又如,原来采用 C 企业提供的高速钢技术产品,而新开发供应商 D 企业所提供的产品单价成本下降 8%。采购部门在考虑了新开发商的技术背景(是否同等技术)、运输成本、配套等各个方面后,采用了 D 企业提供的产品,成功地降低了产品的成本。

另外,通过改变购买的方式也可降低成本。例如,为了稳定采购价格,该合资公司有 1/3 的铜管和钢板通过期货方式采购。

但是,无论采用哪种方法降低成本,该合资公司在选择低成本企业时,都严格对供应商的规格、数量、质量、性能、价格和交货期等方面进行考核。尽管该合资公司自身的产业链条越来越完善,但其在中国仍有 100 多家外协厂。该合资公司对所有外协厂分组管理,而且品质标准是唯一的。外协厂进入时均需经过三个月的严格检查,三个月后仍没有问题的产品可以享有六个月的免检期,但在免检期内如果抽检发现问题或发生产品质量问题,则取消免检资格。总体而言,大约有 20% 的外协厂可以免检。

2. 制造环节成本降低

制造环节是该合资公司价值链上的核心环节,也是最具竞争力的环节之一。此环节中成本改善的方法途径很多,主要是缩短时间,如 JIT,以及降低人工费等,此外还有一些典型的攻关课题,如通过用料使用量标准化来降低费用。

对制造型企业来说,由于大规模的机械化生产,企业往往在年初已经制订好产出计划,此时产品的制造成本,特别是人工成本的高低就直接影响企业的竞争力。人工成本管理应该是在保证一定企业产出的基础之上,合理配置资源与人员比例,从而尽量降低人工成本。

从投产至今，该合资公司的自动化程度并没有显著的提高，这主要是因为自动化程度的提高需要投入更多的资金，而且会降低人工的使用，即这一策略不利于利用低成本劳动力。每当旺季的时候，该合资公司会通过与技校合作，接受技校学生来厂实习，或者雇用季节工来完成产量任务，以减少雇用固定工人的费用，同时，遣送了不少日本顾问回国，原因在于其报酬是国内同水平人才的 10 倍左右。

通过劳动生产率的提高也可降低单位产品的人工成本。该合资公司根据需要对员工提出高效率、高素质的要求，加强员工的培训教育，提高其技能和素质。同时，该合资公司致力于把成本管理活动深入制造环节的每一个细微之处：工具室通过变更内研 CBN 砂轮轴心直径，使废旧工具得以再利用；在不影响清洗效果的前提下改变清洗液浓度标准，以降低费用；技术中心对新规平衡由购买改为自行加工；生产技术课通过改变电动机的运行频率，削减了费用；等等。

3. 设计与物流环节的费用缩减

相较采购与制造环节，设计环节对费用降低的作用要小得多。在压缩机的设计阶段就决定了整个压缩机的制造成本，其主要设计职能由松下日本本部负责，该合资公司拥有的是根据客户需求变更发动机、原材料，即 B 级及以下级别的设计开发权限。其运用价值工程（VE）只是变更设计或变更材质而不改变材料来降低成本。以电磁钢板国产化为例，该合资公司与宝钢合作，由宝钢专门为该合资公司开发 MB101，以替代从日本进口的 MS101 电磁钢板，改变某些参数如硅钢片的匝数、电机绕组匝数，虽然有所不同，但性能相似，价格比原来的降低了 3 000 元/t。又如，压缩机上盖原采用杜邦 FR530 塑料，但由于这种材料价格昂贵，而且性能有剩余，因此，公司采用杜邦塑料 330 进行替代，通过这一措施，可以降低 10% 的材料成本。这些都是通过实施材料转化来降低成本的方法。

在物流环节，该合资公司除了应用 JIT 来减少材料、产品在库时间和金额外，还从包装材料入手改变包装的形式来降低包装材料费。物流部革新包装，应用新型材料，由缠绕膜替代塑料袋、纸箱，这样的单价以 50PC/箱为基准计算，捆包费每台下降 0.55 元。该项费用金额从原来的 68.356 万元/年下降到 19.4 万元/年，如表 7-5 所示。

表 7-5 革新前后包装费的单价对比

a）革新前的单价			b）革新后的单价		
材料名称	单 价（元）	合 计	材料名称	单 价（元）	合 计
上盖	6.26	32.83	上盖	0	5.27
下盖	6.26		下盖	0	
箱围	14		箱围	0	
胶袋	6.31		胶袋	0	
			缠绕原料	4.83	
			标签	0.44	

4. 高质量与低成本兼得的质量控制活动

降低成本是目标成本管理的首要目标，但是如果是以低质量作为代价的话，那么这样的成本降低就不算是成功的。而该合资公司的成功之处是既降低了成本，又保持了产品的高质量。这样的成果有赖于公司在开展成本降低活动的同时进行质量控制（QC）活动，如表 7-6 所示。

表 7-6　20×0 年—20×4 年单台不合格品成本　　　　　　　　　（单位：元/台）

不合格品成本分类	20×0 年	20×1 年	20×2 年	20×3 年	20×4 年
用户不合格品成本	0.006	0.009	0.005	0.005	0.003
市场不合格品成本	0.30	0.10	0.30	0.40	0.22
工厂不合格品成本	0.44	1.15	1.25	0.72	0.54
总体不合格品成本	0.75	1.26	1.56	1.13	0.76

该合资公司一直承袭母公司的管理理念，认为"产品品质是制造而非检测出来的"。这一理念使得公司生产线上的关键岗位增多，而检测部门规模较小，形成了"大制造、小检测"的格局。该合资公司严把制造质量关，使得 20×3 年当年的不合格品率仅为 11PPM（11/1 000 000），于是公司将 20×4 年的质量目标设定为 10PPM，如表 7-7 所示。这远远高于中国国家标准。

表 7-7　20×4 年质量目标

指　标	车用空调压缩机	家用空调压缩机
客户满意度	85%优秀	85%优秀
客户市场不合格	0 件	105PPM
客户工程不合格	0PPM	10PPM
工程不合格	比 20×3 年降低 10%	比 20×3 年降低 15%

在成本不断下降的同时，质量目标不断提升，可以说该合资公司的目标管理是很成功的。企业使全员为提高顾客满意度，促进社会繁荣、公司发展，确立了"品质就是生命"的信念，同时使得个人不断改善、进步。

5. 无处不在的成本管理活动

在该合资公司，处处可以看到从管理层到普通员工的强烈的成本意识，严格遵守各项成本管理的规定，包括回收再利用废品、办公用品和纸张，在办公室、活动室里节约使用空调，等等。可见，成本管理意识已深入每位员工的意识中，并成为人人遵守的准则。企划室工作人员为降低绿化成本，把原来定期购买绿化盆景植物改为租赁式，通过租赁绿色植物美化工程环境。在改变之前，各部门自购绿化植物数量品种差异大，缺乏整体规模；自购植物各部门没有专人护理，成活率极低，美化效果不能持续；绿化效果差，费用高。改变后，公司租赁 28 个种类、712 盆绿色植物美化工厂环境，并由承租方依据工厂绿化管理方案，统一规划、统一管理，使植物长期保持生机；并且绿化植物种类丰富，绿化效果好，绿化费用从 12.1 万元/年下降到 6 万元/年。

7.4.5　目标成本管理成果

1. 目标达成情况

尽管市场竞争的剧烈程度有增无减，但该合资公司为期两年的目标成本管理活动还是取得了较好的成果，使成本明显降低，不含直接材料费用的两年效益金额合计为 19 574.7 万元。总体成果分析如表 7-8 所示。

表 7-8　不含直接材料费用的效益金额　　　　　　　　　　（单位：万元）

20×3 年	20×4 年	合　计
9 451.9	10 122.8	19 574.7

表 7-9 列出了目标成本管理活动成果。对比两年内制造成本下降 50% 的目标，除直接材料费用和在库金额外，单台费用的目标达成率为 86%（各项目标平均达成率），制造成本两年内下降 50%×86%＝43%。其中，效果比较好的是修缮费用、工具费用、不合格品成本、物流效益改善等项目，如修缮费用项目的单台修缮费用从 6.55 元/台下降到 3.43 元/台，目标达成率是 96%（3.28/3.43）。其次，是间接材料费用从 6.62 元/台下降到 4.41 元/台，目标达成率是 68%。

表 7-9 目标成本管理活动成果（一）

项目名称	目标	基准	20×3 年实绩	20×4 年实绩	目标达成率
直接材料费用	92 元/台	184 元/台 （20×2 年年末）	180.4 元/台	217.48 元/台	−19%
在库金额	48 元/台	96.04 元/台 （20×2 年年末）	112.57 元/台	109.89 元/台	−14%
间接材料费用	3.31 元/台	6.62 元/台 （20×2 年平均）	4.72 元/台	4.41 元/台	68%
原材料动力费用	6.32 元/台	10.34 元/台 （20×2 年平均）	7.54 元/台	7.25 元/台	60%
修缮费用	3.28 元/台	6.55 元/台 （20×2 年平均）	5.11 元/台	3.43 元/台	96%
工具费用	4.88 元/台	9.76 元/台 （20×2 年平均）	6.72 元/台	7.11 元/台	58%
不合格品成本	一 G：0.46 元/台 二 G：0.79 元/台	一 G：0.91 元/台 二 G：1.58 元/台 （20×2 年平均）	一 G：0.66 元/台 二 G：0.77 元/台 （20×3 年平均）	一 G：0.59 元/台 二 G：0.48 元/台 （20×4 年平均）	70% 140%
物流效益改善	包装费：2.33 元/台 运输费：2.66 元/台	包装费：4.67 元/台 运输费：5.32 元/台 （20×2 年平均）	包装费：3.33 元/台 运输费：2.82 元/台 （20×3 年平均）	包装费：2.57 元/台 运输费：2.43 元/台 （20×4 年平均）	90% 110%
劳动生产率提高	一 G：0.97 二 G：0.95	一 G：0.75 二 G：0.73 （20×2 年平均）	一 G：0.78 二 G：0.87 （20×3 年平均）	一 G：0.80 二 G：0.90 （20×4 年平均）	23% 77%

然而，不足的是直接材料费用与在库金额的成本不降反升，目标达成率分别为 −19% 和 −14%。但是这并不能说明采购部门没有努力去改善成本，原因是直接材料的采购受到市场原材料价格的影响，而原材料价格并非采购部门所能控制的因素。因此在做出成本预算、计划之时，应该把不可控的因素从整体目标中抽取出来，订立更灵活的计划，以免因为目标定得过高而无法实现，最终打击了员工实施计划的积极性与实现目标的信心。

2. 从成本结构分析出发的目标成本管理活动实绩

以表 7-9 的目标成本管理活动成果作为基础，把各项目分别纳入固定成本和可变成本，得出表 7-10。从该表所示的成本结构的角度来看，该合资公司目标成本管理的效果是显著的。

表 7-10　目标成本管理活动成果（二）

成本结构	项目名称	目　标	基　准	20×4 年实绩	达成率
固定成本	间接材料费用	3.31 元/台	6.62 元/台	4.41 元/台	68%
	原材料动力费用	6.32 元/台	10.34 元/台	7.25 元/台	60%
	修缮费用	3.28 元/台	6.55 元/台	3.43 元/台	96%
	工具费用	4.88 元/台	9.76 元/台	7.11 元/台	58%
	不合格品成本	一 G：0.46 元/台 二 G：0.79 元/台	一 G：0.91 元/台 二 G：1.58 元/台	一 G：0.59 元/台 二 G：0.48 元/台	70% 140%
	总计（以一 G 为例）	18.25 元/台	34.18 元/台	22.79 元/台	71.5%
可变成本	直接材料费用	92 元/台	184 元/台	217.48 元/台	-19%
	物流效益改善	包装费：2.33 元/台 运输费：2.66 元/台	包装费：4.67 元/台 运输费：5.32 元/台	包装费：2.57 元/台 运输费：2.43 元/台	90% 110%
	总计（以一 G 为例）	96.99 台	193.99 元/台	222.48 元/台	-15%

从表 7-10 可以看出：

平均固定成本变动（以一 G 为例）＝ 间接材料费用变动＋原材料动力费用变动＋
　　　　　　　　　　　　　　　　修缮费用变动＋工具费用变动＋不合格品成本变动
　　　　　　　　　　　　　　＝ (-2.21) + (-3.09) + (-3.12) + (-2.65) +
　　　　　　　　　　　　　　　　(-0.32) = -11.39（元/台）

平均可变成本变动（以一 G 为例）＝ 直接材料费用变动＋包装费变动＋运输费变动
　　　　　　　　　　　　　　＝ 33.48 + (-2.1) + (-2.89) = 28.49（元/台）

平均总成本变动（以一 G 为例）＝ 平均固定成本变动＋平均可变成本变动
　　　　　　　　　　　　　＝ -11.39 + 28.49 = 17.1（元/台）

如果仅看固定成本，该合资公司的目标成本管理活动目标达成率为 71.5%，效果十分显著。然而，可变成本的达成率为-15%，因为直接材料的价格在 20×3 年、20×4 年这两年间提高了，而这是该合资公司自身无法控制的。

尽管如此，总体而言，该合资公司历时两年的目标成本管理活动收到了明显的效果。

本章小结

不同的成本概念从不同的角度定义成本的内涵和外延。其中，比较主要的成本概念有直接成本、机会成本、相关成本、增量成本与沉没成本。

成本函数可分为长期成本函数和短期成本函数。一般来说，长期成本函数用于长期规划，而短期成本函数则多用于日常经营决策。

资源投入在短期中可分为不变的与可变的，由此而产生出若干类型的成本：固定成本、可变成本、总成本、平均固定成本、平均可变成本、平均总成本、边际成本。各种短期成本曲线之间的相互关系可以用图形来表示。

生产-成本的对偶性是指二者之间存在着相关相反的关系，表现为：①成本曲线的形状（固定成本除外）由生产曲线的形状（特性）所决定；②生产活动的有效性必然带来成本活动的有效性，反之亦然；③在一定预算（成本）约束下的产量最大化问题，等同于在一定产出水平下的成本最小化问题。

短期成本函数的估计有两种方式：一是

从生产函数导出成本函数；二是用统计方法进行短期成本函数的估计。

经验研究支持这样的结论：短期中，具有不变边际成本的线性（总成本）函数是解释正常产出范围的实际成本行为的最好方式。然而，仍然有充分的理由认为，企业越是接近其短期最大产出水平，边际成本和平均成本的上涨压力也就越大。

单项选择题

1. 边际成本的定义为（　　）。
   A. 产量变化一单位所引起的总成本变化
   B. 由产量变化引起的总成本的变化，或者 dTC/dQ
   C. 由产量变化引起的总可变成本的变化，或者 dTV/dQ
   D. 上述答案全对
   E. 上述答案全错

2. 边际成本可定义为（　　）。
   A. AVC/Q
   B. TC/Q
   C. 一单位产量变化所引起的总可变成本 TVC 的变化
   D. TVC/Q
   E. 上述答案全错

3. 某公司估计其总成本函数为 $TC = 7\,500 + 19Q - 5Q^2 + 0.5Q^3$，那么（　　）。
   A. 产量为 1 000 单位的总固定成本 TFC 是 7 500
   B. 产量为 10 单位的平均可变成本 AVC 是 19
   C. 产量为 3.33 单位时，边际成本 MC 最小
   D. 产量为 5 单位时，边际成本 MC = 平均可变成本 AVC
   E. 上述答案全对

4. 如果某公司的总成本函数可以用 $TC = a + bQ - cQ^2 + dQ^3$ 表示，那么（　　）。
   A. 表明随着投入的变化，公司的生产函数将经历产量呈上升、下降直到出现负值的不同阶段
   B. 在生产函数第一阶段与第二阶段的交点，MC = AVC
   C. 在生产函数第二、三阶段的交点，固定投入的效率最大
   D. 该公司的边际成本 MC 函数曲线可以表示为方程式 $MC = b - 2cQ + 3dQ^2$
   E. 上述答案全对

5. 如果产出 10 单位的平均可变成本是 8，相应的平均固定成本 AFC 是 3.5；又假设产出 11 单位的平均可变成本 AVC 是 9，那么（　　）。
   A. 产出 11 单位的总成本是 137.5
   B. 产出 11 单位的平均总成本是 12.5
   C. 第 11 单位产出的边际成本是 19
   D. 上述答案全对
   E. 上述答案全错

6. 在公司的边际生产函数与平均生产函数交点处，（　　）。
   A. 平均可变成本 AVC 最小
   B. 边际成本 MC = 平均总成本 ATC
   C. 该公司充分利用了所有的技术规模经济性
   D. 获得了最佳固定投入与可变投入的组合
   E. 上述答案全对

7. 如果某公司的生产函数是 $Q = 40X$，且 X 的单位成本为 40，则（　　）。
   A. 投入 5 单位 X 的平均可变成本 AVC 是 4
   B. 投入 10 单位 X 的边际成本 MC 是 0.25
   C. 投入 4 单位 X 的总成本 TC 是 40
   D. 投入 20 单位 X 的平均总成本 ATC 是 0.25
   E. 上述答案全错

8. 某公司总成本函数可以表示为 $TC = 20\,000 + 15Q - 2Q^2 + yQ^3$，由此可以判断（　　）。

A. 产量为 50 单位的平均固定成本 AFC 为 200
B. 产量为 10 单位时，边际成本 MC 为 75
C. 产量为 20 单位时，达到第二阶段的产量范围
D. 产量为 30 单位时，边际成本 MC 低于平均总成本 ATC，公司将发现当产量超过 30 单位时更有利可图

计算分析题

1. 填下表

产量	TFC	TVC	TC	AFC	AVC	ATC	MC
0			1 000				
200			1 500				
400			2 200				
600			3 000				
800			4 000				
1 000			5 200				

2. 填下表（假定固定投入与可变投入的单位成本分别为 10 和 20）

固定投入量	可变投入量	产量	可变投入边际产出	可变投入平均产出	TFC	TVC	TC	MC
1 000	0	0						
1 000	200	6 000						
1 000	400	15 000						
1 000	600	20 000						
1 000	800	22 000						
1 000	1 000	23 000						

3. 填下表

产量	TFC	TVC	AFC	AVC	ATC	MC
0						
40		300				
80				10.00	12.50	
120						6.00

思考题

1. 试述决策所考虑的成本概念、用途。
2. 简述生产-成本对偶性的含义。
3. 试述边际成本与可变成本的关系，以及与总成本的关系。
4. 分析成本曲线的特性，试述其经济含义。

第8章 规模经济性：长期成本分析

:: 学习目标

- 理解规模、最小有效规模、最大有效规模、最优规模范围、非有效规模范围、规模经济性与规模不经济性的概念。
- 掌握规模曲线的基本形状、推导过程和决定规模曲线位置的因素。
- 了解长期平均成本曲线的四种不同类型及其经济含义；掌握规模经济性的决定因素、衡量方法，以及各种方法的适用条件和优缺点。
- 了解若干规模经济性的经验研究结果。

按照诺贝尔经济学奖得主斯蒂格勒（Stigler）的定义：规模经济性（economies of scale）是关于所有生产投入组合的规模与企业产出率之间关系的理论。[一]

规模经济性属于长期成本分析问题。其理论的形成和发展历时久远，包含了几代学者的努力。这使得规模经济性的研究已发展成较为成熟的理论，开发了得到普遍应用的研究方法，积累了大量可用于指导经济活动实践的研究成果。规模经济性解释并指导了许多行业的成本节约实践，带来了巨大的经济、社会价值。对此，本章中将分别加以论述和介绍。

8.1 规模经济性概述

规模经济性所研究的是经济活动的规模与其长期成本的关系问题。为此，要在明确有关规模、长期成本等概念的基础上，提出规模经济性的概念。

8.1.1 规模的概念

就其本身而言，规模是一个量。它可以是单个的或简单的绝对量，如尺寸、重量、容积、

[一] STIGLER G J. The Economies of Scale [J]. The Journal of Law and Economics, 1958 (12).

价值等；也可以是单个相对的量，如上述单个的绝对量之间的比例、比率等。就经济活动而言，规模既可用于反映简单活动的大小，如运送多少货物；也可用于反映复杂的或综合性的活动的大小，如工厂、企业的活动或某个项目，乃至某些宏观经济活动的大小等。同样，规模也可以是这些复杂的绝对量之间的比例或比率等。

规模在实践中的另一重要意义在于，一些规模构成了另一些规模的基础，或者说若干单项的规模构成综合性的规模，从而可能形成一个按规模衡量的层次。例如，单项设备的规模（如能力）是构成车间、工厂规模的基础，这又依次构成（或决定）了企业（或公司，往往有多间工厂）的规模。

除了纵向的层次外，规模范围也涉及横向的综合。例如，某时期若干生产相同产品的各工厂规模之和反映了该产品的行业规模。反映经济活动的规模总与一定的时期（如生产周期）有关。如果生产周期很长，如 20 年，那么这段时期所采用的生产技术、所选择的产品的耐久性和其他资本投入的组合都会变化。

作为一个概括，下面列出与规模有关的主要方面。

（1）生产方面。①某产品的总产量（在某个生产期）；②生产周期——转向另一产品生产之前生产某一产品的时期；③单位时间某一产品的生产力（生产批量的规模由生产的周期与生产率决定）；④标准化程度；⑤工厂各单位（车间）的生产能力和厂内机器、生产线的生产能力；⑥各间工厂的生产能力；⑦横向集中的程度——在某地的某复合工厂的综合规模；⑧纵向集中的程度——在各工厂和公司所承担的生产阶段和操作的范围。

（2）影响销售和分配成本的主要方面。①每位顾客的购买量；②顾客的区域性集中程度；③顾客的规模。

（3）综合性规模的重要方面。①公司规模；②行业规模；③国民经济规模。

8.1.2 规模曲线：长期平均成本曲线

一般的管理经济学著作把经济活动分为短期的与长期的。规模的经济性所研究的经济活动是在长期的假定下进行的。由于长期中所有投入要素都是可变的，因而与之有关的成本可称为长期成本。规模的经济性（与规模的不经济性）的含义可以用规模曲线（或长期成本曲线）直观地表示出来。

虽然上面讲到"规模"的含义非常广泛，但是本书对规模经济性和规模不经济性的研究主要着重于工厂、企业或公司的规模。如果未加说明，所说的规模经济性是指工厂、企业的规模经济性。

对于某行业来说，在一定的技术状态（如用某种工艺生产某种产品），如果可以用实验方式来确定各种不同生产规模的效果，规模经济性的研究就简单多了，也准确多了。这样，可以按各种产量水平设计和建立生产某种产品的许多实验工厂，并比较这些工厂的单位生产成本。设法保持除产量（及与之相关的条件）之外的其他条件不变，使每间工厂按尽可能低的成本生产一定量的产品。用这些工厂的生产数据就可以估计每间工厂的短期成本曲线和行业中新厂的长期平均成本曲线（LRAC）。在考虑了所有可能的规模之后，所得出的长期平均成本曲线就表明，当各种资源投入可变而任何规模的工厂都可建造时，在每一产量水平上的单位平均成本为最低生产成本，所以该曲线也称为规模曲线。

可以从生产函数与成本曲线的关系来探讨这一问题。生产最优化分析可以确定在一定技术水平和投入价格下，实现某一产出水平（规模）时使成本最低的投入组合。这样就确定了长期平均成本曲线上的一个点。如果这一方式按不同的产出水平（规模）重复下去，就可以给出一条较完整的长期平均成本曲线。该曲线和长期平均成本曲线的形状取决于生产函数所代表的规模收益状况，对此可用短期成本曲线与长期成本曲线的关系来加以说明。设有一族短期成本曲线 $SRC_i(i=1, 2, 3, 4, 5, 6)$，当所预测的需求为 Q_1 时，选择 SRC_1 所代表的工厂是最有效率的，在该厂规模下的运行成本为 C_1，将明显低于在较大规模的工厂所代表的成本曲线 SRC_2 下运行的成本 C_2，如图 8-1 所示。如果需求增大至 Q_2，生产也可以按 SRC_1 相应的成本进行，但从长期来看，公司趋向于建设更大规模的工厂，因其 SRC_2 有更低的成本。这样，当工厂规模划分得相当细时，长期平均成本曲线 LRAC 就是短期成本曲线族 $SRC_i(i=1, 2, \cdots, n)$ 的包络线，它与每一短期成本曲线相切。

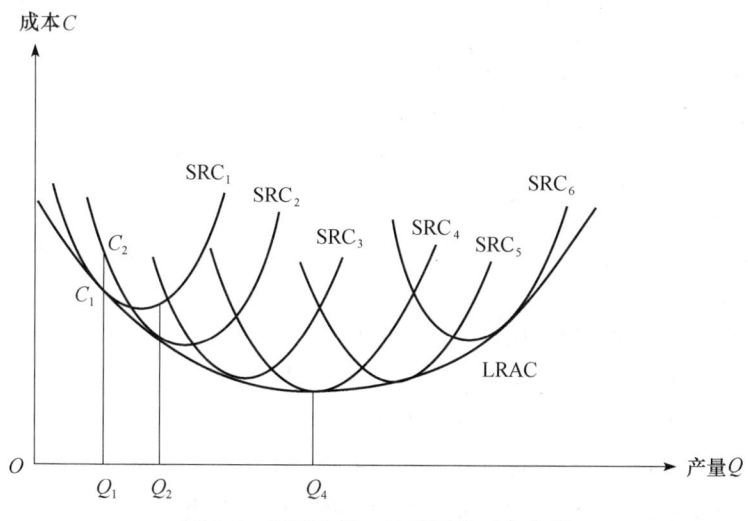

图 8-1　规模曲线：长期平均成本曲线

从图 8-1 可见，长期平均成本曲线 LRAC 有以下特性：假定在所有的 SRC_i 中，有一最佳生产规模（而不是最优规模范围），如 SRC_4 所相应的规模，则 LRAC 只与 SRC_4 的最低点 Q_4 相切。当产量小于 Q_4，即 LRAC 呈下降趋势时，LRAC 与各 SRC_i 的最低成本点的左边某点相切；当产量大于 Q_4 时，即 LRAC 呈上升趋势时，它与各 SRC_i 的最低成本点的右边某点相切。这意味着，当产量小于最优规模 Q_4 时，采用生产规模较高一级的工厂来生产这一产量是有利的，即用略微未充分利用的工厂生产能力来生产所要求的产出显得更为经济一些。当产量大于最优规模 Q_4 时，采用略微过度利用的较小规模工厂来生产所要求的产量（而不是建设一个规模较大的工厂，按其最低成本点规模生产）显得更为经济一些。

显然，通过建立各种规模的工厂来得出生产数据和比较成本是行不通的，但是可以采用某些方法，如工程技术法来估计某些规模的工厂的生产成本，也可以应用过去的生产数据作为参考，来进行研究。所以在实际中，对某行业的长期生产成本曲线或规模曲线的估计往往是近似的，但是这种近似的估计和规模曲线的概念对于我们的研究是必不可少的。同样，这种近似的或较为准确的衡量对于指导工业生产活动与经济活动也是必不可少并行之有效的。规模曲线除了具有近似的特点之外，还随不同时期的不同技术状况而变化。这正是下面所要讨论的问题。

8.1.3 决定规模曲线位置的因素

1. 技术状况

上面所述的规模曲线是近似的,除此之外,它还是静态的。该规模曲线并不说明生产规模随时间变化时,成本会如何变化。它说明在某个时期,规模对所建立的一系列不同工厂的平均成本有影响。这实际上包含着在这一时期技术状况一定的假设(也含有生产投入价格一定的假设,但我们仅考虑技术的变化)。

现实的规模曲线是动态的,是随技术的进步而变化的。在一定时期都存在着某一组可以运用的技术知识的总体,各个工厂可以按其规模来选择所采用的技术。所以,对应于这一时期或年代,该行业存在一条相应的规模曲线。在现实中,技术进步是不断发生的,新的年代就有新的一组可用于生产实践的技术知识总体,从而存在相应于这一年代的该行业的规模曲线。新技术的应用总是会带来生产力的提高或成本的节约,所以在产量与成本关系的坐标系中,代表新技术的规模曲线的位置往往比旧技术的规模曲线低。图 8-2 所示即为不同时期的规模曲线。

应当指出,我们所说的一定时期的技术状况并不意味着该时期各类规模的工厂都采用完全一样的技术。由于在某一时期存在一组可选用的技术知识的总体,所以不同规模的工厂完全可以选择适合自身的生产技术。例如,生产规模大的工厂就可以采用小工厂所不能采用的大功率、高效率的设备,或者专用设备,以及与之相应的生产组织方式。而这些都是该时期的技术条件所允许的。

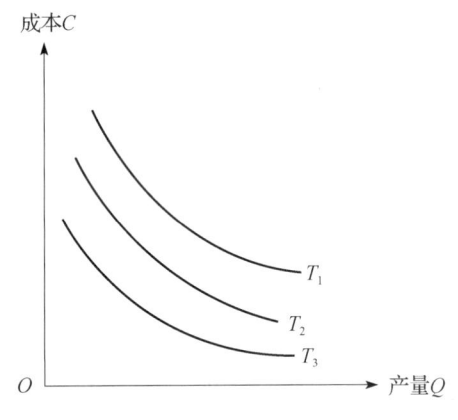

图 8-2 不同时期的规模曲线

2. 投入价格

由于平均成本是按价值计算的,因此它直接取决于生产过程中的投入价格。投入价格上升会使规模曲线上移,投入价格下降会使规模曲线下移。不过,因投入价格变动造成的规模曲线变动,并不意味着生产效率的变动,因而也不代表实质性的成本变动。

8.1.4 长期平均成本曲线的四种不同类型

从理论上讲,长期平均成本曲线有四种不同类型,可用来概括地表示规模经济性与规模不经济性的基本情况。

1. 常数(不变)的长期平均成本曲线

如图 8-3a 所示,此种情况的长期平均成本曲线 LRAC 为一条水平线,它表示不同的生产规模能以相同的平均成本生产该产品。因此,扩大或减小生产规模均不能带来任何平均成本的变动(降低或升高)。这种情形从生产方面考虑可称为规模收益不变。

2. 递减的长期平均成本曲线

如图 8-3b 所示,此种情况的长期平均成本曲线 LRAC 呈向右下倾斜状,它表示长期平均成本随着生产规模的扩大而降低。这意味着扩大生产规模会带来成本的节约。这种情形从生产方面考虑可称为规模收益递增。

3. 递增的长期平均成本曲线

如图 8-3c 所示，与上一种情况相反，此种情况的长期平均成本曲线 LRAC 呈向右上方倾斜状，它表示长期平均成本随生产规模的扩大而增加。这意味着扩大生产规模会带来成本的增加。从成本的对偶——生产方面考虑，这种情形可称为规模收益递减。

4. U 形长期平均成本曲线

如图 8-3d 所示，U 形长期平均成本曲线实际上是上述三种情况的综合。它表示了三个不同阶段的规模与成本关系的特点：在第一阶段规模很小时，存在明显的规模经济性；在第二阶段，在一个相当大范围的产量规模内，平均成本大体保持不变而呈水平状；在第三阶段，即产出规模高于某一水平后，平均成本呈上升的趋势，其曲线开始向右上方倾斜，表现出生产的规模不经济性。

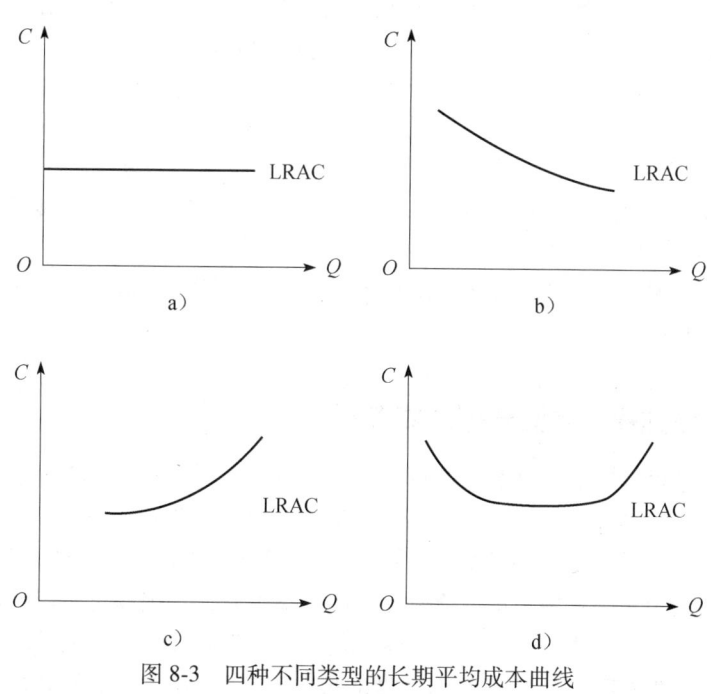

图 8-3 四种不同类型的长期平均成本曲线

8.1.5 若干相互关联的概念：最小有效规模、最大有效规模、最优规模范围、非有效规模范围、规模经济性与规模不经济性

对现实的规模曲线有了正确的描绘之后，就容易严格地定义规模经济性理论的核心概念——规模经济性与规模不经济性。但是要正确理解这一概念，还必须定义与之相关的四个概念，即最小有效规模、最大有效规模、最优规模范围和非有效规模范围。

为了便于理解，不妨先用规模曲线来形象、直观地表达有关的概念，然后再给出准确的定义。为此，我们使用具有代表性的 U 形曲线。如图 8-4 所示，当生产规模逐渐增大到 Q_2 时，平均生产成本是不断下降的；当生产规模介于 Q_2Q_3 之间时，生产平均成本既不上升也不下降；但从 Q_3 开始，随着生产规模增大，平均成本呈不断上升的趋势。

于是做以下定义（假设技术状况一定、生产投入价格不变）：

（1）把 Q_2 称为最小有效规模（或最小最优规模），即为实现按最低平均成本进行生产所需要的最起码的生产规模。

（2）把 Q_3 称为最大有效规模（或最大最优规模），即为实现按最低平均成本进行生产所不能超过的某一生产规模。

（3）把 Q_2Q_3 称为最优规模范围，即能实现按最低平均成本进行生产的各种生产规模的集合（或范围）。

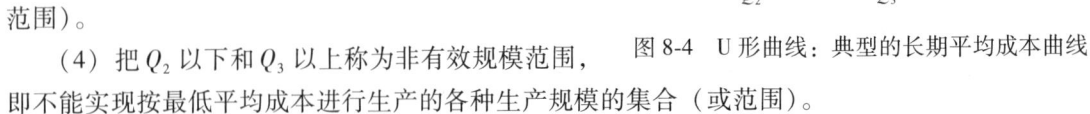

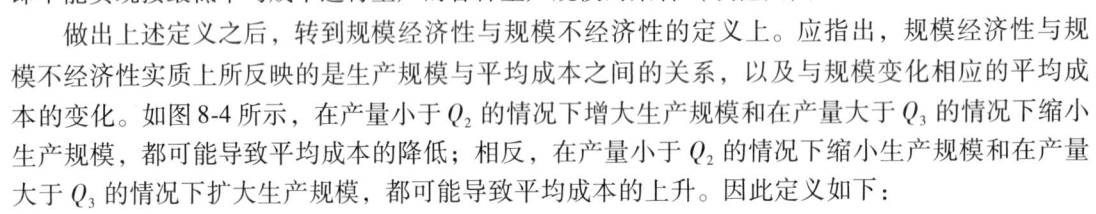

（4）把 Q_2 以下和 Q_3 以上称为非有效规模范围，即不能实现按最低平均成本进行生产的各种生产规模的集合（或范围）。

图 8-4　U 形曲线：典型的长期平均成本曲线

做出上述定义之后，转到规模经济性与规模不经济性的定义上。应指出，规模经济性与规模不经济性实质上所反映的是生产规模与平均成本之间的关系，以及与规模变化相应的平均成本的变化。如图 8-4 所示，在产量小于 Q_2 的情况下增大生产规模和在产量大于 Q_3 的情况下缩小生产规模，都可能导致平均成本的降低；相反，在产量小于 Q_2 的情况下缩小生产规模和在产量大于 Q_3 的情况下扩大生产规模，都可能导致平均成本的上升。因此定义如下：

（1）规模经济性是在一定的技术状况和生产投入价格不变的情况下，因扩大或缩小生产规模所能带来的平均成本的降低。

（2）规模不经济性是在一定的技术状况和生产投入价格不变的情况下，因扩大或缩小生产规模所能带来的平均成本的增加。

8.1.6　L 形规模曲线：经验长期成本曲线

U 形规模曲线是更多地用于理论分析的长期成本曲线。它把因规模的变化所带来的平均成本变化分为三个阶段：随着规模的增大，在最初阶段平均成本急剧下降；继而下降趋缓，并在一段产量范围内保持收益不变（即成本不变）；当产量继续增加时，平均成本可能呈上升趋势。

但是，对规模与成本关系的大量经验研究表明，很少有人发现在过高产量水平上出现规模收益递减（即平均成本曲线上升）的情况。这就使得一些学者提出了长期平均成本曲线一般呈 L 形的假设。例如，威尔斯根据 44 组数据所做的长期成本-产量关系的研究结果指出：平均成本正像字母"U"的左侧部分那样下降，最初急剧下降，后来又下降得慢一些。成本随着产量增加而下降的现象普遍存在，但像字母"U"右侧部分的上升趋势却很少出现。成本随着产量增加而急剧上升的现象实际上并未被发现过，甚至成本随着产量增加而略微上升的情况也较罕见。

| 专栏 8-1 |

概念的情景化应用：农业规模经营的国际比较

我国的粮食生产存在"高产量、高库存、高进口"的现象。国家统计局和海关总署公布的数据显示，2020 年我国粮食总产量达到 6.70 亿 t，粮食进口 1.43 亿 t，增幅27.97%。其中，大豆进口10 033万t，较2019年增加13%。作为重要的油料，近年来国内大豆的需求快速上升，但是供给却相对滞后。这其中固然有生产结构调整和禀赋制约的因素，但成本不经济也是重要原因。有研究发现，我国大豆的生产成本比美国高36%。除大豆之外，我国的稻谷、小麦和玉米生产成本也较高，因此进口也较多。这说明，我国农产品成本较高、竞争力不足，并且大量进口的情况是整体性的，由此出现了"国粮入库，洋粮入市"的现象。

我国总体上的农业规模化程度并未随着城市化的逐步推进而显著提高，平均农场规模仅为日本的一半。理论上，在城市化进程中，农业生产规模将由于农村人口减少而逐步扩大，这也符合发达国家的历史经验。但我国农均耕地面积较低，仍以小农生产为主。在"三权分置"（即土地的所有权、承包权、经营权三权分置）的背景下，即使政策允许一些土地以代耕代种、转包、委托经营流转，部分农民的流转意愿仍较弱。占农村土地大头的宅基地，目前还有待实现自由流转。

从国际经验来看，农业生产方式是内生的：当农业人口减少、农均耕地面积增加、经营规模扩大时，资本和技术密集的生产方式更会因为有利可图而被生产者自发采用。当前，规模经营已基本成为农业现代化的标志，而补贴规模经营则是各国普遍采用的基础手段。战后日本的经验说明，基于小农经济的"农业现代化"道路的确可行，但是成本高昂，非最优选择。随着城市化水平持续提高，日本已扬弃了小农模式。日本模式说明，若离开了要素的自由流动，将视角局限于农业内部，跳过规模经营而推行农业机械化和农业基础设施建设，则这些增加的成本将削弱通过规模来分摊成本的作用，只能依靠增加补贴来弥补。

在理论上，大规模经营是将各类成本摊薄的关键因素，其在农产品生产中具体化为三个方面：①通过土地整合，摊薄了使用现代大型机械化的成本，在生产中以机器替代人工劳动，提高生产效率；②在不降低产出水平的情况下，摊薄了化肥使用量和体力消耗；③摊薄了管理成本，有助于发挥农协等中介组织的作用，降低农户的融资成本、协调成本和搜寻匹配成本。简言之，大规模经营的农业生产率和产出的增速将快于成本增速。有研究发现，发达国家和发展中国家间农场面积相差34倍，且发展中国家中普遍采用的小农偏向政策将造成扭曲，最终产生约7%的生产率下降。

特别值得讨论的是日本和巴西。日本的农业是在小规模经营基础上实现"农业现代化"的代表，其城市化率很高，但是农业规模经营不足。第二次世界大战之后，日本城市化加速，农业人口大量向城市转移，产生了城市问题。所以，日本政府处于两难境地：一方面，为了追求城乡均衡发展、维持粮价稳定并提高农民收入，政府须给予大量补贴；另一方面，日本政府也认识到了规模经营的重要性，不断采取措施鼓励土地流转。1992年，日本农林水产省颁布《新的粮食、农业、农村政策方向》，将农业生产经营主体与家庭主体分离，农业生产因此走向法人化。1993年，《经营基础强化法》确立了农地向有经营能力的规模法人转移的原则。但是，这两项政策效果并不明显，农业规模经营并不充分。日本在小规模经营的基础上推行农业机械化，其投入分摊到成本中，因此日本的粮食价格较高，在国际市场上缺乏竞争力。

相较而言，巴西作为一个与中国类似的发展中大国，它选择了美国式的发展路径。在过去 30 年里，它逐渐从粮食进口国转为粮食出口国；特别是在过去十多年里，它成为世界粮仓。2012 年，巴西农产品的贸易顺差为 794 亿美元。它的政策是通过城市化来转移大量农村人口，先建立在农村发展大规模经营的条件，同时引入外资。在农业不断增产的同时，配合恰当的城市政策（如推广职业教育和通过改善城市基础设施引导就业），巴西的贫困率从 2003 年的 24.9% 下降到 2014 年的 7.4%，城乡收入差距显著下降。这种鼓励农业大规模经营的做法和第二次世界大战后的法国，以及 19 世纪末、20 世纪初的美国类似。

资料来源：徐灏龙，陆铭. 求解中国农业困局：国际视野中的农业规模经营与农业竞争力 [J]. 学术月刊，2021，53（6）. ∎

8.2 规模经济性的决定因素

规模经济性与规模不经济性的决定因素，即影响规模与平均成本关系的因素是多方面的，既包括技术上的、组织结构上的、资源配置上的因素，也包括实物特征属性方面的因素。下面从几个方面对规模经济性的决定因素进行理论分析。

8.2.1 技术的规模经济性

技术的规模经济性可从以下三个方面来分析。

1. 不可分性

不可分性是指业务活动中的投入生产要素因其物理属性而不能随意划分。或者说，不可分性是指某一投入不能按产出水平的降低比例而缩小到某一水平。例如，一辆 10t 重的吊车，只用来吊运 2t 重的货物时，不可能将该吊车一分为五，只用其 1/5 去工作。

某些基本工业设备往往是按几种限定能力（规格）来提供的。如果从工程技术角度能设计出各种规模的设备，从制造的角度能够生产出所有可能规模的设备，使用单位能够充分使用其所购置的每一类规模的设备，那么就不存在由设备的不可分性所产生的规模经济性问题了。但是，在现实经济活动中，上述三个条件中的任何一个都是很难成立的。只要设备的能力没有达到充分利用，进一步扩大生产规模都可能带来在分摊设备成本上的节约和直接劳动成本的降低，以及能耗费用的降低，等等。也就是说，只要设备能力没有达到充分利用，就存在着扩大生产规模的经济性。

因此，使用某种设备时的经济性规模只有唯一的一个，就是设备的生产能力，否则就是不经济性规模。例如，用 2t 的热处理设备来处理经常性批量为 0.5t 的产品显然是浪费产能。这种设备的不可分性也反映为某些固定资产或专用资产的不可分性。

同样，如果设计和制造部门不能提供社会所需要的各类规模的产品或设备，也会带来规模不经济性问题。例如，由于缺少大吨位车而用 4t 的汽车来多次往返运送货物，这与用大吨位车相比就明显存在不经济性问题。

与设备不可分性的分析相似，劳动投入（如单个工人）也存在不可分性，也会带来规模经济性问题。实际上，许多设备的不可分性往往与单个工人的不可分性是联系在一起的，这就造成了更大的规模经济性。例如，用 32t 的载重车运 32t 货物需要一名驾驶员，用一次车；而用 4t

车来运 32t 货物要用 8 名驾驶员，用 8 次车。可见，由于考虑了工人的因素，后一种做法就更明显地存在不经济性了。又如，不可分性也存在于管理之中，如果一位经理可以管理 100 人，而他的下属只有 50 人，那么管理成本并不因此而减少一半。

在现实中，许多类型的成本对于某些经济活动是完全不可分的，或者是部分不可分的。例如，产品的开发和设计成本并不会因为只生产计划能力的一半而减少，也不会因生产计划能力的 2 倍而增加。随着有关规模的扩大，不可分的成本就可以分摊到更大的产量上，单位成本就会降低。表 8-1 是一些典型的例子。

表 8-1 一些典型的例子

成本类型	部分或完全不可分	成本类型	部分或完全不可分
初始开发和设计成本	某产品的产量	按产品的批量管理文档	批量的规模
所发明的新技术	用此技术生产的产量	工厂的高级管理人员	工厂的产出
研究供货来源	订货规模	广告的制作	国内播放广告的范围
资本设备	该设备所要求达到的总产量		

2. 设备的几何属性与 0.6 经验原则

在设计和制造容器状和管状设备的过程中，制造设备的成本和设备能力之间存在着一种几何关系。简单地说，容器状设备的制造成本随其表面积增加而增加，而其能力是随容积增大而增大的。这就是由设备的几何属性所决定的工程设计工作中的 0.6 经验原则，或称立方-平方原则。此原则假定，平均能力增加 100% 将只会使成本上升 60% 左右。这里的 0.6 实质上就是成本-能力弹性。

对管道设施、球状容器设备的成本-能力关系所做的研究表明，管道设施的成本-能力弹性约为 0.5，球状容器设备的成本-能力弹性约为 0.66。由此可见，两种设备的成本-能力弹性正好分别位于 0.6 的左右，故有 0.6 经验原则之称。下面以管道设备为例推导其成本对于能力的弹性。

设管道的半径为 r，长度为 h，假定其成本取决于材料，因而可用表面积表示，其能力取决于容积，因而可用容积表示。

那么，其材料成本为 $C = a2\pi rh$，a 为常数；其能力为 $V = \pi r^2 h$。所以

$$\frac{\dfrac{\Delta C}{C}}{\dfrac{\Delta V}{V}} = \frac{\dfrac{a2\pi(r+\Delta r)h - a2\pi rh}{a2\pi rh}}{\dfrac{\pi(r+\Delta r)^2 h - \pi r^2 h}{\pi r^2 h}} = \frac{r\Delta r}{2r\Delta r + \Delta r^2}$$

对上式取 $\Delta r \to 0$ 时的极限就得出管道材料成本对于能力的弹性 ε（其中 Δr 为 r 的增量）为

$$\varepsilon = \lim_{\Delta r \to 0} \frac{\dfrac{\Delta C}{C}}{\dfrac{\Delta V}{V}} = \lim_{\Delta r \to 0} \frac{r\Delta r}{2r\Delta r + \Delta r^2} = \frac{1}{2}$$

这说明，对于管道状容器设备，当其能力增加 1 倍时，成本大约只增加 1/2。用同样的方法，可以推导出球状容器设备的材料成本相对于其能力的弹性为 2/3。这个情况也与 0.6 经验原则相符。

应当指出，制造这些容器、管道设备的劳动成本往往是随所消耗的材料变化，而不是随设备能力变化的。因此，上述设备的几何属性所决定的成本-能力关系，既适合材料成本与能力的

关系，也适合相应的劳动成本与能力的关系。

同样（部分地与设备的几何属性有关），在制造、安装设备时，其能力往往也是按高于其成本变化的比例增加的。

3. 较大规模设备在热效率和动力性等方面的相对有效性

大规模的设备在热效率和动力性方面往往比小设备相对有效，这可以部分地通过前面的不可分性和设备的几何属性得到解释。从数学上可以证明，容器状的热工设备，若将其分为两个而保持总容积不变，二者表面积之和必大于原表面积，这必将带来预热面积和散热面积的增加。例如，大的燃气轮发电机由于在气压更大、温度更高的蒸气条件下运转，因而能提高热效率。这可以用实验或实践来证明。而较大设备在动力性方面往往也具有相对的有效性，不同功率的燃气轮发电机的效率就可以证明这一点。

表 8-2 给出了发达国家从 20 世纪初到 20 世纪 70 年代各时期的发电站能力、发电机数目、功率、蒸气条件、热效率、输电电压的基本数据。从表中可以看出以下趋势。

表 8-2 发电站变化情况（发达国家）

年份	发电站能力（MW）	燃气轮发电机		蒸气条件		热效率（%）	输电电压（kV）
		数目（个）	功率（MW）	平方寸[①]（英镑）	温度（℉）		
1910	20	2	5	200	500	7.7	11
		1	10				
1920	60	2	10	300	750	10.5	22
		2	20				
1930	120	4	30	400	850	16.0	33
1940	240	6	40	600	900	24.0	66
1950	500	5	100	1 500	1 000	32.0	132
1960	1 000	4	250	2 300	1 000	35.0	275
1970	2 000	4	500	2 300	1 000	36.0	400

资料来源：邓肯·伯恩，巴巴拉·爱泼斯坦. 自由贸易的现实 [M]. 乔治爱伦和安文公司，1972.
① 1 平方寸 = 0.001 11 m^2。

（1）电站的规模有了极大的扩展。20 世纪 70 年代的电站规模是 20 世纪初的 100 倍。

（2）构成电站基础的燃气轮发电机的规模也有了极大的扩展。20 世纪初燃气轮发电机规模仅为 5MW，70 年代已高达 500MW，后者是前者的 100 倍。

（3）随着设备规模的扩大，电站运行技术参数（压力、温度）也有了很大改进，从而带来热效率的迅速提高。通过表 8-2 可以对不同规模的燃气轮发电机的热效率进行比较。500MW 的燃气轮发电机构成的电站，其热效率是 36%，而 10MW 规模的燃气轮发电机构成的电站，其热效率仅为 7.7%，前者为后者的 4.7 倍。

上述趋势可从不同规模的燃气轮发电机的设计在动力结构上的比较得到解释。一般来说，每个串联的燃气轮发电机组由一个燃气轮机和一个发电机组成，而每个燃气轮机则由 2~5 个燃气机缸组成——一个高压缸，一个低压缸（或者还有一个中压缸）。随着燃气轮机的电力输出能力的增大，高压缸仍为一个，而且它的规模增大较慢；加上一个中压缸，其规模也逐渐增大；而低压缸在数目和规模上都相应增加。

重新安排工厂的燃气轮发电机组的结构，可以用大体相同的资源来获得生产力的很大增加。不妨简略地比较由 4 个 300MW 的机组组成的发电厂与由 3 个 600MW 的机组组成的发电厂的动力结构参数（见表 8-3）。虽然 600MW 的机组的汽缸比 300MW 的稍大一些，但其汽缸总数少一个,而总发电量却增加了50%,其经济效益是可观的。

表 8-3 燃气轮发电厂的动力结构参数

机组	总发电量(MW)	汽缸总数(个)	高压缸(个)	中压缸(个)	低压缸(个)
4 个 300MW 的机组	1 200	16	4	4	8
3 个 600MW 的机组	1 800	15	3	3	9

资料来源:邓肯·伯恩,巴巴拉·爱波斯坦.自由贸易的现实[M].乔治爱伦和安文公司,1972.

较大设备在热效率方面的规模经济性也可以部分地通过前面的不可分性和设备的几何属性得到解释。例如,在炼钢设备的加热和保持恒温方面,大容积设备加热和散热的面积(即表面积)就明显小于两个容积为其一半的设备加热和散热面积之和。这里指出的虽然是燃气轮发电机在热效率和动力方面的规模经济性的依据,但类似的原理对于大多数热工和动力设备都是适用的。需要强调指出,技术的规模经济性构成了许多加工行业规模经济性的主要源泉。另外,技术的规模经济性不仅存在于产品的设计与制造过程,也同样存在于产品的使用过程。

8.2.2 专业化生产

劳动分工细化、设备分工细化,可以使工作集中在较窄小的范围内,从而提高生产效率,带来成本节约。工厂、公司产品的产量越大,劳动分工和设备分工专门化的优点就越能体现出来。扩大生产规模可以使公司雇用具有专门技能的人员,同时能采用高效率的专用设备,也可以使单个劳动者的劳动技术结构简单化。此外,扩大生产规模也能获得原材料供应厂商、劳务方面的经济性。

8.2.3 大规模筹供的经济性

拥有众多资源,相较拥有少量资源,在资源使用时更为节约。在组织原材料等货源的供给时,大批量订货可以分摊货源筛选和订货成本。一方面,公司保持一定的存货,可带来规模经济性,因为一旦公司出现缺货,可能会付出很高的代价;另一方面,公司又必须把存货维持在合理的水平。存货储备存在规模经济性的原因在于,大业务量的公司所必备的存货比例比小业务量的公司要小。例如,某公司使用若干同样机器,其所拥有的备品备件,按比例看就比只有一台机器所占用的要少。因为该公司可以认为这几台机器不太可能同时出现故障。同样的道理也可用于原材料、中间产品和最终产品的库存。当经济活动规模较大时,用相对较少的库存(与经济活动规模较小相比)即可应对供货的临时中断、客户的临时需求等情况。类似的经济性也可发生在劳动和资金的使用上。

作为一种推广例子,大公司在分摊风险方面的能力也使其可以承担更大的风险。大公司一般更有可能试验新方法和引进新产品,而不必担心某一新产品的失败带来的危险。同样,如果公司市场活动涉及若干国家,它就可以在不同的市场试验不同的策略。

|专栏 8-2|

管理决策分析:春秋航空如何克服规模不经济性

春秋航空成立于 2004 年,是中国第一家低成本航空公司,靠提供廉价机票挤入市场,首航一年便以 95.4%的上座率刷新了国内航空公司上座率纪录,2006 年便实现盈利 3 000 万元，在航空业引起了震动。随着中国高铁的发展，春秋航空面临着复杂的竞争环境，不但要与全服务航空公司竞争，还要与高铁竞争。因此，春秋航空以点对点、中程航线为主，航线设置在以基地、枢纽为中心，向外飞行时间 5h 以内的航段。2015 年—2018 年，春秋航空的票价比三大航空公司（中国国际航空股份有限公司、中国东方航空股份有限公司、中国南方航空股份有限公司）低 30%~40%，比吉祥航空低 20%~30%。虽然低票价使春秋航空的上座率显著高于竞争对手，但要在低价策略下保持合理的利润空间，春秋航空必须严格控制成本。但作为行业的后进入者，春秋航空在规模上存在明显劣势。如何才能克服规模不经济性呢？

春秋航空的解决方案是仿效美国西南航空的做法，采用单一机型策略，使用空客 320 系列机队和统一的 CMF 发动机。到 2020 年，春秋航空已拥有 102 架空客 320。单一机型策略有助于实现集中采购，降低了飞机购买和租赁成本、航材采购成本，减少了备用发动机数量，通过将发动机、辅助动力装置包修给原制造商，又得以控制飞机发动机大修成本，同时降低了维修工程管理难度与机组培训的复杂度。根据 2016 年—2018 年的营业成本数据，春秋航空的单位折旧及租赁费用比吉祥航空低 19%，比三大航空公司低 37%；在单位维修成本上，春秋航空比吉祥航空低 13%，比三大航空公司低 40%。

资料来源：http://finance.sina.com.cn/roll/2019-08-30/doc-iicezzrq2305280.shtml.

8.2.4　先进技术或有效的生产组织

扩大生产规模往往使采用高效率的技术、更有效的生产组织方法成为可能，也使实现成本的节约成为可能。例如，扩大生产规模就可采用高效率的自动机器来替代手工操作机器，或者用流水生产来代替批量生产。但是，工厂和生产流水线存在不可分性，在生产规模较小的情形下，高效率的生产设备难以得到充分利用，造成设备闲置，必然带来单位平均成本的上升。

通过重新组织生产活动过程，减少生产（环节）过程中的消耗，可能会带来巨大的节约。重新组织生产过程的目的在于减少不必要的消耗，从而带来直接的节约。重新组织生产过程的动因主要有两个方面：①以新技术、新工艺为支持的生产过程重组；②以改变生产模式使之合理化的生产过程重组。这方面的例子还有钢铁工业中由炼铁、炼钢在时间和空间上的分离转向统一而产生的连续铸钢技术，以及运输方面以减少运输作业环节的大吨位集装箱公路运输来代替散装式的铁路运输。

8.2.5　熟能生巧与学习曲线

熟能生巧也可称为经验效果，可视为技术进步的组成部分，因为经验在某种意义上是技术变化的反映。当企业长期从事某一业务活动时，通过大量实践，在经验积累日益增多的情况下就能熟练、高效率地处理业务活动，这时就可能出现单位成本下降的趋势。经验曲线或学习曲线描述的就是由于经验和专有技术的积累所带来的单位成本随业务累积量增加而下降的特性。在经验积累过程中，工人改进其作业方法，厂内布局逐步改善，专门化生产和专门设备得以使用，通过设备改进逐步完善操作过程，改进产品设计使之与制造活动更好地衔接，甚至包括改进测量技术和作业控制等，所有这些都有助于提高生产效率、降低单位成本。

成本随经验积累而下降的现象不仅发生在许多生产性活动中，也可能发生在市场营销活动、物流配送活动中。但是，熟能生巧更多地体现在工作技术难度较大、复杂程度较高的业务活动（如飞机制造、船舶制造）中，特别是在引进一种新技术时更是如此。因为在某项技术实施的初期，存在改进作业（包括设备、布局、控制）的可能性最多，效果也会更明显。

当公司已就某一作业技术积累了有益的经验时，如果扩大规模，这些作业技术经验便可以产生明显的效益，带来成本的降低。公司扩大规模进行多厂经营（横向一体化），或者到国外投资建厂时，都可以因其经验知识而直接获益。

8.2.6 范围经济性

当企业的若干业务活动能实现部分资源共享时，就存在范围经济性（economies of scope）。理论上讲，规模经济性可以实现全部资源的共享，因此，范围经济性与规模经济性存在密切的关系。为此，企业内不同业务活动的联系也可能带来成本的节约。较为显著的例子是企业同时生产若干产品可能要比单独生产这些产品更为便宜。范围经济性的有关来源包括声誉效应与商标、品牌的运用、在更大市场中分摊广告费用等。当企业的不同业务活动有某些相同投入时，或者不同业务活动的物流配运和促销可以同时发生时，就存在范围经济性。关联的活动还会带来其他成本费用，如广告费用、直销费用、生产和维修费用的下降。增加纵向一体化程度也可能带来成本的节约，因其更为接近客户或供货厂商。此外，与供货厂商或物流渠道方面的合作也可带来成本的节约。例如，糖果制造商要求其供货厂商按大批量液状巧克力原料而不是固体状原料供货，使双方都节约了成本。

| 专栏 8-3 |

概念的情景化应用：媒体的范围经济性

当前，传媒界正加快进行传统媒体与新媒体的融合，范围经济性逐渐受到关注。随着媒体融合的深入，过去不同媒体间清晰的物理技术界限和市场界限被打破，纷纷转向全媒体信息产品生产，如报业在新媒体平台上涉足视频、直播领域，所涉及的平台类型、传播介质、产品形态均从单一走向多元，且高度强调内容、平台、渠道、技术、管理的一体化发展。过去因传输物理介质不同而形成的报业、广电分离的媒体格局正在被打破；不同层级间"条块分割"的局面面临破冰；媒体平台的定位和功能也在发生着改变。

横向一体化是传媒企业追求范围经济性的普遍策略。在媒体融合进程中，横向一体化在不同的范围内展开。媒体内部的整合将原本互相关联但未集中的内容生产置于统一的管理系统下运行，以利于传统媒体和新兴媒体的融合运转。各媒体集团纷纷建立融媒体机构，布局新媒体矩阵，设立"中央厨房"，从传统的新闻生产向全媒体新闻生产转型，即为横向一体化的开始。在此基础上，当前横向一体化已经超越单一媒体集团，水平整合在更大范围内展开，如 2018 年央视（CCTV）、央广（CNR）、国广（CRI）三台合并，天津市主要报纸和广电的合并等。整合完成后，由一个企事业主体来统筹负责原本归属多个主体的媒体、平台、端口的内容生产和运营，这就构成了实现范围经济性的重要条件。媒体范围经济性得以实现的特征，是由一个媒体生产、传播两种或更多种类信息产品的成本，低于不同媒体分别生产、传播这些信息产品的成本之和。这是通过多种业务统筹运营后，提高人力、资金、技术、设备、品牌等各类资源的利用效率，进行集约化生产实现的。范围经济性更宽泛意义的特征则是归并后的各项业务在共享、互补、协作的状态下运行，形成"1+1>2"的效应。以天津为例，合并成立海河传媒中心后，过去报社和广电的机构均不复存在，实现"报纸无社、广电无台"的一体化运行。从海河传媒中心合并后几个月公布的信息看，通过整合经营，整体经营趋向平稳，特别是报纸方面经营恶化的势头得到遏制。这可视为范围经济效应的初步实现。目前，全国已有十几个地级市进行了报、台合并的改革，未来或有更多的地区走向报、台融合，长期以来报、台分离的格局正在被重塑。

资料来源：唐俊. 范围经济视角下的媒体融合与重塑. 传媒，2020 年 6 月. ∎

8.3 规模经济性的衡量方法

规模经济性的衡量方法是在对规模经济性进行大量经验研究的过程中形成和发展起来的。贝恩（Bain）、斯蒂格勒等人都在提出和运用方法上得出了许多研究结果。这些方法各有特点，便于应用，且可以相互检验，但它们的应用条件和对数据的要求各有不同。掌握这些方法及其应用条件和优缺点对于经验研究是非常重要的。下面介绍几种衡量成本-规模关系的重要方法：①利润作为规模函数的分析法；②适存检验法；③统计成本分析法；④工程法。

8.3.1 利润作为规模函数的分析法

1. 方法原则及衡量方式

利润作为规模函数的分析法是通过考察公司的规模与利润之间的关系来研究公司的最优规模。具体做法可把公司各个时期不同规模下对纳税后的利润或整个利润进行比较，来选择利润率最高的公司规模。该方法实际上含有这样的假设：不同规模（按类别）公司的竞争将会有不同效果，因而会产生出更有效（按利润衡量）的活动。

2. 应用实例

表 8-4 按四段时期和六个规模类别列出了（美国）所有制造公司纳税后的平均收益率（利润）。其中，1963 年—1965 年属于正常时期；1966 年—1969 年是越南战争的后期；1969 年—1971 年属于萧条时期；1975 年—1977 年则是尚无先例的高失业率与通货膨胀并存时期。1972 年—1974 年这段时期未加考虑，这是由于全面的工资和物价冻结歪曲了市场关系。同时，略去了固定资产小于 1 000 万美元的公司，以消除雇主担任经理带来的偏差。从表 8-4 中可以看出，在各个时期，规模最大的公司都有较高的收益率，特别是在正常时期的 1963 年—1965 年和萧条时期的 1969 年—1971 年，其较高的收益率显得更为突出；20 世纪 60 年代后期和 70 年代中期也是符合上述结论的。

表 8-4 制造公司按不同类别资产规模的税后平均收益率 （%）

公司资产（美元）	1963 年—1965 年	1966 年—1969 年	1969 年—1971 年	1975 年—1977 年
超过 10 亿	13.5	12.7	10.3	13.2
2.5 亿~10 亿	11.0	12.1	10.4	13.0
1 亿~2.5 亿	11.2	12.0	9.7	12.1
0.5 亿~1 亿	10.4	11.2	8.6	12.0
0.25 亿~0.5 亿	10.0	11.4	8.2	11.9
0.1 亿~0.25 亿	9.9	11.0	7.9	12.4

资料来源：F M Scherer. Industrial Market Structure and Economic Performance [M]. 2nd ed. Chicago: Rand McNally College Publishing Company, 1980.

3. 简单评价

利润作为规模函数的分析法的优点是简单易行，而且容易获得资料。一般来说，在各家公司都有历年的利润和资产额等资料，但是在应用这一方法时可能存在若干问题。首先，利润并不一定简单地与规模经济性相联系。大公司实现较高的利润收益往往不仅是由于有较高的效率，还可能是由于有较大的垄断能力。众所周知，垄断可以获得高额利润。其次，利润数字对确定折旧、对兼并所得资产的估价等会计原则很敏感。影响公司规模比较分析的一个特殊的会计问题是较小公司的老板往往给自己支付一大笔工资，否则其中一部分应归为利润，这样可以避免双重纳税。因此，小公司所公布的利润也许是偏低的。最后，小公司的利润比大公司更易于随商业周期而变化。较小的公司在繁荣时期经营效果较好，而在萧条时期则效果较差。这反映了大公司有较大的垄断能力，它们可使用会计斟酌权来修匀各时期收益。所以，在使用这种方法时，应当注意并说明上述这些情况。

8.3.2 适存检验法

适存检验法由迈尔（Mill）首先提出，并为美国芝加哥大学经济学教授斯蒂格勒所发展和成功应用。迈尔指出，无论是否可以通过可靠的检验，把常见于自由竞争中大规模经营的明显优势与常见于小厂的较小收益和亏损确定下来……只要在同样行业中存在大厂和小厂，那么在现有条件下能以更大优势进行生产的工厂将以低于另一工厂的价格出售产品。斯蒂格勒在题为《规模经济性》的论文中系统地阐明了这一方法，并用这种方法对美国 48 个制造行业中的最优公司规模做了估计。

1. 适存检验原则及其衡量方式

适存检验法属于经验分析法中从某一基本合理的经济假设出发分析大量事实的模式。

适存检验的基本假设是：不同规模公司的竞争将产生出更有效的公司。

适存检验原则是这样来决定最优公司规模的：把行业中的公司按规模分类，计算某时期各类规模公司的行业产出份额。如果某类规模的产出份额下降，它就是相对无效的。一般来说，规模越是无效，产出份额下降就越快。

2. 适存检验法的应用实例

许多研究人员用这个方法对工厂和公司的规模做了大量的研究，有的研究甚至包括 100 个以上的行业。为了说明淘汰原则的应用，斯蒂格勒以炼钢公司（钢锭生产）为例进行了分析（见表 8-5），并得出了最优规模的范围。

表 8-5　钢锭产量按公司相对规模的分布

公司规模（占行业能力的百分比,%）	1930 年	1938 年	1951 年
1. 占行业能力的百分比（%）			
0.5 以下	7.16	6.11	4.65
0.5~1	5.94	5.08	5.37
1~2.5	13.17	8.30	9.07
2.5~5	10.64	16.59	22.21
5~10	11.64	14.03	8.12
10~25	13.24	13.99	16.10
25 以上	38.67	35.91	34.50
2. 公司数（家）			
0.5 以下	39	29	22
0.5~1	9	7	7
1~2.5	9	6	6
2.5~5	3	4	5
5~10	2	2	1
10~25	1	1	1
25 以上	1	1	1

资料来源：George J Stigler. The Economics of Scale [J]. The Journal of Law and Economics，1958-12.

在所考察的 21 年中，规模小于总行业能力 0.5% 的公司所占行业能力的百分比有着持续和相当迅速的下降，与此相一致，其公司数也从 1930 年的 39 家减少到 1938 年的 29 家，再减小到 1951 年的 22 家（淘汰了 17 家），故可以推断这类公司规模有很大的不经济性。占行业能力 0.5%~2.5% 的公司所占行业能力的百分比和公司数有中等程度的下降，故有较小的不经济性，超过行业能力 1/4 的一家公司所占行业能力的百分比也有中等程度的下降，因此也存在规模不经济性。占行业能力 2.5%~25% 的公司规模则增加或保持了它们的份额，从而构成了最优规模的范围。

公司失去其行业产出份额的速度越快，其成本与最优规模的公司的成本相比就越高。然而，不应把这个解释倒过来推断，占比增大越快的公司规模就比占比增大较慢的其他公司规模更有效，因为该差异只代表各种资源的数量差异。按照这些考虑，可以把表 8-5 的数据绘成钢锭生产的长期平均成本曲线（从略）。它在很大的产出范围内显示不出规模经济性或不经济性。

斯蒂格勒还用适存检验法来检验文献中许多公司规模决定因素的假设。研究指出，广告费并没有导致公司增大的总趋势，而另一个试验（未写在上面）则表明固定资本销售额比率与公司规模也无关系。正如所预料的那样，工厂规模被证明是一个重要变量，并应采用淘汰原则来决定制约工厂规模的因素。一个相当重要的变量是技术人员与全体雇员之比，而进一步的数据和工作是必须把研发人员与生产技术人员区分开来。最优规模的决定使研发人员可以考察其所认为的及资料所显示的任何可能的决定因素。

斯蒂格勒用适存检验法所做研究中最重要的发现在于，通常都有一个相当大的最优规模范围——公司的长期边际成本曲线和平均成本曲线在很大规模范围内都是水平的。其研究还提出了有待其他相关研究进一步证实的问题：如果某行业中只存在唯一的最优规模，那么供给的增加通常应基本归结为公司数目的成比例增加，然而，现实中大多数供给的增加都体现为在公司现有基础上的发展。

3. 简单评价

适存检验法并非一种直接衡量最小最优规模的方法。该方法避开了许多统计衡量和会计方面的困难，对许多行业的规模经济得出了有价值的经验研究结论。例如，斯蒂格勒曾用有关方法对美国 48 个制造行业的规模经济性做了研究，许多学者也仿效这一方法进行了经验研究。但是该方法隐含着许多严格的假定。例如，所有的公司都追求相同的一组目标；都在同样的环境运行；投入价格和技术对所有公司都等同；市场能有效地起作用等。在现实中，上述条件是很难成立的，这对该方法及其结论的有效性产生了不利的影响。

8.3.3 统计成本分析法

1. 衡量方式

统计成本分析法是一种更直接用于工厂规模研究的方法。该方法着重于运用大量统计数据和经济计量学方法来决定工厂长期成本曲线的形状。为此，需要把广泛的工厂平均成本截面数据与反映这些工厂产量的统计变量联系起来，并考虑诸如能力利用的百分数、资本股票在年份上的差别、投入价格差别、产出组合差别、成本在不同产品之间的分摊、生产的累计量等额外的变量。具体估计出规模与成本的关系之后，就可以确定最优规模范围。

2. 估计实例

哈尔迪（Haldi）和惠特科姆（Whitcomb）用统计成本分析法对 687 类基本工业设备的规模系数进行了估计。他们把成本-（所制造设备的）能力数据按最小二乘法拟合成下述模型：

$$C = aX^b$$

式中，C 为成本；X 为能力；a 为常数；b 为所要估计的规模系数。事实上，b 为成本的能力弹性。

表 8-6 列出了对规模系数 b 的估计结果。如果把 $b<0.9$ 视为存在明显的增加收益的规模范围（即能力的相对增加较明显大于成本的相对增加），那么由表 8-6 可见，在 687 类设备中，有 618 类设备（占总数的 90%）属于增加的收益规模范围。也就是说，这些设备制造都存在规模经济性。

表 8-6 687 类基本工业设备的规模系数

规模系数 b[①]	估计数（类）	所占百分比（%）
0.40 以下	74	10.7
0.40~0.49	102	14.9
0.50~0.59	143	20.8
0.60~0.69	147	21.4
0.70~0.79	92	13.4
0.80~0.89	60	8.7
0.90~0.99	30	4.4
1.00~1.09	20	2.9
1.10 以上	19	2.8
合计	687	100.0

资料来源：哈尔迪，怀特柯布. 工厂的规模经济性［J］. 政治经济周刊，1967（8）.

① b 是在 $C=aX^b$ 中估计的规模系数。

3. 简单评价

统计成本分析法对大量历史数据进行分析,在此基础上得出最优规模的范围。该方法采用较高级的定量分析方法,在分析中应当考虑许多具体因素的影响,然而,在实际中考虑这些额外变量是相当困难的。此外,用来支持统计分析得出一般化结论的完整、可靠的数据也难以得到。最严重的问题之一是专用资源投入的使用代价。如果大小厂之间的租金投入存在差别,那么与规模差别有关的成本差异就可能失真。

尽管有各种困难,数十年来在衡量各行业的长期单位成本与工厂规模之间的统计关系方面,人们还是做出了不少努力,一旦估计出 U 形长期成本曲线,就可以衡量规模的经济性与不经济性。

8.3.4 工程法

1. 衡量方式

工程法实际上是从技术角度估计成本与规模的关系,它也是一种直接的衡量方法。一般来说,负责计划与设计新厂的工程师、通晓专门业务的高级工程师或其他经理都可以估计成本与规模的关系。这些人员都已积累了许多关于不同设备和工厂设计成本、投资和经营活动成本的信息,同时,他们也从外面聘请工厂设计或机械专家来进行这一工作。具体的做法可以委托这些专家提出估计,也可以采用与专家面谈或问卷调查等方式。

采用工程法对规模经济性的估计是建立在技术基础上的。因为生产已被划分为单个工艺和操作,往往不可能按工程生产函数来描述加工过程(以科学规律与实验数据为基础)。所以,对机器、加工单位和操作方面的规模经济性研究建立在工程师、成本会计师和经理对成本的估计的基础上。他们的估计首先要考虑:不同规模工厂的生产经验;扩大工厂能力的经验;行业的一般特点。对估计成本的组成部分,包括估计不同规模单项设备的资本和生产成本、加工成本、产品的第一个样品或试制成本等,然后按行业进行综合,并用来估计不同规模与单位成本之间的关系。

对于某些行业,可以参考和运用与前人估计规模经济性所用相类似的方法。这样做的一个原因是:对于像石油提炼和炼钢这样一些行业的不同规模工厂的成本的精确估计,要求具备专门的技术知识,以保证所考虑的不同规模工厂真正代表了一定技术状态下每一规模可能达到的最佳结果。在采用工程法时,依靠技术专家、相信专家的知识与技术是非常必要的。

2. 估计实例

库肯布(Cookenboo)曾用此方法估计油管安装的成本函数。研究结果表明,在相当大的范围内,随着产出量的增加,长期成本呈不断递减的趋势。

表 8-7 给出了对英国 12 个行业规模经济性的研究结果。表中对最小有效规模(MES)的衡量是按其所占英国市场份额考虑的。如表 8-7 所示,染料、飞机(一种)、机床工具(一种)三个行业的 MES 都大于英国国内市场总规模。表 8-7 中还给出了各行业中处于 MES 的 50%时成本上升的百分比。以染料行业为例,其成本上升为 22%;而对柴油发电机行业来说,其成本上升仅为 4%。

表 8-7 对英国 12 个行业规模经济性的研究结果

行 业	MES 占英国市场的份额（%）	处于 MES 的 50% 时成本上升的百分比（%）
炼油	10	5
染料	>100	22
啤酒	3	9
面包	1	15
钢材	33	5~15
汽车（一种）	25	6
汽车（一类）	50	6
飞机（一种）	>100	20
机床工具（一种）	>100	5
柴油发电机（一种）	10	4
鞋	0.2	2
报纸	30	20

资料来源：Haward Davies. Managerial Economics For Business, Management and Accounting [M]. 2nd ed. Pitman, 1991.

3. 简单评价

工程法的主要优点在于，可以得出对规模经济性的额定估计，并且能对工程和生产方面的成本做出较准确的估计。在估计规模的经济性时，它假定其他条件，诸如艺术状态（管理才能）、生产要素质量及其相对价格、规模的某些方面优势保持不变——这正是其他方法的最大缺点。尽管工程法有一定的局限性，但被认为是估计行业规模经济性的最好方法。贝恩就是用类似方法对美国 20 个行业的规模经济性进行了估计。

工程法的缺点在于，它有一定范围的误差且不严格，在讨论某些非技术因素对规模的影响时更是如此。例如，估计管理的技术与工厂规模的关系，或者估计规模对发展新技术和产品的影响时就是如此。估计某行业的 MES 的另一个困难之处在于，行业中不同的公司往往采用不同的经营策略，这会影响到估计结果。例如，某些公司采用配送分销方式，有的公司在许多商店销售，有的则在独立的商店销售和为其产品做广告，这些都会对其他成本——营销、配送、研究与开发产生影响。为估计 MES，必须就所从事的业务和所采用的策略做出假定。在本章对技术规模经济性的研究中，假定各种不同规模的公司都采用相同的策略，为此，一般假定公司所采用的营销、研究策略最有利于其竞争地位。例如，假定市场份额较小的公司不做广告。另外，在实践中，组织的最小有效规模也取决于生产成本之外的其他因素，这些因素包括行业中其他公司的规模和市场不完全性的程度等。

8.4 规模经济性的经验研究结果

自 20 世纪 50 年代以来，许多学者对规模经济性进行了大量的经验研究。其中，许多研究结果至今仍有直接参考价值。从具体的研究结论看，大体可以分为两类：一类着重对成本函数进行研究，目的在于确定行业长期平均成本曲线的形状；另一类则着重考察经济活动或经济组织的最小有效规模，或者最优规模范围。这类研究可以组成一定的层次，表示为：①单项经济活动的规模经济性；②单台设备的规模经济性；③工厂的最小有效规模；④公司（多厂经营）的规模经济性；⑤行业的规模经济性。下面分别就这些层次考察有关经验研究结果。

8.4.1 美国农场数目与规模的变化

在一定意义上，可以把农业生产视为单项经济活动。在这方面，美国农业发展历史可以提供一个较明显的例证。美国农业发展变革过程中最显著的特点包括：①农场数目的减少；②农场规模的扩大。

"……美国农场数从 1960 年的 396.3 万个下降到 1974 年的 283 万个，减少了 113 万个，或者说每 4 个农场要减少 1 个多……平均农场面积从 1960 年的 297 英亩㊀增加到 1974 年的 385 英亩……1960 年—1974 年，出售农产品价值在 1 万美元以下的农场数目减少了 160 万个以上，即从 1960 年的 312.6 万个减少到 1974 年的 144.6 万个。这一统计数据表明，在 20 世纪 30 年代中期开始的趋势，从第二次世界大战以来继续发展而且加速了。从那时起，美国的农场数减少了一半，即从 1947 年的 590 万个下降到 1974 年的 283 万个。"㊁

由于美国农业生产采用了大功率的农业机械设备，加上劳动力成本上升，农产品竞争激烈，必然要求扩大生产规模，降低平均成本。

许多对农业生产活动的研究提供了这方面的经验证据。特维登对美国农业的研究表明，平均成本随着经济规模扩大而下降。他的结论是，在 1960 年，总销售额在 25 000 美元以下的平均规模的农场并不能收回所有的生产成本，销售额在 25 000 美元以上的农场可以盈利。他用 1965 年的资料和同样的分析得出，盈亏临界点已从 25 000 美元增加到 30 000 美元。他的资料还提供了更多的证据，认为盈亏临界点由于技术进步与通货膨胀正在向更高的生产水平转移。㊂

8.4.2 管道输油的规模经济性的证据

管道输油可以作为单台设备（设施）来考察，输油、输气管道的经营有很大的规模经济性。根据美国埃克森公司的研究，输油管道的有关成本随所用管道直径的增加而迅速下降。如图 8-5 所示，当管道直径从 8in 逐步增加到 40in㊃时，每千桶英里的输油相关成本大约由 105 单位下降到 17.5 单位。

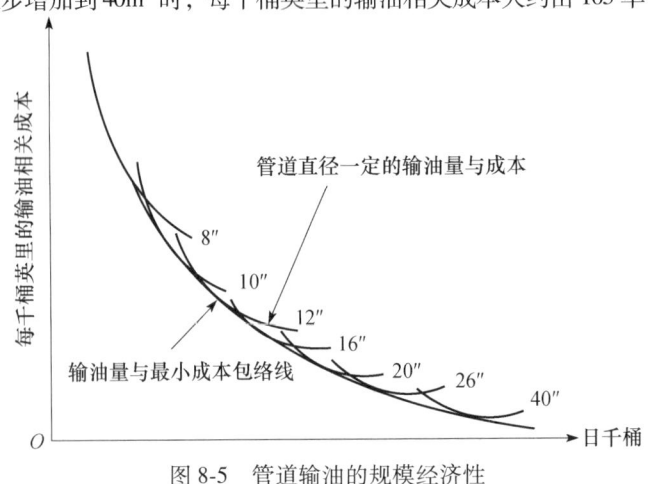

图 8-5 管道输油的规模经济性

资料来源：Arthur A Thompson. Economics of the Firm, Theory and Practice [M]. 3rd ed. Prentice-Hall, Inc, 1981.

㊀ 1 英亩（acre）= 4 046.856 平方米（m²）。
㊁ 道尔，奥拉泽姆. 生产经济学：理论与应用 [M]. 吴敬业，等译. 北京：中国农业出版社，1984.
㊂ 同㊀.
㊃ 1in = 0.025 4m。

由于输油管道行业有相当大的规模经济性，所以在美国，许多公司联合在一起把管道的规模扩大到单个公司所不能使用的有效水平。在美国，大多数州际输油管道都是属于一个以上的公司共同所有的。

8.4.3 工厂的最小有效规模

前文已指出，规模经济性的衡量结果往往可表示为工厂最小有效规模。这个方法首先是由贝恩提出的，其要点着重于估计成本变为常数时的规模。但是在现实中，许多行业并不存在一个明显的规模界限，使其后的平均成本停止下降。因此，研究的关键在于找到某一规模，在该规模之后平均成本的下降很不明显。一些研究人员将上述原则具体化为在该点之后的规模倍增所带来的单位成本下降不到5%。

表8-8给出了舒尔瑞（Scherer）对12个行业的研究结果，他把最小最优规模（MES）表示为占美、英两国市场的百分比和规模为1/3MES时成本增加的百分比。由于明显的原因，英国的MES比美国占有较高的市场份额。另外，如表8-8所示，除了玻璃瓶、水泥和连续炼钢行业规模小于MES时成本增加大于10%之外，其他行业的成本增加对于规模变动似乎是不敏感的。

表8-8 美国和英国若干行业的最小最优规模（MES）

行 业	MES占美国市场的百分比（%）	MES占英国市场的百分比（%）	规模为1/3MES时成本增加的百分比（%）	MES
酿酒	3.5	9.2	5.0	450万桶
香烟	6.5	30.2	2.2	360亿支
纺织品	0.2	1.8	7.6	3 750万 yd²①
油漆	1.4	10.2	4.4	1 000万 USgal②
石油提炼	1.9	11.6	4.8	20万桶/日
鞋	0.2	0.6	1.5	100万双
玻璃瓶	1.5	9.0	11.0	13.3万 t
水泥	1.7	6.1	26.0	700万桶（376lb）
连续炼钢	2.6	15.4	11.0	400万 t
轴承	1.4	4.4	8.0	800名职工
冰箱	14.1	83.3	6.5	80万台
蓄电池	1.9	13.0	4.6	100万件

资料来源：F M Scherer. Industrial Market Structure and Economic Performance [M]. 2nd ed. Chicago：Rand McNally College Publishing Company，1980.

① 1yd² = 0.836 127m²。
② 1USgal = 3.785 41dm³。

8.4.4 公司的规模经济性

对工厂规模经济性的考察不可能兼顾公司的许多特点，大多数较大的公司都涉及多厂经营和工厂的横向与纵向集中。贝恩首先对许多行业中的多厂生产问题加以注意，并考察了这种现象的存在可否进一步归因于单个工厂的公司所没有的规模经济性。多厂生产就是横向集中。

舒尔瑞的研究工作很好地说明了多厂生产的经济性，1963年，他们提出了美国制造业存在多厂生产的证据。从经整理得出的表8-9可看出，单个工厂生产的情况是例外的，在接近一半的行业中，一般的主导公司都拥有三四间甚至更多的工厂。舒尔瑞从公司的生产成本角度阐明了存在多厂生产的若干原因。

表 8-9 美国 407 个制造业多厂生产的情况

四大公司拥有工厂数（间）	行业数（个）	行业占比（%）
1~1.5	78	18.7
1.75~2.5	89	21.3
2.75~4	87	20.9
4.25~7	87	20.9
7.25~10	28	6.7
10.25~20	25	8.4
大于 20	13	3.1
合计	407	100

资料来源：U. S. Congress Senate. Subcommittee on Antitrust and Monopoly Report. Concentration Ratios in Manufacturing Industry, 1963.

1. 市场分散和产品运往这些市场的高运输成本

这方面的问题实际上布局理论家已有详细的分析，这里仅做简单的说明。图 8-6 中，单个工厂的长期生产成本表示为 LRPC，其向下的斜率反映了前面讨论的工厂一级的规模经济性；单位运输成本（UTC）表示随产量上升的趋势，因为生产得越多，所服务的市场就越远，因此单位成本上升。

按舒尔瑞的理论，单位成本随产量上升可以数学公式来表示。设工厂的市场份额为 S，其市场半径为 R，每平方英里有均匀需求密度 D，运费率为 T。另设市场半径为 r，在此半径时，增加的需求是 $2\pi DSdr$，单件运费是 Tr，因此运输成本为 $2\pi DSTr^2 dr$。在半径为 R 的市场，运输成本为

$$T(R)\int_0^R 2\pi DSTr^2 dr = 2/3\pi DSTR^3$$

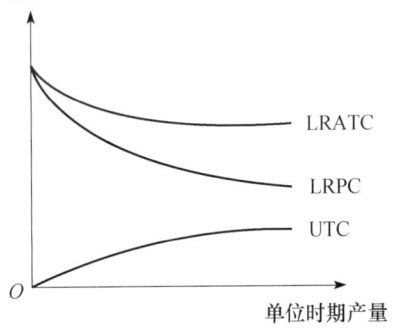

图 8-6 长期生产成本与单位运输成本曲线

商品的总销售量 Q 为需求密度乘市场面积：

$$Q = SD\pi R^2$$

把 $R = (Q/SD\pi)^{1/2}$ 代入 $T(R)$，求出运送商品量为 Q 时的总运输成本为

$$T(Q) = 2/3\pi DST(Q/SD\pi)^{3/2}$$

于是可求得单位运输成本为

$$\text{UTC} = T(Q)/Q = (2TQ^{1/2})/3(SD\pi)^{1/2}$$

由于上式中，T、S、D 和 π 均为常数，所以 UTC 显然随 Q 增大而增大，即 UTC 是 Q 的增函数，尽管 UTC 是以较小比例上升的。把生产成本和运输成本加在一起就得出平均总成本曲线，其形状为 U 形。显然，公司应在每个有足够需求的地区建立一个规模最佳的工厂来使成本最小化。（对于一定的需求）工厂的规模经济性越小而运输成本越高，那么这种工厂的数目就将越多。可以把这个简单的模型推广（但有困难）到需求不同、非线性运价的地区市场中。

2. 随时间增加的新能力

对美国 1947 年—1954 年石油提炼行业中公司和工厂的淘汰情况的考察，得出了与连续炼钢行业相似的结论。㊀ 这两个行业最大公司的份额都有很大程度的下降。在石油冶炼行业，能力在 0.5%~10% 的规模范围，其行业能力份额是稳定的或上升的。

㊀ 限于篇幅，有关数据从略。

工厂淘汰情况说明，较小公司的消失是由于较小工厂的相对无效性，所有小于行业能力 0.5%的规模类别都有很大程度的下降；规模在行业能力 0.5%~2.5%的工厂都有相对的增长；规模最大的工厂有中等程度的下降。所以，公司规模超过行业能力 2.5%的公司的扩展应认为是由于多厂经营的经济性。

8.4.5 若干长期平均成本函数的经验研究结果

表 8-10 总结了若干长期平均成本函数的主要经验研究结果。这些研究未能得出证明调查范围内的大企业实际上存在明显的规模不经济性的结论，却发现长期平均成本 LRAC 曲线都下降，然后随着产量上升而持平。虽然未能发现大型规模不经济性的足够证据，但是，并不可由此得出在这些工业部门中的长期平均成本曲线不会在某点上升的结论，因为在现实中，许多企业都会回避由于规模太大而造成单位成本的上升。

表 8-10 若干长期平均成本函数的主要经验研究结果

姓　　名	工业类型	结　　果
贝恩（1956）	制造	多工厂企业具有小的规模经济
霍尔顿（1956）	零售	LRAC 曲线是 L 形的
阿尔珀特（1959）	金属	规模经济一直到每月产出为 80 000lb 为止；然后规模收益为常数，且 LRAC 曲线为水平线
穆尔（1959）	制造	规模经济性的存在颇为普遍
朗马克斯和格里本（1953）	煤气（英国）	生产的 LRAC 曲线随着产量上升而下降
洛美克丝（1952）和约翰斯顿（1960）	电力（英国）	生产的 LRAC 曲线随着产量上升而下降
约翰逊（1960）	人寿保险	LRAC 曲线下降
约翰逊（1960）	公路旅客运输（英国）	LRAC 曲线或者下降，或者为常数
纳洛夫（1961）	电力（美国）	LRAC（除了传送成本之外）曲线先下降，然后表现为上升

资料来源：A.A 华尔特. 生产和成本函数 [J]. 计量经济学, 1963, 1 (1).

8.4.6 对我国水泥行业规模经济性的研究结果

1. 水泥行业的特点

从理论上讲，水泥行业具有比较明显的规模经济性，这是由其生产和工艺的特点所决定的。这些特点主要包括：

（1）水泥企业的固定资产投资大。水泥企业一般都有大型设备和大型建筑，耗资较大，如水泥窑、生料库、磨机和水泥库等。另外，由于水泥生产过程包括一系列大比重原料和成品的转移，必须具备一个完整的厂内输送系统；由于水泥企业年产量较大，因而其必须拥有一个较大规模的厂外成品运输车队或铁路运输线等。所有这些都使得水泥企业的固定资产投资很大。相应地，由于大量机械设备的使用和水泥生产工艺的特殊性，与其他工业比较，其劳动力的投入相对较少，从而使水泥企业的资金投入大大高于劳动力的投入。

（2）水泥企业的生产能力与投资规模密切相关。水泥窑规模决定了水泥企业的生产能力，也规定了其他相关设备和设施的规模大小。水泥企业生产能力的增加，必须依靠水泥窑、磨机、生料库、水泥库等一系列在生产工艺上相互联系的设备和设施的生产能力按一定比例同时增加，其在价值上表现为固定资产投资的增长。

（3）水泥企业的主要设备为容器状的设施，如水泥窑。通过前面的理论分析可知，容器状设备在投资方面和能耗方面都表现出明显的规模经济性。

（4）大规模的水泥企业在建厂的规划、勘探、可行性研究和服务性设施等方面相较规模较小的企业能带来更大的节约，从而也表现出规模的经济性。当然，水泥企业也存在规模的不经济性因素，这主要指水泥产品销售距离随产量的扩大而延长，从而导致销售成本的上升。

2. 研究方法与数据

下面从实证的角度来考察我国水泥企业生产规模的经济性。

（1）方法和指标的选择。由于资料来源等方面的原因，我们选用固定资产净值代表企业的规模，用净资产利税率来衡量企业的经营效益，采用统计分析的方法来研究水泥企业的规模经济性。

（2）数据的收集与整理。我们收集了65家水泥企业的规模-效益数据资料，经整理得到了相应的固定资产净值利税率指标，列入表8-11。这65家企业的规模和效益数据是从《中国工业企业概况》（第四卷）对70家建材企业的有关统计中整理出来的，其中5家水泥企业因缺乏固定资产净值数据而未被列入。

表8-11　65家水泥企业规模-效益数据

序号	净资产（万元）	净资产利税率（%）	序号	净资产（万元）	净资产利税率（%）
净资产<500			34	1 213	20.0
1	117	131.5	35	1 320	14.8
2	156	86.2	36	1 348	14.3
3	181.9	28.8	37	1 350	28.9
4	243.76	50.6	净资产 1 500~2 000		
5	256	60.4	38	1 542	9.5
6	301.9	12.0	39	1 619	147.0
7	310	22.1	40	1 672	18.0
8	350	87.7	41	1 682	130.3
9	372.5	43.2	42	1 696	4.1
10	449.6	25.8	43	1 708	66.3
净资产 500~1 000			44	1 910	5.8
11	503	17.9	45	1 971	71.9
12	543.8	24.0	46	2 000	0.3
13	562	13.1	净资产 2 000~4 000		
14	565	47.4	47	2 400	27.3
15	568.8	43.3	48	2 817	87.6
16	589.4	108.0	49	2 887	70.8
17	652	32.6	50	2 987	93.6
18	652	15.6	51	3 478	73.1
19	707.2	6.7	52	3 674	49.6
20	752.3	40.7	53	3 968	46.5
21	834.7	11.0	净资产 4 000~7 000		
22	844.12	18.4	54	4 175	110.0
23	879	37.4	55	4 224	11.8
24	889	19.0	56	4 249	123.6
25	964	33.8	57	5 642	60.5
26	972	43.3	58	5 847.5	78.6
27	988	15.2	59	6 423	19.2
28	1 000	28.7	60	6 596	80.5
净资产 1 000~1 500			净资产 7 000 以上		
29	1 029	31.9	61	7 459	27.8
30	1 046	14.8	62	13 000	11.9
31	1 125	13.2	63	19 000	8.8
32	1 133.4	5.4	64	28 817	13.6
33	1 204	39.8	65	28 845	31.0

3. 数据分析与结论

经过对表 8-11 的观察，可以得出如下几方面的初步结论：

（1）净资产规模在 2 000 万元以下的水泥企业占了整个样本数的 2/3。由此，可以得出我国水泥企业规模结构具有以小规模为主体的特征。

（2）在净资产范围 7 000 万元以上的企业，净资产利税率很低，均为 31% 以下。

（3）净资产规模在 1 000 万~1 500 万元之间的企业，其净资产利税率较低，大部分企业在 20% 以下，最高水平也低于 40%。

（4）净资产规模在 1 000 万元以下的企业，净资产利税率分布似无明显的趋势，高、中、低水平均有，且波幅很大，如高效益企业的利税率达到 131.5%，而低的则仅有 6.7%。

为了得出更为直观而有效的分析结论，将表 8-11 中的数据分成 7 组，并以固定资产净值为权数，分别计算各组的净资产利税率的加权平均值（见表 8-12）。

表 8-12　65 家水泥企业分组统计结果

组　号	规模范围（万元）	企业数（家）	净资产利税率加权平均值（%）
1	500 以下	10	38.0
2	500~1 000	18	30.0
3	1 000~1 500	9	20.4
4	1 500~2 000	9	51.4
5	2 000~4 000	7	63.81
6	4 000~7 000	7	67.0
7	7 000 以上	5	18.7

依据表 8-12 的统计结果，可进一步做出如下分析：

（1）在小于 1 500 万元的规模范围内，包括三个规模范围，即前三个组。在该范围内，水泥企业表现出规模不经济性，各组的净资产利税率加权平均值均在 40% 以下，且随着规模级别的上升，加权平均净资产利税率下降。

（2）在 1 500 万~2 000 万元的规模范围内，其效益指标发生了突变，由第 3 组的 20.4% 突然上升到 51.4%，说明该规模范围具有比前面三个规模范围更为明显的规模经济性。

（3）规模范围为 1 500 万~7 000 万元，即第 4~6 组，其净资产利税率随着规模范围的扩大而不断上升，表现出明显的规模经济性，特别是当企业规模达到 4 000 万~7 000 万元范围时，平均效益指标达到最大值。从表 8-12 中的数据可以看出，第 6 组的净资产利税率加权平均值为 67%，因此净资产规模 4 000 万~7 000 万元可视为最佳规模范围。

（4）规模大于 7 000 万元以后，其净资产利税率加权平均值骤降到 18.7%，明显低于第 4~6 组的水平。

通过对以上 65 家水泥企业规模-效益的初步统计分析，可以得出如下结论：

（1）规模在 1 000 万~1 500 万元时，具有规模不经济性；净资产在 1 000 万元以下的规模范围时，规模不经济性并不明显。

（2）规模超过 7 000 万元时，也表现出规模不经济性。

（3）规模在 1 500 万~7 000 万元之间时，水泥企业具有明显的规模经济性，故可初步确定最优规模范围为 1 500 万~7 000 万元，其中最小最优规模为 1 500 万元（净资产），最大最优规模为7 000万元（净资产）。

上述分析结论使人感到需要做进一步研究，如为什么净资产规模小于1 000万元的企业的净资产利税率波动如此之大？这是否与企业的体制、管理水平有关？又如，为什么净资产在1 000万~1 500万元范围的企业效益普遍低下，而在1 500万~7 000万元规模范围的效益普遍较好？这是否主要由于规模经济性与不经济性方面的原因？

根据本项经验研究的初步分析，在目前我国水泥企业规模结构偏小的情况下，为了提高整个水泥企业的经济效益，在确定新建、扩建的水泥企业的规模及其布局时，建议考虑以下几点：

（1）新建、扩建水泥企业，其资产规模应尽可能地接近和超过最小最优规模——净资产1 500万元，逐步改变水泥工业规模结构不合理的状况。

（2）在资源丰富、交通较为便利的地区，资产规模最好确定在4 000万~7 000万元以内。为了最大限度地满足经济发展对水泥的需要，可增大资产规模，但净资产不宜超过7 000万元。

（3）远离水泥需求市场且交通不便的地区，即使资源丰富，也不宜兴建大型水泥企业。

8.4.7 规模经济性的决策含义

（1）存在规模经济性时，企业存在扩大规模的动因或压力。当某项活动或在某一行业存在规模经济性时，意味着扩大规模能带来成本的节约。为此，企业或经营者将乐于扩大经济活动规模，以减少成本支出，提高利润水平。另外，在竞争环境中，为了在竞争中处于有利地位，也存在降低成本、扩大规模的压力。

（2）产品结构应与使用产品时的需求结构相匹配。这一经济决策的依据是技术的规模经济性（其中的不可分性）在产品使用过程中的应用。只有这样才能更好地做到产品能力与需要能力之间在经济性上的平衡，尽可能地减少两种情况所带来的不经济性：①产品能力>使用时的需要能力；②产品单件能力<使用时的需要能力。

当然，上述两种情况是普遍存在的，并且是不可能消除的，我们的目的在于尽量使其带来的损失最小化。例如，我国汽车的吨位结构简单、不够合理，过去一段时期内只有中型车，则在需要小吨位运送和大吨位运送时都会出现不经济性。

（3）局限于某些行业。从前面的理论分析已知，规模经济性的一些源泉，如不可分性、设备的成本-能力关系、扩大范围和量的节约等，在一些行业存在并明显起作用，但在另一些行业却不存在，或者作用甚小。

（4）规模经济性可能为其他管理因素所抵消。仅从规模经济性分析的观点看，大规模生产往往具有成本低、效率高的特点，并且这种优点可以通过成本核算得到证实，这就使得规模经济性理论在20世纪50—70年代大行其道。企业规模也趋于大型化，并产生了一批成本导向型企业。但是，管理、经营效果是多方面因素所决定的，许多其他因素虽有巨大作用，但难以直接计算，包括个人和群体的积极性与创造性、小规模组织的灵活性与应变能力强等。随着企业竞争的日益激烈，企业环境中的不确定性因素进一步增加，人们对大企业的缺点和小企业的优点都有了较充分的认识。许多大企业纷纷实行小型化，结果充分发挥了人的积极性，适应了市场变化，成本也并不比原来高，而利润则不断上升。因此，实践中开始改变片面强调规模经济性的原则，主张发展新型的"小企业"。

本章小结

规模经济性所研究的是经济活动的规模和其长期成本的关系问题。规模的经济性（与规模的不经济性）的含义可以用规模曲线（或长期成本曲线）直观地表示出来。规模经济性是指在一定技术状况和生产投入价格不变的情况下，因扩大或缩小生产规模所能带来平均成本的降低。

典型的规模曲线一般为U形，是各生产规模阶段之短期成本曲线族的包络线。决定规模曲线位置的因素主要有：①技术状况（新的技术一般带来规模曲线的下降）；②投入价格（投入价格的提高一般会使规模曲线上升）。

长期平均成本曲线有四种不同类型：常数的（不变的）长期成本曲线、递减的长期成本曲线、递增的长期成本曲线和U形长期成本曲线。它们可用来概括地表示规模经济性与规模不经济性的基本情况。与规模经济性相关的概念包括最小有效规模、最大有效规模、最优规模范围、非有效规模范围、规模经济性与规模不经济性。

对规模与成本关系的大量经验研究表明，很少有研究发现在过高产量水平上出现规模收益递减的情况，一些学者因此提出了长期平均成本曲线一般呈L形的假设。

规模经济性的决定因素有：①技术的规模经济性；②专业化生产；③大规模筹供的经济性；④先进技术或有效的生产组织；⑤熟能生巧与学习曲线；⑥范围经济性。当企业同时生产若干产品要比单独生产这些产品更为便宜时，就存在范围经济性。

规模经济性的衡量方法主要有：①利润作为规模的函数的分析法；②适存检验法；③统计成本分析法；④工程法。

规模经济性的决策含义包括：①存在规模经济性时，企业存在扩大规模的动因或压力；②产品结构应与使用产品时的需求结构相匹配；③局限于某些行业；④规模经济性可能为其他管理因素所抵消。

单项选择题

1. 公司的长期平均成本曲线（　　）。
   A. 反映当该公司可以任意改变一种投入甚至所有投入时，不同产出所对应的最低单位成本
   B. 由连接所有短期平均成本曲线的最低点得到
   C. 不受投入品价格变化的影响
   D. 表明总利润最大时的产量
   E. 上述答案全对

2. 规模经济性与规模不经济性（　　）。
   A. 能解释为什么短期内更多的可变投入会导致单位成本先下降后上升
   B. 能解释为什么公司的短期边际成本曲线与短期平均可变成本曲线在其最低点处相交
   C. 能解释为什么公司的长期平均成本曲线呈U形
   D. 能解释为什么产出的利润最大化水平随公司规模的扩大而上升
   E. 上述答案全错

3. 大的公司规模意味着能带来（　　）方面的好处。
   A. 较低的原材料价格
   B. 更容易接近资本市场
   C. 更高的品牌认知度
   D. 得以采用最好的技术
   E. 上述答案全对

4. 当（　　）时，体现出规模经济性。
   A. 投入比产出增长更快
   B. 边际成本下降
   C. 平均可变成本下降

D. 平均总成本下降
E. 长期平均成本随产量增加而下降
5. 在平均总成本的最小点上，（　　）。
   A. 平均可变成本和边际成本也都最小
   B. 实现所有规模经济性
   C. 达到边际收益递减的点
   D. 平均固定成本的值开始上升
   E. 上述答案全错

思考题

1. 试述长期平均成本问题与规模经济性的关系。
2. 试述规模经济性的源泉及其对企业决策的含义。
3. 把若干生产同一产品的工厂置于共同管理之下，可否带来成本节约？是否存在不利的影响？
4. 试述影响工厂一级规模经济性与规模不经济性的因素。
5. 试述影响公司（多厂）一级规模经济性与不经济性的因素。
6. 选择资料，运用本书提出的方法对某企业或某一行业的规模经济性问题进行经验研究。
7. 讨论连锁店（如麦当劳）的规模经济性问题。
8. 若成本函数 $C = aX^b$，其中 C 为成本；X 为产量；a，b 均大于 0。a，b 取何值时，生产活动具有规模经济性？
9. 结合实际，举出并讨论部分或整个不可分的成本类型；讨论技术进步可能对规模经济性产生的影响。
10. 解释为何要淘汰某些小产能的工厂，如小钢铁厂、小火电厂等。

第 9 章　企业选址与物流优化

::学习目标

- 掌握企业选址的影响因素。
- 学习有关企业选址与物流优化问题的线性规划方法和计算机求解技术,并建立模型和模拟求解若干典型优化问题,探讨其决策含义。
- 通过案例和阅读专栏认识现实中企业选址的考虑因素。

9.1　企业选址的影响因素

企业选址是企业空间布点的基础,也是企业经营管理活动的重要内容。企业选址涉及企业的大额资金投入,决策风险很大,一旦出现失误,短期内无法更正。因此,它是企业发展战略中的一个重要环节。企业选址是否正确,将对企业的生存和发展产生直接的影响。不少国际著名的跨国公司在谈及到中国投资时,都把区位因素放在最重要的位置,可见,企业选址是现代企业发展至关重要的问题。成功的选址有助于企业形成长期竞争优势,而失败的选址则会让企业背上沉重的包袱。

不同类型的企业在选址时考虑的侧重点不同。但是,总成本最小化是其主要考虑因素。传统制造企业如以大宗的、实物形态的原材料投入为主,则对当地的自然资源和交通运输条件有较高要求,选址倾向于在原材料产地或交通枢纽,同时对产业集群、产业链的布局也很重视;高新技术企业则基于科技人才的工作与生活需要而对环境有所要求,其选址倾向于科技资源丰富、有良好居住条件和生活环境的地区;而服务性企业则主要考虑接近市场,如零售企业往往把城镇的商业中心、居民住宅区、交通要道旁作为选址范围。

|专栏 9-1|

概念的情景化应用:盒马、便利蜂、瑞幸的选址逻辑

新零售时代,选址逻辑悄然发生转变。位置之于新零售的重要性较传统零售有所弱化,选址首先要考虑的是门店为谁开,流量因人群而异,常规操作是利用大数据

技术事先摸底所覆盖人群的消费特点；其次才是开在哪里，能占领人流量高地固然好，但失之交臂也并不意味着没有出路。

盒马、便利蜂、瑞幸分别代表生鲜超市、新型便利店、咖啡新零售三大新业态，透视它们的选址逻辑，你会发现，新零售背景下选址法则真的变了。

1. 盒马远离核心商圈

盒马在选址前会对周边3km范围的人群数量、质量、业主方的配合能力、物业特点等做整体考量。上海和北京是盒马门店数量最多的两座城市，新一线城市研究所报告指出，盒马仅有极少数门店开在核心商圈内（上海2家，北京没有）。相比到店购物人群，盒马更看重配送范围内能覆盖的用户数量，只要周边3km能覆盖到足够多的人群，"黄金铺位"就并非必要条件。

换言之，盒马选址的评判标准主要基于用户端数据，包括门店所在区域的用户密度、当地商业区基础，以及前期调研过程中的用户需求，等等。盒马在早期选址时，会参考地区用户的手机淘宝、支付宝使用率等线上数据，来评估该地区的电商、移动支付渗透率比例。

2. 便利蜂发力密集开店

便利蜂由"去哪儿"创始人庄辰超创办，2017年2月在北京开设了第一家门店，此后便在一、二线城市开启了高速扩张模式。2019年国庆前夕，便利蜂在内部信中宣布仅用2年7个月就开设了超过1 000家门店，门店增速遥遥领先同行。

便利蜂与传统便利店的最大不同在于，几乎所有决策都由数据和算法确定，其一直主张数据驱动门店更新迭代。便利蜂运营副总裁王紫曾透露，便利蜂的每家门店都会根据地理特征、商圈情况、社区特征、客群构成、面积大小等因素，由系统匹配相应的运营模型，在选品、陈列、最小存货单位（SKU）数量上差异化经营。

同时，便利店行业屡试不爽的在同一区域密集开店的原则也在便利蜂身上体现得淋漓尽致。密集开店会带来三大优势：①在一定区域内，提高品牌效应，与消费者建立信任度；②集中一定范围，店与店的较短距离能提升物流和配送效率；③广告和促销宣传更见成效。

3. 瑞幸选址选的是配送效率

在强势的选址策略下，优质店面基本被星巴克抢占完毕，但这并不妨碍瑞幸开启疯狂扩张的模式，因为其选址从一开始就没打算和星巴克走同一路线。瑞幸门店拥有旗舰店、悠享店、快取店和外卖厨房店四种类型，均支持外送，其中以快取店和外卖厨房店居多。

瑞幸广泛布局快取店，旗舰店却屈指可数，可见其对线下引流并不着急，因为瑞幸选择在线上完成获取流量和展示品牌形象。通过基于位置的服务（location based services，LBS）广告投放，迅速告知周边人群，再以首单免费获取第一批下载用户，用强力裂变拉新吸引存量找增量——瑞幸用户数量迎来病毒式增长。

对于瑞幸来说，选址选的是配送效率，再通过获得的用户数据确定接下来的选址方向。这也就解释了为何无论是到店还是外卖，瑞幸只通过app点单，好处之一是便于收集用户数据，从而服务于选址。换言之，瑞幸高出杯量和配送效率的秘诀并非配送速度有多快，而在于门店足够密集。

资料来源：龚进辉. 盒马、便利蜂、瑞幸的选址厉害在哪. 科技自媒体，2019年10月17日，https://www.iyiou.com/p/115674.html.

选址直接影响到企业的收入和成本，虽然各种环境因素对不同企业的盈利水平有不同程度的影响，但企业还是应该对所有可能导致收入和成本发生变化的主要因素做出评价。下面就有关主要因素加以讨论。

9.1.1 生产过程的投入-产出特点

生产过程的投入-产出之间的关系，实际上体现了行业的特点，并对企业选址产生重要影响。一般来说，若原材料通过加工转换为产成品的过程中出现明显的"失重"，则企业会倾向于在原材料地布点。以美国的钢铁企业为例，钢铁企业的生产过程表现出明显"失重"的特点。在 20 世纪初期，美国钢铁企业生产 1t 钢需要的煤超过 4t、铁矿石超过 2t。因此，选址的决定因素是原料的运输成本。由于宾夕法尼亚州西部可获得丰富而廉价的煤，所以当时全美国的钢铁工业基本上都分布在那里，匹兹堡成为美国的钢都。到了 20 世纪 70 年代，由于技术进步，每吨铁矿石的用煤量降到 1t 以下，相比之下，接近铁矿石产地变得更为重要。于是，大型钢铁联合企业在埋藏着丰富铁矿的五大湖区发展起来。而近年来，美国不少钢铁企业的选址之所以集中在底特律和芝加哥，是因为废金属日益成为炼钢的重要原料，而这两个地区有大量的废金属。从美国钢铁企业的选址变迁历程可以看出，钢铁企业把靠近原材料产地作为选址时考虑的主要因素。同样的理由可以解释为何我国一些大型钢铁企业要在沿海地区选址。

当生产过程以"增重"为特征时，企业则会考虑在接近市场所在地选址。以软饮料灌瓶厂商为例，生产软饮料要在浓缩剂中加入大量的水，水在软饮料中所占的比例往往超过 90%。考虑到节省运输成本和水的易获得性，软饮料灌瓶厂商都愿意在消费集中的地区选址以节约成本。所以在各主要的市场区域，都可见到软饮料灌瓶厂的身影。

9.1.2 原材料和产品的特性

原材料和产品的特性是决定企业选址的主要因素。在选址时，需要考虑原料和产品的易腐性、可运性、价值和价格、市场反馈、市场规模等特点。例如，由于粗糖不易变质，可运到较远的地方精炼，所以，以粗糖为原料的糖厂在布点上不要求接近原料产地。例如，加拿大某糖厂加工的是中美洲的粗糖。而易燃、易爆、易碎产品，散落的粉状产品，以及一部分气体或液体产品则不便远运，其制造工厂趋向于在靠近市场处布点。例如，制氧厂、煤气厂、液化石油气站等应靠近所服务的市场；硫酸厂由于原料（硫黄或精选黄铁矿）比产成品（硫酸）运输方便，所以宜在市场附近选址。

原料或产成品单位重量的价值越高，则运费占成本的比重越小，可运距离越远。例如，日本一个 2t 装的空运集装箱可装运价值数亿日元的集成电路，其运费只占产品价值的 0.09%，这样的电子产品可运至万里之外加工装配，以利用当地的区位优势。而低价产品，如水泥，远运则不合理，其运费可能超过产品本身的价值。因此，这类产品的生产选址不应距消费区太远。

同种原料在不同产地的价格差异也会影响企业的选址。例如，加拿大的林产品公司 MB 与德国主要造纸公司 HP 合资，1992 年在美国加利福尼亚州建新闻纸厂，就是为了充分利用"城市森林"的廉价废旧纸张原料，以降低成本，获得竞争优势。

9.1.3 劳动力的可获得性与成本

某大型制造公司下属的一间新工厂正准备开工，资金已顺利到位，设备也安装就绪，市场研究人员经过周密研究后得出结论：对该工厂生产的产品的需求是长期的、大量的。然而，两年过去了，工厂仍未能开工。原来，该制造公司的管理者犯了一个关键性的错误：没有研究人力资源的供给。在当地劳动力市场上没有开办新工厂所需的足够的合格工人，因而工厂在要求工人开始工作之前，不得不向他们提供全面的培训。这一失败的选址案例揭示了劳动力的可获得性对企业进行区位选择的重要性。对大多数企业来讲，只有当确认拟选址所在地能提供足够的、具备企业所需要的各种技能和经验的员工，才可考虑在那里建设新厂。

劳动力成本也是企业选址时必须考虑的重要因素。工资支出是企业成本的重要组成部分，在劳动力价格较低的区位选址，能有效地降低生产成本，从而在竞争中占据主动。20世纪90年代中后期，世界舆论普遍认为，中国正成为世界工厂，其中最具有代表性的评论是麦金西日本董事长大前研一做出的，他称中国大量闲置的低工资和极具可塑性的工人是一个非常大的竞争优势。

随着人口红利逐渐消失，中国的劳动力成本不断上升，2010年—2022年，全国城镇非私营单位在岗员工社会平均工资从37 147元人民币上升到97 379人民币，年均增长率达9.15%；全国城镇私营单位的社会平均工资从20 759元人民币上升到57 727元人民币，年均增长率为9.74%。尽管如此，中国的劳动力成本优势仍然具有一定的优势。[⊖]最新数据显示，2022年中国内地月平均工资为676美元，中国香港为2 812美元，日本为2 277美元，韩国为2 530美元，新加坡为3 515美元。按各国（地区）货币与美元的汇率换算后，中国2022年的每月最低工资标准为281美元，在亚洲各国的最低工资标准中处于中下水平，而巴基斯坦、泰国、菲律宾、伊朗、韩国、日本的每月最低工资分别为229、285、187、116、1 297、1 230美元。

廉价且素质不断提高的劳动力成为大量的跨国公司来中国布点的重要因素。毛蕴诗教授和德国纽化堡大学的科玛教授1998年对来华投资的德国企业进行的实证研究证实了这一观点。研究发现，德国跨国公司认为，低廉的生产成本和工资成本是中国最大的区位优势。中国科学院地理研究所的张文忠博士等对韩资企业在华投资行为的研究也揭示，韩资企业在中国投资的主要动机属于"成本指向型"，低廉的劳动力成本和生产成本是企业进行区位选择的主要因素。毛蕴诗教授在2008年11月—2009年2月对在华跨国公司的跟踪研究也证实了成本优势仍然是跨国公司来华投资的主要原因。研究发现，"低生产成本"投资动因的平均得分为2.10分（1分表示非常重要，5分表示不重要），低于中间值3分，这表明劳动力成本优势是跨国公司来华投资的一个重要因素。但是，近年来中国大陆的劳动力成本不断上升，使得一些位于沿海的企业（包括跨国公司）开始向中西部转移。而且，有一些在华跨国公司还将工厂迁到越南、马来西亚等地。

9.1.4 接近产品消费群体市场的要求

选址接近消费群体使企业能以较低的成本为顾客提供快捷的服务，这无疑是企业的一种优

⊖ International Labor Organization. Global Wage Report. 2010.

势。这一因素在服务企业的选址中尤为重要。例如，人们对快餐的需求具有极其分散化的特点，所以诸如麦当劳、肯德基、沙县小吃等都在人口密集的地区设立了门店。印度 Bajaj 汽车公司就曾凭借在接近消费群体处布点，为广大的乡村地区提供方便的维修服务和配件供应，从而在与日本本田公司的竞争中占据了优势，获得了印度小型摩托车市场 70% 的份额。我国一批优秀的家电企业，包括海尔、美的、康佳等也正是通过在消费群体所在地建立广泛的售后服务网络，随时向顾客提供高质量的安装、维修、维护等服务，并因此在空调、彩电行业培养了众多国产品牌的忠实消费者，为跨国公司设置了一道相当坚固的进入壁垒。

9.1.5 产品所处的生命周期

美国哈佛大学教授维农（Vernon）的生命周期理论对跨国公司的布点做出了解释。该理论认为，在产品创新阶段，需求的价格弹性小，生产成本不是区位选择的主要考虑因素，而此时产品尚未定型，需要与消费者、市场保持密切联系，不断改进设计和工艺，因此，生产的布点会集中在国内。当产品进入成熟阶段，产品在其他发达国家的市场占有率不断扩大，为了规避各种贸易保护政策，企业的生产区位向其他发达国家转移。当产品的生产进入标准化阶段，竞争压力加大，企业更加关心成本与价格，更重视寻求产品生产成本低的区位，因此会将生产活动的布点移向劳动力费用低廉的发展中国家。维农的理论虽然有其局限性，但向人们提供了有益的启示：在产品生命周期的各个阶段，决定其成败的各个因素的重要程度不同，这对企业是在接近市场处布点还是在生产成本最低处布点产生影响。

9.1.6 基础设施与中介服务体系

一个区域的基础设施，包括能源、通信、交通、供水、供热设施等是企业在这个区域开展生产经营活动的基本条件，在缺少这些基本条件的地方布点，会大大增加企业建设和生产经营管理的难度，增加企业的投资和运行成本。

完善的基础设施对任何企业的选址都具有关键性的影响，但不同类型的企业在基础设施方面考虑的侧重点不同。例如，铝帆土加工成铝需要大量电力，因此，铝制造商往往把厂址选在电力供应充足且成本较低的地区；钢铁生产选址需要大量的水，用于冷却和加工，所以钢铁企业在选址时，会优先考虑水供应充足的区域。宾夕法尼亚州和五大湖地区因为有丰富的水资源，先后成为美国钢铁工业的主要分布区域。而高新科技企业因产品体积小而不耐震、用水少而用电多，故对基础设施的要求集中在充足廉价的电力、靠近机场货运，以及大容量、网络化的通信条件上。

交通运输条件对于工业企业选址尤为重要。工业企业的业务活动大体分为三个阶段：①把原料集合到工厂；②在工厂内把原料加工成产品；③把产品运往市场。其中，前两个阶段都涉及实物在工厂外的运动，而这种资源和产品的空间移动成本很高。因此，传统的工业区位理论认为，最优的工业区位应使原料集合的运输费用和产品分配的运输费用之和为最小。在其他因素不变的情况下，从 A 地取得原料并在 B 地出售产品的企业，如果原料的运输成本大于产品的运输成本，就会在 A 地选址；否则，会选择在 B 地选址。而当原料和成品的运输成本相同时，企业的选址会在原料产地或市场所在地，以避免不必要的装卸费用。

随着公路系统的完善和运输业的技术进步，陆路运输的可利用性显得越来越重要。在美国做的一项对负责工业企业选址决策工作的经理的调查显示，54%的被调查者认为陆路运输的可利用性是工业企业选址决策的关键性因素，仅次于"地理位置"和"高劳动生产率"，位居第三。而认为"空运的可利用性""铁路运输的可利用性""水运的可利用性"重要的被调查者比例仅分别为 21%、16%和 5%。这一数据揭示了现代企业对陆路运输的依赖。

现代企业的发展离不开发达的中介服务体系，它是包括金融服务、信息咨询、法律服务、教育、医疗卫生等多种内容的服务体系。有了这些完善的服务体系，企业就能灵活购买所需要的中介服务，而不必设置专门的机构或聘请专门人员。以美国硅谷为例，其一度有 7 000 多家电子和软件公司汇集于此，一个重要原因就是综合性服务基础设施为高科技企业的高速运行提供了基础性的"硬件"和"软件"。硅谷高效的、完善的专业化服务与设施的结合为企业的正常运行提供了"整套服务"，如合同管理、样品实验和试制，甚至产品的生产都可以交给专业化的生产公司；而产品包装设计、销售战略、市场推广，以及记账、交税、理财等都可以委托中介服务公司；需要的各种人才由猎头公司负责网罗；专业化设备公司可以按企业的生产流程设计出专门的设备，法律服务机构可以解决企业的注册、分立、收购、兼并协议和专利技术保护等问题。完善的服务体系使硅谷的高科技企业得以把精力集中于技术开发及其商品的市场推广上。

9.1.7 区域政策环境

有观点认为，随着经济自由化程度的提高，经济环境区域差别由以自然条件为主转变到以人文环境为主。在这种情况下，区域经济政策不应再被视为影响企业选址的次要因素。政府政策会直接或通过其他因素间接地对企业的生产经营产生重要影响。尤其当倾向于对企业进行较多行政干预的政府转变其管理职能，形成以政府服务为基础的新体制时，对企业选址的影响就显得更为重大。以深圳为例，深圳没有北京、上海那样雄厚的科技发展基础，没有那样密集的科技人才，也没有那样的大型研究机构和著名大学，但是深圳的高新技术产品产值 2007 年位居全国城市的第一位，且长年位居前三之列。一个重要原因就是深圳市场取向的经济改革形成了吸引科技项目、科技人才落户，促进高新技术产业发展的区位优势。深圳市政府在 1991 年、1993 年分别推出了《关于依靠科技进步推动经济发展的决定》和《深圳经济特区民办科技企业管理规定》两个扶持高新技术产业发展的规定，并从 1999 年起每年举办"中国国际高新技术成果交易会"（简称高交会）。后来，深圳又陆续推出系统的产业政策，进一步改善高新技术产业发展的经济环境，吸引了大量的高科技企业到深圳投资。

政府提供的诸多优惠政策，如免税期、低税率、基础设施的建设、低息贷款、环境限制的放松等，都可能吸引企业到当地选址。美国的南卡罗来纳州向宝马公司提供了大量的优惠政策，使宝马公司将一个工厂建到了该州西北部的斯巴达堡市；加利福尼亚州、宾夕法尼亚州都推出了各种各样的优惠政策，来吸引日本的汽车公司到当地建厂。例如，宾夕法尼亚州政府表示，如果企业在宾夕法尼亚州建立一座工厂，州政府愿意投资建设高速公路、污水处理系统和其他基础设施。

除了以上主要影响因素之外，还有一些其他因素会影响到企业的选址。例如，靠近优秀的大学和研究机构对高新技术企业的选址很重要；城市的整体生活质量，包括宜人的气候、优美的绿化、丰富的文化生活、高质量的中小学校等，对需要大量高素质专业人才的企业选址会产生较大的影响。地区的文化因素也是需要考虑的，所在行业竞争激烈、要求员工高节奏紧张工作的企业，一般不会选择在气氛过于轻松悠闲的旅游城市选址。此外，企业必须考虑环境效益的问题，大气污染严重的工厂不能建在城市的上风向或山口处，水污染严重的工厂不能建在处于河流上游的城市。如果缺乏这方面的考虑，将可能带来严重的后果。

| 专栏9-2 |

家乐福在华关店、迁址

家乐福成立于1959年，四年后开创了大卖场模式，迅速成长为欧洲最大的零售商和全球第二大国际零售连锁集团。1995年家乐福进入中国，一度成为中国零售市场的霸主。但2007年之后，家乐福由于营收下滑，开始陆续关闭在中国的门店。

2010年7月8日，家乐福西安小寨店关张停业。作为家乐福在西安唯一的门店，小寨店的关闭意味着家乐福将撤离西安市场。

1. 单店亏损不止一家

事实上，这并非家乐福第一次遭遇此类尴尬，就在数月前，家乐福大连新华店也关闭了。不过家乐福给了一个"冠冕堂皇"的说法——并非关店，而是迁至其他地方重新营业。但大连新华店长期亏损也是不争的事实。

对于关店事件，家乐福中国区声明称："由于经营调整，西安乐福商业有限公司决定终止小寨店的运营，并将严格按照相关的法律法规妥善处置相关事宜，以保护各方的合法权益。局部的调整不影响家乐福在中国的既定发展战略。家乐福在华发展战略不变，中国始终是家乐福全球最重要的、优先发展的市场。家乐福计划每年在华增开20~25家门店，过去如此，今年也将保持同样的发展速度。"

家乐福经营旺盛时，要求新店第一年就盈利。因为家乐福是将巨大的开店成本分摊处理，经营不错的单店营业额通常可达每天40万~50万元，所以要实现第一年盈利是有可能的。有些发达区域的家乐福单店年营业额的要求甚至是2亿~3亿元。

可是，随着市场走低、管理问题和竞争加剧等因素，家乐福当时门店单店日营业额在30万元左右才可保本维持正常经营，即单店年营业额1亿多元。而家乐福西安小寨店有时日营业额仅12万元左右，如此低的营业额无法持续维持经营。

中国商业联合会、中华全国商业信息中心联合公布的零售百强企业榜单显示，家乐福2009年销售额366亿元，即单店年销售额平均约2亿元。假如部分单店日营业额仅为数万元或10多万元，确实距离收支平衡差距太大。

2. 三大弊端致亏损

为何家乐福会有数家门店遭遇亏损困境？某位曾在家乐福担任管理层的人士透露，选址、人员流失和策略是根本问题。

该人士指出，家乐福在开发选址时就遭遇困难，有些优质商业地段会被沃尔玛、大润发等竞争对手抢占，尤其是大润发，只要其认为是优质项目，会不惜成本拿下。这让家乐福望而却步。碍于扩店压力，家乐福只能在"次优"甚至"不优"的区域开店，这给门店今后的经营不善埋下了隐患。

人员流失也是一个问题。集权改制后，店长和管理层被削权，导致部分店长及管理人员离职，也对单店营业额造成了影响。此外，家乐福在晋升和加薪方面也不太到位。家乐福中国区架构和沃尔玛等同行很不一样，家乐福不是简单以总部分管各个区域、区域再管理下属地区来划分，而是依次分为总裁、副总裁、区域经理、店长、处长、主管和员工等层级，所有人员按层级工作和定薪水。有时，一位中国区某业务经理的层级仅是处长，反而华东区某业务经理的层级是店长，后者还高于前者，但前者的管理范围更广，这会在薪水和权限上造成问题。

同时，策略或许是又一问题。由于家乐福与部分供应商关系紧张，店长被削权后，减小了营销力度，因此很多货品价格不低，加之乐购、沃尔玛等同业一再强调低价并与供应商关系相对较好，导致家乐福在部分商品上失去价格优势，导致营业额下降。

2019 年，家乐福中国以 48 亿元的价格将 80% 的股份出售给苏宁。至此，家乐福在中国的辉煌走到了尽头。2020 年以来，受新冠疫情及社区团购、付费会员店等新型零售崛起的影响，家乐福的闭店速度明显加快。2020 年家乐福门店数量净减少 5 家；2021 年净减少 23 家；2022 年前三季度闭店数量达到 54 家，门店数量骤减 26%。其中，已经经营了 18 年、在开业时曾被称为"亚洲最大超市"的家乐福北京中关村店也于 2022 年 3 月关闭。尽管处境艰难，家乐福的负责人依然表示没有退出中国市场的计划。

资料来源：第一财经日报，2010-7-8；21 世纪经济报道，2023-2-6。

9.2　企业系统中的资源配置

9.2.1　企业经营管理活动中的决策问题

若企业系统有 m 种资源，要用来从事 n 项业务活动。可以测知每项业务活动对各种资源的需要情况；各种资源的数量有限，并可以测知，每项业务活动的收益也已知。于是，决策问题归结为确定各项业务活动的规模，以便利用有限的资源使 n 项业务活动获得最大的总收益，或者使其活动成本最小。

上述决策问题在企业经营管理活动中可以具体化为若干典型问题，如物流优化、厂址选择、中间产品的供给与加工、最终产品的需求与供给等问题。这些问题在许多情形下可以按线性规划建立模型并应用计算机软件求解。

9.2.2　线性规划问题数学模型的一般形式

线性规划问题数学模型的一般形式为

$$\max \sum_{j=1}^{n} c_j x_j \tag{9-1}$$

$$\text{s.t.} \sum_{j=1}^{n} a_{ij} x_j \leqslant b_i \quad (i=1,2,\cdots,m) \tag{9-2}$$

$$x_j \geqslant 0 \quad (j=1,2,\cdots,n) \tag{9-3}$$

式中，x_j 为决策变量；c_j，a_{ij}，b_i 为常量。式（9-1）表示使目标函数 $\sum c_j x_j$ 最大化；式（9-2）表示 x_j 满足 m 个线性约束条件；式（9-3）表示决策变量取值不小于零。

凡满足约束条件式（9-2）与式（9-3）的解 $\bar{x}=(\bar{x}_1, \bar{x}_2, \cdots, \bar{x}_n)$ 称为可行解。

凡满足式（9-1）的可行解称为最优解。显然，最优解使目标函数达到极大值。

结合典型的线性规划问题,可以把上述线性规划数学模型解释为:企业系统有 m 种资源,$b_i(i=1, 2, \cdots, m)$ 表示第 i 种资源的供应量;企业系统进行 n 项业务活动,$c_j(j=1, 2, \cdots, n)$ 表示第 j 项活动的收益系数;a_{ij} 表示从事第 j 项活动对第 i 种资源的消耗系数;x_j 表示第 j 项活动的规模。线性规划问题是要在上述条件下,确定各项经济活动的规模 $\bar{x}_j$,使所有业务活动的总收益为最大。这时线性规划数学模型的最优解 $\bar{x}_j$ 也就是各项业务活动的最优规模。

9.2.3 原始问题和对偶问题

给定一个线性规划问题的数学模型,总可以按类似的表示写出与之相关相反的另一线性规划问题的数学模型,称为对偶问题的数学模型。为了区别,将原先的线性规划问题称为原始问题,其数学模型称为原始问题模型。

既然对偶问题与原始问题有着相类似的数学表述,并且有着相关相反的关系,因此求解和研究对偶问题可以有两方面的作用:一是为原始问题的求解提供另一种选择;二是使人们对经济问题的分析更加完备。

根据原始问题的数学模型的一般形式,可以对照写出以下对偶问题的数学模型:

原始问题   对偶问题

$$\max \sum_j c_j x_j \qquad \max \sum_i b_i y_i$$
$$\text{s.t.} \sum_j a_{ij} x_j \leq b_i \qquad \text{s.t.} \sum_i a_{ij} y_i \geq c_j$$
$$x_j \geq 0 \qquad y_i \geq 0$$

从以上原始问题模型与对偶问题模型可以看出两者之间的如下关系:

(1) 一个是求目标函数的极大值,另一个是求目标函数的极小值。

(2) 一个问题中约束条件右边的常数,是另一个问题中目标函数的系数。

(3) 在求极大值问题中,约束条件的关系式为小于等于(≤)关系;在求极小值问题中,约束条件的关系式为大于等于(≥)关系。

(4) 若按矩阵表示,一个问题约束条件的系数矩阵与另一个问题的约束条件系数矩阵互为转置关系。

(5) 原始问题的变量和对偶问题的变量均大于等于零。

对于实际的线性规划问题来说,往往涉及许多变量和约束条件,这就使建立对偶问题的数学模型有一定困难。为了便于写出对偶问题的数学模型,常常把原始问题的变量、系数、关系等列在一张表格中,并在此基础上标出有关的对偶变量和约束关系。这样的表格被称为原始-对偶问题表。由于在后面几节的例子中将涉及原始-对偶问题表,这里暂不展开介绍。

9.2.4 对偶问题的经济解释

前面已对原始问题做了经济解释,对偶问题也同样涉及有限资源的利用,其解释为:为了对各种有限资源最好地加以利用,要对每种资源规定内部用价,记为 $y_1, y_2, \cdots, y_m$,它们应满足:

(1) $y_i \geq 0$,表示每种资源的用价不能小于零。

(2) $\sum a_{ij}y_i \geq c_j(j=1, 2, \cdots, n)$，表示每项业务活动所消耗全部资源估价之和至少应等于该项经济活动所带来的收益。

对偶问题就是在上述约束条件下，求使各项资源的总估价达到最小内部用价。这些最小内部用价是与原始问题所要求的业务活动相一致的。作为对偶问题的最优解，这些最小内部用价代表了相应资源的边际收益。资源的稀缺程度越大，其边际收益也就越高；如果资源供过于求，该资源的最小内部用价为零。在本章的后几节中，将结合具体业务活动说明对偶问题、对偶变量、对偶问题最优解的经济含义，并把它们同原始问题、经营管理决策联系起来。

9.2.5 线性规划问题求解

线性规划问题的求解以线性规划的基本定理为依据。其具体步骤已规范化为单纯形法。随着计算机技术的广泛应用，已出现了许多按单纯形法编制的计算机程序。用这些程序求解线性规划问题非常方便和迅速。本章中所有的线性规划问题都采用计算机求解。计算机求解过程实际上是对某些算法的模拟。在此之前，简单介绍一下线性规划问题的图解法和单纯形法的计算步骤。

1. 线性规划问题的图解法

在线性规划问题只有两个变量的情形下，可以用图解法求解。图解法能说明线性规划问题的几何意义，有助于理解单纯形法的基本思想。

设有线性规划问题：

$$\max S = 5x_1 + 3x_2$$
$$\text{s.t.} \quad x_1 + 2x_2 \leq 8$$
$$2x_1 + x_2 \leq 6$$
$$x_1, x_2 \geq 0$$

将约束条件在坐标系中表示出来，如图 9-1 所示。约束条件围成了凸多边形 $OABC$，其边界及其内部的点所构成的区域称为可行解域。

把目标函数视为一组平行的直线：

$$S = 5x_1 + 3x_2$$

它们是具有相同的斜率-5/3、与原点有不同距离 S（取决于 x_1, x_2 的取值）的一族平行的虚线（见图9-1）。显然，可行解域中的点并不一定使目标函数最大。但在本例中，可以通过作图找到一条直线 $s_0 = 5\overline{x}_1 + 3\overline{x}_2$，使其距原点最远而又不在可行解域 $OABC$ 之外。这样的直线必然是过凸多边形 $OABC$ 某一顶点的直线。如图 9-1 所示，它是那族平行线中过顶点 B 的直线。因此，目标函数 $S = 5x_1 + 3x_2$ 在 B 点达到最大值。位于凸多边形顶点的可行解称为基底可行解。如果目标函数有最优解，一定可以在可行解域的顶点达到，这样就缩小了寻找最优解的范围。

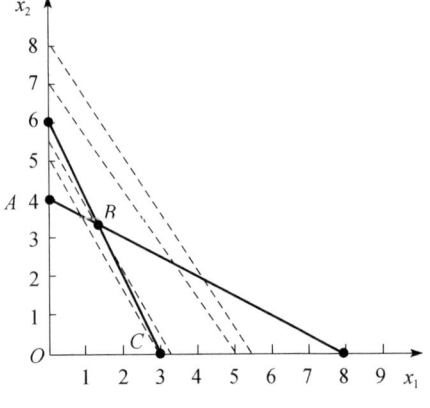

图 9-1 线性规划问题的图解法

2. 单纯形法的计算步骤

单纯形法的基本思想在于，线性规划问题若有最优解，则必有最优基本可行解，所以只需在基本可行解中挑选出最优解。为此，需要进行一系列的比较判别和迭代。现用下面例子来说明单纯形法的计算步骤。设有线性规划问题：

$$\max S_0 = 10x_1 + 14x_2 + 15x_3$$

$$\text{s.t.} \quad 3x_1 + 5x_2 + 4x_3 \leq 220$$

$$4x_1 + 7x_2 + 8x_3 \leq 280$$

$$5x_1 + 7x_2 + 6x_3 \leq 320$$

$$x_1, x_2, x_3 \geq 0$$

单纯形法的步骤如下：

步骤 1，加入一组松弛变量 s_1，s_2，s_3，将上述线性规划问题化为标准形式

$$\max S_0 = 10x_1 + 14x_2 + 15x_3 + 0s_1 + 0s_2 + 0s_3$$

$$\text{s.t.} \quad 3x_1 + 5x_2 + 4x_3 + s_1 = 220$$

$$4x_1 + 7x_2 + 8x_3 + s_2 = 280$$

$$5x_1 + 7x_2 + 6x_3 + s_3 = 320$$

$$x_1, x_2, x_3, s_1, s_2, s_3 \geq 0$$

这时，约束条件化为等式，松弛变量在目标函数中的系数为零。

步骤 2，列出初始单纯形表，见表 9-1 中头两道双横线以上部分。如表 9-1 所示，约束条件的系数和常数分别按其所对应的变量列入表中。目标函数则按

$$S_0 - 10x_1 - 14x_2 - 15x_3 + 0s_1 + 0s_2 + 0s_3 = 0$$

列入表中。人为地选择第一个基本可行解为 $x_1 = 0$，$x_2 = 0$，$x_3 = 0$，$s_1 = 220$，$s_2 = 280$，$s_3 = 320$。取非零解的变量 s_1，s_2，s_3 称为基变量。

表 9-1 线性规划问题的单纯形表

		x_1	x_2	x_3	s_1	s_2	s_3	常数项
b_{0j}	S_0	-10	-14	-15	0	0	0	0
基变量	s_1	3	5	4	1	0	0	220
	s_2	4	7	[8]	0	1	0	280
	s_3	5	7	6	0	0	1	320
b_{1j}	S_0	$-\frac{5}{2}$	$-\frac{7}{8}$	0	0	$\frac{15}{8}$	0	525
基变量	s_1	1	$\frac{3}{2}$	0	1	$-\frac{1}{2}$	0	80
	x_3	$\frac{1}{2}$	$\frac{7}{8}$	1	0	$\frac{1}{8}$	0	35
	s_3	[2]	$\frac{7}{4}$	0	0	$-\frac{3}{4}$	1	110
b_{2j}	S_0	0	$\frac{21}{16}$	0	0	$\frac{15}{16}$	$\frac{5}{4}$	$662\frac{1}{2}$
基变量	s_1	0	$\frac{5}{8}$	0	1	$-\frac{1}{8}$	$-\frac{1}{2}$	25
	x_3	0	$\frac{7}{16}$	1	0	$\frac{5}{16}$	$-\frac{1}{4}$	$\frac{15}{2}$
	x_1	1	$\frac{7}{8}$	0	0	$-\frac{3}{8}$	$\frac{1}{2}$	55

步骤 3，检验目标函数所在行的系数 b_{0j}，若所有的 $b_{0j} \geq 0$ 则已得最优解；否则转入步骤 4。在本例中，对所有的 j 均有 $b_{0j} \leq 0$，故转入下一步。

步骤 4，确定转变为基变量的非基变量，即 $\min\{b_{0j}\}$ 所在列的变量。本例中 $\min\{b_{0j}\} = -15$，该非基变量为 x_3。

步骤 5，确定转变为非基变量的基变量，用 $\min\{b_{0j}\}$ 所在列的正值系数分别除以同行常数，其最小商数所在行的基变量即为所求。在本例中，$\min\left\{\dfrac{220}{4}, \dfrac{220}{6}\right\} = \dfrac{280}{8}$，故表中用虚线方框标示的系数 8 所在行的基变量 s_2 被确定来转变为非基变量。这里称系数 8 为主元。

步骤 6，对初始单纯形表的系数增广矩阵进行初等变换，使主元变换为 1，主元所在列的其他系数变换为 0，得出一新的单纯形表。见表 9-1 中第一道双横线和第二道双横线中间的部分。

步骤 7，转到步骤 3（这里是检验 b_{1j}）。

本例经过两次变换基变量的迭代，便得出最优解（见表 9-1 第二道双横线下的部分）：

$$\bar{x}_1 = 55,\ \bar{x}_2 = 0,\ \bar{x}_3 = \frac{15}{2},\ \bar{s}_1 = 25,\ \bar{s}_2 = 0,\ \bar{s}_3 = 0$$

相应的目标函数的值（极大值）为

$$S_0 = 662\frac{1}{2}$$

在上述计算步骤中，所举的例子属于可直接求出基本可行解的情形。如果无法直接求出基本可行解，就要用人工变量来解决这一问题。具体的方法称为"大 M 法"，这在一般的运筹学书籍中均有介绍。

3. 模型的计算机求解

在个人计算机上，可以运用管理软件进行线性规划问题求解。本章 9.2 节、9.3 节、9.4 节的决策问题都采用了计算机求解。

计算机求解线性规划问题，只需按软件的提示，顺序输入：约束条件数、变量数、松弛变量数、极值问题确认、约束条件的决策变量系数、附加变量系数、常数、约束条件的等号或大于（小于）符号的赋值、目标函数系数，便可得出决策变量的最优解与相应的目标函数极值。

9.3 多个市场的物流优化模型

9.3.1 决策问题

在企业经营管理决策中，较为典型的是物流优化问题。问题在于制订出相应决策问题的优化物流方案。现在这样描述多个市场的物流方案问题：

某一企业的业务范围内，有 m 个不同的生产地点，因而有 m 个货物供应地区，有 n 个不同的需求地区。有关的货物供应量与需求量均可测知，地区间的单位运输成本也已知。要求制定出货物的供应和分配方案，以便尽可能满足各地区的需求。

处理上述问题可以有不同的方法，也可以制定出许多不同的物流方案。但是，不同的方案有不同的经济效益。采用线性规划方法和计算机求解可以制定出最优物流方案，该方案能在尽可能满足各地需求的情况下，使总运输成本最小。本节将采用一个数值例子来说明建立模型的过程、计算机求解结果和有关的经济解释，然后讨论模型的一般形式及其推广。

9.3.2 一个数值例子

设有5个需求地区、3个供应地区，各地区对某一货物的需求量、各地区的供应量和地区间的单位运输成本如表9-2所示。

表9-2 一个数值例子的有关资料

i：供应地区	j：需求地区					地区供应量 x_i
	1	2	3	4	5	
	单位运输成本					
1	1	3	4	6	3	50
2	0	5	6	9	2	80
3	8	5	3	2	9	120
地区需求量 y_j	90	25	35	40	60	$\sum x_i = \sum y_j = 250$

现要求制定一个最优物流方案，以便在尽可能满足各需求地区需求的条件下，使总运输成本最小。

1. 物流优化数学模型

（1）原始问题的数学模型。设决策变量 x_{ij} = 地区 i 到地区 j 的物流量，i = 1，2，3；j = 1，2，3，4，5。可以把本例的线性规划原始问题表述为

$$\min S = x_{11} + 3x_{12} + 4x_{13} + 6x_{14} + 3x_{15} + 0x_{21} + 5x_{22} + 6x_{23} + 9x_{24} + 2x_{25} + 8x_{31} + 5x_{32} + 3x_{33} + 2x_{34} + 9x_{35}$$

s. t.
$$x_{11} + x_{21} + x_{31} \geq y_1 = 90 \tag{9-4}$$
$$x_{12} + x_{22} + x_{32} \geq y_2 = 25 \tag{9-5}$$
$$x_{13} + x_{23} + x_{33} \geq y_3 = 35 \tag{9-6}$$
$$x_{14} + x_{24} + x_{34} \geq y_4 = 40 \tag{9-7}$$
$$x_{15} + x_{25} + x_{35} \geq y_5 = 60 \tag{9-8}$$
$$x_{11} + x_{12} + x_{13} + x_{14} + x_{15} \leq x_1 = 50 \tag{9-9}$$
$$x_{21} + x_{22} + x_{23} + x_{24} + x_{25} \leq x_2 = 80 \tag{9-10}$$
$$x_{31} + x_{32} + x_{33} + x_{34} + x_{35} \leq x_3 = 120 \tag{9-11}$$
$$x_{ij} \geq 0, i = 1,2,3; j = 1,2,3,4,5 \tag{9-12}$$

在上述模型中，目标函数 S 为地区间物流运输成本的总和。求解该原始线性规划问题的最优解 $\bar{x}_{ij}$，可以使地区间运输成本的总和取得最小值。

1）约束条件式（9-4）~式（9-8）分别表示运往各需求地区的货物总量不小于其需求量。

2）约束条件式（9-9）~式（9-11）分别表示从各供货地区运出的货物总量不大于其供应量。

3）约束条件式（9-12）表示地区间的物流量不小于零。

（2）对偶问题的数学模型。为了便于写出上述原始问题的对偶问题，最好先按原始问题列出规划表，并把相应的条件和对偶变量标上，如表9-3所示。

表 9-3 原始-对偶问题规划表

	x_{11}	x_{12}	x_{13}	x_{14}	x_{15}	x_{21}	x_{22}	x_{23}	x_{24}	x_{25}	x_{31}	x_{32}	x_{33}	x_{34}	x_{35}		b_i
e_1	1					1					1						90
e_2		1					1					1					25
e_3			1					1					1				35
e_4				1					1					1		(≥)	40
e_5					1					1					1		60
e^1	−1	−1	−1	−1	−1												−50
e^2						−1	−1	−1	−1	−1							−80
e^3											−1	−1	−1	−1	−1		−120
	(∧)																
G_j	1	3	4	6	3	0	5	6	9	2	8	5	3	2	9		

列出上述原始-对偶问题规划表后，就易于写出对偶问题的数学模型：

$$\max H = 90e_1 + 25e_2 + 35e_3 + 40e_4 + 60e_5 - 50e^1 - 80e^2 - 120e^3$$

$$\text{s.t.} \quad e_1 - e^1 \leq 1 \tag{9-13}$$

$$e_2 - e^1 \leq 3 \tag{9-14}$$

$$e_3 - e^1 \leq 4 \tag{9-15}$$

$$e_4 - e^1 \leq 6 \tag{9-16}$$

$$e_5 - e^1 \leq 3 \tag{9-17}$$

$$e_1 - e^2 \leq 0 \tag{9-18}$$

$$e_2 - e^2 \leq 5 \tag{9-19}$$

$$e_3 - e^2 \leq 6 \tag{9-20}$$

$$e_4 - e^2 \leq 9 \tag{9-21}$$

$$e_5 - e^2 \leq 2 \tag{9-22}$$

$$e_1 - e^3 \leq 8 \tag{9-23}$$

$$e_2 - e^3 \leq 5 \tag{9-24}$$

$$e_3 - e^3 \leq 3 \tag{9-25}$$

$$e_4 - e^3 \leq 2 \tag{9-26}$$

$$e_5 - e^3 \leq 9 \tag{9-27}$$

$$e_1, e_2, e_3, e_4, e_5, e^1, e^2, e^3 \geq 0 \tag{9-28}$$

以上对偶问题的经济含义为：

1) 对偶变量 e_1、e_2、e_3、e_4、e_5 表示需求地区的商品价格；e^1、e^2、e^3 则表示供应地区的商品价格。

2) 约束条件式（9-13）~式（9-27）表示需求地区 j 的商品价格 e_j 与供应地区 i 的商品价格 e^i 之差不大于地区 i 到地区 j 的单位商品运价。

3) 约束条件式（9-28）表示需求地区商品价格 e_j 与供应地区商品价格 e^i 均不小于零。

目标函数 H 为商品在需求地区的总收入 $\left(\sum_{j=1}^{5} y_j e_j\right)$ 与商品在供应地区的总支出 $\left(\sum_{i=1}^{3} x_i e^i\right)$

之差，即利润。求解对偶问题，可以确定出一组商品价格，使其在满足上述约束条件下的目标函数值最大，即该项物流活动的利润最大。

2. 计算机求解结果

由计算机计算的原始问题最优解为

$$x_{11} = 10, x_{12} = 0, x_{13} = 0, x_{14} = 0, x_{15} = 40$$

$$x_{21} = 80, x_{22} = 0, x_{23} = 0, x_{24} = 0, x_{25} = 0$$

$$x_{31} = 0, x_{32} = 25, x_{33} = 35, x_{34} = 40, x_{35} = 20$$

相应的最小运输成本总和为

$$\min S = 620$$

在计算机程序中输入对偶问题的有关数据，也可得出其最优解：

$$e_1 = 7, e_2 = 5, e_3 = 3, e_4 = 2, e_5 = 9, e^1 = 6, e^2 = 7, e^3 = 0$$

目标函数的最大值，即最大利润为

$$\max H = 620$$

3. 地区间供需物流优化问题的经济解释

（1）如果 $\bar{x}_{ij} > 0$，表明地区 i 与地区 j 之间有物流发生。这意味着需求地区 j 的商品价格 $\bar{e}_j$ 与供应地区 i 的商品价格 $\bar{e}^i$ 之间的差价必定高于两地间的单位运价（$t_{ij} < \bar{e}_j - \bar{e}^i$）。

如果 $\bar{x}_{ij} = 0$，表明地区 i 到地区 j 之间没有物流发生。这意味着需求地区 j 的商品价格 $\bar{e}_j$ 与供应地区 i 的商品价格 $\bar{e}^i$ 之间的差价不大于两地间的单位运价（$t_{ij} \geq \bar{e}_j - \bar{e}^i$）。

（2）如果 $\bar{e}_j = 0$，也就是需求地区 j 的商品价格为零，表明地区 j 可能存在供应过剩，即 $\sum_{i=1}^{n} x_{ij} \geq y_j$。

如果 $\bar{e}_j > 0$，表示地区 j 的需求恰好等于对地区 j 的供应，即 $\sum_{i=1}^{n} x_{ij} = y_j$。

（3）如果 $\bar{e}^i = 0$，也就是供应地区 i 的商品价格为零，那么地区 i 的货源可能存在过剩，即 $\sum_{j=1}^{n} \bar{x}_{ij} \geq x_i$。

然而，如果 $\bar{e}^i > 0$，也就是供应地区 i 的商品价格大于零，那么地区 i 的供应量刚好等于从地区 i 运至 n 个需求地区的总量，即 $\sum_{j=1}^{n} x_{ij} = x_i$。

9.3.3 模型的一般形式

1. 决策问题的一般表述

设有 n 个地区，分别用 i, j 表示，$i, j = 1, 2, \cdots, n$。每个地区的消费者对某一商品在单位时期内的需求为 y_j，$j = 1, 2, \cdots, n$。

每个地区在单位时期能供应该商品的量为 x_i，$i = 1, 2, \cdots, n$。

这些地区形成一个封闭的经济系统，其所有地区的总需求量等于来自所有地区的总供应量：

$$\sum_{j=1}^{n} y_j = \sum_{i=1}^{n} x_i$$

从供应地区 i 到需求地区 j 的单位商品运输成本为 t_{ij}。

现要求出一组地区间的物流量（设为 x_{ij}），在满足上述限制条件下，使 n 个地区供应者的收益最大，并使把商品运至 n 个需求地区的总成本最小。

2. 数学模型的一般形式

按上述的数学符号可以写出该决策问题数学模型的一般形式：

$$\min \sum_{i=1}^{n} \sum_{j=1}^{n} t_{ij} x_{ij} \tag{9-29}$$

$$\text{s.t.} \sum_{j=1}^{n} x_{ij} \geq y_j \quad j = 1, 2, \cdots, n \tag{9-30}$$

$$\sum_{j=1}^{n} x_{ij} \geq x_i \quad i = 1, 2, \cdots, n \tag{9-31}$$

$$x_{ij} \geq 0 \quad \text{对所有 } i \text{ 和 } j \tag{9-32}$$

（1）约束条件式（9-30）表示运到每一需求地区的商品量不小于其需求量。
（2）约束条件式（9-31）表示从每一供应地区运出的商品量不大于其供应量。
（3）约束条件式（9-32）表示商品的运输量为非负。

根据模型式（9-29）~式（9-32）所写出的对偶问题的数学模型为

$$\max \sum_{j=1}^{n} e_j y_j - \sum_{i=1}^{n} e^i x^i \tag{9-33}$$

$$\text{s.t.} \ e_j - e^i \leq t_{ij} \quad i, j = 1, 2, \cdots, n \tag{9-34}$$

$$e^i, e_j \geq 0 \tag{9-35}$$

9.3.4 模型的推广形式

1. 数学模型的推广

前面讨论和介绍了供需平衡时的物流优化模型。在现实经济生活中，总供应与总需求刚好平衡的情况是很少见的。无论在供应量超过需求量，还是需求量超过供应量的情形下，本节前面所建立的模型都不再适合，而应提出新的模型。下面提出的模型是对模型式（9-29）~式（9-32）的推广。沿用前面模型的符号，可以把供应量不等于需求量时的物流优化模型表述为

$$\min \sum_{i=0}^{n} \sum_{j=0}^{n} t_{ij} x_{ij} \tag{9-36}$$

$$\text{s.t.} \sum_{i=0}^{n} x_{ij} = y_j \quad j = 0, 1, 2, \cdots, n \tag{9-37}$$

$$\sum_{j=0}^{n} x_{ij} = x_i \quad i = 0, 1, 2, \cdots, n \tag{9-38}$$

$$x_{ij} \geq 0 \quad \text{对所有的 } i, j \tag{9-39}$$

上述模型与模型式（9-29）~式（9-32）的不同之处在于，增加了虚的需求地区或虚的供应地区来处理过剩的供应或需求问题。在上述模型中：

$$x_0 = \max\left(0, \sum_{j=1}^{n} y_j - \sum_{i=1}^{n} x_i\right) \tag{9-40}$$

$$y_0 = \max\left(0, \sum_{i=1}^{n} x_i - \sum_{j=1}^{n} y_j\right) \tag{9-41}$$

$$t_{0j} = t_{i0} = 0 \tag{9-42}$$

因为对于任何问题，要么是供应量不大于需求量，要么是需求量不大于供应量，所以，x_0 与 y_0 至少有一个为零。

例如，当总需求量 $\sum_{j=1}^{n} y_j$ 大于总供应量 $\sum_{i=1}^{n} x_i$ 时，有 $y_0 = 0$，$x_0 > 0$；反之，当总供应量大于总需求量时，有 $x_0 = 0$，$y_0 > 0$；当总供应量等于总需求量时，$x_0 = y_0 = 0$，这时模型就与模型式（9-29）~式（9-32）相同。

可以这样来解释供需物流优化模型的推广形式。当总供应量超过总需求量时，虚地区 0 就被假定来接受过剩的供应量。其所接受的过剩供应总量为

$$y_0 = \sum_{i=1}^{n} x_{i0} = x_{10} + x_{20} + \cdots + x_{n0}$$

式中，x_{i0} 表示从供应地区 i 运到需求地区 0 的物流量，它实际上表示地区 i 的供应量 x_i 中未售出并存储在该地区的那部分物资量。求解模型得出相应的 x_{i0} 后，就知道哪些地区供应过剩及过剩供应量。如果各地区的存储成本不同，则这些存储成本的差异可以反映在运输成本 t_{i0} 之中。

当需求量大于供应量时，虚地区 0 被假定用来供应未满足的需求。其所供应的未满足的需求总量为

$$x_0 = \sum_{j=1}^{n} x_{0j} = x_{01} + x_{02} + \cdots + x_{0n}$$

式中，x_{0j} 表示从虚地区 0 供应到需求地区 j 的物流量，实际上它表示地区 j 的需求量 y_j 中未被满足的部分。求解模型得出相应的 x_{0j} 后，就可知道哪些地区需求短缺及短缺量。

2. 应用举例

下面用一例子来讨论当供给大于需求时的物流优化问题。为了方便起见，假设本节表 9-2 中原五个需求地区的需求都保持不变，而原先三个地区的供应量分别有所增大，如表 9-4 所示。

表 9-4 一个数值例子的更新资料

	j：需求地区					地区供应量 x_i	
	1	2	3	4	5		
i：供应地区			单位运输成本				
1	1	3	4	6	3	70	
2	0	5	6	9	2	110	
3	8	5	3	2	9	140	
地区需求量 y_j	90	25	35	40	60	250	320

上述问题属于供给不等于需求的物流优化问题。现考虑建立形如式（9-36）~式（9-39）的模型。先按式（9-40）~式（9-42）有

$$x_0 = \max\left(0, \sum y_j - \sum x_i = -70\right) = 0$$

$$y_0 = \max\left(0, \sum x_i - \sum y_j = 70\right) = 70$$

$$t_{i0} = 0, \qquad i = 1,2,3$$

故可写出本问题的线性规划模型：

$$\min S = 0x_{10} + x_{11} + 3x_{12} + 4x_{13} + 6x_{14} + 3x_{15} + 0x_{20} + 0x_{21} + 5x_{22} + 6x_{23} +$$
$$9x_{24} + 2x_{25} + 0x_{30} + 8x_{31} + 5x_{32} + 3x_{33} + 2x_{34} + 9x_{35}$$

s.t.
$$x_{10} + x_{20} + x_{30} \geqslant 70$$
$$x_{11} + x_{21} + x_{31} \geqslant 90$$
$$x_{12} + x_{22} + x_{32} \geqslant 25$$
$$x_{13} + x_{23} + x_{33} \geqslant 35$$
$$x_{14} + x_{24} + x_{34} \geqslant 40$$
$$x_{15} + x_{25} + x_{35} \geqslant 60$$
$$x_{10} + x_{11} + x_{12} + x_{13} + x_{14} + x_{15} \leqslant 70$$
$$x_{20} + x_{21} + x_{22} + x_{23} + x_{24} + x_{25} \leqslant 110$$
$$x_{30} + x_{31} + x_{32} + x_{33} + x_{34} + x_{35} \leqslant 140$$
$$x_{ij} \geqslant 0 \qquad i = 1,2,3; j = 0,1,2,3,4,5$$

式中，x_{ij} 表示供应地区 i 到需求地区 j 的物流量。

计算机输出结果的最优解为

$$x_{10} = 5, x_{11} = 40, x_{12} = 25, x_{13} = 0, x_{14} = 0, x_{15} = 0, x_{20} = 0, x_{21} = 50, x_{22} = 0,$$
$$x_{23} = 0, x_{24} = 0, x_{25} = 60, x_{30} = 65, x_{31} = 0, x_{32} = 0, x_{33} = 35, x_{34} = 40, x_{35} = 0$$

目标函数的最小值为

$$\min S = 420$$

在本例中，$y_0 = x_{10} + x_{20} + x_{30} = 5 + 0 + 65 = 70$，表示虚需求地区 0 所接受的过剩供应总量。由 $x_{10} = 5$ 可知地区 1 尚有 5 单位的商品过剩，而 $x_{30} = 65$ 则表示地区 3 有 65 单位的商品过剩。此外，最小运输总成本为 420，比本节前面供应量等于需求量的数例的最小运输总成本 620 小得多。这主要是由于供应量大于需求量，有更大的余地选择成本小的物流。

9.4 地区间最终产品、中间产品的供需与生产规模优化模型

9.4.1 决策问题

设有 n 个生产中间产品的地区。中间产品运到企业工厂后加工成最终产品。每个工厂因技术状况等的不同，转化为一定量的最终产品所需的中间产品量也各不相同（但均为常数）。每个地区都有一间工厂，其加工能力为定数。各加工厂的生产成本（按单位产品计）已知，不同产品地区间的运价也已知。假设所有中间产品加工成最终产品后不小于各地区的总需求量，并且所有产品的市场价格不变。

为此，可以采用线性规划数学模型来确定中间产品的物流和使用量，以及最终产品的生产、

物流和消费，以便在满足各种条件下使有关的加工与运输成本之和最小。

为了便于了解这一复杂问题的经济含义，先用一个数值的例子展开讨论，然后建立数学模型的一般形式。

9.4.2 一个数值的例子

1. 原始问题的数学模型

设有三个地区，每个地区对最终产品的需求量为一定；各地区的牲畜（中间产品）量也一定；每个地区均设有一个加工厂，工厂的生产能力、技术状况不一样。现将有关的需求、供给、生产系数、生产能力、加工成本、运输成本分列如下：

三个地区对肉的需求分别为
$$D_1^f = 200, D_2^f = 300, D_3^f = 100$$

三个地区的中间产品供应量分别为
$$S_1^\delta = 400, S_2^\delta = 200, S_3^\delta = 600$$

各加工厂中间产品的最终产品产出率为
$$a_1^{\delta f} = \frac{1}{1.4}, a_2^{\delta f} = \frac{1}{1.6}, a_3^{\delta f} = \frac{1}{2}$$

各加工厂的生产能力分别为
$$K_1 = 150, K_2 = 300, K_3 = 750$$

在各加工厂加工出单位最终产品所需的能力系数分别为
$$a_1^f = 2.0, a_2^f = 1.5, a_3^f = 1.0$$

各加工厂的单位最终产品加工成本分别为
$$C_1^f = 3.0, C_2^f = 3.0, C_3^f = 3.0$$

地区间（$i \rightarrow j$, $i, j = 1, 2, 3$）中间产品和最终产品的运输成本分别为
$$t_{11}^\delta = t_{11}^f = 0, t_{21}^\delta = t_{21}^f = 1, t_{31}^\delta = t_{31}^f = 2$$
$$t_{12}^\delta = t_{12}^f = 1, t_{22}^\delta = t_{22}^f = 0, t_{32}^\delta = t_{32}^f = 1$$
$$t_{13}^\delta = t_{13}^f = 2, t_{23}^\delta = t_{23}^f = 1, t_{33}^\delta = t_{33}^f = 0$$

为了求解问题，分别设：
- 地区间的最终产品流量为 x_{ij}^f, $i, j = 1, 2, 3$
- 地区间中间产品的流量为 x_{ij}^δ, $i, j = 1, 2, 3$
- 各加工厂的生产量为 x_k^f, $k = 1, 2, 3$

于是可以列出该问题的线性规划模型。

（1）目标函数。使最终产品、中间产品的运输成本、产品的加工成本之和最小（这里按总成本负值的最大化表示）：

$$\max f = -[(0x_{11}^f + 1x_{12}^f + 2x_{13}^f) + (1x_{21}^f + 0x_{22}^f + 1x_{23}^f) + (2x_{31}^f + 1x_{32}^f + 0x_{33}^f)] -$$
$$[(0x_{11}^\delta + 1x_{12}^\delta + 2x_{13}^\delta) + (1x_{21}^\delta + 0x_{22}^\delta + 1x_{23}^\delta) + (2x_{31}^\delta + 1x_{32}^\delta + 0x_{33}^\delta)] - [3x_1^f + 3x_2^f + 3x_3^f]$$

（2）约束条件。各工厂最终产品的运出量不大于其生产量：
$$x_1^f - x_{11}^f - x_{12}^f - x_{13}^f \geq 0$$
$$x_2^f - x_{21}^f - x_{22}^f - x_{23}^f \geq 0$$

$$x_3^f - x_{31}^f - x_{32}^f - x_{33}^f \geq 0$$

各工厂实际加工的牲畜量不大于其实际的供应量（即经调进、调出后的净供应量）：

$$400 - 1.4x_1^f - x_{12}^\delta - x_{13}^\delta + x_{21}^\delta + x_{31}^\delta \geq 0$$

$$200 - 1.6x_2^f - x_{21}^\delta - x_{23}^\delta + x_{12}^\delta + x_{32}^\delta \geq 0$$

$$600 - 2.0x_3^f - x_{31}^\delta - x_{32}^\delta + x_{13}^\delta + x_{23}^\delta \geq 0$$

各工厂加工出的产品不大于其加工能力：

$$150 - 2.0x_1^f \geq 0$$

$$300 - 1.5x_2^f \geq 0$$

$$750 - 1.0x_3^f \geq 0$$

保证各地区的需求（往各地区调拨量之和不小于各地区的需求量）：

$$x_{11}^f + x_{21}^f + x_{31}^f - 200 \geq 0$$

$$x_{12}^f + x_{22}^f + x_{32}^f - 300 \geq 0$$

$$x_{13}^f + x_{23}^f + x_{33}^f - 100 \geq 0$$

产量不小于零，流量不小于零：

$$x_1^f, x_2^f, x_3^f \geq 0, x_{ij}^f, x_{ij}^\delta \geq 0, i, j = 1, 2, 3$$

为了便于写出对偶问题，根据上述模型列出原始-对偶问题规划表，如表9-5所示。

表9-5 原始-对偶线性规划问题：最终-中间产品生产和分配模型

对偶变量	最终产品									工厂生产			中间产品								
	x_{11}^f	x_{12}^f	x_{13}^f	x_{21}^f	x_{22}^f	x_{23}^f	x_{31}^f	x_{32}^f	x_{33}^f	x_1^f	x_2^f	x_3^f	x_{11}^δ	x_{12}^δ	x_{13}^δ	x_{21}^δ	x_{22}^δ	x_{23}^δ	x_{31}^δ	x_{32}^δ	x_{33}^δ	
W_1^1	-1	-1	-1							1												≥ 0
W_2^1				-1	-1	-1					1											≥ 0
W_3^1							-1	-1	-1			1										≥ 0
W_1^2										-1.4				-1	-1	1			1			≥ -400
W_2^2											-1.6			1			-1			-1	1	≥ -200
W_3^2												-2.0			1			1	-1	-1		≥ -600
W_1^3										-2.0												≥ -150
W_2^3											-1.5											≥ -300
W_3^3												-1										≥ -750
W_1^4	1			1			1															≥ 200
W_2^4		1			1			1														≥ 300
W_3^4			1			1			1													≥ 100
	⋀	⋀	⋀	⋀	⋀	⋀	⋀	⋀	⋀	⋀	⋀	⋀	⋀	⋀	⋀	⋀	⋀	⋀	⋀	⋀	⋀	
	0	1	2	0	1	2	2	1	0	3	3	3	1	2	1		1	2	1			
	t_{11}^f	t_{12}^f	t_{13}^f	t_{21}^f	t_{22}^f	t_{23}^f	t_{31}^f	t_{32}^f	t_{33}^f	c_1	c_2	c_3		t_{12}^δ	t_{13}^δ	t_{21}^δ		t_{23}^δ	t_{31}^δ	t_{32}^δ		

2. 对偶问题的数学模型

（1）目标函数。使销售最终产品的总收入在扣除工厂费用、中间产品费用后最大：

$$\min W = -(200W_1^4 + 300W_2^4 + 100W_3^4) + (150W_1^3 + 300W_2^3 + 750W_3^3)$$
$$+ (400W_1^2 + 200W_2^2 + 600W_3^2) + (0W_1^1 + 0W_2^1 + 0W_3^1)$$

（2）约束条件。两地间最终产品价差不大于运价：

$$W_1^4 - W_1^1 \leqslant 0 \quad W_1^4 - W_2^1 \leqslant 0 \quad W_1^4 - W_3^1 \leqslant 2$$
$$W_2^4 - W_1^1 \leqslant 1 \quad W_2^4 - W_2^1 \leqslant 0 \quad W_2^4 - W_3^1 \leqslant 1$$
$$W_3^4 - W_1^1 \leqslant 2 \quad W_3^4 - W_2^1 \leqslant 1 \quad W_3^4 - W_3^1 \leqslant 0$$

最终产品售价扣除原料费用、工厂费用后不大于加工费用：

$$W_1^1 - 1.4W_1^2 - 2.0W_1^3 \leqslant 3$$
$$W_2^1 - 1.6W_2^2 - 1.5W_2^3 \leqslant 3$$
$$W_3^1 - 2.0W_3^2 - 1.0W_3^3 \leqslant 3$$

中间产品两地差价不大于运价：

$$W_2^2 - W_1^2 \leqslant 1 \quad W_1^2 - W_2^2 \leqslant 1 \quad W_1^2 - W_3^2 \leqslant 2$$
$$W_3^2 - W_1^2 \leqslant 2 \quad W_3^2 - W_2^2 \leqslant 1 \quad W_2^2 - W_3^2 \leqslant 1$$

各种价格不小于零：
- 最终产品在各地的价格 W_j^1, $W_j^4 \geqslant 0$
- 中间产品在各地的价格 $W_i^2 \geqslant 0$
- 工厂费用 $W_i^3 \geqslant 0$

3. 原始-对偶问题的最优解及其对决策的含义

可以求出本线性规划问题的最优解

最终产品流量	中间产品流量	工厂产量
$x_{11}^{-f} = 75$	$x_{12}^{-\delta} = 120$	$x_1^{-f} = 75$
$x_{22}^{-f} = 200$	$x_{13}^{-\delta} = 50$	$x_2^{-f} = 200$
$x_{31}^{-f} = 125$		$x_3^{-f} = 325$
$x_{32}^{-f} = 100$		
$x_{33}^{-f} = 100$		

相应的所有非零流量和加工成本之和（即目标函数的值）

$$\max f = -2\,370$$

求解对偶问题可以得出如下最优解：

	最终产品价格	中间产品价格	工厂租金
地区 1	$W_1^1 = W_1^4 = 9$	$W_1^2 = 0$	$W_1^3 = 3$
地区 2	$W_2^1 = W_2^4 = 8$	$W_2^2 = 1$	$W_2^3 = 2.27$
地区 3	$W_3^1 = W_3^4 = 7$	$W_3^2 = 2$	$W_3^3 = 0$

从上述最优解可以看出：

1) 地区 1 的中间产品（牲畜）价格 $W_1^2 = 0$，这意味着存在供应过剩的状况。
2) 地区 3 的工厂租金 $W_3^3 = 0$，这意味着其加工能力未能充分利用。
3) 地区 1 的工厂租金 $W_1^3 = 3$ 为最高，说明其加工能力相对紧张。

从上面三点分析可以得出这样的结论：既然地区 1 原材料供应过剩、加工能力紧张，因此可以考虑在地区 1 扩大加工能力，这样可能使整个经济效益获得提高。这就是对偶问题最优解对决策分析的含义。

9.4.3 模型的一般形式

为了建立模型的一般形式，引入以下符号：设 i, j（地区）$= 1, 2, \cdots, n$；D_i^f 表示地区 i 对最终产品的最低需求量；S_i^δ 表示地区 i 的中间产品供应量；K_i 表示地区 i 的工厂的加工能力；t_{ij}^δ 表示中间产品 δ 从地区 i 到 j 的单位运费；t_{ij}^f 表示最终产品 f 从地区 i 到 j 的单位运费；$a_i^{\delta f}$ 表示中间产品 δ 在地区 i 转化为单位最终产品 f 的比率；a_i^f 表示在地区 i 的工厂加工单位最终产品 f 所需的能力；C_i^f 表示地区 i 加工最终产品 f 的单位工厂成本；x_i^f 表示地区 i 的最终产品 f 的产量；x_{ij}^f 表示最终产品 f 从地区 i 到 j 的流量；x_{ij}^δ 表示中间产品 δ 从地区 i 到 j 的流量。

这样，本节开始时所提出的经济问题的数学模型的一般形式如下所示。

1. **目标函数**

使运输成本与加工成本之和最小：

$$\min C(x) = \sum_i \sum_j t_{ij}^f x_{ij}^f + \sum_i \sum_j t_{ij}^\delta x_{ij}^\delta + \sum_i C_i^f$$

2. **约束条件**

从地区 i 运出的最终产品 f（运给本地区和其他地区）的量不大于该地区工厂的产量：

$$x_i^f - \sum_j x_{ij}^f \geq 0, \text{对所有的 } i$$

地区 i 的工厂用于生产最终产品 f 的中间产品量减去运到地区 i 加工的中间产品量，加上从地区 i 运出的中间产品量不大于地区 i 的中间产品供应量：

$$S_i^\delta - \sum_j (x_{ij}^\delta - x_{ji}^\delta) - a_i^{\delta f} \cdot x_i^f \geq 0, \text{对所有 } i$$

地区 i 的工厂用于生产最终产品 f 的能力不大于其加工能力：

$$K_i - a_i^f x_i^f \geq 0, \text{对所有 } i$$

从地区 i 运到本地区的最终产品量加上从其他地区运进的最终产品量不小于地区 i 的需求：

$$\sum_j x_{ij}^f - D_i^f \geq 0, \text{对所有 } j$$

产量、最终产品流量、中间产品流量非负：

$$x_i^f, x_{ij}^f, x_{ij}^\delta \geq 0, \text{对所有 } i$$

根据上述线性规划问题，可以写出如下对偶问题的一般形式：

$$\max g = \sum_i D_i^f W_i^4 - \sum_i S_i^\delta W_i^2 - \sum_i K_i W_i^3 - \sum_i 0 W_i^1$$

$$\text{s.t.} \quad W_i^4 - W_i^1 \leq t_{ij}^f$$

$$W_i^1 - a_i^{\delta f} W_i^2 - a_i^f W_i^3 \leq C_i^f$$

$$W_i^2 - W_i^2 \leq t_{ij}^\delta$$

$$W_i^1, W_i^2, W_i^3, W_i^4 \geq 0$$

式中，对偶变量 W_i^4，W_i^1 为需求地区和供应地区的产品价格；W_i^2 为中间产品价格；W_i^3 为工厂费用。

9.5 厂址选择与生产规模优化模型

9.5.1 决策问题

以加工某种原材料为生产对象的企业厂址选择和工厂规模的确定，实际上是简单的选址问题。在企业经营决策中有许多这种问题的原型。例如，某些农副产品、矿产品的加工厂厂址和规模的选定。

简单的选址问题可以概括为：有 n 个不同地区，出产同一种原料，各地区产量已知；由于需求量很大，需要将所有原料加工为成品；可作为厂址的地区有 m 个，其单位加工成本已知；从各原料产地到各可能的生产地的单位运输成本也为已知。现要求从 m 个可能的厂址中选出若干厂址，并确定相应的生产规模，使生产成本与运输成本之和最小。

为了便于了解问题，仍先看一个数值的例子，再提出优化模型的一般形式。

9.5.2 一个数值的例子

设有 5 个不同的原料供应地、4 个可能的原料加工厂厂址，各地的原料产量 x_i、加工厂址的预期单位生产成本 c_j、从产地到加工厂厂址的单位运输成本 t_{ij} 如表 9-6 所示。

表 9-6 一个数值例子的资料

原料供应地 i	可能的原料加工厂厂址 j				供应原料产量 x_i
	1	2	3	4	
	t_{i1}, c_1	t_{i2}, c_2	t_{i3}, c_3	t_{i4}, c_4	
	单位运费、单位加工费				
1	3 7	5 6	1 4	5 4	4 200
2	1 7	2 6	3 4	5 4	3 500
3	4 7	3 6	4 4	2 4	7 400
4	4 7	2 6	2 4	2 4	6 500
5	2 7	1 6	3 4	4 4	3 000

设 x_{ij} 为原料供应地 i 到加工厂厂址 j 的流量，则可以提出以下线性规划模型来选定使运输与生产总成本最小的加工厂厂址和生产规模：

$$\min [(3+7)x_{11} + (1+7)x_{21} + (4+7)x_{31} + (4+7)x_{41} + (2+7)x_{51} +$$
$$(5+6)x_{12} + (2+6)x_{22} + (3+6)x_{32} + (2+6)x_{42} + (1+6)x_{52} +$$
$$(1+4)x_{13} + (3+4)x_{23} + (4+4)x_{33} + (2+4)x_{43} + (3+4)x_{53} +$$
$$(5+4)x_{14} + (5+4)x_{24} + (2+4)x_{34} + (2+4)x_{44} + (4+4)x_{54}]$$

s. t. $x_{11} + x_{12} + x_{13} + x_{14} = 4\ 200$

$x_{21} + x_{22} + x_{23} + x_{24} = 3\ 500$

$x_{31} + x_{32} + x_{33} + x_{34} = 7\ 400$

$x_{41} + x_{42} + x_{43} + x_{44} = 6\ 500$

$x_{51} + x_{52} + x_{53} + x_{54} = 3\ 000$

$$x_{ij} \geq 0; i = 1,2,3,4,5; j = 1,2,3,4$$

经计算机求解得出模型的最优解为

$$x_{13} = 4\,200, x_{23} = 3\,500, x_{34} = 7\,400, x_{43} = 6\,500, x_{52} = 3\,000;\text{其余的 } x_{ij} = 0$$

相应的最小总成本为 149 900。

进一步可得出各加工厂厂址的规模：

厂址 1——$x_{11}+x_{21}+x_{31}+x_{41}+x_{51}=0$

厂址 2——$x_{12}+x_{22}+x_{32}+x_{42}+x_{52}=3\,000$

厂址 3——$x_{13}+x_{23}+x_{33}+x_{43}+x_{53}=4\,200+3\,500+6\,500=14\,200$

厂址 4——$x_{14}+x_{24}+x_{34}+x_{44}+x_{54}=7\,400$

可见，不应在厂址 1 设厂，而其他三个厂址都应设厂，其规模如上所示。

在本例中，若设 x_{ij} 为供应地 i 到加工厂厂址 j 的原料流量，x_j 为厂址 j 的生产规模，则可提出另一线性规划模型为

$$\min(3x_{11} + 5x_{12} + x_{13} + 5x_{14} + x_{21} + 2x_{22} + 3x_{23} + 5x_{24} + 4x_{31} + 3x_{32} + 4x_{33} + 2x_{34} +$$
$$4x_{41} + 2x_{42} + 2x_{43} + 2x_{44} + 2x_{51} + x_{52} + 3x_{53} + 4x_{54}) + (7x_1 + 6x_2 + 4x_3 + 4x_4)$$

s.t. $x_{11} + x_{12} + x_{13} + x_{14} = 4\,200$

$x_{21} + x_{22} + x_{23} + x_{24} = 3\,500$

$x_{31} + x_{32} + x_{33} + x_{34} = 7\,400$

$x_{41} + x_{42} + x_{43} + x_{44} = 6\,500$

$x_{51} + x_{52} + x_{53} + x_{54} = 3\,000$

$x_{11} + x_{21} + x_{31} + x_{41} + x_{51} - x_1 = 0$

$x_{12} + x_{22} + x_{32} + x_{42} + x_{52} - x_2 = 0$

$x_{13} + x_{23} + x_{33} + x_{43} + x_{53} - x_3 = 0$

$x_{14} + x_{24} + x_{34} + x_{44} + x_{54} - x_4 = 0$

$x_{ij} \geq 0, x_j \geq 0$

9.5.3 模型的一般形式

假设 b_i 为地区 i 的原料产量，$i=1, 2, \cdots, n$；c_j 为各可能建厂地区 j 的单位加工成本，$j=1, 2, \cdots, m$；t_{ij} 为原材料从地区 i 运到地区 j 的单位运输成本，那么，可以把本节的线性规划问题表述为下列数学模型：

$$\min\left(\sum_{i=1}^{n}\sum_{j=1}^{m} t_{ij}x_{ij} + \sum_{j=1}^{m} c_j x_j\right)$$

s.t. $\sum_{j=1}^{m} x_{ij} \leq b_i, i=1,2,\cdots,n$

$\sum_{i=1}^{n} x_{ij} - x_j \geq 0$

$x_{ij} \geq 0, x_j \geq 0, i=1,2,\cdots,n; j=1,2,\cdots,m$

式中，x_{ij} 表示由地区 i 到地区 j 的原料流量；x_j 表示厂址 j 的生产规模。

在上述模型中，目标函数为使运输成本与加工成本的总和最小。第一个约束条件表示，由

各地区运出的原料总量不大于该地区的供应量；第二个约束条件表示，各厂址的加工量不大于运往该厂的原料流量之和。

| 专栏 9-3 |

特拉斯超级工厂为何选址上海

2018年7月10日，特斯拉公司（以下简称特斯拉）与上海市政府、上海临港管委会、临港集团签署纯电动车项目投资协议。仅仅3个月过去，10月17日，特斯拉与上海市规划和国土资源管理局就正式签订了《土地出让合同》，创造了上海外资项目从签约到土地出让的最快速度，也标志着特斯拉项目的实质落地。[一]作为新能源汽车行业的明星企业，特斯拉为什么会选择在上海建设第一间海外超级工厂呢？

1. 国家政策环境

美国退出巴黎协定使得特斯拉在美国的新能源汽车业务面临巨大的政策风险。而中国政府已把新能源汽车视为战略性新兴产业，计划在未来10年内把混合动力轿车和全电动车的年销售量提升10倍。2017年发布的《自由贸易试验区外商投资准入特别管理措施（负面清单）（2017年版）》取消了"新建纯电动乘用车生产企业生产的产品须使用自有品牌，拥有自主知识产权和已授权的相关发明专利"，为特斯拉在自贸区国产落地打开了一扇窗。[二]

2. 通达江海，交通便捷

特斯拉汽车在生产过程中需要进口大量配件，整合全球优质零部件资源，整车一般通过水路运输销往全国各地，因此，选择水陆交通便捷的城市是特斯拉超级工厂选址的一个重要考虑因素。特斯拉上海超级工厂位于上海临港新城，地处上海东南角，内扼扬子江，外眺太平洋，雄踞东海之滨，毗连杭州湾畔，北临浦东国际航空港，南接洋山国际枢纽港，是长三角沿海大通道上最重要的节点区域。海运、空运、铁路、公路、内河、轨交构成了临港便捷的综合交通优势。[三]

3. 接近消费群体市场，降低关税成本

2016年，中国的电动汽车保有量为64.8万辆，已经成为全球最大的电动汽车市场，占到全球电动汽车销量的四成多，大幅领先于美国。[四]中国市场在特斯拉的全球业务版图中变得越来越重要。特斯拉2016年总营收为70亿美元，在中国市场营收10.6亿美元，占比15.14%；2017年总营收为117.6亿美元，在中国市场营收20.3亿美元，占比17.26%。[五]中国一直是特斯拉除美国外最大的消费市场，实现当地生产，可大幅节省关税，进一步提高特斯拉在中国的竞争力。进口Model S在中国的售价为73.4万元，远高于美国，国产化可免去25%的进口关税和17%的增值税，最终价格预计将会降低1/3。此外，自主汽车品牌和合资品牌生产的新能源车可以享

[一] 新浪科技. 特斯拉：上海超级工厂建设顺利 2019年年底正式投产. https://tech.sina.com.cn/it/2019-08-07/doc-ihytcerm9049800.shtml.
[二] 第一电动. 特斯拉上海建厂+减免关税，这回靠谱不？. https://www.d1ev.com/kol/57603.
[三] 从特斯拉超级工厂落地上海临港地区，看企业选址法则. https://baijiahao.baidu.com/s?id=16166305132634-29979&wfr=spider&for=pc.
[四] 国际能源署. 2017年全球电动汽车展望报告.
[五] TechWeb. 特斯拉2017年在华销售额突破20亿美元 同比翻倍. http://www.techweb.com.cn/world/2018-02-24/2640234.shtml.

受政府的支持和补贴。"国产"特斯拉汽车会以合资品牌进行销售,这个福利自然也能得到。[1]

由此看来,特斯拉在中国建设超级工厂可以接近消费市场,提高新车交付效率,更好地服务中国消费者。此外,在中国上海设厂可以实现产销一体化,节省整车的运输成本与部分关税成本,使特斯拉汽车更具有竞争力。

4. 科创人才丰富,用工成本低

特斯拉作为高科技企业,需要大量的科技人才从事研发工作。上海临港新城作为上海市的全球科创中心承载地,有着世界级港城的定位,已有35家支柱型国企、63家世界级名企、233家创新类企业选择在此发展。作为产业高地的临港新城,科技创新人才集聚。此外,中国的普通劳动力数量多且用工成本相对较低,可以降低特斯拉进行汽车制造、组装的生产成本。

5. 配套汽车产业链成熟,区块创新前景佳

上海具有明确的智能汽车发展规划,有利于特斯拉汽车的高效生产。临港地区已形成汽车整车及零部件的产业集群,具有良好的产业配套基础。包括上海汽车在内的20多家汽车整车及零部件相关企业,以及一批汽车生产、汽车物流、汽车贸易等外资项目都在临港集聚。以此为基础,临港地区全力推动新能源汽车产业的发展,通过项目布局和产业配套,带动相关产业链延伸和完善,打造千亿级的新能源汽车产业集群和智能制造集聚区。

与此同时,临港地区已经成功吸引了一批知名人工智能企业落户,积极布局智能汽车产业新高地,发展无人驾驶技术。2018年5月,临港管委会宣布率先打造无人系统测试场景全覆盖地区,为人工智能企业提供最全面的配套发展环境。在2018年9月世界人工智能大会上,临港地区正式公布5条共计26.1km的智能网联汽车开放测试道路。临港地区建设多样化的道路测试场景、打造智能网联车制造业创新中心等举措为特斯拉的当地研发创造了很好的条件。[2]

6. 发展近况

2019年1月7日,上海临港装备产业区特斯拉上海超级工厂(一期)开工建设;2019年年末上海工厂投产。特斯拉上海超级工厂的建设进度可谓神速,仅用1年时间就实现了Model 3车型的投产。2020年,新冠病毒肆虐全球,在中国抗击疫情取得阶段性胜利后,上海工厂是特斯拉全球唯一在运营的工厂,对特斯拉生产的稳定性起到了至关重要的作用。[3]由此看来,特斯拉在上海建设超级工厂的选址决策是非常正确的。■

本章小结

企业在空间上的选址是经济决策分析的重要内容。不同类型的企业在选址时考虑的侧重点不同。企业应该对所有可能导致收入和成本发生变化的主要因素做出评价。这些因素包括生产过程的投入-产出特点、原材料和产品的特性、劳动力的可获得性与成本、

---

[1] 搜狐网. 特斯拉首个中国工厂选址敲定,最快本周落户上海. https://www.sohu.com/a/150565082_575815.
[2] 搜狐网. 特斯拉为什么选择在上海建超级工厂. https://www.sohu.com/a/325223940_100191058.
[3] 新浪财经. 大洋两岸的特斯拉:上海产销两旺,加州咆哮复工. http://finance.ifeng.com/c/7whsRYpYGtP.

接近产品消费群体市场的要求、产品所处的生命周期、基础设施与中介服务体系、区域政策环境。

企业选址与物流优化的决策问题主要采用线性规划问题的单纯形法求解。该求解过程可采用计算机运算。在具体应用方面，本章建立并模拟求解了多个市场的物流优化模型，地区间最终产品、中间产品的供需与生产规模优化模型，厂址选择与生产规模优化模型，并探讨了相应的决策含义。

计算分析题

1. 用单纯形法求解线性规划问题：

$$\max Z = 5x_1 + 6x_2$$
$$\text{s. t.} \quad 0.2x_1 + 0.3x_2 \leq 1.8$$
$$0.2x_1 + 0.1x_2 \leq 1.2$$
$$0.3x_1 + 0.3x_2 < 2.4$$
$$x_1 \geq 0, x_2 \geq 0$$

2. 用单纯形法求解线性规划问题：

$$\max Z = 4x_1 + 5x_2 + 9x_3 + 11x_4$$
$$\text{s. t.} \quad x_1 + x_2 + x_3 + x_4 \leq 15$$
$$7x_1 + 5x_2 + 3x_3 + 2x_4 \leq 120$$
$$3x_1 + 5x_2 + 10x_3 + 15x_4 < 100$$
$$x_1 \geq 0, \ x_2 \geq 0, \ x_3 \geq 0, \ x_4 \geq 0$$

3. 设需求地区、供应地区、需求量、供应量、地区间单位运输成本分别由下表给出。
   (1) 建立数学模型，使尽可能满足各地区需求情况下总运费最小。
   (2) 阐述最优解的决策含义。
   (3) 写出原始问题的对偶问题。

	j：需求地区					地区供应量 x_i
	1	2	3	4	5	
i：供应地区	单位运输成本					
1	1	3	4	5	3	50
2	0	5	6	8	3	80
3	8	5	3	2	9	120
地区需求量 y_j	100	50	50	50	60	310 250

思考题

1. 在零售、家电、高新技术、咨询服务等行业中，哪些因素是影响企业选址的主要因素？
2. 地方政府对在本市布点的企业给予优惠的利弊有哪些？
3. 你认为教育与工业企业选址决策之间有什么联系？
4. 有观点认为："企业选址决策的最终约束已由资源约束转变为市场约束，区位的软环境，包括政府的区域政策、区域的市场化程度和社会化程度，对企业发展的约束都大大增加了。"请对此观点加以评论。
5. 试比较国内不同营商环境对企业选址的影响。
6. 试用一两个实例比较国内外营商环境对企业投资决策和选址的影响。

第 10 章　企业的价格和产量决策

::学习目标

- 了解四种不同的市场结构，以及区分它们的五个维度；了解完全竞争、完全垄断、垄断竞争和寡头垄断四种不同市场结构的特征，并认识现实中与之相应的行业、企业类型。
- 了解完全竞争、完全垄断、垄断竞争和寡头垄断四种不同市场结构下企业的价格和产量决策，以及边际分析在实现利润最大化目标中的应用；认识需求、生产和成本三者之间的相互作用。
- 认识价格竞争在相应市场中的局限性与作用，以及不同模式下的价格和产量决策；了解非价格竞争在不同市场模式下的作用与局限性。

本章考察需求、生产和成本三者之间的相互作用是怎样决定企业所面临的市场结构的，在简述四种不同的市场结构后，分别讨论不同市场结构下企业的价格和产量决策。

为了易于进行理论分析，经济学教科书普遍将市场划分为四种类型：完全竞争、完全垄断、垄断竞争、寡头垄断。完全竞争和完全垄断是完全相反的两种市场结构。在完全竞争市场中有许多卖者，其中每个卖者只生产行业产出的很小部分。在完全垄断情况下，整个行业中只有一个卖者。例如，某地区唯一的天然气与石油供应商就是一家垄断企业。寡头垄断则居于中间情况，市场上只有少数几个卖者。垄断竞争又处于完全竞争与寡头垄断之间的情况。

为了便于理解上述四种不同市场结构的特征，表 10-1 从企业数目、产品类型、企业控制价格能力、进入壁垒和非价格竞争五个维度描述和概括了不同市场结构的关键特征，并举出相应的行业例子。

表 10-1　完全竞争市场、垄断竞争市场、寡头垄断市场和完全垄断市场的特征

市场结构	企业数目	产品类型	企业控制价格能力	进入壁垒	非价格竞争	行业例子
完全竞争	很多	标准化	无	低	无	许多农产品很接近
垄断竞争	许多	有差异	一般	低	广告和差异化产品	零售贸易
寡头垄断	很少	标准化或有差异	一般	高	广告和差异化产品	计算机、炼油、炼钢、汽车
完全垄断	独家	独有产品	强	极高	广告	电力、供水、供气

市场由一群企业和个人所组成，他们在市场中互相联系以买卖产品与劳务。市场结构因一家单独的企业或多家企业的参与、产品特征、控制价格的程度不同而有很大差异，并进而影响企业的竞争行为。完全竞争市场中的一家企业一点也没有控制价格的能力。例如，一家生产粮食的农场（姑且视为完全竞争）对价格的控制无能为力。另外，一家垄断企业可能对价格有相当大的控制力。在没有政府规制的情况下，某地区的一家天然气和电力公司对该地区的天然气和电力价格有相当大的控制力。垄断竞争或寡头垄断市场中的企业对价格的控制力不及垄断企业，但要强于完全竞争企业。例如，汽车市场只有几家汽车生产商，新能源汽车企业特斯拉对降价的控制力和主动权更大，2023年年初特斯拉带头掀起一波价格战，随后AITO、小鹏汽车跟进，众多车企也纷纷降价，新能源汽车市场迎来降价潮。所以，该市场是一个寡头垄断市场。

| 专栏 10-1 |

我国钢铁行业的市场结构

我国钢铁企业生产规模普遍较小，而房地产和基础设施建设需要大量的建筑钢材作为原材料，因而导致钢铁市场存在大量的买者和卖者，每家钢材企业都是价格接受者，形成完全竞争市场。从行业集中度来看，2021年我国前4家钢厂的产量所占市场份额 $CR_4 = 9.06\% < 30\%$（见表10-2），而美国前4家钢厂的产量占全国的61%，日本前4家钢厂的产量占全国的75%。相比之下，我国钢铁行业的行业集中度严重偏低，近似完全竞争型，但是也有市场占有率较高的企业，这又有别于完全竞争。

表 10-2　2021 年我国钢铁企业产量情况

排名	公司（股票代码）	产量（单位：万 t）	占比
1	宝钢股份（600019）	4 633	3.47%
2	鞍钢股份（000898）	2 647	1.98%
3	河钢股份（000709）	2 568	1.92%
4	华菱钢铁（000932）	2 257	1.69%
5	马钢股份（600808）	2 097	1.57%
6	柳钢股份（601003）	1 929	1.44%
7	包钢股份（600010）	1 645	1.23%
8	山东钢铁（600022）	1 478	1.11%
9	首钢股份（000959）	1 329	0.99%
10	太钢不锈（000825）	1 207	0.90%

资料来源：各公司公报，前瞻产业研究院．

10.1　完全竞争市场和企业的价格与产量决策

10.1.1　完全竞争市场的特征

完全竞争的市场具有以下基本特征：

（1）市场中存在许多卖者与买者，以至于每一个买者的购买量与卖者的销售量占整个市场交易量的比例足够小，使得他们都无力影响市场价格。

（2）行业中企业的产品是同质的、标准化的，买者购买产品并不在意生产厂家是谁，因而生产企业也就无力控制市场的价格。

(3) 生产者能自由进入或退出这个行业；企业的各种资源投入可以很容易地从某种用途移作另一种用途。

(4) 卖者和买者对市场情况都完全了解，决策是在确定性条件下做出的，不存在由于信息不同所造成的差别。

(5) 生产要素具有完全流动性。

(6) 市场中的所有企业都以利润最大化为目标。

完全竞争市场中的众多企业都生产同一的产品。例如，某地区有许多家农场生产玉米，各个农场生产的玉米完全相同；该地区也有许多顾客，他们并不在意所购买玉米的生产农场，因而农场和顾客都无法互相影响。对于这样的农产品的生产，进入壁垒很低。进入农业市场中的许多领域都只需一小笔投资。而且在许多农产品市场中，不存在非价格竞争，所有农场主均为价格接受者，也就没有必要做广告。这样一个地区的玉米市场就很贴近完全竞争市场。类似的某地区的其他农产品市场也往往很贴近完全竞争市场。

10.1.2 完全竞争条件下企业的价格决策

从以上描述可以知道，在完全竞争的市场条件下，每一个买者和卖者都没有力量影响产品的现行市场价格，产品的价格不是由单个企业自己决定的，而是由整个行业的供求曲线所决定的。如图 10-1a 所示，市场价格 P_0 由需求曲线 D 与供给曲线 S 的交点决定，相应的行业产量为 Q_T。在这种条件下，企业不是价格的决定者，而是价格的接受者。企业必须按市场价格进行销售活动。

假若某一企业的产品定价稍高于市场价格，它就会失去顾客，因为市场上卖者比比皆是。由于可以按市场价格卖掉所有的产品，企业也就没有降价的必要。所以，在完全竞争的市场条件下，产品价格为常数 P_0，是一平行于横轴的直线。企业多出售一个产品的收入恒为 P_0，即边际收益等于 P_0，且平均收入也等于 P_0，如图 10-1b 所示。

| 专栏 10-2 |

美国天然气市场的供给与需求变动

由于缺少开采和天然气库存少，2003 年美国天然气价格上涨。2003 年中期，天然气价格大约为每百万 BTU 6 美元，这一价格大约是历史记录的 2 倍。《华尔街日报》(Wall Street Journal) 报道了美国曾经如何获取世界上最廉价天然气的。因为天然气是许多化工产品的主要原料，美国化工产品生产商出口的化工产品多于进口。

1999 年，美国化工行业有超过 80 亿美元的外贸顺差。由于天然气价格上升，外贸顺差 2003 年转变为 90 亿美元的逆差。正如美国化工委员会 (American Chemistry Council) 的一名高层官员哥瑞格·列布德维 (Greg Lebedev) 所说："美国化工行业的竞争力体现在天然气的价格上，而天然气价格却是波动起伏的大海。"

㊀ BTU，即 British Thermal Unit，英国热量单位。1BTU = 1 055.056J。

㊁ HERRICK T. Natural Gas Cooks Chemical Sector-Rising Prices Force Firms to Cut Jobs, Shut Plants as Output Moves Abroad [J]. Wall Street Journal, 2003 (A2).

经理们采取了若干措施来应对由于供给减少带来的天然气价格上涨，如关闭了许多化工厂。分析人员统计，在 2003 年美国有 12 家以上大型化工厂关闭。经理们也试图将部分上涨的成本转移给购买者。例如，在胆碱氯化物市场（其生产也依赖于天然气），价格上涨了 75%；在甲醇、氢氯化钠、钛二氧化物市场，价格也出现上涨。最后，将一些生产转移到天然气价格较低的国家。例如，2003 年在沙特阿拉伯天然气的价格是每百万 BTU 1 美元。

10.1.3 完全竞争条件下企业的产量决策

在完全竞争条件下，虽然一家企业的产品能以市场价格全部卖出，但是不是产量越多越好，能生产多少就生产多少呢？回答是否定的。因为企业的目标是追求最大的利润，虽然企业的产量与销售收入成正比关系，但是成本与产量并不恰好为相应的正比关系。当产量达到某个界限时，继续增加产量，企业的总成本将比总收入增长更快，直至两者相等（此时利润为零），甚至会出现成本大于收入的情况（企业出现亏损），如图 10-1c 所示。可见在完全竞争的条件下，企业的产量决策显得特别重要。企业可以在价格既定的条件下调整产量，使其利润最大化或亏损最小化。

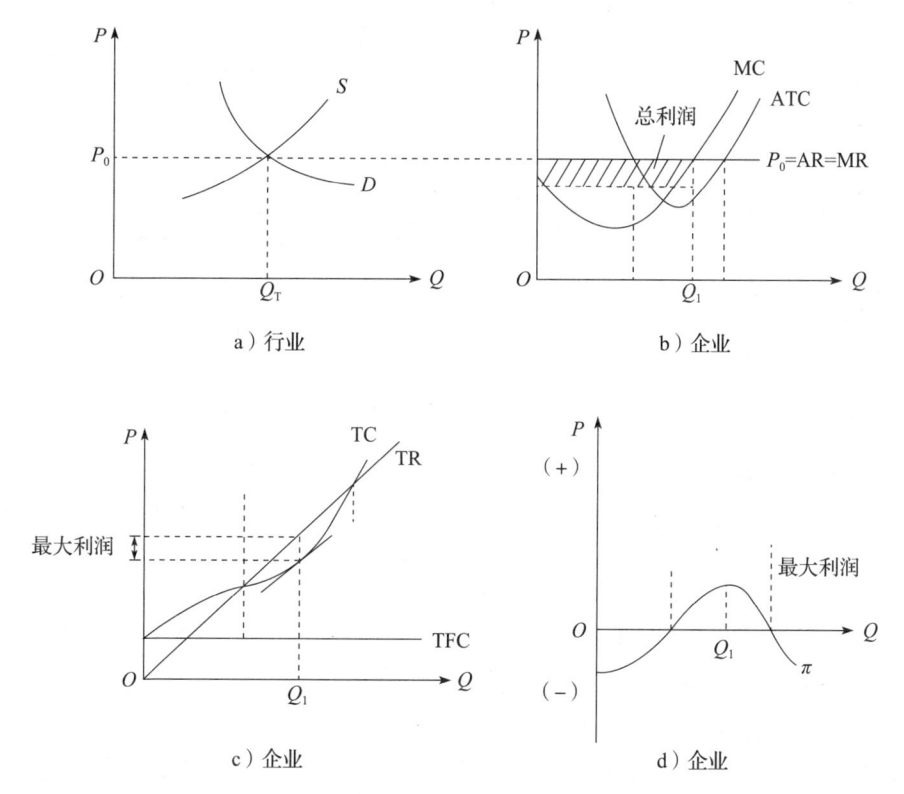

图 10-1 完全竞争条件下企业利润最大的价格和产量

1. 利润最大化与边际分析法

以利润最大化为目标的企业，其生产量将定于图 10-1b 中的 Q_1 点。在该点，边际收益等于边际成本，即 Q_1 为边际收益曲线（MR=P）与边际成本曲线（MC）的交点所对应的产出水平。我们知道，边际收益（MR）代表增加一个单位产量的生产和销售所对应的收入的增量，而边际成本（MC）代表增加一个单位产量的生产和销售所对应的总成本的增量。当边际收益大于边际成本时，说明单位产量的增加能带来企业利润的增加；反之，将导致企业利润的减少。当 MR=MC 时，企业利润达到最大值。图 10-1b 中阴影部分的面积代表企业的总利润，$\pi = (AR_{Q_1} - ATC_{Q_1})Q_1$。

2. 利润最大化与成本-收入分析法

利润等于总收入减去总成本。总收入 TR 与总成本 TC 曲线之间的差额构成了利润曲线，如图 10-1c 和图 10-1d 所示。利润在总收入 TR 超过总成本 TC 最大数量的产出率上最大。如图 10-1c 所示，企业的利润在产量 Q_1 处达到最大。此时，TR 与 TC 之间的垂直距离最大，因为总成本 TC 曲线在 Q_1 对应点处的切线斜率与总收入 TR 曲线的斜率相同。在总收入 TR 曲线与总成本 TC 曲线相交的两点，相应利润为零，如图 10-1c 和图 10-1d 所示。

3. 利润最大化与数学分析法

假如已知企业生产和销售某种产品的总成本函数为 $TC = 100 + 20Q - 6Q^2 + Q^3$，该产品的现行市场价格为 $P = 35$ 元，求最大利润的产量。

从上面讨论可知，企业的利润在 MC=MR 时最大。而 MC 函数为 TC 函数的一阶导数，即
$$MC = dTC/dQ = 20 - 12Q + 3Q^2$$

在完全竞争的条件下，企业的边际销售收入等于市场价格，即 $P = MR = 35$ 元。

于是，MC=MR，即
$$20 - 12Q + 3Q^2 = 35$$

解此一元二次方程得 $Q_1 = 5$ 或 $Q_2 = -1$，舍去负值产量，便可得到最大利润的产量 $Q = 5$。

如果已知企业的利润函数 $\pi = f(Q)$，则可按导数为零的规则找到最大利润的产量 Q，即求解方程 $d\pi/dQ = f'(Q) = 0$。如上例，
$$\pi = 35Q - 100 - 20Q + 6Q^2 - Q^3 = 6Q^2 + 15Q - Q^3 - 100$$
$$d\pi/dQ = 15 + 12Q - 3Q^2 = 0$$

解方程，其结果与上例相同。

4. 企业亏损与停产

一家企业即使做得再好，能满足前面的条件（$P = MC$ 且 MC 是上升的），也可能赚不到利润。若价格为图 10-2 中的 P_2，则在任何可能的产量 Q，短期平均总成本均高于价格。由于（根据定义）短期内企业无法改变其生产规模，所以企业只能进行亏损的生产或干脆停产。是否停产则取决于产品价格可否抵补平均可变成本。若产出水平的价格高于平均可变成本，则即使价格不足以抵补平均总成本，企业也值得开工。若不存在可使价格高于平均可变成本的产出水平，则企业还是停产为好。因此，在图 10-2 中，若价格为 P_2，则企业还可生产；若价格为 P_1，则企业选择停产。

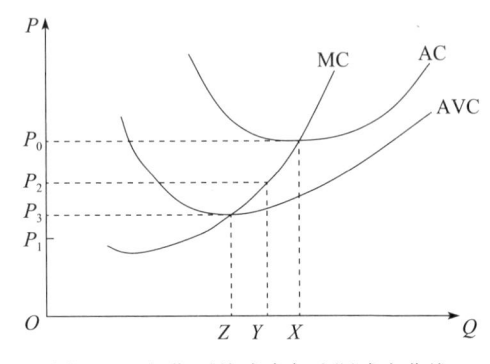

图 10-2 短期平均成本与边际成本曲线

如图所示，若价格为 P_0，企业生产 X 单位产品；若价格为 P_2，企业生产 Y 单位产品；若价格小于 P_3（即当 P_3 等于平均可变成本的最小值），则企业不生产。

有必要说明，即使企业不生产，它也必须支付固定成本。因此，若生产带来的损失小于固定成本（停产时的损失），则这时进行生产（从损失相对更小的角度来看）还是合算的。另外一种表述方法是，当每生产一单位产品带来的损失小于平均固定成本时，生产还是合算的，即 ATC−P<AFC，其中 ATC 为平均总成本，P 为价格，AFC 为平均固定成本。将不等式两边同时加上 P，则变为 ATC<P+AFC。而在不等式两边同时减去 AFC，可得 ATC−AFC<P，ATC−AFC 恰为平均可变成本。为此，若价格高于平均可变成本，则生产比停产更合算。我们称点 (Z, P_3) 为企业的停产点。因为在该点，价格等于可变成本，而如果生产则亏损为固定成本，停产亏损也为固定成本，这时，生产与否对经理来说都是一样的。在低于价格 P_3 的情形下，企业应停产。因此，边际成本 MC 曲线（高于平均可变成本的最低点）是价格接受企业的供给曲线。这就是说，如果价格为 P_2，企业的产量为 Y；如果价格为 P_0，企业的产量为 X。点 (Y, P_2) 和 (X, P_0) 均在企业的边际成本 MC 曲线上。

总之，若经理为使其利润最大化或损失最小化，则必须使其产出水平达到短期边际成本等于价格，而且边际成本是上升的。但是这一结论也有例外：若在任何产出水平，市场价格都低于平均可变成本，则企业为了使亏损最小要选择停产。

5. 企业的长期均衡

经济利润不同于会计利润。经济利润是企业获得的超过将投资于企业的资源用于他途的利润。因此，长期均衡是指企业的所得恰与总要素收入相等（不多也不少）。在长期，处于完全竞争市场的企业应生产多少呢？企业的长期均衡点为长期平均总成本曲线⊖等于价格的点。若价格高于企业的平均成本，则企业会赚取经济利润，并且新的企业会进入该行业。这样，供给会增加，相应的价格会下降，利润也下降。若价格低于任何企业的平均成本，则该企业将退出该行业。随着企业的退出，供给下降而价格回升。只有在经济利润为零（长期平均成本等于价格）时，企业才会处于长期均衡。

更具体地说，价格必须等于长期平均总成本的最小值，也即企业必须在其平均成本曲线的最低点上生产。因为，企业想使其利润最大化，就必须使其价格等于长期边际成本。同时，价格还必须等于长期平均成本。若满足这两个条件，则有长期边际成本等于长期平均成本。只有在长期平均成本达到最低点时，才有长期平均成本等于长期边际成本。综上所述，该点必定是企业的均衡点。

为了说明这一均衡点，请参看图 10-3。当所有的调整结束时，价格为 G。价格是恒定的，所以需求曲线是水平的，因此边际收益曲线等同于需求曲线，也是水平的，在图中同为 GG'。企业的均衡产出为 V，是由短期平均成本曲线和边际成本曲线 AA' 和 MM' 描述的企业的最优生产规模。在此产出水平下，可以看出长期边际成本等

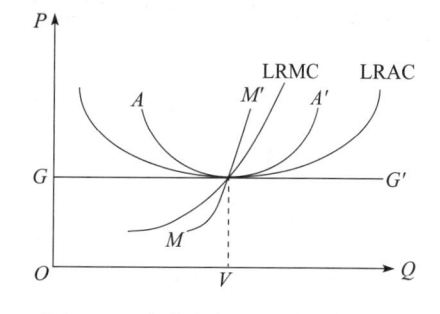

图 10-3 完全竞争企业的长期均衡

⊖ 这条曲线也被称为长期平均成本曲线 LRAC。因为在长期内所有成本都是可变的，所以没有必要在平均成本之前加上形容词。不像在短期，需要区别平均总成本、平均可变成本和平均固定成本，在长期内只有平均成本。

于短期边际成本、等于价格,这就确保了企业的利润最大化。同时,长期平均成本等于短期平均成本、等于价格,这确保了经济利润为零。因为长期边际成本 LRMC 与长期平均成本 LRAC 必须相等,所以均衡点在长期平均成本曲线的最底端。

长期均衡下,企业生产 V 单位的产量,价格 = 边际成本(长期、短期两者)= 平均成本(长期、短期两者)。

| 专栏 10-3 |

完全竞争公司的成本与长期均衡价格:一个数值的例子

例如,假定某公司是一家完全竞争公司,其长期平均成本曲线为

$$\text{LRAC} = 200 - 4Q + 0.05Q^2 \quad (10\text{-}1)$$

式中,LRAC 为长期平均成本(元);Q 为企业每天的产量。企业的长期产量将为使 LRAC 最小化的产量 Q。从图 10-3 中可知,当长期平均成本曲线的斜率取最小值时,dLRAC/dQ = 0;这就是图 10-3 中 GG' 是 LRAC 在产量 V 处的切线。对式(10-1)求导得

$$\frac{\text{dLRAC}}{\text{d}Q} = -4 + 0.10Q = 0$$

有 $Q = 40$。因此,企业若想利润最大化,须使其产量水平达到 40 单位/天。

如上所述,在此产量水平,平均成本等于边际成本。因为总成本等于 Q 乘以 LRAC,有

$$\begin{aligned} \text{TC} &= Q(200 - 4Q + 0.05Q^2) \\ &= 200Q - 4Q^2 + 0.05Q^3 \end{aligned}$$

式中,TC 为总成本。

企业的边际成本为 MC = dTC/dQ。因此

$$\text{MC} = \frac{\text{dTC}}{\text{d}Q} = 200 - 8Q + 0.15Q^2$$

因为 $Q = 40$,所以

$$\text{MC} = 200 - 8 \times 40 + 0.15 \times 40^2 = 120$$

同时,将 $Q = 40$ 代入式(10-1)

$$\text{LRAC} = 200 - 4 \times 40 + 0.05 \times 40^2 = 120$$

因此,当 $Q = 40$ 时,边际成本等于平均成本(均为 120 元)。这意味着长期均衡价格为 120 元。■

10.2 完全垄断市场和企业的价格与产量决策

10.2.1 完全垄断市场的特征

完全垄断的市场结构与完全竞争是相反的两个极端情形。对比完全竞争市场,易于理解完全垄断市场的特征:

(1)某一企业在某一特定市场区域内是某种产品的唯一供应(生产或销售)厂商,因而该企业的供给也就是整个行业的供给。

(2)市场上不存在该产品的替代品,该企业能够控制市场的价格。

(3)存在诸多(资源或管制)限制而形成进入壁垒,不存在新企业进入的可能;一旦有其他企业进入,垄断市场也就不复存在了。

（4）完全垄断的企业与处于完全竞争条件下的企业一样，以利润最大化为目标。因此，在完全垄断的市场条件下，企业没有竞争对手，享有决定产品价格和产量的自主权，从而能获取超额垄断利润。

10.2.2 完全垄断企业形成的原因

在现实生活中存在一些近似完全垄断的例子，如邮电、铁路运输、供电等的经营就具有很强的垄断性。形成完全垄断的主要原因有如下几个方面：

（1）规模经济性与市场竞争导致垄断。在存在规模经济性的行业（如钢铁、水泥、电力行业），如果某个企业在竞争中能以较低的成本生产并逐渐扩大其生产与销售量，而那些中小型规模的企业由于较高的单位成本和昂贵的销售费用，就会逐步退出该行业。这样直至该企业的产量足以满足整个市场的需求，取得行业的支配地位。于是，该企业便在行业中取得了垄断地位。同时，巨额的投资和难以在短期内形成合理的经济性规模等因素也有力地阻止了新企业的进入。在行业中发生这种情况称之为自然垄断。

（2）产品或技术上的专利导致垄断。并且这些垄断是完全合法的，国家给予法律上的保护。在专利期内，其他企业不能生产该产品或引用该生产技术。微软的操作系统就是典型的例子。

（3）对资源的控制导致垄断。如果某个企业控制了生产某种产品的主要资源，其他企业就因缺乏原料而无法涉足该行业。例如，第二次世界大战之前，美国制铝公司控制了高质量的铝土矿，从而垄断了美国制铝业。又如，在某个城市的唯一的天然气供应商，也是这样的例子。完全垄断厂商也从事广告和公共关系活动，尽管这不是为了与同行业的企业抢占市场，因为根本就没有其他厂商。垄断厂商这样做是为了扩大市场总需求，以及消除自身与垄断有关的负面形象。

（4）政府规制导致垄断。政府对某些行业的某个企业发放特许或授予经营牌照，则该企业在该地区内成为独占的生产者和经营者，从而形成垄断。例如，地区供水、供电、供热等。

| 专栏 10-4 |

运用专利权维持市场支配力量

尽管美国政府总是试图分拆垄断企业，但其制定的专利制度赋予了企业对其发明创造和产品创新拥有垄断力量。政府给予企业20年的专利权，这使专利持有人在专利有效期内对其发明或新型产品享有专属权。不过，由于专利申请先于产品上市的缘故，专利有效期通常小于20年。以药物为例，其专利有效期只有12年左右。

由于专利制度所带来的垄断性（以及大众产品所带来的预期垄断利润），医药公司都很愿意大量投资于产品的研发。据估计，要成功研制出一种新药，需要耗资平均约3.5亿美元。如果没有专利保护制度，医药公司是否还会进行困难而昂贵的研发工作，可真值得怀疑。

当医药公司拥有了专利所带来的垄断能力后，它们是如何把它运用在药物定价上的呢？我们可以将专利期刚过的药物价格与现在市场上的非专利药价格进行比较。例如，百时美施贵宝（Bristol-Myers Squibb）

公司的心脏药卡托普利（Capoten）每片售价 57 美分，而非专利药只要 3 美分，两者的利润之差至少有 19 倍。

资料来源："With Patents Expiring on Big Prescription Drugs, Drug Industry Quakes", Wall Street Journal, August 12, 1997. ∎

10.2.3 完全垄断条件下企业的价格与产量决策

在完全垄断的条件下，企业是市场中唯一的商品供应者，企业的需求曲线就是行业需求曲线。虽然垄断企业在制定其产品价格时有很大的自主权，但其产品的需求仍服从需求法则——低价格会比高价格出售更多数量的产品。因此，完全垄断企业的需求曲线 D 是向下倾斜的，如图 10-4 所示，需求曲线为 D 也就是平均收入曲线 AR。边际收益曲线为 MR，其形状与位置由 D 曲线的形状和位置确定。

设垄断企业的成本结构如图 10-5a 中的 MC 和 ATC 曲线，以及图 10-5b 中相应的 TC 曲线所示，完全垄断企业最大利润的价格和产量的确定也有三种方法。

1. 垄断企业的成本、收入和利润

尽管垄断企业的目标仍然是利润最大化，但是垄断企业的行为不同于完全竞争条件下的企业。一家完全不受规制的垄断企业要使其利润最大化，则会选择其收入与成本差最大的价格和产出所对应的点。

MR=MC 规则对于以利润最大化为目标的企业决策具有普遍适用性。只要 MR>MC，增加单位产量就能增加企业总利润；当 MR=MC 时，边际利润为零，企业总利润达到最大值；如再增加产量，MR<MC，则边际利润为负值，会减少企业总利润。如图 10-5a 所示，MC 曲线与 MR 曲线相交于 E 点，对应产量为 Q_1，此时企业利润达到最大值（见图 10-5c），其值等于图 10-5a 中阴影部分的面积。最大利润时的价格则由 Q_1 和需求曲线来确定，如图 10-5a 所示为 P_1。

与完全竞争的情形相似，使总收入 TR 曲线超过总成本 TC 曲线的垂直距离最大时的产量，即为利润最大的产量。如图 10-5b 所示，TR-TC 的值在

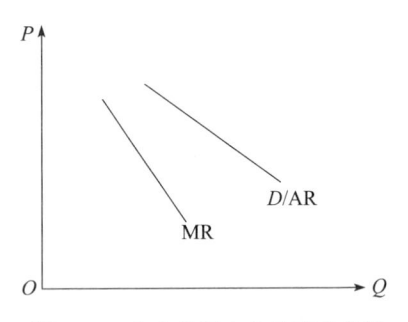

图 10-4　完全垄断企业的需求曲线

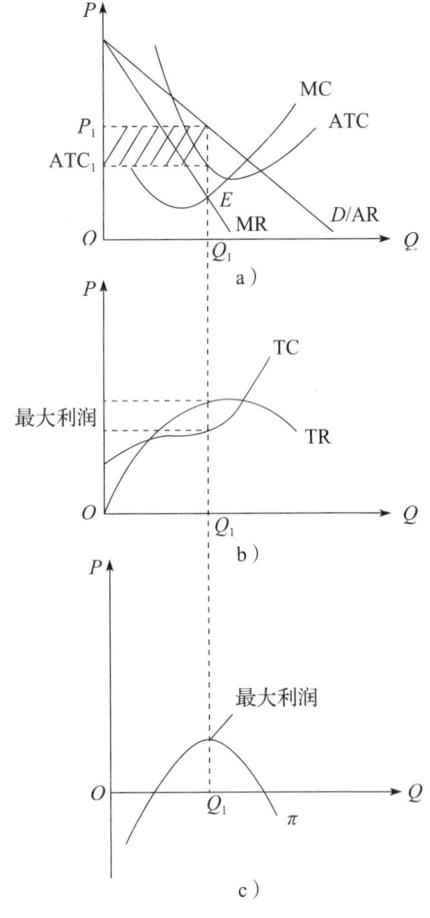

图 10-5　完全垄断企业最大利润的价格和产量

产量为 Q_1 时最大,此时,TR 曲线与 TC 曲线在对应点处的斜率相等,即 $dTR/dQ = dTC/dQ(Q = Q_1)$ 或 $MR_{Q_1} = MC_{Q_1}$,这正好与边际分析方法中的结论一致。同样,最优价格由需求曲线决定。

2. 数学分析法

如果已知企业的总收入函数 TR 与总成本函数 TC,便可按 MR = MC 规则计算出利润最大时的产量与相应的价格。假设垄断企业的成本函数 $TC = 10\,000 + 500Q - 20Q^2 + Q^3$,其需求函数为 $P = 8\,000 - 20Q$,求利润最大时的价格 P 和产量 Q。

首先,总收入函数

$$TR = PQ = (8\,000 - 20Q)Q = 8\,000Q - 20Q^2$$

边际收益

$$MR = dTR/dQ = 8\,000 - 40Q$$

边际成本

$$MC = dTC/dQ = 500 - 40Q + 3Q^2$$

由 MR = MC 得

$$8\,000 - 40Q = 500 - 40Q + 3Q^2$$

即

$$Q^2 = 2\,500$$

解此方程得 $Q = 50$ 或 $Q = -50$(舍去,因为不符合经济意义)。所以,最大利润时的产量为 50。将 $Q = 50$ 代入需求函数得

$$P = 8\,000 - 20 \times 50 = 7\,000$$

3. 垄断利润

如图 10-6 所示,在完全垄断条件下,垄断企业获得最大利润的价格为 P_1,产量为 Q_1。这时产品的价格大于边际成本。由于垄断企业控制了市场上该产品的全部供给,所以企业的供给曲线就是市场供给曲线。假如垄断企业回到完全竞争的市场环境,那么,市场均衡点将是供给曲线 MC 与需求曲线 D 的交点 E_2,而不是 E_1 点。与此对应,其价格为 P_2,小于完全垄断条件下的价格 P_1,与价格 P_2 相应的产量为 Q_2,大于完全垄断条件下的产量 Q_1。可见,在完全垄断的市场结构下,从社会角度来看,供求并不均衡。垄断企业总是生产小于市场所要求的产量,制定较高的价格。

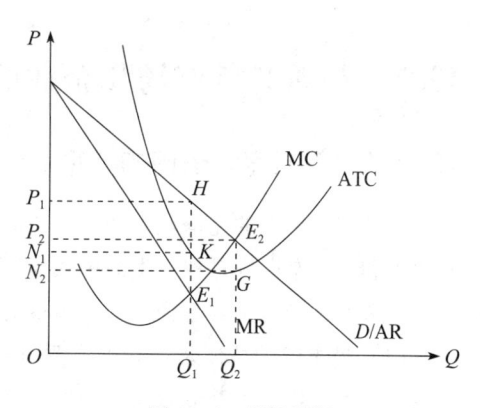

图 10-6 垄断利润

垄断企业的利润为 P_1N_1KH 所围成的矩形面积;在市场供求均衡条件下,垄断企业的利润为 $P_2N_2GE_2$ 所围成的矩形面积。一般来说,前者大于后者,两者之差就是垄断企业所获得的超额利润。从长期来看,如果没有来自其他公司的竞争或没有新的进入,就意味着上述垄断利润可以长期保持。

可见从合理分配社会资源的角度考虑,垄断企业应以较低的价格 P_2 生产较多的产量 Q_2。但垄断企业为了攫取超额利润,有意控制产量,从而获得高价,结果导致社会资源的不合理分配

和生产能力的浪费。正因为如此，政府对垄断企业的干预就显得非常必要。如美国立有反托拉斯法，以限制垄断、保护竞争。同时，美国政府对垄断企业也采取征税、直接控制价格等措施。

| 专栏 10-5 |

完全垄断企业的成本、产出、价格与利润：一个数值的例子

为了阐述完全垄断企业如何通过定价和定产量以使利润最大化，我们考察一家企业的情况。这家垄断企业按以下需求曲线生产和销售产品：

$$P = 30 - 6Q \quad (10\text{-}2)$$

式中，P 为价格（千美元）；Q 为企业产出（千单位）。

企业的总成本函数为

$$TC = 14 + 3Q + 3Q^2 \quad (10\text{-}3)$$

式中，TC 为总成本（百万美元）。

从需求曲线方程式（10-2），可以决定企业的总收入为

$$TR = PQ = (30 - 6Q)Q = 30Q - 6Q^2$$

因此，边际收益为 $MR = dTR/dQ = 30 - 12Q$。

通过总成本函数式（10-3），可以得到边际成本

$$MC = dTC/dQ = 3 + 6Q$$

使边际成本等于边际收益：

$$MR = 30 - 12Q = 3 + 6Q = MC$$

可得 $Q = 1.5$（千单位）。将 Q 值代入需求方程式（10-2），可得 $P = 30 - 6 \times 1.5 = 21$（千美元）。因此，为使利润最大化，企业应定价 21 000 美元，并生产销售 1 500 单位的产品。此时，企业的总利润为 $(30 \times 1.5 - 6 \times 1.5^2) - (14 + 3 \times 1.5 + 3 \times 1.5^2) = 6.25$（百万美元）。∎

10.3 垄断竞争市场和企业的价格与产量决策

10.3.1 垄断竞争市场的特征

前两节所讨论的完全竞争和完全垄断是市场结构中的两种极端情况，而介于两者之间的垄断竞争和寡头垄断则是现实生活中大量存在的市场结构。所谓垄断竞争市场，既具有完全垄断市场的特点，同时又具有完全竞争市场的特点。垄断竞争具有以下几方面的特征：

（1）最重要的特征是产品的差异性。产品的差异表现在产品的质量、花色、商标、包装、产地、广告、售后服务等方面。各产品的差异性和众多消费者的偏好不同，产生了各种产品的"忠实信徒"，这样就导致了局部相对垄断。产品差异越大，相互间的替代性就越小；消费者对自己偏好的产品越信赖，产品的需求价格弹性就越小。所以，产品差异能改变产品需求曲线的弹性。产品差异越大，弹性就越小，需求曲线就越陡，需求曲线便由完全竞争条件下的水平线变为垄断竞争条件下的一条向右下倾斜的斜线，企业就可在一定程度上控制自己产品的价格。这正是垄断竞争区别于完全竞争的关键所在。

（2）行业中企业数目必须足够多。例如，必须包括 50~100 家企业生产某类产品，产品既可以相互替代，但又存在某种程度的差别。

（3）行业中存在大量小企业。在长期中企业能自由进入或退出该行业，但进入某些知名品牌的领域存在很高的壁垒。

（4）正因为行业里小企业很多，每家企业的产品所占市场份额就很小，单个企业的行为不会影响市场的供求，也就不会影响另一家企业的行为，并且企业间没有诸如定价和瓜分市场之类的共谋。就此而言，垄断竞争类似于完全竞争。

在垄断竞争行业，如衬衫制造，厂商生产的产品会有不同，一家企业的衬衫在款式与质量上与其他企业不同。垄断竞争市场中，非价格竞争具有重要的作用。因此，衬衣生产商就通过开发更好的款式和利用广告宣传其产品系列展开竞争。

| 专栏 10-6 |

国内预调鸡尾酒市场的差异化竞争格局

国内预调鸡尾酒市场的成长大致分为三个阶段。在 2000 年前，预调鸡尾酒市场刚起步，由欧美品牌主导，属于高档消费，消费者较少。而在 2000 年—2005 年期间，更多预调鸡尾酒品牌进入中国，百加得推出爵士、冰锐等品牌产品，锐澳（RIO）等部分品牌也开始探索。最后在 2005 年—2010 年初步形成垄断竞争格局。2021 年，我国预调鸡尾酒市场规模已达 47.3 亿元，企业主要有百润股份、一杯起餐饮、日本三得利、美国百富门、古巴百加得、新西兰唯乐屋、加拿大百威等，企业数量较多；国内进行生产的品牌如百加得、锐澳、红广场等逐步显示出一定的市场规模，超过部分全进口品牌，渠道拓展仍主要以夜场为主。目前，锐澳是预调酒行业的龙头老大，市场占有率在 40%左右，加上百加得冰锐，两大龙头合计市场占有率在 60%~70%之间。

而企业间的产品则存在一定的差异性。如冰锐和锐澳的品牌诉求十分相似，但在基酒选择、渠道定位方面上却有所不同，如表 10-3 所示。此外，冰锐在已有的蓝莓、青橙的基础上，又推出葡萄柚、蜜桃、草莓等 13 个口味；而锐澳新增了蓝玫瑰+威士忌、香橙+伏特加、青柠+朗姆等 9 个新产品体系与之相衡。而在包装创新方面，冰锐将水果颜色应用于瓶子包装，开创色彩时代；锐澳则在玻璃瓶的基础上推出铝罐装，同时开发出粉、蓝、紫等六色发光瓶。锐澳推出"大学生广告节，多彩创意跑起来"创意大赛，并且邀请明星助阵；冰锐则推出"晒爱家照片，得冰锐鸡尾酒"等活动，呈现出差异化竞争格局。

表 10-3　冰锐与锐澳产品对比表

	冰锐	锐澳
基酒	百加得朗姆酒	朗姆酒、白兰地、伏特加、威士忌等烈酒
产品	酒精度 4.5° 果汁含量 4.8%	酒精度 3.0° 果汁含量 3.0%
品牌诉求	自由色彩、激情时尚（生活无处不色彩）	阳光快乐、自由轻松（My colorful world）
销售渠道	夜场、商超、便利店、电商	

资料来源：路胜贞．锐澳 VS 冰锐：预调酒关键时刻［J］．名人传记（财富人物），2015（9）：28-31．■

10.3.2　垄断竞争条件下企业的价格与产量决策

垄断竞争条件下企业生产具有差异的产品，企业需求曲线为一条向右下倾斜的直线，其边际收益曲线位于需求曲线的下方，也是一条下倾直线。若企业略微提价，则它会失去一些顾客，但不会失去全部顾客；相反，若略微降价，则企业可以从竞争对手那里争取一些新的顾客，但也不会是全部顾客。

企业将在点 (P_0, Q_0) 进行生产，因为该点的边际成本等于边际收益，且该点上每单位产量企业赚取利润 C_0P_0。

图 10-7 描述了垄断竞争企业的短期均衡。企业会在短期内按价格 P_0 和产量 Q_0 生产产品，因为这一价格与产出组合可使其利润最大化。在该产出水平，企业的边际成本等于边际收益，故利润最大化成立。同时，由于在该产出水平 P_0 大于企业的平均成本 C_0，企业还会赚取经济利润。

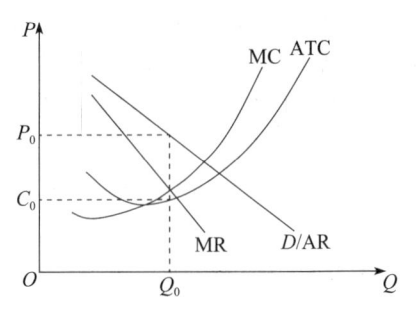

图 10-7 垄断竞争企业的短期均衡

10.3.3 垄断竞争企业的长期均衡

在垄断竞争条件下，企业可以自由进出该行业，企业的经济利润只能是暂时的。从长期看，如果某一行业存在较为丰厚的利润，必然会吸引很多新企业进入。一方面，行业的供给量增加，产品价格下降，需求曲线下移，或者是原有企业被新进入企业夺走部分顾客，并最终失去经济利润。所以，长期均衡的条件之一是每一企业不存在经济利润或亏损。另一方面，如果出现亏损，一部分企业就会退出该行业，导致行业供给量减少，产品价格上涨，从而使需求曲线上移，结果必然使企业的亏损减少或利润增加。总之，在垄断竞争的条件下，只要企业有利润或亏损，市场就有一种力量使企业的利润或亏损趋向于零，这时企业的需求曲线 AR 与长期成本曲线 LRAC 相切。此时，在该行业里，无企业进入与退出，处于长期均衡状态，如图 10-8 所示。企业在长期均衡状态下，有如下关系式成立：P = LRAC 和 MR = MC。可以看出，点 (P_1, Q_1) 为企业的长期均衡点，因为该点平均成本等于价格，所以经济利润为零，同时边际成本等于边际收益，企业利润最大。这与完全竞争条件下企业长期均衡的条件相同，即长期均衡的另一条件是每一企业使其利润最大化。

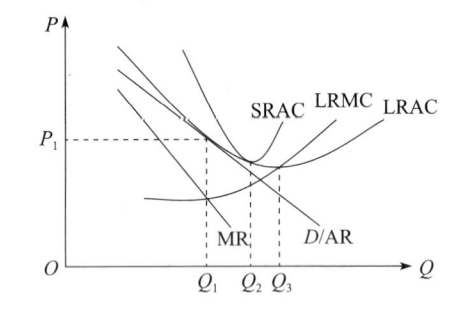

图 10-8 垄断竞争企业的长期均衡

下面来看一看垄断竞争企业长期均衡时，企业的各种成本、收入和需求之间的关系，也就是垄断竞争企业的长期均衡价格和产量。

设企业的产品需求函数为
$$P = f(Q)$$

其成本函数为
$$TC = g(Q)$$

则企业的总收入函数为
$$TR = PQ = Qf(Q)$$

企业的平均成本函数
$$LRAC = TC/Q = g(Q)/Q$$

在长期均衡点必须满足条件：

$$MC = MR$$
$$TC = TR$$

即

$$g'(Q) = f(Q) + Qf'(Q) \quad (10\text{-}4)$$
$$Qf(Q) = g(Q) \quad (10\text{-}5)$$

式（10-4）×Q+式（10-5）得

$$Qg'(Q) = Q^2 f'(Q) + g(Q)$$
$$f'(Q) = [Qg'(Q) - g(Q)]/Q^2$$

即

$$f'(Q) = [g(Q)/Q]'$$
$$f'(Q) = (LRAC)'$$

式中，$f'(Q)$ 为需求曲线斜率；$(LRAC)'$ 为长期平均成本曲线的斜率。

可见，在长期均衡点，需求曲线 D 与长期成本曲线 LRAC 相切（因为这两条曲线在均衡点的斜率相等），如图 10-8 所示。

综合以上分析，可以得出，一个垄断竞争企业在长期均衡状态下，其需求曲线必然同时与其短期平均成本曲线 SRAC 和长期平均成本曲线 LRAC 相切，而且其短期边际成本曲线和长期边际成本曲线与需求曲线相交于同一点。此时，企业的经济利润为零。

在图 10-8 中，企业的长期均衡产量为 Q_1，而短期平均成本最小时的产量为 Q_2，长期平均成本最小时的产量为 Q_3，这三者之间的关系为 $Q_3 > Q_2 > Q_1$。

由此可见，无论是从短期均衡还是长期均衡的角度来考虑，垄断竞争企业的产品价格都不是定在平均成本的最低点上。这说明企业的生产能力未得到充分利用，没有在企业生产效率最高点上生产；同时，也说明企业调整无法达到其最佳经济规模。导致这种结果的原因是其垄断性，由于其产品具有相对垄断性，其需求曲线向右下倾斜。在这种情况下，企业宁愿压缩产量或减小企业规模。因为唯有这样，企业才能获取最大经济利润。

10.4 寡头垄断市场和企业的价格与产量决策

10.4.1 寡头垄断市场的特征

所谓寡头垄断，就是少数企业垄断，即"少数企业间的竞争"。当某一行业的绝大部分产出被几家企业所控制时，这种市场结构就称为寡头垄断。与其他市场结构相比较，寡头垄断的主要特征表现在如下几方面：

（1）企业之间互相依存，行为互相影响。寡头垄断区别于垄断竞争的特点就是竞争企业很少，某一企业的决策和动机所产生的影响很明显，很容易被其他寡头垄断企业发现。另外，企业数量少，会造成市场占有率上明显的"此消彼长"效果，一家企业销售额的激增必然导致另几家企业产品销售额的锐减，利益冲突十分尖锐。所以，在寡头垄断的条件下，寡头之间存在着紧密的相互依赖、相互制约的联系和激烈的明争暗斗。一家企业采取什么竞争策略或行动，其竞争对手很快就会注意到，并考虑是否或怎样做出反应。

（2）产品差异性程度。在寡头垄断市场中，一个极端可以是同质的标准产品，企业有时（但不都是）生产相同的产品；另一个极端则是存在高度差异性的产品。如果一个行业中的企业生产一种标准产品，顾客按型号、规格订货，不必考虑是谁家的产品，他们关心的只是产品的价格，这种寡头垄断称为纯寡头垄断或无差别的寡头垄断。一般来讲，原料行业，如铝、钢铁、水泥、玻璃、糖等行业就属于此类寡头垄断。如果在这一行业中，几家企业生产和销售的产品在顾客看来是有差别的，这种寡头垄断则称为有差别的寡头垄断。属于这种寡头垄断的行业很多，如汽车、烟酒、电视机、钟表、洗衣机等。

（3）新企业很难进入寡头垄断的行业。寡头垄断企业能在激烈的市场竞争中保持其支配地位，说明其竞争实力非常强大。一般来讲，寡头垄断企业在其成长过程中形成了宏大的经济性规模，它采用复杂而先进的技术，使用大型或精密的机器，拥有庞大而高效的生产和销售组织，最小平均成本发生在很大的产量上。加上寡头垄断企业的产品一般来讲质量好，经过大量而长期的广告宣传已成为名牌，所有这些都给想进入该行业的新企业构筑了很高的壁垒。如汽车或炼油之类的寡头垄断市场，进入壁垒就相当高，因为建造一座汽车制造厂或炼油厂是极其昂贵的（也有其他原因）。

（4）非价格竞争变得更加重要。在寡头垄断条件下，企业势均力敌。如果有一家企业提高其产品价格而其他企业不予跟随，这家企业就会失去很多客户，销售收入急剧下降。相反，如果某家寡头垄断企业率先降价，则必然会严重影响其对手企业的销售收入，其他寡头企业会采取报复行动，以更低的价格出售其产品。这样必然导致寡头垄断企业之间竞相降价，其结果是两败俱伤。因此，寡头垄断企业一般都不愿意在价格上挑起战争，而把精力转移到产品的质量、外观、设计、广告和销售方法等非价格竞争上面来。例如，计算机制造商通过生产质量更好的计算机和在早期就做广告宣传来扩大销售。

| 专栏 10-7 |

车载前装导航市场的进入壁垒

占据车载前装导航市场的企业均是拥有导航电子地图制作甲级资质的，即同时拥有地图和导航的功能。因而，早进入电子地图制作和车载前装导航市场的企业具有绝对优势，行业进入壁垒较高，从而形成寡头格局。这种壁垒的形成主要有三方面原因：

（1）数字地图准入资质形成的政策壁垒。制作导航电子地图的企业必须事先获得国家测绘局颁发的导航电子地图制作资质。

（2）海量地图信息测绘形成的数据壁垒。新进入者如果完全从零开始构建地图数据库，将是一件耗资巨大的工程；相反，现有企业经过长期积累形成了规模优势，只需对部分需要更新的地区进行采集处理，边际成本递减效应明显。

（3）车载导航系统设计周期长且认证复杂，而手机地图需要一定的用户基础。因此，无论是对汽车制造厂商还是app开发商而言，更换电子地图供应商比较困难，即转换成本高。

资料来源：中国产业信息网，http://www.chyxx.com/industry/201409/277720.html.

10.4.2 寡头垄断条件下企业的价格与产量决策

寡头垄断的以上特征，表明了其企业行为的相关性和复杂性。正是由于寡头垄断行为多种多样，难以像完全竞争和完全垄断理论那样用一种抽象的模式加以概括，所以，下面分别就几种典型的寡头垄断模式讨论企业的价格与产量决策。

1. 市场份额模式下企业的价格与产量决策

在寡头垄断模式下，企业所占市场份额的不同和成本上的差异，导致了寡头之间错综复杂的利益矛盾和各种妥协。下面仅以两家寡头垄断企业之间的竞争为例，分析其市场份额、成本状况，以及价格与产量决策。

（1）相同的市场份额和相同的成本状况。在这种情况下，两家寡头垄断企业所偏好的利润最大化价格和产量趋于相同。任何一方都认为它所偏好的价格与产量决策会使其对手满意，而不会轻易挑起价格竞争。原因很明显：两家势均力敌，引起价格战只会两败俱伤。

（2）相同的市场份额和不同的成本状况。假如有 A、B 两家寡头垄断企业，其销售量各占市场需求的一半，即 $D_A = D_B = \frac{1}{2}D$，但两家企业的成本不同，如图 10-9 所示，$MC_A > MC_B$。于是，A 企业所偏好的价格和产量是 P_A、Q_A，B 企业所偏好的价格和产量是 P_B 和 Q_B。从图中可看出，$P_A > P_B$，$Q_A < Q_B$。两家寡头垄断企业由于成本不同而导致了价格和产量的偏好差异，A 企业偏好高价格、低产出，而 B 企业偏好低价格、高产出。显然，B 企业占有竞争优势。

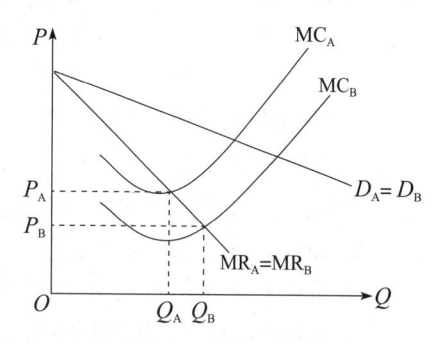

图 10-9 相同市场份额和不同成本状况的寡头垄断企业的价格与产量决策

（3）不同的市场份额和相同的成本状况。如图 10-10 所示，假设寡头垄断企业 A、B 的需求曲线分别为 D_A、D_B，相应的边际收益曲线分别为 MR_A、MR_B，两企业具有相同的边际成本曲线 $MC_{A,B}$。根据 $MC = MR$ 原则，企业 A、B 利润最大化的价格和产量决策分别为 P_A 和 Q_A、P_B 和 Q_B。从图中可以看出，市场份额较大的 A 企业偏好较高的价格 P_A，而市场份额较小的 B 企业偏好较低的价格 P_B。显然，B 企业在产品定价上占有优势，如果它以价格 P_B 出售产品，势必严重损害 A 企业的销售收入，抢走 A 企业的顾客，A 企业是不会接受的。两家寡头垄断企业之间的市场份额相差越大，各自利润最大化的价格差别也越大，矛盾也就越尖锐，达成某种妥协价格的必要性和

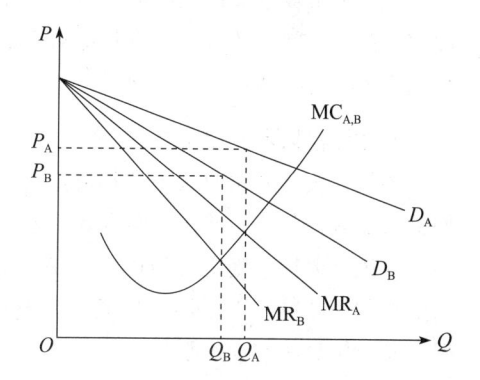

图 10-10 不同市场份额和相同成本状况的寡头垄断企业的价格与产量决策

可能性也越大。在这种情况下，市场价格确定在一个什么样的水平上，要视具体情况而定。有可能是市场份额较大的 A 企业迫使对方接受某种价格，接近于它所偏好的较高价格；也可能是市场份额较小的 B 企业在竞争中占上风，使妥协价格接近于自己的最大利润价格。这取决于哪

家企业的综合实力较强，掌握对方信息比较全面，同时也与不同企业的决策目标和经验有很大关系。

（4）不同的市场份额和不同的成本状况。实际上，企业生产经营状况不同，使用技术、设备的差异，以及产品的差异和消费者偏好等，导致了寡头垄断企业之间在市场份额和成本两方面都各不相同，定价冲突不可避免。

定价冲突有时表现为短期的价格战争，但更为常见的是不明显的定价冲突，并且通过中期或长期的企业方面调整逐渐得到解决。经验表明，寡头垄断企业进行调整比相互之间发动无利可图的价格战争和串谋更为妥当，是较为可靠的解决冲突的形式。这种企业调整包括产品多样化、技术革新、新产品开发、产品质量提高、成本降低、加强广告宣传、改进产品推销策略，以及其他非价格竞争的形式。

在这种情况下，寡头垄断企业之间有如下选择：

1）串谋将市价定在 P_B 和 P_A 之间的某个价格，甚至高于 P_A 的水平（$P_A>P_B$，P_A 和 P_B 分别为两家寡头垄断企业的偏好价格）。在许多国家，直接串谋会违反反垄断法。另一种做法是企业相互间对价格水平达成一种默契。但是，这种串谋也存在不稳定因素。例如，企业相互间的猜疑、互相欺骗，当经济形势变坏或有某种利益机会的强烈诱惑时，都会使一方背着另一方，与个别顾客秘密谈判并做出价格上的让步，从而导致串谋的瓦解。

2）使用威胁手段或挑起一场价格战争，迫使对方接受某种介于各自偏好价格之间的妥协价格。这种选择适合于寡头垄断企业 A 是一家产品多样化的大型公司，而对手 B 企业的产品较单一的情况。否则，A 企业将会失败。

3）接受对手企业的定价，同时改进生产方法、降低生产成本。

4）退出该产品市场，转到利润更大的产品生产中去。

不管竞争双方是相互妥协，还是相互倾轧，只要竞争企业出售的是基本相同的产品，市场竞争力量就会使其各自产品价格最终趋向统一。

从以上市场份额模式中可以得出一个重要的结论：尽管企业之间存在差别，在寡头垄断条件下，没有任何企业可以无视其他对手的定价策略或反应而盲目制定价格，竞争的结果很可能是相互接受的妥协价格的出现。

2. 直接共谋与卡特尔

如果寡头垄断企业认识到其彼此之间的相互依赖性，认识到对抗往往使各方付出代价，它们就可能联合起来，并按垄断方式行事。联合的一种直接方式是就市场价格和与之有关的问题进行共谋。卡特尔则是一种长期共谋的组织机构。例如，石油输出国组织就是国际石油市场上的卡特尔，其主要工作是参与成员就石油价格、各国的产量分配达成协议，以控制石油价格，保证获取较高的利润水平。

在许多国家，因认识到垄断的危害性而通过立法规定卡特尔或价格共谋为非法。但是，即使卡特尔并不违法，其建立和维持也是很困难的，若干因素将对其产生不利的影响。

首先是达成统一定价和相应的产量及其在寡头之间的分配。如果产出超过协定所规定水平，产品就会积压，价格就会降低。达成协议的困难除了利益分配上的冲突以外，难以获得准确的信息也是不利因素。

其次，即使达成协议，卡特尔成员之间也存在因欺骗而自行降价或增产的动因。一旦有成员这样做并被发现，其他成员做出反应，卡特尔也会瓦解。

从长期看，新的企业进入、产品结构的变化都可能对卡特尔产生冲击，造成卡特尔的解体，或者削弱原卡特尔的影响，或者带来组建新卡特尔的问题，等等。例如，20 世纪 70 年代初石油输出国组织（OPEC）大幅度提高石油价格后，促进了英国北海油田的开发，形成新的进入，削弱了 OPEC 的影响力。同时，寻求石油的替代品和大量节能措施的采用也对 OPEC 产生了冲击。

3. 拐折的需求曲线模式下寡头垄断企业的价格与产量决策

拐折的需求曲线模式的基本假定为：在寡头垄断条件下，为了保持和扩大各自产品的市场份额，如果一家企业提价，其他企业一般不会跟着提价；但如果一家企业降价，其他企业一般会跟着降价。

在这种假设前提下，寡头垄断企业的需求曲线将发生拐折。如图 10-11 所示，E 点对应的价格 P_1 是现行价格，如果这家企业准备以降价的方法来扩大销路，本以为能按 D_i 需求曲线实现较大的销售增量，但其他企业也会跟着降价，结果这家企业销量的增加比预期要少得多。所以，降价后的需求曲线弹性较小。这样，企业的需求曲线在 E 点发生拐折，由 D_i 变为 D_j；与之相对应，企业的边际收益曲线由 MR_i 变为 MR_j，并且也在 E 点对应处出现中断（见图 10-11）。

从前几节的分析中知道，企业利润在 $MR = MC$ 时最大。如果企业的边际成本函数如图中 MC_3 曲线所示，则企业最大利润的产量为 Q_1，相应的价格为 P_1。因为产量大于 Q_1 时，$MC>MR$，产量小于 Q_1 时，$MR>MC$，企业利润都没达到最大。同样，当企业边际成本曲线上升为 MC_2 或下降为 MC_4 时，企业最大利润的产量仍是 Q_1，相应的价格还是 P_1。只有当边际成本曲线超过 MC_2 或低于 MC_4 时，企业才能在变动的价格和产量上得到好处。如果边际成本曲线上升到 MC_1 时，MC_1 与 MR_i 相交于 E' 点，相应的利润最大化的产量缩减为 Q_0，价格上升为 P_0，可见，只要企业边际成本曲线与边际收益曲线的间断部分相交，企业的产量和价格就固定在需求曲线的转折点上。

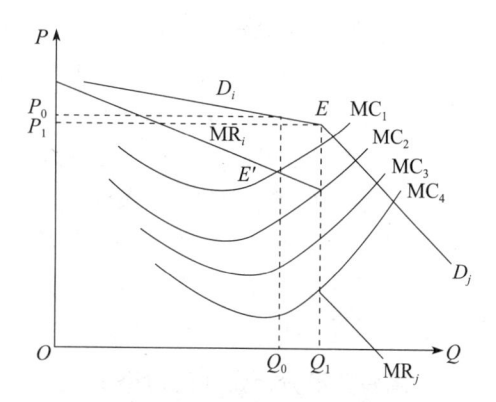

图 10-11 拐折的需求曲线模式下寡头垄断企业最大利润的价格与产量决策

这种拐折需求曲线的价格决策模式从理论上说明了为什么在寡头垄断条件下，通常产品的价格比较稳定。一旦企业确定了产品价格，就不会轻易变动。只有当技术上有很大突破，企业成本下降很多，边际成本曲线超出边际收益曲线的间断范围时，企业才有必要也有实力去冒率先降价的风险。

4. 价格领导模式下企业的价格与产量决策

在寡头垄断条件下，企业产品价格的变化是一个十分敏感的信号，只要有一家企业降价，就很可能挑起一场价格战。其结果是降价的企业都不可能得到好处。认识到这一点，寡头垄断企业间可能会默契地采用价格领导的共谋方式。其价格领导企业一般是行业中规模最大或实力最强的企业，其成本低、生产效率高；或者，该企业具有公认的市场供需判断能力。领导企业确定产品的价格后，其他企业接受它的判断并迅速跟上。

价格领导模式的基本假设是，领导企业确立了其偏好价格后，其他企业接受这一价格并在此价格上出售它们所有愿意出售的产品，然后，领导企业以确定的价格生产足够的产量来满足剩余的需求。

如图10-12所示，假如寡头领导企业认为市场需求曲线为D_T，其余企业的供给曲线为S_R，那么在某价格水平下，留给自己生产的产量就为D_T与S_R之间所夹的水平距离。如在价格P_1时，该领导企业的需求为线段BC所代表的产量。将各种价格水平下领导企业的需求绘成曲线，就是图中的D_L曲线；相应地，其边际收益曲线为$MR_L=MC_L$。假定领导企业的价格仍以自身利润最大化为基础，则$MR_L=MC_L$的E点处所对应的P_3和Q_L便是领导企业的最佳价格和产量决策。注意，$S_R=\sum MC_r$，其中MC_r为其他各家企业超过其平均可变成本以上的边际成本。所以，当价格低于P_3，即价格低于其他企业的最小平均可变成本时，$S_R=0$，与此相应，$D_L=D_T$。可见，领导企业的需求曲线是一条间断的曲线。

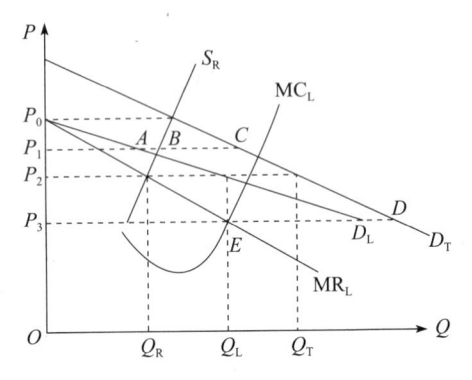

图10-12 领导企业的价格与产量决策

在$P=P_2$时，市场总需求为Q_T，其他企业的总供给量为Q_R，领导企业的产量为$Q_L=Q_T-Q_R$。在价格领导模式下，领导企业一旦确立了某一价格，其他企业就跟着接受。非领导企业的产量决策仍以$P=MC$为原则，即其最优产量水平在$P=MC$处。

5. 用博弈论分析企业的价格决策

如前所述，在寡头垄断市场中，每家企业在进行某种行为的决策时，都必须考虑对手企业可能做出的反应。这就像弈棋一样，每走一步，都要事先考虑好对手可能的应对着数，并从中选择对自己更有利的走法。但寡头垄断企业往往都是"弈棋高手"，实力相当，以至于它们主要采用防守战术，"超然"地追求和棋，因为一着不慎就有可能造成难以恢复的挫折，甚至失去其支配市场的地位。

博弈论模式采用报偿矩阵列出竞争企业所有可能的策略选择，以及与每种可能的决策组合相联系的估计结果。下面通过一个例子来加以说明。

假设有A和B两家寡头垄断企业，在产品定价上存在冲突。它们都成功地收集了对方的有效资料，并编制了双方企业的报偿矩阵（见表10-4和表10-5）。

表10-4 A企业的报偿矩阵 （单位：百万元）

		A企业的价格策略			
		定价70元	定价80元	定价90元	定价100元
B企业的价格策略	定价70元	-8	-4	5	8
	定价80元	-10	30	45	50
	定价90元	-28	25	60	70
	定价100元	-35	15	50	80

表10-5 B企业的报偿矩阵 （单位：百万元）

		B企业的价格策略			
		定价70元	定价80元	定价90元	定价100元
A企业的价格策略	定价70元	-6	-15	-20	-50
	定价80元	-1	60	35	15
	定价90元	1	70	55	10
	定价100元	3	75	45	30

从 A 企业的报偿矩阵中可以看出，A 企业最大利润的价格为 100 元，相应的最大利润为 8 000 万元，从 B 企业的报偿矩阵中可知，B 企业最大利润的价格为 80 元，相应的最大利润为 7 500 万元。显然，A、B 两家企业存在明显的价格冲突，B 企业最大利润的价格较低。

在这种情况下，双方企业都将根据以上资料来分析和判断自身与对手的策略。在此仅以 A 企业为例，来说明这一分析的过程：

（1）A 企业的最佳价格为 100 元。

（2）在 A 企业的报偿矩阵右下角，A 企业具有较高的年利润，因此其竞价目标应定在此区域。而 B 企业具有最大利润的区域在其报偿矩阵的中部，其最大利润的价格为 80 元。

（3）B 企业具有价格优势，但它不能以 80 元的最大利润价格销售商品。因为在 80 元的价格下，A 企业的利润为 3 000 万元，不仅远低于 8 000 万元的最大目标利润，也远低于 B 企业的利润 6 000 万元，利润差别太大。在这种情况下，A 企业会采取报复行动，将价格降低到 70 元；见 B 企业的报偿矩阵，相应地，B 企业将会出现严重的亏损，亏损额达到 1 500 万元，而 A 企业只亏损 1 000 万元。

（4）A 企业也不能奢望能以 100 元的价格出售其商品。因为在此价格下，B 企业的利润同样远远低于自身的最大目标利润和对手 A 企业的利润，所以 B 企业不能接受该价格。

（5）由以上分析表明，A 企业在定价上存在来自 B 企业的向下的拉力。相反，B 企业在定价上存在来自 A 企业的向上的拉力。当价格被提至 90 元时，A 企业的利润为 6 000 万元，比其最大目标利润少 2 000 万元；B 企业的利润为 5 500 万元，比其最大目标利润少 1 500 万元。这时，两家寡头垄断企业在利润分割上达到暂时的平衡。因此，90 元这一折中价格有可能被双方企业接受，并达成默契。

| 专栏 10-8 |

国内三大铜业巨头的产量、成本、利润盘点

铜生产企业的利润水平主要受到铜价、铜原材料获取成本、生产方式，以及企业自身的经营效率、技术水平、成本控制能力等因素共同影响。铜行业利润水平变动的主要因素是铜价，铜价的变动直接影响行业整体利润水平的变动。2011 年，铜价达到历史高点，之后长期下行，因此近年来铜行业的利润水平也一直处于不高的水平。铜作为周期性行业，铜价的周期性波动属于正常现象，随着未来铜价回升，铜行业的利润水平也会逐步回升。

从净利润额来看，江西铜业为 15.81 亿元，是目前三大铜企赚得最多的企业；其次是铜陵有色，净利润为 3.95 亿元，因电解铜产量下降 1.38 万 t，铜陵有色营收下降，但得益于铜价走高，净利润同比增长；再次之是云南铜业净利润为 2.25 亿元。

根据 2017 年各公司采选冶炼情况分析，从资源自给水平来看，江西铜业最高，为 15.25% 左右；铜陵有色最低，仅为 3.7% 左右的水平。而全国铜精矿自给率为 21% 左右。铜价涨跌，对自给率高的企业影响更大。因此，若铜价上涨，将为江西铜业带来更大的收益。

截至 2016 年，江西铜业的资源储量为 983 万 t，联合其他公司所控制的资源按本公司所占权益计算的金属资源储量约为 443 万 t。合计资源量 1 426 万 t，目前暂无新增量。云南铜业旗下拥有公司目前权益铜矿储量在 650 万 t 左右。其中，大红山铜业和

普朗铜矿产能在万吨以上，分别为5万t/年和2.256万t/年。中铝作为云铜集团最大股东，拥有秘鲁铜业的特罗莫克（Toromocho）铜矿的开发选择权。该矿年产铜金属规模可达约25万t。该项目为云铜的资源优势再加一码。铜陵有色在厄瓜多尔正在建设米拉多铜矿项目，一期工程铜金属量290万t，2018年预计将建成日处理矿石6万t/天的规模，年产约10万t矿产铜。

国内铜冶炼行业的冶炼成本平均水平为2 200元/t。江西铜业贵溪厂的冶炼成本约2 200元/t；铜陵有色金隆冶炼厂是我国最先进的铜冶炼厂之一，生产成本低，冶炼成本为1 800元/t；云南铜业由于艾萨炉工艺的优势，公司的冶炼成本近年来大幅下降，目前冶炼成本约2 000元/t。由此可见，铜陵有色在冶炼成本方面具有绝对优势。

2017年，江西铜业的铜精矿产量略有下降，但在三大铜企中仍居首位。江西铜业前半年生产铜精矿含铜量达到10.47万t，阴极铜产量64.49万t，铜精矿实际年产量有望超过计划产量；云南铜业2017年前半年完成2.305 3万t，完成年计划39.41%，同比降低4.05%，阴极铜产量27.774万t；铜陵有色自产铜精矿含铜量完成2.24万t，占年计划的45%，阴极铜产量61.84万t；铜精矿产量来看，江西铜业的产量规模最大，2017年上半年产量是云南铜业的4.5倍，是铜陵有色的4.6倍；从铜精矿自给率来看，江西铜业、云南铜业、铜陵有色的铜精矿自给率分别为16.24%、8.03%、3.62%。

江西铜业的海外资产中有一处非常具有代表性的资产，那就是阿富汗艾娜克（Aynak）铜矿。艾娜克铜矿是世界上第二大已探明但尚未被开发的特大型铜矿床，已探明储量1 100万t，储藏价值高达1 000亿美元。2008年，中冶和江西铜业联合体（中冶江铜艾娜克矿业有限公司）获得该项目100%矿权及30年的开采权，其中江西铜业占股40%。艾娜克铜矿原计划5年完成项目建设，但8年时间过去了，项目仍未投产，尽管中冶是该项目的"老大"，但江西铜业在里面同样"难以自拔"。另外，江西铜业参股的北秘鲁铜矿、阿尔巴尼亚铜矿正经历着和阿富汗艾娜克铜矿一样的遭遇，项目停滞不前，使江西铜业在海外矿山项目上一直受阻。而所处地区云南自身的铜资源储备十分丰富，凉山矿业旗下拉拉铜矿储量80万t，铜精矿产量约3万t，普朗矿探明铜经济资源量92多万t，其中高级别储量76万t，预测远景资源量可达300万t以上，同时有近300t的金银伴生矿。公司控股股东云铜集团掌握的铜资源量很大，未来公司发展值得期待。

资料来源：矿业汇、华讯财经、中国报告网。

本章小结

本章考察了完全竞争、垄断竞争、寡头垄断和完全垄断四种不同的市场结构，分别从企业数目、产品类型、企业控制价格能力、进入壁垒和非价格竞争五个维度来描述和区分不同市场结构的关键特征，并列举了相应的行业作为例子，然后分别讨论了不同市场结构下企业的价格和产量决策。

完全竞争的市场中存在许多卖者与买者，以至于每个买者、卖者都无力影响市场价格；企业的产品是同质的、标准化的，生产企业也就无力控制市场的价格；生产者能自由进入或退出这个行业；卖者和买者对市场情况都完全了解，决策是在确定性条件下做出的；生产要素具有完全流动性；市场中的所有企业都以利润最大化为目标。

完全竞争条件下，企业会把产出确定在价格与边际成本相等的水平。只要企业处于产品价格高于平均可变成本的产出水平，即使价格低于平均总成本，企业在短期也会继续生产。但若价格无法抵补平均可变成本，则企业最好是完全停产。长期中，企业会在长期平均总成本曲线的最低点进行生产。价格则在市场需求曲线和供给曲线的交点上。

完全垄断的市场结构与完全竞争是相反的两个极端情形。完全垄断的市场中，某一企业在某一特定市场区域内是某种产品的唯一供应（生产或销售）厂商；市场上不存在该产品的替代品，该企业能够控制市场的价格；存在诸多（资源或管制）限制而形成进入壁垒，不存在新企业进入的可能；完全垄断的企业以利润最大化为目标，企业没有竞争对手，享有决定产品价格和产量的自主权，从而能获取超额垄断利润。现实生活中存在一些近似完全垄断的例子，如邮电、铁路运输、供电等的经营就具有很强的垄断性。形成完全垄断的主要原因包括：规模经济性与市场竞争导致垄断；产品或技术上的专利导致垄断；对资源的控制导致垄断；政府规制导致垄断。

完全垄断市场中，市场的需求曲线就是垄断企业的需求曲线。相对于完全竞争，完全垄断行业产出更低、价格更高。完全竞争企业在价格等于边际成本时进行生产，而完全垄断企业则在价格高于边际成本的情况下生产。完全垄断企业可以采用制定多种价格、捆绑销售、公司内部转移定价等方式增加利润。

垄断竞争市场既具有垄断市场的特点，同时又具有完全竞争市场的特点。垄断竞争具有四个方面的特征：①最重要的特征是产品的差异性。产品差异越大，相互间的替代性就越小，产品的需求价格弹性就越小，需求曲线就越陡，企业就可在一定程度上控制自己产品的价格。这正是垄断竞争区别于完全竞争的关键所在。②行业中企业数目必须足够多。产品既可以相互替代，但又存在某种程度的差别。③行业中存在大量小企业；在长期中企业能自由进入或退出该行业，但进入某些知名品牌的领域存在很高的壁垒。④正因为行业里小企业很多，每家企业的产品所占市场份额就很小，单个企业的行为不会影响市场的供求，也就不会影响另一家企业的行为。有的垄断竞争企业在广告上的投入巨大。实证研究表明，加成定价法为许多企业采用。如果加成是边际成本，并且如果加成的大小是由产品的需求价格弹性所决定的，那么加成定价法能实现利润最大化。

所谓寡头垄断，就是少数企业垄断，行业的绝大部分产出被几家企业所控制。其主要特征表现在四个方面。①企业之间互相依存，行为互相影响。某一企业的决策与影响容易被其他寡头垄断企业发现；企业数量少，市场占有率往往"此消彼长"，利益冲突十分尖锐。②产品差异性的一个极端可以是同质的标准产品，另一个极端则是存在高度差异性的产品。③新企业很难进入寡头垄断的行业。宏大的经济性规模、复杂而先进的技术与设备、庞大而高效的生产和销售组织、最小平均成本、寡头垄断企业的产品已成为名牌，都是进入该行业的巨大障碍。④非价格竞争变得更加重要。采取价格竞争结果往往是两败俱伤。因此，寡头垄断企业一般注重产品的质量、外观、设计、广告和销售方法等非价格竞争。

寡头垄断不存在统一的模型。因条件而存在若干典型的寡头垄断模式，包括市场份额模式、直接共谋与卡特尔、拐折的需求曲线模式、价格领导模式；寡头垄断市场中的企业行为可采用博弈论进行分析，在寡头垄断条件下有利于形成共谋卡特尔或非卡特尔的价格领导的决策，以追求更大利润。

计算分析题

1. 假设某完全竞争行业的市场需求函数为 $D = 7\,000 - 5\,000P$，供给函数为 $S = 4\,000 - 2\,500P$。① 找出均衡价格。② 列出价格分别为 1 元、2 元、3 元、4 元、5 元、6 元、7 元、8 元、9 元、10 元时的市场供给与需求表。③ 绘出市场供给曲线和需求曲线，以及当该行业有 50 家相同的完全竞争企业时某企业的需求曲线。④ 确定企业的需求曲线方程。

2. HT 公司是一家完全竞争的制灯企业，灯的单价为 50 元。企业的总成本函数为 $TC = 1\,000 + 20Q + 5Q^2$，其中 TC 为总成本（元），Q 为每小时产出（台）。
   (1) 利润最大化的产量为多少？
   (2) 该产量下企业的经济利润为多少？
   (3) 该产量下企业的平均成本为多少？

3. 某完全垄断企业的总成本与产品需求情况如下表所示。

每小时产量（个）	边际成本		公司的边际成本（元）	价格（元）	边际收益（元）
	工厂Ⅰ（元）	工厂Ⅱ（元）			
1	10	14	10	40	—
2	12	18	12	30	20
3	14	22	14	26	18
4	20	26	14	23	14
5	24	30	18	16	12

   (1) 公司利润最大化的产量为多少？价格为多少？
   (2) 在每小时共生产 4 单位的情况下，产量应如何在两家工厂间分配？

7. 假设某一寡头垄断企业现以 8 元的价格出售产品。对价格上升，其相应的需求函数为 $D = 360 - 40P$；对价格下降，其需求函数为 $D = 120 - 10P$。
   (1) 画出该寡头企业的需求曲线，并导出其边际收益曲线。
   (2) 画出下表所给的一组成本明细所对应

价格（元）	产量（个）	总成本（元）
10	7	24
8	8	25
8	9	26
7	10	27
6	11	28
5	12	29

   试确定该企业的产品价格。

4. 某个不受政府管制的完全垄断企业，其边际成本（MC）函数和产品需求函数分别如下：
$$MC = 40 + 2Q \quad P = 80 - 3Q$$
   式中，Q 为产量；P 为价格。
   试问：该企业的产量为多大时，利润最大？

5. 已知需求函数 $D = 12 - P$。
   (1) 列出 D 和 MR 的明细表。
   (2) 画出 D 和 MR 曲线。
   (3) 求出 $P = 10$ 元、5 元、3 元时的 MR。

6. 设某公司的产量、成本、价格如下表所示。

的成本曲线。
   (3) 如果该企业的成本表已知为 SMC 和 SAC，求出其获取的利润。
   (4) 如该企业的成本表改为 SMC′ 和 SAC′，求新产量的最好水平，以及在这一产量下出售的价格和获得的利润。

成本表 （单位：元）

Q	SMC	SAC	SMC′	SAC′
20	3	4.5	4.5	4
30	4	4	5	5
40	5	4.5	6	5.5

思考题

1. 试述各种市场结构的特征。
2. 在完全竞争市场结构中,企业的平均收入曲线为何与边际收益曲线重合?
3. 分析全球计算机行业的竞争特征,分析全球行业的竞争特征。
4. 举出我国具有垄断竞争特征的行业,并分析企业之间的非价格竞争。
5. 试比较完全竞争条件下的长期均衡与完全垄断条件下的长期均衡。
6. 完全垄断企业在较高产出时有亏损,该企业还会继续生产吗?在长期,企业会采取什么措施?
7. 寡头垄断市场中,在拐折曲线附近,成本的变化不会引起产品价格的变动。试讨论这对寡头垄断产业会造成什么影响。

第 11 章 定价策略

::学习目标

- 理解企业定价策略的重要性。
- 掌握不同定价策略的决策过程和适用条件。
- 理解不同定价策略对企业利润的影响。

11.1 完全竞争市场中的企业需要进行定价决策吗

在完全竞争市场中，企业不存在定价问题，因为完全竞争市场具有以下特征：①生产者和消费者的数量都足够多且规模足够小，任何一个生产者或消费者都无法影响市场价格，只能是市场价格的接受者；②产品是同质的；③资源自由流动；④信息充分且完全；⑤生产者追求利润最大化，消费者追求效用最大化。

在满足这些条件的市场中，价格由市场供求决定，单个企业在这一价格水平下做出令企业利润最大的产量决策，如图 11-1 所示。

a）市场价格的形成　　b）企业的产量决策

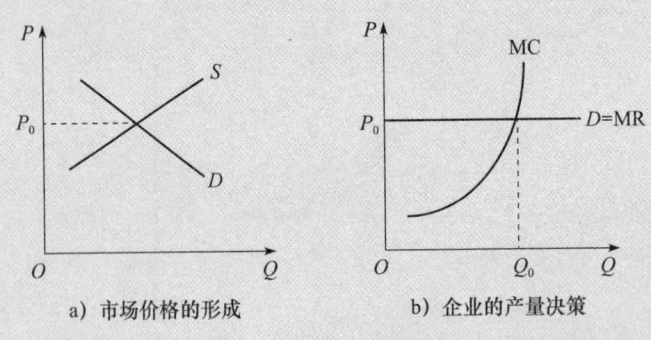

图 11-1 完全竞争条件下市场价格的形成与企业的产量决策

在图 11-1a 中，S 是市场供给曲线，从左到右向上倾斜，代表供给量与价格之间的正向变化关系；D 是市场需求曲线，从左到右向下倾斜，反映了需求量与价格之间的反向变动关系。二者的交点决定了市场价格 P_0。图 11-1b 反映的是单个企业的情况，企业的需求曲线 D 在 P_0 的水平上平行于横轴,这是因为企业的产量相对于整个市场供给量微不足道,由市场供给和市场需求共同决定的价格不会因为单个企业的产量决策发生任何变化。因此,企业能够以市场价格 P_0 卖出它愿意生产的所有产品。这时的需求曲线 D 也就是企业的边际收益曲线 MR。这一点很容易证明:

$$MR = \frac{dTR}{dQ} = \frac{d(P_0 Q)}{dQ} = P_0$$

很明显,在完全竞争市场结构中,如果企业将价格定在高于 P_0 的水平,其产品将会无人问津。企业的需求曲线平行于横轴说明其产品需求价格弹性为无穷大,意味着价格的微小变化将会导致需求量无穷大的变化。当然,企业也不可能将价格定在低于 P_0 的水平,因为既然企业能够以市场价格卖出它愿意生产的所有产品,降低价格不符合企业利益。企业会接受市场价格,根据企业的成本情况,将产量定在边际成本曲线 MC 与边际收益曲线 MR 的交点对应的 Q_0 上。

除了完全竞争市场结构,在完全垄断、寡头垄断与垄断竞争的市场中,企业管理者都需要就按什么价格出售产品做出决策。价格决策的方法是多样化的,企业需要考虑定价目标、所在行业的特征、企业产品的差异化程度等多种因素,并据此选择最合适的定价策略。接下来讨论垄断企业的定价策略。

| 专栏 11-1 |

《经济学人》的定价策略

在丹·艾瑞里(2017)所著的《怪诞行为学》一书中给出了一个定价的例子。《经济学人》提供了三种订阅杂志的方式及其价格,分别是电子版 59 美元、纸质版 125 美元、电子版+纸质版 125 美元。这种定价非常奇怪,第二种纸质版和第三种电子版+纸质版的价格都是 125 美元。那怎么会有人只买纸质版呢?

艾瑞里对这种定价方式感到好奇,于是对一大批参与者做了一个调查,发现大部分人会选择电子版+纸质版套餐。而这恰好是《经济学人》所希望的,因为纸质版的利润更高。

如果杂志社只提供前两种订阅方式,很多人可能会在买便宜的电子版还是买更贵但阅读体验更好的纸质版之间摇摆。这时列出第三种选择——电子版+纸质版——而且价格和纸质版相同,人们马上就会觉得这是最合适的选择,既能得到更好的阅读体验,在价格上也非常划算。

艾瑞里对读者的这种行为给出的解释是,人们一般没有绝对价值的概念,只有在与其他商品进行优劣比较后才能判断商品的价值。

艾瑞里后来在上课时,给 100 名 MBA 学生做了一个实验,重新验证了该结论。在有三种套餐可选择的情况下,16 人选了电子版,0 人选了纸质版,84 人选了电子版+纸质版;而在只有电子版和电子版+纸质版两种套餐可选择的情况下,68 人选了电子版,只有 32 人选了电子版+纸质版。

《经济学人》通过对参考价格的巧妙设置,不仅获得了更高的利润,还提升了读者的满意度。

资料来源:https://baijiahao.baidu.com/s?id=1629313099468755550&wfr=spider&for=pc。

11.2 加成定价法

加成定价法是一种简单易行且被大量企业采用的定价方法。其原理是产品价格要能补偿成本并获得合理回报。在这种定价方式下，需要计算单位产品的变动成本，合理分摊相应的固定成本，再按一定的目标利润率来决定价格。其计算公式为

$$产品价格 = 单位产品成本 \times (1 + 加成率)$$

例如，某企业生产 100 000 台冰箱，总固定成本 3 亿元，每台冰箱的变动成本为 1 000 元，确定目标成本利润率为 25%，则采用成本加成定价法确定价格的过程如下：

首先计算单位产品成本：

$$单位产品成本 = 单位变动成本 + 单位固定成本$$
$$= 1\,000 + \frac{300\,000\,000}{100\,000}$$
$$= 4\,000(元)$$

其次计算产品价格：

$$产品价格 = 4\,000 \times (1 + 25\%)$$
$$= 5\,000(元)$$

采用加成定价法需要考虑三个问题：①成本基础。可供选择的成本基础包括完全成本、变动成本和作业成本，根据成本基础的不同，加成率相应分为完全成本加成率、变动成本加成率和作业成本加成率。②产量水平。平均成本会随产量而变，所以在估计平均成本时需要先确定产量，常见的做法是将产量设定为生产能力的80%。③加成率。加成率受到很多因素的影响，如行业特征、供求关系、企业产品的差异化程度等，企业应根据这些影响因素的变化，采用动态的加成率来提高价格竞争力和获利能力。

11.2.1 加成定价法能否得出最优价格

有人认为加成定价法没有考虑产品的需求价格弹性，无法实现利润最大化。但实际上，如果以边际成本作为成本基础，采用加成定价法是可以找出最优价格的。推导过程如下：

根据加成定价法的公式

$$P = MC(1 + X)$$

可得

$$MC = \frac{P}{1 + X} \tag{11-1}$$

式中，MC 代表边际成本；P 代表价格；X 代表加成率。

回忆一下第 4 章中需求价格弹性部分给出的公式：

$$MR = P\left(1 + \frac{1}{E_P}\right) \tag{11-2}$$

为了实现利润最大化，企业应使其边际收益等于边际成本，因此有

$$MC = MR = P\left(1 + \frac{1}{E_P}\right) \tag{11-3}$$

将式（11-1）代入式（11-3），可得

$$\frac{P}{1+X} = P\left(1 + \frac{1}{E_P}\right)$$

故

$$X = \frac{-1}{1 + E_P} \tag{11-4}$$

即当企业以边际成本作为成本基础，并令加成率与企业产品的需求价格弹性之间的关系满足式（11-4），加成定价法就能实现利润最大化。

例如，某家电厂商生产55in的液晶电视，根据对市场需求的预测，企业决定将产能利用率定在90%的水平。据此估计，每台电视的生产成本为1 600元，边际成本为640元。企业产品与竞争对手略有差异，经测算，消费者对其产品的需求价格弹性为-1.5元。如果该厂商采用加成定价法，且希望实现利润最大化，应该把价格定为多少呢？

首先需要确定最优的加成率，由前面的分析可知，最优加成率和需求价格弹性之间的关系为

$$X = \frac{-1}{1 + E_P}$$

其次将 E_P 的具体数值代入可得

$$X = \frac{-1}{1 - 1.5} = 2$$

明确了最优加成率为2，可以很容易计算出产品的价格为

$$P = MC(1 + X) = 640 \times (1 + 2) = 1\,920(元)$$

因此，为了实现利润最大化，该企业应该将其55in液晶电视的价格定为1 920元。

11.2.2 加成定价法是否适用于不同市场竞争程度

目前，很多行业都采用加成定价法。例如，消费金融公司普遍采用的定价模式是既定成本加目标利润，其中，既定成本主要包括资金成本、运营成本、征信查询成本等。互联网公司、汽车整车企业也采用同样的定价方法。

一般认为，加成定价法不考虑市场竞争，简化了定价的复杂性，但也因此对适用条件提出了要求。当企业的产品与竞争对手的产品存在明显差异，或者企业在交易中拥有较强的话语权时，才能使用加成定价法。但实际上，加成定价法完全可以与市场导向的定价方法结合起来使用。当推出了具有突破性创新的产品时，企业可以把加成率定在一个比较高的水平，以实现撇脂定价的效果；随着竞争对手陆续跟进，则调低加成率，以提高价格的竞争力。

在竞争激烈的行业，采用以自身成本为主要关注点的加成定价法是否会对市场份额造成不利影响，取决于企业的成本情况。中国企业与西方跨国公司相比，往往具有成本优势，在争夺全球市场时，采用加成定价法一般能形成明显的价格优势，有利于抢夺市场份额。华为创始人曾在访谈中谈到，华为作为后来者进入电信设备市场时，因为技术和管理的原因，产品成本比较低。华为根据成本来制定价格，把价格也定得很低，这就让在位者很难跟华为竞争。

当市场竞争压力非常小时，加成定价法可能使企业疏于对成本的控制，尤其是公共事业部门，这种定价方法令企业在任何成本水平下，利润都能得到保证，企业因此会丧失推行精细化管理的内生动力，不利于推动企业管理水平的提高。因此，政府会对公共事业部门的产品价格

进行管制，主要途径是对企业成本进行核算，明确可用于定价计算的成本范围，并规定加成率。2017年1月，国家发展和改革委员会颁布了《省级电网输配电价定价办法（试行）》，这是我国历史上第一个针对超大网络型自然垄断电网行业的定价办法。定价办法明确了建立独立的输配电价体系，按照准许成本加合理收益的原则来制定价格，既明确规定了折旧费、运行维护费、有效资产、准许收益率等指标的核定原则和具体标准，又明确规定了不得计入输配电价定价范围的成本费用。通过这种方式，较好地避免了自然垄断行业采用成本加成定价法存在的弊端。

| 专栏 11-2 |

概念的情景化应用：加成定价丢掉一大笔合同

在高度市场化国家，电信是一个竞争激烈的行业。在一项为 J.P. 摩根提供安全的长途微波商务通信的服务竞争中，英国电话公司出价 1 300 万美元，其竞争对手 Sprint 出价 900 万美元，从而这笔生意被后者抢走。英国电话公司的主管人员为此进行事后研究之后发现，他们的美国子公司副总裁一直力求从这一项目上收回子公司总部全年的一般管理费。不用说，英国电话公司是因为采用加成定价法出价 1 300 万美元才丢掉了 J.P. 摩根的生意。全部成本定价经常会面临这种被竞争对手抢走生意的风险。

资料来源：MCGUIGAN J R, MOYER R C, HARRIS F H. Economics for Managers [M]. San Diego: South Western College Publishing.

11.3 按固定比例生产的联合产品定价

有些企业的产品在生产上相互关联，生产 1 单位 A 产品就必定会生产出特定单位的 B 产品，如养一只羊意味着同时生产羊肉和羊皮两种产品。在这种情况下，两片羊肉和一张羊皮就被视为一个产品组合。我们无法区分羊肉和羊皮各自的成本，只能计算产品组合的成本。因此，在运用边际收益等于边际成本这一公式来计算产品的最优价格时，应该以产品组合为单位，计算产品组合的边际收益和边际成本。分析过程如图 11-2 所示。

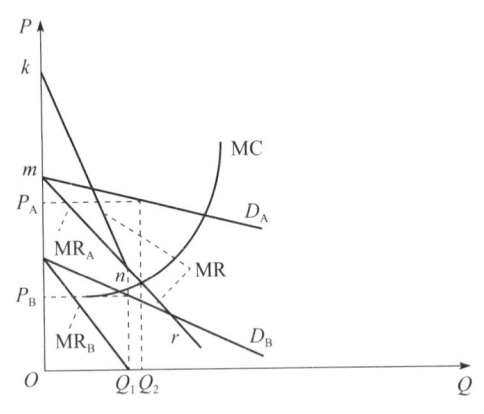

a) 按固定比例生产的联合产品定价：$Q_1 < Q_2$

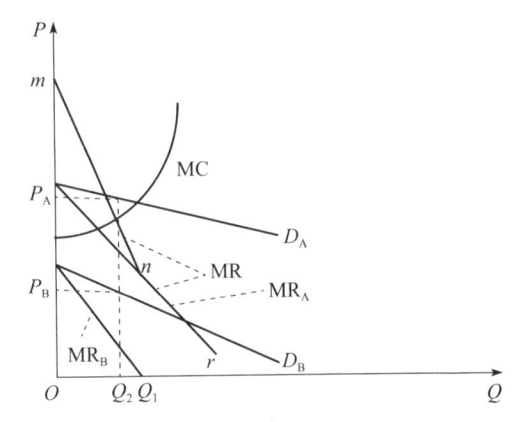

b) 按固定比例生产的联合产品定价：$Q_1 > Q_2$

图 11-2 按固定比例生产的联合产品定价

在图 11-2 中，D_A 是 A 产品的需求曲线，MR_A 是 A 产品的边际收益曲线，D_B 是 B 产品的需求线，MR_B 是 B 产品的边际收益曲线。产品组合的边际收益用 MR 表示，当 $Q \leq Q_1$ 时，$MR = MR_A + MR_B$，在图 11-2a 中表示为线段 kn。当 $Q > Q_1$ 时，由于 $MR_B < 0$，企业会停止出售 B 产品，因此产品组合的边际收益完全由 A 产品贡献，故 $MR = MR_A$。在图中，产品组合的边际收益与 A 产品的边际收益重合，表示为射线 nr。因此，联合产品的边际收益由两段组成，在图 11-2a 中表示为 knr。另外，MC 是联合产品的边际成本。

根据 MR = MC，可以找到产品组合的最佳产量 Q_2。由于产品组合的最优产量就是 A 产品的最优销量，因此可以在 A 产品的需求曲线 D_A 上找到对应产量 Q_2 的最优价格 P_A。

B 产品的定价要稍微复杂一些，存在两种情况。第一种情况如图 11-2a 所示，产品组合的最优产量 Q_2 大于令 B 产品的边际收益为零的销量 Q_1，很明显，理性的生产者一定不会让自己的销量超过 Q_1，否则会导致 B 产品的边际收益为负，利润总额下降。企业会将 B 产品的销量定在边际收益为零的水平，即 Q_1，观察 B 产品的需求曲线 D_B，可以找到 Q_1 对应的价格 P_B。在这种情况下会存在产量大于销量的现象，多余的产量（$Q_2 - Q_1$）将被企业销毁，不会让其流入市场而压低产品价格。

B 产品定价的第二种情况如图 11-2b 所示：产品组合的最优产量 Q_2 小于令 B 产品的边际收益为零的销量 Q_1。由于产品组合的最优产量 Q_2 并不会令 B 产品的边际收益为负，因此，产品组合的最优产量就是 B 产品的最优销量。企业将依照 B 产品的需求曲线 D_B，把对应 Q_2 的价格 P_B 确定为最优价格。

举例说明上述分析过程。假设某企业在生产 1 单位 A 产品的同时，一定会生产 1 单位 B 产品，产品组合的总成本函数为

$$TC = 600 + 10Q + 6Q^2$$

式中，Q 是每月生产的产品组合的数量，在每一个产品组合中都包含 1 单位 A 产品和 1 单位 B 产品。两种产品的需求函数如下：

$$P_A = 530 - 2Q_A$$
$$P_B = 200 - 4Q_B$$

式中，P_A 是 A 产品的价格；Q_A 是 A 产品的月需求量；P_B 是 B 产品的价格；Q_B 是 B 产品的月需求量。

该企业应该如何给两种产品定价？每月的最优产量是多少？

首先计算产品组合的边际收益，它由两种产品的边际收益加总而得：

$$MR = MR_A + MR_B$$

其中

$$MR_A = \frac{dTR_A}{dQ_A} = \frac{d(P_A Q_A)}{dQ_A} = \frac{d(530 - 2Q_A)Q_A}{dQ_A} = 530 - 4Q_A$$
$$MR_B = \frac{dTR_B}{dQ_B} = \frac{d(P_B Q_B)}{dQ_B} = \frac{d(200 - 4Q_B)Q_B}{dQ_B} = 200 - 8Q_B$$

(11-5)

故

$$MR = (530 - 4Q_A) + (200 - 8Q_B) = 730 - 4Q_A - 8Q_B \tag{11-6}$$

因为 1 单位产品组合中包含 1 单位 A 产品和 1 单位 B 产品，即 $Q = Q_A = Q_B$，于是式（11-5）可写为

$$\text{MR} = 730 - 4Q - 8Q = 730 - 12Q \tag{11-7}$$

接下来计算产品组合的边际成本：

$$\text{MC} = \frac{d\text{TC}}{dQ} = \frac{d(600 + 10Q + 6Q^2)}{dQ} = 10 + 12Q \tag{11-8}$$

令产品组合的边际收益等于边际成本，即联立式（11-7）和式（11-8），可得

$$730 - 12Q = 10 + 12Q$$
$$Q = 30(\text{单位})$$

由于 1 单位的产品组合包含 1 单位 A 产品，因此，A 产品的最优产量为 30 单位，最优价格为

$$P_A = 530 - 2Q_A$$
$$= 530 - 2 \times 30$$
$$= 470(\text{元})$$

我们不能直接将产品组合的最优产量视为 B 产品的最优产量，还需要判断这一产量水平是否会令 B 产品的边际收益为负。将 $Q_B = 30$ 代入式（11-5），可得

$$\text{MR}_B = 200 - 8Q_B = 200 - 8 \times 30 = -40(\text{元})$$

由于 $\text{MR}_B < 0$，可以判断，产品组合的最优产量不是 B 产品的最优销量。该企业应将 B 产品的销量定在令 MR_B 为零的水平。将 $\text{MR}_B = 0$ 代入式（11-5），可得

$$200 - 8Q_B = 0$$
$$Q_B = 25(\text{单位})$$

由此可知，企业虽然生产了 30 单位的 B 产品，但只会销售 25 单位，对应的价格应为

$$P_B = 200 - 4Q_B$$
$$= 200 - 4 \times 25$$
$$= 100(\text{元})$$

分析结果显示，该企业每月应生产产品组合 30 单位，向市场销售 A 产品 30 单位、B 产品 25 单位，其中 A 产品的最优价格为 470 元，B 产品的最优价格为 100 元。

11.4 差别定价法

差别定价法也称为价格歧视策略，是把同一种产品以不同价格出售给不同的顾客群体。差别定价法是酒店和航空企业的一种主要定价策略，它们对提前很长时间预订的顾客收取较低的价格，而对"说走就走"的顾客收取较高的价格。当然，价格歧视也可以与消费量挂钩。例如，麦当劳对顾客点的第二杯甜品提供 50% 的折扣；在理发店、健身房，办理年卡的顾客为每次服务支付的价格低于不办卡顾客支付的价格。

差别定价法之所以受到企业青睐，是因为能够获取统一定价策略下存在的消费者剩余和潜在的生产者剩余。

在图 11-3 中，边际收益曲线 MR 与边际成本曲线 MC 的交点决定了垄断企业的最优产量 Q_0，对应的价格为 P_0。从需求曲线 D 可以看到，有一部分消费者的保留价格（即

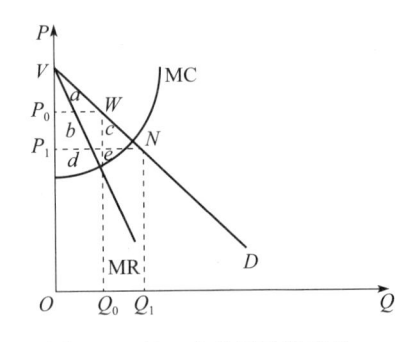

图 11-3 统一定价下的消费者剩余与生产者剩余

消费者愿意接受的最高价格）高于 P_0，但他们只需以 P_0 的价格来购买产品或服务。保留价格与实际支付价格之间的差额构成了消费者剩余，表示为图 11-3 中三角形 a 的面积。

在供给一端，从短期来看，只要价格等于企业的边际成本（MC），企业就愿意生产，价格高于企业边际成本的部分构成了生产者剩余。当企业把价格定在 P_0 时，在产量 Q_0 的水平上，形成了由 b 和 d 两部分构成的生产者剩余。需求曲线 D 上的 WN 段代表的消费者，由于其保留价格低于 P_0，因此，当企业采用统一价格时，就把这部分消费者排除在外了。但实际上他们的保留价格大于企业的边际成本，如果企业以这些消费者的保留价格向其出售产品或服务，是完全有利可图的。因此，在需求曲线 D 的 WN 段，消费者的保留价格与边际成本之间的差额（即图 11-3 中的 c 和 e 两部分）构成了企业的潜在利润增量。

在图 11-3 中，生产者剩余是价格大于边际成本的部分，也称为可变成本利润。当企业采用统一定价策略，把价格定在 P_0 时，获得的可变成本利润为 $b+d$。如果想进一步提高可变成本利润，把 a、c、e 都纳入进来，就只能采取差别定价法，对不同的消费者制定不同的价格。根据对消费者进行细分的程度不同，差别定价法可分为三种类型：一级价格歧视、二级价格歧视和三级价格歧视，下面分别讲解每一种差别定价法的决策过程。

11.4.1 一级价格歧视

1. 采用一级价格歧视的动因

一级价格歧视也称为完全价格歧视，是最严格的差别定价法，即企业试探出每个消费者的保留价格，然后将其作为针对该消费者的销售价格。我们回到图 11-3，来说明一级价格歧视对企业可变成本利润的影响。如果企业能准确判断每位消费者的保留价格，并按保留价格来定价，那么需求曲线 D 就是企业的边际收益曲线 MR。企业的最优产量不再是 Q_0，而是由需求曲线（也就是新的边际收益曲线）与边际成本曲线的交点决定的 Q_1。也就是说，只要消费者的保留价格大于企业的边际成本，企业就愿意向其出售产品和服务。由于按照每位消费者的保留价格定价，因此，统一定价策略下的消费者剩余（即三角形 a 的面积）转变为生产者剩余，原来被排除在外的需求曲线 WN 区域的潜在消费者成为现实消费者，他们贡献了 $c+e$ 的生产者剩余。可见，在一级价格歧视下，可变成本利润从 $b+d$ 增加到 $a+b+d+c+e$。

2. 采用一级价格歧视的条件

一级价格歧视虽然能最大限度地增进企业利润，但要求判断每位消费者的支付意愿。在传统销售模式下，小商铺通过与消费者讨价还价来试探其保留价格。这项工作具有相当大的挑战性，需要销售人员具有心理学方面的知识，才能在非常短的时间内做出准确判断。因此，采用一级价格歧视策略能在多大程度上增进企业的利润，取决于销售人员的谈判水平。在网络销售模式下，对消费者保留价格的估计不再依赖销售人员，企业会根据消费者之前的购买行为，再结合消费者的年龄、职业等其他数据，对消费者进行比较准确的画像。事实上，随着大数据及人工智能技术的发展，企业拥有了强大的数据获取与分析能力，可以通过算法逐渐洞悉消费者的支付意愿，"千人千价"成为可能。在数据技术的支持下，企业可以更好地采用一级价格歧视策略，沿着需求曲线定价，把价格刚好定在每位消费者的支付意愿附近。

技术的发展为企业采用一级价格歧视策略提供了条件，但企业需要警惕这种差别定价策略可能产生的问题。一级价格歧视容易引发消费者的不满：一方面，消费者在发现别人以较低的价格购买到相同的产品和服务时，会产生不公平感；另一方面，消费者会因为自己的个人信息被企业掌握并利用，产生不安全感。2018年，"大数据杀熟"成为年度热词之一，说明大数据支持下的一级价格歧视策略引起了社会的普遍关注。滴滴、当当、携程等企业都被发现采用了这一定价策略。携程的高层管理者曾对此进行了公开回应，称之所以出现同时不同价，是因为有人抢到了优惠券，所以显示金额不同，并称绝对不允许使用价格歧视，价格不会因人、因设备或手机系统而异——"携程从未有过任何'大数据杀熟'的行为，以前没有，以后也永远不会有。"消费者对'大数据杀熟'的不满甚至提供了新的商机，由此诞生了各种比价软件。

| 专栏 11-3 |

"大数据杀熟"：是技术问题还是伦理问题

同样的商品或服务，老客户看到的价格反而比新客户要高出许多，这在互联网行业被叫作"大数据杀熟"。调查发现，在机票、酒店、电影、电商、旅游等多个价格有波动的网络平台都存在类似情况，而在线旅游平台更为普遍。同时还存在同一位用户在不同网站的数据被共享的问题，许多人都遇到过在某个网站搜索或浏览的内容立刻被另一网站进行广告推荐的情况。

"大数据杀熟"是一个新近才流行起来的词语，不过这一现象或已持续多年。有数据显示，国外一些网站早就有之，而近日有媒体对2 008名受访者进行的一项调查显示，51.3%的受访者遇到过互联网企业利用大数据"杀熟"的情况。

和任何新事物都会存在不同看法一样，"大数据杀熟"到底该如何定性，目前也面临争议。如上述调查中，59.2%的受访者认为在大数据面前，信息严重不对称，消费者处于弱势；59.1%的受访者希望价格主管部门进一步立法规范互联网企业的歧视性定价行为。另外，也有专家表示，这一价格机制较为普遍，针对大数据下的价格敏感人群，系统会自动提供更加优惠的策略，可以算作接受动态定价。

倘若搁置具体应如何定性的争议，"大数据杀熟"所表现出来的现象和逻辑还是存在相当大的问题。

"大数据杀熟"虽然可以说是商家的定价策略，但最终形成的"最懂你的人伤你最深"的局面，确实与人们习以为常的生活经验和固有的商业伦理形成了明显冲突。例如，一些线上商家和网站标明新客户享有专属优惠，从吸引新客户的角度完全可以理解，但在这一优惠政策的另一端，若老客户普遍要支付高于"正常价格"的金额，甚至越是老客户价格越贵，就明显背离了朴素的诚信原则，也是对老客户信赖的一种辜负，由此还会引发商业伦理的扭曲，值得警惕。

有专家表示，与其称这种现象为"杀熟"，不若说是"杀对价格不敏感的人"：一罐可乐，在超市只卖2元，在五星级酒店能卖30元——这不能叫价格歧视，而是因为你能住得起五星级酒店，那么你就是要被"杀"。这样的例子在现实中比比皆是，但是，这个理论套用在"大数据杀熟"上却并不恰当。一个关键问题是，一罐可乐的正常价格是透明的，所以在五星级酒店的溢价是公开的。但"大数据杀熟"却处于隐蔽状态，多数消费者是在不知情的情况下"被溢价"了。此外，将老顾客等同于"对价格不敏感的人"，也有偷换概念之嫌。

还有声音将"大数据杀熟"归咎为"大

数据精准靶向坑人"。"大数据杀熟"到底是不是价格歧视,是否违背了相关法律,或者说是否需要进一步完善相关法律,都是值得讨论的话题。但不管最终如何定性,技术如何进步,一个诚信、透明、公平的市场交易环境所对应的市场伦理——无论是线下还是线上,都应该是一个成熟的商业社会所共同追求和呵护的。

资料来源:朱昌俊. 大数据杀熟:无关技术关乎伦理. 光明日报, 2018年3月28日.

| 专栏 11-4 |

亚马逊的差别定价策略

作为一个缺少行业背景的新型的网络零售商,亚马逊不具备卓越的物流能力,也不具备像雅虎等门户网站那样大的访问流量,它最具有价值的资产就是其所拥有的过亿的注册用户。亚马逊必须设法从这些注册用户身上实现尽可能多的利润。因为网上销售并不能增加市场对产品的总需求量,为提高在主营产品上的盈利,亚马逊在2000年9月开始了著名的差别定价实验。亚马逊选择了68部DVD碟片进行动态定价实验,根据潜在客户的人口统计资料、在亚马逊的购物历史、上网行为和使用的软件系统确定对这68部碟片的报价。例如,名为《泰特斯》的碟片对新顾客的报价为 22.74 美元,对老客户的报价则为 26.24 美元。通过这一定价策略,部分消费者付出了比其他消费者更高的价格,亚马逊因此提高了销售的毛利率。但是好景不长,这一差别定价策略实施不到一个月,就有细心的消费者发现了这一秘密,通过在名为 DVDTalk 的音乐爱好者社区的交流,成百上千的消费者知道了此事。那些付出高价的消费者当然怨声载道,纷纷在网上以激烈的言辞对亚马逊的做法进行口诛笔伐,有人甚至公开表示以后绝不会在亚马逊购买任何东西。更不巧的是,由于亚马逊前不久才公布了它对消费者在网站上的购物习惯与行为进行了跟踪和记录,因此,这一事件曝光后,消费者和媒体开始怀疑亚马逊是否利用其收集的消费者资料作为其定价的依据,这样的猜测将亚马逊的价格事件与敏感的网络隐私问题联系在了一起。

为挽回日益凸显的不利影响,亚马逊时任首席执行官贝佐斯只好亲自出马进行危机公关。他指出亚马逊的价格调整机制是随机进行的,与消费者是谁没有关系,价格试验的目的仅仅是为测试消费者对不同折扣的反应,亚马逊"无论是过去、现在或未来,都不会利用消费者的信息资料进行动态定价"。贝佐斯为这次的事件给消费者造成的困扰向消费者公开道歉。不仅如此,亚马逊还试图用实际行动挽回人心,答应给所有在价格测试期间购买这68部DVD碟片的消费者以最大折扣。据不完全统计,至少有6 896名没有以最低折扣价购得DVD碟片的消费者已经获得了亚马逊退还的差价。

至此,亚马逊的价格实验以完全失败告终。亚马逊不仅在经济上蒙受了损失,而且声誉也受到了严重的损害

资料来源:作者根据网络资料整理.

亚马逊的价格实验遭遇的困境告诉人们，企业需要考虑如何在采用差别定价策略时避免让消费者产生不满情绪。腾讯的做法提供了一个有意思的案例[一]。《英雄联盟》是腾讯控股的美国公司拳头游戏（Riot Games）开发的一款游戏，其中有一种名为"皮肤"的付费道具，游戏人物使用后能产生酷炫的技能和动作特效，因此深受玩家喜爱。腾讯策划了一款针对"皮肤"的营销活动，名为"阿卡丽的神秘商店"。该活动不定期开展，在活动中，每位玩家都有一次免费抽取折扣并按折扣价购买指定"皮肤"的机会。为了吸引玩家参与活动，指定皮肤被设计为玩家在游戏中最经常扮演的角色所需要的"皮肤"，每位玩家抽取的折扣是不同的，这很明显是在执行价格歧视策略。腾讯在宣传时传递的信号是：玩家抽到的折扣是随机的。但如果腾讯根据对每位玩家的画像来估计其保留价格，并提供相应的折扣，也是完全可以做到的。玩家对这种价格歧视行为并不反感，因为大家都把决定支付价格差异的唯一原因归结为运气，而不是企业通过对消费者个人数据的获取和分析来实施的不公平的定价行为。

3. 一级价格歧视对利润的影响

下面举例说明一级价格歧视对利润的影响。假设炫彩家具店的主营业务是销售二手实木家具，其产品的需求函数为 $P=60-4Q$，其中，P 以千元为单位，Q 是每个月家具的销售量。炫彩家具店之前一直采用统一定价策略，每个月的固定成本为 100 000 元，单位变动成本为 4 000 元。目前，该家具店打算采用跟顾客讨价还价的方式来进行销售，销售人员每售出 1 件家具，就能获得 2 000 元奖励。在新的销售方案下，每个月的固定成本仍然为 100 000 元，单位变动成本提高到 6 000 元。下面计算在两种定价策略下炫彩家具店的利润额。

（1）统一定价策略下的相关决策。为了实现利润最大，炫彩家具店必须使自己的边际收益等于边际成本。由于 $TR=PQ=(60-4Q)Q=60Q-4Q^2$，因此炫彩家具店的边际收益为

$$MR = \frac{dTR}{dQ} = 60 - 8Q$$

炫彩的总成本函数为 $TC=100+4Q$，因此，边际成本为

$$MC = \frac{dTC}{dQ} = 4$$

由 MR＝MC，可得

$$60 - 8Q = 4$$
$$Q = 7(件)$$

将 $Q=7$ 代入需求方程 $P=60-4Q$，可得 $P=32$（千元）。

计算在价格为 32 000 元、销售量为 7 件时，炫彩家具店的利润。在不考虑税的情况下，利润等于收入减成本，因此有

$$\pi = TR - TC = PQ - (100 + 4Q) = 32 \times 7 - 100 - 4 \times 7 = 96(千元)$$

可知，在统一定价策略下，炫彩家具店的每月利润为 96 000 元。

（2）一级价格歧视策略下的相关决策。在一级价格歧视策略下，由于企业可以把价格定在每位消费者的保留价格水平，因此，企业的边际收益曲线与需求曲线重合，即 MR＝MC，也可写为 $P=MC$。可以理解为企业会一直销售，直到最后一位消费者的保留价格等于企业的边际成本。在这种定价策略下，由于员工每卖出 1 件家具，就能获得 2 000 元的提成，因此炫彩家具店

[一] 价格歧视：不"理性"的人与可预测的非理性。

的总成本函数变为 TC = 100 + 6Q，边际成本 $MC = \dfrac{dTC}{dQ} = \dfrac{d(100+6Q)}{dQ} = 6$

由 P = MC，可得
$$60 - 4Q = 6$$
$$Q = 13.5(件)$$

由于每一件产品销售的价格都不同，所以利润的计算需要采用求图形面积的方法。画出需求曲线和边际成本曲线，如图 11-4 所示。炫彩家具店出售 13.5 件产品，实现的收入是图中梯形的面积，表示为 m+n。由于平均变动成本不随产量而变，因此边际成本曲线也就是平均变动成本曲线。变动成本总额等于平均变动成本乘以销售量，即用 n 表示的长方形面积。

$$\pi = TR - TVC - TFC$$
$$= \dfrac{(60+6) \times 13.5}{2} - 6 \times 13.5 - 100 = 264.5(千元)$$

即与统一定价策略相比，在一级价格歧视策略下，炫彩家具店的最优月销量从 7 件增加到 13.5 件，月利润从 96 000 元增加到 264 500 元。很明显，如果企业能准确判断消费者的保留价格，并且采取恰当措施避免消费者产生不公平感，一级价格歧视会给企业带来更多的收益。

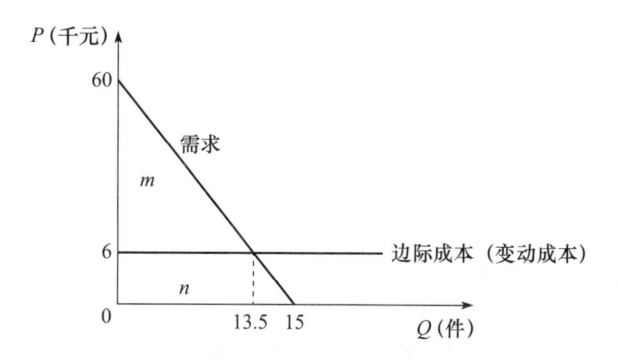

图 11-4　一级价格歧视策略下的需求曲线和边际成本曲线

11.4.2　二级价格歧视

二级价格歧视是一级价格歧视的不完全形式，它不是为每单位产品制定不同的价格，而是根据每位消费者购买的数量来定价。阶梯定价是二级价格歧视的一个典型例子，即消费者在不同的购买量范围内享受不同的价格，购买量越大，价格越低。这是一种非常普遍的定价策略。例如，铁路集团对批量零散货物快运服务采用阶梯定价，对一定时期内有连续稳定发货需求的客户或一次运量较大的客户，按运量分阶梯议定对应价格。当实际发货量达到某一阶梯协议运量后，后续运量执行对应的议定价格。电信运营商也经常采用这种定价策略，用户的通话时间在一定范围内必须支付较高的价格，超过这个范围后可以享受一定的折扣，如果通话时间更长，则享受的折扣会更大。经营水、电、气的公用事业公司也经常执行阶梯定价。与我国鼓励节能所采用的消费量越大、支付的电费单价越高的政策不同，美国电力公司采用的典型价目如下：

$$0 \sim 100 \text{kW·h}：0.12 \text{美元}/(\text{kW·h})$$
$$100 \sim 300 \text{kW·h}：0.10 \text{美元}/(\text{kW·h})$$
$$超过 300 \text{kW·h} 之后：0.08 \text{美元}/(\text{kW·h})$$

相比一级价格歧视，二级价格歧视的操作难度要小得多。首先，不用判断每位顾客的保留价格，因此也就无须收集顾客的个人信息，不会引发顾客对企业非法获取和使用个人信息的质疑。其次，二级价格歧视不会让顾客感觉自己受到了不公平对待。购买量越大，享受的价格折扣越大，这是消费者普遍接受的规则，而且每位消费者面对的都是一套相同的价格体系。所以，企业不用隐瞒自己的差别定价策略，也不存在消费者对价格差异进行投诉并要求赔偿的风险。

二级价格歧视对企业的利润会产生什么影响呢？我们来看图11-5的分析。

假设每位消费者都有一条如图11-5所示的需求曲线。当企业采用统一定价策略，把价格定在 P_3 时，消费者的购买量为 Q_3，消费者剩余为三角形 $P_0 P_3 K$ 的面积。若企业采用二级价格歧视策略，当消费者的购买量在 Q_1 以内时，收取 P_1 的价格；当消费者的购买量大于 Q_1 小于 Q_2 时，收取 P_2 的价格；当消费者的购买量超过 Q_2 小于 Q_3 时，则收取 P_3 的价格。这时的消费者剩余不再是原来的大三角形面积，而是三个小三角形面积之和（A+B+C），阴影部分的面积在统一定价策略下是消费者剩余，在二级价格歧视策略下变为生产者剩余，企业的利润因此增加。

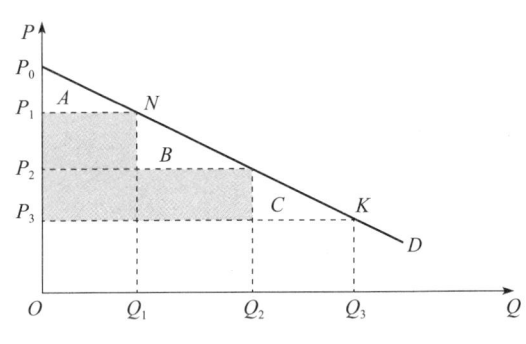

图11-5 二级价格歧视下的消费者剩余

11.4.3 三级价格歧视

1. 实行三级价格歧视的条件

三级价格歧视是最常见的一种差别定价策略，是指企业根据需求价格弹性对消费者进行分类，需求价格弹性高的消费者享受优惠价格，需求价格弹性低的消费者则被要求支付较高的价格。实行三级价格歧视需要满足以下条件：

（1）企业能够以较低的成本把消费者分为价格敏感型和非价格敏感型。区分消费者需求价格弹性的方式有很多。例如，航空公司根据消费行为把旅客分为商务旅客和度假旅客。商务旅客对价格不敏感，由于工作安排可能随时调整，一般只会提前几天预订机票；度假旅客则往往具有更高的需求价格弹性，为了节省旅行成本，甚至愿意提前1年预订机票。游乐园和电影院常常把学生与其他顾客区分开来。学生收入低，需求价格弹性高，优惠的学生票能吸引他们前来消费。没有学生证的顾客则只能按照正常票价来购买。有的餐厅会向主动询问是否打折的顾客提供优惠，而对步入餐厅时没有问此问题的顾客则按照正常价格付费。麦当劳、肯德基、真功夫等快餐店都会发放折扣券。这是一种隐蔽的三级价格歧视。研究表明，只有30%的人会使用折扣券，其他70%的人不是忘记带了，就是存放过期了。餐厅因此可以把顾客分成两类：价格敏感的顾客享受用券后的较低价格，价格不敏感的顾客支付正常价格。美国有一种"邮寄回扣"的价格优惠策略，即顾客在购买产品后，填写反馈卡和回扣申请表等资料，连同收据一起寄回厂家，厂家会以支票形式赠予一定金额。但由于填写资料、安排邮寄是一件比较麻烦的事情，不少人回到家后并不会认真整理相关资料。只有真正在乎赠予金额的消费者才会完成厂家要求的工作，最后获得返现。价格敏感型消费者和非价格敏感型消费者就此区分开来。

（2）企业能够把两类消费者区分开来，以较低价格购买到产品和服务的消费者不可能轻易将其转售给另一类消费者。例如，由于法律限制，一国的消费者不能去他国购买药品，然后带回本国销售，这就为全球经营的药企提供了在不同国家制定差别价格的条件。航空公司要求旅客购买机票时采用实名，享受优惠价格的旅客就不可能将机票进行转售，因此，航空公司具有实行三级价格歧视的优越条件。再加上与制造业企业不同，航空公司未售出的座位不能以存货形式储存到将来销售，只要航班起飞，未售出的座位可能带来的收入就永久性地损失了。所以，航空公司为了提高上座率，会向需求价格弹性高的旅客提供折扣。另外，每增加一名旅客，航空公司增加的成本非常有限，可能包括一份航空餐、与该旅客重量相关的航油费（可能微不足道）、该旅客使用卫生间而消耗的水费等。边际成本低使得航空公司能提供的价格折扣空间相当大。酒店的客房销售也具有类似的特点，因此可以看到，酒店和航空公司普遍采用三级价格歧视策略。

2. 实行三级价格歧视的相关决策

实行三级价格歧视的企业需要回答两个问题：①如何在需求弹性不同的两个类别的消费者之间分配产量？②对每个类别的消费者制定什么价格？当企业的产能一定时，产量分配是企业面临的最重要的决策。航空公司其实并不知道旅客的类别，它们是通过设计不同的购买条件，让旅客自主选择，从而实现类别归属的。例如，航空公司可能规定，享受 3 折票价优惠的条件是，提前 1 年预订，不允许改签或退票。只有对价格敏感的度假旅客才可能接受这种苛刻条件。航空公司遇到的问题是，它应该把多少座位留给这个类别旅客。如果分配给该类别旅客的座位数太多，会导致损失一部分愿意以较高价格购买机票的旅客；如果分配给该类别的座位数太少，又会导致部分座位空置。两种情况都无法让企业实现利润最大化。

最优产量分配应该满足两个类别的最后一单位购买量为企业贡献的边际收益相等。如果类别 1 的边际收益大于类别 2，就应该减少分配给类别 2 的产量，增加分配给类别 1 的产量，这样由类别 1 的消费者增加带来的收入增加大于类别 2 消费者减少造成的收入减少，企业的总收入会增加。由于不管把这一单位产品卖给哪个类别的消费者，企业的成本都是一样的，因此，总收入的增加就意味着利润总额的增加。当然，这个行为不可能一直持续，因为边际收益是递减的，随着分配给类别 1 的产量增加，类别 1 贡献的边际收益会不断减少，同时，随着分配给类别 2 的产量不断减少，每减少 1 单位产量造成的边际收益的损失会不断增加。两方面的共同作用，会使得在某一产量分配水平上，两个类别的边际收益达到平衡，这就是能实现利润最大化的最优产量分配水平。

下面推导一下这个过程，以更好地理解三级价格歧视下的产量分配决策。假设企业把消费者分成了两个类别，企业的利润为

$$\pi = \mathrm{TR} - \mathrm{TC} = \mathrm{TR}_1 + \mathrm{TR}_2 - \mathrm{TC}$$

式中，π 代表利润；TR 代表收入总额，由类别 1 消费者贡献的收入 TR_1 和类别 2 消费者贡献的收入 TR_2 构成；TC 是总成本。

利润最大化需要满足：就利润对 Q_1 和 Q_2 分别求偏导等于 0。由于 TR_1 是 Q_1 的函数，与 Q_2 相互独立，同理，TR_2 是 Q_2 的函数，与 Q_1 相互独立，故有

$$\frac{\partial \pi}{\partial Q_1} = \frac{\partial (\mathrm{TR}_1 + \mathrm{TR}_2 - \mathrm{TC})}{\partial Q_1} = \frac{\partial \mathrm{TR}_1}{\partial Q_1} - \frac{\partial \mathrm{TC}}{\partial Q_1} = \mathrm{MR}_1 - \mathrm{MC} = 0$$

故

$$\mathrm{MR}_1 = \mathrm{MC}$$

同时
$$\frac{\partial \pi}{\partial Q_2} = \frac{\partial(TR_1 + TR_2 - TC)}{\partial Q_2} = \frac{\partial TR_2}{\partial Q_2} - \frac{\partial TC}{\partial Q_2} = MR_2 - MC = 0$$

故
$$MR_2 = MC$$

需要注意，不管企业把产品卖给哪个类别的消费者，都不影响产品的生产成本，因此，就 TC 对 Q_1 求导得出的结果与就 TC 对 Q_2 求导得出的结果相同，即 MC。由上式可知，企业应在两个类别的消费者之间分配产量，直到两个类别的最后一单位销售带来的收入增加（边际收益）等于产品的边际成本。

为了说明三级价格歧视下的产量分配、价格决策，及其对企业利润的影响，试举一例。假设某企业的医疗器械产品分别销往日本和美国市场，由于存在法律规定，不能在日本购买后拿到美国销售，反之亦然。两个市场对该产品的需求方程如下：

$$日本：P_j = 12 - Q_j$$

$$美国：P_u = 8 - Q_u$$

式中，P_j 和 P_u 分别代表产品在日本和美国的售价，以元为单位；Q_j 和 Q_u 分别代表产品在日本和美国的年销售量，以百万件为单位。该产品的成本函数为

$$TC = 5 + 2(Q_j + Q_u)$$

企业需要决策，是采用统一定价策略还是三级价格歧视策略。

如果采用统一定价策略，则 $P_j = P_u$，用 P 来表示，两个需求方程可写为

$$Q_j = 12 - P$$

$$Q_u = 8 - P$$

$$Q = Q_j + Q_u = (12 - P) + (8 - P) = 20 - 2P$$

可得
$$P = 10 - 0.5Q \tag{11-9}$$

企业的总利润为
$$\pi = TR - TC = PQ - TC$$

将式（11-9）代入，可得
$$\pi = (10 - 0.5Q)Q - (5 + 2Q)$$
$$= 8Q - 0.5Q^2 - 5 \tag{11-10}$$

就总利润对 Q 求导，令其为零，可得利润最大化情况下的最优产量

$$\frac{d\pi}{dQ_1} = \frac{d(8Q - 0.5Q^2 - 5)}{dQ_1} = 8 - Q = 0$$

$$Q = 8(百万件)$$

将 $Q = 8$ 代入式（11-9）和式（11-10），可得
$$P = 10 - 0.5 \times 8 = 6(元)$$
$$\pi = 8 \times 8 - 0.5 \times 64 - 5 = 27(百万元)$$

可知，在实行统一定价策略时，企业的最优产量为 800 万件，最优价格为 6 元，对应的总利润为 2 700 万元。

若企业实行三级价格歧视，则两个市场的收入分别为

$$TR_j = P_j Q_j = (12 - Q_j) Q_j = 12Q_j - Q_j^2$$
$$TR_u = P_u Q_u = (8 - Q_u) Q_u = 8Q_u - Q_u^2$$

企业总收入由两个市场的收入构成:
$$TR = TR_j + TR_u = (12Q_j - Q_j^2) + (8Q_u - Q_u^2)$$

企业总利润为
$$\begin{aligned}\pi &= TR_j + TR_u - TC \\ &= (12Q_j - Q_j^2) + (8Q_u - Q_u^2) - [5 + 2(Q_j + Q_u)] \\ &= 10Q_j + 6Q_u - Q_j^2 - Q_u^2 - 5\end{aligned} \tag{11-11}$$

为实现利润最大化,需令 $\partial \pi / \partial Q_j = 0$ 和 $\partial \pi / \partial Q_u = 0$,即
$$\partial \pi / \partial Q_j = 10 - 2Q_j = 0$$

故
$$Q_j = 5(百万件)$$
$$\partial \pi / \partial Q_u = 6 - 2Q_u = 0$$

故
$$Q_u = 3(百万件)$$

因此,该企业应在日本销售 500 万件产品,在美国销售 300 万件产品。将这一结果分别代入企业产品在日本和美国市场的需求方程,可求出该产品在两个市场的最优价格:
$$P_j = 12 - Q_j = 12 - 5 = 7(元)$$
$$P_u = 8 - Q_u = 8 - 3 = 5(元)$$

将 $Q_j = 5$ 和 $Q_u = 3$ 代入式 (11-11),可得
$$\begin{aligned}\pi &= 10Q_j + 6Q_u - Q_j^2 - Q_u^2 - 5 \\ &= 10 \times 5 + 6 \times 3 - 5^2 - 3^2 - 5 \\ &= 29(百万元)\end{aligned}$$

可见,在三级价格歧视下,企业总利润为 2 900 万元,高于统一定价策略下的 2 700 万元。

|专栏 11-5|

管理决策分析:收益管理在中国民航业中的应用

收益管理诞生于 20 世纪 60 年代,其核心思想是通过市场细分,对各子市场的消费者行为进行分析,建立实时预测模型,利用差别定价与存量控制策略,在正确的时间以合适的价格将产品卖给合适的用户,进而实现收益最大化。20 世纪 80 年代,收益管理首次实践于美国民航业,经过一段时间的摸索,逐步发展出市场细分、团队管理、季节性管理等成熟方法,为美国航空公司带来了可观的财务收益。据统计,率先开发并使用收益管理系统的美利坚航空公司在 3 年间获得了 1.4 亿美元的额外营收。

目睹了收益管理思想给美国航空业带来的繁荣,我国民航总局有意加速国内民航业的市场化进程。1992 年,我国民航票价官方统一定价政策开始出现松动,航空公司有权在官方票价基础上自由调整 10%,这一比例在 1997 年进一步扩大至 40%。票价管制的放松吸引了超过 30 家新航空公司涌入市场,各公司为了抢占市场份额,纷纷不计成本地打折竞销。1998 年,国内民

航业亏损35亿元。次年年初，民航总局紧急叫停打折机票，明文规定各航空公司需按照官方票价销售机票。

2003年，民航总局废除"禁折令"，推行票价改革。2004年，《民航国内航空运输价格改革方案》的出台，公布了我国实行自由市场调节定价的第一批航线目录，标志着国内航空公司对机票定价有了一定的自主权。民航企业开始了以计算机订座系统和多等级票价系统为基础的收益管理实践。重组后的三大航空公司（国航、东航、南航）纷纷从国外购买了PROS收益管理系统。

然而，收益管理在引进后的前十年表现得水土不服，甚至在国内航线管理中屡遭弃用。以主营国际航线的中国国航为例，尽管收益管理在国际航线上取得了成功，但却未能拓展到国内航线。为什么会出现这种情况呢？

美国企业依据自身历史数据开发的收益管理系统之所以能够取得成功，主要是因为：①美国航空公司运营的航线结构是典型的轮辐式结构，即以少数几个枢纽城市为中心点向外发散，各个枢纽城市形成一家企业主导、多家企业参与的相对稳定的市场竞争格局；②民航市场的总体规模已趋于稳定，市场供需关系的可预测性较高；③美国旅客习惯于提前购票，对机票超售模式也有一定的接受度，使收益管理的预测和优化功能得以有效发挥。

显然，这些条件在当时的中国民航市场并没有得到满足。一方面，枢纽城市的市场竞争尤为激烈，东航甚至集结全国14家分公司的全部机组主攻上海市场，结果却因市场缺乏足够的客流量支持而陷入无尽的价格战；另一方面，尽管中国经济的高速增长使得民航旅客周转量在2013年突破了3.5亿人次，相较2010年增长了32%，同一时期内的民航飞机总量却增长了34%，达到2 145架。民航市场的快速扩张导致各条航线的剧烈波动，加之我国旅客当时尚未养成提前预订的购票习惯，使得历史数据对收益管理系统的价值大打折扣。此外，高铁、机场等基建项目的快速推进，也使我国旅客在面临长途出行时有了更多选项。

近年来，随着我国民航业的逐渐成熟，国内头部航空公司开始向OD（Origin Destination）收益管理转型。这一系统要求航空公司在枢纽机场拥有较高的航班占有量，使中转旅客占比达到一定比例。在OD收益管理模式下，系统将优先售卖机票给有转机需求的高价值客户，从而在航线网络层面上实现收益最大化。2019年，南航正式投产OD收益管理系统，"广州—纽约"作为首条试行航线，实现了在该系统下的动态管理决策。

资料来源：王潇雨. 收益管理系统缘何在中国水土不服. 民航资源网，2014年12月18日.

11.5 两段式定价法

在实践中，两段式定价法是实现一级价格歧视的方法，即向消费者收取两部分费用：一是与消费量无关的固定费用，二是由消费量决定的使用费。生活中有很多这样的例子。例如，用户向电信运营商缴纳的费用由月租和话费两部分构成，月租是固定费用，与每个月的通话时长没有关系，而话费是使用费，由通话时长决定。如果想打高尔夫球，也需要先缴纳一笔入会费，成为会员，才具有入场资格，之后每次去打球，还需要缴纳场地使用费和服务费。

| 专栏 11-6 |

概念的情景化应用：中国三大运营商的互联网套餐设计

中国三大运营商都与知名互联网公司联合推出了互联网套餐，其共同特点是采用双重收费设计：用户每月都要为获得专属流量向运营商支付一定的费用，无论当月用户是否使用了这些流量，都需要支付这笔费用；若超出套餐内的专属流量范围，则需要按照超出流量的数额，支付相应的额外费用。

三大运营商的互联网套餐设计方案如下。

移动王卡：月租 18 元，套餐内专属流量 30GB（免流应用范围 36 款），不包含拨打通话，套餐外流量 1 元/GB，拨打语音 0.19 元/min。

电信王卡：月租 19 元，套餐内专属流量 30GB（免流应用范围 59 款），100min 语音，套餐外流量 1.25 元/GB，拨打语音 0.1 元/min。

联通王卡：分为三级，套餐内专属流量皆为 40GB（免流应用范围 200 款），套餐外流量 1 元/GB，拨打语音 0.1 元/min。区别在于套餐的月租和包含的语音时长：大王卡月租 19 元，不包含语音；地王卡月租 39 元，包含 300min 语音；天王卡月租 59 元，包含 800min 语音。■

11.5.1 消费者具有相同的需求函数

假设消费者对某产品的需求函数相同，都可表示为 $P = a - bQ$，企业的边际成本保持不变。如果企业将消费者剩余作为入会费，将边际成本作为使用费，则可将所有消费者剩余都转化为企业的利润（见图 11-6），这时企业的利润是最大的。

举例来看，假设某企业有 200 位消费者，每位消费者每月的需求方程都为 $P = 20 - Q_i$，其中，P 为产品价格，单位为元；Q_i 为单个消费者对产品的月需求量。企业的成本函数为 $TC = 1\,000 + 8Q$，其中，TC 为企业产品的月生产成本；Q 为月产量。企业打算采用两段式定价，应如何制定入会费和使用费呢？

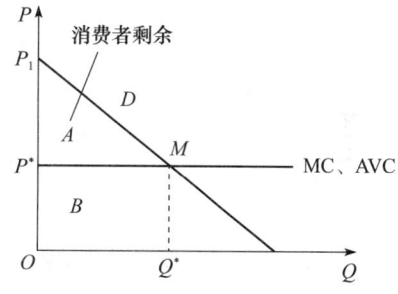

图 11-6 相同需求曲线下的两段式定价

该企业产品的市场需求 Q 由 200 位消费者的个人需求构成，因此有

$$Q = 200Q_i = 200(20 - P) = 4\,000 - 200P$$

企业产品的市场需求方程为

$$P = 20 - \frac{Q}{200} \tag{11-12}$$

企业按照 $P^* = MC$ 来收取使用费，通过对 TC 求导，可以得出 MC 的数值：

$$MC = \frac{dTC}{dQ}$$

$$= \frac{d(1\,000 + 8Q)}{dQ}$$

$$= 8(元)$$

令 $P^* = \mathrm{MC}$,因此

$$P^* = 8(元)$$

将 $P^* = 8$ 代入式(11-12),可得

$$8 = 20 - \frac{Q^*}{200}$$

$$Q^* = 2\,400(单位)$$

接下来计算企业向每位消费者收取的入会费。企业应把消费者剩余作为入会费。在图 11-6 中,消费者剩余是三角形 P_1P^*M 的面积 A。根据三角形的面积计算公式,可知

$$A = \frac{1}{2}(P_1 - P^*)Q^* \tag{11-13}$$

式中,P_1 是 Q 为零时的 P。将 $Q=0$ 代入式(11-12),可得

$$P_1 = 20(元)$$

将已计算出的 P_1、P^* 和 Q^* 的数值代入式(11-13),可得

$$A = \frac{1}{2}(20 - 8) \times 2\,400 = 14\,400(元)$$

基于上述计算过程,可以得出结论:若采用两段式定价策略,企业应把入会费定为 14 400 元,把使用费定为 8 元。在这一定价策略下,企业的利润总额为多少呢?如图 11-6 所示,由于企业获取了全部消费者剩余,所以,企业收入在图中表示为梯形 P_1OQ^*M 的面积,即 $A+B$。当 MC 保持不变时,MC=AVC,长方形 P^*OQ^*M 的面积 B 同时也是企业的变动成本总额(AVC×Q^*),因此,三角形 P_1P^*M 的面积 A 就是企业的收入总额($A+B$)减去变动成本总额(B),称为可变成本利润,表示为 VC_π。也就是说,可变成本利润等于消费者剩余,在本例中为 14 400 元。可变成本利润减去固定成本,则是利润 π:

$$\pi = \mathrm{VC}_\pi - \mathrm{TFC} = 14\,400 - 1\,000 = 13\,400(元)$$

所以,当企业将入会费定为 14 400 元、使用费定为 8 元时,企业每月的利润总额为 13 400 元。

11.5.2 消费者具有不同的需求函数

在更多的情况下,消费者的需求函数是有差异的。假设某企业有两类消费者:一类在任何价格水平上都对企业产品具有更高的需求,可称为强需求者;另一类则称为弱需求者(见图 11-7)。企业的边际生产成本保持不变。

从 11.5.1 节的分析,我们知道,企业可以选择把价格(使用费)定在边际成本的水平,即 $P^* = \mathrm{MC}$。这时弱需求者的需求量为 Q_1,强需求者的需求量为 Q_2;弱需求者的消费者剩余是三角形 P_2P^*M 的面积 A;强需求者的消费者剩余是三角形 P_1P^*N 的面积 B。企业确定入会费时有以下选择:

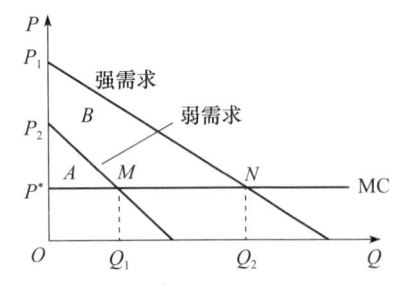

图 11-7 不同需求曲线下的两段式定价:使用费等于边际成本

(1)把弱需求者的消费者剩余定为入会费。由于强需求者在任何 Q 的水平上都愿意支付更高的价格,因此,当企业按照弱需求者的消费者剩余来制定入会费时,强需求者和弱需求者都

会购买产品或服务，企业的可变成本利润等于 $2A$。

（2）把强需求者的消费者剩余定为入会费。由于超过了弱需求者的保留价格，因此弱需求者不会购买企业产品，企业的可变成本利润完全由强需求者贡献，数值上等于强需求者的消费者剩余 B。

与 11.5.1 节中的分析不同的是，当企业有两类需求者时，企业在使用费的定价上存在第二种选择：把价格（使用费）定在高于边际成本的水平（见图 11-8）。这时企业的可变成本利润由两部分构成：一是与消费者剩余相等的入会费收入；二是使用费中高于变动成本（当 MC 不随 Q 变化时，AVC = MC）的部分。

在确定使用费后，企业在入会费上同样有两种选择：

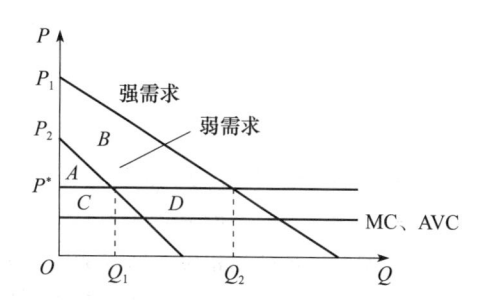

图 11-8　不同需求曲线下的两段式定价：使用费高于边际成本

（1）把入会费定在与弱需求者的消费者剩余相等的水平上。这时，弱需求者的需求量为 Q_1，强需求者的需求量为 Q_2。企业获得的可变成本利润由两个消费者贡献：弱需求者贡献了入会费 A 和超过平均可变成本部分的使用费（长方形的面积 C），强需求者贡献了入会费 A 和超过平均可变成本部分的使用费（长方形的面积 $C+D$），即

$$\text{VC}_\pi = 2A + C + C + D = 2A + 2C + D$$

（2）把入会费定在与强需求者的消费者剩余相等的水平上。这时，弱需求者会退出市场，企业获得的可变成本利润完全来自强需求者。强需求者贡献了入会费 B 和超过平均可变成本部分的使用费（长方形的面积 $C+D$），即

$$\text{VC}_\pi = B + C + D$$

下面举例说明上述分析过程。假设某企业有一个强需求者和一个弱需求者，强需求者的需求方程为 $P_s = 1\,000 - Q_s$，弱需求者的需求方程为 $P_w = 800 - 2Q_w$，其中，P_s 和 P_w 分别是强需求者和弱需求者的购买价格，以元为单位；Q_s 和 Q_w 分别是强需求者和弱需求者的消费量，以件为单位。企业的总成本函数为 $TC = 50\,000 + 200Q$。企业有条件实行两段式定价，应如何制定价格，才能实现利润最大化呢？

企业可供选择的方案如下：

方案一：实行统一定价策略，则 $P_s = P_w = P$。

由强需求者和弱需求者的需求方程可知：

$$Q_s = 1\,000 - P_s$$

$$Q_w = 400 - 0.5 P_w$$

企业的总需求量为 $Q = Q_s + Q_w = 1\,400 - 1.5P$，因此，市场需求方程为

$$P = \frac{1\,400 - Q}{1.5} = \frac{2\,800 - 2Q}{3} = \frac{2\,800}{3} - \frac{2Q}{3} \tag{11-14}$$

为了计算边际收益 MC，先计算总收入

$$TR = P \cdot Q = \frac{2\,800 Q}{3} - \frac{2Q^2}{3}$$

当利润最大时，MR = MC，即

$$\frac{dTR}{dQ} = \frac{dTC}{dQ}$$

$$\frac{d\left(\frac{2\,800Q}{3} - \frac{2Q^2}{3}\right)}{dQ} = \frac{d(50\,000 + 200Q)}{dQ}$$

$$\frac{2\,800}{3} - \frac{4Q}{3} = 200$$

$$Q = 550(件)$$

代入式（11-14），可得 $P \approx 567$（元），故

$\pi = TR - TC = PQ - (50\,000 + 200Q) = 567 \times 550 - 50\,000 - 200 \times 550 = 151\,850$（元）

方案二：令使用费等于边际成本，入会费等于弱需求者的消费者剩余。

此时，使用费收入正好抵补了产品的边际成本（或平均变动成本），企业收取的消费者剩余减去企业的固定成本（TFC）后形成利润。弱需求者的剩余可以通过求图 11-7 中三角形 P_2P^*M 的面积 A 来计算：

$$A = \frac{1}{2}(P_2 - P^*)Q_1 \tag{11-15}$$

式中，P^* 是使用费，等于边际成本。根据企业的总成本函数，可知，$MC = dTC/dQ = d(50\,000 + 200Q)/dQ = 200$（元）；$P_2$ 是当 Q_w 为零时的 P_w，由于 $P_w = 800 - 2Q_w$，将 $Q_w = 0$ 代入，可得 $P_2 = 800$（元）；Q_1 是当 $P_w = MC$ 时的 Q_w，即需要计算当 P_w 为 200 元时的 Q_w。根据弱需求者的需求方程，有 $Q_w = 400 - 0.5P_w$，将 $P_w = MC = 200$（元）代入，得 $Q_1 = 400 - 0.5 \times 200 = 300$（件）。

将 P^*、P_2 和 Q_1 的数值代入式（11-15）：

$$A = \frac{1}{2} \times (800 - 200) \times 300$$

$$= 90\,000(元)$$

强需求者和弱需求者分别贡献 90 000 元的消费者剩余，则企业的利润为

$$\pi = 2A - TFC$$

$$= 2 \times 90\,000 - 50\,000$$

$$= 130\,000(元)$$

计算结果表明，当企业按照弱需求者的消费者剩余 90 000 元来收取入会费，按照边际成本 200 元来收取使用费时，企业的利润为 130 000 元。

方案三：令使用费等于边际成本，入会费等于强需求者的消费者剩余。

在这种定价方案下，弱需求者退出市场，企业的利润由强需求者贡献，强需求者的消费者剩余形成可变成本利润。强需求者的消费者剩余可以求解图 11-7 中的三角形 P_1P^*N 的面积 B：

$$B = \frac{1}{2}(P_1 - P^*)Q_2 \tag{11-16}$$

式中，P^* 是使用费，等于边际成本 200 元；P_1 是当 Q_s 为零时的 P_s，由于 $P_s = 1\,000 - Q_s$，将 $Q_s = 0$ 代入，可得 $P_1 = 1\,000$（元）；Q_2 是当 $P_s = MC$ 时的 Q_s，即需要计算当 P_s 为 200 元时的 Q_s。根据强需求者的需求方程，有 $Q_s = 1\,000 - P_s$，将 $P_s = MC = 200$（元）代入，得 $Q_2 = 1\,000 - 200 = 800$（件）。

将 P^*、P_1 和 Q_2 的数值代入式（11-16）：

$$B = \frac{1}{2} \times (1\,000 - 200) \times 800 = 320\,000(元)$$

强需求者的消费者剩余扣除企业的固定成本，得到利润：

$$\pi = B - \text{TFC}$$
$$= 320\,000 - 50\,000$$
$$= 270\,000(元)$$

计算结果表明，当企业把使用费定为 200 元、入会费定为 320 000 元时，利润为 270 000 元。

方案四：企业制定高于边际成本的使用费，令入会费等于弱需求者的消费者剩余。

在这种方案下，企业的可变成本利润由两部分构成：一是入会费；二是使用费中高于边际成本的部分。入会费为图 11-8 中的三角形面积 A：

$$A = \frac{1}{2}(P_2 - P^*)Q_1 \tag{11-17}$$

式中，P_2 是弱需求者的需求线在纵轴的截点，为 800 元，P^* 为使用费；Q_1 为当 $P_w = P^*$ 时弱需求者的需求量，由 $P_w = 800 - 2Q_w$ 可知，$Q_1 = 400 - 0.5P^*$。将其代入式（11-17），可得

$$A = \frac{1}{2}(800 - P^*)(400 - 0.5P^*) = 160\,000 - 400P^* + 0.25P^{*2} \tag{11-18}$$

弱需求者和强需求者都会缴纳使用费，其中高于边际成本的部分在图 11-8 中分别表示为长方形面积 C 和长方形面积 $(C+D)$：

$$C = (P^* - \text{MC})Q_1 = (P^* - 200)(400 - 0.5P^*)$$
$$C + D = (P^* - \text{MC})Q_2 = (P^* - 200)(1\,000 - P^*)$$

企业的利润为

$$\begin{aligned}\pi &= 2A + C + (C + D) - \text{TFC}\\ &= 2(160\,000 - 400P^* + 0.25P^{*2}) + (P^* - 200)(400 - 0.5P^*) +\\ &\quad (P^* - 200)(1\,000 - P^*) - 50\,000\\ &= -10\,000 + 900P^* - P^{*2}\end{aligned} \tag{11-19}$$

利润最大化需满足 $\mathrm{d}\pi/\mathrm{d}P^* = 0$，即

$$\mathrm{d}(-10\,000 + 900P^* - P^{*2})/\mathrm{d}P^* = 0$$
$$900 - 2P^* = 0$$
$$P^* = 450(元)$$

将 P^* 的数值分别代入式（11-18）和式（11-19），得

$$A = 160\,000 - 400 \times 450 + 0.25 \times 450^2 = 30\,625(元)$$
$$\pi = -10\,000 + 900 \times 450 - 450^2 = 192\,500(元)$$

计算结果表明，当企业把使用费定为 450 元、入会费定为 30 625 元时，利润为 192 500 元。

方案五：企业制定高于边际成本的使用费，令入会费等于强需求者的消费者剩余。

在这种方案下，弱需求者退出市场，企业的可变成本利润由强需求者缴纳的入会费和使用费中高于边际成本的部分构成。其中，入会费等于图 11-8 中的三角形面积 B：

$$B = \frac{1}{2}(P_1 - P^*)Q_2 \tag{11-20}$$

式中，P_1 是强需求者的需求线在纵轴的截点，为 1 000 元；P^* 为使用费；Q_2 为当 $P_s = P^*$ 时强需

求者的需求量，由 $P_s = 1\,000 - Q_s$ 可知，$Q_2 = 1\,000 - P^*$。将其代入式（11-20），可得

$$B = \frac{1}{2}(1\,000 - P^*)(1\,000 - P^*)$$
$$= 500\,000 - 1\,000P^* + 0.5P^{*2}$$

强需求者缴纳的使用费中高于边际成本的部分为图11-8中的长方形面积（$C+D$），根据前面的分析可知，其可表示为 $(P^* - MC)Q_2 = (P^* - 200)(1\,000 - P^*)$。

企业的利润为

$$\pi = B + (C + D) - TFC$$
$$= 500\,000 - 1\,000P^* + 0.5P^{*2} + (P^* - 200)(1\,000 - P^*) - 50\,000$$
$$= 250\,000 + 200P^* - 0.5P^{*2}$$

就 π 对 P^* 求导，令其为零：

$$\frac{d\pi}{dP^*} = 0$$
$$\frac{d(250\,000 + 200P^* - 0.5P^{*2})}{dP^*} = 0$$
$$200 - P^* = 0$$
$$P^* = 200(元)$$

结果表明，当按照强需求者的消费者剩余来制定入会费时，最优使用费应等于边际成本。因此，方案五与方案三没有差别。

把几种方案的企业利润按照从大到小的顺序进行排列：270 000 元（方案三）>192 500 元（方案四）>151 850 元（方案一）>130 000 元（方案二）。可知，采用两段式定价法，按照强需求者的消费者剩余收取入会费，并令使用费等于边际成本，可为企业带来最大利润。

| 专栏 11-7 |

概念的情景化应用：个人座位许可证——球队的下一个赚钱工具

2019 年 NBA 季后赛激战正酣，上届冠军金州勇士队正向队史的第三次冠军发起冲击。与此同时，勇士队也推出了全新的"会员"。这个"会员"和在美国国家职业橄榄球大联盟（NFL）普遍流行的个人座位许可证（PSL）相同：一个勇士球迷可以一次性支付 1.5 万美元的定金购买球场的固定位置的赛季套票，而这笔预订费用将在 30 年后被退还。

这个想法最早在 1986 年被提出，当时斯坦福大学网球教练戈罗德为了新建一个全新的网球场，提出了将球场座位售给球迷的想法。1987 年，来自俄亥俄州哥伦布市的建筑师奥哈尼安正式提出了这个概念。而 NBA 夏洛特黄蜂是第一支运用这个概念的职业球队。

1987 年 NBA 面临扩张的时期，夏洛特的百万富翁乔治·希恩非常希望能够为该城带来一支 NBA 球队。为了能够建立一个球馆，他聘请了穆勒汉帮忙筹款。为了能够筹钱，穆勒汉让建议球迷支付赛季套票的 10% 的定金（50~250 美元不等）来集资修建场馆。若申请 NBA 球队成功，这笔费用将会做球迷购买赛季套票的定金。

当时超过 10 000 名球迷购买了 PSL 这个产品，也成功将一支 NBA 球队吸引到了夏洛特。穆勒汉于是建议让这 10 000 名球迷拥有该球场的固定座位，并称这是来自夏洛特的礼物。

随后更多的 NFL 球队在 20 世纪 90 年代

开始引入这个概念。个人座位许可证（PSL）赋予了球迷购买多年赛季套票的权利。在支付一定的费用后，球迷与球队签订一份长期合同，他们能够通过购买套票来保留自己的座位。而在这个合约的履行过程中，球迷有权将PSL转售给其他人。无论球队表现好坏，赛季套票价格如此变化，球队都确保能够拿到稳定的收入。

根据座位不同，PSL的价格存在差异。各球队PSL的合约期长短也不同。NFL达拉斯小牛队此前推出了最贵的PSL——球迷需要15万美元购买小牛队AT&T球场某座位的许可30年。而洛杉矶公羊队很快会推出更贵的PSL——价格高达17.5万~22万美元，这个PSL的合约期达到50年。

这个新的产品帮助了不少北美职业球队解决日益上涨的场馆建设费用问题。以2018年举办超级碗的维京体育场为例，明尼亚布利斯花费了11亿美元修建该场馆，按照协议是政府和球队各自承担将近一半的费用。维京人通过销售个人座位许可证获得了1.15亿美元的收入，占需要支付的5.78亿美元的20%。而2019年举行超级碗的亚特兰大梅赛德斯体育场同样通过这种方式获得了超过2.56亿美元的收入。

资料来源：https://baijiahao.baidu.com/s?id=1598908413302835030&wfr=spider&for=pc.

11.6 成套产品定价法

成套产品定价法是指把两种或两种以上的产品打包销售的定价方法。如果产品只能合在一起购买，称为纯成套产品定价。例如，长隆欢乐世界把所有游乐项目打包定价，没有对特定游乐项目（如过山车）单独定价。游客不能根据游玩的项目来决定支付的价格，即便游客只对少数几个项目感兴趣，也必须购买包含所有游乐项目价格的门票。在很多情况下，企业虽然对几种产品打包定价，但也允许顾客分开购买。例如，人们在肯德基既可以购买餐厅搭配好的套餐，也可以单点汉堡、甜品和饮料。这种定价策略称为混合成套产品定价。

当消费者对产品的偏好存在负相关关系时，成套产品定价可以提高企业的利润。通过一个简单的例子来说明这一点：假设有一家企业取得了两部影视剧的发行权，而爱奇艺和腾讯视频对两部剧都有购买意愿，且不要求独家播放权，但二者愿意支付的最高价格不同（见表11-1）。

表11-1 两家视频网站的保留价格（一） （单位：千万元）

视频网站	影视剧 A	影视剧 B
爱奇艺	5 000	3 500
腾讯视频	3 500	5 000

爱奇艺愿意为影视剧A支付更高的价格，而腾讯视频则相反。若发行公司对两部影视剧分别定价，那么影视剧A的价格将定在腾讯视频的保留价格3 500万元，若超过这一价格，腾讯视频就会退出交易；同理，影视剧B的价格也将定在爱奇艺的保留价格3 500万元，这样才能确保两家视频网站都会购买影视剧B。可以知道，在这一定价策略下，发行公司的总收入为 TR = 3 500×2+3 500×2 = 14 000（万元）。

若发行公司采用成套定价策略，将两部影视剧打包，定价8 500万元，爱奇艺和腾讯视频都会购买，因为这个价格并没有超过它们对两部影视剧的保留价格之和。发行公司因此能获得收入：TR = 8 500×2 = 17 000（万元）。可见，通过成套定价，发行公司可以增加利润 3 000 万元。

需要注意的是，若买家的产品偏好并非负相关，即对不同产品保留价格的排序相同，且一个买家在两种产品上的保留价格都低于另一个买家，成套定价法就无法提高企业收益。例如表 11-2 中所示的爱奇艺和腾讯视频对两部影视剧的保留价格。

表 11-2　两家视频网站的保留价格（二）　　　　（单位：千万元）

视频网站	影视剧 A	影视剧 B
爱奇艺	5 000	4 000
腾讯视频	3 500	3 000

爱奇艺和腾讯视频都愿意为影视剧 A 出更高的价格，若采用分别定价方法，发行公司应将影视剧 A 和 B 的价格分别定在腾讯视频的保留价格 3 500 万元和 3 000 万元的水平上，若超过这一价格，腾讯视频将不会购买。发行公司的总收入为 TR = 3 500×2+3 000×2 = 13 000（万元）。若采用成套定价策略，腾讯视频对两部影视剧的保留价格之和为 6 500 万元，爱奇艺的保留价格之和为 9 000 万元，为了把两部影视剧卖给两个视频网站，发行公司会将成套价格定为 6 500 万元，其总收入为 TR = 6 500×2 = 13 000（万元），与分别定价下的总收入没有差别。

11.7　转移定价

在纵向一体化的过程中，企业常常成长为可以同时生产中间产品和最终产品的企业集团。在企业集团内部，一个部门（上游部门）的产出往往是另一个部门（下游部门）的投入，而转移价格是企业集团各个分部之间转移产品或劳务时进行内部核算的价格。由于转移价格对于上游部门是收入，对于下游部门则是成本，转移价格的变化会对不同分部的利润造成重大影响。因此，转移价格的制定是一个非常敏感的问题，各分部都有动机选择使本部门利润最大化的转移价格。

在制定转移价格时，需要考虑中间产品所处的外部环境。一般存在两种情况：①不存在外部市场；②存在完全竞争的外部市场。

11.7.1　不存在外部市场时的转移定价

当中间产品不存在外部市场时，上游部门生产的产品只能卖给下游部门，下游部门也只能从上游部门购买。假设企业集团只有两个部门，其收入由下游部门贡献，成本则由两部分构成：一是上游部门的生产成本；二是下游部门的生产成本（不包括购买上游部门生产的中间产品的支出）。用 D 表示市场对下游部门产品的需求；MR 表示下游部门的边际收益；MC_1 表示上游部门的边际生产成本；MC_2 表示下游部门的边际生产成本；MC_g 表示企业集团的边际生产成本，由两个部门的边际生产成本加总而得；P_1 为转移价格，如图 11-9 所示。

企业集团的利润为 $\pi = TR(Q_2) - TC_1(Q_1) - TC_2(Q_2)$，式中，TR 是下游部门的收入；$TC_1$ 是上游部门的生产成

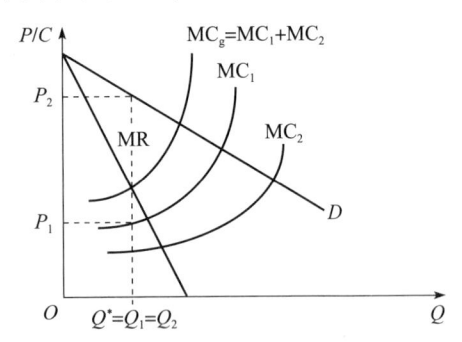

图 11-9　不存在外部市场时的转移定价

本总额；TC_2 是下游部门的生产成本总额（不包括购买中间产品的支出）；Q_1 和 Q_2 分别表示中间产品和最终产品的数量。为了使企业集团的利润最大化，需要满足 $\partial \pi / \partial Q_1 = 0$，即

$$\frac{\partial (TR - TC_1 - TC_2)}{\partial Q_1} = 0$$

由于 Q_2 是 Q_1 的函数，因此，上式可整理为

$$\frac{\partial TR}{\partial Q_2} \frac{\partial Q_2}{\partial Q_1} - \frac{dTC_1}{dQ_1} - \frac{\partial TC_2}{\partial Q_2} \frac{\partial Q_2}{\partial Q_1} = 0$$
$$MR \cdot MP_1 - MC_1 - MC_2 \cdot MP_1 = 0 \quad (11\text{-}21)$$
$$(MR - MC_2) MP_1 = MC_1$$

式中，MP_1 是每增加一单位中间产品的产出 Q_1 使集团多生产的最终产品的数量 Q_2。每多生产一单位最终产品会使收入增加 MR，同时也会带来成本增加 MC_2，因此，$(MR-MC_2)MP_1$ 代表集团从生产一单位 Q_1 所得到的净边际收益。当净边际收益等于上游部门每多生产一单位 Q_1 产生的成本增加（MC_1）时，集团的利润达到最大。

当上游部门每多生产一单位产品，下游部门也就多生产一单位产品时，$Q_1 = Q_2 = Q$，$MP_1 = 1$，式（11-21）变为

$$MR - MC_2 = MC_1$$
$$MR = MC_1 + MC_2 \quad (11\text{-}22)$$

这是我们熟悉的公式，即当生产最后一单位 Q_1 带来的收入增加等于两个部门的边际成本之和时，总利润最大。很容易发现，MC_1 和 MC_2 与转移价格无关。通过式（11-22），可以计算出令集团利润最大化的最优产量 Q^*。如果集团可以直接给上游部门和下游部门下达产量指令，那就不需要关注转移价格；但如果由两个部门自主做出产量决策，集团就需要制定合理的转移价格，引导两个部门将产量定在 Q^*。两个部门都会追求本部门利润最大化。我们考虑上游部门的决策过程。上游部门的利润等于收入（TR_1）减去成本（TC_1），其中，收入等于转移价格（P_1）乘以产量（Q_1）。由于转移价格不会随产量而变，因此，上游部门利润最大化的推导过程如下：

$$MR_1 = MC_1$$
$$\frac{dTR_1}{dQ_1} - \frac{dTC_1}{dQ_1} = 0$$
$$\frac{d(P_1 \cdot Q_1)}{dQ_1} - MC_1 = 0$$
$$P_1 = MC_1$$

可见，如果集团希望上游部门生产产量 Q^* 的中间产品，就需要把转移价格定在产量 Q^* 对应的边际成本的水平上，即图 11-9 中的 P_1。如果转移价格高于或低于这一水平，上游部门就会生产过多或过少的中间产品。

下游部门的利润等于收入（TR_2）减去成本。成本可拆分为两部分：一部分是购买中间产品的支出，即转移价格（P_1）乘以购买量，当一单位中间投入生产出一单位最终产品时，中间产品的购买量就是下游部门的产量，表示为 Q_2；另一部分成本是除中间产品之外的生产成本，表示为 TC_2。下游部门的利润为

$$\pi = TR_2 - TC_2 - P_1 Q_2 \quad (11\text{-}23)$$

利润最大化需满足

$$\frac{\mathrm{d}\pi}{\mathrm{d}Q_2} = 0$$

将式（11-23）代入，可得

$$\frac{\mathrm{d}(\mathrm{TR}_2 - \mathrm{TC}_2 - P_1 Q_2)}{\mathrm{d}Q_2} = 0$$

$$\mathrm{MR}_2 - \mathrm{MC}_2 - P_1 = 0$$

$$P_1 = \mathrm{MR}_2 - \mathrm{MC}_2$$

由此可知，对于下游部门，当转移价格等于净边际收益时，可实现利润最大化。

举例说明这一决策过程。假设某企业集团设立了两个部门，上游部门负责生产，下游部门负责销售。上游部门的生产函数为

$$\mathrm{TC}_\mathrm{p} = 500\,000 + 100 Q_\mathrm{p} + 0.1 Q_\mathrm{p}^2$$

式中，TC_p 是上游部门的成本总额，单位为元；Q_p 是上游部门的产量，单位为件。下游部门的需求方程为

$$P_\mathrm{s} = 1\,000 - Q_\mathrm{s}$$

式中，P_s 是产品销售价格，单位为元；Q_s 是销量，单位为件。下游部门的成本函数为

$$\mathrm{TC}_\mathrm{s} = 400\,000 + 20 Q_\mathrm{s}$$

式中，TC_s 是下游部门的成本总额，单位为元。那么，企业集团应该把转移价格定为多少呢？

从前面的分析可知，要实现企业集团的利润最大化，需要让集团的边际收益等于边际成本，且上游部门的产量应等于下游部门的销量，即 $Q_\mathrm{p} = Q_\mathrm{s} = Q$。集团的边际收益为

$$\mathrm{MR} = \frac{\mathrm{dTR}}{\mathrm{d}Q} = \frac{\mathrm{d}(P_\mathrm{s} \cdot Q)}{\mathrm{d}Q} = \frac{\mathrm{d}(1\,000 - Q_\mathrm{s})Q}{\mathrm{d}Q} = 1\,000 - 2Q$$

集团的边际成本为

$$\mathrm{MC} = \mathrm{MC}_\mathrm{p} + \mathrm{MC}_\mathrm{s}$$

其中，

$$\mathrm{MC}_\mathrm{p} = \frac{\mathrm{dTC}_\mathrm{p}}{\mathrm{d}Q} = \frac{\mathrm{d}(500\,000 + 100 Q_\mathrm{p} + 0.1 Q_\mathrm{p}^2)}{\mathrm{d}Q} = 100 + 0.2 Q_\mathrm{p} \tag{11-24}$$

$$\mathrm{MC}_\mathrm{s} = \frac{\mathrm{dTC}_\mathrm{s}}{\mathrm{d}Q} = \frac{\mathrm{d}(400\,000 + 20 Q_\mathrm{s})}{\mathrm{d}Q} = 20$$

故

$$\mathrm{MC} = 120 + 0.2 Q_\mathrm{p}$$

由 $\mathrm{MR} = \mathrm{MC}$，且 $Q_\mathrm{p} = Q_\mathrm{s} = Q$，可知

$$1\,000 - 2Q = 120 + 0.2Q$$

$$2.2Q = 880$$

$$Q = 400(\text{件})$$

当上游部门自主决策时，会追求本部门的利润最大化，令边际收益（即转移价格）等于边际成本：$P = \mathrm{MC}_\mathrm{p}$。把 $Q = 400$ 代入式（11-24），可得

$$\mathrm{MC}_\mathrm{p} = 100 + 0.2 \times 400 = 180(\text{元})$$

故每单位中间产品的转移价格应该定为180元。

11.7.2 存在完全竞争的外部市场时的转移定价

当上游部门生产的中间产品存在外部市场，且外部市场处于完全竞争状态时，转移价格应等于中间产品的市场价格，否则，上游部门和下游部门之间的交易将无法达成。原因很简单：若转移价格高于市场价格，下游部门会从外部市场而非上游部门购买所需要的中间产品；反之，上游部门会将生产出来的中间产品拿到外部市场销售，而不是销售给下游部门。

这种情况下的转移定价如图 11-10 所示。由于中间产品的外部市场为完全竞争市场结构，所以上游部门有一条平行于横轴的需求曲线 D_1。MC_1 是上游部门的边际生产成本，MC_2 是下游部门在扣除中间产品成本后的边际生产成本，MC_{2t} 是下游部门的全部边际生产成本（即包含购买中间产品的支出）。由于下游部门总能按市场价格 P_1 买到所需要的中间产品，因此，MC_{2t} 由 MC_2 和 P_1 加总所得。另外，MR_1、MR_2 分别是上游部门和下游部门的边际收益。

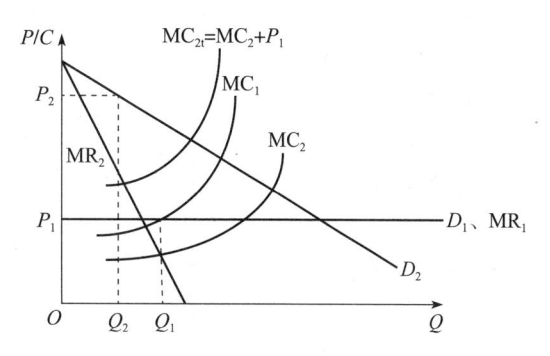

图 11-10 中间产品的外部市场处于完全竞争状态下的转移定价

由于处在完全竞争的市场中，上游部门是市场价格的接受者，根据市场价格做出最优的产量决策。为了实现利润最大化，上游部门会将产量定在使边际收益等于边际成本的水平上。当需求曲线与横轴平行时，需求曲线也就是边际收益曲线。由 $MR_1 = MC_1$，可知，上游部门的最优产量为图 11-10 中所示的 Q_1。

下游部门也追求利润最大化，因此会令 $MR_2 = MC_{2t}$。从图 11-10 可知，下游部门的最优产量为 Q_2，最优产品定价为 P_2。下游部门会从上游部门购买 Q_2 的中间产品，上游部门产量多于 Q_2 的部分（Q_1-Q_2）则会出售给外部客户。

|专栏 11-8|

转移定价与避税

转移定价是跨国公司普遍采用的一种定价策略。由于不同国家的税率存在差异，通过转移定价来实现企业集团税后利润最大化，成为跨国公司进行"合理避税"的重要战略性安排。2017 年，澳大利亚政府决定严厉打击跨国公司的逃税问题，谷歌、苹果和微软这三家互联网巨头相继涉嫌因逃税受到澳大利亚议会质询。同时，欧洲委员会也对星巴克发起了调查，问题的核心直指"这些公司在当地的营收高达数亿甚至数十亿美元，却可以堂而皇之地不用纳税"。

星巴克在 2012 年就曾引发公众质疑。当时在英国已经营十几年的星巴克，业绩一直不错，纳税却微乎其微。路透社和一家名为"税务研究"的英国独立调研机构共同进行的一项为期四年的调查显示：星巴克在英 14 年营业额达 30 亿英镑，但累计缴纳公司所得税仅为 860 万英镑，纳税额不到营业额的 1%。根据当时英国税务专家的分析，星巴克采用了一系列的转移定价方法来逃避缴纳税款，包括收取专利和版权费，向英国分公司提供高息贷款和利用公司的供应链将利润转移，像变戏法似的让自己在英国产生的利润消失得无影无踪。

同时，麦当劳、Facebook、谷歌、亚马逊和苹果等相继被媒体披露存在类似问题。2014年，法国新闻周刊《快报》在一项调查报告中，揭露了麦当劳在法国境内漏报销售额约22亿欧元的消息，该调查指出麦当劳涉嫌通过转移定价将22亿欧元销售额转向法国境外，法国实际应追回的税款或将高达数亿欧元。苹果2014年在澳大利亚与新西兰赚取了59亿澳元，但是，通过增加成本费用，其净收益降至0.584亿澳元，因此，苹果只需缴纳0.4亿澳元的税收。

2014年10月，澳大利亚绿党领导人克里斯汀-米尔恩（Christine Milne）在针对加强跨国公司税收行为透明度问题提出质询动议时曾经表示："我很想听听为什么我们不能知道这些公司赚了多少钱，它们都在哪儿，它们是怎样转移利润的？"

人们发现，最重要也是使用最频繁的一种方式是实物交易中的转移定价，具体包括产品、设备、原材料、零部件的内部交易，主要手段是采取"高进低出"或"低进高出"，借此转移利润以逃避税收。

企业还不断在金融、专利领域进一步挖掘"避税"空间。例如，跨国公司在关联企业间货币、证券借贷业务中采用的转移定价，通过自行提高或降低利率，在集团内部重新分配利润。例如，一家在欧洲经营的跨国公司，在欧洲各国普遍实施量化宽松的低利率货币政策的时候，放弃在当地银行的借款，转而向另外一个低税收国家的关联公司举借高息贷款，就是一种明显的避税行为。

转移定价的方式也普遍存在于境内外关联企业之间相互提供的劳务和租赁服务中，按照各地不同的税收来选择高报、少报甚至不报服务费用。而高科技行业的跨国公司更容易采用的避税方式就是获得专有技术、注册商标、专利等无形资产过程中的转移定价，集团下属的子公司间通过签订许可证合同或技术援助、咨询合同等，约定较高或较低的支付价格，转移利润。这种方式隐蔽而难以举证，因为对关联企业间的非专利技术和注册商标使用权的转让，其价格确定存在极大的困难，包括中国在内的很多国家都没有对此做出明确规定。这些无形资产具有的专有性特征导致不存在外部市场，因此无法获取可比的市场价格。这给转移定价的调查审计和调整实施增加了难度。

虽然转移定价很容易实施，但以避税为目的的转移定价一旦被所在国查出，跨国公司将面临补征税款和利息处罚。事实上，不少跨国公司曾因转移定价的问题补交过巨额税款和罚金。

资料来源：http://www.jieshui8.com/article/39.html.

本章小结

加成定价法是最为常见的定价方法之一，其计算公式为产品价格＝单位产品成本×(1+加成率)。当以边际成本作为成本基础，并根据企业产品的需求价格弹性来确定加成率时，加成定价法就能实现利润最大化。

当企业的产品在生产上相互关联，生产1单位的A产品就必定会生产出N单位的B产品时，就需要将其视为产品组合来进行定价。联合产品定价应秉承的总体原则是，以产品组合为单位，计算令产品组合的边际收益等于边际成本的最优产量。产品组合的最优产量能否直接按比例换算为组合内各产品的最优产量，取决于在特定产量水平下各产品的边际收益的情况。

当同样的产品以不同的价格出售给不同消费者时，企业实行的就是差别定价法。根据对消费者进行细分的程度的不同，差别定价法分为一级价格歧视、二级价格歧视和三级价格歧视。一级价格歧视针对每位消费者制定不同的价格，生产者获取全部的消费者剩余；二级价格歧视是一级价格歧视的不完全形式，消费者的购买量决定了其支付的单价；三级价格歧视则根据需求价格弹性对消费者进行分类，需求价格弹性高的消费者享受优惠价格，需求价格弹性低的消费者则被要求支付较高的价格。

两段式定价法是实现一级价格歧视的方法，企业向消费者收取两部分费用：一是与消费量无关的固定费用，二是由消费量决定的使用费。当消费者具有相同的需求曲线时，企业应将消费者剩余作为入会费，将边际成本作为使用费；当消费者具有不同的需求曲线时，企业在确定入会费和使用费时则有多种选择。

成套产品定价法是指把两种或两种以上的产品打包销售的定价方法，可以分为纯成套产品定价和混合成套产品定价。

转移定价是纵向一体化的企业集团在各个分部之间转移产品或劳务时进行内部核算的价格。当上游部门生产的中间产品不存在外部市场时，应首先计算令集团利润最大化的产量，然后根据上游部门在该产量水平的边际成本，来制定转移价格。若中间产品存在外部市场，且外部市场处于完全竞争结构时，转移价格应等于中间产品的市场价格。

单项选择题

1. 当企业在两个相互区隔的市场实行三级价格歧视时，需要满足（　　）。
   A. $MC_1 = MC_2$　　　B. $MR_1 = MR_2 = MC$
   C. $MR_1 = MC_1$　　　D. $MR_1 = MR_2 = 0$

2. 假设企业有两种商品 X 和 Y，两位消费者 A 和 B 对两种商品的保留价格如下表所示。

	商品 X	商品 Y
消费者 A	300 元	160 元
消费者 B	250 元	210 元

   两种商品的成本都是 100 元，采用成套产品定价比采用分别定价，企业利润能提高（　　）元。
   A. 150　　B. 100　　C. 90　　D. 10

3. 下列关于无外部市场的转移定价的说法，正确的是（　　）。
   A. 由净边际收益曲线和上游部门的边际成本曲线的交点决定的产量 Q 是下游部门的最优产量
   B. 由上游部门的边际收益曲线和上游部门的边际成本曲线的交点决定的产量 Q 是企业的最优产量
   C. 由下游部门的边际收益曲线和上游部门的边际成本曲线的交点决定的产量 Q 是企业的最优产量
   D. 集团总的边际成本曲线和下游部门的边际收益曲线的交点决定的产量 Q 是下游部门的最优产量

4. 某企业生产的 A 产品和 B 产品是联合产品，且在任何产量水平上，$P_A > P_B$，Q_1 是 MR_B 为零的产量，那么以下说法正确的是（　　）。
   A. 若联合产品的最优产量大于 Q_1，那么 B 产品的最优销量小于 Q_1
   B. 若联合产品的最优产量小于 Q_1，那么 B 产品的最优销量小于 Q_1
   C. 若联合产品的最优产量大于 Q_1，那么联合产品的边际收益等于两种产品边际收益之和
   D. 在任何情况下，联合产品的边际收益都等于两种产品的边际收益之和

5. 若企业有两个生产部门，上游部门为下游部门提供中间产品，中间产品存在外部市场，且外部市场处于完全竞争状态，那么关于转移价格制定，下述说法正确的是（   ）。
   A. 转移价格等于市场价格
   B. 转移价格应小于市场价格
   C. 转移价格应大于市场价格
   D. 转移价格由企业高层决定

6. 若企业的需求方程为线性方程，在采用一级价格歧视的情况下，将具有下述特点（   ）。
   A. 没有留下任何消费者剩余
   B. 需求曲线与边际收益曲线重合
   C. 边际收益曲线的斜率是需求曲线的2倍
   D. 最优产量大于统一定价策略下的产量水平

7. 某蛋糕企业在城市的两个不同区域开了蛋糕店，两个区域的消费者对蛋糕的需求价格弹性存在差异，其中，$E_{P_1}=-2$，$E_{P_2}=-3$。那么，两家店蛋糕的最优价格 P_1、P_2 之间的关系是（   ）。
   A. $P_1/P_2=3/2$ B. $P_1/P_2=2/3$
   C. $P_1/P_2=3/4$ D. $P_1/P_2=4/3$

8. 某报业集团旗下有三份期刊，集团要求，广告客户如果想刊登广告，必须同时在三份期刊上刊登广告。该集团采用的是（   ）。
   A. 歧视价格策略
   B. 成套产品定价策略
   C. 联合产品定价策略
   D. 两段式定价策略

计算分析题

1. 某企业有两类不同的消费者，每个类别有50人，其需求方程分别如下：
   强需求者的需求方程为 $Q_1=600-0.1P_1$
   弱需求者的需求方程为 $Q_2=300-0.1P_2$
   企业每年的成本函数为 $TC=5\,000\,000+500Q$
   问：（1）如果企业采用两段式定价，以弱需求者的消费者剩余为入场费，将使用费定在高于边际成本的水平，那么入场费和使用费应各定为多少？企业的利润是多少？
   （2）如果企业采用两段式定价，令使用费等于边际成本，对入场费采用歧视定价策略，分别按照弱需求者剩余和强需求者剩余来制定入场费，那么入场费应该分别定为多少？企业利润为多少？

2. 某酒店把顾客分为周末入住和工作日入住两类，经测算，其需求价格弹性分别为 -1.5 和 -2.5。请计算：酒店的同一房型针对两类顾客的定价应满足什么关系，才能使酒店的利润最大？

3. 某企业按固定比例生产两种产品，每单位联合产品由2单位A产品和3单位B产品组成。A产品和B产品的需求方程分别为 $P_A=100-5Q_A$，$P_B=180-3Q_B$。生产联合产品的边际成本为 $MC=240+3Q$。求：A产品和B产品的最优价格和最优销售量。

第 12 章 企业竞争

:: 学习目标

- 理解企业竞争的特点与分类。
- 理解不同类别的竞争对企业获取竞争优势的作用。
- 掌握企业竞争强度分析方法、企业在竞争中所处的地位。
- 重点掌握标准之内的竞争内容。
- 通过美国企业和日本企业的竞争实例,了解分析竞争源泉与建立竞争优势的方法。

12.1 企业竞争的特点与分类

12.1.1 企业竞争及其特点

企业竞争是两个或更多的企业,为实现各自的目标,动用其可支配的资源,采用各种可能的策略和手段,以压倒对手的过程。

企业竞争是市场经济中普遍存在的现象。企业的国际竞争是开放经济下的必然现象。

考察现实世界中的企业竞争,可以概括出以下特点。

1. 至少有两个参与者

如果某一领域(如某一行业)只有一个企业,这就是竞争的反面——垄断。这种情况下也就不存在竞争。因此,市场中必须有两个或更多的企业才能形成竞争。竞争参与企业的多少、规模结构等构成了该领域竞争的基本格局,并影响和决定着企业的行为方式。经济分析理论把商品市场结构划分为完全竞争、完全垄断、垄断竞争与寡头垄断四种基本模式。

2. 有明确的目的性

企业竞争的目的性是十分明确的。竞争的目的往往与企业本身的目标紧密联系,也与一定时期企业所处的环境状况有关。另外,竞争往往直接与一定的竞争对手联系在一起。例如,保持或达到一定的市场占有率,保持现有的企业地位和竞争均势,超过对手企业的市场占有率,等等。

3. 持久性与竞争均势

企业竞争是一个长期过程，因而具有持久的特点。包括企业家和经济学家在内的大多数人都认为，企业之间的竞争是一场没有最终结果的比赛。在这个过程中，竞争企业所处的地位可能有较多的变化和起伏。就具体企业来说，无非有三种情形：第一，实现了既定的目标，压倒了竞争者，如取得了该行业的领导地位；第二，未能实现目标，被对手压倒，处境艰难，甚至被淘汰；第三，经过剧烈的变动之后，进入相对稳定的格局，这种格局往往以企业在行业中的地位为象征，比如某种相对稳定的排序。但是，一旦环境和条件发生变化，竞争格局和竞争均势也会变化。对于具体的企业而言，它在竞争中并不可能总是处于强势、优势。只要存在政府干预，在绝大多数情况下，竞争的结果都不会是某一企业全面战胜其他企业而形成垄断。在理论上，垄断违反保护竞争的哲学，即竞争要有适当的强度；在法律上，垄断行为也违反许多国家的政策法规。

4. 竞争的全方位性

企业竞争是全方面的，几乎涉及企业活动的所有领域。在许多情况下，对企业竞争的论述多着重于产品市场竞争，实际上，企业竞争远远超出了产品市场的范围。许多竞争早在市场活动发生之前就已进行，并可能是隐蔽地进行，因而往往不易为人所察觉。这些竞争体现在对生产要素的接近、获取和控制上。例如，以研究与开发为代表的技术竞争、人才竞争、资源竞争等都先于企业生产活动。

竞争的全方位性的一个要点在于，企业间的竞争并无行业的限制。虽然，大多数竞争发生在同一产品或劳务领域，但也有许多企业侵入其他行业（甚至是与原来相去甚远的领域）展开广泛的竞争。企业间竞争并无行业限制的另一含义在于，处于不同行业的企业也存在竞争。它们往往要争夺顾客手中有限的购买力，设法使其投向自己的产品。如果顾客将其购买力投向某些（价高）产品，可能在相当长时期内会无力购买另外的（价高）产品。

| 专栏 12-1 |

概念的情景化应用：电商平台的"百亿补贴"

2019年6月1日，拼多多正式启动"百亿补贴计划"。数码、母婴、美妆，这些高客单价的品类，成为拼多多"百亿补贴"的重点。"百亿补贴"位于拼多多App首页最显眼的位置，补贴方法堪称"简单粗暴"：领取无门槛优惠券，下单时直接抵减，就连最基本的满减套路都省去了。拼多多内部专门成立了"百亿补贴小组"，24小时随时比对线上线下所有渠道的商品价格，以随时保持产品的价格全平台最低。拼多多的"百亿补贴"承担着两项重任：①扭转用户增速的下滑态势。2019年第一季度，拼多多的用户环比增速降到了历史最低点6%，只比阿里巴巴和京东的用户环比增速高1个百分点。②调整用户结构，争夺一二线市场。某品牌电商业务负责人说："4亿用户基数已经能做一些结构性变化了，筛选高端用户，实现用户升级，是拼多多迟早要走的路。"

"百亿补贴"这个由拼多多首创的促销概念，被京东、阿里巴巴先后跟进，一场新的电商"烧钱"大战拉开帷幕。阿里体系内一度被边缘化的"聚划算"被重新提升至战略位置。2019年12月11日，聚划算宣布上线"百亿补贴"，并表示"百亿补贴"后续会成为常态化活动。"百亿补贴"

从聚划算的内部页面，升级为手机淘宝的一级入口。此外，淘宝将再次与央视春晚合作，重点权益是推介聚划算"百亿补贴"。这意味着，聚划算"百亿补贴"已经不局限于下沉市场，而是全方位和拼多多对垒。聚划算"百亿补贴"通过"简单粗暴"的"全网最低价"和铺天盖地的广告抢占用户，并且在整合原先促销平台之后，将关注促销的流量聚合在首页左侧，增加品牌曝光量。

京东也致力于在下沉市场对拼多多进行围剿。2019年5月，京东打通了平台运营业务部和拼购业务部，成立了独立业务单元"京喜"。这标志着京东开始全面下沉。京东将微信流量一级入口和手机QQ购物入口的位置让给了京喜，表明京东将最核心的流量资源投向了下沉市场。

从用户数据来看，拼多多的"补贴换市场"颇为有效。从2018年第三季度到2019年第三季度，拼多多的用户人均年度支出从894元增加到1 567元；2019年第四季度，拼多多净增活跃买家4 890万名，而阿里巴巴和京东的净增活跃买家数为1 800万名和2 760万名。2019年全年，拼多多年活跃买家数达5.852亿名，较上一年同期净增1.67亿名。截至2019年年底，阿里巴巴年活跃买家数为7.11亿名，京东的年活跃买家数为3.62亿名。拼多多全年的平台成交金额（GMV）突破万亿大关，成为GMV突破万亿最快的电商平台；阿里巴巴和京东突破万亿则分别花了14年和20年。

然而，拼多多面临的挑战也是显而易见的。首先，亏损是一个问题。2019年第三季度，拼多多净亏损23亿元，仅营销费用就高达69亿元。而阿里巴巴的盈利能力位居中国互联网企业之首，京东也早已走出亏损泥潭。其次，拼多多在低线城市的主导地位遭到了阿里巴巴和京东蚕食。2019年第四季度，京东超过七成新用户来自下沉市场；淘宝新增年度活跃消费者中超过60%来自下沉市场。

资料来源：

[1] 百亿补贴背后，拼多多、阿里、京东正在上演"三国杀". https://www.iyiou.com/p/121673.html.

[2] GMV破万亿但亏损继续，拼多多百亿补贴还能持续多久. https://www.iyiou.com/p/124898.html. ∎

12.1.2　垄断——竞争的对立面

竞争的对立面是垄断。垄断与完全竞争是市场结构的两个极端。企业能在上述两个极端及其之间的市场结构中，找到自己所处的市场状况。对垄断的认识无疑有助于对竞争的了解。

企业市场格局中的垄断是指对于某种产品，只有一个企业生产的极端情况。垄断的前提条件是，该企业的产品是其他企业无法生产、模仿和复制的，或者是无法进行商业性生产和销售的。当某企业控制了某种唯一的资源（如矿产）时，它就垄断了该行业（如采矿业）与下游产品；或者由于企业获得了生产某一产品的专利，它也就垄断了该产品的生产。

在垄断条件下，有两个重要特征：①市场需求曲线等同于企业的需求曲线；②在长期中，其他企业被阻止进入该行业。

垄断与产品的特点有关，也与政府的管制有关。在现实中，一种产品只有一个企业生产的情况很少，一种产品没有替代品的情况也极为少见。不过可以举出近似于完全垄断的例子，如电力公司对某一地区生活用电的供给。

12.1.3 企业竞争分类

企业竞争有多种分类方式，这可以便于人们了解企业竞争的全貌，为人们展开分析提供了思路。本教材强调企业竞争，所以把围绕企业业务活动内容的竞争作为一类；而把其他既可以应用于企业竞争分析，也可以应用于其他领域的竞争作为另一类，即一般性（企业）竞争。例如，一般性（企业）竞争中的建设性竞争与非建设性竞争，既可以应用于企业竞争分析，也可以应用于政治、经济、社会、军事、文化等领域。图 12-1 所示为按照一般性（企业）与企业行为和业务活动进行的竞争分类，并分别列出了各分类下的具体竞争。

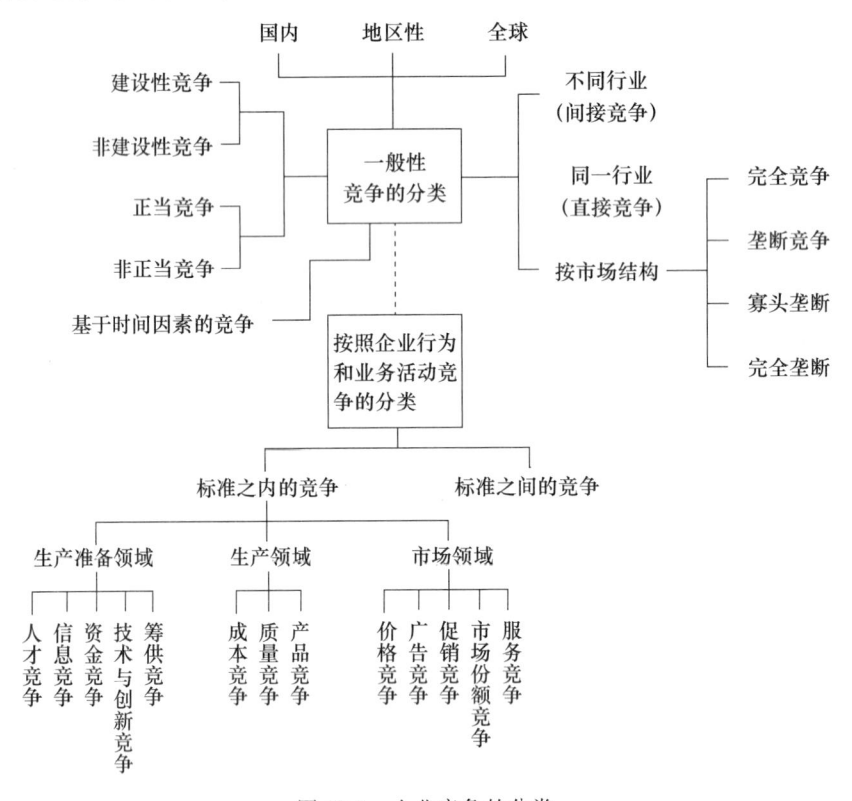

图 12-1 企业竞争的分类

1. 一般性竞争

（1）国内、地区性、全球竞争。竞争必然会涉及空间维度，即在什么地域范围内展开竞争。据此，可以分为国内、地区性（如北美、欧洲、东南亚、非洲等）、全球竞争。

（2）建设性竞争与非建设性竞争。从竞争的社会效果看，一方面，建设性竞争形成的压力和动力机制促进了整个行业的进步。这体现为开发出了更多适合社会需要的产品，提供了更好的服务，带来了成本的节约和社会资源的节约等。尽管要付出一定的代价，但这样的竞争从总体效果上看是得大于失，是有益于社会的。

另一方面，非建设性竞争，甚至破坏性竞争也是普遍存在的。这样的竞争从总体效果上看是无益于社会的，或者因付出的代价太大而应加以干预和控制。经济发展的历史表明，对许多竞争是应加以控制以减少其危害的。例如，企业为了自身的利益，不顾对环境的破坏而对资源进行掠夺性开采。在有的情形下，由于市场信号失灵或对市场信息缺乏了解，企业对某一产品生产盲目投资，造成能力明显过剩，从而导致资源的浪费。

（3）正当竞争与非正当竞争。企业竞争是在特定的社会经济环境中进行的，社会制定了若干法律、法规保护正当竞争，制止和惩罚不正当竞争。就此而言，涉及企业竞争与战争的重要区别：战争往往可以不择手段，而企业竞争则反对不正当的行为。一些国家的反垄断法中制定了"公平竞争"规则，意在禁止企图独家垄断或者惩罚不正当竞争，禁止差别定价、贸易限制、用掠夺性策略把其他企业排除出业务活动，以及禁止专卖或搭售、互惠密约、不适宜的代理、诡计和欺骗等。

（4）同一行业的直接竞争与不同行业的间接竞争。从整个宏观市场来看，企业竞争不仅存在于同一行业中，许多情况下也广泛存在于不同行业与不同产品之间。不同之处在于，处于同一行业中的竞争更为直接，更为表面化，而不同行业之间的竞争则较为隐蔽，也更为复杂。可以用产品之间的替代性来衡量直接竞争与间接竞争。同一产品或相互替代程度高的产品之间的竞争属于直接竞争，不同产品或不能相互替代的产品之间可能存在间接竞争。

一般来说，产品之间的替代程度越高，竞争就越激烈，可供选择的竞争手段也就越少。如果产品可以完全替代时，往往只有凭借促销手段和销售渠道、网络以及价格竞争等少数手段。

就间接竞争而言，即使在产品用途、特点差异很大的行业之间也可能发生，特别是在耐用消费品和住房这样一些耗资巨大的商品之间更是如此。例如，为了推销住房和汽车，有关厂商可能允许顾客采取分期付款的方式购买商品，或与银行联合提供贷款。在这种情形下，顾客一经签订分期付款购买合同，其收入结余的大部分就只能用于定期偿还贷款，而在相当长的时期内无力购买其他高价耐用消费品。

（5）按市场结构分类。按市场结构分类与竞争格局有关，这一分类方式着重区分竞争的特征和强度。经济学理论划分了四种竞争模式：①完全竞争；②完全垄断；③垄断竞争；④寡头垄断。

由于上述五种竞争模式的特征在一般经济学著作中都有介绍，故不再赘述。

（6）基于时间因素的竞争。现代企业竞争的前沿是以世界市场为目标，以较短的生命周期需求为对象，将商品、软件与服务进行组合，形成能伴随不断的技术创新做出灵活反应的供给体制。在这样的竞争中，生产、市场营销与研发的相互作用，以及生产者与设备供给者的进一步相互作用（如逐步改良）的速度是非常重要的。

按照美国著名企业史学家钱德勒的论述，企业可以通过加快库存、销售、生产的速度，提高资金和资源的使用效率，降低生产成本，即可实现所谓的速度经济性。速度经济性表明，若将企业看成一个资源转化系统，则企业研发的经济效率不仅取决于转换资源的数量，而且取决于资源转换的时间及速度，经济效率依赖加速交易削减成本。例如，企业通过并购可以迅速获得目标公司的生产、销售、研究与开发能力，从而实现这些资源在生产循环中的加速流通，获取速度经济性。

产品生命周期与产品技术及其开发有关，一个重要趋势是产品的生命周期越来越短。这方面的例子包括电子计算机、家用电器等产品。某种新产品往往一经问世，许多厂家就一拥而上地生产，很快市场就进入成熟期。例如家用小计算器，其产品周期非常短，4年的时间就经历了从创新到成熟的过程，其相近产品随处可见，而在每一阶段，质量效益都有所提高。然而，在历史上，电视机的开发用了近20年的时间。其后对高清晰度模拟彩电的开发，日本用了18年的时间，本已取得巨大优势，但是美国开始开发数字化高品质电视后，只用了3年的时间，日本就被迫放弃了模拟式研究计划。

在新经济条件下，产品的生命周期大大缩短。20世纪90年代之前，美国产品的生命周期平均为3年，到1995年已经缩短为不到2年。例如计算机行业的产品，根据穆尔定律，计算机芯片的处理速度每18个月就要提高1倍，而芯片的价格却以每年25%的速度下降。美国国际数据公司的研究报告认为，由于微处理器更新换代的速度加快，个人计算机用到第3年已失去价值，其经济寿命实际上只有2年。

激烈的技术创新竞争与市场竞争的共同作用，使企业认识到时间领先对于取得有利的市场地位相当重要。即使是较短时间的领先，也会对其新产品的市场地位产生巨大影响。面向国际市场的企业，必须在研发、筹供、加工、物流、销售的过程中，具备适应环境变化的快速反应能力。这就使得企业获得一项新技术时，往往不再遵循传统的"研究－设计－制造"的顺序过程，而是三个阶段同时进行，以确保能迅速地对产品做出适当的修正——它们三者之间不再是直线关系，而是盘旋式的研究开发流程。这样就形成了新技术、新产品的快速全面商品化——同步推进、全方位推进。许多处于激烈竞争中的大公司领导者在实践中认识到，设计与制造的关系密不可分，并在两者有机结合的基础上采取了一系列行之有效的做法：设计人员和制造工程师需要经常交流信息，真正做到知识和认识共享；同时，设计人员与制造工程师要参与对方的部分工作；此外，组织机构要保证上述两部门的有机结合。在这方面，日本企业采取了积极的措施，它们认为，R&D（研发）应改为R&P，其中的P为production，即研究要与生产同步进行。日本本田公司之所以能在汽车技术和制造工艺方面都位居世界前列，主要是因为该公司将设计和制造密切结合，使公司的S曲线周期（即由新产品的开发、设计、制造一直到上市的整个周期）不断缩短。同时，本田公司采用不易被抄袭的制造工艺，以技术含量高的产品迅速占领市场。这就是该公司能够击败对手的重要策略。日本许多公司的设计部门在产品初期设计、升级以及原有产品改造问题上不断交流、改进，使产品功能获得升级，从而迅速地从一个领域发展到另一个领域。高技术行业的研发也呈现出进一步向用户靠拢的趋势。这表明在高技术行业，产品的开发与消费品的生产之间存在双向促进作用，竞争的时间因素在高技术竞争中显得更为重要。例如，微软取得成功的七大战略之一就是所有工作都平行进行，并且时刻保持同步。这特别体现在其产品开发的同步与稳定的方法上，开发人员与消费者在开发过程中共同检测产品，从而达到改进设计、加快开发速度的目的。

2. 基于企业行为与业务活动的竞争

标准之间的竞争和标准之内的竞争。标准竞争是不兼容的技术之间争夺市场支配权的过程。标准竞争的参与主体包括竞争中的国内外企业、各国政府，以及官方的与非官方的国际标准化组织等。企业在委员会中通过协商形成法定标准，但最终仍由市场来决定真正的胜利者和事实标准。技术标准委员会是以国家、企业协会、民间组织等为主体，由支持不同标准的相关厂商在一起，为讨论标准的确立所组成的官方的与非官方组织。它的主要作用是在市场之外，在产品开发、进入市场之前确定的标准，由该委员会代表制造商、辅助产品制造商、用户和政府进行协商和筛选。

标准竞争包括标准之间的竞争和标准之内的竞争。

标准之间的竞争是企业在市场或委员会中，通过与同行业中的其他企业竞争、博弈，促使自己的核心技术在全球成为市场标准的过程。例如，欧洲集群通信标准、微软以及日本3G，均属于争夺全球标准的竞争。

标准之内的竞争是企业通过研发、筹供、生产、销售等各个环节的不断优化以及相互间的有力配合，形成企业的关键技术，乃至全球的技术标准的过程。例如，韩国设备商和终端商积极参与不同的标准，包括 CDMA 2000 和 WCDMA，并在每种标准中获取国外运营商的订单和终端消费者的市场份额，就属于标准之内的竞争。

标准之间和标准之内的竞争可以同时进行，都是标准竞争的重要组成部分。以无线电标准在欧洲和日本的发展为例，无线通信标准制定过程包含五个连续的发展阶段，均存在标准之间和标准之内的竞争。

目前，标准竞争已从企业之间的竞争上升到国家（联盟）的层面，标准战略已成为国家战略的一部分，许多国家政府以此制定了产业规划和公共政策。无论是标准之间还是标准之内的竞争，其目的都是攫取在标准竞争中的国家和企业利益。标准之内的竞争是最容易观察到的企业竞争，它涉及企业业务活动的内容。本章后面将重点讨论标准之内的竞争。

│专栏 12-2│

概念的情景化应用：华为参与 5G 标准之争

美国当地时间 2016 年 11 月 17 日，国际无线标准化机构 3GPP 的 RAN1（无线物理层）第 87 次会议在美国拉斯维加斯召开，就 5G 短码方案进行讨论。三位主角依然是中国华为主推的 Polar Code（极化码）方案、美国高通主推的 LDPC 方案和法国主推的 Turbo2.0 方案，最终，中国方案胜出。华为的 Polar Code 方案成为 5G 控制信道 eMBB 场景编码方案。

据欧洲电信标准化协会（ETSI）发布的全球 5G 标准核心必要专利数据（截至 2018 年 12 月 28 日），进行 5G 标准必要专利声明的企业共计 21 家，声明专利量累计 11 681 件。华为继上一次统计后再度夺冠，专利数量（1 970 件）占比为 17%，比排在第二的诺基亚多 33%。

2019 年 4 月 11 日，在已经结束的 3GPP CT4 工作组第 90 次会议上，华为公司的 Peter Schmitt 成功当选 CT4 工作组主席，任期两年。而 CT4 工作组负责制定 5G 核心网基础架构的 SBA 详细规范。

据研究和咨询公司 Strategic Analytic（SA）2020 年 3 月 26 日发布的研究报告显示，华为对端到端 5G 标准的整体贡献超过全球任何其他公司。在全球移动通信标准化合作组织 3GPP 对 13 家公司对 5G 标准做出的贡献的分析中，华为以 9.6 分（满分 10 分）排名第一。

资料来源：摘自新浪财经。■

12.2 企业竞争强度与企业在竞争中的地位

12.2.1 竞争强度分析

竞争强度分析主要着重于对行业的考察。为什么有的行业竞争异常激烈，而有的行业则相对缓和？这既需要对决定行业竞争强度的因素进行一般分析，也需要对具体行业的特殊因素进行分析。本节首先介绍波特的五种竞争力量模型，以分析竞争强度。

1. 五种基本的竞争力量

一般来说，行业的竞争格局、其激烈程度取决于五种基本的竞争力量及其相互作用，其中每一种力量又由若干不同的因素来决定。图 12-2 是波特的五种竞争力量模型。如图 12-2 所示，图中的五个方框各表示一种竞争力量。位于中间的方框代表行业内部的竞争，四周方框形成的竞争压力均指向中间的方框，而加剧了行业内的竞争强度。下面分别就每种竞争力量及其决定因素进行分析。

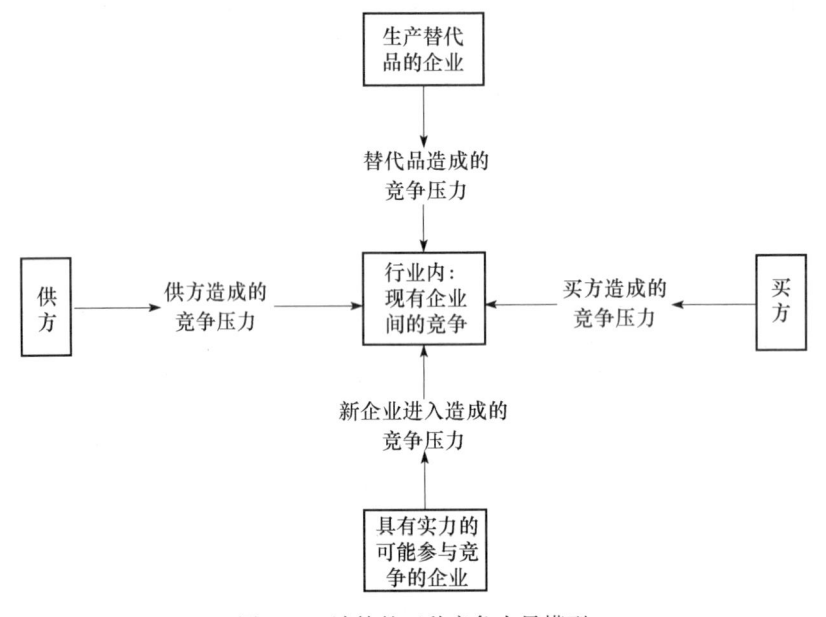

图 12-2 波特的五种竞争力量模型

（1）现有企业间的竞争。行业内现有企业间的竞争是最为直接的、表面化的。有以下若干主要因素影响着竞争强度：

1）现有企业的数量与规模结构。一般来说，竞争的激烈程度随着企业数量的增加而增加，也随着企业的规模变得不相上下而增加。当企业数量较多时，企业之间将难于相互了解，企业认为竞争不被注意而造成竞争加剧；当企业数量较少时，因为企业害怕竞争对手采取报复行动，竞争就会减弱。此外，如果企业之间的规模、实力差别很大，竞争强度也会减弱。例如，当某一企业处于支配地位时，往往会形成价格领导的格局，而使竞争趋于缓和；如果企业之间实力相当，则竞争往往趋于激烈。

2）行业所处的生命周期阶段。如果行业处于迅速成长的阶段，各企业都有较大的发展余地，而不必夺取其他企业的市场份额，竞争的激烈程度就会下降。如果行业成长缓慢或处于衰退阶段，竞争会趋于紧张。因为企业要保持现有的市场份额或寻求扩张，就必然会以其他企业的市场份额缩小为代价。

3）产品差异性、品牌识别与顾客转购成本。如果产品相同，且无品牌识别，顾客从某一供应者转向另一供应者并无成本发生，则企业间往往存在较大的竞争压力，因为顾客对价格敏感程度高，价格弹性大。如果产品差异性大，存在明显的品牌识别，顾客的转购成本高，则企业间的竞争压力往往较小。

4）成本结构。如果产品的固定成本高、库存成本高或者研发成本高，则企业必然努力扩大销售额以分摊上述成本。在有的情况下，企业甚至会采用降价的方式来扩大销售额。这样就有可能加大竞争的压力。在相反的情形下，竞争压力往往较小。

5) 退出的代价。如果企业退出行业的代价高，为了避免损失，往往趋向于继续留在行业内，则必然会导致激烈的竞争。退出的代价包括专门资产的损失、多余的付款、失业造成的不良影响等。如果退出的代价不高，企业易于做出退出的决策，则竞争相对缓和。

6) 成败的重要性。如果竞争的成败对企业的影响重大，竞争将趋于激烈；如果影响较小，竞争会较为缓和。例如，如果竞争的成败对整个企业的利润、企业战略以及其他众多方面有重要影响，或只有次要影响，将会直接影响企业参与竞争的努力程度。

（2）替代品造成的竞争压力。由于存在企业产品的替代品而产生的竞争压力，在许多情况下都是不可忽视的。替代品的存在可能从几方面影响竞争的强度：

1) 替代品之间替代程度的高低。首先，产品之间替代程度越高，竞争压力越大；替代程度越低，竞争压力越小。其次，取决于替代品的价格、功能、质量关系，替代品的价格越低，功能越好，质量越高，造成的竞争压力也越大；否则，竞争压力较小。此外，它也取决于为推销替代品所做的促销努力等。

2) 买方转购替代品的成本。买方从购买现有企业产品转向替代品时所需付出的各种成本（与代价）的大小，在一定程度上决定了替代品所形成的竞争压力。如果这种转购成本高，买方将倾向于继续购买原有产品；如果转购成本低，买方将倾向于购买替代品，从而形成较大的竞争压力。

3) 买方寻求替代品的倾向。如果买方努力寻找现有企业产品的替代品，且现有供应关系对买方约束不大，替代品的威胁造成的竞争压力将较大；在相反的情形下，竞争压力将会较小。

（3）新企业进入造成的竞争压力。新企业进入，必然要求占有一定的市场份额，从而直接造成竞争压力。某些企业的进入往往能改变整个竞争的格局，大企业的进入更是如此。有这样的例子，由于某一在其他领域实力雄厚的企业的进入，原先起支配作用的企业地位下降，竞争压力明显增大。以下几个方面的因素对企业的进入决策有重要影响：

1) 规模经济性。如果行业存在明显的规模经济性，试图进入的企业必须以足够大的规模进行生产，迅速在市场上占有相应的份额，以实现成本的下降。如果做不到这一点，试图进入的企业就必须准备比现有企业承受更高的成本。这样，明显的规模经济性就构成了很高的进入障碍。相反，如果行业不存在明显的规模经济性，进入的障碍也就不明显。

2) 对资本量的要求。进入新的业务领域，会对资本量提出一定的要求。对有的行业，进入要有大量的资本；对另一些行业，进入则不需要多少资本投入。这取决于行业的特点，如行业的技术状况、产品和生产过程特点、规模经济性等。显然，进入对资本量的要求越大，构筑的障碍也就越高；进入对资本量要求不大，进入的障碍也就较小。

3) 现有企业的成本状况。现有企业的成本状况会对进入的障碍构成不同影响。新的进入者至少一开始或在不久的时期内应将其成本降低到与现有企业相当的水平，否则就要准备承受损失。企业的成本优势有众多来源，包括专利技术、接近投入要素产地、有利的布局、经验效果等，它们都构成了进入的障碍。

4) 分销渠道。对新的进入者来说，往往需要为其产品销售建立分销渠道。就此而言，存在两种可能：一种是投资新建自己的分销渠道，这就会提出相当数量的资本要求；另一种是利用现有的分销渠道，这就需要为现有的零售系统所接受。如果新进入者建立自己的分销渠道所需投入大，或者现有公司与现有分销渠道方面关系很好，抵制新的进入者，都会构成进入的障碍。

5）买方的转购成本。新的进入者需要吸引买方。如果买方放弃原有的供货来源转向新的来源，存在额外的附加成本，买方的转购就难于发生。并且，转购成本越高，对新进入者的障碍就越大。

6）现有企业对新进入者的反应。现有企业对新的进入者是否做出反应，以及做出反应的程度如何，均会形成不同程度的进入障碍。例如，现有企业对新进入者倾向于采取报复、阻碍的态度，则进入往往难以成功；相反，如果现有企业倾向于容忍新进入者，则进入往往易于成功。

7）政府政策。政府政策因不同国家而异，且同一政府对不同行业也有不同的政策。对某些行业，政府可能设有严格的审批条件，未经许可不得进入，或者设置了许多严格的规定，形成进入障碍。例如，政府对某些污染大的行业的规定，包括禁止在某些区域设厂，或对污染控制的标准等，都构成了进入障碍。

(4) 供方造成的竞争压力。在市场不完全的情况下，供方会对所供货的行业造成竞争压力。供方对行业竞争的影响取决于买方对其货物的依赖关系与程度，具体包括：

1）供方货物对买方投入在成本和多样化方面的重要性。这取决于供方货物在买方成本中占的比例，以及买方的产品多样化对供方的货物的依赖程度。

2）供方货物对买方生产过程是否存在关键影响。如果供方提供的货物很特别，影响力就大。这种特别取决于供方货物存在替代品的程度、供方的集中程度等。

3）供方货物对买方产品质量的影响。若具有这种影响，供方就可能具有不同程度的与买方讨价还价的力量。供方对行业竞争造成压力的过程沿着以下方向发生，即供方讨价还价力量影响买方成本，从而影响买方利润或价格竞争力。

(5) 买方造成的竞争压力。买方对行业竞争造成的压力，可以参照供方对买方造成的压力得到类似的解释。这取决于买方的结构和购买对于供方企业销售的重要程度。例如，买方数量少而购买量大时，买方就具有较强的讨价还价能力；买方数量多而购买量小时，其讨价还价能力就弱。这也取决于所购买企业的产品对买方的重要性。买方对竞争造成的压力在于客户讨价还价的能力，这种能力越强，就越能影响企业的盈利能力和市场地位。买方的市场竞争压力还可从价格弹性出发分析。这方面的因素与弹性分析中所提及的诸如买方购买在整个购买中所占比重，产品多样化程度，所购买产品对买方的生存、成本、利润的影响等相关。

全球大型零售商沃尔玛的最大特点之一就是价格低。这也源于它对供应商的极强的压价能力。它跟踪供应商经营活动的每一个方面：哪些产品已研制成功，材料是什么，价格如何定。它要使顾客分享每一点节省所带来的好处。难怪一家咨询公司说，一个制造商所能做的第二糟的事是与沃尔玛签约，那什么是最糟的呢？不签约。⊖

2. 市场状况的影响

影响竞争强度的市场状况主要有：①市场的规模；②市场的发展阶段。一般来说，市场规模大时，竞争压力较小；而市场窄小时，竞争压力较大。例如，日本国内市场空间狭小，巨大的竞争压力迫使许多企业到海外谋求发展。

⊖ 沃尔玛势力过大 [J]. 商业周刊, 2003 (11).

行业市场所处的不同发展阶段也直接影响到竞争强度。当市场需求高速增长时，每个企业都有足够的市场机会，并大多致力于如何运用企业资源，赶上市场增长，因而竞争受到削弱。但是，当市场处于低速增长或停滞时，追求市场扩展和市场份额目标的企业往往同对手企业争夺客户，结果可能是一些竞争力较差的企业遭到淘汰。

12.2.2 企业在竞争中所处的地位

企业在竞争中所处的地位可以从两方面分析：一是从总体上考察所处的市场结构；二是从战略竞争的主要领域分析企业是否具备优势。

企业在竞争中所处的地位可以分为五种情形：①支配地位或全球领导地位；②优势地位；③有利地位；④维持地位；⑤劣势（不利）地位。这五种情形依次构成一个层次。下面结合市场结构来分析这五种地位。

1. 支配地位或全球领导地位

处于支配地位的企业一般不存在势均力敌的竞争对手。该企业不仅基本上不受其他企业的影响，而且其经营活动所采取的战略措施会对其他企业产生影响，甚至起支配作用。处于支配地位的企业，在价格制定、技术创新、产品质量等方面往往居于全行业的领导地位或领先水平，因而具有综合优势和很强的竞争能力。对于一些全球性行业来说，处于支配地位的跨国公司就处于全球领导地位。例如，IBM 在全球范围的数据处理、管理信息系统领域就处于这种地位；微软则在个人计算机操作系统居于全球领导地位；而目前的企业资源规划系统市场则是由德国的 SAP 公司和美国的甲骨文公司共同支配的。

在现实中，当市场由少数几家势均力敌的企业和其他一些影响很小的企业所组成时，这少数几家企业就处于共同支配的市场地位。例如，世界轿车市场就是由通用汽车、福特、丰田、大众、雷诺、菲亚特等公司共同支配的。

2. 优势地位

处于优势地位的企业，一般能保持其长期稳定的（市场）地位，而不受竞争对手的影响。它可以采取一些独立的行动，而不致危及其长期地位。尽管难于衡量，但处于优势地位的企业一般是在某一方面具有优势或有很强的竞争能力，或具有某几方面的优势，但不具有多方面的综合优势。

3. 有利地位

处于有利地位的企业在主要竞争能力上大体高于平均水平，在有的方面还可能有较明显的优势。这类企业存在较多的机会，如采取某种策略、措施，来改进其在竞争中所处的地位。

4. 维持地位

处于维持地位的企业在主要竞争能力上低于平均水平，但其经营状况仍能支持其活动的进行。这类公司采取策略和措施来改进其在市场上所处地位的机会较少，并面临着生存问题。

5. 劣势（不利）地位

处于劣势（不利）地位的企业目前的经营活动效果不令人满意，但仍存在改进的机会。这类企业往往陷入了短期生存危机。

12.3 标准之内的竞争

12.3.1 信息竞争

现在人们已普遍认识到，信息是一种特殊的资源，是竞争能力的一个重要源泉，特别是在激烈竞争的国际经济和技术环境下更是如此。准确、及时、全面的信息更是企业在竞争中取得主动权的前提条件。处于激烈竞争环境下的企业，如果对该环境缺乏基本了解，或者不掌握这一环境动态的最新信息，就不能有效地开展经营活动。因为企业面对的首要问题在于确定竞争方向，而不在于制定详尽的战略。如果确定的竞争方向有误，企业就可能失败。因此，信息是企业把握机遇的基础。

企业在竞争中能否压倒对手，取决于它在信息竞争中能否取得优势。信息能给予企业在关键时刻挫败竞争对手的能力。这一点无论是对于大企业，还是对于小企业都是至关重要的。区别在于大、小企业因外部环境的差异，在对信息的选择和重点把握方面有所不同。要在信息竞争中获得优势，关键在于获得有关环境的全面、准确、及时的信息。获得上述信息可以有两种方式：①定期收集、处理、存储公开发表的信息；②及时获得有关领域的最新信息。

从现代管理的发展趋势来看，为了有效地实施第一种方式，要求建立企业信息系统。它是联系企业各种主要活动的、以一定的管理软件为支持的计算机与通信系统。该系统可以采用分布式处理方式，并尽可能具有实时性。建设这样的系统需要大量投资。为了实施第二种方式，一般可以在技术总体水平高的地区或国家设置研究与发展基地，也可以到当地从事各种形式的经营活动，包括建立促销渠道、直接投资、合作生产等。

12.3.2 技术与创新竞争

技术与创新竞争是最强有力的和对社会有利的竞争形式之一。这类竞争涉及广泛的内容，具体包括：①新产品；②新技术；③新的供应来源；④新型企业的出现。

历史事实表明，新事物的竞争冲击往往能摧毁为垄断或少数寡头垄断企业所占有的市场有利条件和既定地位，也会为新产品的发明者与生产者、新劳务的提供者、新技术的使用者带来有利的、具有优势的甚至是支配性的地位。技术与革新竞争造成巨大冲击，改变竞争格局的例子有：钢铁公司受到来自塑料、铝和其他金属合金的强大竞争；铁路公司的货运占有份额受到汽车公司和航空公司的严重侵蚀；电影行业则为电视的出现所损害；传统的安全剃须刀市场的垄断地位因为电动剃须刀的出现而遭到无法恢复的削弱。在零售业的竞争中，真正关系重大的新竞争不是来自新增的同类零售商店，而是来自革新后的零售组织——连锁商店、邮购商行、折扣商店、超级市场、自助商店和便利店。

在技术的动态环境中，新产品不断替代老产品，新技术不断替代旧技术。在某些企业欣欣向荣之时，另一些企业却正在消亡。革新的进程越快，更多产品、技术和产业的生命周期就越短。技术与革新竞争刮起了终年不息的"创造的毁灭大风"，没有任何企业和产业可以找到避风港。因此，无论是否愿意，企业都将被卷入技术和产品革新的竞争之中。

从长期看，企业的技术不断进步，比其在某一时期以最低可能成本生产，对社会来说更为重要。从根本上说，最有价值的还是长期效果，因为长期效果主要来自使社会在生产率、产品数量和质量以及在人均收入水平上获得收益的技术变化与创新。因此，真正有效的企业必须进行足够的研究与开发，使之能处于某种合适的地位，以便：①改进其产品与服务；②建立效率更高的生产过程；③采用更好的运输方法；④进入新市场；⑤利用新的原材料和零部件的供货来源。仅仅努力使现有工厂更有效率地运行在其短期和长期平均总成本曲线的最低点是不够的。

这就提出了下述关键问题：倾向于缩减利润和迫使价格靠近短期最低平均总成本的市场条件，是否与高速的技术进步和革新的成就相一致？从现实产业的情况来看，对这个问题的回答常常是否定的。虽然在企业众多的市场条件下，把单个企业的产出率推向最低成本点的竞争方式是强有力的，但是在大企业所处的少数寡头垄断市场，技术和革新的竞争常常达到引人注目的高度，是大企业而不是小企业常常处于作为革新和取得技术成就的先锋的最佳地位。

大企业更为重视技术与革新竞争，因而在寡头垄断市场上的竞争相对更明显地集中在技术和改革上。

首先，由于削价战略易于模仿，因此少数寡头垄断企业发现价格竞争策略对于增加其销售利润或市场份额是无济于事的。在新产品变化、改革和生产先进性方面的竞争是更有成效的，特别在长期更是如此，因为革新者可以比竞争者获得早几年的领先地位和领导声誉。IBM、柯达、杜邦和其他高技术公司在利润上的成功，生动地说明了建立在技术和革新领导基础之上的竞争战略的价值。随着竞争者成功地模仿或超过原来的革新，其明显的优势将逐渐消失。因此，企业应加紧开发更好的产品和生产工艺，如果只是维持其销售利润地位，就谈不上改善其地位。

其次，许多大企业总是注视着新企业的进入，严密地监视它们，以保持效率和技术进步。如果做不到这一点，只会使竞争者或新的进入者获得机会，使之更为容易地把顾客从落后的企业吸引过去。每当企业引入新产品而竞争企业仓促应战抛出其革新产品时，都能说明技术竞争对少数寡头垄断的企业竞争环境所造成的可怕的压力。

最后，随着规模变得越来越大，企业进行改革和技术竞争的能力越强。可以认为技术进步按下述四个步骤发生：发明、开发、实施、推广。发明是设想一个新产品或新过程的行动，并按其基本的形式提出具体内容；开发是进行一系列反复试验，以便修改、完善发明，并制定出最佳的具体内容以便为技术的实际应用做好准备；创新涉及把发明的最终形式付诸实施并首次将其变为现实；推广是随着其他企业效法革新者而带来的革新广泛应用的程度和速度。已有证据表明，发明和开发相对来说费用不算昂贵，并可以小规模进行。因此，上述两个步骤既在大企业也在小企业的能力范围之内。然而，实施这一步则是耗费资金和时间的过程。产品必须进行市场检验，消除未预见的产品缺陷，建立或扩展新的生产设施，组织销售渠道，设想和制订推销计划，与其他产品的竞争。这一过程可能要用若干年的时间，并需要有重大的组织和资金承诺才能实现利润。过去的经验证明，对于为短期生存而努力的各类小企业来说，要获得资源来支持上述过程是很困难的。

小企业在资金和组织上的局限性，说明了为什么许多小企业的发明最终成为大企业的主要产品。在这方面大家所熟知的例子有空调、喷气式发动机、玻璃纸、摘棉机、直升机、动力操纵、石油裂化等。这也解释了为什么大企业能把科学家、独立的发明者和专门化研究与开发公司所发明的产品最终生产出来。这方面的例子有钛金属的开发、柯达含铬的彩色胶卷、杜邦公司对涤纶纤维的开发、埃克森诺克斯对高速复印机的开发等。许多革新都需要大量资金，而这一般只有大企业才负担得起。民用喷气式飞机的设计和开发费超过了1亿美元。宝丽来（Polaroid）

公司投资 5 亿美元、耗时 8 年，才使得 SX-70 照相机和胶卷进入市场——这是一个大胆的技术成就，它代表了有史以来在消费产品上的最大赌注之一。美国无线电（RCA）公司投入了 6 500 万美元用于有巨大市场潜力的彩色电视的研究与开发。IBM 在 5 年中为设计、开发和销售 360 系列的计算机，用自己的未来和 50 亿美元下了赌注。奥卡公司在飞机金属的制作上，通用电气公司在改进 X 射线设备上，威斯汀豪斯公司在设计核能发电设备上，若干钢铁公司在开发连续炼钢技术上，以及通用汽车公司在开发内燃机车、自动变速器转换、液冷飞机发动机和顶吹转炉炼钢等方面，都耗资不菲。

即使如此，小企业在市场中仍然有许多创新的事例。虽然大多数创新都必须花费如此多的时间、资金并面临如此大的风险，以至于只有大企业才能承担，但调查表明，费用较低、次要的创新的数目大大高于代价昂贵、成就惊人的创新的数目。因此，愿意承担风险的小企业也成功实现了许多技术挑战。小企业在创新方面主动进取的例子有计算机技术的专门应用、半导体和电回路技术、数字过程控制设备、银行信用卡的使用以及零售方式等。对小企业来说，当大企业的经理不了解所提出的新产品或新加工的可能性时，当具有企业家思想的科学家和研究人员辞去大企业职务去创办自己的企业时，也会出现创新的可能。在过去的几十年里，有企业家精神的科学家和研究者已建立了数百个研究企业，他们变得不再迷恋于具有先进技术的公司的那种结构严谨、注重研究和开发成果的计划。由于上述原因，小企业在促进技术进步方面的作用是不可忽视的。虽然小企业在技术和创新竞争中有时处于明显不利的形势，但是在某些行业，小企业能够在几乎同等的地位上与大企业进行竞争。

12.3.3　筹供竞争

发生在生产准备领域的筹供活动主要是指如何组织供给生产活动所需的原材料、零部件。筹供竞争则是指企业在确保供给，并尽可能在低价供给上与对手竞争。筹供竞争，特别是重要原材料的供给，对于企业活动的开展有着重要的意义。其重要性在于，一方面要防止原材料的供给被他人控制，另一方面尽可能获得低价投入。在有的情形下，甚至会导致纵向一体化。

从历史上看，以寻求原材料为主要目标的筹供竞争主要发生在 19 世纪末。第二次世界大战以后，随着原材料开采主权为东道国所收回，以及直接对外投资向附加价值高的行业，进而再向高技术领域转移，为寻求原材料进行的直接对外投资的重要性已呈逐渐减弱的趋势。

然而，在经济全球化的环境下，在网络经济和信息时代，许多跨国公司都建立了全球采购系统，以求以更低的价格获取优质产品。有的跨国公司也注重在东道国进行筹供。例如，通用电气、沃尔玛等公司每年在华采购花费均在数十亿美元以上。

12.3.4　成本竞争

成本竞争是企业为了压倒对手，通过不间断的努力，使其产品的成本低于竞争企业同类产品成本的过程。成本竞争的作用可以从两个方面看：一方面，从根本上讲，产品价格至少要能补偿其成本，企业才能生存下去，如果出现亏损而不能迅速有效地加以解决，企业就会被淘汰；另一方面，面对激烈的竞争，企业如果能取得明显的低成本优势，就会在竞争中处于有利的地位。这种有利的地位可以从构成竞争压力的五个方面进行分析：

1）对于直接竞争对手而言，低成本优势的企业往往能长期与强大的竞争对手抗衡。例如，采取其他企业不能采用的低价促销扩大市场份额，压倒对手；或者获得高于其他企业的利润水平，促进自身的进一步发展。

2）同样的道理，低成本优势有助于获得抵御来自替代品竞争压力的能力。

3）对于来自新企业进入的压力，低成本优势实际上构成了进入障碍。对谋求进入的企业来说，必须取得相当的低成本优势才有进入的可能，而这对于许多企业是甚为困难的。

4）对于来自供方的压力，拥有低成本优势的企业往往能更灵活地应对投入费用的增长，从而使其处于有利的防御地位。

5）对于来自买方的压力，低成本优势使企业处于强有力的竞争地位。因为买方的讨价还价能力有限，至多只能迫使价格下降到一个最有竞争力的对手的水平。因此，企业要尽可能获得低成本优势。

低成本的获得来源于以下四个方面：

1）从生产投入角度考察——低投入要素价格。
2）从生产结构与组织形式角度考察——合理的生产规模、合理的生产结构。
3）从技术角度考察——高效率的技术。
4）从管理角度考察——先进的管理。

12.3.5 质量竞争

质量竞争意味着企业为赢得更多的顾客，在产品耐用性、价值、性能、式样、可靠性、使用经济、服务交货、满足消费者需要的程度，或者其他在质量-价值-服务范围内满足购买者偏好的各种努力。因而，质量竞争强调产品的优劣问题，而技术和革新竞争则强调产品的新旧问题。

企业间质量方面的竞争，既出现在由众多小型企业构成的市场，也出现于大企业占支配地位的行业。在竞争企业间的产品存在差别的情形下，竞争达到了最激烈的程度。而在企业生产类似产品的情形下，质量竞争只是短暂的现象。企业可能努力改进自己的产品，但这种改进很快就被竞争企业所采用，从而消除了质量差别。很明显，如果企业能很快地生产差别产品，则企业间的质量差异难以消除。

质量竞争同技术创新过程在许多地方是相互作用的。一方面，产品的改进特别体现在发展高级产品的研究和开发努力上；另一方面，采用给消费者提供高质量产品的市场营销策略会对产品研究和生产革新具有长期促进作用。

总的来看，寡头垄断市场的特征表现为强有力的质量竞争。企业取得胜过竞争企业产品的决定性质量优势是加强自己市场地位的有力手段，在高质量产品是以与质量较差产品相当或稍高的价格出售时更是如此。质量上的声誉可使企业获得明显的，也许是持久的销售优势。这个优势不仅存在于当前进行竞争的市场，也扩及企业可能要寻求进入的将来产品市场。因此，垄断寡头的竞争企业对产品质量差别的意识很强，并且注意发展能带给它们质量优势的产品特色。不难了解，企业在市场上的持久成功依赖于消费者对其产品的质量保持满意。不是一次性的买卖，而是重复的生意，能使企业获得长期的经济利润。事实上，在许多消费者心目中，已对生产同类产品的企业有所评价——他们往往认为某些企业的产品质量明显优于另一些企业。同时，寡头垄断企业间激烈的质量竞争在不断加强，因为市场压力迫使竞争者在提供相同或相近的替代品时定价要相当。

在新产品研究和开发活动规模较小的、由众多小企业组成的竞争市场上，一般说来，不大可能就质量展开激烈的竞争。当然，在技术上勇于开拓创新的企业例外。但是，由这样的企业组成的市场并不多。小型企业的质量竞争通常采取的形式是专门为一群非常有限的顾客生产手工或定制产品。这些顾客要求"最好"的商品，也出得起相应的价钱，如家具、服装、装饰品和珠宝等。生产这类产品的规模经济性是微不足道的，这类商品的市场一般来说也很有限，所以，小型企业总是支配着这类商品的生产。这种质量竞争仅仅对于一小部分上层消费者来说是重要的，不能与生产大量消费品的工业部门对整个社会的重要性相提并论。

消费者能够从质量竞争中得到较大的益处，这是因为所有消费者对每种产品并无同样的趣味和偏好。如果企业以质量-价值-服务差别为基础进行竞争，消费者可以得到一个较大的选择范围，在经济实惠和豪华的式样之间权衡取舍。企业有一种动因，既迎合一小群消费者的特别兴趣，也迎合大量消费者的偏好。这样一种消费者选择的广泛化，只要不被引入极端，以致造成买方的混乱，消费者就可以选择最适合其兴趣、需要和收支状况的具体产品。例如，通用汽车公司有许多型号的汽车，每一型号都有大量不同的附件可供选择。又如，若干厨房用具、电视机、立体声音响设备或计算机的制造厂商都为消费者提供选择普通型、豪华型或超级豪华型的可能，而每一型号的颜色和设计又各不相同。

当今国际市场的特点说明了为何质量竞争如此激烈。

(1) 从世界范围看，买方市场范围不断扩大，消费者对质量的要求不断提高，其选择的范围也不断扩大。

今天的买方市场已不同于多年以前，其产品范围有汽车、机床和计算机，也有主要的服务行业，如银行、保险、旅馆和航运业等。这对公司的经营有着深刻的影响，其结果是所提供的产品类型显著增多。这意味着向买方提供的产品范围迅速扩大，以及产品开发速度加快。

例如，今天购车可选的型号是旧时的数倍，且各种汽车都有自己的特点。然而，汽车行业过去是严格按标准化生产的。今天购买汽车的人已变得越来越看重车子的性能、舒适性和外观，而不是像过去那样更看重价格。统计数据表明，买到好车的人将会把这一信息告之其他 8 个可能的买车者，而买到坏车的人则会把这一信息告诉其他 22 个可能的买车者。市场研究清楚地表明，车型的质量高，其市场份额就大；而质量差的车型，即使价格优惠，其市场份额也会越来越小。对许多产品的比较研究证明，今天的顾客对于质量改进的要求正在不断增加。

(2) 质量领导正迅速地在国际范围内体现出来。

今天，质量不再具有任何独特的地区性，也不需要任何特别的通行证。例如，相当长一段时间以来，日本一些企业在质量改进方面做出了为人们所公认的优异成绩，且这些改进工作仍在继续进行。与此同时，在这种激烈竞争的压力下，一些西方国家也开始以很快的速度进行质量改进工作。这方面的例子有计算机、包括半导体在内的电器元件、农用拖拉机和设备、电冰箱和压缩机、重型汽车和柴油机、医疗和安全方面的呼吸设备、轮胎和橡胶产品、磁带汽车、发电和输电设备等。随着技术的发展和社会日益信息化，以及社会的特别是第三方的质量评价系统、技术的出现，人们已经能对重要产品的质量进行评估、监测，并能迅速地传达给消费者。在发达国家已是如此，一些发展中国家也正在这样做。例如，消费者协会、一些新闻媒介（包括电视台、电台、报纸）等都在积极参与对质量信息的披露与评估。

质量竞争的结果，促成了一批在世界范围内处于质量领导地位的公司，如日本的丰田、索尼，荷兰的飞利浦，德国的西门子，美国的 IBM、通用电气、福特等。

12.3.6 产品竞争

产品竞争在很大程度上与技术创新竞争有关，这主要是指要求不断开发出新产品，或对产品做出实质性改进。产品竞争能力主要来自技术与创新，也与成本、质量有很大关系。一旦研制出新的产品，就可能要求进行大量投资，使其商品化。产品竞争的另一方面是多元化经营，实行这种战略也往往需要大量投资。由于产品竞争与其他几种竞争密切相关，这里不再赘述。

| 专栏 12-3 |

苹果历年来发布的重大产品及其影响

乔布斯创立的苹果公司，用创新引导并创造着时代的需求，演绎了一段段经典的传奇。从 iMac 到 iPod、iTunes、iPad、iPhone，苹果的每一系列产品背后都是一场巨大的技术创新革命，每一次的新品发布总能引起全球无数人的关注。苹果历年来发布的重大产品及其影响如表 12-1 所示。

表 12-1 苹果历年来发布的重大产品及其影响

推出时间	产品	销量	产品特性及意义
1984 年	Macintosh	上市前 100 天，128K 产品销量达 7 万台	计算机工业发展史上的里程碑
1998 年	iMac & PowerBook G3	订单超过 15 万台	成为美国最畅销个人计算机
2001 年	平面式 iMac		取代已问世三年的 iMac
2001 年 10 月	iPod 数码音乐播放器	上市前 2 个月一共售出了 125 000 台	独特的外形、巨大的容量、人性化的操作方式，一经推出，立即引起轰动；自 2001 年以来，凭借 iPod，苹果创造了 148% 的营收增长
2002 年 6 月	第二代 iPod		支持 Windows 操作系统，使用了触摸式感应操控方式
2003 年 4 月	iTunes Store 音乐商店	开通 8 周内共出售 500 万首歌曲；截至 2010 年 2 月，用户下载歌曲总量达 100 亿首	
2003 年	Apple Power Mac G5		第一台 64 位元个人计算机
2003 年 4 月	第三代 iPod		可同时支持 Mac 和 Windows，完全采用触摸式操作
2004 年 1 月	iPod mini		外观颜色上更小巧、五彩斑斓
2004 年 7 月	第四代 iPod		屏幕的分辨率以及电池的续航能力有所提升
2005 年 1 月	iPod shuffle		没有显示屏，可当作大容量 USB 闪存
2005 年 2 月	第二代 iPod mini		外观设计更为吸引人
2005 年 9 月	iPod shuffle & nano	发布后 17 天内，iPod nano 销量超过 100 万部，并在一定程度上推动苹果年度利润首次超过 10 亿美元	超薄、触控键、彩屏，并率先使用三星最新发布的大容量闪存芯片

(续)

推出时间	产品	销量	产品特性及意义
2005 年 10 月	第五代 iPod		
2006 年	iMac & MacBook Pro		第一部使用英特尔处理器的台式计算机和笔记本计算机
2006 年 2 月	第二代 iPod nano		铝壳设计
2006 年	第二代 iPod shuffle		外形类似夹子，体积更小
2007 年	第三代 iPod nano		超薄，外形由细长转为宽扁
2007 年	iPhone & iPod touch	只用了 5 个月时间，苹果就在全球卖出 1 000 万部 iPhone 3G	iPhone 将 iPod、手机以及互联网移动通信器三合一，创造了手机的神话
2008 年	MacBook Air		当时最薄的笔记本计算机
2008 年	iPod nano 第四代和 iPod touch 第二代		
2008 年	MacBook、MacBook Pro & Apple LED Cinema Display		
2008 年 7 月	App Store 应用程序商店	2011 年 1 月，苹果宣布该商店应用程序下载量已达 100 亿次	该商店每出售一款应用程序，30%收入归苹果所有，其余归相应开发者所有
2009 年	升级版 iMac、Mac mini & Mac Pro		
2009 年	新款 iPod shuffle		第一款可以语音发音的数码音乐播放器，体积更小巧
2010 年 4 月	iPad	上市后的第一个季度内销量达 730 万部	使得苹果市值达到 2 220 亿美元，超过微软，仅次于埃克森美孚
2010 年 6 月	iPhone 4	单日售出 60 多万部，2010 年销量超 3 000 万部	截至 2011 年 3 月 iPhone 销量已突破 1 亿部
2011 年 3 月	iPad 2	当时预计 2011 年将售出 2 740 万台	
2011 年 6 月	iOS 5、iCloud	iOS 5 的下载量已超过 2 500 万；已有超过 2 000 万人创建了 iCloud 账户	
2011 年 10 月	iPhone 4S	正式上市后第三天，iPhone 4S 销售已突破 400 万部	
2014 年 10 月	iPhone 6 Plus	苹果公司销量最高的机型之一，全球销量超过 1 亿部	苹果首款大屏幕手机，推动了智能手机市场淘汰小屏机型的浪潮
2017 年 11 月	iPhone X	2018 年第一季度唯一一款超过千万销量的机型，遥遥领先竞争对手	跨入全面屏时代
2020 年 10 月	iPhone 12	截至 2021 年 4 月，全球销量超过 1 亿部，并推动了自 iPhone 6 以来的首个 iPhone 销售量超级周期	苹果第一款 5G 手机

> 乔布斯在首次展示 iPhone 时说:"我们今天将创造历史。1984 年 Macintosh 改变了计算机,2001 年 iPod 改变音乐产业,2007 年 iPhone 要改变通信产业。"过去的这些年里,革新产品的推出、已有产品的不断优化、产品与应用软件和终端的整合,苹果就是这样一次次改变和创造着历史。以苹果智能手机 iPhone 为例,黑莓、诺基亚、三星与 LG 等都紧跟苹果脚步,推出触摸屏机种,手机软件也重新受到重视。iPhone 推出后一个月,谷歌就着力研发了新手机平台安卓(Android),微软则重新设计了手机用平台 Windows Mobile。可以说,苹果创造了一个新的商业模式。2011 年第一季度,iPhone 创造的净利润占据智能手机市场的 50%。2011 年 8 月,苹果市值超过埃克森美孚,成为全球第一大上市公司。
>
> 在科技迅猛发展的时代,技术创新可以为企业带来核心竞争力,苹果或许就是一个极佳的例证。
>
> 资料来源:乔布斯和他改变世界的"孩子们",腾讯数码;苹果历年大事记,YOHO.CN。

12.3.7 价格竞争

价格竞争是企业为了实现其目标,以低于竞争者价格出售产品的手段。在诸多竞争手段中,实施价格竞争的成本比其他竞争手段要低,所需的准备时间也相对较短,因而得到了最为广泛的采用。在诸多竞争中,价格竞争也是最为表面化的,因而是最易于为人们所感受的。价格竞争的目标可能是简单的、短期的,也可能是深谋远虑的、长期的。例如,企业的有关目标可能是增加销售量和销售额,扩大企业所占有的市场和市场份额,甚至可能是把竞争者压垮,将其挤出某一市场,也可能是开拓和寻求进入新的市场等。

然而,价格竞争机制起作用的过程是复杂的。市场价格往往不是采用其作为竞争手段的企业所能单方面决定的。价格竞争能否奏效,取决于市场竞争强度的大小,也取决于竞争者的反应和反竞争措施。为此,需要在不同的市场结构下对价格竞争进行分析。

1. 有众多企业参与的竞争

在有众多企业参与的市场条件下,市场的卖者越多,迫使每个企业成为价格接受者的程度就越高。有众多卖者存在,每个卖者的市场份额又微不足道,这就意味着任何一个企业对市场价格的影响都是微不足道的。因而,每个企业都深受需求-供给因素束缚,除非其产品相当特别,才能赋予该企业在定价上一定的自主权。结果,多数企业市场结构的价格竞争采取了这样的形式:企业都努力奋斗以便按照由供应和需求所确定的价格进行营利性生产。特别是在企业产品基本相同,并且每个企业的需求-平均收入-边际收益曲线在现行价格下呈水平状态时更是如此。处于这种近似于完全竞争条件下的企业,如要独自降低价格以增加销售是无济于事的,因为完全弹性的需求决定了按低于现行(市场)价格出售产品是没有利润的。因此,在完全竞争的市场中,任何市场价格的变动不过是市场需求-供给条件变化的反映。

2. 垄断市场的价格竞争

在垄断竞争的市场中,价格竞争可能不只是市场供给-需求变化的反映;价格竞争可能是企业通过降价以吸引更多购买者。当产品差异在购买者的心目中有了深刻的印象时,就使企业对其销售价格有一定的影响,并可依靠降价作为增加其产品销售的主要战术。但即使这样,企业间的不同定价,与其说是企业用低于竞争者的价格出售其产品以吸引购买者的一种方法,倒不如说反映了一种真实的（或想象的）质量差别，或者是购买者缺乏准确的价格信息所致。

3. 寡头垄断下的价格竞争

至少在理论上，很少有人认为寡头垄断有助于积极的价格竞争。作为寡头的垄断企业，由于具有明显的支配地位和较大的市场份额，往往可以制定自己的定价政策。换言之，它们是市场价格的制定者。虽然它们也不可能随意地对其产品定价，但是垄断寡头确实具有某种程度的定价作用，这一般来说超过了企业众多的市场中生产者的定价作用。这一点可以通过多数寡头倾向于以目标利润和价格领导作为定价方式来说明。不过，垄断寡头企业之间紧张的个体竞争、购买者迅速转向低价销售者以及价格之间极强的相互依赖性，这一切结合起来，导致少数垄断者把价格上的竞争力视为压倒一切的需要。

但是，垄断寡头企业并不轻易把削减价格作为经常使用的竞争武器。企业不可能一直容忍价格削减为竞争者所赶上，眼看较低价格所带来的销售量已不能弥补降价的损失，而在一轮降价之后又开始新一轮的降价，这种"价格竞争"的无益性能很快为竞争企业所认识。

一般来说，寡头垄断市场的结局大致如此，就是按这种或那种方式，在企业之间形成行业范围的价格格局，其价格高到足以使大多数企业能获得最低的"令人满意的"利润，但不至于高到导致某企业削价和造成不断压价的压力或吸引新企业进入的程度。在垄断寡头企业出售同质产品的行业，保持一致的价格是绝对必要的，因为定价高的企业将被挤出市场。在垄断寡头企业出售有差异产品的行业，尽管竞争者的价格不一定相等，但却是可比的，因为可以说服某些购买者在实际的或想象的产品差异的基础之上承认其价格差异。因此，只要购买者对竞争寡头企业的定价信息保持灵通，就足可以指望竞争压力形成一个狭小的价格变动幅度。

| 专栏 12-4 |

管理决策分析：快递业的价格竞争

随着全社会网购渗透率逐渐到达天花板，电商带来的红利开始消退，虽然快递市场仍在扩大，但已不能满足行业群雄并举的增长需求。随着包括京东、苏宁、唯品会等不断完善自身的物流网络，电商平台对快递企业的依赖性下降。多方压力下，为了抢占市场份额，各家上市企业纷纷压价冲量，快递行业持续火热的背后，各大快递企业之间的价格战愈演愈烈。

2019年6月，快递价格战在义乌再次打响。新一轮的价格战由申通公司发起，同时降低发件派费和派件派费，一度将单价打到了9毛钱。㊀ 申通的举措一出，中通、圆通和韵达为了留住客户，迅速跟进。价格战导致各快递公司的单票收入都出现了不同程度的连续下滑（其中韵达实现单票收入高增长是由于统计口径变化，将派费加入统计范围）。业内人士透露，2019年上半年，义乌申通打到"弹尽粮绝"，公司甚至发不出工资。为了获得资金周转，老板把厂房都抵押给了银行。2019年7月底，各大快递公司的负责人来到义乌谈判，决定暂时休战。

快递企业似乎陷入了一个无法摆脱的困境：服务的同质化导致客户对价格非常敏感，不降价就无法保持市场份额，而降价又会极大地损害企业的盈利空间，游走在降价刀刃上的快递行业，进入了"剩者为王"的时代。■

㊀ 亿欧——快递"价格战"，电商繁华背后快递业暗含隐忧. https://www.iyiou.com/p/120104.html.

12.3.8 促销竞争

促销竞争是企业采用由其所支配的资源、多种不同的手段,来寻求在产品销售中胜过竞争企业的过程。促销竞争和价格竞争一样,直接面向市场和消费者,因而是异常激烈和表面化的。但是,并不是说促销竞争仅仅涉及战术方面。事实上,许多促销竞争手段是经过深思熟虑、周密计划且投资巨大的,因而具有战略的特点。有的促销战略的实施,对企业取得领导地位、压倒对手有决定性的作用。促销竞争有多种手段和策略,如销售组织和渠道的创新、个人促销、广告,也包括降价促销。下面主要分析促销渠道和服务、广告方面的竞争。

促销渠道与服务活动的重要性因行业不同而存在差异。在某些行业,如钢铁、煤炭、水泥,其促销渠道和售后服务竞争就不大重要;而在另一些行业,如汽车、电梯、信息系统技术,不仅促销渠道之间的竞争十分重要,而且售后服务也是市场活动成败的关键。在有的情况下,这一领域的竞争甚至比其他领域的竞争更为重要,如 IBM 就是因为重视促销渠道而战胜了当时在技术上领先的对手。

自 20 世纪 80 年代以来,世界经济越来越具有服务型经济的特征。20 世纪 80 年代初,杰克·韦尔奇担任通用电气总裁时,公司产品收入占 75%~80%,服务收入占 20%~25%;而 20 年后,韦尔奇离任之时,来自产品与服务收入的比例刚好逆转。

促销渠道与服务竞争能力的来源有以下两个方面:①商业服务、物流设施的建立;②组织机构的创新。

上述两个方面都可能导致对投资的要求,并涉及大规模的投资活动。例如,日本在其直接对外投资规模尚小时,已大规模地在国外投资金融、保险、物流贸易等服务业,以支持其出口活动。近年来,迅速扩展的中国企业海尔,先是在强化售后服务系统方面取得成效,然后又在物流配送方面建成先进、高效的系统,从而获取了竞争优势。

广告是促销的有效手段。广告能有效地将市场信息传达给消费者,特别是通过现代化信息传播的广告更是如此。通过广告,新企业及其产品,或企业的新产品,或改进产品的基本信息,能迅速为广大可能的购买者所知晓。广告有助于增加来自创新的利润,刺激用于创新努力的投资,有助于规模经济性的实现。此外,广告有时也标志着较高水平的产品质量。在当今的国际竞争中,许多名牌产品通过大量、广泛的广告树立了自己的形象。品牌和商标有助于消费者挑选质量高、可靠性高的产品,帮助消费者通过重复购买来奖励那些产品特别有吸引力的企业。因此,使用品牌和商标的做法,作为产品差别化的一个方面,可以促使企业保持适当的质量标准。

另一方面,广告是否已经过度,超出了传播企业和产品信息的需要,使消费者难以从中得到益处呢?事实上,许多广告往往夸大其词,如人尽皆知的化妆品和软饮料的电视广告宣传,总是在"自我抵消"。一家饮料公司发起了数以百万美元计的广告运动,很快被其他饮料公司为保护其市场地位的耗费巨大的广告运动所抵消。额外的广告抬高了成本,使产品价格明显高于不做广告时的价格。这给新企业的进入造成了财务上的困难,因为进入这个市场必须增加成本,而且还可以认为造成了经济资源的浪费——这些资源本可以更好地用于社会的其他方面。

有某种理论上的理由,预期在寡头垄断市场上的促销竞争比在有众多小企业的市场上的竞争更为激烈。在竞争企业的产品非常接近且替代程度很高,而个别企业只占有微不足道的市场份额的情形下，广告一般做得较少，因为一个企业的广告不仅推销了自己的产品，而且几乎同样地推销了所有企业的同种产品，广告好处因此被大大地冲淡了。然而，如果某个企业的市场份额很大，那么，做广告可能划得来。即使消费者把其对手企业的产品看作接近的替代品，但因做广告企业的市场份额相对于整个市场来说足够大，其销售受益往往证明广告开支是值得的。再者，因为寡头垄断企业间的竞争比较有针对性，对彼此的销售策略如此敏感，以致它们常常被迫做大量广告，不仅仅作为一种扩大市场份额的策略，也作为一种保护其现有地位、免受对手企业促销策略影响的手段。

人们很容易了解，做广告的商品一般比不做广告的商品要贵。这未必反映了两类产品之间的质量存在差别。众多消费者常常认为多做广告的商标优于少做广告的商标。我们只需注意到阿司匹林、化妆品、肥皂、酒精饮料、罐头商品等竞争商标的惊人价格差别，就会认识到消费者（正确地或错误地）把价格和质量联系起来的程度。一项关于广告和竞争的研究发现，喜欢打广告的商品（如香烟和健美用品）会更为频繁地推出新产品。这意味着在这些产品群中，新产品的竞争强度很大，因为广告是向顾客介绍新产品的主要手段。而且研究还发现，与其他产品群相比，在这些产品群中，品牌无法获得消费者的长期认可。因此，大量的广告也许表示新产品能够比较容易地把老产品挤掉；在这种情况下，虽然企业的数目保持不变，竞争压力却会加大。

12.3.9 服务竞争

服务是由一系列具有无形特性的活动所构成的过程。服务竞争就是企业在该过程中为满足顾客需要而进行的市场竞争。有别于技术竞争、管理竞争、产品质量竞争、价格竞争、广告竞争、促销竞争等，服务竞争是市场经济的一种新的竞争形式。

在电梯、汽车等行业，服务带来的利润占产业利润的50%以上。日本经济已经连续20多年低迷，但是日本的电梯巨头每年依靠5 000台电梯的订单依然可以生存下来，主要是电梯行业的更新和改造需求很大。根据欧美国家统计，在整个汽车业的利润构成中，销售仅占20%，零部件占20%，服务领域占50%~60%，而且这是汽车产业链中最稳定的利润来源，被称为"黄金产业"。欧美发达国家近年来汽车总体增量为零甚至负增长，但是其汽车厂家和经销商效益不错，就是从汽车服务中获得稳定收入保障。发达国家汽车销售服务商的利润构成中，旧车交易、服务和新车销售所创造的利润所占比例基本上是3：2：1。

服务竞争具有四个特点。①服务竞争对有形产品的依赖性。服务是有形产品的附加内容，一般难以独立于有形产品而存在。②服务竞争的无形性。客户服务以客户满意度来衡量，本身是无形的、灵活的，因此给予竞争者广阔的操作空间。竞争的结果具有多种可能性，竞争者只能通过市场调查来决定服务组合竞争的内容。③服务收益表现形式的独特性。作为有形产品的服务营销，其结果不一定给企业带来直接的收益。服务的提供往往是无偿的，会导致有形产品的成本增加，企业的利润减少；但可能正是由于这种无偿服务，消费者愿意以高于同类产品的价格购买企业的产品，使企业获得间接收益。这一点往往为大多数企业所忽视，从而否决了服务竞争的效用。④服务竞争以客户为中心，这是其最重要、最核心的特点。由于服务具有生产与消费的同一性，生产者提供给消费者的服务必须以满足客户需求为基础，否则难以提高有形产品的竞争力。

12.4 企业竞争专题与实例

12.4.1 美日企业竞争力缘何逆转

20世纪80年代至90年代初，日本企业迅速崛起并日趋强大，其国际竞争力赶超美国企业，并持续居世界之首；然而，90年代中后期以来，美日企业竞争力再次发生逆转，美国企业竞争力超过日本，重新成为世界第一。

美国企业国际竞争力的上升有着深厚的经济、技术、制度变动的背景与理论上的渊源。

1. 硅谷机制催生新兴大企业

自1995年以来，日本入选世界500强的企业数目持续下降，除受泡沫经济破灭的影响外，新兴企业成长缓慢也是一个重要原因。无论是新成立企业还是上市企业的数量、收益率和成长速度，美国企业均明显优于日本企业。

缺乏有效的风险投资机制是日本中小企业成长缓慢的重要原因。日本风险投资公司多为银行、保险公司和大企业控股，投资对象倾向于风险较小者，投资于初创企业（创立时间不足5年）的比例仅为16%，风险投资公司给予风险企业的帮助多限于资金支持。美国的情况则相反。美国的风险投资公司有90%以上为独立企业，一般的非金融机构和个人也积极介入风险投资活动，投资对象多偏好于初创期企业和高科技企业。投资于初创期企业的比例为30%，是日本的2倍。美国健全的风险投资体系不仅为初创企业和成长中的风险企业提供了资金支持，还提供了从技术、管理、营销、财务到融资上市的一揽子综合性支持。

美国众多富有活力的风险投资机构只是其硅谷生态系统的一个组成部分，它与大学和研究结构、综合性的服务基础设施、人才库、企业家精神及创业板市场一起，构成了以高科技企业为核心的硅谷生态系统。它们在风险企业的成长中扮演着不同的角色：大学、公司和政府的研究机构是硅谷技术创新的基础和源泉；风险投资机构为硅谷企业的设立提供金融支持，并为初创企业提供人才和管理支持；综合性的服务基础设施为硅谷生态系统高速运行提供服务；世界各地的专门人才为硅谷的繁荣所吸引，形成了巨大的人才库，他们不仅为硅谷发展做出贡献，而且通过回国创业等方式迅速将新技术和新产品扩散到其他国家；企业家们勇于创新、乐于冒险、崇尚开拓进取以及敢于承受失败的精神支撑着硅谷企业推陈出新；纳斯达克的创业板市场为硅谷的高科技企业进行社会融资提供了条件，使硅谷高科技企业聚集大量社会资本，同时也为风险资本的退出创造了条件。硅谷就像一个"企业再生循环系统"，为企业的"灵活再循环"提供机制上的保证和环境条件，创造出许多全球著名的企业。

硅谷生态系统存在着一种快速淘汰、鼓励创新、催生新企业和知识资本化的机制。硅谷机制较好地解决了技术产品的定价问题，为高新技术企业提供了一种创业机制，使小企业也有能力和机会把自己首创的技术成果转化为产品；为个人利用技术获得资金，实现技术成果市场化，并迅速筹集社会资金扩大生产、形成规模，提供了一种新的机制；为中小企业迅速成长为世界级大企业创造了条件，同时也对大企业形成了创新的压力。

2. 企业重构使美国老企业重新焕发活力

企业重构是对20世纪六七十年代企业过度膨胀、过度多元化的反思与矫正，也是企业面对环境变动做出的战略反应。广泛的公司重构是美国企业重新获得竞争优势的重要原因之一。

20世纪80年代以来，随着环境急剧变化，美国的许多企业，特别是大型企业陆续进行了持续的重构。80年代，美国最大的1 000家企业中有1/3进行了业务重构。重构首先发生在一些绩效或财务状况不佳的企业，使其克服了大企业病，化解了生存危机。20世纪80年代后期和90年代，重构发展成为一种企业普遍采用的战略手段。90年代以来，企业重构范围由制造业扩展到通信、医疗护理、医院等领域，并从绩效或财务状况不佳的企业扩展到一些财务状况较正常的企业。

自20世纪80年代以来，日本国内经济增长明显放慢，日本企业虽面临严峻的生存危机，但日本企业的重构远不如美国企业那么有动力。诸如政府对企业的干预和渗透，企业集团、银行之间的交叉持股，企业对员工长期实行终身雇佣制和由此形成的观念，以及企业长期偏重扩展目标而轻视利润等，均严重阻碍了日本企业的变革。就整体而言，日本企业对重构的反应明显滞后，变革的力度也远不如美国。公司重构并没有成为日本企业主动适应环境变动、调整自身业务和组织结构的重要方式。

3. 运用信息技术提高企业竞争力

信息化是20世纪80年代以来企业技术发展和设备投资的主要趋势。20世纪70年代，日本企业开始在政府支持下加快了半导体和计算机产业的发展，且在80年代一度超过了美国。80年代末，日本在全球DRAM存储芯片市场所占份额已达55%，远远超过美国。日本企业还通过降价策略使美国半导体企业出现严重亏损，并试图收购仙童半导体公司80%的股份。然而，美国很快出手反击。首先是成立了美国半导体行业协会（SIA）以应对日本企业的竞争；其次是美国政府通过钓鱼执法，制造了"IBM间谍案"，打击日本计算机行业，并派人进驻日立、三菱公司进行商业督查；1986年年末签订《美日半导体协定》，要求日本开放20%以上的市场，严禁日本企业以低价出售产品，禁止富士通收购仙童半导体公司。除了美国政府对日本企业的打压，整个80年代，美国用于信息化设备的投资达1万亿美元；1990年以来，美国经济增长部分的38%来自企业和消费者对信息设备的购买；1995年，美国企业设备投资额为5 220亿美元，其中信息设备的投资占设备投资总额的40%，增长幅度为24.1%，大大超过了设备投资总额的增长。1995年，美国企业信息化联网率已高达90%。几乎所有企业都建立了自己内部的计算机网络，并与地区的、国家的、跨国的网络连接，实现信息的快速处理、传递和共享。美国制造业也通过信息技术投资，对生产系统、库存管理、销售系统、商品服务的开发过程、业务流程等方面进行了重大改变，提高了劳动生产率，重新获得了竞争力。相比之下，日本企业的信息化发展则落后于美国企业。尤其是日本经济的开放性和服务性差，成为日本经济信息化落后的一个重要原因。

4. 企业治理结构与企业目标、战略选择的差异

美国企业与日本企业在治理结构上的差异在很大程度上影响了二者在企业目标和经营战略上的不同取向。企业治理结构体现了出资者、经理人和利益相关者之间的关系，是关于企业目标如何制定，检验经营方式是否合适的制度。首先，从股东构成来看，美国企业的股东主要是机构持股者，股权分散化。机构持股者一般通过抛售股票和持有多家企业股票来分散风险和调整投资结构，这在客观上给公司经营者造成了外部压力。而日本企业中控制股权的主要是法人，包括金融机构和实业公司。法人企业为稳定交易伙伴之间的利益关系而相互持有公司股票，这使企业的股

权结构非常稳定，企业兼并或收购很难发生。尤其是日本企业法人股东的权益行使是由法人企业经理人员来实现的，造成了经营者主宰企业、股东被架空的现象。其次，从外部董事在董事会所占比例来看，美国企业董事会中有半数以上的外部独立董事，通过独立董事的公正监督来确保股东权益。而在日本企业中，董事会成员主要来自企业内部，监事会的大部分成员也来自企业内部。因此，日本企业治理结构主要是由内部成员进行内部监督，即具有自我治理结构的特征。由于缺乏有效的外部监督，监督职能一直不能有效地行使。特别是当企业处于经济衰退时，外部监督乏力，企业缺乏通过变革和战略调整来顺应环境变动的压力和动力。

上述企业治理结构的差异影响了美日企业对企业目标优先度的选择。美国企业重视投资收益和股东利益，追求利润最大化。日本企业则更强调企业的成长，重视市场占有率和增长率等成长性指标，忽视资本收益率和股东利益。在经营战略上，日本企业过去片面追求无止境的规模扩大和全方位的多元化经营，导致"大企业病"滋生，企业虽规模巨大，但利润很低，甚至亏损。1997年，日本企业囊括了世界500强中最大亏损企业的前5名。在国际化经营方面，日本企业的经营策略过于保守和封闭，只重视对外投资，却极少吸引投资流入。此外，日本企业对经济全球化的信息产业化反应迟缓、效率低下。相比之下，美国企业则对环境变动做出了主动和迅速的战略反应，在积极扩展国际化经营的同时，还注重信息化投资和信息技术的发展。

5. 日本企业传统管理模式的局限性

日本企业的传统管理模式存在着僵化和要素流动缓慢的局限性。这也是日本企业在20世纪90年代剧烈变动的环境下未能持续其繁荣兴盛的重要原因之一。要素流动缓慢导致企业应变迟钝、失去效率。例如，在人事制度和工资制度上，日本企业实行的终身雇佣制和年功序列制，妨碍了员工能力的发挥和竞争，不利于大规模的技术创新。尤其是在经济衰退时期，终身雇佣制的传统妨碍了企业通过裁员等手段进行财务改善和组织重构，降低了企业抵御风险和阻止衰退的能力。与此相反，美国企业将员工工资与其职务、责任和表现直接挂钩，有利于企业内部竞争和创新精神的培养。同时，随经济环境变化而增减员工数量，企业承受衰退的能力较强。又如，在决策和意见交流方式上，日本企业强调集体决策和意见一致，决策过程缓慢，难以适应新经济下瞬息万变的市场环境。而美国企业的决策方式则不同，决策过程迅速，能对迅速变动的市场环境做出及时的战略反应和调整。90年代中后期以来，部分日本企业在环境恶化的压力下开始意识到原有管理模式中的局限性，并采取了相应的改进策略。

12.4.2 产品市场竞争：市场导入者失败的启示

1. 万燕导入VCD，但成为市场失败者

企业竞争是一个长期过程，具有持久的特点。在产品市场竞争中，有的企业能保持较为长久的领先地位，但是也有许多产品市场导入者或迟或早的失败的例子。

万燕于1994年作为我国VCD的市场导入者率先推出了第一批VCD。其第一代VCD的研究费用为300万美元，上市价格在5 000元左右，但每台机器仅物料成本就达2 780元。此时，万燕还向出版社购买版权，制作光碟，以此来培养软件市场，再加上巨额的广告费用，万燕一时间顾此失彼。而万燕首批生产的2 000台VCD大多被其他企业买去解剖，加上其广告策略和战略的失误，使后入者有机可乘。模仿者新科、爱多、先科、四通和三星则陆续在1994年和1995年进入该市场。这样一来，在一年之后众厂家迅速崛起、瓜分市场的时候，万燕却因为资金耗

尽而停止了广告,最后由于合并失败而惨遭淘汰。

2. 国外市场导入者失败的案例与原因分析

国外也有许多产品的市场导入者为后来的进入者赶上,甚至是失败而退出市场的例子。这样的案例大致可以分为以下三类:

首先,从总体上看,市场导入者因受到挑战和追赶,而处于一家领先、多家追赶的局面,而后来的进入者、模仿者更有条件对原先的产品加以改进,对其生产组织过程加以完善,以及利用原有的广告、促销效果等。在这种一家领先、多家追赶的格局下,市场导入者稍有不慎,就可能落后并失败。

其次,产品市场竞争本质上是全方位的竞争,是企业之间综合实力的竞争。这些竞争体现在对生产要素的接近、获取和控制上。例如,以研究与开发为代表的产品升级竞争、人才竞争、资源竞争等都在同时进行。作为新的市场导入者进入市场,即使在技术与开发方面具有优势,但是如在物流配送、促销方面不具备足够的能力,也很快会为后来进入者所取代。由此可见,市场导入者不仅要发现和扩大整个市场规模,还要在保持现有市场份额的同时,进一步扩大现有的市场份额。如果企业不能及时应对市场情况,就会被市场淘汰。

最后,市场导入者的产品本身存在诸如功能、质量方面的问题,或在竞争策略等方面有失误,加上模仿者和追随者以低价和新技术进入市场,最终导致市场导入者的失败。

表 12-2 列示了历史上一些著名产品的市场导入者为模仿者和市场后入者所取代的若干例证。

12.4.3 "进入只有一个主要竞争者的市场"

宝洁公司侵入家庭用纸市场的例子,充分说明了大公司怎样侵入其他大型公司的市场,从而激起一场大规模的竞争。此前,斯科特造纸公司在家庭用纸产品领域里(卫生纸、擦手纸、纸尿裤)曾是无可争辩的领导者。但在 1957 年,宝洁公司决定进入纸品市场。借助其强有力的推销力量,包括大量的广告、对新领域面对面地侵入,再采用色彩、香味和花样,以及眼花缭乱的折扣、赠券、特别推销优待,宝洁公司稳步把市场份额提高到了 25%。斯科特造纸公司在家庭用纸产品的市场份额降低到 40% 以下。据统计,宝洁公司 1971 年在单张卫生纸市场上拥有 16.2% 的份额,比斯科特公司略占优势;在擦手纸市场拥有 13.6% 的份额,而斯科特公司拥有 27.7%;宝洁的 Pamper(帮宝适)纸尿裤几乎攫取了百分之百的纸尿裤市场,迫使斯科特公司终止了它的纸尿裤生产,损失 1 289 万美元。

科特勒把宝洁公司打入新市场的策略特点描述如下:"它喜欢进入只有一个主要竞争者的市场。它把第一个品牌放在被忽视的领域,而不是放在有主要竞争者的领域。然后,它在其他被忽视的领域创建另外的品牌,每一次进入都创造了自己忠实的购买者,并把一些生意从主要竞争者的手里夺走。不久,这个主要竞争者就被包围了,它的销售收入减少了,它不能在边缘领域对新的品牌发动反攻了。宝洁公司于是在最后胜利的时刻,在主要的领域打出品牌开展竞争。"

⊖ THOMPSON A A. Economics of Firm [M]. 3rd ed. New Jersey: Prentice-Hall, Inc., 1981.

表 12-2 市场导入者为模仿者和市场后入者所取代的例证

产　品	市场导入者	模仿者/市场后入者	简单评述
35mm 照相机	Leica(1925) Contrax(1932) Exacta(1936)	Canon(1934) Nikon(1946) Nikon SLR(1959)	市场导入者一直居于技术与市场领导地位数十年之久，后为日本仿制者佳能(Canon)、尼康(Nikon)所取代。德国的 Exacta 于 1936 年导入市场，日本模仿者尼康 SLR 对其技术进行改进，并以低价切入市场，市场导入者因未能及时做出反应而变得无足轻重
圆珠笔	Reynolds(1945) Eversharp(1946)	Parker "Jotter"(1954) Bic(1960)	在 19 世纪 40 年代末风行一时的圆珠笔告一段落，市场导入者也随之消失。而派克(Parker)的进入是在 8 年之后。最迟进入的 Bic 将产品定位于低档饮
无咖啡因的软饮料	Canada Dry's "Sport"(1967) Royal Crown's RC100(1980)	Pepsi free(1982) Caffeine-free Coke, Diet coke, tab(1983)	市场导入者提早 3 年进入可乐市场，但它在配送和促销优势方面还是不能与大公司相比
计算机的断面扫描	EMI(1972)	Pfizer(1974) Technicare(1975) GE(1976) Johnson & Johnson(1978)	市场导入者对医药设备行业缺乏经验。COPYCATS 对它的专利的忽视，导致市场导入者在营销、配送、财务优势和行业经验等方面的失败，随之被淘汰
商用喷气式飞机	DeHavilland Comet-l C(1952)	Boeing 707(1958) Douglas DC-8	英国公司最先进入喷气式飞机市场，但其生产的飞机经常发生坠机事件。美国波音(Boeing)公司随之推出了一种更安全、更大和更先进的喷气式飞机
自动售票系统	Ticketron(1968)	Ticketmaster(1982)	Ticketmaster 作为一家小型的、富于进取和有优质产品的公司，于 1982 年取代了不可一世的市场导入者，即深陷财务危机的 Ticketron
信用卡	Diners Club(1950)	Visa/Mastercard(1966) American Express(1958)	市场导入者由于资金短缺，造成后入者有机可乘，运用大量资金从旅行者支票进入行业

(续)

产品	市场导入者	模仿者/市场后入者	简单评述
软饮料	Kirsch's NoCal(1952) Royal Crown's Diet Rite Cola(1962)	Pepsi's Patio Cola(1963) Coke's Tab(1963) Diet Pepsi(1964) Diet Coke(1982)	市场导入者缺少像可口可乐与百事(Pepsi)那样的配送优势,也无资金进行大规模的促销活动
大型计算机	Atanasoff's ABC computer(1939)	IBM(1953)	IBM的营销网络,特别是其强大的销售力量,证明了那些小型组织根本无法与之抗衡。大型企业进入某行业后,会很快处于市场领先地位
微波炉	Raytheon "Radarange" for commercial market (1946) Tappan(1955) Amana(1968) Litton(1971)	Panasonic(20世纪70年代早期) Sharp(20世纪70年代中期) Samsung(1980)	市场入者用了20年的时间来完善产品和发展市场,并用优惠政策销售产品。但先是日本,接着是韩国,用更低的价格销售同样质量的产品,使市场导入者无法与之抗衡
货币市场共同基金	Reserve Fund of New York(1973)	Dreyfus liquid Assets(1974) Fidelity Daily Income Trust(1974) Merrill Lynch Ready Assets(1975)	小型市场导入者在营销、分销渠道、资金优势和声誉等方面都无法与模仿者相比,也就是说它在各方面都处于下风。而且,较迟进入者的产品多样化使市场导入者面临被淘汰
核磁共振成像	Fonar(1978)	Johnson & Johnson's Technicare(1981) Genera Electric(1982)	大型医疗设备供应商强大的市场扩张能力,是小型市场导入者必须面对而又无法与之抗衡的
无醇啤酒	G. Heileman's Kingsbuy (early 1980s)	Miller's Sharp's(1989) Anheuser-Busch's O'Doul's(1989) Coor's Cutter(1991)	市场导入者进入6年之后,那些具有营销和配送优势的竞争者也随之而来,这样一来,市场导入者的优势渐失,最终导致破产
个人计算机操作系统	CPM(1974)	MS-DOS(1981) Microsoft Windows(1985)	市场导入者建立了早期的个人计算机(PC)操作系统的标准,但没对其进行升级。微软买下了一个仿制的升级版,使它成为新的标准。微软(Microsoft)的Windows进入市场较迟,大量借用了领先者的技术,并最终在市场上成为领导者

行业	市场导入者	模仿者	结果描述
个人计算机	MITS Altair 8800(1975) Apple Ⅱ(1977) Radio Shack(1977)	IBM-PC(1981) Compaq(1982) Dell(1984) Gateway(1985)	市场导入者产品的销售对象是计算机业余爱好者,但当市场将计算机转为商业用途时,IBM利用其已有的声誉和营销手段进入市场,并迅速取得支配地位。紧接着模仿者抄袭了IBM,并以更低的价格出售
投影电视	Advent(1973) Sony(1973 with an industrial model) Kloss Video(1977)	Panasonic(1978) Mitsubishi(1980)	许多事情似乎对市场导入者来说都不太有利,它在陷入财务危机的同时,还必须面对激烈的国内竞争。此外,日本的大型企业修低产品价格并推出新产品来进入市场,致使市场导入者惨遭淘汰
电子制表软件	VisiCalc(1979)	Lotus 1-2-3(1983)	市场导入者以一种简单的电子制表软件来拓展新市场,其销售对象是个人计算机使用者。当模仿者开发VisiCalc程序的一部分,作为一种用于IBM个人计算机更高级的版本介绍给用户时,VisiCalc发生了内部分裂
电话录音机	Code-A-Phone(1958)	Panasonic(20世纪70年代中期) AT&T(1983)	由于市场导入者进入海外市场迟缓,致使一些低成本的较迟进入者与之相抗衡,并无法分享其有关产品的经验
货仓式商场	Price Club(1976)	Sam's Club, Costco, Pace, and BJ's Wholesale Club(1983)	市场导入者阻碍着加利福尼亚南部市场的发展,当沃尔玛进入市场的时候,市场导入者就无法与之抗衡
文字处理软件	Wordstar(1976)	WordPerfect(1982) Microsoft Word(1983)	过时的标准造成升级的失败,Wordstar的发展受阻。当它在激烈的内部斗争中完成一个没有技术支持的新版本时,那些忠实的用户已经离它而去,而使模仿者取得了有利条件
VCD	万燕(1994)	新科(1994) 先科、四通、三星(1995)	万燕首批生产的2000台VCD大多被其他企业买去解剖。营销战略失误,万燕广告策略失误,营销广告费1995年投入1亿元,占有市场份额达1/3

注:本表系根据比利时鲁文大学Raymond De Bondt教授的授课资料和《南风窗》特刊,《风雨爱多》等有关资料整理。

本章小结

企业竞争是两个或更多的企业，为实现各自的目标，动用其可支配的资源，采用各种可能的策略和手段，以压倒对手的过程。企业竞争的特点包括：至少有两个参与者；有明确的目的性；持久性与竞争均势；竞争的全方位性。企业竞争有多种分类方式，如国内、地区性、全球竞争，建设性竞争与非建设性竞争，正当竞争与非正当竞争，同一行业的直接竞争与不同行业的间接竞争，完全竞争、完全垄断、垄断竞争与寡头垄断，基于时间因素的竞争，标准之间的竞争和标准之内的竞争。

在进行竞争强度分析时，首先需要考察五种基本的竞争力量，即现有企业间的竞争强度、替代品造成的竞争压力、新企业进入造成的竞争压力、供方造成的竞争压力和买方造成的竞争压力，然后从市场规模和发展阶段两方面来考察影响竞争强度的市场状况。

在分析企业在竞争中所处地位时，一是从总体上考察其所处的市场结构；二是从战略竞争的主要领域分析企业是否具备优势。企业在竞争中所处的地位可以分为五种情形：支配地位或全球领导地位、优势地位、有利地位、维持地位、劣势（不利）地位。

本章重点介绍了标准之内竞争的主要内容，包括信息竞争、技术与创新竞争、筹供竞争、成本竞争、质量竞争、产品竞争、价格竞争、促销竞争与服务竞争。

最后的实例考察了美日企业竞争力变动的环境、制度与管理上的原因。

思考题

1. 试述企业竞争的特征。
2. 分析影响竞争强度的因素，并就五种竞争力量模型中的某一方面进行详细分析。
3. 试述企业在竞争中的不同地位和特征。
4. 试述信息竞争的内容与作用。
5. 论述技术与创新是企业竞争力的源泉。
6. 比较大小企业之间技术与创新竞争的不同特征。
7. 简述并举例说明标准之间与标准之内的竞争，并简述标准之内竞争的主要内容。
8. 简述企业在竞争中所处的五种不同地位，并举例加以说明。
9. 试述成本竞争、质量竞争的内容与作用。
10. 分析企业间质量竞争压力的原因。
11. 试述不同市场条件下的价格竞争。
12. 试述促销竞争的内容与作用。
13. 试论我国加入WTO后，更多外资企业的进入对我国企业的影响。
14. 试结合国内的实际案例，讨论市场导入者失败的背景与原因。
15. 结合国内外实践，讨论基于时间因素的企业竞争。

第 13 章 企业的扩展与战略选择

:: 学习目标

- 掌握企业扩展的多种可能选择与不同扩展方式,以及企业扩展四维模型。
- 了解不同扩展方式的应用条件、局限性与风险。
- 理解相关理论对企业扩展行为的解释。
- 了解投资决策分析的基本步骤,掌握现金流量和资金时间价值概念,熟练运用四种分析方法进行项目投资评价。

13.1 企业扩展的四种分析方式

通常将企业在原有业务上的规模扩大称为成长。企业成长往往首先涉及现有业务能力的提升,并体现为业务收入的增加、市场占有率的提高等方面。扩展则是比成长更为广泛的概念,涉及范围扩大等更多的内容。本章将讨论企业的扩展与战略选择。

企业集团的形成一般都经历了企业成长-企业扩展-集团形成的过程,因而企业扩展是以企业成长为基础的。企业的扩展可以用四种方式分析:一是按企业的业务活动方向分析;二是按企业的资本筹集方式分析;三是按企业的空间扩展方式分析;四是按企业的组建方式分析。图 13-1 是上述四种分析方式组成的企业扩展四维模型。在现实的扩展过程中,四种扩展方式中的不同选择往往联系在一起,形成特定的扩展组合,称为企业的扩展路径。本章将分节讨论上述四种典型的企业扩展方式。

13.1.1 按业务活动方向分析

如图 13-1 左边所示,企业的业务活动可以沿五个方向进行扩展。

1. 横向一体化

横向一体化是指企业的业务活动沿现有产品与劳务方向扩展,形成比原有业务活动更大的规模与更强的市场支配能力。业务扩展过程还可能涉及形成新的组织机构从事相同的业务。横向一体化在现实中相当普遍,是企业扩展的重要战略选择。

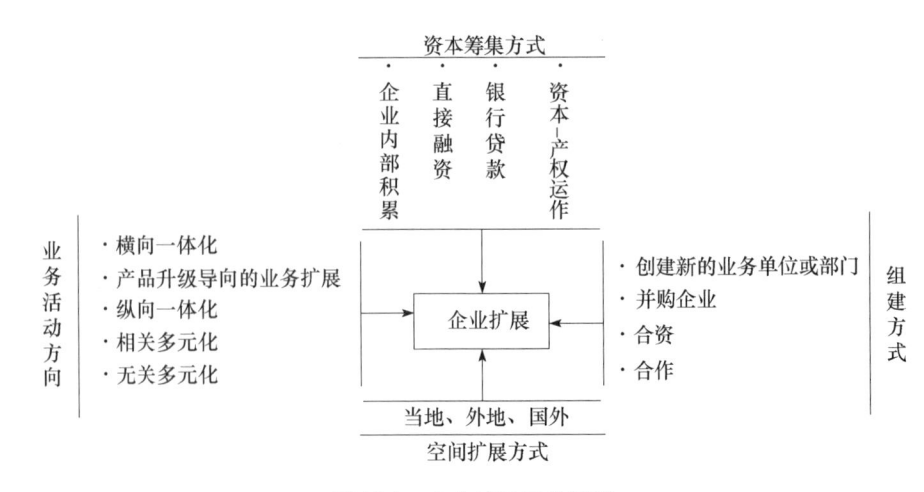

```
                    资本筹集方式
        企业    直接    银行    资本-产权
        内部    融资    贷款    运作
        积累
业务                                      ·创建新的业务单位或部门    组
活  ·横向一体化                            ·并购企业                  建
动  ·产品升级导向的业务扩展  →  企业扩展  ·合资                      方
方  ·纵向一体化                            ·合作                      式
向  ·相关多元化
    ·无关多元化
                    当地、外地、国外
                    空间扩展方式
```

图 13-1 企业扩展四维模型

（1）横向一体化的扩展方向。横向一体化是与原有产品、技术、市场相关的扩展，可以从三个方向进行：

1）扩大原有产品的生产和销售。扩大原有产品的生产和销售规模、提高市场占有率，是企业的重要目标。如果某种产品的需求潜力巨大，市场正在迅速成长，所有厂家都有较大的发展机会，那么，竞争可能是缓和的。随着市场成长速度放慢，竞争的激烈程度开始加剧。在这样的竞争中，企业能否把握时机，扩大产品的生产规模和市场占有率，比竞争企业更快地壮大自己，步入发展的良性循环，是至关重要的。上述业务的扩展可能涉及也可能不涉及组织机构变动，但是将体现在业务活动的规模上。

2）与原有产品有关功能或相似技术方向的扩展。在原有产品和服务的基础上，增加一些新的、相关的功能或服务，会给企业带来更多的业务收入。尽管这一方向的扩展生产出的是与原产品有差异的产品，但是扩展的基础仍然是原有的业务活动。在这一扩展过程中，存在很明显的多种资源共享。

3）向新市场扩展。寻求新市场的原因是多方面的。一旦企业预期或发现现有业务正接近于市场潜力扩展的极限，就可能开始寻找新的出路、开发新的市场。尽管从产品角度、业务发展方向看，这属于横向一体化扩展，但是从地域角度看，扩展形成了地域多元化。

（2）横向一体化的动因。横向一体化的重要考虑因素在于，业务活动之间存在的密切联系可能为开发竞争优势提供支持。具体的联系体现在，由于生产、销售几乎完全相同的产品，因而有相似的客户，相同的分销渠道，相同的加工技术、装配、生产准备，也有相同投入的采购，相同的管理技能等，这些都有助于资源共享与获取规模经济性，带来成本的节约。或者说，横向一体化有助于优势资源和能力的转移。企业实行横向一体化，有助于减少总体经营成本。此外，横向一体化可以扩大生产与销售规模，扩大市场的覆盖面。如果横向一体化采用并购的方式，还可减少竞争企业，这些都有助于企业对市场形成垄断或支配的能力，有助于获得更多的利润。

（3）横向一体化的风险。横向一体化也存在多方面的风险。例如，企业对市场过分乐观的估计，可能会造成盲目扩展；由于信息失灵，新进入者改变了原先的市场格局，或者现有企业采取先发制人的策略，都将使横向一体化决策的风险大大增加。

| 专栏 13-1 |

概念的情景化应用：安姆科的横向并购

安姆科（Amcor）集团（简称安姆科）是全球最大的包装供应商之一。它于 1860 年成立，总部位于苏黎世，年销售额约 130 亿美元，在全球 40 多个国家和地区有超过 250 家工厂，雇员约 50 000 人。据不完全统计，从 2013 年到 2018 年，安姆科在全球发起了大约 50 起并购，以快速获得在不同国家和地区的制造能力。其中 5 次并购涉及中国，包括：2013 年 2 月，以 1.148 亿美元的价格收购 AGI-Shorewood 公司（ASG）的烟草包装与特种可折叠包装业务，其中包括 ASG 在中国的工厂；同年 7 月，斥资 3.5 亿元人民币收购江苏申达集团软包装业务，包括两座年销售额达 4.4 亿元人民币的工厂，并和申达签约共同建造一座耗资 1.2 亿美元的世界软包装中心；2014 年 12 月，斥资 2.11 亿元人民币收购年销售额约 2.8 亿人民币的中山天彩包装公司，后者主要为食品、饮料、医药行业终端市场提供包装产品；2016 年 5 月，以 8 000 万元人民币收购英国 BPI 在中国的全资子公司新利达薄膜包装，在中国区的工厂增加到 11 家；2016 年 11 月，并购中国奇特包装公司；2018 年 8 月，以 68 亿美元并购北美最大的软包装集团 Bemis（毕玛时），在中国区的工厂增加到 13 家。

纵观安姆科的发展历史，可以发现其一直采用横向并购战略，致力于成为包装行业的领导者，而对产业链条的上下游并没有做过多延伸。为了对客户需求做出灵活、快速的响应，软包装行业中单个工厂的规模都不大。安姆科在全球的工厂数量达到 161 家，平均每家工厂的规模约为年销售额 0.56 亿美元。安姆科通过并购增加了整体产能，但并没有扩大单一工厂的规模。在并购后的整合过程中，安姆科通常不会合并工厂，而是尽可能保留原工厂的独立性。

横向一体化扩展策略应用于单一工厂规模较小的包装行业，有助于发挥整体的规模经济性。首先，在人才方面可以实现区域内管理及专家团队的共享，特别是在产品研发上做到集中管理，避免重复开发，浪费资源。安姆科在并购整合过程中，通过对区域内各个工厂的人员进行评估、筛选，集中功能部门，实现集团化管理，达到精减人员的目的。其次，在销售及采购方面可以实现规模优势。对于一些规模巨大的下游客户，单一工厂无法承接消化其采购需求，而客户又不希望管理太多的小规模供应商，因此规模较大的供应商更具优势。对于上游供应商，增加采购需求无疑能够获得更大的定价权，降低原材料成本。通过整合，安姆科指挥下属工厂协同作战，实现集中接单、集中采购、分散生产的运作模式。■

2. 产品升级导向的业务扩展

产品升级导向的业务扩展是在原有业务基础上，通过增加产品的技术含量，增强产品的功能和特征、改进产品结构的扩展。例如，把照相机改进为傻瓜照相机，实际上需要大大提高其技术含量。尽管这一扩展方式与原有业务有很大关系，但是，产品升级的业务扩展在许多情况下可视为一个全新的产品扩展，这一扩展方式在许多行业，特别是在高新技术、信息产业中已显得越来越重要，以至于需要专门加以讨论。信息产业、医药行业的许多企业都是依靠产品的不断升级获得扩展。例如，液晶显示器的出现，使许多用户萌生重新购置计算机的需求，从而引导消费。

(1) 产品升级导向的业务扩展的动因

1) 新的优秀产品可能创造新的市场。尽管现有产品可能与原产品有相似之处，但其特征和功能可能已有实质性的改变，拓宽了产品的业务领域和范围，因而会创造一个全新的市场。例如，个人计算机的出现改变了早期大型中央计算机的应用范围、功能、结构，使计算机进入家庭，创造了一个新的市场；计算机网络的发展又使大量新业务得以产生，展现出无限商机。

2) 竞争的压力。在一些产品生命周期较短、更新换代频繁的行业，竞争压力巨大，而竞争的结果会带来产品特征、功能、成本的巨大变化，甚至会形成一个全新的市场。这方面的例子很多。例如，计算机及软件的不断升级与成本的不断降低，移动电话的成本迅速下降，甚至学生阶层也可使用。

(2) 产品升级导向的业务扩展的局限性。由于竞争压力巨大，企业产品升级往往需要大量的投入，形成不断进行技术积累与知识积累的环境与机制，同时还需要对市场做出迅速反应，一些企业往往因难以长期坚持下去而被淘汰。因此，处于这些行业中的企业具有很大的风险。

3. 纵向一体化

(1) 纵向一体化程度。纵向一体化是指企业向现有业务（或环节）之外的业务活动扩展，承担某一完整的业务活动的不同阶段的业务，使之成为企业内部行为的过程。纵向一体化可以用产业链或价值链的观点加以解释。通常企业的业务活动处于产业链的某一环节，但企业可能向另外的环节扩展。例如，当企业在面临继续外购由市场提供的原材料、零部件、劳务，还是由企业内部来制造、加工上述原材料、零部件或提供劳务时，需要做出纵向一体化的决策。而当企业决定由组织内部提供上述业务时，纵向一体化就带来了集团的扩展。企业通过内部的组织和交易方式将不同的生产阶段连接起来，使产出流量内部化。例如，企业的业务活动可以从原材料的开采、加工开始直到零售为止，包括整个业务活动过程，其纵向一体化程度是最高的。如果企业只从事其中某一阶段的业务活动（如加工活动），其纵向一体化程度就较低。

(2) 纵向一体化的动因

1) 技术的关联与经济性。当业务活动的不同阶段存在技术上的紧密联系时，纵向一体化可能带来相当明显的成本节约。典型的例子是钢铁行业中炼铁与炼钢生产的一体化，形成连续铸钢与轧钢生产线，带来巨大的成本节约。还有诸如烟草与卷烟、酿酒以及一些食品加工行业都属于这样的例子。因此，从这一意义上讲，纵向一体化与行业的特点有关。

2) 减少市场交易成本和获取速度经济性。当市场交易成本过高，或者存在市场失效，企业对使用市场的交易代价把握不定而不愿冒过高风险时，会用组织内部交易代替市场交易。特别是对一些技术含量高的产品，由于技术诀窍、信息和商誉等无形资产市场定位困难，企业更具有内部化的动因。钱德勒对通过企业内部管理调节极为重视，他用速度经济性对调节从生产到流通的工作速度带来的经济效益进行了分析。他认为，获取速度经济性不仅可以带来成本的节约，还能对环境变化迅速做出反应，从而获取竞争优势。

3) 获取业务活动的附加价值。业务活动的不同阶段有不同的增值。当现行业务活动之外并与现行业务活动相联系的业务活动存在较高的附加价值时，也会引发纵向一体化。例如，由于零售业务往往有较高的利润，许多加工企业逐步建立了自己的营销网络。

4) 有利于内部控制和协调，减少业务活动的不肯定性。后向从原材料和零部件的供筹角度来看，提高纵向一体化的程度，有助于减少风险，并且有助于业务活动的内部控制与协调。例如，纵向一体化可以保证原材料、零部件的供给和生产活动的衔接，特别是关键原材料的供给。前向从市场营销的角度来看，纵向一体化有助于对企业活动中总附加价值的主要部分进行控制。

5）形成垄断或较强的市场支配能力。当前向和后向一体化有助于形成企业对市场的垄断，或有助于增强对市场的支配能力时，企业存在一体化的促动因素。企业取得这样的地位后，就有更大的定价权，更易于实现其战略目标，包括在不同市场实施差别定价或成为行业的价格领导者。因为实施差别定价要有效地防止转售活动，具有垄断能力的企业将拥有这样的可能。例如，当企业后向一体化，占有某些业务活动的特殊资源后，就可能形成一定的垄断能力；而当企业前向一体化，形成营销网络后，事实上也就构筑了进入的障碍。

（3）纵向一体化的局限性。纵向一体化的扩展方式也存在若干局限性。

1）不同阶段业务活动平衡、协调的困难。纵向一体化程度提高后，企业前期阶段或后期阶段的业务活动能力因技术的不同可能会有较大的差别。另外，不同业务活动阶段的需求不一定能确保整个企业在规模上的优越性。由于将更多的业务活动联系在一起，某一项业务活动的波动也可能引起整个一体化企业活动的波动。一般来说，后面阶段产品需求的减少，会造成对前面阶段产品需求的减少，并带来单位产品成本的提高。因此，纵向一体化在减少不确定性的同时，也带来了新的不确定因素，增加了企业的风险。

2）约束企业的灵活性。纵向一体化程度越高，企业的灵活性就越差。在纵向一体化程度较高的情形下，专用设施可能很多，这一方面使产品的灵活性程度降低，另一方面则使退出成本增加、退出障碍增大，从而导致企业灵活性降低。另外，内部供货方式的确立，会约束企业在货源选择上的灵活性，使之不得不面向内部的某一部门。

3）不同业务活动阶段技术与管理上的差异。实施纵向一体化的企业，其业务活动的不同阶段，如原材料生产与最终产品生产，往往有很大区别，有完全不同的技术和工艺要求。企业未必具有驾驭上述不同领域技术的能力，特别是在刚刚提高纵向一体化程度后，更是如此。同样，在对不同业务活动的管理上也存在不同的需求，也会造成管理上的困难。

4）内部供货的局限性。纵向一体化程度越高，内部供货的程度就越高。部门经理从自身利益出发，将反对使用外部资源，即使在使用外部资源更为有效时也是如此。由于缺少竞争，因而也缺少不断降低成本、提高产品质量、提高效率的动因。滋生官僚主义是企业内部部门增多后的一种常见现象。

5）增加信息沟通的困难。纵向一体化程度提高必然带来业务活动环节增多、组织扩大、部门增多。组织扩大后往往增加了信息沟通的困难，包括信息计划的制订、分配方面的问题，也涉及沟通的效率以及存在信息失真而难以检查的问题。核实这些信息或是不可能的，或是要付出很高的代价。

4. 相关多元化

当企业以现有业务活动的某些相关性为基础，向新的产品、劳务方向扩展，就形成相关多元化。现实中的企业大多数都不只生产单一产品，而是提供多种产品和劳务，但是这些业务在某些方面存在一定的联系。

（1）相关多元化的动因

1）实现企业相关业务之间的资源共享。如果说横向一体化可以实现较为广泛的企业资源共享，那么实现业务间的部分资源共享则是实施相关多元化最主要的原因之一。企业的业务间存在一定的联系，可以形成资源共享，实现范围经济性，从而形成协同效应，为开发企业竞争优势提供支持。企业相关业务间的资源共享通常表现在五个方面：①市场方面，如相似的客户、市场信息，相同的分销渠道，都可能形成资源共享与成本分摊；②生产方面，如在加工技术、装配、生产准备等方面的相似性，可以形成资源共享与成本分摊；③筹供方面，如对所使用的相同投入统一采购，有助于资源共享与成本分摊；④技术方面，不同业务活动可能涉及产品技术、加工技术、管理技能方面的联系，有助于资源共享与成本分摊，如半导体技术既可用于音响、电器设备，也可用于照相机、洗衣机等产品；⑤不同业务之间的无形联系，如实施某一战略时，某些一般技术诀窍和技能的应用，与某一类客户打交道的技巧的开发，都可能形成资源共享与成本分摊，不同业务活动也可能共享企业的无形资产。因此，如果存在范围经济性与规模经济性，企业的扩展经营活动与现有的活动有关，有很大可能带来成本节约，减少总体经营成本。从获利的角度来看，与现有产品技术有关的专门资产的利用或与其他关键技术有关的应用，有利于企业利用现有优势。

2）降低企业扩展过程中的风险。企业发展都有一个业务扩展的过程。通过相关多元化实现企业的扩展，企业对所进入的业务较为熟悉，同时，在技术开发、筹供、生产等方面的联系可减少企业的成本，从而在整体上降低新业务的进入壁垒，减少进入时间，使企业扩展过程中的风险得以降低。

3）利用企业研究与开发过程中的副产品。大型企业在其研究开发过程中往往会产生许多副产品。这些副产品可能因其市场价值难以确定而无法转让或出售，也可能因涉及企业的核心技术机密而不愿意转让或出售。当企业发现或预测这些产品将有较好的市场机会时，它们就会开展这些业务从而实现相关多元化。

(2) 相关多元化的局限性与风险。从总体而言，相关多元化的风险较小，但如果在某些环节上处理不当，也可能给企业带来经营风险。具体而言，主要有以下三个方面的问题：

1）对相关多元化所能带来的协同效应预期过高。研究表明，协同效应虽然是促使企业实行相关多元化的重要原因，但在企业实行多元化后，真正能实现协同效应的企业不多，并且协同效应所带来的效益也难以评估。预期的协同效应不能实现的原因有很多。例如，产品的细分市场不同，使得产品的生产、销售有很大的不同，导致产品成本大幅度上升；或者企业通过兼并进入新的业务，而被兼并的企业在管理体制或企业文化方面与兼并企业存在较大的冲突，从而导致信息沟通不畅，企业业务之间的管理协调难以实现。

2）对行业发展前景评估失误，给企业带来经营风险。企业在进行相关多元化发展时，如果对要扩展的业务过分乐观或对行业发展前景的预测产生失误，可能给企业带来较大的损失。

3）增加管理费用。企业为实现业务间的资源共享与协同效应，必须加强企业内部的协调管理工作。这必然导致企业管理费用的上升。有时候增加的管理费用会高于业务间协同效应所能带来的效益，从而削弱企业的竞争优势。

5. 无关多元化

无关多元化是指企业的经营活动范围向不同行业扩展，即向与原产品无关的行业扩展时形成的经营多元化。一般认为，无关多元化所涉及的业务活动之间基本上不存在相关性。这些产品之间在性质、用途、投入等方面均无联系。

(1) 无关多元化的原因

1）分散风险。企业目标理论认为，长期生存是企业的基本目标；也有学者认为，分散风险是企业目标之一。实际上，这两个目标之间存在很大的一致性。无关多元化经营通过寻求新的业务组合来平衡收益，减弱企业的风险与环境带来的不肯定因素产生的影响。这特别体现在从事集团化经营的企业行为上。多元化理论认为，从事完全无关产品的活动有利于减少企业总体经营活动的风险。无关产品的经营可以使利润的波动减小，从而有助于企业的稳定。在另外的情况下，由于市场需求下降，如果发现或预期现有行业处于衰退中，企业就可能开始寻找无关多元化机会，以作为分散风险、寻求新的发展机会的战略反应。

2）市场机会的诱发作用。在有的情形下，即使企业所在行业不存在市场需求的下降或者其产品生命周期并不处于饱和或衰退阶段，企业也可能实施无关多元化扩展。当某一市场存在良好的市场前景，有着高额的投资回报时，往往会吸引许多新的进入者，包括从事与所要进入市场无关业务活动的企业。例如，在1992年—1994年我国房地产市场热潮兴起的时候，由于存在很高的投资回报率，吸引了大批企业投资于房地产业。从上海证券交易所上市公司的年报来看，90%以上的企业都参与了房地产投资，而它们中绝大多数的主营业务与房地产无关。

3）平衡市场周期的影响。国际经济环境变动和国内宏观经济环境变动对企业的不同业务会有不同影响，因而，不同业务受市场周期的影响各不相同。从事非相关业务的经营活动，可以使市场周期对企业总体经营活动的影响效果降低，使企业收益更为平稳。

4）减轻激烈的市场竞争对企业的影响。在一些收益较高的行业中，往往存在激烈的市场竞争，导致行业利润率下降和企业收益不稳定。这些行业中的许多企业（包括一些处于领先地位的大企业）都存在着进行无关多元化的压力，以维持企业较高的收益水平和收益稳定性。例如，美国的药品生产企业面临激烈的竞争，纷纷向非相关业务进行投资。

5）利用企业独特的资源优势进行业务扩展。在大企业中，一些原本属于内部辅助性质的业务部门相对于市场上专门从事此种业务的企业更具有竞争力。企业可以扩展该业务部门的经营范围，实行无关多元化经营。例如，通用电气将其从事耐用消费品购买信贷业务的部门扩展为一家经营租赁、投资、保险、房地产、组织兼并以及包销各类证券等业务的公司。又如，航空公司、地铁公司设立的广告公司具有独特的资源优势。当企业进行跨国经营的时候，这种独特的资源优势表现得更为明显，因此，跨国公司在国际范围内进行无关多元化经营时，其收益往往较高而风险相对较低。大企业转移到新行业、新市场和新产品系列的能力相对来说是较强的，它们的扩展策略可引起一种令人生畏的竞争压力。大企业为了能在前景良好的市场获得立足点，可能购买众多的小企业，采取兼并方式组成无关多元化经营的企业。

（2）无关多元化的风险

1）进入不熟悉的行业会给企业带来经营风险。无关多元化在分散企业风险的同时，也可能带来风险。对无关多元化持否定态度的主要观点是，企业向不熟悉的、与现有业务无关的领域扩展，本身就存在战略选择上的风险，有许多不确定因素，包括对技术不熟悉、缺乏技术积累、对业务不熟悉、对管理不熟悉、对市场不熟悉等。此外，无关多元化也存在因对所进入的市场前景过于乐观而带来的风险，以及市场不确定因素、市场结构变化、信息失灵等方面的风险。有学者研究表明，无关多元化对系统风险与非系统风险均比相关多元化更为敏感。

2）分散资源、削弱主营业务能力的风险。企业进入无关多元化时，通常会受到资源的制约，包括管理与营销技能、技术和财务资源。如果企业将过多的资源投入到无关的业务中，可能会削弱企业原有主营业务发展、竞争和抵御风险的能力。因此，当企业主营业务遭遇风险，而新的业务未能发展成熟或者规模太小时，无关多元化有可能危及企业的生存。

3）企业市场力量被削弱的风险。企业进入与原业务无关的市场时，由于对该业务不熟悉，因此企业在无关市场中的份额一般小于经营单一业务的企业。若企业是出于防御目的而进入无关市场，通常不会选择进入行业平均利润率较高的行业，因为这些市场竞争激烈、进入壁垒较高，而会选择行业平均利润率较低的行业。因此，无关多元化程度较高的企业的平均利润率一般低于无关多元化程度较低的企业，这些都会使企业的市场力量被削弱。

4）企业财务状况恶化的风险。由于公众一般认为企业向无关多元化业务发展的风险较大，所以企业通常较难通过证券市场直接融资，而大多通过自有资金或间接融资发展无关业务，这会使企业的负债率上升。当新业务发展遇到困难和风险时，也会使母公司的财务状况恶化，甚至导致母公司的破产、倒闭。纽曼教授认为，无关多元化发展战略并不能分散经营风险，因为这使企业进入自己不熟悉的行业，会加大财务风险。

| 专栏 13-2 |

管理决策分析：蚂蚁金服的业务多元化

在业务维度上，蚂蚁金服业务活动的扩展路径主要是以普惠金融服务为圆心，进行相关业务拓展的同心多元化。在2016年以前，蚂蚁金服聚焦金融主航道，以合资控股或参股为主要方式进入需要牌照的金融行业试验田。2016年后，蚂蚁金服业务拓展的边界更宽，主要进行生态型与潜力型的战略投资。目前，蚂蚁金服的投资可以分为四条主线：对金融和技术两个核心能力的投资，以及对场景（支付入口）和全球化的投资。

对金融能力投资的一个案例是余额宝。2013年10月，蚂蚁金服以11.8亿元人民币认购天弘基金管理有限公司2.623亿元的注册资本，持股51%，成为天弘基金最大的股东。天弘基金的余额宝为支付宝盘活资金起到了关键作用，日后也成为蚂蚁金服理财业务板块的核心支柱。除此之外，蚂蚁金服在金融领域的各个子赛道（支付、财富管理、融资、征信、银行、保险、农村金融）均有涉猎。由于金融领域各子赛道在底层的用户征信数据等数据信息资源能够形成协同、底层风控技术存在共性，同时金融业务之间也能相互引流，通过这种相关多元化实现相关业务之间的资源共享。

在技术投资方面，蚂蚁2C、2B、2G端技术同时发力，如投资生物识别与电子支付PaaS应用的创新小微企业（2C）、金融机构云服务与信息安全领域技术企业（2B）、电子政务和财税信息化领域的技术类企业（2G），逐渐形成了科技服务业务版图，具备向企业客户输出一整套技术解决方案的技术能力。

对支付场景的投资相比金融或技术板块的投资，与主营业务的相关性相对较弱，主要是通过投资潜在的大流量支付场景为支付宝获取足够多的流量及其背后的支付数据。由于支付宝仅为支付工具，无法产生足够的用户黏性，因此，支付宝需要通过对泛支付场景的投资变成线下淘宝，即生活服务类平台。通过对支付宝成长轨迹的细致研究，支付宝的支付场景从单一的淘系电商发展为生活服务类平台，包括餐饮、娱乐、租房、旅行、生活服务等涉及衣、食、住、行的商户都可以直接接入支付宝。著名的案例包括联合阿里巴巴投资饿了么（2016年4月），投资互联网售票平台淘票票（2016年5月），以及对信用租赁的全赛道投资，包括科技数码试用租赁平台"探物"数千万元人民币的天使轮融资、旅行装备短租平台"内啥"数千万元人民币的A+轮融资等。■

13.1.2 按资本筹集方式分析

企业扩展涉及大量资金的筹集与运用。一般而言,有四种资本筹集方式可以实现企业的扩展,下面分别加以讨论。

1. 企业内部积累

企业自身积累的资本中来自集团的利润部分,除用于新增投资之外,还用于折旧基金、更新改造基金、新产品开发基金等。

企业内部积累的能力首先取决于其利润水平,其次取决于与治理结构有关的战略和成果分配。内部积累是企业扩展的基础。依靠内部积累的扩展从财务角度来看安全性高,但是由于内部积累的增长速度、数量有限,因此,企业扩展的速度较慢。此外,完全依靠内部积累方式,无关多元化风险都要由企业独立承担。

2. 直接融资

直接融资是指定向或通过资本市场向社会发行股票、债券等方式筹集资金。企业直接融资的能力取决于其净资产规模和投资者预期等因素。因此,在一定意义上,直接融资仍是以其内部积累能力为基础的。对企业来说,直接融资具有资本形成的高效性、灵活性、大型化和集中化等特点。美国1971年建立的纳斯达克(NASDAQ)二板市场(其上市标准低于纽约证券市场),使近千家有良好市场前景的高新技术企业得以上市,带来了微软、英特尔、戴尔、网景、雅虎等公司的迅速成长。一般来说,直接融资对企业要求的条件较严格。例如,在能否取得上市公司的资格方面,香港联合交易所规定,在香港上市要有连续三年的盈利记录、一定的盈利规模、股票有足够的流通规模等。

3. 银行贷款

利用银行贷款是指企业通过向银行贷款获得用于扩展的资本。这种方式具有资本形成的高效性、灵活性、大型化和集中化的特点。利用银行贷款也可以起到分散风险的作用,但是正因为如此,银行对企业的贷款申请会进行严格审查。此外,这种筹资方式带来的企业高速成长往往是与高负债水平联系在一起的,因而又可能引入风险。一旦经济环境发生变化,企业的运营就难以维系。韩国的大宇、韩宝以及中国香港的百富勤等企业就是因此而破产的。再者,过分依赖银行贷款的筹资方式会使企业的利息负担过重,影响企业的内部积累与发展,甚至形成因缺少资本而进一步举债的恶性循环。

4. 资本-产权运作

资本-产权运作是指通过现有的资本或可获得的资本(如银行贷款)实施投资策略,实现兼并、控股、参股,获得企业的扩展。资本-产权运作通过以较少的资本对目标企业控股,并与逐级控股相结合,能使企业获得高速发展,形成企业的框架,实现集团的战略目标。但是,太快的扩展也会带来较大的风险,带来管理与控制等诸多问题。资本-产权运作还包括资产剥离、资产切入、资产置换等多种方式。企业通过上述手段获得调整与扩展。

企业融资可分为外源融资和内源融资。内源融资和外源融资又可进一步分为内源直接融资和内源间接融资,以及外源直接融资和外源间接融资。内源直接融资是指企业发行股票,直接面向股东筹集资本,内源间接融资是企业自我积累资本;外源直接融资是发行企业债券融资,外源间接融资是指通过金融中介机构（主要是银行）调节资金在不同经济主体之间的余缺，主要表现为企业以银行贷款方式进行的融资活动。

| 专栏 13-3 |

管理决策分析：小米的资本筹集

小米科技有限责任公司（简称小米）由包括雷军在内的 8 人于 2010 年共同创立。创业初期，小米全体员工共 75 人都投了钱。在之后的五年（2010 年—2014 年）中，小米接受了六轮风险投资，合计融资金额接近 16 亿美元。在 2014 年融资后，小米的估值达到 450 亿美元。

2017 年 5 月，小米与长江产业基金共同发起募集规模为 120 亿元人民币的长江小米产业基金，用于支持小米及小米生态链企业的业务拓展。在 7 月 26 日小米 5X 手机发布会上，雷军对外宣布正式升级"铁人三项"理论，把"软件+硬件+互联网"变更为"硬件+新零售+互联网"，重新诠释了线下新零售对于小米未来发展的重要性。7 月 28 日，小米宣布，公司新贷款 10 亿美元。其旗下全资子公司小米香港已签订了为期三年的 10 亿美元银团贷款协议。德意志银行和摩根士丹利担任协调行，由中银（香港）、德意志银行、永隆银行担任该银团牵头和承销。此次银团是对小米香港 2014 年年底 10 亿美元银团贷款的再融资。此次银团共有 18 家银行参与其中，分布国家和地区包括欧洲、中东、印度、中国等。小米公司创始人、董事长兼 CEO 雷军表示，新零售和国际化已经成为小米 2017 年五大战略的重中之重，此次银团将对小米的国际化、新零售业务产生强大助力。小米公司时任 CFO 周受资表示："此次银团吸引了全球各地众多知名银行，证明了国际银行对小米公司非常认可。"

2018 年 7 月 9 日，小米在香港交易所主板以双重股权结构上市，上市发行价格 17 港元，上市首日总市值达 3 759 亿港元。

资料来源：

[1] 咸英华. 轻资产运营模式下的企业财务战略：以小米手机为例 [J]. 财会通讯，2017（8）：58-62.

[2] 搜狐科技. 时隔 3 年小米公司又缺钱了，贷款 10 亿美元拓展新业务. http://www.sohu.com/a/160498632_115565. ∎

13.1.3 按空间扩展方式分析

企业的空间扩展（即按地域扩展）是指集团经营活动地域范围的扩展。企业空间扩展分为三种：①在当地市场扩展；②向外地市场扩展；③向国外市场扩展。当地市场和外地市场不是明确划定的概念。例如，在我国，企业可能先在本省开展业务，后扩展到外省，也可视为向外地扩展。

企业经营活动在地域方面的扩展形成地域多元化、多国化。

1. 地域扩展的动因

企业业务活动的空间扩展有主动方式和被动方式，具体的扩展动因有以下几点：

（1）挖掘现有市场潜力和开发新的市场。当现有产品市场存在较大的潜力时，开发当地市场和外地市场就成为一种可行的选择；当外地市场或国际市场存在较大的潜力或尚未开发时，企业也可能主动加以开发。

（2）战略布局与战略反应。业务活动的空间扩展步骤是企业发展战略的具体实施。企业往往要按照不同的地域范围制定扩展战略，包括国内、地区、全球范围的战略。一个以取得全球领导、支配地位或优势地位为目标的企业必须完成其全球业务活动的筹供、生产、营销服务的布局。有的情形下，企业的地域扩展也体现为对环境变动的战略反应，包括对竞争压力的反应。

（3）寻求生存与分散风险。正如产品多元化可以分散风险一样，业务地域多元化也可以起到分散风险的作用。当原有的市场已经处于饱和状态或者竞争过分激烈，而导致业务活动减少时，开发其他地域的业务活动可能成为企业新的销售收入和利润的增长点。例如，在全球大多数国家经济衰退的情况下，许多跨国公司到中国投资，取得了较快的增长与较好的绩效。

（4）寻求区位优势。企业通过地域扩展可以通过获取低成本生产要素（包括低廉的劳动成本、低价的原材料、低价的智力资源等）、降低运输成本、利用当地政府的优惠政策等来取得区位优势。

2. 地域扩展方式的约束因素

一般来说，地域扩展方式会受到市场分割的约束，不仅国际市场如此，许多区域市场也是如此。市场分割体现为不同形式的市场进入壁垒，许多情况下，一些无形的壁垒难以打破。这些约束包括制度方面与非制度方面：制度方面如税收、资本流动等；非制度方面包括基础设施、技术设施的状况，也包括文化方面的因素等。当企业向海外扩展时，还涉及政治环境的变化。

13.1.4 按组建方式分析

如图 13-1 所示，企业的组织机构扩展，即其组建方式，实际上涉及企业的业务活动与市场进入方式。

1. 创建新的业务单位或部门

在现有企业的领导下建立新的业务，如建立新厂、新的部门、新的子公司等，这种方式往往称为内部发展的创建方式。它区别于兼并其他企业及其业务的活动（合资、合作等）而取得的扩展。

是否采取创建方式实现企业的扩展，涉及企业进入方式的重大战略决策。在实践中，不同的战略各有利弊，下面就创建方式的动因、优点与局限性进行分析。

（1）创建方式的动因与优点

1）获取技术创新的收益，适合建立具有技术专属优势的新企业。当企业具有某些中间产品，特别是与知识有关的中间产品，如技术创新产品，而市场并不能保证其收益或市场交易成本过高时，企业往往会采用新建方式。对于一些首次推向市场的高技术产品更是如此。

2）适合建立具有特殊技术要求、产品特性的企业。当业务活动具有特殊的技术要求、独特的业务流程，要求专业化程度很高的设施、设备时，往往选择创建方式。

3）形成有效的企业规模。对于某些存在明显的规模经济性的行业，往往采用创建方式达到最小有效规模。事实上，在许多行业，其最小有效规模是不断扩大的。例如，化工行业的乙烯生产，其最小有效规模已由早期的 15 万 t/年发展到 30 万 t/年，再到 45 万 t/年、60 万 t/年。在这种情况下，兼并方式因受到原有规模的限制（如原有规模过小而技术改造费用过高等）而不可取。

4）合理的厂址选择与厂内布局。新建方式可以按照企业的战略（如进口原材料，加工后出口)、最新的经济技术条件选择厂址，以使原材料、零部件、产品的运输成本最低，同时也有利于厂内业务活动的合理布局，提高效率和降低加工费用。20世纪90年代初以来盛行的再造工程，正是根据新的经济技术环境的变化、信息时代的要求而对业务流程进行的重新设计和实施。

(2) 创建方式的局限性

1) 进入生产与市场的周期较长，不确定因素较多。由于创建新的业务单位涉及可行性研究、选址、政府批准、基建、安装调试设备、配置人员，特别是配备专业技术人员等不同阶段的工作，因而周期长，进入生产过程所花费的时间长短不等，且不确定因素较多。例如，在一般的加工行业，工厂建设可能要花几年的时间；即使是工厂已经建成投产，要进入市场还会遇到缺乏营销网络、手段或遇到进入壁垒和其他不确定因素。另外，如采用创建方式实行多样化经营，往往也要花费相当长的时间，特别是在缺乏有关技术、要创建一个与原来业务无关的企业时更是如此。

2) 导致市场重新分配，加剧竞争。创建一个新的企业，就增加一个直接参与竞争的企业，会导致生产能力过剩和市场份额重新分配，加剧竞争。在市场竞争本已激烈或新进入的企业实力雄厚的情况下更是如此。

2. 并购企业

并购包括企业之间的合并和收购。合并是指两个或两个以上的企业成立一个新企业的过程，合并完成后，原有企业均丧失法律上的独立性，而形成一个新的企业法人。收购存在收购方（发起兼并的一方）与被兼并方，收购结束后，被兼并方将丧失其法律上的独立性。这实际上是企业之间的资源重组过程。该过程无人抗争，各方自愿。

(1) 并购方式的动因与优点

1) 获取更为有利的市场地位，而不会加剧竞争。在并购的情形下，企业可获得被兼并企业的市场份额，获得生产与销售方面更大的规模经济性。从总体上看，因不增加行业中的竞争者，而不会加剧竞争。对于市场处于饱和的行业而言，并购一般不会进一步增加市场生产能力，不会形成更多的过剩供给。同时，并购后企业规模扩大，会使企业处于更有利的市场地位，甚至是支配性的市场地位。通用汽车的核心能力之一就是高价并购那些运作良好且已成熟的企业，使之成为世界级公司，如别克公司、费希尔车身公司、休斯电子公司等。

2) 迅速开展生产与进入市场。并购方式可以迅速获得原有企业的技术人员、生产设备，不需中断生产，可迅速获得收益，大大缩短投资回收年限。企业通过兼并销售网络，利用被并购企业原有的销售渠道与客户的关系、信用，可以迅速进入市场，包括把跨国公司产品引入东道国市场。例如，一些跨国公司以收购股权的方式控制所收购公司的经营决策权，利用其销售渠道进入海外市场。

3) 易于实行多元化经营。收购能迅速地实行多元化经营。因此，当企业对旨在扩展的业务活动缺乏经验时，一般选择并购方式较好；相比而言，如采用创建方式，在技术、管理、人力资源等方面均存在较大难度。例如，AT&T 曾通过收购英国半导体公司一举进入计算机行业。

4) 获取被兼并企业的资源。采用并购方式可直接获得被并购企业的资源，包括技术、专利权及有关的专业技术人员，也包括被并购企业的无形资产、商标，还可以利用原有管理人员和管理制度。在许多情况下，还不必重新设计机构和为此配备大多数人员，避免因缺乏了解而带来的问题。当企业向不熟悉的领域扩展时，并购方式显得比创建方式更为优越。在有的情形下，并购可以迅速获得某些稀有资源。

5）资金融通的便利。并购较创建方式更能得到资金融通便利。因为并购所涉期限短，不确定性小，收益快；而创建因所涉时期长、不确定性大、收益慢等原因而较难得到资金融通的便利。

6）低价购买目标企业资产。在有的情形下，并购可以以低价购买目标企业资产。例如，当目标企业处于资金周转困境、亏损严重、信用受损等情况时，并购方有压低价格的可能。另外，在股价暴跌时，股票价格可能跌到企业净资产价值之下，引发收购热潮。

（2）并购方式的局限性。并购方式虽然有许多优点，但也存在其内在的缺点：

1）复杂的财务谈判与目标企业价值评估的困难。企业并购会涉及相当复杂的财务谈判、资产评估等问题。在并购中，要对目标企业进行价值评估，以决定收购时的出价。这是一项极其困难和复杂的任务。主要的困难有以下方面：对市场信息缺乏了解；获取被并购企业的内部资料存在困难，其可靠性、全面性均较差，因此对兼并企业后的市场潜力和长期利润较难做出正确估计；在并购中，除实物资产的估值外，还存在对无形资产（如商业信誉、各种现有的关系等）的评估，对此很难做出准确的定量估价。在创建中则不存在这样的问题。

2）原有企业规模、产品结构与厂址约束。首先，被并购企业规模和厂址一般难以同收购企业的愿望相吻合；其次，目标企业现有工厂的内部布局难以符合收购企业的愿望，或已经过时而要进行流程再造；最后，目标企业的产品结构未必符合并购企业的战略，或者其产品组合中可能存在收购企业不愿经营的产品或落后、过时的产品。上述三方面的缺点在创建方式中均可避免。

3）管理机构调整和人员安排存在困难。被并购的企业往往需要在管理模式、体制机构设置等方面进行结构性调整，但是进行调整往往会受到抵制。例如，对收购后的企业进行整顿，可能产生大量剩余人员，对这些人员的安置、处理、报酬都会存在麻烦。目标企业一般同其员工、供应厂商、客户存在某种契约关系或传统关系，这些关系中可能存在某些为收购企业所不需要的，但如果结束这些关系，会付出很大代价。

3. 合资

由双方或多方出资合办而形成的合资企业是通过资本连接实现扩展的一种重要方式。企业通过作为出资的一方，或控制或参股而与新的企业建立联系，实现其扩展。合资方的出资方式较为灵活，包括现金、股份等有价证券，技术、专利、品牌等无形资产，以及土地、设备等实物资产等。合资经营是资本参与的一种企业连接形态。选择合资的企业往往有各自不同的目的。

（1）合资的动因与优点

1）实现企业的战略目标。建立合资企业一般涉及大量资本的承诺，往往是为合资方的某些战略服务的。例如，通过合资实现控股目的，以较少的成本进行扩张，建立企业的生产、销售体系。又如，跨国公司为了进入不熟悉的东道国市场，可能选择与东道国企业合资的方式。

2）优势互补，资源共享，协同效应。合资方为了共同的利益，共同发展，优势互补，资源共享，协调利害关系，往往采取建立合资企业的方式。在有的情形下，单一企业的财力难以达到创建新企业的要求，往往也选择合资的方式。

3）分散风险。在进入不熟悉的领域或不确定因素较多的情形下，合资方式可由合资各方共同承担风险，从而起到分散风险的作用。例如，由于航空工业的技术进步要求巨额投资，要求投入大量研发费用，以及通过扩大组装规模可以节约成本等原因，美国、欧洲的航空企业都在不断进行兼并、合资、合作等。

（2）合资的局限性。合资企业可能因为合资双方的目标差异、利益分配矛盾、管理人员素质差异、管理方式不同以及文化差异等造成冲突、摩擦。如果冲突、摩擦得不到解决，会导致合资的失败。

4. 合作

合作的企业之间无资本联系，往往是在相互信任的基础上建立较长期的协作关系、交易关系。在许多情况下，合作企业成为另一方的业务分包或下包企业，形成企业中的协作层次，有时是共同经营较为重大的项目，有时是短期项目。合作经营虽然属于非资本参与的一种企业连接形态，但是合作的动因与特点在一定程度上与合资有相似性。选择合作方式的企业往往有各自不同的目的。

（1）合作的动因与优点

1）实现企业战略目标的灵活性较大，可能带来成本的节约。合作方式因不涉及资本承诺，并能利用对方现有的资源，使战略目标实现具有更大的灵活性，并可能带来资本的节约。企业可以选择与另一些企业建立长期的筹供关系，这种合作关系可以成为长期交易。一般来说，合作双方都不存在风险问题。

2）优势互补，资源共享，协调利害关系。有关方面为了共同利益，共同发展，优势互补，资源共享，协调利害关系，往往采取合作的方式。与合资的情况相似，合作双方的优势互补、资源共享还包括利用技术、营销网络、管理技能、公共关系等。在许多情形下，合作双方会形成较为长期的战略联盟。

3）分散风险。与合资的情况相似，在进入不熟悉的领域或不确定因素较多的情形下，合作方式可以由双方共同承担风险，从而达到分散风险的作用。欧洲空中客车的研发、生产就是一个成功合作的例证。

（2）合作的局限性。由于合作的基础是双方的信任与共同的利益关系，这种基础不如资本联系牢固和明确。合作企业可能会因为合作双方在目标差异、利益关系、处理问题的轻重缓急等方面的差异等造成冲突、摩擦。如果冲突、摩擦得不到解决，很可能会导致合作的失败。

| 专栏 13-4 |

管理决策分析：安邦保险海外并购、违规扩展——被接管分拆

安邦保险集团股份有限公司（简称安邦保险）成立于2012年，其前身是2004年在北京成立的安邦财险。2013年11月19日，吴小晖获批出任安邦保险集团董事长和总经理。2014年，一桩标志性的海外收购案让安邦保险进入了公众视野。2014年10月6日，安邦保险宣布以19.5亿美元收购美国纽约华尔道夫酒店大楼。这一爆炸性交易迅速占据全球各大财经媒体头条。安邦保险的首次海外投资就创下了美国酒店相关交易的最高金额纪录。此后，安邦保险的海外并购一发不可收。

2014年10月13日，安邦保险宣布收购比利时FIDEA保险公司，这是中国保险公司首次100%股权收购欧洲保险公司；2014年12月16日，以2.19亿欧元的价格收购比利时百年银行德尔塔·劳埃德银行；2015年2月17日，以1.5亿欧元收购荷兰VIVAT保险公司，这是中国企业首次进入荷兰保险市场；随后，收购韩国东洋人寿并保持东洋人寿上市地位；2017年6月1日，以3.5亿欧元从黑石手中收购位于荷兰阿姆斯特丹的希尔顿逸林酒店。不到3年时间，安邦保险共开展23宗海外投资和

并购，披露交易金额逾千亿元。

安邦保险通过大规模的海外并购，能否实现规模的跨越式增长呢？在 2017 年之前，答案似乎是肯定的。吴小晖执掌安邦保险集团的几年间，安邦保险集团金融版图不断扩张，资产也实现了几何级增长。安邦人寿 2016 年年报显示，与子公司合并报表后，总资产高达 1.45 万亿元，同比增长 61%，其中海外保险资产超过 9 000 亿元。然而，安邦海外并购的规模逐渐超过了自身资源和能力所能支撑的范围。2018 年 2 月 23 日，中国保监会发布公告，鉴于安邦集团存在违反保险法规定的经营行为，可能严重危及公司偿付能力，依照《保险法》第一百四十四条规定，决定对安邦集团实施接管，接管期限一年。2018 年 5 月 10 日，上海市第一中级人民法院对安邦保险集团原董事长吴小晖进行一审公开宣判，以集资诈骗罪、职务侵占罪两项罪名合并判处有期徒刑 18 年。2019 年 2 月 22 日，依照《保险法》第一百四十六条规定，中国银保监会决定将安邦集团接管期限延长一年。2020 年 2 月 22 日，中国银保监会发布公告称，根据《保险法》第一百四十七条规定，从安邦保险集团股份有限公司拆分新设的大家保险集团有限责任公司已基本具备正常经营能力，银保监会依法结束对安邦集团的接管。

资料来源：

[1] 万亿帝国生变？ https://www.sohu.com/a/223667494_378279.

[2] 安邦保险正式谢幕. http://www.morningwhistle.com/da/42482.html.

[3] 银保监会依法结束对安邦集团的接管. http://www.xinhuanet.com/2020-02/22/c_1125612670.htm.

[4] 安邦保险接管期结束，1.5 万亿理财产品顺利兑付. https://baijiahao.baidu.com/s?id=1659288225396292355&wfr=spider&for=pc.

13.2　企业扩展的动因

13.2.1　环境变动、战略反应与企业扩展

将企业扩展理解为企业对环境变动、对投入要素状况做出的战略反应，理解为实现其战略目标所进行的竞争，可为我们提供分析的出发点。面对重大的环境变动，企业往往会主动或被动地做出战略反应。这可以从两个方面来分析：

1. 环境变动促使企业的创建、并购活动增加

环境变动往往孕育着巨大的市场机会，精明的企业会考虑如何捕获市场机会。当某些企业在新的市场获得成功时，会诱发其他企业进入该市场的动机，这就可能带来企业的扩展。例如，改革开放以来，我国在家电、零售、物流、住房、文化娱乐、金融、保险、汽车、饮料等行业产生了巨大的市场机会，一些外商主动进入，其先发优势对另一些外商的进入起到示范作用。许多世界主要厂家先后进入中国市场，实施扩展。又如，欧洲经济一体化形成了区域内成员之间的区位新优势，使得区域内贸易比区域外贸易更有吸引力，成本降低、效率提高、市场扩展、需求增加、技术进步。面对欧洲经济一体化的启动与进展，区域内外的跨国公司纷纷做出战略反应，以对外直接投资替代出口（防御性进口替代投资）；在区域内调整现有投资以适应区域内自由贸易；通过在技术开发和市场营销方面建立战略联盟来创造在欧洲的机会；进行并购活动或在欧共体进行并购活动；与其他海外投资一体化；通过对外直接投资获得第一原动力的优势（进攻性进口投资）。美国波音公司兼并麦克唐纳-道格拉斯公司就是在美国政府支持下对经济

全球化趋势、对全球性市场竞争所做出的战略反应。这一举措也是美国飞机制造企业与欧洲空中客车进行战略竞争的重大步骤。

跨国并购浪潮就是对经济全球化的反应。2015 年最大的跨国并购交易额达 1 060 亿美元[一]，而此前的 1997 年最大的跨国并购交易额仅为 180 亿美元。2015 年交易额在 10 亿美元以上的并购案达 230 起，是 1995 年的 35 起的 6.6 倍[二]。可见跨国并购呈现出明显的单项规模扩大与集中之势。

2. 对投入要素状况变动做出反应

当企业投入要素的稀缺性和重要性发生变动时，企业可能会做出主动或被动的反应，甚至做出重大的战略调整，从而成为扩展的动因。随着信息社会的来临，信息成为越来越重要的资源，信息竞争可能要求建立全球性的公司管理信息系统。特别是随着信息产业与其他产业边界的模糊，对其他产业的渗透会促进企业扩展。例如，信息技术对新闻媒体产业、文化产业的支撑作用，会带来三方面企业之间的联合、兼并。同样，信息网络技术的发展会带来信息产业、金融产业、保险产业、电子商务业务之间的联合、兼并。这些因素都成为企业扩展的直接动因。

在知识经济时代，面对技术创新竞争与人才竞争，企业可能需要到技术先进的国家建厂或建立研发基地，以发掘当地人才，并根据当地市场需求研制产品。

寻求技术优势会促进企业的扩展。新技术正跨越多重领域，研究与开发费用越来越庞大，花费的时间也越来越长。在国际技术竞争异常激烈的今天，任何企业都不可能仅仅依靠自身的研究与开发成果来维持其优势地位。企业在不断创新的同时，必须密切关注全球科技进展，将内部优势与外部有利条件相结合，尽可能利用世界各国的科技成果与科技资源，寻求和利用其他企业拥有的技术优势。技术后进的企业需要经历仿效和改进技术的阶段，它们在全球范围寻求技术，以取得优势。在搜索技术的主要途径中，最有效的是通过组建合资企业、建立国外子公司、购买工厂、购买知识产权、承担合作项目和援助项目等与对外直接投资有关的方式，以取得有用信息。

在过去，对原材料、供货来源的控制或对廉价原材料的拥有曾是企业集团扩展的动因。现在，尽管世界经济由资源经济向知识经济时代转变，但是对特殊原材料、对廉价原材料、对供货来源的控制仍然是企业扩展的动因之一。如果企业拥有固定的供货来源，拥有大量的廉价原材料，则有可能考虑通过向后的纵向一体化来实现业务活动的增值。

13.2.2 内部化与发挥企业专属优势

内部化理论从企业外部，即市场不完全性与市场交易成本的角度讨论企业扩展，而专属优势则从企业内部特殊要素的角度讨论企业扩展，但是从上述两方面出发的分析是紧密相关的。

美国经济学家科斯（Coase）1937 年在对"企业性质"的研究中，提出了内部化理论的核心观点，其后又为其他学者所发展。该理论在解释企业的扩展，包括在国外的扩展方面体现了其重要价值。

内部化理论的核心是市场不完全性和企业的性质，市场不完全性仍是分析的出发点。该理论中的市场不完全性是指由于市场缺陷和某些商品的特殊性而导致企业市场交易成本增加。市

[一] http://jingji.cntv.cn/2016/01/18/ARTIgHP9RdTuTdUuMXrNCmH9160118.shtml.
[二] UNCTAD. World Investment Report. 1999.

场交易成本可理解为市场经济机制运行成本的统称，包括生产费用之外的发生在市场交易活动过程中的各种费用，如谈判、签约、履约及有关监督等费用。为此，企业通过组织内部交易来减少市场交易成本。其后许多学者，如麦克马纳斯（McManus）、巴克莱（Buckley）和卡森（Casson）、鲁格曼（Rugman）在应用科斯的理论来解释跨国公司的纵向一体化、多元化行为方面也做出了许多努力。

提倡内部化理论的一些学者认为，过去有关企业扩展行为的理论不是在于未考虑生产领域之外的许多活动。这些活动，如研究与开发、市场营销、筹供、建立管理机构等都是相互依赖的，并与中间产品有关。中间产品不只是实物形态的原材料、半成品，也包括体现在技术、专利权、人力资本中的各种知识。由于与知识有关的中间产品市场的不完全性，其定价困难，市场交易成本增加，不能保证企业盈利。以盈利为目标的企业将会组织上述中间产品在其体系内转移。

从内部化的实质来看，它不是指企业所拥有的优势本身，而是指将上述优势在企业内通过资源转换实现增值的过程。在这一过程中，一方面，能将该优势与企业的其他资源结合，动员起来发挥其经济性，为企业带来经济利益；另一方面，还有利于企业的控制和计划等其他利益。

尽管内部化是由行业特点、地区特殊要素、企业特殊要素等所决定的，但是，企业特殊要素是讨论的重点。企业特殊要素可理解为公司可能拥有某些方面的专属优势，例如，有关产品系列、技术、接近信息、管理体制、生产投入要素、无形资产等方面的优势。当企业拥有某一优势后，通过扩展发挥、利用这一优势，或者通过扩展对这些优势进行综合，在更大范围实现对资源的有效配置，以取得更大、更全面的优势。发挥专属优势具有广泛的含义，从战略竞争的角度来看，企业既有这方面的动机，也有这方面的巨大压力。

企业可以在内部资源转化方式中寻求优势，如取得范围经济性；也可以在外部关系中寻求优势，如取得网络经济性。企业拥有一种组合的所有权优势，称为整合优势，其具体内容包括企业的组织能力、企业家才能、企业商誉、创新能力等。

据分析，跨国公司介入海外业务的程度取决于其专属资产优势的程度，以及当地市场的环境因素。对于一个扩展中的企业集团，其扩展的动因也来自其专属资产是否能更有效地配置。企业的专属资产是企业内部所特有的有形和无形的资源，包括支配其他资源如何使用的技术资源。邓宁（Dunning）教授认为，专属资产具有一个与公共物品相同的性质，即它们的边际使用成本为零或最小。因此，若企业没有得到应获得的边际收益，说明企业的专属资产资源没有得到充分利用。虽然专属资产最初是由企业所在国家的行业所决定的，但它们可以在任何地方使用。

决定一家企业拥有其他企业所不具有的专属资产优势的因素有三种。①生产性的专属资产。相对于竞争者而言，它表现在进入市场或获得原材料方面有更大的收益；或表现在规模方面，能够产生规模经济，形成有效禁止竞争者进入的能力；或表现在无形资产的独占，如商标、专利、管理技能等，可以帮助企业达到更高的技术水平或具有价格优势，以获得更强的市场竞争力量。这些优势的源泉在于规模、人力资源及更有效地使用资源的能力。②协调能力，即管理技能，表现在企业能够把分布在不同区域的分支机构协调起来。这样可以使投入的资源更少，更了解市场，集中审核程序以降低风险，相互交流管理经验，最终降低边际成本，甚至把边际成本降为零。③跨国经营，即上述两个方面所产生优势的延伸。企业的分支机构越多，所处环境的差异性越大，在不同国家就越可能更好地优化配置资源。

企业扩展不仅有助于增加专属资产资源的拥有量，而且有助于使资产增值。进一步分析，企业扩展的动因来自企业期望自己控制资源的有效配置，而不期望通过市场来配置资源。例如，兼并是企业集团实现其专属资源转移的有效途径。在兼并中可以在输出管理的同时，转移诸如技术、资金、资产等资源。例如，广州的羊城报业集团，仅靠一份晚报无法进一步扩展，于是它利用过去积累的商誉，兼并了一些报刊，然后输入管理，使之成为一个拥有多份报刊的报业集团。

共同商标的使用与管理也是专属资源转移的有效途径。企业的产品和服务均有统一的标志，这种标志背后具有的内涵也是一种专属资产。收购或兼并一个企业，就使专属资产进一步扩散，从而强化了彼此的互动与协作，使专属资产增值。同时，对被兼并企业来说，不用进行巨额投资也能共享其他成员的资源。从 1988 年起，海尔先后兼并了亏损总额达 2.95 亿元的 6 个企业，接收员工 9 800 名。针对被兼并企业的状况，海尔分别采取了三种方式加以盘活：一是投入资金，全盘改造；二是输入管理，扩大规模，提高水平；三是以无形资产盘活有形资产，以海尔品牌及 OEC 管理转变观念、机制，实现精神变物质。海尔集团在实施跨国经营时，也是以品牌为依托拉动市场，依奉"三个 1/3"的战略，即国内生产、国内销售占 1/3，国内生产、国外销售占 1/3，国外生产、国外销售占 1/3，共达 2/3 的海尔产品在国外市场流通。为此，海尔先后通过 ISO 9001 认证，美国 UL 认证，及德国 CE、GS 认证，积累了丰厚的专属资产，并寻找各种机会参加国际博览会和产品展示会，推荐产品。目前，海尔在全球拥有 35 个工业园、138 个制造中心、126 个营销中心，全球销售网络遍布 200 多个国家和地区。商标和营销网络都是海尔资本扩张的重要形式，为海尔在世界市场的长远经营和提升创汇目标进行了有效的战略布局。

海尔以在产品市场中取得的品牌优势拉动资本市场，进行广泛的融资。海尔发布 1998 年年内发行 B 股的消息后，中国银行与外商迅速反应，欧盟基金会也表示了购买兴趣，融资形势十分看好。海尔集团以品牌海尔冰箱为龙头，带出了一个名牌群，形成了名牌企业集团。

13.2.3 从竞争与目标角度解释企业扩展

在许多情况下，竞争的内容和特点是由企业本身的特点、目标及其所处的环境所决定的。就此而言，较为突出的是企业间的生存与发展竞争。长期生存是企业的一个基本目标，而发展则是建立在生存之上的更高一级的目标。企业的生存与发展竞争是相当激烈的，特别是对许多中小企业更是如此。如果多了解一下有关企业破产、被兼并的报道，就知道这一问题的严重性了。这里着重讨论企业发展。在对企业竞争内容的分析中指出，有关企业竞争的领域都涉及企业的生存与发展。从积极的方面来看，发展使企业实力和市场地位增强，可以使企业取得竞争优势和行业的支配地位；从防御的角度来看，发展是企业保持其竞争优势地位、保证其生存的有效手段。有的企业为了取得首先行动的优势，可能采取新的扩展行动。在有的情况下，取得竞争优势、消除威胁，可能成为企业扩展，甚至是到国外进行直接投资的重要动因。就此而言，说明存在令企业扩展的竞争压力。

在第 2 章中曾指出，发展是企业的重要目标。它往往与一些具体目标相联系，如市场份额的扩大、企业实力和地位的加强。当企业的生存不存在问题，且处于较有利的市场地位时，往往存在多种扩展的动因。例如，企业或个人的声誉；对家乡和旅游胜地的投资；希望发展民族工业，甚至在该行业取得领导地位；等等。

由于市场的供需条件和所处地位不同，大企业和小企业在竞争方式上存在差别。一般来说，小企业往往进行着不断调整，以适应不断变化的市场；决策往往着眼于短期盈利，而缺乏对长远发展的考虑。另外，如果市场存在较大的发展机会和盈利的可能，则往往会导致大企业或新企业进入。

从企业行为来看，大企业总是更注重长期利润最大化或令人满意的利润，而不是短期的盈利。

为了巩固全面经营利益，保持并加强在现有市场的主导地位或优势，大企业特别重视其发展战略。

13.2.4 追求利润与企业扩展

企业扩展可以是某种或某几种内在动力和外在压力共同推动的结果。追求利润也是企业扩展的动因之一。在追求利润的内在动力和社会经济环境不断变化的外在压力的驱动下，企业不断扩大生产规模、经营范围、经营区域，以扩展来达到所追求的利润目标及对环境的适应。

借助企业创造价值、实现利润的过程，可以分析企业朝不同方向扩展的原因。企业创造价值的过程可以分解成一系列既不相同但又互相联系的经济活动，可称为"增值活动"，其总和构成企业的"价值链"，企业的每一项经营管理活动就是这一价值链上的一个环节。价值链的构成如图 13-2 所示。

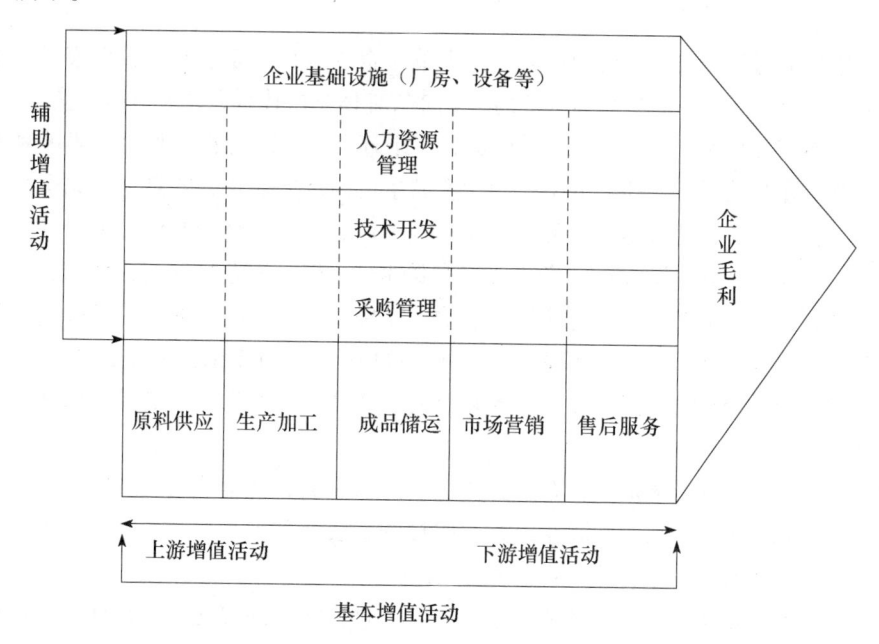

图 13-2 价值链的构成

资料来源：Porter, 1985.

从图 13-2 中可以看出，价值链分为两部分：基本增值活动和辅助增值活动。其中，下半部分的基本增值活动，即狭义的生产经营活动，如原料供应、生产加工、成品储运、市场营销、售后服务等，这些活动都与商品实体的加工流转直接相关；上半部分的辅助增值活动，即通常所说的除生产部门以外的各种职能部门的活动，如人力资源管理、技术开发、采购管理等，这些活动为实体商品在企业顺畅、快速流转提供支持和保障，与基本增值活动一起共同创造商品价值。

价值链的各环节是相互关联的。根据产品实体在价值链各环节的流转顺序，企业的价值创造活动可以分为上游增值活动和下游增值活动两大类。在企业的基本价值活动中，原料供应、生产加工可称为"上游增值活动"，其中心是产品，与产品的技术特性紧密相关；而成品储运、市场营销和售后服务可称为"下游增值活动"，其中心是顾客，与顾客的特点紧密联系。

图13-2的最右侧是企业毛利，说明企业经过一系列价值创造活动，最终目的是获得利润以实现企业的目标。

随着现代企业的业务范围与市场竞争特点的变化，组织在战略制定方面也随之变化。大型企业业务多元化程度的提高对企业战略规划提出了增加价值的要求。多元化企业的战略规划需要把具体业务（部门）的状况与过程同企业的总体目标相适配，而该过程应使经理保持信息灵通，达成来自有关部门的安排与承诺，并提供战略实施的基础。结合价值链理论，我们可以从企业集团不同方向的扩展来说明利润动机对企业集团扩展的推动作用。

企业发展的早期一般是处在价值链的某一环节，分享由此产生的利润。产品生产的社会化分工越细，价值链的环节就越多，利润也越分散，并且由于市场上存在很多生产同一产品的企业，单个企业获得的利润更少。企业在利润动机的推动下，通常会采用合资控股、兼并收购同类产品生产企业，或投资新建、扩建等方式实行横向一体化扩展，组建大型企业或企业集团，扩大企业的生产销售规模，占领尽可能多的市场份额，获取有利的或处于支配性的市场地位，获取规模经济性。

随着产销量的增加、企业规模的扩大，原有单一企业的直线职能部门管理模式逐渐被以资本为纽带的母子公司或以产品型号为特征的事业部管理体制所代替，企业也因而获得扩展。

价值链的各环节是相互关联、相互影响的，一个环节经营管理得好坏可以影响到其他环节的成本和效益。在产品生产的社会分工较细、产品生产高度专业化，并且是在完全自由竞争的市场条件下，各中间产品的市场价格及生产成本就决定了由其分享的利润。由于各中间产品在技术、生产、管理等要素的投入对最终产品的重要性存在较大的差异，其分享的利润或利润率存在差别。例如，瑞士手表行业的价值链构成中，零件生产、装配、批发、零售各环节价值的增值比例分别为27%、3%、20%、50%。原来处于价值链某一环节的企业在利润动机的驱动下，可能把相邻或利润率较高的价值链环节纳入自己的生产体系，实现纵向扩展，以获得尽可能多的利润份额。

在垄断竞争日益加剧的情形下，企业为了追求高额利润，在本部门通过横向、纵向扩展都不能再增加利润时，积累起来的利润在原有部门投资就会遇到困难，因而企业不得不把资金转向其他部门，寻求新的利润增长点，实施多元化扩展。

随着科学技术的发展，社会经济部门结构正发生日益深刻的变化，新兴部门的加速发展经常打破原有部门发展的平衡。一般来说，新兴部门的利润率较高，且增长较快，例如，20世纪初的铁路部门，20世纪20年代的电力工业，以及当代的计算机、互联网、生物工程、新型材料等。有的部门发展快、利润高，有的部门发展慢、利润低，每个部门的利润水平差距随之扩大。在利润动机的驱动下，各企业竞相向利润高的部门转移资本，实施多元化扩展。同时，随着资本的集中与加强，少数企业已经不满足于获取单一部门的垄断利润。为寻求更大范围的利润，积累更多的资本，企业要求在统一指挥下，对多部门进行管理。追求利润的动机，是企业实施多元化扩展的主要动力。

第二次世界大战以后，企业集团的扩展方向发生了新的变化，企业集团扩展由横向和纵向扩展逐渐向多元化扩展过渡。第二次世界大战后初期，企业兼并形式仍以横向兼并和纵向兼并为主，混合兼并约占兼并总数的1/3。到了20世纪60年代第三次兼并高潮时，混合兼并急剧增长。1970年，混合兼并占兼并总数的86.6%。[一]混合兼并就是把不同部门的行业兼并在一起，属于多元化扩展的一种形式。由混合兼并而成的联合公司也因这种多元化扩展方式取得了巨大的经济效益。

从价值链的观点来看，多元化扩展实际上是在企业集团内部增加不同行业的基本增值活动链，从而增加利润来源，同时，通过更好地协调企业集团的辅助增值活动来增加盈利。

利润的获得不仅受到行业的限制，而且还受到地域的限制。企业扩展到一个新地方时，只要经营管理得当，就会在当地获得销售该企业产品应得的利润，增加利润总额。在所在市场趋于饱和而难以容纳更多商品的情况下，企业在追求更高利润的驱动下，必然实施地域多元化扩展。

从价值链的构成来看，实施地域多元化扩展能增加企业某个或某些价值链环节的附加价值。例如，许多发达国家的企业就把企业中一些劳动密集型或原材料缺乏的生产活动环节转移到劳动力低廉、自然资源丰富的发展中国家或落后国家，增加企业上游增值活动的价值。而像计算机、信息产品等技术性、服务性比较强的行业，则是通过跨国经营，在东道国建立销售、售后服务系统，以增加企业下游增值活动的价值。

13.2.5 获取四大经济效率：竞争能力的主要源泉

企业活动的经济效率直接体现为其业务活动（单位）投入-产出水平的提高，或者单位产出投入量的下降，因而也是单位产品成本的下降。本节将从企业经营管理理论的角度探讨企业集团发展的动因——获取四大经济效率。四大经济效率的源泉分别是规模经济性、范围经济性、速度经济性和网络经济性。

1. 规模经济性

经济效率的主要源泉之一是规模经济性。企业组织形态与企业行为和绩效有密切关系，对企业组织结构进行调整、实现规模经济效益，是企业发展的动因之一。发达国家许多企业的规模之所以如此巨大，其原因之一就是追求规模经济性。理论分析与经验研究证明，有的行业存在明显的规模经济性，而另一些行业则不明显。当某一行业存在规模经济性时，意味着扩大规模能减少成本支出。为此，企业倾向于扩大业务活动规模，带来成本节约，提高利润水平及竞争能力。

关于规模经济性与规模不经济性的含义、决定因素、衡量方法与经验研究已在本书第8章有所阐述，此处从略。

2. 范围经济性

范围经济性的概念是20世纪80年代初美国学者钱德勒等人提出并发展的。

范围经济性的简单数学描述是：设 X_i 为第 i 个产品组合，$i=1,\cdots,m$，当下述成本函数 C 与 C_i 之间的不等式成立时，则范围经济性存在：

[一] 龚维敬. 企业兼并论[M]. 上海：复旦大学出版社，1996.

$$C(x_1, x_2, \cdots, x_m) < C_1(x_1, 0, \cdots, 0) + C_2(0, x_2, 0, \cdots, 0) + \cdots + C_m(0, 0, \cdots, x_m)$$

即当 m 个产品组合成一个企业经营时的总成本小于这 m 个产品分别由不同企业经营时的成本之和时，存在联合经营带来的成本节约。

就其本质而言，范围经济性体现了企业不同业务活动中的部分资源共享。因此，范围经济性对业务多元化，特别是相关多元化有一定的解释能力。在第 8 章中也已提及范围经济性，不再重复。

3. 速度经济性

日本学者田村正纪认为，所谓速度经济性，是指依靠加速交易过程而得到的流通成本的节约。这里的交易过程是指从发现市场需求开始，直到将产品或服务提供给消费者为止的时间。因此，若将企业看成一个资源转化的系统，则企业的经济效率不仅取决于转换资源的数量，而且取决于转换的时间，即速度，靠加速交易过程带来成本的节约。尤其对于现代化的大量生产和大量分配来说，其经济性主要来自速度，而非规模。

美国管理历史学家钱德勒在《看得见的手》一书中，详细分析了 19 世纪美国物流和信息流通传递的加快和加大（铁路、电报、电话）如何促进了大规模分配的产生（大批发商、零售商），并进一步促进了生产的集中和扩大。钱德勒特别指出，机器并不仅限于代替了每个生产过程中的手工操作，还使这些过程结合起来；现代化的大量生产与现代化的大量分配，以及现代化的通信和运输一样，其经济性来自速度，而非规模。他还指出，大量生产的工业可定义为：经由技术和组织的创新而创造高度的通过能力，使得少量的劳动力就能生产大量的产品；大量生产和现有工厂生产的不同之处在于，它的机器和设备并不单是用来代替手工作业的，它还使整个生产过程每一阶段的产量都显著增加。钱德勒进一步对为什么纵向联合型大企业在美国成为主流进行了分析。他认为，在美国，之所以"机构间组织"（即像卡特尔和辛迪加那样的企业集团性组织）不像在欧洲那样成为主流，而是以大企业的"管理调节"为中心，是因为在最初决定美国企业形式的 19 世纪 90 年代的技术条件和地理条件下，为了调节工作流程，使生产和流通得以结合，连接在地理上分离的市场，由具有中心办事机构的企业进行纵向结合，获得了极大的规模经济效益。同时，也因为这种纵向结合，还带来了速度经济效益，并因较早地建立了流通网而成为防止进入的壁垒。钱德勒用"速度经济性"一词对调节从生产到流通的工作速度所带来的经济效益所做的分析，在当时可算触及本质的论述。[⊖]

事实上，衡量企业经济效率的许多指标（如资金利用率、库存周转率、劳动生产率等）都与时间有关。时间经济学，或者说其管理学表示就是速度。在战略管理中，速度经济表示为快速反应能力，即企业在竞争环境的突变中，能否迅速做出反应的能力。

对于现代企业来说，重要的是通过与市场的直接连接，抓住市场的微小变化，把有关市场的信息在生产、市场营销和研究开发等部门进行反馈。"丰田制"正是顺应了市场需求发展的趋势。在企业经营环境变化之中，最重要的环境变量是市场需求。近几十年来，不论是消费品市场还是工业品市场，需求变化有两个明显的特征：一是市场需求的个性化、多样化发展；二是市场需求的灵活性、变化性显著提高。在市场环境多样化、多变化的背景下，尽可能地减少库存，是厂商提高竞争能力的重要策略。这种变化要求企业在生产、运输、仓储、营销等一切环节加快其经营作业的速度，为此就要求企业建立相互连接的管理信息系统，建立 VAN 和 POS 系

⊖ 今井贤一，等. 现代日本企业制度［M］. 陈晋，等译. 北京：经济科学出版社，1995.

统，建立筹供系统，建立客户关系管理系统，以增强自身的快速反应能力。

4. 网络经济性

所谓网络经济性，又称连接经济性，是指企业的全部经营活动，物流、信息流、资金流均以计算机为依托形成网络，以使所经营的商品或服务附加新的情报价值。通过在企业内部或企业之间的计算机、通信手段的连接，总成本大大削减，并给企业收益带来乘数效应。对于现代企业来说，重要的不是完成常规的工作，而是通过人们的相互作用产生信息、追求经营的新关系和形成不断地创新累积过程。可以说，网络经济性是信息时代获取经济效率的最重要的源泉之一。

从速度经济性的角度来看，多品种、小批量生产方式的代表——丰田生产方式之所以能够做到"迅速减少产量，且同时降低单位成本"，主要就是依靠 CIM（计算机集成制造）系统。随着需求量的变化能够在生产计划中迅速做出反应，并且因为建立了柔性制造系统（FMC、FMS、FAS），丰田形成了混合生产装配线，即在一条生产线上可以装配多种不同的汽车。这一过程需要从市场需求信息、生产计划、设计、零部件供应、总装直到最终交货等一系列环节的计算机连接，而这种连接是丰田快速反应能力的载体。

在生产过程十分复杂的汽车行业，汽车公司早在几十年前就开始采用 CIM 系统。该系统能将与公司有关的数百个"分包-系列企业"全部以计算机联网，综合管理总计约 50 万个零部件、组件。依靠这一大规模数据库，公司总部按照产品所使用的零部件、组件，或者按照"分包-系列企业"加以综合性的系统管理，使得设计变更、成本计算，以及控制、转结账等能够在短时间内完成。在流通领域，世界零售王国沃尔玛公司以其核心的信息技术能力，配以"天天平价"的营销策略，遍布全球各地的网点均以卫星网络连接，进行统一的配送、调价、成本控制，形成一个竞争对手难以模仿的竞争优势。

13.2.6 协同作用与优势互补

在一定的环境下，系统中协同与互补往往是联系在一起的。系统论认为，一个系统由处于动态相互作用中的各子系统组合而成，各子系统或子系统各组成部分结合起来的联合作用就称协同作用。同时，系统论认为，协同作用分为正协同作用、负协同作用和中性协同作用三种情况，只有正协同作用发生在由各组成部分的特定组合而产生出附加效益或附加效率，或是二者兼而有之时，组成部分的这种适宜结合产生的联合作用才大于各组成部分的简单相加，即整体大于部分之和。系统论还认为，协同作用的形成源于一致性要求和互补性要求之和，即"一致性要求+互补性要求→协同作用"。

企业是由各个成员企业或部门组成的系统，企业也是各种资源和经营活动构成的动态系统，企业集团则是由多单元、多层次、多职能的管理子系统所构成的大系统。不同环境因素之间以及不同层次的环境组合之间存在互补性，而环境组合与（企业）发展机会之间存在一致性（与不一致性），经由这种互补性和一致性，产生了诸如内部环境组合、业务环境组合、宏观环境组合中的协同作用，以及因此而带来的总体环境中的协同作用，带来一体化或多元化的协同作用。而对于企业内部资源的合理配置和有效利用，将产生"1+1>2"的效应。

企业竞争优势的获得既取决于外部各种竞争力量的对比，也取决于内部资金、市场、技术、信息、人力和管理等各种资源的合理有效配置。例如，企业可将分散的资金集中起来统一使用，获得筹供的经济性，获得较低的利息，有效缩短资金周转期以降低成本。在市场开发方面，可协调行动，减少产品研究开发费用，在较短的时间内完成产品结构的转换、调整与优化。在信息方面，通过共有的信息收集和处理系统，能以低成本且更全面、准确、及时地获得决策所需的信息，并且内部信息网络的形成有利于成员企业间更好地进行沟通和协调。

13.2.7 技术进步对企业扩展的作用与影响

纵观世界经济史，技术进步对大企业的出现与发展起着一种"杠杆"作用。19世纪80年代至第一次世界大战，新的能源技术出现，以及科学原理大量应用于工业技术，使企业的生产、分配过程发生根本性变化，工商企业联合迅速兴起。第二次世界大战后的"第三次科技革命"及其一系列重大科技成果的应用，又一次推动了企业的大联合、大改组，使以分支公司为组织特征的多样化的大型工商企业成为第二次世界大战后欧美经济中最有生机的组织形式。

技术作为企业生产要素，其应用会起到提高生产效率、产品技术含量与产品档次和加速流通的作用。与企业发展目标相适应，技术在企业的累积达到一定程度，会促进技术创新，推动企业生产力的外延与内涵扩大。具体来说，科技进步因素对企业扩展的作用与影响主要体现在如下几个方面。

（1）企业在没有追加投入或追加投入较少的条件下，通过内部技术更新和生产结构变革而实现产出较大的企业成长状态，简称内涵扩展。将现代科技系统地导入企业生产过程，包括生产自动化、计算机化管理、新材料使用等，至少给企业带来了三大提高：生产和分配速度提高、连续作业生产产量提高、批量生产档次提高。这些提高集中表现在一点，就是企业生产效率提高。这在制造业和通信业中表现得尤为明显和强烈，影响也较大。第二次世界大战后，科技对传统制造业（如对人造纤维工业、造纸工业、玻璃工业和一些金属加工业等）的渗透与改造，深化了大生产技术与企业的融合发展，起着促进中小企业向现代大联合企业和企业集团化方向转变的作用。20世纪70年代中期以来，以计算机和通信业结合为主导的科技经济方向性调整，使以往积累起来的科技知识在计算机和通信等业务领域得到了更为充分的发挥，引起了以信息网络技术为基础的新一轮企业重组、联合与扩展。

（2）任何一项技术都有其特定的生命周期，即研究开发阶段→实用化阶段（技术创新）→成长阶段（技术急速普及）→成熟阶段（技术改良）→老化阶段。将技术生命周期与产品生命周期结合起来的周期状态则主要表现为产品创新→工艺过程创新→成果改良和成本下降→技术淘汰四个阶段。由于技术（产品）生命周期的存在和规模经济性的要求，一个企业要维持其生产，就必须在生命周期的各个不同阶段都要体现技术进步要求，从而保证企业持续发展所需的新开发技术，并给出对新开发品种的试制、市场推介、产品规模生产、推销等一整套的计划安排。用钱德勒的话来说就是，一个有效地实现多样化的企业总要设法拥有许多产品系列，而每种产品系列又必须处于产品周期的不同阶段。必须指出，自20世纪70年代中后期第一次世界性能源危机爆发以后，世界科技出现了加速发展与周期缩短的趋势。与之相对，为适应技术快速更新换代趋势与特点，一些企业明智地选择沿着产业链条进行前、中、后纵向联合与发展，使企业纵向一体化扩展的模式得到极大的强化。

技术的多样化开发成为第二次世界大战以后企业多样化、多行业、多分支公司成长与扩展的重要"推动力"。在第二次世界大战后美国一度出现历史上空前庞大市场的背景下，技术的多样化开发所带来的明显效益，使得越来越多的企业转向多样化扩展的轨道，也促使已实行多样化的企业进一步介入其他产品系列。例如，美国西屋公司除经营电气设备外，还经营广播公司、电视台、浪琴手表、教学用品等，产品多达 8 000 多种，约 30 万种规格，涉及空间技术、核能技术、海洋技术、国防工业技术等。

联合大企业作为美国多样化、多分支公司发展中（到 20 世纪 60 年代）的一个"变种"，实际上是对新技术、复杂产品的巨大需求有力推动的结果。这种联合大企业不同于主要以自有实力直接投资、扩建新企业形成的大型多样化企业，而完全是在企业技术进步与市场规模扩大的互动作用下，依靠收购现有企业，并且常常是不相关领域的企业而成长起来的。这样，由于"多样化的策略造成或加强了对多分支公司结构的需要"，多分支公司这种组织形式被迅速采用，并得到大面积推广。

当代高新信息技术的发展及其产业化趋势与企业信息化水平的提高，极大地促进了商品种类和市场规模、市场结构及市场交易形式的发展。在市场与技术的相互推动作用下，企业的扩展动因与扩展形式也出现了一些新的变化。例如，信息网络技术使大企业内部各法人企业之间的交易关系形成相对固定化的趋势；企业横向一体化的联合与扩展显现出组织灵活与柔性的特征，也同时催生了企业战略联盟（知识联盟）、企业网络等一些新的形式。

13.3　长期投资决策分析

13.3.1　投资决策分析及其过程

企业项目投资，从根本上说要服从于企业的总目标。就具体项目而言，是为了在将来得到一定的收益，因而应根据该项目能否达到或超过所要求的收益标准加以评价和选择。现实中的企业投资可能有两方面的考虑：一方面是为了更换现有的设施，以达到简单更新的目的，或者以此达到提高效率、保证质量、降低成本进行技术改造的目的；另一方面则是为了支持企业的扩展，这一般适用于投资新建企业，或者新的业务、生产活动。为了讲求经济效益、加强经济核算，投资决策过程应当根据一定的程序进行，并运用投入－产出的观点和资金的时间价值观点对项目进行分析和评价，并据此做出决策。

1. 投资决策分析的基本步骤

（1）确定目标。目标是决策者希望达到的目的。只有目标明确，投资决策分析才有意义。目标往往是一些较为综合的条款，但必须能较容易地转化为一些具体的、特定的条款，以便进行评价。

（2）收集资料。投资决策分析必须以足够的资料为基础。而对于各种方案的评价和比较，更离不开准确可靠的数据。一个重要的问题是正确提出所需的资料。例如，企业投资决策分析因所涉行业、背景情况有许多不同，从而所需资料也不尽相同。

（3）制定评价标准。企业的根本任务在于为社会提供产品和服务，这些产品和服务都是按一定价格提供的，同时企业生产这些产品和服务的投入也都是按一定价格购进的。这就为企业成本和收益的衡量提供了有利条件和计算标准。制定评价标准必须以所确定的目标为依据，这些目标往往与可供使用的资料和所要获得的收益有关。对于一项最佳决策，往往有以下评价标准：

1）在可供使用的资源既定的情况下，实现最大的收益。

2）在所要获得的收益既定的情况下，实现此项收益的最少资源耗费。

3）如果资源与收益均无一定的限制，应以收益超过资源的最大值为标准。

4）还必须从全社会的角度来考虑，如考虑环境污染、生态平衡、能提供的就业机会等。

（4）提出可能的备择方案。实现某个目标或解决某个问题往往存在许多不同的方案，不同的方案有不同的特点和优劣之处，但这些方案都应是现实的，即立足于现有资源或不是特别难以获得的资源。提出可能的备择方案是为了从中选择最佳方案，而防止满足于开始时提出的某个可行方案。

（5）评价和比较不同方案并选择最佳方案。这是按所制定的标准来评价和比较所提出的各个可行方案。从评价结果看，一般有两种情况：第一种结果是拒绝或接受某一方案；第二种结果是对各个可以接受的方案进行排序，然后根据比较结果选择最佳方案。选择最佳方案时必须考虑某些特定的环境和条件。

2. 两个预备性概念

由于现实中的长期投资往往要跨越一个以上的财务年度，因此，项目投资评价方法涉及对项目不同时期现金流量或收入、成本和利润的估计。为此，在讨论方法之前，有必要对现金流出量与现金流入量、资金的时间价值与现值两个概念加以介绍。

（1）现金流出量与现金流入量。可以利用预期的利润，也可以利用净现金流量来评价投资项目。用利润和用净现金流量评价投资项目各有其特点，但方法基本相同。由于我们对利润较为熟悉，因此这里着重介绍净现金流量。

所谓净现金流量，实际上就是某一时期的现金流入总量与现金流出总量的差额。例如，开发一种新产品，用现金形式支出的原始投资费用，与产品有关的营业成本和维护成本，以及债务本息的偿还、公司税等，都属于现金流出。

现金流入除自有资本、长期借款和短期负债外，还来自任何资金的增加。例如，产品的销售现金收入是流入，现金流入的另外来源也包括由于投资所造成的劳动成本的节省等。

之所以用净现金流量来进行评价，是因为现金对于企业的决策非常重要，它直接关系到企业的资金周转、企业的支付能力和再投资等。有一个值得注意的问题是，要明确区分现金流入与一般收入之间的差别、现金支出与一般支出的差别。例如，就某年的销售收入来说，它既包括已收到的现金，还包括以票据形式表示的收入，或以赊销形式表示的收入。而对于现金流入来说，它只包括该时期的现金销售收入。另一个值得注意的问题是净现金流量与利润的关系。例如，某项成本作为流量发生，就被考虑为现金流出，但在计算利润时却只考虑扣除摊入产品成本的部分。

（2）资金的时间价值与现值。资金时间价值涉及资金在不同时期发生的代价或收益问题。资金的时间价值关系到管理决策工作，对投资的经济效益来说是至关重要的。传统观念往往只考虑资金流量的简单总和，而不考虑各部分资金流量发生的时期。其实，在投资期不同阶段的现金流量分布和现金流量数额一样，对于长期的投资决策都是非常重要的。

因此，当资金流量的简单总和一定时，决策者所关心的就是这些资金的流入与流出在不同时期如何分布。例如，如果银行存款的年利率为10%，那么现在手中的10 000元与一年后的10 000元的总值是不同的。现在的10 000元等于一年后的11 000元，而一年后的10 000元就只是10 000元。对于企业来说，年初的现金因可用于再投资、扩大生产规模或支付款项等用途而体现为具有时间价值。

复利计算公式往往可以用来说明资金的时间价值量的确定和衡量问题。设 A_0 为年初的资金额，年利率为 r，那么 n 年后的资金总额 A_n 可以用下面的公式计算：

$$A_n = A_0(1+r)^n$$

虽然通过计算复利可以考虑资金的时间价值，但是在投资决策问题中，由于不同方案的资金发生时期持续的长短有所不同，因此按期末资金量来比较会有困难。例如，某一方案的投资和效益发生的时期为 6 年，另一方案为 7 年，如按期末比较二者的资金总量就很不方便。为了比较和评价的方便，必须选定一个恰当的时期，并按这一时期折算有关的一系列现金流量。由于投资决策是现时进行的，所以常常选定现期作为评价时期，这就引出了现值的概念。

现值是从现期出发，对未来各时期的现金流量按某一特定的折算率进行折算后值的总和。计算现值所用的折算率可以是投资者所要求的回收率，如可以选择银行的利率作为折算率。现值的概念可以对照复利和未来价值的概念以及计算公式来理解。例如，在前面的例子中，10 000 元的现金按 10% 的年利率，一年后的金额为 11 000 元；反过来，一年后的 11 000 元只相当于现在的 10 000 元〔11 000 元/(1+0.1)〕。这里的 0.1 是在除数中出现的，所以称为折算率。

如果时期 n 的现金流量为 A_n，利率为 r，那么现值 PV 的计算公式为

$$\mathrm{PV} = \frac{A_n}{(1+r)^n} \tag{13-1}$$

这一公式实际上可由复利公式推出，复利公式中的 A_0 就相当于现值。

如果各时期的现金流量分别为 $A_0, A_1, \cdots, A_n$，折算率为 r，那么更一般的现值计算公式就为

$$\mathrm{PV} = A_0 + \frac{A_1}{1+r} + \frac{A_2}{(1+r)^2} + \cdots + \frac{A_n}{(1+r)^n} \tag{13-2}$$

可以利用现值系数表来帮助计算现值。

表 13-1 是现值系数表的一部分。利用该表可以直接查出在某一时期期末的单位价值按不同利率折算的现值。用公式可表示为

$$\mathrm{PV} = \frac{1}{(1+r)^n}$$

表 13-1 现值系数表（部分）（一）

n	11%	12%	13%	14%	15%
1	0.900 90	0.892 86	0.884 96	0.877 19	0.869 57
2	0.811 62	0.797 19	0.783 15	0.769 47	0.756 14
3	0.731 19	0.711 78	0.693 05	0.674 97	0.657 52
4	0.658 73	0.635 52	0.613 32	0.592 08	0.571 75
5	0.593 45	0.567 43	0.542 76	0.519 37	0.497 18
6	0.534 64	0.506 63	0.480 32	0.455 59	0.432 33
7	0.481 66	0.452 35	0.425 06	0.399 64	0.375 94
8	0.433 93	0.403 88	0.376 16	0.350 56	0.326 90
9	0.390 92	0.360 61	0.332 88	0.307 51	0.284 26
10	0.352 18	0.321 97	0.294 59	0.269 74	0.247 18

例如，当折算率 $r=11\%$ 时，第一年年末时每 1 元人民币的现值（在年初价值）就等于：

$$PV = \frac{1}{1 + 0.11} = 0.9009(元)$$

表 13-1 中第一行第一列的数字就是这样算出来的。

同理，表 13-1 中第五行第二列的数值 0.567 43 表示折算率 $r = 12\%$ 时，第五年年末的每 1 元人民币的现值：

$$PV = \frac{1}{(1 + 0.12)^5} = 0.56743(元)$$

表 13-2 则是现值系数表的另一部分。利用该表可直接计算各时期现金流量相同时的现值：

$$PV = \frac{A}{1 + r} + \frac{A}{(1 + r)^2} + \cdots + \frac{A}{(1 + r)^n}$$

$$= A\left[\frac{1}{1 + r} + \frac{1}{(1 + r)^2} + \cdots + \frac{1}{(1 + r)^n}\right]$$

表 13-2 现值系数表（部分）（二）

n	1%	5%	8%	9%	10%
1	0.990 1	0.952 4	0.925 9	0.917 4	0.909 1
2	1.970 4	1.859 4	1.783 3	1.759 1	1.735 5
3	2.941 0	2.723 2	2.577 1	2.531 3	2.486 8
4	3.902 0	3.545 9	3.312 1	3.239 7	3.169 9
5	4.853 5	4.329 5	3.992 7	3.889 6	3.790 8
6	5.795 5	5.075 7	4.622 9	4.485 9	4.355 3
7	6.728 2	5.786 3	5.206 4	5.032 9	4.868 4
8	7.651 7	6.463 2	5.746 6	5.534 8	5.334 9
9	8.566 1	7.107 8	6.246 9	5.985 2	5.759 0
10	9.471 4	7.721 7	6.710 1	6.417 6	6.144 6

事实上，表 13-2 中的数据就是当 $A = 1$（单位价值）时按不同的 r（1%，5%，8%，9%，10%）和不同的 n（1，2，…，10）所计算出的现值：

$$PV = \frac{1}{1 + r} + \frac{1}{(1 + r)^2} + \cdots + \frac{1}{(1 + r)^n}$$

例如，当折算率 $r = 10\%$ 时，五年内每年年末均有 1 元人民币，其现值为

$$PV = \frac{1}{(1 + 0.1)} + \frac{1}{(1 + 0.1)^2} + \frac{1}{(1 + 0.1)^3} + \frac{1}{(1 + 0.1)^4} + \frac{1}{(1 + 0.1)^5} = 3.7908(元)$$

即为表 13-2 中第五行第五列的数值。

13.3.2 投资评价方法

一般来说，企业项目投资评价方法有回收期法、回收率法、净现值法和收益成本比率法。

1. 回收期法

回收期是指全部收回用于项目的投资所需要的年数。分析人员可采用这个标准来考察项目的自我偿付期。它是通过从投资总额中扣除逐年的现金流入量来计算的。如果某项目的投资总

额为 18 000 元，现金流入量第一年为 4 000 元，第二、第三年各为 6 000 元，第四、第五年各为 4 000 元。那么前三年收回了 16 000 元，而整个项目的回收期就为

$$3 + \frac{18\,000 - 16\,000}{4\,000} = 3 + \frac{2\,000}{4\,000} = 3.5(年)$$

考虑到资金的时间价值，可以对现金流入量按一定的折算率计算现值后，再从投资总额中逐年扣除，计算投资回收期。

回收期自然是越短越好，因此如果计算出来的回收期小于最大的可接受回收期，就可以接受该项目，否则拒绝。

回收期法具有简便、计算方便的优点。事实上，回收期越短，资金的流动性就越大，项目的风险也越小；因而这个方法还是很有用的。一定的回收期可以作为项目应达到的最低标准。例如，考虑将回收期作为偿还贷款的期限，来约束对项目的选择。回收期法的主要缺点是，它不考虑回收期后的收益。例如，有两个投资均为 20 000 元的方案，每个方案的净现金流量均为每年 10 000 元，第一个方案在两年后预计不再有收益，第二个方案在此后两年预计每年还有 10 000 元的现金流入量。用回收期法来评价这两个方案，回收期均为两年。可见回收期并不是项目投资评价的可靠标准。

2. 回收率法

（1）概念。回收率又称内在报酬率。用回收率法进行项目评价，首先要求计算出企业回收率的具体数值。

设 r 为所要求解的企业回收率，则 r 应满足下述关系式：

$$A_0 = \frac{A_1}{1+r} + \frac{A_2}{(1+r)^2} + \cdots + \frac{A_n}{(1+r)^n} \tag{13-3}$$

式中，A_0，A_1，A_2，$\cdots$，A_n 为相应时期的现金流量；n 为预计有现金流量发生的最后一个时期。

由上式的意义可知，回收率反映投资项目的实际获利水平。

（2）求解步骤。求解回收率 r 是比较复杂的。这实际上是求解一个高次方程，因而存在 r 有多个解的可能，不过这种情况较少遇到。

求解 r 可以应用计算机编制一定程序求解，也可以用手工根据现值表来计算。两种方法实际上都是一种近似的拼凑方法，可称为试差内推法。

应用试差内推法求解 r 可按两个步骤进行。

第一步，按净现值试差。利用现值表，通过试算找出两个折算率 r_1 和 r_2，使其满足下述条件：

$$\text{NPV}_1 = -A_0 + \frac{A_1}{1+r_1} + \frac{A_2}{(1+r_1)^2} + \cdots + \frac{A_n}{(1+r_1)^n} \geq 0$$

$$\text{NPV}_2 = -A_0 + \frac{A_1}{1+r_2} + \frac{A_2}{(1+r_2)^2} + \cdots + \frac{A_n}{(1+r_2)^n} \leq 0$$

$$r_2 - r_1 = 1\%$$

第二步，比例内推。用比例内推的方式求出 r 的值，使之近似满足

$$-A_0 + \frac{A_1}{1+r} + \frac{A_2}{(1+r)^2} + \cdots + \frac{A_n}{(1+r)^n} = 0$$

比例内推的公式为

$$\text{IRR} = r_1 + \frac{\text{NPV}_1}{\text{NPV}_1 - \text{NPV}_2} \times 100\%$$

有时，可以就原始投资进行试差和内推，其原理一样。

(3) 计算实例。现用下面的例子说明根据试差内推法的基本原理求解 r 的过程（本例是按原始投资试差内推的）。

设某项目的现金流量为

$$A_0 = -10\,000 \text{ 元} \quad A_1 = A_2 = A_3 = A_4 = A_5 = 4\,000 \text{ 元}$$

r 为所求企业回收率，则 r 应满足下列方程：

$$-10\,000 + \frac{4\,000}{1+r} + \frac{4\,000}{(1+r)^2} + \frac{4\,000}{(1+r)^3} + \frac{4\,000}{(1+r)^4} + \frac{4\,000}{(1+r)^5} = 0$$

化为

$$4\,000\left[\frac{1}{1+r} + \frac{1}{(1+r)^2} + \frac{1}{(1+r)^3} + \frac{1}{(1+r)^4} + \frac{1}{(1+r)^5}\right] = 10\,000$$

两边同除以 4 000 得

$$\frac{1}{1+r} + \frac{1}{(1+r)^2} + \frac{1}{(1+r)^3} + \frac{1}{(1+r)^4} + \frac{1}{(1+r)^5} = 2.5$$

所以要求 r 满足上式，从现值表中查找时期为 $5(n=5)$ 时接近于 2.5 的折算因子所相应的折算率 r，得到结果如表 13-3 所示。

表 13-3 计算结果

折算率（%）	折算因子	每年现金流量（元）	现值（元）
28	2.530	4 000	10 120-10 000=120
29	2.483	4 000	9 932-10 000=-68

可见，折算率应介于 28% 与 29% 之间，用比例内推法来计算：

$$\text{IRR} \approx 28\% + \frac{120}{120 - (-68)} \times 100\% = 28\% + (120 \div 188) \times 100\% = 28.64\%$$

这说明，如果项目的投资为 10 000 元，在投资回收期 5 年中，如果每年的净现金流入量为 4 000 元，那么该项目的回收率为 28.64%。

如果回收期的净现金流量不相等，那么在上例中要找出合适的使总的现值介于大于 10 000 元与小于 10 000 元的折算率，也许要拼凑多次才能成功。

(4) 评价和选择项目。计算出企业回收率后就可以用来和要求的回收率对比，如果大于或等于所要求的回收率则项目可以接受，否则拒绝接受。另外，对于同一项目的不同方案，可以按企业回收率的高低来评价和选择更好的方案。

(5) 利用计算机求解企业回收率。利用计算机求解企业回收率的基本原理与试差内推法相同，其具体步骤为：

1) 输入回收期 n 与现金流量 A_0, A_1, $\cdots$, A_n。

2) 按公式

$$\text{PV} = \frac{A_1}{1+r} + \frac{A_2}{(1+r)^2} + \cdots + \frac{A_n}{(1+r)^n}$$

计算现值。式中，$r = 0 + \alpha m$；$m = 1, 2, \cdots$；α 为迭代步长，其值一般小于 0.01。

3）直至找出 K，当 $M=K$ 时，$PV_K > -A_0$，当 $M=K+1$ 时，$PV_{K+1} < -A_0$。

4）按比例内推公式计算 IRR。

仍利用前面计算 IRR 的数例：

$A_0 = -10\,000$ 元，$A_1 = A_2 = A_3 = A_4 = A_5 = 4\,000$ 元，$n = 5$，用自编程序求解 IRR 的输出结果为

$\alpha = 0.01$

PV = 10 128.06   PVI = 9 931.982   RI = 28%   R = 29%

-10 000   4 000   4 000   4 000   4 000   4 000

IRR = 28.653 05

其中所确定的步长 $\alpha = 0.01$，所求出的 IRR 与前面手工计算的结果（IRR = 28.64%）很接近。

若取步长 $\alpha = 0.005$，所得的输出结果为

$\alpha = 0.005$

PV = 10 029.19   PVI = 9 931.982   RI = 28.5%   R = 29%

-10 000   4 000   4 000   4 000   4 000   4 000

IRR = 28.800 31%

由于这次计算所取的步长小于上次计算的步长，所求出的 IRR 就更准确。

在有的管理分析软件中，或者在一些一般的通用软件（如 LOUTS）中，可以直接输入有关数据，得出企业回收率的计算结果。

3. 净现值法

（1）评价步骤。

1）计算净现值。净现值法首要要把所有的现金流量折算成现值。其计算公式为

$$\text{NPV} = A_0 + \frac{A_1}{1+K} + \frac{A_2}{(1+K)^2} + \cdots + \frac{A_n}{(1+K)^n}$$

式中，K 为所要达到的回收率（这里作为折算率）；A_t 为时期 $t = 0, 1, \cdots, n$ 的净现金流量。

2）评价和选择项目。如果计算出来的现值 NPV>0，说明该项目的收益水平大于所要求达到的回收率，那么可以接受方案；否则，说明达不到所要求的回收率，从而拒绝接受该方案。在该项目的不同方案的净现值（按同一折算率）都大于零的情形下，一般可选择净现值最大的方案。

（2）计算实例。例如，在企业回收率的例子中，如果投资者要求达到的回收率 $K = 20\%$，那么

$$\text{NPV} = -10\,000 + \frac{4\,000}{1+0.2} + \frac{4\,000}{(1+0.2)^2} + \frac{4\,000}{(1+0.2)^3} + \frac{4\,000}{(1+0.2)^4} + \frac{4\,000}{(1+0.2)^5}$$

$$= -10\,000 + 4\,000 \times \left(\frac{1}{1.2} + \frac{1}{1.2^2} + \frac{1}{1.2^3} + \frac{1}{1.2^4} + \frac{1}{1.2^5}\right)$$

$$= -10\,000 + 4\,000 \times 2.990\,6 = 1\,962.4 > 0$$

其中，2.990 6 是从现值表中查出的折算因子，它等于括号内的数值。这说明该方案是可以接受的。

但是，如果投资者要求达到的回收率 $K = 30\%$，那么

$$\text{NPV} = -10\,000 + \frac{4\,000}{1+0.3} + \frac{4\,000}{(1+0.3)^2} + \frac{4\,000}{(1+0.3)^3} + \frac{4\,000}{(1+0.3)^4} + \frac{4\,000}{(1+0.3)^5}$$

$$= -10\,000 + 4\,000\left(\frac{1}{1.3} + \frac{1}{1.3^2} + \frac{1}{1.3^3} + \frac{1}{1.3^4} + \frac{1}{1.3^5}\right)$$

$$= -10\,000 + 4\,000 \times 2.435\,6$$

$$= -10\,000 + 9\,742.4 = -257.6 < 0$$

其中，2.435 6 是从现值表中查出的折算因子，它等于括号内的数值。这说明该方案达不到 $K=30\%$ 的要求，故应予以拒绝。

净现值的计算也可通过计算机进行。

4. 收益成本比率法

（1）计算收益成本比率。投资评估的第四种方法是计算收益成本比率（BCR），并用其进行评估。项目的收益成本比率是该项目的收益现值总额与成本现值总额之比。由于收益成本的比率是按现值来计算的，因此项目的某一收益成本比率总是针对某一特定的折算率而言的。

设某项目各时期的成本额为 $C_1, C_2, \cdots, C_n$，收益额为 $B_1, B_2, \cdots, B_n$，折算率为 r，那么成本现值总额 $\text{NPV}(C)$ 与收益现值总额 $\text{NPV}(B)$ 就分别等于

$$\text{NPV}(C) = \frac{C_1}{1+r} + \frac{C_2}{(1+r)^2} + \cdots + \frac{C_n}{(1+r)^n}$$

$$\text{NPV}(B) = \frac{B_1}{1+r} + \frac{B_2}{(1+r)^2} + \cdots + \frac{B_n}{(1+r)^n}$$

该项目的收益成本比率 BCR 就为

$$\text{BCR} = \frac{\text{NPV}(B)}{\text{NPV}(C)}$$

作为一个例子，表 13-4 中列出了某项目有关年度的预期成本额和收益额，按 10% 和 11% 的折算率可分别计算出其成本现值和收益现值，以及相应的收益成本比率，列入表 13-4 中。从表中可以看出，按 10% 的折算率计算出的 BCR = 1.026>1，而按 11% 计算出的 BCR = 0.998<1。

表 13-4 某项目有关年度的预期成本额和收益额

年度	成本额	收益额	按 10% 的折算率			按 11% 的折算率		
			折算因子	成本现值	收益现值	折算因子	成本现值	收益现值
1	1 560	—	0.909	1 418	0	0.901	1 406	—
2	5 130	—	0.826	4 237	0	0.811	4 160	—
3	520	1 300	0.751	391	976	0.731	380	950
4	520	1 800	0.681	355	1 229	0.659	343	1 186
5	520	2 000	0.621	323	1 242	0.593	308	1 186
6	520	2 000	0.564	293	1 128	0.535	278	1 070
7	520	2 000	0.513	267	1 026	0.482	251	964
8	520	2 000	0.467	243	934	0.440	229	880
9	520	2 000	0.424	220	848	0.391	203	782
10	520	2 000	0.386	201	772	0.352	183	704
总计				7 948	8 155		7 741	7 722
收益成本比率（BCR）				1.026			0.998	

(2) 评价选择项目。以所要求的回收率为折算率计算出收益成本比率 BCR 后，可按该比率等于、大于或小于 1 来决定项目的取舍。当 BCR = 1 时，说明按所需要的获益水平（贴现率、报酬率 r），该项目刚好符合要求；当 BCR>1 时，说明项目获益水平已高于所要求的水平，应予接受；当 BCR<1 时，则说明该项目达不到所要求的获益水平，而应予拒绝。BCR 的值比 1 大得越多，说明该项目的获益水平越高，在这样的情况下，还可以用更大的折算率计算收益成本比率，以便准确地确定其获益水平。在表 13-4 的例子中，如折算率为 10%，可接受该项目；若为 11%，则应予以拒绝。

13.3.3 项目评价方法比较

1. 企业回收率法、净现值法、收益成本比率法的一般比较

从上述对三种方法的分析和举例中可以看出，三种方法的衡量标准对于项目的取舍决策是一致的。总结起来，在判断项目的取舍时，下述条件是等价的：

1）企业回收率等于一定水平的 r。
2）净现值 NPV = 0（以 r 为折算率）。
3）收益成本比率 BCR = 1（以 r 为折算率）。

所不同的是，它们是以不同的方式反映项目的获益水平，而适合决策者分析的需要。

2. 净现值法与企业回收率法的比较

(1) 两种方法在决定项目的取舍上是一致的。这有四个方面的意思：如果按企业回收率法可以接受（或拒绝）某项目，那么，按净现值法也同样可以接受（或拒绝）该项目；如果按净现值法可以接受（或拒绝）某项目，那么按企业回收率法也同样可以接受（或拒绝）该项目。

现就第一种情况从数学上加以证明。设项目的现金流量为 $A_0, A_1, \cdots, A_n$，已知按企业回收率法可以接受某项目，设该项目企业回收率 r 满足（且 $r \geqslant K =$ 所要求达到的回收率）：

$$A_0 + \frac{A_1}{1+r} + \frac{A_2}{(1+r)^2} + \cdots + \frac{A_n}{(1+r)^n} = 0$$

由于 $r \geqslant K$，所以有

$$\frac{A_1}{1+r} \leqslant \frac{A_1}{1+K}, \frac{A_2}{(1+r)^2} \leqslant \frac{A_2}{(1+K)^2}, \cdots, \frac{A_n}{(1+r)^n} \leqslant \frac{A_n}{(1+K)^n}$$

于是

$$0 = A_0 + \frac{A_1}{1+r} + \frac{A_2}{(1+r)^2} + \cdots + \frac{A_n}{(1+r)^n} \leqslant$$

$$A_0 + \frac{A_1}{1+K} + \frac{A_2}{(1+K)^2} + \cdots + \frac{A_n}{(1+K)^n} = \text{NPV}$$

即对于 K 有 NPV $\geqslant 0$，故按净现值法评价该项目也是可以接受的（其余三种情况的证明与此相似）。

也可以将某项目净现值关系式

$$\text{NPV} = A_0 + \frac{A_1}{1+r} + \frac{A_2}{(1+r)^2} + \cdots + \frac{A_n}{(1+r)^n}$$

（其中 $A_0, A_1, \cdots, A_n$ 为常数）画成某种几何图形来说明净现值评价标准与企业回收率评价标

准的关系，如图 13-3 所示。从图 13-3 中可以看出所采用的折算率与净现值的关系：折算率越小，净现值越大，折算率为零时，净现值最大（与纵轴相交）；折算率越大，净现值越小。从图中还可以看出，当 NPV=0 时，$r=15\%$ 代表该项目的企业回收率。如果 K（所要求的回收率）$=10\%$，因 $K=10\%<r=15\%$，按企业回收率法，应接受该项目；而当 $K=10\%$ 时，NPV$=Y_1>0$，故按净现值法，也应该接受该项目。如果 $K=20\%$，则 $r=15\%<K$，按企业回收率法，应拒绝该项目；而当 $K=20\%$ 时，NPV$=Y_2<0$，所以按净现值法，也应拒绝该项目。

（2）两种方法在选择更好的方案上可能存在差别。对于两个均可接受的方案，要评价哪个更好（只选择一个），运用这两种方法也许会得出相反的结论。举例如表 13-5 所示。

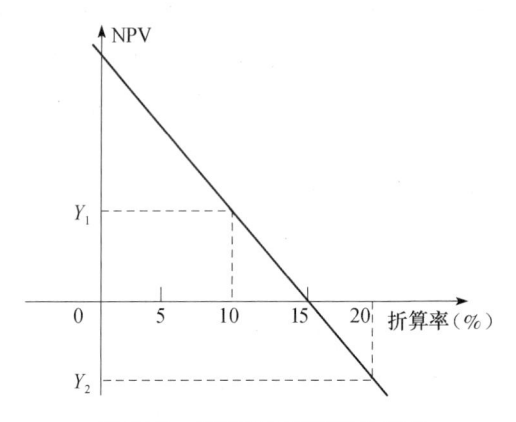

图 13-3 折算率与净现值的关系

表 13-5 举例（一）

年份		0	1	2	3	4
现金流量（元）	方案 A	−23 616	10 000	10 000	10 000	10 000
	方案 B	−23 616	0	5 000	10 000	32 675

方案 A 和 B 的企业回收率分别为 25% 和 22%，但是所要求的回收率为 10%，则相应的方案 A 和 B 的净现值分别为 8 083 元和 10 347 元。这样一来，按企业回收率法，方案 A 比 B 好；而按净现值法，则是方案 B 比 A 好。

产生这样不同的结果是由于不同的方法对从项目回收的资金的再投入的假定不同。企业回收率法假定再投资率等于企业回收率，比如方案 A 是假定第 1 年、第 2 年和第 3 年年末的 10 000 元均可按每年 25% 的复合回收率用于再投资；而净现值法假定再投资率为 10%。

（3）两种方法在特点上的差异。按照企业回收率法评价项目，得出的结果是百分比，即一个相对数，因而它忽视了不同方案的投资量。而净现值法的评价结果是按绝对数量来表示的，所以它考虑了投资量的因素。举例如表 13-6 所示。如果不考虑投资量的因素，方案 X 的企业回收率高于方案 Y，就会选择方案 X，但是方案 Y 的投资量较大，从而能提供更多的净现值。

表 13-6 举例（二） （单位：元）

方案	期初	1（年）	IRR	NPV（$K=10\%$）
方案 X	100	150	50%	36.36
方案 Y	500	625	25%	68.18

首先，从净现值法对每个方案所假定的再投资率（即投资者所要求的回收率）都是一样的这点来看，净现值法比企业回收率法好。而用企业回收率法时，对每个方案的再投资率的假定是不同的。这是由于每个方案的企业回收率往往因其现金流量不同而异。其次，净现值法考虑了投资量上的差别。基于这种考虑，决策者可能着重这样一类方案：它既可以满足决策者对回收率的要求，又可以扩大投资量从而得到更大的利润，同时占有更大的市场份额，因此这样做更符合长远利益。

但是，另一方面，企业回收率法比净现值法更实际和更容易解释，在计算中也不必指定一个所要求的回收率。事实上,所要求的回收率往往是一个很粗略的估计,因而企业回收率法也许能对项目进行更实际的比较。国外一些调查表明,企业回收率法是项目投资评估中被运用得最多的一种方法。此外,采用一种以上的方法评价同一项目,也是项目投资评价的一个重要趋势。

应当指出,对可接受项目的进一步比较,净现值法与收益成本比率法之间会存在不一致的选择。我们不能保证,具有较高收益成本比率(B/C)的项目,按净现值标准也一定优于 B/C 比率较低的项目。从数学上看,对于项目 1 和项目 2,若 $(B_1 - C_1) > (B_2 - C_2)$,并不保证有 $B_1/C_1 > B_2/C_2$。

13.4 企业扩展实例:"先下手为强循环周期"

"先下手为强循环周期"是许多日本企业成功地用于发展竞争的战略。该战略的要点在于,认为在行业处于高速成长期,扩大市场就意味着增大事业的成功机会;企业应当采用一切可能的手段,包括牺牲眼前的利益,求得比竞争对手更快地发展壮大自己,以期进入"高速扩展→扩大生产能力与销售→成本更快地降低→更多地盈利→更易于筹资和投资→进一步扩展"这样一个良性循环。

采取这一战略的关键在于,第一次扩展能否使企业顺利步入良性循环。否则,企业可能招致失败。为了实现这一目的,需要牺牲短期利益、扩大投资、产品降价、投入更多的技术开发费及广告费等。日本的本田公司采用上述战略战胜了竞争对手东京发动机公司,取代了它的市场领导地位,并成为世界上最大的摩托车生产厂家之一。

20 世纪 50 年代初期,日本的摩托车制造行业有 50 多家公司。摩托车市场的需求以每年 40%的速度递增,正处于高速成长的初期。当时处于领导地位的是东京发动机公司(以下简称东发),其市场占有率为 22%;处于第二位的是本田公司,市场占有率为 20%。虽然在市场占有率方面本田接近于东发,但在其他方面,本田均远远落后于东发。例如,税后利润率东发为 8%,本田仅为3.4%;负债与企业自有资金的比例,东发为 1.5:1,本田为 6:1。1955 年金融界对上述两家公司的评价是:"东发与本田同属日本摩托车制造行业的最大制造厂家,但是与本田比较起来,东发的收益性出类拔萃,财务状态非常好。""本田由于盲目扩大产业而大量借款,致使财务状态恶化。"

然而,5 年之后,本田取代了东发的地位,成为摩托车制造业界的霸主。东发的市场占有率不到 4%,而本田的市场占有率达到 44%。1960 年,本田公司的税后利润率达到创纪录的 10.3%,而东发却出现了巨额赤字,其数额竟占销售额的 8%。本田的财务状况得到了出人意料的改善,负债与企业自有资金的比例为 1:1,而东发为弥补赤字大量借款,财务状况急剧恶化,负债与企业自有资金的比例竟达到 7:1。一度实力雄厚、支配日本摩托车制造业的东发急转直下,在整个摩托车市场年增长率停留在 9% 的情况下,东发要想重新取得支配地位已是不可能了。[一]

本章小结

本章首先提出了企业扩展四维模型。该模型认为企业的扩展可以按四种方式进行分析:①按业务活动的方向分析;②按资本筹集方式分析;③按空间扩展方式分析;④按组建方式

[一] 艾伯哲伦,斯陶克. 企业巨子:日本企业如何称雄于世界 [M]. 张延爱,译. 北京:北京经济学院出版社,1990.

分析。并逐一讨论了各种具体扩展方式的优点与制约因素。

之后从几个方面讨论了企业扩展的动因：环境变动、战略反应与企业扩展；内部化与发挥企业专属优势；从竞争与目标角度解释企业扩展；追求利润与企业扩展；获取四大经济效率——竞争能力的主要源泉；协同作用与优势互补；技术进步对企业扩展的作用与影响。

企业投资是为了支持企业的扩展。为了提高效益，投资决策过程应当根据一定的程序进行，并运用投入-产出观点、资金的时间价值观点对项目进行分析和评价，并据此做出决策。在长期投资决策中，投资评价方法有回收期法、回收率法、净现值法和收益成本比率法。

计算分析题

1. 设年利率为10%，分别计算第1、2、5年年年末所获现金为1 500元的现值。
2. 设现金流量如下表所示。

（单位：元）

年度末	0	1	2	3	4
流量	-4 000	1 000	2 000	1 500	1 500

分别按5%、10%的折算率计算净现值。

3. 设现期投资1 000万元，以后3年每年回收500万元，计算企业回收率。
4. 设现期投资1 500万元，第4年年末回收3 000万元，计算折算率为10%时的净现值。
5. 项目A，B的现金流量如下表所示。

（单位：万元）

时期	0	1	2	3	4
A	-2 000	1 000	1 000	1 000	1 000
B	-2 000				6 000

（1）用企业回收率法评价两个项目。
（2）若所要求的回收率为12%，评价两个项目。

6. 在项目投资评估中，计算净现值的折算率是项目的实际回收率、项目的最高回收率、要求项目达到的回收率，还是社会或行业的平均收益率？
7. 评价当前我国企业（如联想、TCL）的海外兼并。
8. 当前我国出现了许多企业间的兼并行为，试分析其动因，并评价其效果。
9. 解释纵向一体化与横向一体化。

思考题

1. 试述企业的扩展与扩展竞争。
2. 解释企业扩展的动因。
3. 试述纵向一体化的考虑因素与横向一体化的考虑因素。
4. 试述多元化的考虑因素。
5. 试述企业的内部发展与合并的联系与区别。
6. 比较企业的创建与收购方式的优缺点。
7. 试述企业长期投资决策的目标和过程。
8. 解释净现值。
9. 试述运用内部收益法、净现值法进行项目投资评价的基本步骤。
10. 收集有关企业扩展案例的材料，从四维分析模型的四个维度分析其扩展路径。
11. 结合企业扩展的案例分析其扩展动因。
12. 讨论信息技术和互联网的发展对企业扩展行为的影响。
13. 运用权变理论的观点探讨企业扩展的新模式，特别是数字经济时代的新模式与新特征。

第 14 章　政府与企业

::学习目标

- 掌握政府干预经济的主要方式；了解西方管制理论的主要流派及其核心观点，各国对自然垄断者的价格管制的具体做法，以及对管制效率的评价。
- 理解中美两国反垄断法的主要内容。
- 掌握外部性的概念和政府对外部性进行管制的方法。
- 掌握公共物品的概念，理解公共物品要由政府来供应的理由。
- 了解政府介入企业事务的方式。

| 专栏 14-1 |

臭鼬工厂

"臭鼬工厂"（Skunk Works）是美国最隐蔽的生产工厂之一，会生产一些特殊的飞机。臭鼬工厂是一个奇特的工厂，位于加利福尼亚州伯班克（Burbank）的洛克希德机场。那里生产的飞机主要有如下几种：第二次世界大战中备受尊崇的 P-38 战斗机；美国第一架喷气式战斗机；第一架超音速喷气式战斗机 F104；距今更近的有 U-2、SR-71 和 F-117A 战斗机。在制造 P-80 飞机的过程中，臭鼬工厂实现了技术飞跃，从签订合同到生产出模型所用的时间之短和成本之低令人吃惊。所有这些都是在最严格的国家安全条件下完成的。

克莱伦斯·约翰逊（Clarence Johnson）是臭鼬工厂的奠基人。1975 年以前，臭鼬工厂没有受到多少来自美国联邦政府方面的干预。而后，约翰逊把组织的管理权交给了本杰明·罗伯特·里奇（Benjamin Robert Rich）。里奇面临许多约翰逊没有遇到过的管理方面的挫折，因为他遇到了很多与军事相关的新的社会规定。例如，法律强迫他必须从少数民族企业或失利的企业手中购买 2% 的原材料。里奇抱怨说，很多这样的企业都不能满足臭鼬工厂对高安全性的要求。平等雇用机会协会要求他雇用一定数量的穷人。里奇说："我被质问为什么没有雇用拉丁美洲的工程师。我回答说，'因为他们没有上过工程高校。我需要高技术的工人做十分专业的工作，而不能照顾其种族、信仰和肤色。'但这样说是于事无补。如果我不答应，就可能丢掉我的合同。种种特权令人无法容忍。我曾试图为我们的秘密生产争取到某种豁免，但这几乎是不可能的。"

里奇说，后来制造的飞机，特别是F-117A战斗机，他不得不处理飞机外表的有毒物质。"吸收雷达信号的铁酸盐平板和油漆要求工人事先采取特殊的预防措施。OSHA（美国职业安全与健康管理局）要求使用65个不同的面罩和几十种工作鞋。OSHA还告诉我，有胡子的工人在喷射涂料时不能使用面罩。想象一下，如果我告诉工会，臭鼬工厂不雇用有胡子的员工——他们会把我吊死在雕像上。"

OSHA还给里奇带来了其他麻烦。一个OSHA的监察员到臭鼬工厂的旧工厂去视察，这些工厂的建设年代可以追溯到第二次世界大战时期，工厂到处都是梯子，有很多金属线，一些平滑地面，不足的通风设备。监察员开出了200万美元的罚款，因为公司违反了OSHA多达7 000多条规定。里奇说："监察员对我说，公司之所以被罚，是因为门被堵塞、不合适的通风设备、在车间里没有后备的紧密照明设施、在工业酒精的瓶子上没有贴OSHA的警告性标签。后一项违规花了我3 000美元。我觉得自己既像牺牲品，又像出租贫民区的房东。"

资料来源：Ren R. Rich, Leo Janos. Skunk Works [M]. Boston：Little, Brown, 1994. ∎

在市场经济体制中，政府干预企业经济活动的方式主要有三种：①利用普通法、反垄断法通过法院间接干预企业的经济活动；②利用宏观调控手段通过市场间接干预企业经济活动；③通过管制机构直接干预微观经济主体活动。因此，从经济性质来看，政府干预可以分为两大类：宏观调控与微观管制。

管制是政府直接干预微观经济主体活动的一种行为方式，管制经济学的创始人之一卡恩（Kahn）在研究对公用事业的管制时，认为管制是对该种产业的结构及其经济绩效主要方面直接的政府规定，如进入控制、价格决定、服务条件及质量规定，以及在合理条件下服务所有客户时应尽义务规定等。斯蒂芬认为，管制是指政府为控制企业的价格、销售和生产决策而采取的各种行动，政府公开宣布这些行动是要努力制止不充分重视社会利益的决策。而根据丹尼尔·史普博的定义，经济学中的"管制"是指由行政机构制定并执行的直接干预市场配置机制或间接改变企业和消费者供需关系决策的一般规则或特殊行为。他认为管制代表了国家的一种企图，即改变原先控制市场交易的行政及法律制度框架。

14.1　西方管制理论的主要流派

14.1.1　管制公共利益理论

市场经济一般会在自然垄断、人为垄断、外部效应、信息不对称等领域出现失灵情况，在此情况下，政府管制便具有潜在合理性，管制公共利益理论产生的直接基础是市场失灵。理查德·波斯纳（1974）认为，管制公共利益理论的前提条件有两个：一是自由放任的市场运行特别脆弱且运作无效率；二是政府管制根本不花费成本。欧文和布劳第根（1978）将管制看作服从公共需要而提供的一种减弱市场运作风险的方式。茅诺（1988）认为，政府管制是创造性地实现对公共利益整合、维护和分配的行为。在一个复杂的社会中，需要协调许多相互冲突的利益，保护公共福利免受反社会的破坏性行为的侵损，因此，由政府直接采取行动进行管理具有无可争辩的合理性。

无论是政府反垄断管制、经济性管制，还是社会性管制，公共利益都是最好的理由：在自然垄断情况下，进入管制只允许一个厂商进行生产，这符合生产效率的要求，而价格管制能约束厂商制定出社会最优价格，这符合资源配置效率，所以对自然垄断的价格和进入管制有可能获得资源配置和生产双重效率。在存在外部性的情况下，增加对负外部性的税收征收，补贴正外部性，都可能促成符合社会偏好的资源配置状态。如果自由市场在有效配置资源和满足消费者需求方面不能产生良好绩效，则政府应该管制市场，以纠正这种情形。

总之，政府管制公共利益理论把政府管制视为针对私人行为的公共行政政策，或从公共利益出发而制定的规则，认为政府管制的目的是克服市场失灵，提高资源配置效率，实现社会公平正义和福利最大化。

14.1.2 管制俘虏理论

曾获诺贝尔经济学奖的斯蒂格勒率先为管制俘虏理论提供了立论基础。他（1971）认为，对于每一个行业来说，政府部门及其所拥有的权力具有两面性：既是一种潜在的资源，也是一种潜在的威胁。政府利用手上掌握的权力，有选择地帮助或损害了大量的企业。因此，利益集团会千方百计地游说政府，使其利用权力为本集团的利益服务。贝茨曼、霖布洛和维克斯进一步发展了管制俘虏理论。贝茨曼（1976）认为，政府管制市场存在于两个层次：管制立法和管制执法。在利益驱动下，被管制者会千方百计进行"寻租投资"，企图影响管制决策，而管制者通常会被"收买"。霖布洛（1977）认为，在私有企业制度下，政府官员受到多头政治的控制，普通民众和企业家都力图对多头政治施加影响，但后者拥有雄厚的资金实力和特殊的接触渠道，在这一竞争中具有明显优势。企业家利用其特权地位，使管制决策的主导权发生转移。维克斯等人（2000）指出，管制的提供适应了产业对管制的需求（即立法者被管制中的产业所控制和俘获），而且管制机构也逐渐被产业所控制（即管制者被产业所俘获）。

管制俘虏理论的基本观点是，被管制者利用强大的垄断力量和寻租投资来影响政府，管制因此迷失了方向，原本为公共利益服务的管制程序被私人利益集团破坏了，管制当局被利益集团收买和控制，管制提高了产业利润而不是社会福利。从管制的历史经验来看，管制是朝着有利于生产者的方向发展的，它提高了产业内厂商的利润。正是这种经验观察促成了管制俘虏理论的产生。

14.1.3 激励性管制理论

激励性管制理论又称新管制经济学。由于管制产生的企业内部低效率，管制机构和被管制机构之间存在着信息不对称等管制失灵引起经济学家对政府管制的重新思考。在许多情况下，平均成本下降的自然垄断产业中仍有管制的必要性，为对继续保留的管制进行改革，洛伯和马盖特于1979年提出激励性管制方案，包括能给被管制企业提供经营刺激、诱导垄断者去实施某种行动、以达到某个管制目的的管制政策，所采用的方法主要有区域间竞争、特许投标制、价格上限管制、社会契约制等。

传统管制经济学中管制者与被管制者信息完全（包括信息对称）的假设被修正，管制问题被置于信息不对称条件下的委托-代理分析的框架内，从而形成激励性管制理论。与公共利益管制理论不同，它不是着眼于"为什么会产生管制"，而是着眼于"应该如何管制"，是一种将激励机制引入管制之中的理论方法，其目的主要是提高管制中的效率。

激励性管制理论使西方管制经济学向前迈出关键性的一步，并逐渐融入主流经济学，成为当代经济学中最具活力的领域之一。激励性管制理论认为有必要制定一套减少或阻止管制机构被俘获的激励机制，因为利益集团企图影响政治决策的动机源于在管制中涉及他们的切身利益，当利益集团切身利益大于或等于用作俘获管制机构的成本时，利益集团影响政治决策的行为就会发生。这一理论为提高管制效率、降低管制成本提供了新的理论框架和改革路径，从而有力地促进了政府管制改革。

14.2 对自然垄断的管制

政府管制的目的是消除市场失灵，维持市场经济秩序，促进市场竞争，最终增加公共福利。政府管制的一个重要对象是自然垄断者。研究者根据国有化比重、行业集中度与产业利润率三个指标，结合运用二维分析法和综合加权排序法，认为我国有6个行业为自然垄断行业，分别为燃气生产和供应业、电力热力生产供应业、电信和其他信息传输服务业、铁路运输业、邮政业和航空运输业（丁启军等，2008）。

"自然垄断"一词最早由穆勒于1848年使用，他认为在许多私人没能力投资或不愿投资的领域，如供水、公路、运河和铁路等，由政府来投资和运行是合理的。萨缪尔森进一步指出，当一个产业的规模经济性或范围经济性足够大，以至于只能有一个厂商生存下来时，就会产生自然垄断。夏基（1982）则从成本角度对这一概念进行了表述，认为如果整个行业由一个厂商生产的总成本比由两个或两个以上厂商生产的总成本低，则这个行业就是自然垄断行业。在这样的产业中，唯一的企业即自然垄断者一方面具有普遍服务性特征，其垄断地位不易动摇；同时，作为经济体，垄断企业又会追求利润，会倾向于制定高价，掠夺消费者。因此，国家常常会建立政府管制委员会来限制自然垄断者的定价。

考虑某供水公司的情况，其需求曲线 D、边际收益曲线 MR、平均成本曲线 AC 和边际成本曲线 MC 如图14-1所示。如果没有管制，让其自由谋求最大利润，企业就会根据边际收益等于边际成本的原则，把价格定为 P_m，把产量定为 Q_m。如果监管机构把最高限价定在边际成本曲线 MC 与需求曲线 D 的交点（A 点）处，就可以促使垄断者提高产量，从而使价格和产量水平达到该行业在竞争条件下应有的水平。在最高限价为 P_c 时，企业会有一条新的边际收益曲线 $P_c ABR$。由于在产量小于 Q_c 时，P_c 在需求曲线之下，企业是按同一价格把 $O\sim Q_c$ 的产品卖出去的，对应的边际收益曲线为水平直线 $P_c A$。只要边际成本小于 P_c，企业就应当增加产量，因此，利润最大化的产量为 Q_c。这一产量恰好等于消费者按控制价格想要购买的数量。

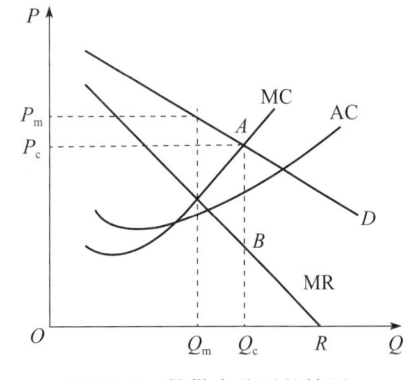

图14-1 某供水公司的情况

在实践中，各国对自然垄断者的价格管制存在不同的做法。美国采用投资回报率模式，即通过限制企业的投资收益率来进行价格管制，其模型为

$$R(P,Q) = C + r \cdot RB$$

式中，R 为企业的收入，它是价格 P 和产量 Q 的函数；C 为成本；r 为投资回报率，RB 为投入资本基数，二者由监管机构确定。

英国对自然垄断者的价格管制则是通过事先限定一个在一定时期内企业不能超过的平均价格水平，监管机构按照通货膨胀率和预期技术进步率来调整价格上限。在此基础上，企业可以自由制定价格。技术变化带来的实际生产效率增量超过监管机构制定的技术进步率越多，企业的成本就越低、利润越高。其模型为

$$P_{t+1} = P_t(1 + RPI - X)$$

式中，P_{t+1} 代表下期管制价格；P_t 代表本期管制价格；RPI 代表通货膨胀率；X 代表监管机构制定的预期技术进步率。

14.3 管制效率

斯蒂格勒等人（1962）的研究表明，在美国电力行业中，受管制的州的电费水平平均比不受管制的州高，如果剔除诸如人口规模、城市化状况、工业化范围等因素对电费水平的影响，政府的价格管制基本上对电费水平没有什么影响。斯蒂格勒（1996）的研究发现，管制仅有微小的导致价格下降的效应，并不像管制公共利益理论所宣称的管制对价格具有较大的抑制作用。即使对自然垄断进行管制，实际上也并不总能有效地约束企业的定价行为。

信息不对称的存在使得政府对自然垄断型企业的价格管制处于低效率状态。监管机构由于远离企业生产经营的实践过程，不可能掌握比垄断企业更多的企业信息，难以了解企业的实际成本和需求信息。而企业也并没有动力将自己的真实信息呈现出来；相反，它们总是尽可能地利用自己的信息优势来获取信息租金。这样一来，价格管制所依赖的企业信息就失去了真实性，其有效性也就不可避免地打了折扣。

在价格管制下，管制者试图阻止垄断者获得超额利润。这在实际操作中存在着难以克服的困难，如果对企业不管其经营效率的高低，都只准其获得同样的收益率，那么这些企业就不存在提高效率的动力。在我国，自然垄断性企业为了逃避价格管制，往往采用提高成本，尤其是人工成本的做法。正如经济学家周其仁所说，垄断企业的成本是不可知的。丁启军和王会中（2009）的实证研究发现，价格管制对员工平均工资有着显著的正影响。价格管制的存在，促使被管制行业的账面利润率有效降低，但企业的人工成本却大幅增加。这正是企业将实际利润向员工收入转移以规避价格管制的结果。从这个意义上讲，价格管制的效果大打折扣，而且还会造成财富从股东权益向内部员工转移的后果。再考虑到被管制的行业多为国有企业占据主导地位，价格管制的失效就还涉及国有资产的流失问题。

| 专栏 14-2 |

概念的情景化应用：监管电网有道

电力工业主要由发电、输电、配电、售电四个环节组成。

目前，世界各国电力监管的总体趋势是区分竞争环节（发电、售电）和垄断环

节（输配电）。在放松对竞争环节的监管同时，加强对垄断环节的网络接入监管、价格监管以及安全、环保监管，也就是说，政府监管的主要对象是电网。

目前，绝大多数国家都已经实现输配电价的单独定价，对它的监管是电力监管中的重要内容。

各国对电力企业的监管机构设置主要可分为两类：单独设立监管机构和非独立监管。单独设立监管机构模式中，监管机构独立于政府部门，具有较强的中立性，如美国、英国以及澳大利亚等受英美法系影响较大的国家采取的是这类监管方法。日本以及欧洲大陆法系国家（如法国、德国等），总体上采取政监合一的监管模式。

英国的天然气和电力市场办公室（Office of the Gas and Electricity Markets, OFGEM）于1999年6月由电力监管办公室和天然气监管办公室合并而成，是一家独立于政府的电力监管机构。

OFGEM对输配电价的监管，是通过规定电网经营企业的最大准许收入实现的。为此，OFGEM制定了价格控制审查制度：以五年为一周期，预先核定下一周期电网企业每年的最大准许收入。如果电网企业在下一周期中的年收入超过了限额，OFGEM有权对其进行处罚。这一做法在保证电网企业合理收入的同时，避免了电网企业将其建设投资费用等转嫁给电力用户。OFGEM核定出的电网企业最大收入由以下项目相加得到：准入运行成本、以管制资产为基础的折旧限额、以管制资产为基础的合理回报。

澳大利亚的监管办法与英国类似，也是在确定电网企业的年度准许收入后，按照资产类型分摊到各种输电服务中，再将输电服务成本分摊到用户或者用户节点，由此得到输电电价。

美国的电力监管采取分级监管模式。在联邦一级设有联邦能源管制委员会，这是隶属于美国能源部的一个独立机构；各州则成立了公用事业监管机构，负责当地的电力监管。以得克萨斯州（简称得州）为例，2002年得州放开电力销售环节，但输配电价仍由政府管制，具体工作由得州公共事业管理委员会（PUCT）负责。监管内容主要包括：明确输电企业应该提供的服务项目；制定服务项目价格；明确有关会计记账规则；保证电网企业的成本列支情况与服务项目保持一致，以便监管机构审核；审核批准输配电公司的重大投资项目；监管电力市场内各参与主体的市场行为。

得州的输配电价形成机制同样采用准许收入法，以核定的准许收入为基础，制定各类用户的输配电价。输配电公司提供给用户的服务必须达到政府监管部门规定的标准，否则将被强制要求降低输配电价格或被处以罚款。一些非营利的电力公司会根据每年的营业收入和运营基金，决定是否退还用户部分电费。除了退款，还有电力公司会将准许收入之外多收的营业收入用于公益事业。

日本共有九家大型私营电力公司，实行的都是发输配售垂直一体化的体制，但电力公司内部对四个环节实行了严格的财务分离制度，这也为确定"过网费"提供了可能性。"过网费"的确定方法是：政府制定规则，输配电企业遵照规则进行测算，最后报政府批准执行。

日本电力系统利用协会（ESCJ）于2004年2月成立，同年6月被日本政府指定为全国唯一的输配电业务监管机构。ESCJ主要由学者和各类电力供应和销售商组成，旨在确保输配电业务的公平性、透明性和中立性。

ESCJ的日常管理由九大电力公司轮流派驻的人员负责，工作内容包括：制定电网建设和管理的指导性规则；处理输配电业务方面的纠纷和投诉；负责跨区输电线路的容量管理、阻塞管理并公布相关信息；制定、发布全国的电力供求状况和电力可靠性评价报告书。

日本在20世纪90年代实行了电力改革，通过在发电侧和售电侧引入竞争并对输配电环节进行协调和监管，使电价水平有了较大幅度的下降。东京电力公司2005年的电价水平比1996年下降了27%。同时，过网送电费也在下降，与2000年相比，东京电力公司2005年的高压用户过网送电费下降了23.2%，中压用户过网送电费下降了13%。

我国的输配电价缺乏第三方或法定的核定、监管与制度约束，致使电网公司长期依靠购销差价为"盈利模式"，饱受外界诟病。这一局面正在被打破。2015年6月，国家发改委和国家能源局联合印发《输配电定价成本监审办法（试行）》（简称《办法》），以推进输配电价改革，建立对电网企业的成本约束机制。

长期以来，我国的购电价格由市场价格、输配电价和政府性基金三部分组成。其中输配电价标准及核定环节长期缺乏监管，主要由电网公司以购销差价定价。"新电改"启动后，核定输配电价成为电价体制改革的首要任务。政府主要核定输配电价，使其逐步过渡到按"准许成本加合理收益"原则，分电压等级核定。

作为国内首个针对超大网络型自然垄断行业的成本监审办法，《办法》提出四项原则：一要合理归集，即成本费用按电压等级、服务和用户类别合理归集，为分电压等级、分用户类别核定输配电价及测算电价交叉补贴提供依据；二要从严核定，剔除不合理因素，特别是管理性质费用，对高于行业平均水平较多的费用要核减；三要新老分开，增量部分核定严于存量部分；四要共同监管，在资产和部分成本费用的审核方面，充分发挥各部门合力，共同加强对电网企业成本的监管。

输配电改革试点工作已在深圳市、内蒙古西部地区率先开展。其中，深圳市已于2015年1月完成输配电价水平测算，首个监管周期（2015年—2017年）内输配电价水平逐年递减，相比2014年的输配电价，每千瓦时下降0.01元。国家发改委数据显示，首轮输配电成本监审共核减电网企业不相关、不合理费用约1 284亿元，平均核减比例为15.1%。

2019年4月22日，国家发改委下发《输配电定价成本监审办法（修订征求意见稿）》，对电网监管提出新的要求，明确与输配电成本无关的费用，不得记入输配电定价成本。本次修订首先推进监审科学化，发挥成本监审激励约束作用，对材料费、修理费和其他运营费用设置费用上限；增加投资合理性的规定，明确对未实际投入使用、未达到规划目标等新增输配电资产的成本费用支出，以及因重复建设、工期延误等发生的成本费用支出，不予列入输配电成本，以引导提高投资合理性，减少盲目投资；增加对租赁费等部分涉及重大内部关联方交易费用的审核。同时，推进监审精细化，进一步细化输配电定价成本分类及审核方法，将输配电定价成本细化为省级电网、区域电网和专项工程三类输电定价成本；细化其他运营费用，分为生产经营类、管理类、安全保护类、研究开发类等；增加分电压等级核定有关规定。

资料来源：

[1] 蒲俊．监管电网有道，新世纪周刊，2011年第13期；鲁晓曦．输配电要算成本，电网套上约束机制．财新网，2015年6月18日；王璐，输配电定价成本监审新规趋严细化，经济参考报，2019年4月23日．

[2] 输配电成本监审办法修订，电网面临严监管，财新网，2019年4月23日．

14.4 反垄断法

14.4.1 美国的反垄断法

1890年7月2日，美国国会以压倒多数票通过《谢尔曼法案》（The Sherman Act）。该法案是反垄断的渊源。《谢尔曼法案》有两条最重要的条款：

（1）任何契约、以托拉斯形式或其他形式的联合或共谋，若以限制州际或国际贸易或商业为目的，就是非法的。

（2）任何人进行垄断或企图垄断，或与他人联合、共谋垄断州际或国际商业和贸易，是严重犯罪。

这定下了美国日后反垄断法施行的基调，即限制贸易的行为和创造、维持垄断的行为都是反竞争的行为。1911年，新泽西标准石油公司被指控具有非法垄断精炼油市场的犯罪行为，结果，企业被拆分为30个独立的公司。美国今天大多数大的石油公司都是当时的标准石油公司分拆而来的。

鉴于谢尔曼法案用语含糊，国会在1914年通过了《克莱顿法案》（The Clayton Act），后又在1936年通过了《罗宾森-帕特曼法案》（The Robinson-Patman Act）。明确了几种威胁竞争的行为：①禁止生产相同种类和相同质量产品的经营者之间的价格歧视，除非价格的区别是因为有成本方面的正当理由，或者更低的价格是为了满足竞争的需要；②禁止排他性协议（经营者只能销售特定生产者的产品）和捆绑销售（特定产品的销售是以必须附带购买同一个经营者的其他产品为条件的）；③控股其他公司等。

1974年，美国国会对《谢尔曼法案》进行了修订，加大了对违法行为的处罚力度。现在，公司可被判罚款高达100万美元，个人可被判罚款高达10万美元且可判长达三年的监禁。另外，在民事诉讼中，企业和个人还可能被处以3倍于因违法反垄断法而造成损失的赔偿。

14.4.2 美国反垄断法的执行

1914年，美国国会建立了联邦贸易委员会（FTC）并通过了《联邦贸易委员会法案》（The Federal Trad Commission Act）。授权联邦贸易委员会更多的是要解决消费者保护的问题，而涉及违反《谢尔曼法案》的刑事案件则由美国司法部的反垄断局来负责。

20世纪60年代和70年代是美国强有力地执行反垄断法的时期。当时有1800起要求3倍赔偿的起诉控告违反了反垄断法律的企业，并导致了约5亿美元的赔偿。在这一时期，企业并购受到高度关注。卢巴金和斯里尼瓦桑（1997）研究了美国企业在1948年—1989年的并购战略，发现20世纪六七十年代的无关并购是严厉的反垄断法的结果：严格的反垄断使得企业进行横向并购和纵向并购的风险很大，而无关并购则不存在被起诉的风险。

20世纪80年代以来，美国反垄断的力度明显减弱了，反垄断官员不在高度关注企业并购。这种政策上的转变直接刺激了"以追求效率为目的"的并购的大量发生。尽管批评家认为反垄断法执行不力，但里根政府坚持认为这是在以促进竞争而不是妨碍竞争的方式执行法律。

20世纪90年代以后，随着经济全球化速度的加快，扶持本国大企业抢占国际市场份额成为各国政府关注的问题，在这一时期，美国对反垄断的管控程度进一步放松了。1997年，波音对麦道的兼并获得批准。2002年，微软被指控将其Internet Explorer浏览器与Windows操作系统捆绑是垄断行为。但最终法院认定"技术捆绑"不应自动视为非法，因为将产品功能捆绑在一起，令整合后的产品成本更低、对客户更具吸引力或更便于使用，这样的做法有其经济合理性。微软的反垄断案最终以微软不被分拆而结束。

公共选择学者认为，美国施行了一个世纪的反垄断法并不能完成保护消费者利益的根本目标；相反，反垄断法施行的结果往往是服务于某些特别利益，而非全部为了公共利益。反垄断法的施行就像政府的政策一样，在很多时候都没有起到应有的作用，出现了反垄断法的失灵。

利益集团的寻租行为是导致反垄断法失灵的直接原因。利益集团一般是指客观上具有共同利益基础，主观上具有共同利益意识，依托社会团体或一定的组织形式开展活动，旨在影响公共权力运作的社会群体㊀。寻租理论认为，利益集团会做出一些投资以保证自己得到超过正常范围的利益回报，扩大财富积累。反垄断法的施行就提供了许多这样的机会。在美国反垄断法的施行过程中，很多的利益集团和反垄断法结合在一起，包括直接卷入诉讼的公司、它们的竞争者、消费者、供货商和员工，以及有责任调查反垄断控诉并付诸行动的联邦贸易委员会的官员和更上层的管理者，还有国会议员的赞助人等。他们可以游说国会通过对他们有利的立法，影响法规的具体制定，或者鼓动进行反垄断的诉讼，或者提供一些特别的信息给联邦贸易委员会或司法部的反垄断局以影响他们的判断。这些特定策略的采用就是要寻求一个能够给自己带来丰厚回报的"官方"来支持，并因此获得巨大的利润。因此，反垄断法的施行是否能实现维护竞争的目标，就不取决于法律本身了，而受限于诸多外在的因素。

"是来自中西部农场州（主要是农村的牧场主和屠户）的游说在保证《谢尔曼法案》的通过上起到决定性的作用。对芝加哥那些新的集中的大规模的肉类处理工厂来说，该法案就是横放在他们面前的一个竞争性的障碍。"㊁

"1914年通过的《克莱顿法案》也存在着转移财富给两个利益集团的动机，即相对大的进行州际贸易的国有公司和小的州内有排他性贸易权的公司。财富转移的代价是进行州际扩张的公司越来越多，因为《克莱顿法案》禁止那些以低成本实现垄断目标的方式：收购其他公司、合并、排他性交易和其他的贸易限制。"㊂

有学者认为，法官和联邦贸易委员会（FTC）的律师们在反垄断法的施行过程中也有重要的寻租动机。法官通过对案件的审判获得了经验并可能获得晋升。律师们则更愿意在短期内参与更多的反垄断案件，这样就可以快速积累经验，进而为辞职后进入高薪的私人反垄断组织提供资本。而反垄断法的施行是否真正意义上促进了竞争、维护了消费者的利益，是否在市场上有良性促进作用，则并不是他们关心的内容，他们更在乎的是在反垄断工作中的自我增值。反垄断法的施行被利益集团的利益寻租行为影响了，当然，这些寻租行为也可以选择性地帮助反垄断法的发展，但这也许是巧合的和间接的，法律本身的目的和原则已经在施行过程中发生了变形。

㊀ 聂婴智，张凌竹. 反垄断法施行的公共选择分析：以美国的反垄断法为研究基础. 前沿，2011年第6期.
㊁ TOLLISON R D. Pubic choice and antitrust［J］. Cato Journal，1985：4（3）.
㊂ EKELUND R B, MCDONALD M J, TOLLISON R D. Business restraints and the Clayton Act: public-or private-interest legislation? F. S. McChesney&W. F. Shughart II（Eds.），The causes and consequences of antitrust: the public-choice perspective, University of Chicago Press，1995.

| 专栏 14-3 |

因安卓业务涉嫌垄断，谷歌被欧盟处以天价罚款

2018 年 7 月，欧盟宣布对谷歌（Google）处以创纪录的 43.4 亿欧元（约合 50 亿美元）罚款，理由是谷歌通过安卓系统阻碍市场竞争。欧盟反垄断监管机构裁定，谷歌将用户引导至自己的搜索引擎，削弱了有竞争关系的搜索引擎提供商和应用开发者。谷歌安卓系统目前被使用于全球超过 80% 的智能手机。欧盟反垄断专员玛格丽特·维斯塔格（Margrethe Vestager）在裁决中表示："谷歌利用安卓为载体，来巩固搜索引擎的主导地位。这样的做法导致竞争对手没有机会去创新，以及展开有意义的竞争。"

关于谷歌和三星等手机厂商之间安卓系统的使用协议，欧盟提出了根本性的问题。

尽管谷歌免费提供开源手机软件，但同时也要求，如果手机厂商想要获得谷歌应用商店（Google Play）的授权，那么需要预装谷歌搜索引擎和 Chrome 浏览器，并且还规定一些预装的应用要放在主页屏幕上。用户可以从主页屏幕删除这些应用，或更换默认搜索引擎。然而，很多用户并不会这么做，他们反而是因为这些服务而选择使用安卓系统。随着用户互动向移动端转移，安卓拓展了谷歌的业务模式，取得了空前的成功。

这也是谷歌可以将安卓免费授权给手机厂商，以及安卓手机价格可以很低的原因之一。吸引到的用户关注越多，谷歌就可以在第三方应用中投放越多广告，从而获得更多的广告收入。这种策略的结果是，竞争对手的搜索引擎和应用被实质性排除在安卓平台之外。这也是欧盟所提出的质疑。

欧盟要求谷歌在安卓授权过程中放弃一些控制权。欧盟要求，手机厂商应该可以免费使用安卓，并且在无须预装谷歌搜索和 Chrome 的情况下获得谷歌应用商店授权。

欧盟还表示，谷歌向手机厂商和运营商付费，让它们在手机上以排他性方式预装谷歌搜索应用，这样做是违法的。谷歌曾于 2011 年至 2014 年这样做，当时谷歌制定了所谓的"反碎片化"协议，防止手机厂商使用修改过的安卓版本。

除了最初的罚款之外，谷歌可能还将面临额外处罚。如果不能按照欧盟的要求，在 90 天内改变指控中的行为，那么即使提出上诉，谷歌也将面临母公司 Alphabet 全球范围内平均日营收 5% 的罚款。

谷歌将需要决定如何调整其行为以遵守欧盟的决定，而欧盟随后将评估这些调整是否能确保合规。这个过程会需要几年的时间。欧盟仍然在判断，在对谷歌购物比价服务处以 27 亿美元罚款之后，谷歌做出的调整是否已经足够。

资料来源：http://tech.sina.com.cn/i/2018-07-19/doc-ihfnsvza5665339.shtml. ■

14.4.3 我国的反垄断法

我国曾经是少数几个没有成熟反垄断法律的主要经济体之一，这一状况在 2007 年有了改变。经过 13 年的漫长立法过程，《中华人民共和国反垄断法》终于在 2007 年 8 月 31 日获得通过，2008 年 8 月 1 日正式生效。反垄断法出台标志着我国完成了竞争法体系的基本构建。

《中华人民共和国反垄断法》对市场行为做出明确限定的实质性条款可以分为三大主题：①经营者达成垄断协议；②滥用市场支配地位；③通过并购实现过分集中。

据中国最高人民法院解释，我国《反垄断法》的实施采用"双轨制"，即行政机关反垄断执法和人民法院的反垄断司法审判相结合的体制。公民、法人和其他组织可以通过反垄断举报申请反垄断执法机构对涉嫌垄断经营行为进行执法，也可以直接向人民法院提起反垄断民事和行政诉讼。

2008年8月，国务院成立了反垄断委员会，可以授权省、自治区、直辖市人民政府相应的机构，依照《反垄断法》规定负责有关反垄断执法工作，包括：负责垄断协议、滥用市场支配地位、滥用行政权力排除限制竞争的反垄断执法（价格垄断协议除外）等方面的工作；负责依法查处价格垄断协议行为；负责经营者集中行为的反垄断审查工作。

自反垄断法实施以来，经营者集中申报案件呈上升趋势。2009年商务部经营者集中反垄断审查立案87件，2016年达到360件。8年（2009年—2016年）来我国经营者集中反垄断申报案件立案总数为1 724件。经营者集中反垄断审查工作表现出诸多特点：①我国正日益成为世界上重要的反垄断审查监管地区；②国际社会对我国的经营者集中审查的认可度大幅提高；③审查效率进一步提高；④经营者集中的方式以收购和组建企业为主；⑤横向集中略有下降，纵向和混合集中有所上升；⑥外资企业和国内企业接受审查的比例大致相同；⑦制造业并购成为审查的重点，2016年的审查立案中，制造业占比为53%；⑧未依法申报查处的案件有较大上升；⑨附条件批准案件的监督进入常规期，监督成为常态；⑩截至2016年12月，在经营者集中申报案中，只有两个禁止类案件，即可口可乐并购汇源案和马士基、地中海航运、达飞设立网络中心案。⊖

2018年，伴随着国务院的机构改革，我国原先的三大反垄断执法机构，即中华人民共和国商务部的经营者集中执法、国家发展和改革委员会的价格监督检查与反垄断执法和国家工商行政管理总局的反垄断执法部门及职能合并至国家市场监督管理总局。市场监督管理总局下设的反垄断局专门负责反垄断执法。反垄断局当年共附条件批准四件反垄断申报案件，分别为"拜耳股份公司收购孟山都公司股权案""依视路国际与陆逊梯卡集团合并案""林德集团与普莱克斯公司合并案"和"联合技术公司收购罗克韦尔柯林斯公司股权案"。上述四个案件均为重大跨国并购，涉及农业、化工、眼镜、航空制造等行业。商务部和市场监管总局在做出附条件决定时，重点关注交易对我国相关市场的竞争影响。其中，"依视路国际与陆逊梯卡集团合并案"中，中国反垄断机构是全球主要经济体中唯一做出附条件批准决定的。这既说明中国市场在全球产业中具有重要地位，也说明中国反垄断机构在执法中更加自信。

顾正平和孙思慧（2019）对这四个案件进行了分析，发现反垄断局在审查思路方面的五个特征：①计算市场总量时会剔除生产商自用部分的数额。在"联合技术公司收购罗克韦尔柯林斯公司股权案"中，并购双方计算的全球可调水平安定面作动器的市场份额为40%~45%。但反垄断局认为飞机制造商自制并自用的作用器不会进入市场，所以应以市场总量扣除飞机制造商自行生产部分作为计算市场份额的分母。根据这一计算标准，并购后联合技术的市场份额将达到65%~70%。②反垄断局在案件审查中越来越多地运用经济分析和市场调查手段。③反垄断局对经营者集中后可能出现的捆绑销售尤为敏感，非常重视集中可能产生的传导效应。在"联

⊖ http://fzb.nantong.gov.cn/art/2017/2/10/art_27061_2426961.html.

合技术公司收购罗克韦尔柯林斯公司股权案"中，反垄断局特别指出，交易完成后，联合技术公司将拥有航空零部件业最全面的产品线，凭借在上述产品领域的优势甚至支配地位，有能力在上述产品之间或与其他零部件进行捆绑、搭售。④在结构性救济条件之外，制定了具有明显定制化特征的行为性救济条件。在"林德集团与普莱克斯公司合并案"中要求集中后实体"根据现有合同和相关市场届时情况，以合理的价格和数量继续向中国客户及时并稳定地供应惰性稀有气体混合气、含氟稀有气体混合气和氯化氢稀有气体混合气"；在"联合技术公司收购罗克韦尔柯林斯公司股权案"中要求集中后实体"如果中国市场仍存在相应需求，不会实质性改变当前的商业模式，包括当前招投标模式与分包做法，并确保公平合理地对数量、质量、交货条件等合同条款进行谈判，充分考虑中国客户的交易历史情况与现状"。⑤研发投入带来的潜在竞争是反垄断局关注的重点之一。如果交易的一方尚未进入相关市场，但已在相关市场投入大量研发资金，从而成为该市场强有力的潜在竞争对手，集中将消除这种竞争关系，则交易可能会受到反垄断局的密切关注。如在"依视路国际与陆逊梯卡集团合并案"中，反垄断局认为双方作为各自潜在的竞争者，均投入大量的研发资金进入彼此占据领先地位的产品市场。从长远和动态的角度分析，依视路国际和陆逊梯卡集团作为光学镜片和光学镜架的领先竞争者，未来可能成为彼此的重要竞争约束。

| 专栏 14-4 |

概念的情景化应用：中国互联网反垄断

2020 年 12 月 24 日，国家市场监管总局宣布依法对阿里巴巴集团涉嫌垄断行为立案调查，并在同天对阿里巴巴集团进行现场检查。2021 年 4 月 10 日，做出行政处罚决定，责令阿里巴巴集团停止滥用市场支配地位行为，并处以其 2019 年中国境内销售额 4% 的罚款，计 182.28 亿元。同时向阿里巴巴集团发出《行政指导书》，要求其全面整改，并连续三年向市场监管总局提交自查合规报告。

市场监管总局在处罚决定书中指出，自 2015 年以来，阿里巴巴集团滥用市场支配地位，对平台内商家提出"二选一"要求，禁止平台内商家在其他竞争性平台开店或参加促销活动，并借助市场力量、平台规则和数据、算法等技术手段，采取多种奖惩措施保障"二选一"要求执行，维持、增强自身市场力量，获取不正当竞争优势。认定阿里巴巴实施"二选一"具有排除、限制竞争效果，妨碍商品服务和资源要素自由流通，影响了平台经济创新发展，侵害了平台内商家的合法权益，损害了消费者利益，构成《反垄断法》中滥用市场支配地位行为。

市场监管总局在本案中将相关市场界定为中国境内网络零售平台服务市场，并认为无论平台服务收入还是平台商品交易额计算，阿里巴巴的市场份额均超过 60%，相关市场高度集中；强调阿里巴巴通过制定平台规则、设定算法等方式，决定平台内经营者和商品的搜索排名及其平台展示位置，对其经营具有决定性影响；此外，还认定阿里巴巴在关联市场有显著优势，包括在物流、支付、云计算等领域也进行了相关布局。

此案创造了两条纪录：一是刷新了我国反垄断行政处罚纪录，此前中国境内反垄断最高罚单是 2015 年 2 月国家发改委对高通公司 60.88 亿元罚款；二是刷新了结案纪录。欧盟对谷歌发起的反垄断诉讼持续超过10年，罚款82.5亿欧元；美国国会针对苹果、Facebook的反垄断取证也已超过一年，目前刚进入诉讼阶段，业界预期讼期漫长；而我国国家市场监管总局针对阿里巴巴的反垄断调查107天即出结果。

阿里巴巴"二选一"案落槌后，真正意义上的互联网平台反垄断的序幕才刚刚开启。

资料来源：阿里巴巴被罚182.28亿元反垄断认定有哪些突破. 财新网, 2021年4月10日. ■

14.5 对外部性的管制

在完全竞争的市场机制实现资源最优配置的推断过程中，有一个隐含的假设：经济主体的生产和消费行为不会对其他人的福利造成影响。但在现实社会中，企业和企业之间、企业与个人之间、个人与个人之间都会存在非市场性的影响。这种一些（一个）市场主体对另一些（另一个）市场主体的非市场影响，就称为外部性。它分为正的外部性（有益的，也称为外部经济性）和负的外部性（有害的，也称为外部不经济性）。

当某一经济主体的经济活动给社会上的其他成员带来危害，但其自己却并不为此支付足以抵偿这种危害的成本，此时，该经济主体为其活动所付出的私人成本就小于该活动所造成的社会成本，这种性质的外部影响被称为外部不经济性。例如，居民区附近有一座工厂，工厂在生产过程中产生的废气、废水和废渣等就会使附近居民的生活环境受到严重污染。反之，当某一经济主体的活动可能给社会上的其他经济主体带来好处，但其自己却不能由此而得到补偿，此时，该经济主体从其活动中得到的利益就小于该项活动所带来的社会利益，这种性质的外部影响被称为外部经济性。

在存在外部经济性的情况下，产品的社会利益大于其私人利益。但在完全竞争条件下，经济主体的生产决策是根据其个人利益而不是社会利益来做出的，所以，经济主体的产量决策将会选择生产较少具有外部经济性的产品。而如果某一个主体的行为会导致社会成本增加，但这种成本不必完全由其本身承担，那么其产量决策将会超过社会所希望达到的水平。

以图14-2为例。

假定 MR 为企业生产某产品的边际收益曲线，MC_P 为生产该产品的边际私人成本曲线，MC_S 为生产该产品的边际社会成本曲线。在外部不经济的情况下，$MC_S > MC_P$。在市场经济中，按照 MR = MC 的规则，产量应定在 Q_1 上；而按社会成本决策，产量应定在 Q_2 上。两者之间的差额说明由于外部不经济的存在而导致资源配置上的失误。

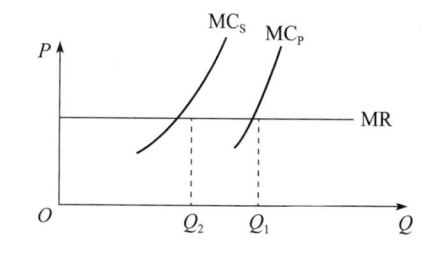

图14-2 外部不经济性的情况

在存在外部经济的情况下，情况就正好相反：由于产品的社会利益大于私人利益，而企业的产量则根据私人利益而不是社会利益做出决策，产量往往就达不到社会所希望的水平。

外部性显然会造成效率的损失，因此需要对其进行矫正。政府管制是常用的矫正手段之一。由于环境污染是最典型的外部性问题，因此以此为例来说明政府对外部性的管制。

使企业减少排污的一种方法是征收排污费。由管制机构为所有产生污染的企业确定一个污染税税率，通过对每单位排放到环境中的污染物收费，理性的厂商根据利润最大化原则，自行选择决定将污染削减到边际控制成本等于污染税率这一水平，从而使社会控制污染的总成本最小化，此时的污染排放量为最优污染排放量。征收排污费的理论基础是"庇古税"。在《福利经济学》一书中，庇古（A. C. Pigou）通过分析边际社会纯产品与边际私人纯产品的差异来解释外部性问题产生的原因。他认为外部效应是由于边际私人成本与边际社会成本、边际私人收益与边际社会收益的背离造成的。当存在外部性时，市场的价格不能反映生产的边际社会成本，即私人成本不能完全衡量经济效应，市场机制不能靠自身运行达到资源配置的帕累托最优状态。要消除这种背离，就应由政府采取适当的经济政策。具体做法是：对边际私人成本小于边际社会成本的部门实施征税；对边际私人收益小于边际社会收益的部门实行奖励和津贴。庇古认为，通过这种征税和补贴就可以实现外部效应的内部化。这种政策建议后来被称为"庇古税"。基础设施建设领域采用的"谁受益，谁投资"政策，环境保护领域采用的"谁污染，谁治理"政策，都是"庇古税"理论的具体应用。

政府减少排污的另一种方法是颁发可交易的污染排放许可证。20 世纪 60 年代中期，约翰·戴尔斯（John Dales）在科斯定理的基础上提出了排污权交易理论，设计用可交易的排污许可证在厂商或个人间分配污染治理负担来解决环境污染的问题。在其《污染、产权、价格》一书中，他提出了"污染权"这一概念，并提出用排污权交易理论解决环境污染问题的思路。他认为环境是一种商品，政府是这种商品的所有者。政府把污染废物分割成一些标准单位，然后在市场上公开标价出售一定数量的"污染权"。从根本上说，排污权交易制度是通过建立合法的污染物排放权利，并允许这种权利像商品那样买入和卖出来进行污染排放的控制。实践中排污权交易制度是以可交易的许可证为其形式的。具体方式是政府可以用不同方式分配这些许可证，可以销售、出租、拍卖，并通过建立排污许可证交易市场，使这种权利能进行合法有偿的交易，企业、政府等可以根据自己的需要在市场上买进或卖出以污染许可证为形式的污染权。实践中，美国、德国、澳大利亚、日本等相继实行了排污权交易制度。我国 1987 年在上海市的水源保护区、淮水源保护区试行了有限制的可交易许可证制度；2001 年 9 月，江苏省南通市实施了我国首例排污权交易，交易双方在 2001 年—2007 年间交易二氧化硫（SO_2）排污权 1 800t；2007 年 11 月 10 日，国内第一个排污权交易中心在浙江嘉兴挂牌成立，我国排污权交易逐步走向制度化和规范化。

重庆和青岛胶州排污权交易工作的推进比较顺利。重庆于 2009 年正式启动该项工作，并于次年 12 月完成首笔交易。在此后推行中，重庆不仅曾获环保部的点名认可，而且交易总量长期位居 11 个试点省市前列。重庆市环保局公布了一组统计数据：2015 年 1 月—2017 年 5 月，全市共有 6 946 家企业参与排污权交易，累计交易 17 047 次，交易额超过 3.9 亿元。重庆市环保局负责人表示，已在工业领域实现区域、行业、规模和指标全覆盖，基本完成排污权由无偿获得向有偿取得的转变。随着环境容量资源"有限、有价、有偿"理念的深入，一定程度上抑制了高排放企业、产能过剩行业的过度引入。

青岛市对排污权交易的探索始于下属县级市胶州，并建成了环保物联网总量控制排污权交易云计算平台，在全国范围内首次实现环境管理联动机制创新。减排效果好的企业还能赚钱。一位经营者算了笔账：2017 年 3 月，企业剩余二氧化硫指标 88kg、化学需氧量 990kg、氨氮 134kg，按照标准，挂网销售至少可卖得 5 575.8 元。据此估算，全年可获利约 6.7 万元。市场化的产权交易已成为节能减排的主流方式之一，在倒逼企业的同时，还可能带来收益。企业治污减排的积极性也因此得到提高。

然而，类似重庆、青岛胶州的火热场面其实并不普遍。2015年年底，环保部曾对11个试点省市展开摸底。调查发现，试点工作虽取得了一定进展，但仍存在初始排污权分配和出让定价方法差异大、交易在部分省份不活跃、部分企业积极性不足等多个问题。大约2/3的试点地区都曾出现不同程度的交易记录"断层"，有地区甚至连续数月交易量为零。上述情形也发生在上海、北京等自主尝试推广的地区。例如，北京环境交易所自2008年5月挂牌至今，尚未在北京地区真正实现过交易。该所排污权交易中心的工作目前主要停留在研究阶段，实践也仅限于在哈尔滨市组织的二氧化硫交易。"局面尴尬！"北京一位从事排污权交易工作的资深人士表示，由于北京的高排污园区基本搬迁或关停，排污权交易空间确实要小于其他工业大省。但更重要的是因为缺乏相应的政策法规、交易制度，导致北京开展排污权交易"先天不足"，后续工作无据可循，很难取得进展。

一位参与过重庆、浙江等地调研的环保部专家则表示："国家层面虽已出台相关指导文件，但并未制定明确具体的法规制度。已发布交易制度的地区也是各自为政，污染物指标、指导价格、交易范围等均为自行圈定，缺乏国家层面的统一监管。另外，现行排污权交易通常分为一级、二级市场，前者在政府和企业间进行，如排污权初始分配、政府回购等，后者才是企业间的配额买卖。但部分地区的排污权交易多由政府主导，通过'拉郎配'促成。无论是一级市场还是政府干预交易，都不能算真正意义上的市场化行为。部分地区行政色彩过浓，从而遏制了二级市场的活力。"

2016年8月，中国人民银行等七部委联合提出，发展基于排污权的融资工具。浙江、江苏、湖南相继推出了排污权回购、排污权质押贷款、抵押贷款等产品。但由于市场发展不成熟、排污权资产价值具有较高不确定性，给融资工具带来的风险较大，导致融资工具数量不多，产品创新难以进行。

针对在试点中遇到的问题，以环办厅〔2018〕1号文件为标志，我国的排污权交易开始新的尝试：由总量控制下的排污权有偿使用和交易试点，转向固定污染源排污许可制下的政府无偿出让排污权交易试点。全面停止政府预留和出让排污权，鼓励发展二级市场。以排污许可证作为初始排污权确权依据，完善试点地区初始排污权核定工作。根据财政部2019年1月发布的数据，截至2018年8月，我国排污权一级市场征收有偿使用费累计117.7亿元，在二级市场累计交易金额72.3亿元。

| 专栏 14-5 |

概念的情景化应用：中国政府对虚拟货币的监管升级

虚拟货币自出现以来就存在巨大争议，支持者将其视为下一代互联网经济的核心，反对者则认为虚拟货币可能用于非法融资，成为洗钱、恐怖融资等犯罪的温床。中国政府一直对虚拟货币保持高压态势。2017年，七部委就曾联合发文取缔代币发行融资和虚拟货币交易。2020年，虚拟货币价格高涨，国内投资者曲线炒币之风愈演愈烈，监管随之升级。2021年5月18日，中国互联网金融协会、中国银行业协会、中国支付清算协会联合公告称，开展法定货币与虚拟货币兑换及虚拟货币之间兑换业务等，违反有关法律法规，并涉嫌非法集资、非法发行证券、非法发售代币票券等犯罪活动。5月21日，国务院副总理刘鹤主持召开金融委会议，明确提出打击比特币挖矿和交易行为，坚决防范个体风险向社会领域传递。这不仅是中国对打击虚拟货币的最高层定调，而且打击对象从交易扩大到挖矿。

中国一直是全球比特币算力的重地。根据剑桥大学另类金融中心测算，2020年4月，全球比特币算力的65.08%分布在中国。虚拟货币挖矿带来巨大能耗，已经成为不争的事实。清华大学的研究发现，在没有任何政策干预的情况下，中国境内的比特币区块链年能源消耗预计将在2024年达到峰值，约为296.59TW·h，并相应产生1.3050亿t的碳排放，这超过了意大利和沙特阿拉伯的能源消耗总量。

中国政府发出的强监管信号让比特币市场出现了调整，在2021年5月的三周时间里，比特币的价格几乎腰斩。

资料来源：虚拟货币监管困局．财新周刊，2021年第21期．■

14.6　公共物品

在经济学中，物品可以被分成两类：一类是私人物品，另一类是公共物品。竞争的市场能对社会资源实行最优化配置，主要是就私人物品而言的；对公共物品来说，市场是无能为力的。

1. 公共物品的特征

公共物品主要具有以下两个特征：

（1）消费上的非竞争性。消费上的非竞争性是指这种产品生产出来之后，增加一个消费者，并不需要减少其他任何消费者对这种产品的消费。最典型的例子是国防，新生人口能够一样享受到国防提供的安全服务，但原有人口对国防的"消费"水平并不会因此而降低。这意味着，随着公共物品提供服务的增加，所引起的边际成本很小。与之相对应的是，私人物品在消费上是有竞争性的。例如，厂家生产出一定数量的鞋，如果某些消费者消费得越多，则另外一些消费者消费得就越少，给定数量的鞋必须在许多相互竞争的消费者之间进行分配。

（2）非排他性。非排他性是指公共物品一旦生产出来，不管人们是否付费，都能够享用。仍以国防为例，无论居民交费与否，都可以得到国家军队的保护。与此相对应的是，私人物品具有排他性，人们只有在付费购买以后，才能够享用。

具有非排他性的公共物品，使得生产者很难甚至不可能向消费者收费，因为消费者既然能免费享用，就不会愿意付费。这种不付费的消费者被称为"免费搭车者"。由于"免费搭车"问题的存在，如果由私人企业来提供公共物品，就很难回收成本，所以，这种物品只好由政府来供应。

2. 公共物品的分类

根据非竞争性和非排他性的程度，可以把公共物品分成以下几类：

（1）具有完全非竞争性和非排他性的公共物品，如国防和司法。这种公共物品称为纯公共物品，不可能由市场提供，只能由政府以税赋方式强制征收为代价来提供。

（2）准公共物品。有些公共物品只具有非竞争性，不具有非排他性（或者可以采取某些措施，使它具有一定的排他性）。例如，电视台播放的电视节目，原本是任何人都可以用电视机接收的，但电视台也可以采用加密等方式，使得只有付费的人才可以接收。还有一些公共物品在消费上没有非竞争性，但是具备非排他性。例如，不收费的高速公路，不可能无限制地增加使用这条公路的汽车，但是，每一个开汽车的人都可以平等地享受这条公路的效用。这些称之为准公共物品。它们既可以由私人企业来提供，也可以由政府来提供，但在多数情况下，由政府提供更为合适。这是因为公共物品一般需要较大的投资，但是使用时的边际成本较低。按照价格等于边际成本的原则，如果按边际成本定价，企业就无法回收全部成本；而如果按全部成本定价，又会导致对这些准公共物品的利用不足，社会效益得不到应有的发挥。而政府可以按照价格等于边际成本的原则定较低的价格，然后通过强制性的税收来补贴。

14.7 政府介入企业事务的方式

14.7.1 政府制定游戏规则

政府为企业行为制定了广泛的规则，规则的类型多种多样，对企业的约束程度各不相同。这是政府管制的重要手段，即行政立法、发布规章。美国在政府管制方面经历了100多年的探索。自美国国会在1887年制定了《州际商业法》，批准成立了第一个对市场经济施行政府监管的机构——州际商业委员会（ICC），并授予其广泛的制定和发布规章的权力，以保障市场健康运行以来，陆续批准成立了一系列政府管制机构，并同时授予这些机构制定规章的权力。因为就维持市场秩序和促进市场效率的作用而言，立法和诉讼持续的时间长且成本高，而行政监管迅速、灵活且成本低。因此，在美国，管制延伸到市场经济的各个方面。由于规章的大量发布，出现了立法重心从国会转移到行政机构的趋势。

| 专栏 14-6 |

管理决策分析：政府如何影响药品价格

中国政府对药品价格的管制经历了几个阶段，第一阶段是在20世纪80年代，政府对药品进行严格的三级价格管理，出厂价、批发价和零售价均由国家制定。20世纪90年代初至1995年，政府逐步放松对药品价格的管制，除了极少数大宗药品以外，绝大多数药品价格完全放开。由于药品具有需求价格弹性小的特点，市场定价的结果是药品价格快速上升，迫使政府重新恢复对药品的价格管制。经过5年的试点，2001年开始对药品价格进行系统管制。与20世纪80年代不同的是，政府只制定药品的最高零售价格，企业和医疗机构在此价格之下，自行确定实际出厂价、批发价和零售价。政府管制虽然在一定程度上遏制了药价的快速上涨，但同时也产生了寻租、劣币驱逐良币等问题。能不能把定价权交

回给企业，同时又保护消费者的利益呢？

国家医疗保障局（简称国家医保局）通过制定药品采购新的游戏规则实现了这一目标。2018年12月6日，国家医保局主导的"4+7"城市（4个直辖市、7个副省级城市）药品集中带量采购试点开标，最终中选25个品种，平均降幅52%，最高降幅达96%。

所谓集中带量采购（简称集采），是指国家组织各试点城市公立医院建立联合采购体对入院药品进行招标采购，不仅要确定具体品种的中标价格，还要明确参与试点地区公立医院对中标品种的采购量。这与以往的药品招标采购模式不同。此前省级药品招标模式由卫生部门主导，招标过程只谈价格，缺乏用量保证，中标药品经过药企自有销售队伍或其代理商进行销售，

进入医院时再由医院设置各项准入门槛，药品回扣、"二次议价"等问题屡禁不止。

在这种药品招标制度下，作为卖方的医药企业和对药品选用具有完全主导权的医疗机构及医生均偏向推高药价，医保机构作为付费者仅能事后干预，在药价形成过程中的作用微乎其微。由新成立的医保局推行集采试点，目的之一即希望作为中国药品市场中最大买单方，"夺回"在药品价格形成机制中的主动权，从而降低药价、控制医保费用，以及重新调整公立医院的利益关系。

而集采的主导部门由卫生部门转为国家医保局，招标中明确约定采购数量，招标价就是最终医院采购价，中标企业还可以直接与代表医院的招标办签署购销合同，并从医院获得医保资金30%的预付款。

医院能否完成上报的采购量，以及后续带量采购能否持续保证"量"的实现，是判断此番国家医保局主导的集采模式能否成功的标准。事实证明，医保局承诺的药物使用量和账期都如约执行。2019年9月，全国药品带量采购联合采购办公室向全国药企发出了25个药品的"联盟地区药品集中采购邀请函"，试点城市从11个扩大到25个，由一家药企中标扩大为三家药企中标，吸引了更多的药企参与。中标价格在上一轮平均降幅52%的基础上，再降25%。到2022年7月，已完成了八次全国范围的药品集采，中选药品价格大幅下降（见表14-1）。

表14-1 八次全国范围的药品集采情况

批次	公布中选结果时间	拟采购品种（种）	中选品种（种）	平均降价幅度
4+7	2018.12	31	25	52%
联盟采购	2019.9	25	25	59%
第二批	2020.1	33	32	53%
第三批	2020.8	56	55	53%
第四批	2021.2	45	45	53%
第五批	2021.6	62	61	56%
第六批	2021.11	16	16	48%
第七批	2022.7	61	60	48%

资料来源：刘登辉. 带量采购动了医院的奶酪. 财新周刊，2018年12月23日. ∎

14.7.2 政府是企业产品和服务的主要购买者

在成熟市场，政府购买企业的产品和服务主要通过政府采购的方式实现。欧盟各国政府采购额约占成员国国内生产总值的15%；美国政府每年的采购规模为2 000亿美元，占其GDP的3%[1]。我国的政府采购规模近年来稳步扩大，2014年—2017年，政府采购占GDP的比重年均增长0.4个百分点，2017年采购数额达到3.2万亿元人民币，同比增长24.8%，占GDP的比重为3.9%[2]。

政府采购不但具有市场属性，还具有政府属性，即承载着政策功能落地的责任。2018年9月，中国财政部公布的2017年全国政府采购数据显示，强制和优先采购节能产品规模为1 733亿元，占同类产品采购规模的92.1%。优先采购环保产品规模为1 711.3亿元，占同类产品采购规模的90.8%。另外，政府采购授予中小微企业合同金额为24 842亿元，占全国政府采购规模的77.4%。其中，授予小微企业的合同金额为10 869.9亿元，占授予中小微企业合同金额的

---

[1] 谢飞. 从政府采购制度浅析政府的财政职能. 现代商业，2011年第6期.
[2] http://dy.163.com/v2/article/detail/DT0163M90514R9KD.html.

43.8%。这些数据反映出政府采购对促进节能环保、引导市场产业结构调整、促进中小企业参与竞争等政策落地的积极作用。

14.7.3 政府促进和资助企业

各国政府都有一套帮助企业的复杂而强大的项目网络。具体方式包括关税保护、贷款担保、税收优惠、提供补贴等。中国政府擅长通过多种方式引导企业投资。一个典型例证是，2019年5月以来，中国政府密集推动包括人工智能、国产软件和集成电路等行业的支持配套措施，加大资金扶持力度和政策配套建设。5月22日，财政部发布集成电路设计和软件产业企业所得税政策的公告，符合要求的企业可享受税收优惠。北京海淀区出台了"人工智能十五条"、"智能网联汽车十五条"，联合北京智源人工智能研究院，发起设立总规模20亿元的人工智能科学家创业基金，并设立10亿元的人工智能产业引导基金；支持高校院所、新型研发平台和顶尖科学家团队等创新主体，对实现重大突破的项目最高给予2亿元的资金支持；打造一批人工智能深度应用场景，对示范带动效果好的项目，给予最高1 000万元支持[一]。

实际上提供补贴也是欧美政府一种惯用的手法。根据非营利组织"好工作优先"2018年7月发布的一份报告，美国政府向硅谷科技巨头提供了大量补贴，其中特斯拉名列前茅，2007年以来，共获得35亿美元的政府补贴。

德国《法兰克福汇报》公布了一则德国联邦政府对绿党党团的问询答复，答复显示，德国柴油车一直在享受大量政府补贴。实际上，不仅汽车行业，德国政府对很多工业领域都提供大量的补贴。根据德国联邦政府补贴报告，2016年联邦政府共向企业补贴229亿欧元，包括75亿欧元直接资金支持和154亿欧元税收优惠。这一数据还尚未将基础研究拨款、联邦担保、向国有企业发放的补贴或增资计算在内。此外，德国联邦政府还将继续向国内企业提供偿债援助、贷款、投资补贴等约360亿欧元拨款，向国外投资补贴67亿欧元。

德国基尔世界经济研究所在2016年11月发布的研究报告中指出，即便在经济复苏的势头下，德国也在一直加大政府补贴力度。2015年德国各级财政补贴共计1 687亿欧元，超过2010年国际金融危机时的总补贴数。报告显示，企业是德国财政重点补贴对象。2015年共有905亿欧元补贴流向企业，针对特定行业的补贴约645亿欧元，交通行业以252亿欧元名列前茅。

根据德国阿登纳基金会的总结，政府财政补贴主要有四类形式：一是通过向第三方颁布无须直接动用公共预算的条例或禁令，帮助相关企业发展；二是通过补助、偿款、低息贷款、债务援助手段，或提供担保，这类补贴可以很快在财政支出中反映出来；三是提供税收优惠，形式多为减免、特别折旧、降低税率或税收法令，但会导致公共预算收入减少；四是价格补贴措施，即国家高价买入或低价卖出，这类补贴难以量化。

近年来，德国国内不乏对财政补贴的质疑声。例如，补贴过度会造成企业改革惰性等。另有一些补贴行为被认为"毫无意义"。例如，联邦环保部支出92.3万欧元用于改良狗粮和猫粮。尽管如此，源自德国的社会市场经济模式，依然被视为欧债危机以来德国经济逆势增长的重要原因。其中，政府的财政调控作用不容忽视[二]。

[一] 应对芯片封锁，芯片、AI等战略行业迎爆发增长.第一财经日报，2019年6月20日.
[二] 冯雪珺.不许中国补，只许德国贴.环球时报，2017年6月6日.

| 专栏 14-7 |

管理决策分析：政府补贴降低对特斯拉的影响

据《巴伦周刊》报道，一直以来，特斯拉和其他电动汽车制造商依靠政府补贴来吸引买家，但这种补贴时代很快就会结束了。

2008年10月，美国推出了可插电式电动汽车税收抵免的政策，其中规定：电池容量大于4 000W、可以从外部充电的可插电式电动汽车，能够获得2 500美元的基本退税额度。其中，电池超过4 000W的部分，每1 000W可额外获得417美元的税收抵免，总金额不超过7 500美元。税收抵免政策中同时规定，当汽车厂商累计售出的车辆达到20万辆后，相应的税收抵免会在第一个六个月内减半，在第二个六个月内降至1/4，然后为零。

2017年4月，汽车销售和信息网站Edmunds撰文称，失去电动汽车补贴将会"杀死"美国电动汽车市场。其中，特斯拉公司已经销售了约10万辆电动汽车，预期在2018年将会用完购车补贴指标。虽然这家公司目前还有近40万Model 3电动汽车的预定订单，不会立即面临没有买家的风险。但对用户来说，支付3.5万美元和支付2.75万美元购买Model 3电动汽车，是完全不同的两码事。随着特斯拉逐步尝试进入大众消费市场，其将会面对与价格在2万美元左右的汽油发动机汽车和混合动力汽车之间的竞争。彭博社指出，预期未来电动车价格将会低于汽油发动机车辆的价格，因为电动汽车的电池成本在不断下降。但这种情况需要等到2026年左右才可能成为现实。

2018年7月，特斯拉表示，其已经向美国买家交付了20万辆电动汽车。这之后，特斯拉的税收抵免将开始下降。此前，为了推迟到达这个门槛，特斯拉采用了迂回政策，如把大量Model 3电动汽车的交付从美国国内转移到加拿大，加大海外的Model S/X电动汽车的交付。

2018年11月，特斯拉联合通用、日产等汽车制造商，电力与自动化技术行业的巨头ABB，气候变化和能源游说组织，以及包括充电设备运营商ChargePoint在内的电动汽车基础设施公司，共同组建了一个联盟，向美国政府"重新索要"7 500美元的新能源汽车税收抵免。

Edmunds网站认为，税收优惠政策的取消将会导致电动汽车市场的崩溃。以佐治亚州为例，该州给予电动汽车的税收优惠价格达到5 000美元。在优惠政策被取消之前，该州电动汽车销量占美国电动汽车市场总量的17%；而优惠政策被取消之后，该州电动汽车销量占比下降至全美电动汽车市场总量的2%。当然，高端市场可能对税收优惠政策的变化不敏感，但普通消费市场的买家非常关心政府的鼓励政策。如果电动汽车制造商希望继续吸引用户的关注，可能就不得不通过大幅降价来填补政府激励措施的缺位。

事实上，补贴下降对特斯拉销售量的影响是立竿见影的。2019年1月1日起，消费者购买特斯拉车型所获得的税收减免由7 500美元下降至3 750美元，Model 3电动车的销量应声下降，由2018年12月的2.52万辆下降为2019年1月的6 500辆和2月的5 750辆，且交付车型中价格较高的全驱版比例持续下降。作为应对，2月28日，马斯克宣布对特斯拉全系车型大降价，重点内容包括：

1) 正式推出3.5万美元和3.7万美元

的基础版 Model 3 电动汽车。

2）全系车型大降价。其中，北美地区 Model 3 电动汽车降价 4.8%~12.2%，中国地区 Model 3 电动汽车降价 6.0%~8.8%。

3）宣布将大规模关闭美国实体门店，北美交易全部将在线上完成，并承诺消费者可 7 天内无理由退车。

4）Enhanced Autopilot（增强版自动驾驶）的价格由 5 000 美元调整为 3 000 美元，并增加价值 8 000 美元的全自动驾驶选装包。

资料来源：http://auto.qq.com/a/20170510/037622.htm；https://wallstreetcn.com/articles/3487382. ■

14.7.4 政府保护社会各方利益免受企业剥削

在一个复杂的社会中，有许多相互冲突的利益需要调整，对公共福利也必须加以保护，以使其免受反社会破坏性行为的侵害。因此，由政府直接采取行动进行管理势在必行。毛雷尔（1988）认为，政府管制是创造性地实现对公共利益整合、维护和分配的行为。

很多法律保护投资者、消费者、员工和企业竞争者的利益，对企业追求利润最大化的行为进行约束。20 世纪 80 年代初，在相对安静的社会环境中成长起来的日本企业在进入美国市场时准备不足，诸多行为被美国政府认为对相关利益集团造成了损害，并因此遭到政府管制。而近 10 年前的中国，互联网相关产业发展迅猛，其中不乏以损害消费者权益为代价实现野蛮生长的事例，消费者权益的保护离不开政府对企业的监管。以大数据产业为例，借着互联网金融、消费金融和大数据风控的风口，各种数据公司大行其道，形成了完整产业链。中间环节涉及不规范经营的第三方支付机构、个人征信机构、大数据公司、电商平台、房地产中介等，目前需求方是从事现金贷、消费贷的互联网金融平台、各种消费金融公司，甚至包括商业银行的零售业务部门。

随着非法使用和恶意使用个人信息的情况日益严重，从 2017 年起，我国相关监管部门开始着手整肃大数据产业链。2017 年 6 月 1 日，《网络安全法》正式实施，完善了个人信息保护规则，包括要求明确披露信息用途、适用范围、时效等。这是我国第一部全面规范网络空间安全管理的基础性法律，标志着我国网络空间治理、网络信息传播秩序规范、网络犯罪惩治有了法律依据。同日，最高人民法院和最高人民检察院对《网络安全法》做出了司法解释，大幅降低入罪门槛，并明确犯罪行为责任主体，不仅仅是公司，公司高管及直接业务负责人等也要承担相应责任。若按照"两高"司法解释的较低入罪门槛，大多数大数据公司都违法，由此对数据行业的现行做法产生了巨大冲击。2020 年，个人信息保护立法提速，《个人信息保护法（草案）》在 10 月首次提请审议；2021 年 4 月，草案二审稿再次亮相，严格规制个人信息处理活动，并强化了超大型互联网平台的个人信息保护义务。面对大数据时代的个人信息保护和监管这个全球性难题，2021 年 8 月，《中华人民共和国个人信息保护法》在第十三届全国人大常务委员会第三十次会议上获得通过，并于 2021 年 11 月 1 日起实施。

| 专栏 14-8 |

概念的情景化应用：SEC 起诉高盛欺诈案

北京时间 2010 年 4 月 16 日晚，美国证券交易委员会（SEC）发表声明，指控高盛集团及其一位副总裁在美国房地产市场开始陷入衰退时欺诈投资者，在一项有关次贷金融产品的重要事实问题上，向投资者提供虚假陈述或加以隐瞒。

高盛集团曾经设计并销售了一种基于住宅次贷证券表现的抵押债务债券（CDO）。SEC执法部门的主管罗伯特·库萨米（Robert Khuzami）认为，虽然该产品是全新的并且非常复杂，但所使用的骗术和牵扯其中的利益冲突与以往的欺诈案大同小异。高盛没有向投资者透露CDO中的重要信息并向投资者提供了虚假陈述，宣称CDO的投资内容由独立客观的第三方机构选择。

在CDO的推销资料中，高盛宣称CDO麾下的相关资产是由一家第三方专业风险分析机构ACA进行挑选的。但实际上，高盛允许保尔森公司（全球最大的对冲基金公司之一）在资产挑选中发挥重要作用，并误导ACA使其认为保尔森的投资和ACA的利益紧密相关（它们之间实际上存在严重的利益冲突）。SEC的调查还显示，保尔森和高盛的交易（产品的设计和营销）完成于2007年4月26日，保尔森为此向高盛支付了1 500万美元。

截至2007年10月24日，该产品包中83%的资产被降低；至2008年1月29日，99%的资产被降级。保尔森在交易中获利10亿美元，而作为交易另一方的德国工业银行和苏格兰皇家银行损失可能超过10亿美元。

高盛最终同意与SEC就民事欺诈指控达成和解协议，高盛支付5.5亿美元的和解费用，该罚金占高盛2009年净收入的5%。在和解协议中，高盛承认对客户进行了"误导性"和"不完整"的信息披露，但拒绝承认违法。

2010年7月15日，美国国会通过了被称为自1929年大萧条以来最严厉的《金融改革法案》。2011年3月，SEC再次对高盛提出指控。高盛发布消息称，根据合理可能性推断的潜在法律诉讼费用可能高达34亿美元。

2016年4月，高盛表示同意支付美国司法部50亿美元的罚款，承认曾在金融危机前误导投资者买入高风险住房抵押贷款。这笔和解金包含23.85亿美元的民事罚款、18亿美元的消费者救济金，以及8.75亿美元用于了结纽约和伊利诺伊州检察长与联邦监管层提出的诉讼。■

14.7.5 政府从满足社会需要出发进行资源的再分配

政府通过转移支付、税收刺激和财政资助，不断进行资源的再调整。政府还对企业施加道德压力，使它们按照普遍接受的社会目标行事。中国的扶贫工作是政府进行资源再分配的一个典型例子。联合国2015年《千年发展目标报告》显示，中国农村贫困人口的比例已从1990年的60%以上，下降到2002年30%以下，率先实现比例减半；2018年将下降到1.7%。中国对全球范围内减贫的贡献率超过70%。

目前，中国政府制定的国家扶贫标准线，是农民年均人收入2 300元（2010年不变价）。据国家统计局的统计监测公报数据，截至2015年年底，中国还有5 575万贫困人口、592个贫困县、12.8万个贫困村——这些数字到2020年要全部清零，实现全国整体脱贫的目标。为此，中国启动了力度空前的扶贫大攻坚。

中国的扶贫工作在实践中不断改进。最开始的扶贫对象是贫困县，支持贫困县的经济发展；2000年后，开始重视扶贫工作的瞄准机制，扶贫对象具体到村；近年来发现仅对贫困村扶贫，难以真正实现贫困地方优势特色产业的发展,所以对连片贫困地区做分区开发,把贫困县纳入14个集中连片特困地区,分别制定规划,通过支持区域主导产业的发展,带动农户增收脱贫。2014年开始的精准扶贫则是针对贫困地区实际情况的一次调整和改进。以往扶贫主要利用财政资源,通过财政给予项目资金,支持产业发展。而精准扶贫充分利用了市场机制,强调利用金融资源,通过让贫困户以贷入股龙头企业和合作社等方式,让农户分享股息,既切实解决了以往贫困户难以参与产业发展的症结,又解决了龙头企业、合作社等新型农业经营主体缺资金的难题,同时带动了当地产业的发展。

为了提高精准扶贫的效果,还强调综合施策。在产业扶贫的同时,通过异地搬迁、教育扶贫、医疗扶贫、社会扶贫等,为因学致贫、因病致贫、因残致贫的农户提供了更多的脱贫举措,为实现贫困农户全面脱贫奠定了基础。2013年—2018年,贫困地区农村居民人均可支配收入年均名义增长12.1%,扣除价格因素,年均实际增长10%,实际增速比全国农村平均水平高2.3个百分点。2018年,贫困地区农村居民人均可支配收入相当于全国农村平均水平的71%,比2012年提高8.9个百分点,与全国农村平均水平的差距进一步缩小[○]。2021年,中国已实现现行标准下9 899万农村贫困人口全部脱贫,832个贫困县全部摘帽,12.8万个贫困村全部出列。

| 专栏 14-9 |

环保税来了

早在2007年6月,国务院在《节能减排综合性工作方案》中提出"研究开征环境税"。经过九年酝酿,《中华人民共和国环境保护税法》(简称《环保税法》)在2016年12月25日获全国人大常委会通过,并于2018年1月1日起施行。

多年来,企业排污费征收一直不规范。很多地方是"协商收费",即由环保部门测算企业应该缴纳的数额,然后双方协商,确定一个都能认可的数据。在实际执行过程中,排污费执行刚性不足,企业以经营不佳等各种理由拖欠排污费屡见不鲜。众多不规范造成排污收费征收严重不足。根据2014年工业污染物排放和收费标准,应征收排污费550亿元,其中仅主要的二氧化硫、氮氧化物、化学需氧量和氨氮四大指标就应收排污费270亿元,而实际全国征收的排污费仅187亿元,是应征排污费的1/3。2015年中国排污费的征收额为173亿元,这个数字与主要税种规模相比,"连一个零头都不到",而由于企业排污所带来的直接环境损失,每年少则以千亿元来计,间接环境损失和各种减排成本则多达数万亿元。

《环保税法》的出台,提高了环境税费的法律地位,比原来以行政规章支撑的排污费有着更高的法律效力等级。而且,环保税并非完全平移自排污收费,而是有一些重大改进。

在计税依据方面,《环保税法》应税污染物的项目数更多,且允许各省增加征收污染物项目数;应税污染物在原来大气和水各前三项的基础上,增加了前五项第一类水污染物(含重金属),体现了对人体健康的重视。

环保税充分重视地方的污染治理责任。税率以现行排污收费标准为下限,增设了上限,不超过最低标准的10倍,即大气污染物

○ http://china.caixin.com/2015-10-12/100862151.html; http://china.caixin.com/2016-09-19/100989432.html.

的税额幅度为每污染当量1.2~12元；水污染物的税额幅度为每污染当量1.4~14元。各省份可以在上述幅度内，选择大气污染物和水污染物的具体适用税额。（某污染物的污染当量数=该污染物的排放量/该污染物的污染当量值，污染当量值按照不同的污染物种类按天或月进行测算计费值）。给予地方该授权，可以充分调动地方政府做好污染防治工作的积极性，兼顾各地排污费标准差异较大的实际情况。

排污费收入是中央和地方1:9分成，《环保税法》则将税收全部作为地方收入，中央不再参与分成。原来由排污费安排的支出，将纳入同级财政预算，按照力度不减的原则予以充分保障。这意味着地方政府要承担主要的污染治理责任。

同时，《环保税法》设置了两档减税优惠，即纳税人排污浓度值低于规定排放标准30%的，按75%征税；纳税人排污浓度值低于规定排放标准50%的，按50%征税。这是为了激励企业改进工艺，减少污染物排放。环保税的激励引导作用已经在各行业各领域见效。以山西太钢不锈钢股份有限公司为例，该公司投资30多亿元用于53项绿色发展升级改造项目，实现全流程超低排放，大气污染物排放量大幅下降，大宗固体废物完成综合利用，环保税从2018年的2 021万元递减到2021年的993万元，降幅达50.87%。类似案例不胜枚举。从宏观数据来看，环保税开征三年多来，纳税人申报的主要大气污染物二氧化硫、氮氧化物排放量年均降幅分别达3.5%、3.1%，主要水污染物化学需氧量、氨氮排放量年均降幅分别达3.8%、3.3%。与此同时，每万元GDP产值对应的污染当量数从2018年的1.16当量下降到2020年的0.86当量，降幅达25.8%。

资料来源：环保税来了. 财新周刊，2017年第7期. ■

本章小结

西方管制理论主要包括管制公共利益理论、管制俘虏理论和激励性管制理论。

政府管制的目的是消除市场失灵，维持市场经济秩序，促进市场竞争，最终增加公共福利。政府管制的一个重要对象是自然垄断者。在实践中，各国对自然垄断者的价格管制存在不同的做法。信息不对称的存在使政府对自然垄断型企业的价格管制处于低效率状态。

《谢尔曼法案》《克莱顿法案》《罗宾森-帕特曼法案》是美国主要的反垄断法案。公共选择学者认为美国施行了一个世纪的反垄断法并不能完成保护消费者利益的根本目标，存在反垄断法失灵的现象。

《中华人民共和国反垄断法》在2007年8月31日获得通过，2008年8月1日正式生效。反垄断法出台标志着我国完成了竞争法体系的基本构建。国家工商总局、国家发改委、商务部共同负责反垄断法的执法。

一些（一个）市场主体对另一些（另一个）市场主体的非市场影响，称为外部性。它分为正的外部性（有益的，也称为外部经济性）和负的外部性（有害的，也称为外部不经济性）。

通过政府管制使企业减少排污常常采用两种方法：一是征收排污费，即由管制机构为所有产生污染的企业确定一个污染税税率，对每单位排放到环境中的污染物收费；二是颁发可交易的污染排放许可证，即管制机构评估出使一定区域内满足环境要求的污染物的最大排放量，将其分割成若干"污染权"（以排污许可证的形式），并分配给企业，同时建立排污许可证交易市场使这种权利能进行合法有偿的交易。

公共物品被生产出来以后，增加一个消费者，并不需要减少其他任何消费者对这种产品的消费。另外，不管人们是否付费，都能够享用。基于这些特点，公共物品只能由政府来提供。

政府以各种方式来影响企业，包括制定游戏规则、购买企业产品和服务、促进和资助企业、保护企业的相关利益者、进行资源再分配等。

思考题

1. 试述西方管制理论的主要流派及其核心观点。
2. 解释为何政府需要限制自然垄断者的定价。
3. 你认为政府对自然垄断者的价格管制有效吗？试举例说明。
4. 试对外部经济性和外部不经济性做出解释。
5. 为什么外部性会导致资源的错误配置？
6. 试举例说明政府对外部性的管制。
7. 为什么纯公共物品既无法收费，也不应收费？
8. 试述政府介入企业事务的方式。

参考文献

[1] 毛蕴诗. 公司经济学[M]. 2版. 大连：东北财经大学出版社，2005.

[2] 阿伦，多赫提，曼斯菲尔德，等. 阿伦＆曼斯菲尔德管理经济学：原书第6版[M]. 毛蕴诗，刘阳春，等译. 北京：中国人民大学出版社，2009.

[3] 毛蕴诗，王三银. 公司经济学[M]. 广州：中山大学出版社，1994.

[4] THOMPSON A A. Economics of the firm：theory and practice[M]. Third Edition. New Jersey：Prentice-Hall，Inc.，1981.

[5] 贝叶. 管理经济学：原书第6版[M]. 聂巧平，汪小雯，译. 北京：机械工业出版社，2008.

[6] 麦圭根，莫耶，哈里斯. 管理经济学：应用、战略与策略 原书第11版 [M]. 李国津，等译. 北京：机械工业出版社，2009.

[7] TRUETT L J, TRUETT D B. 管理经济学：原书第六版 英文版 [M]. 大连：东北财经大学出版社，1998.

[8] 托马斯，莫瑞斯. 管理经济学：原书第9版 [M]. 陈章武，葛凤玲，译. 北京：机械工业出版社，2010.

[9] 毛蕴诗. 全球公司重构：案例研究与中国企业战略重组[M]. 大连：东北财经大学出版社，2004.

[10] VERNON-WORTZEL H, WORTZEL L H. Strategic management in the global economy [M]. 3rd ed. Hoboken：John Wiley & Sons, Inc.，1997.

[11] MANSFIELD E. Managerial economics[M]. 3rd ed. New York：W. W. Norton & Company, Inc.，1996.

[12] DOUGLAS E J. Managerial economics[M]. 4th ed. New York：Prentice-Hall, Inc.，1992.

[13] DAVIES H. Managerial economics, for business management and accounting[M]. Second Edition. Pitman：Trans-Atlantic Publications，1990.

[14] BARRAR P, COOPER C L. Managing organizations[M]. London：Routledge，1992.

[15] PITELIS C, SUGDEN R. The nature of the transnational firm first [M]. London：Routledge，1991.

[16] CLARKE R, MCGUINNESS T. The economics of the firm[M]. Oxford：Basil Blackwell，1987.

[17] 考尔，霍拉汉. 管理经济学[M]. 杨菁，译. 贵阳：贵州人民出版社，1989.

[18] 道尔，奥拉泽姆. 生产经济学：理论与应用[M]. 吴敬业，贺锡苹，郑大豪，译. 北京：农业出版社，1984.

[19] 巴西简. 价格理论与应用：英文版 第2版 [M]. 北京：机械工业出版社，1998.

[20] 刘向晖. 网络营销差别定价策略的一个案例分析 [J]. 价格理论与实践，2003（7）：59-60.

[21] 毛蕴诗. 企业集团：扩展动因、模式与案例 修订版 [M]. 广州：中山大学出版社，2001.

[22] 毛蕴诗，张颖. 管理经济学：理论与实践 [M]. 北京：机械工业出版社，2012.